广东知识产权年鉴

Guangdong Intellectual Property Yearbook 2010

二〇一〇年版

广东省知识产权局 编

广东省出版集团
广东人民出版社

图书在版编目（CIP）数据

广东知识产权年鉴. 2010年版/广东省知识产权局编.
—广州：广东人民出版社，2010.10
ISBN 978-7-218-06849-7

Ⅰ. ①广… Ⅱ. ①广… Ⅲ. ①知识产权-工作-广东省-2010-年鉴
Ⅳ. ①927-650-34-54

中国版本图书馆CIP数据核字（2010）第160666号

广东知识产权年鉴·2010年版 广东省知识产权局编

出 版 人： 金炳亮

责任编辑： 余小华 张小云
装帧设计： 林小玲
责任技编： 黎碧霞

出版发行： 广东人民出版社
地 址： 广州市大沙头四马路10号（邮政编码：510102）
电 话：（020）83798714（总编室）
传 真：（020）83780199
网 址： http://www.gdpph.com
经 销： 广东省出版集团图书发行有限公司（www.gdpgfx.com）
印 刷： 广州市官侨彩印有限公司
书 号： ISBN 978-7-218-06849-7
开 本： 889mm×1194mm 1/16
印 张： 33 **插 页：** 30 **字 数：** 600千字
版 次： 2010年10月第1版 2010年10月第1次印刷
印 数： 1—2000册
定 价： 180元

如发现印装质量问题，影响阅读，请与出版社（020-83795749）联系调换。
售书热线：（020）83790604 83791487 邮 购：（020）89667808

说　明

一、《广东知识产权年鉴》自2002年首卷问世以来至今已满九周岁了。她在各级领导、有关主管部门以及社会各界人士的关心和支持下，正在健康成长，在此一并表示谢意。

二、《广东知识产权年鉴》是由广东省知识产权局主持，全省有关知识产权管理和执法的单位和部门，以及各地级以上市知识产权管理部门共同参与编撰的大型资料性工具书。《广东知识产权年鉴》每年出版，公开发行，其宗旨是全面、系统、详实地载录广东知识产权工作的基本情况和最新发展状况，为广东历史提供基本资料保存，为社会各界乃至海外人士了解与研究之用，也可作为企事业单位知识产权部门及有关人员的参考书。

三、《广东知识产权年鉴》采取分类编辑法，以编目、分目、条目组成框架结构的主体部分，着力满足读者的需求，方便读者查阅，体现年鉴作为知识产权工具书的现实意义。

四、《广东知识产权年鉴》以出版年号为版次名称，2010年版主要记载广东省2009年知识产权工作的基本资料，设有十一个编目：(1) 特辑；(2) 综述；(3) 知识产权创造；(4) 知识产权运用；(5) 知识产权保护；(6) 知识产权管理与服务；(7) 知识产权交流与合作；(8) 宣传、教育培训；(9) 地市知识产权工作；(10) 出版物、专题研究与工作交流；(11) 附录。

五、书内所刊载的内容和数据，均由广东省内省直各厅局、高等院校、科研院所以及各地级以上市知识产权部门提供，并经过一定程序的审核。

六、本年鉴的编辑出版工作得到各供稿单位大力支持和通力合作，谨此致谢。由于时间仓促、水平有限，本书难免有疏漏之处，欢迎各界人士批评指正。

主编　唐毅

2010年10月30日

《广东知识产权年鉴》(2010年版）
编辑委员会

2009年3月7日，广东省省长黄华华（左三）、广东省副省长宋海（左四）一行访问国家知识产权局，与国家知识产权局局长田力普（右四）会谈省部高层次知识产权战略合作。

2009年11月12日，第三届中国专利周广州主会场活动期间，广东省委常委、广州市委书记朱小丹（右）会见国家知识产权局局长田力普（左）。

领导关怀

2009年11月12日，国家知识产权局局长田力普（左二）、广东省副省长佟星(右一)、东莞市委常委、常务副市长冷晓明(右二)参观第三届中国专利周（广州）主会场东莞展。

2009年11月16日，国家知识产权局副局长鲍红（左三）参观第十一届高交会深圳展区。

2009年9月4日，国家知识产权局纪检组长肖兴威（右一）、广东省人民政府副秘书长江海燕（右二）参观第二届中国（顺德）国际工业设计创意博览会。

2009年6月11日，国家版权局副局长阎晓宏（左三）为中华版权代理中心深圳工作站揭牌。

2009年11月13日，国家知识产权局副局长甘绍宁视察广州天赐集团公司。

2009年4月14日，“全省知识产权工作座谈会暨2009年广东专利奖表彰大会”在广州举行，广东省副省长宋海出席并讲话。

2009年11月16日－17日，由国家知识产权局、科学技术部、国务院发展研究中心、深圳市人民政府联合主办的“世界创新高峰论坛”在深圳举办。

2009年8月14日，广东省知识产权局举办“全省区域知识产权发展计划总结会暨合同签署仪式”。

2009年11月11日，广东省知识产权局在广州市召开“全省专利行政执法工作会议”。

重要会议

2009年4月8日，广东省高级人民法院举办“国家知识产权战略架构下的司法保护论坛”。

2009年12月14日，广东省工商行政管理局党组书记、局长、省著名商标评审委员会主任卢炳辉（中）主持召开“广东省著名商标评审委员会会议”。

2009年8月4日，广东省知识产权局副局长唐毅（中）主持召开“《广东省专利条例》论证会”。广东省人大教科文卫委、广东省人大常委会法工委、广东省政府法制办等有关部门领导出席会议。

2009年10月13-16日，广东省政府法制办会同广东省知识产权局和广东省人大常委会法工委立法调研组一行七人赴东莞和惠州两市进行立法调研，召开“广东省专利条例立法调研座谈会”。

2009年11月12日，第三届中国专利周主会场在广州市琶洲会展中心隆重开幕（左三为国家知识产权局局长田力普，右一为广东省副省长佟星）。

2009年9月4日，由国家知识产权局、广东省人民政府举办的“第二届中国（顺德）国际工业设计创意博览会”在佛山市顺德区开幕，国家知识产权局纪检组长肖兴威（右三）出席了开幕式。

2009年2月26日，在全省首届“自主创新十大女杰”座谈会上，广东省知识产权局局长、广东省妇联兼职副主席陶凯元向“十大女杰”颁发证书和奖杯。

2009年12月30日，“全省企事业单位知识产权试点示范工作会议”在广州市召开，并为2009年广东省知识产权试点区域、示范企业、优势企业颁发牌匾。

2009年11月12日，以“应对金融危机，服务企业创新，推进知识产权战略，建设创新型国家”为主题的第三届中国专利周在广州市开幕。

2009年9月10日，由广东省知识产权局、广东省信息产业厅主办的“平板显示LED产业专利态势分析报告会”在广州白云国际会议中心隆重举行。广东省知识产权局局长陶凯元（左三），广东省信息产业厅副厅长彭平（左二）出席会议并致辞。

2009年12月30日，广东省第四批全国企事业单位知识产权试点工作启动。广东省知识产权局巡视员郑良生（右五），副局长袁有楼（右四）出席并讲话。

2009年4月30日，《LED产业专利态势分析报告》专家论证会在广州市召开，11位来自政府、高校院所和企业的专家对报告进行了全方位论证。

2009年9月25日，“广州市促进知识产权质押融资合作协议”在广州市举行签约仪式，广东省知识产权局副局长郑良生（后排左三）出席并见证签约仪式。

创造运用

2009年11月16日，以“创新、创业、发展”为主题的第11届中国国际高新技术成果交易会在深圳市开幕。广东省知识产权局副局长唐毅（左三）、袁有楼（左二）等陪同广东省知识产权局局长陶凯元（左四）参加了有关活动，并与企业代表亲切交谈。

2009年10月16日，国家知识产权资产评估与质押融资高峰论坛在东莞市举行。国家知识产权局专利管理司司长马维野（左）为国家知识产权质押融资试点单位授牌。

2009年3月25日，国家知识产权局专利管理司司长马维野（后排左五）、广东省知识产权局局长陶凯元（后排左四）出席佛山市召开的“知识产权质押融资试点推进大会暨专题论坛”。

2009年4月23日，广东省人民政府知识产权办公会议办公室召开“广东省2009年知识产权十个典型案件发布会”。广东省知识产权局副局长唐毅（左二）向驻粤新闻界公布了2009年广东省十个知识产权典型案件。

2009年4月27日，广东省知识产权局局长陶凯元（左三），党组书记、副局长马宪民（右一），副局长唐毅（左二）前往第105届广交会检查知识产权保护工作。

2009年4月19日，由广东省知识产权局与清远市人民政府联合举办的广东省清远市“4.26”保护知识产权集中销毁现场会在清远市举行。图为广东省知识产权局副局长唐毅（中）和清远市副市长曾贤林（右二）在销毁盗版光盘。

2009年9月29日，广州海关所辖佛山海关驻禅城办事处查获出口侵权手表案。

2009年10月14日，广东省知识产权局副局长袁有楼（右二）参加广交会知识产权保护动员会。

2009年4月20日，拱北海关在其业务技术综合楼组织召开“拱北海关关区自主知识产权企业专题座谈会”。

2009年3月11日，广东音像协会向广东省高级人民法院赠送锦旗。

2009年6月12日，“广东省版权工作会议”在广州市召开，会议宣布启动版权基层服务工作站建设计划，广东省人民政府副秘书长江海燕（左）给中山市港口镇授牌。

2009年4月23日，中国（汕头）知识产权维权援助中心正式成立。广东省知识产权局党组书记、副局长马宪民（右）与汕头市副市长周镇松（左）共同揭牌。

2009年8月27日，广东省知识产权局局长陶凯元（后排左四）出席并见证佛山市禅城区举办的“实施国家知识产权强县工程推进大会暨佛山宣言签署仪式”。

2009年12月16日、17日两天，广东省知识产权局党组成员、纪检组长严小宜（右二）参加在北京市召开的首届国家知识产权局特邀监督员、第二届党风廉政监督员聘任会，被聘任为特邀监督员，并接受国家知识产权局党组成员、中纪委驻国家知识产权局纪检组长肖兴威颁发的聘书。

2009年4月24日，广东省工商行政管理局举办“广东省商标代理机构诚信经营倡议仪式”，广东省内20家规模大、信誉好的商标代理机构齐聚一堂，发起广东省商标代理行业诚信经营的倡议。广东省工商行政管理局副局长彭海斌出席仪式并作重要讲话。

2009年12月24日，广东省工商行政管理局举办“商标许可使用与企业品牌发展研讨会”，邀请我国著名知识产权专家、中国社科院博士生导师李顺德教授（左二）、广州金融学院吴国平教授（左一）出席。

2009年3月4日，国家知识产权局专利局代办处工作会议在沈阳市召开，广州代办处第七次荣获“全国先进代办处”称号。

2009年12月11日，“全省知识产权资产评估研讨会”在汕头市举行。

2009年6月15日，国家知识产权局专利局广州代办处组织专利代理人与国家知识产权局专利局审查员进行远程会晤。

2009年11月4日，“第八届粤东知识产权局局长联席会议”在汕尾市召开。

2009年7月30日，“第二届粤西四市专利合作联席会议”在云浮市召开。

2009年12月23日，广东省知识产权局副局长朱万昌（右三）带领协调管理处党支部一行11人前往湛江市坡头区出席协调处与邓屋村城乡党支部互帮互助活动。

2009年1月6日，广东省推进企业使用正版软件工作联席会议办公室在广州市召开“全省推进企业使用正版软件工作情况通报会”。广东省版权局副局长钱永红（中）作报告。

2009年12月31日，“首届中国国际影视动漫版权保护和贸易博览会”在东莞市举行。

2009年12月17-18日，国家知识产权局专利管理司司长马维野率考评工作组对佛山市创建国家知识产权示范城市工作进行考核评定，对于佛山市创建工作给予充分肯定和赞赏，认为佛山市创建工作“很有成效、很有特色、很有经验”。

2009年5月18日，“广东专利代理协会网站开通仪式暨知识产权实务培训”在广州市举行。

2009年7月16日，在“粤港保护知识产权合作专责小组第八次会议暨记者招待会”上，广东省知识产权局局长陶凯元（左）与香港知识产权署署长谢肃方（右）共同发布《粤港澳知识产权简明手册》。

2009年10月27日，由广东省知识产权局和美国全国商会联合主办的“珠江三角洲地区创新与知识产权国际研讨会——在经济危机中促进经济转型”在广州市召开。

2009年6月11日，“第五届泛珠三角区域知识产权合作联席会议暨第四届论坛”在广西南宁市举行。

2009年4月24日，中美两国“专利申请与保护研讨会”在深圳市举行。

2009年11月6日，“2009中美欧知识产权研讨会”在深圳市召开。

2009年6月4日，英国知识产权局和国家知识产权局共同在广州市举办“促进和鼓励中英知识产权制度的使用和理解研讨会”。

2009年9月18日，广东省知识产权局联合中华全国专利代理人协会、广东专利代理协会在广州市召开“中英知识产权实务交流会”。

2009年11月18日至20日，“粤闽两省沿海城市保护知识产权工作第六次联席会议”在珠海市召开。

2009年4月7日，“2009粤港知识产权与中小企业发展（中山）研讨会”在中山市召开，广东省知识产权局局长陶凯元出席并演讲。

2009年12月2日，福建、江西、湖南、广东、广西、海南、四川、贵州和云南九省知识产权局在佛山市参加了“泛珠三角区域内地九省(区)专利行政执法协作协议签署仪式暨首次执法协作会议”。

2009年11月13日，广东企事业单位知识产权管理人员德国研修班学员拜访欧洲专利和商标局。

2009年12月5日，广东知识产权行政管理人员美国研修班学员参观美国飞翰律师事务所。

2009年5月19日，潮州市知识产权局在潮州市科技大楼举办“知识产权管理及实务培训班”。

2009年4月26日，广东金融学院知识产权研究所开展“4.26”世界知识产权日宣传活动。

2009年6月18日，广东省知识产权局局长陶凯元（左三）在首届广东外博会上指导工作。

2009年11月25日，广东省知识产权局局长陶凯元（左二）带领局机关有关人员到清远市进行调研，探索知识产权支持粤北经济发展的新思路。

2009年4月23日，广东省知识产权局党组书记、副局长马宪民（中）赴汕头市广东绍河珍珠有限公司调研。

2009年11月13日，国家知识产权局副局长甘绍宁（左二）在广东省知识产权局巡视员郑良生（右一）陪同下到广东省知识产权优势企业广州智光电气股份有限公司进行调研。

2009年9月18日，广东省知识产权局副局长唐毅（右）赴江门市瑞荣泵业有限公司调研。

2009年9月24日，广东省知识产权局副局长唐毅（右三）到惠州市广东东方电讯科技有限公司与企业领导进行座谈。

2009年3月18–19日，省委第六巡视组组长曹南才一行在广东省知识产权局纪检组长、监察专员邝伯麟陪同下到惠州市调研。

2009年11月10日，国家工商总局商标局调研组到广东省工商行政管理局对服务商标注册和保护问题进行调研。

2009年12月9–10日，广东省知识产权局巡视员郑良生（中）一行到潮州市考察调研并检查指导工作。

2009年12月22日，广东省工商行政管理局副局长姜海平（右二）到佛山市考察申报国家商标战略实施示范城市有关工作，佛山市委书记林元和（左二）亲切会见姜海平副局长一行，双方就商标战略实施及经济发展等议题进行交谈。

2009年12月25日，广东省工商行政管理局副局长姜海平（右二）到格力电器股份有限公司考察申报国家商标战略实施示范企业有关工作。珠海市政府副秘书长谢汝党（左二）陪同考察。

2009年4月8日，广州市召开“市知识产权工作领导小组暨创建示范城市工作会议”。

2009年3月3日，广州市知识产权局在广州召开“广州市2009年区、县级市知识产权工作会议”。

2009年6月18日，广州市知识产权局局长[illegible]（右二）为广州市企业联合会知识产权工作部揭牌。

2009年4月26日，云浮市文化广电新闻出版局会同市文管办、市知识产权局在市烈士公园文化广场举行非法出版物和非法电子游戏机公开集中销毁活动。

2009年4月26日，云浮市知识产权局会同市文化广电新闻出版局在市文化广场举行“4.26”知识产权大型宣传、咨询活动。

2009年12月30日，广东省农业厅在郁南县召开全省农资打假和放心农资下乡进村现场会。

目 录

知识产权创造

知识产权运用

知识产权保护

知识产权管理与服务

知识产权交流与合作

宣传 教育培训

地市知识产权工作

出版物、专题研究与工作交流

附 录

Contents

Intellectual Property Administration and Service

IP Exchange and Cooperation

IPR Publicity, Training and Education

照片目录

Contents of Photos

特 辑

实施知识产权战略

实施珠江三角洲地区改革发展规划纲要

省部知识产权高层次战略合作

广东省知识产权“十二五”规划编制

《广东省专利条例》制定概述

机构改革

民声热线

领导讲话

实施知识产权战略

2009年广东省知识产权战略纲要实施情况

2009年，国家和省知识产权战略纲要实施工作在全省全面铺开。各市人民政府、中央驻粤和省直部门紧紧围绕实施《珠江三角洲地区改革发展规划纲要》、“三促进一保持”、保增长保民生保稳定的中心，采取有力措施，确保各项战略任务扎实落实，全省自上而下形成了思想统一促战略、齐心协力谋发展的良好局面。

一、各地级以上市积极开展战略纲要或实施方案的制定工作，推进战略工作在当地的顺利实施

按照省政府的统一要求，全省各地级以上市人民政府和知识产权局都积极行动起来，将推进知识产权战略的实施作为年度重点工作任务来抓。截至2009年底，深圳、云浮两个市出台了本地区的知识产权战略纲要，深圳、珠海、汕头、韶关、梅州、惠州、中山、江门、阳江、湛江、茂名、潮州、揭阳、云浮14个市结合国家和省的战略，制定并出台了知识产权战略纲要实施方案或实施意见，明确了战略目标，确定了具体战略任务和措施；其余各市的战略纲要或实施方案的研究制定工作正在稳步推进。2009年，各市在战略纲要的指引下，着力推进各项战略任务。广州市实施专利“灭零行动”和“倍增计划”，加快培育专利创造运用明星企业，增强企业知识产权意识；深圳市先后出台了《深圳市知识产权局服务企业保增长若干措施》等一系列政策性文件，为知识产权事业发展建设良好软环境；佛山市建立了新型知识产权质押融资工作模式，缓解中小企业融资难题，促进知识产权实现良性循环；粤北山区、东西两翼各市在“双转移”过程中，通过深入实施知识产权战略，带动产业经济发展，抢占未来竞争新高地。

二、省直职能部门认真贯彻落实战略纲要及实施方案，全面落实战略工作任务

（一）健全保障措施，有效增强知识产权创造能力

省直各部门积极创造条件，健全并完善激励机制，激发社会知识产权创造活力。广东省知识产权局认真开展国（境）外专利申请和PCT国际专利申请资助工作，帮助创新主体获取知识产权，提升国际竞争力。省科技厅将知识产权与自主创新工作紧密结合，加强自主创新政策与知识产权政策的衔接，不断完善政策体系，促进知识产权创造。省经贸委、工商局、质监局大力实施名牌带动战略，实施“千百亿名牌培育工程”，推动全省产业集群品牌不断发展壮大。全省知识产权数量和质量实现了双提升，2009年，广东有效专利数量继续位居全国首位，发明专利申请量和授权量首次双双位居全国首位，PCT国际专利申请量连续八年保持全国首位，有效注册商标总量连续15年居全国首位，中国驰名商标拥有量继续保持全国第一。

（二）强化促进机制，大力提升知识产权运用能力

根据战略纲要的部署，广东省采取多项措

施，促进知识产权有效运用并转化为现实生产力，为经济社会发展注入了强大动力。省发展改革委在实施高技术产业专项计划时，注重对具有自主知识产权的高技术产业项目的支持，将专利作为判定项目技术水平的重要因素，有力地促进了专利产业化工作。广东省知识产权局与省人事厅共同开展广东专利奖评选及表彰工作，2009年授予专利金奖项目13项、优秀奖项目55项，获奖专利项目经济效益和社会效益显著。省版权局实施“版权兴业工程”，累计认定“广东省版权兴业示范基地”42个。2008年以来，当众多生产加工型企业在金融危机冲击下，举步维艰、难以为继时，全省百家知识产权优势企业实现逆势增长，这一实践表明，有效运用知识产权制度，将是未来寻求发展的重要武器。

（三）完善执法体系，着力加大知识产权保护力度

保护工作是知识产权战略的重要组成部分。全省各级知识产权职能部门在不断加强日常执法力度的同时，还广泛地开展多种专项行动，将重点整治与整体推进相结合，不断实现新突破。2009年，《广东省专利条例》被列为省人大常委会立法计划新制订项目，年底已提请省府常务会议审议。全省各级知识产权行政管理部门各司其职、密切配合，通过组织“雷雨”“天网”专项行动、打击网络侵权盗版专项行动等，有效地保护了权利人合法权益。知识产权维权援助工作正式启动，“12330”知识产权维权援助与举报投诉公益服务热线正式开通。全省知识产权保护成效显著，行政查处和执法力度大幅提升，法院受理知识产权民事案件数量占全国五分之一强。

（四）搭建服务平台，不断深化知识产权服务水平

省市各级知识产权公共服务体系逐步健全，服务领域不断拓展，服务能力全面提升。广东省知识产权局、广东省工商局加强对专利和商标代理行业的执业监管，建立行业监管长效机制和奖励机制，鼓励行业做大做强。广东省知识产权局推进专利信息化建设和运用，完善省级专利信息服务平台，平台数据总量达3600万条，同时开展平板显示、数字电视、陶瓷、电池四大行业的专利数据库建设工作和重点产业专利信息综合应用服务平台建设工作，为全省经济社会发展提供优质的专利信息服务。广东省知识产权局联合有关厅局开展重点产业专利态势分析工作，发布电池、平板显示器、LED三大产业专利态势分析报告，推进产业发展和优化升级。全省四家“国家专利技术展示交易中心”充分发挥展示交易平台作用，推动专利技术市场健康、快速、有序发展，在技术和资金之间搭建沟通桥梁。

（五）强化工作抓手，营造良好的社会知识产权氛围

知识产权社会文化氛围是知识产权战略得以贯彻落实的重要基础。全省各相关部门不断创新宣传思路、加大宣传工作力度，加强培训体系建设，加快人才培养步伐。在每年“知识产权宣传周”期间，全省广泛开展内容丰富、形式新颖的系列宣传活动，通过组织现场活动、刊登宣传专版、打造品牌活动、播放公益广告等方式，取得了很好的宣传效果。全省中小学知识产权教育工作扎实推进，截至2009年底，省试点学校达149所，累计受教育学生达31万人。暨南大学、华南理工大学和中山大学三所知识产权学院充分发挥高素质知识产权人才培养基地作用，在校知识产权专业（方向）本科生、研究生476名，累计毕业学生143名；省知识产权局组织实施了“广东省百千万知识产权（专利）人才培育工程”，2009年，面向社会举办知识产权培训班137期，参加培训人员39604人次。

（六）立足共同发展，推进知识产权区域合作及对外交流工作

广东省以“粤港、泛珠、对外”三点为支撑，着力开展区域合作和对外交流工作。粤港知识产权合作继续深入。截至2009年底，在粤港保护知识产权专责小组的组织下，两地知识产权部门召开了8次专责小组会议，开展了

近30个合作项目。粤港澳海关跨境知识产权保护体系不断健全，2008年至2009年，粤港、粤澳海关形成各类知识产权情报通讯近200份，开展联合执法行动十余次，查获侵权案件八十余宗。泛珠三角区域知识产权合作不断发展。2009年，泛珠三角区域内地九省（区）共同在广州召开首次区域专利行政执法协作会议，签署了《泛珠三角区域内地九省（区）专利行政执法协作协议》，首创省、市两级执法协作机制。知识产权对外交流合作活跃。各部门继续坚持“请进来、走出去”的工作模式，不断学习和借鉴国外先进做法和经验；同时，通过外事交流活动，注重广泛宣传全省知识产权工作，有效地增进了外方对广东知识产权工作的了解和认识，为双方进一步开展合作奠定了基础。

2009年，广东省知识产权战略实施工作呈现五个显著特点：一是国家知识产权局领导大力支持战略实施工作，二是省委、省政府领导高度重视战略实施工作，三是各地级以上市市委、市政府积极推动战略实施工作，四是各有关省直部门、中央驻粤单位全力投入和密切配合战略实施工作，五是全社会各类市场主体广泛参与战略实施工作。知识产权战略纲要的有效实施，为建设知识产权强省、创新型广东奠定坚实基础。

（供稿人：张璟）

实施珠江三角洲地区改革发展规划纲要

实施珠江三角洲地区改革发展规划纲要

为贯彻实施《珠江三角洲地区改革发展规划纲要》（以下简称《规划纲要》），广东省知识产权局2009年按照省委、省政府《关于贯彻实施〈珠江三角洲地区改革发展规划纲要（2008—2020年）〉的决定》（粤发〔2009〕10号，以下简称省委、省政府《决定》）的部署，以贯彻落实国家和省《知识产权战略纲要》（以下简称《战略纲要》）为抓手，以深化省政府与国家知识产权局知识产权高层次战略合作为突破口，紧紧抓住提高珠三角地区知识产权综合实力这一主线，积极开展工作，进一步提升了珠三角地区知识产权创造、运用、保护、管理能力和水平，为化解国际金融危机、促进全省经济社会发展、当好实践科学发展观排头兵做出了应有的贡献。

2009年是我省实施《规划纲要》的开局之年，《规划纲要》一经颁布，广东省知识产权局迅速召开党组扩大会议和全局干部大会，要求从“点”、“线”、“面”三个层次领会和把握《规划纲要》精神，研究部署在全省知识产权工作中全面贯彻《规划纲要》的举措。通过学习研究，广东省知识产权局明确了《规划纲要》和《战略纲要》的联系点，找到了工作的切入点和突破口。广东省知识产权局坚持把贯彻落实《规划纲要》和推进实施《战略纲要》紧密结合起来，根据省委、省政府要求，制定了《珠江三角洲地区改革发展规划纲要知识产权专项实施方案》33项具体措施，提出了努力将珠三角地区打造成为全国知识产权创造的核心区、知识产权运用的密集区、知识产权保护的示范区和知识产权管理体制的创新区的奋斗目标，力争通过“先行先试”在促进珠三角地区知识产权事业“科学发展”方面探索新路，通过改革创新在运用知识产权制度促进经济发展方式转变方面创造经验，为推动我省由“广东制造”向“广东创造”转变做出积极贡献。

2009年《规划纲要》知识产权专项重点项目进展顺利。百万人口发明专利申请量是广东省知识产权局唯一列入《规划纲要》重点监测的指标。据国家知识产权局发布的统计数据，2009年，珠三角地区9市发明专利申请量共31165件，按年初该地区人口总数4771.77万人计算，百万人口发明专利申请量为653件，比《规划纲要》目标设定值577件多76件，超额完成了指标。加快专利条例立法、制定自主创新产品政府采购及质押融资扶持政策、成立知识产权维权援助中心等项目已基本完成。“知识城”知识产权交易中心建设构想报告、广东知识产权服务中心建设、平板电视、LED、LCD等产业专利态势分析报告发布等项目顺利完成。

（供稿人：李强）

省部知识产权高层次战略合作

省部知识产权高层次战略合作

国家知识产权局与广东省政府知识产权高层次战略合作2009年工作安排共确定七项工作内容，在双方的共同努力下，七项工作有序推进，具体合作事项落实有力，圆满实现了战略合作工作年度目标。

一、关于“落实工作机制”合作事项

成立高层次战略合作工作委员会，田力普局长和黄华华省长任主任、甘绍宁副局长和宋海副省长任副主任，国家知识产权局专利管理司和广东省知识产权局加强协作，积极执行工作委员会的决策，形成了有利于推动合作会商的工作运行机制。

二、关于“创新管理体制”合作事项

一是广东省政府结合新一轮机构改革，充实广东省知识产权局的管理力量，新增行政处室两个，执法编制10名，整合了协调机构职能，强化了服务功能，进一步完善了知识产权管理体制。二是加快《广东省专利条例》的制定工作的步伐。

三、关于“健全服务体系”合作事项

广东知识产权服务平台建设取得实质进展。集知识产权信息运用、专利申请受理、维权援助、专利展示交易、复审无效审理、审查员实践基地于一体的广东知识产权服务中心，已在广州科学城落户。

四、关于“完善绿色通道”合作事项

一是大力推进远程会晤及查询系统业务的开展。通过远程会晤系统，共组织6期专利代理机构电子申请应用培训班。开展4次专利局审查员与广东申请人的专题会晤活动。二是不断完善专利法律文件副本、证明出证的试点工作。2009年，共为各有关部门和申请人出具专利登记簿副本775件。三是启动广东专利申请统计分析监控系统的建设。国家知识产权局将广州代办处作为返回全省专利数据的首批试点。“广东专利申请信息分析系统”的建设工作已进入一期开发建设阶段。四是国家知识产权局专利复审委员会在广东省知识产权局增设复审委第二审理室，共对36件专利权无效宣告案件进行公开审理。此外，复审委和广东省知识产权局互派干部挂职锻炼，进一步增强合作共建的发展活力。

五、关于“促进产业发展”合作事项

一是共同举办第三届中国专利周全国主会场活动和第二届顺德国际工业设计与创意博览会。其中，第三届中国专利周主会场活动之一：“广东应对金融危机中小企业与知识产权展览交易会”，共有参展企业400多家，参展产品1000多项，充分展示了广东近年来专利发明和技术创造的最新成果及其应对金融危机的成效，展区面积、参展项目、展出实物、到会人数及成交额均为历届之最。专利周期间，

田力普局长与广州市委朱小丹书记就如何加快推进自主创新工作进行了专题会商，并就共同建立中心城市联系点工作事宜达成共识。二是在国家知识产权局知识产权发展研究中心、专利文献部及相关审查部的支持下，完成并向有关单位发布平板显示及LED产业专利态势分析报告，为政府产业政策制定、企事业单位立项选择等提供科学决策依据。

六、关于“拓展对外合作”合作事项

一是广东省知识产权局与美国全国商会建立知识产权合作关系。举办了“珠江三角洲地区创新与知识产权——在经济危机中促进经济转型”国际研讨会。两国政府知识产权部门和企业界就如何发挥知识产权制度的作用、提升创新能力、促进珠江三角洲地区产业结构优化升级和经济发展方式转变、实现可持续发展等问题进行了深入研讨与交流。二是深入开展粤港知识产权合作。国家知识产权局积极支持广东省知识产权局与中山市人民政府、香港特别行政区政府知识产权署、香港贸易发展局联合成功举办“粤港知识产权与中小企业发展（中山）研讨会”。

七、关于“强化宣传培训”合作事项

一是高校及中小学知识产权教育工作大力推进。广东省知识产权局与华南理工大学签署协议，确定双方在实施高校知识产权战略、健全知识产权管理体系、完善知识产权政策、推动知识产权学院建设等多个方面加强合作；与广东省教育厅、团省委、省少工委联合组织开展第四批“广东省中小学知识产权教育试点学校”申报工作，确定试点学校40所。截至目前，全省已认定了四批共149所试点学校，包括57所小学、77所中学和15所职业高中，接受知识产权教育学生达22万人次。二是共同开展高层次知识产权人才培养工作。积极实施国家知识产权局百千万知识产权人才工程。三是开展提升专利代理人执业能力培训。配合新修订的《中华人民共和国专利法》的实施，国家知识产权局专门安排资金和师资，针对广东专利代理人的需求，进行“量身定做”式的课程设计，举办了一期“专利复审与无效专题培训班”和三期“PCT知识培训班”。

国家知识产权局与广东省人民政府知识产权高层次战略合作关系建立一年来，开端良好，合作各项工作稳步推进，广东知识产权创造、运用、管理和保护能力得到进一步提升。

（供稿人：刘延君）

国家知识产权局、广东省人民政府2009年度知识产权高层次战略合作工作安排

根据国家知识产权局、广东省人民政府《关于建立知识产权高层次战略合作关系的议定书》（以下简称《议定书》）要求，经协商，双方就2009年度知识产权高层次战略合作有关工作安排明确如下：

一、落实工作机制

（一）成立高层次战略合作领导机构。按照《议定书》关于建立合作工作机制的要求，成立局省知识产权高层次战略合作工作委员会。

（二）创设高层次战略合作协调推进机制。由国家知识产权局专利管理司和广东省知识产权局共同负责执行工作委员会的决策，组织协调相关部门推进合作项目。广东省知识产权局负责处理日常事务。

（三）建立信息沟通机制。工作委员会及其协调部门要及时向相关部门通报合作进展情况，协调各方，争取支持，形成合力，共同推进落实有关合作项目。

二、创新管理体制

（一）完善知识产权机构建设。结合新一轮行政和事业单位机构改革，广东省选择有条件的地区，探索进一步优化知识产权管理体系，整合协调机构职能，强化服务功能。国家知识产权局给予指导和支持。

（二）推动修订《广东省专利条例》。结合《中华人民共和国专利法》的实施，广东省抓紧推动《广东省专利条例》的修订工作，国家知识产权局在理论依据和内容设置上提供指导意见。

（三）开展政策研究。紧密联系广东经济社会发展需要，针对知识产权事业发展的深层次、战略性问题，开展政策调研。国家知识产权局给予重点指导和支持。

三、健全服务体系

（一）共建中国（广东）知识产权维权援助中心。广东省落实工作人员、办公场地、制度建设等。国家知识产权局在人员培训、业务指导、信息资源等方面给予支持。

（二）构建专利审查员广东实践基地。国家知识产权局组织专利审查员帮助广东企业提高企业专利工作人员的业务水平，提升专利申请质量。广东省为专利审查员提供学习、实践、调研条件，组织采集企业需求，选定科技园区、企业或者科研院所建立实践基地，建立相应的组织机构和工作程序，确定相关的工作人员。

（三）充实完善广东知识产权服务平台。将合作共建的知识产权服务机构和项目迁入广州科学城广东知识产权服务中心集中办公。完善知识产权服务中心的服务设施，集中人员力量，为企业专利申请、信息利用、展示交易、纠纷处理提供“一站式”服务。

四、完善绿色通道

（一）开展远程会晤及查询系统业务。国家知识产权局专利局广州代办处利用现有远程会晤设备，为专利申请人提供远程会晤业务，国家知识产权局指导制定相应的管理制度和工作规程，组织协调会晤相关事宜。

（二）完善专利登记簿副本快速出证机制。国家知识产权局专利局广州代办处进一步规范工作规程，积极推动专利副本出证工作。国家知识产权局支持广州代办处逐步开展办理各类文件副本、证明出证业务工作。

（三）建设广东专利申请数据分析系统。广东省提供场地、设备，负责软件设计，国家知识产权局提供广东全省的专利申请受理数据，指导相关分析系统软件的开发利用。

（四）推进广东省知识产权局与国家知识产权局专利复审委员会合作共建协议的落实，研究建立专利纠纷案件的快速解决机制。

五、促进产业发展

（一）共同主办“第二届中国（顺德）国际工业设计创意博览会”。广东省负责博览会的场地落实、会务安排和省内招展等事项，国家知识产权局协调组织广东省以外单位参展。

（二）开展重点产业专利态势分析工作。2009年度广东选择LED产业作为态势分析的重点，负责具体的分析研究工作，国家知识产权局给予指导和帮助。

（三）创建国家知识产权示范园区。国家知识产权局指导广州高新技术产业开发区开展知识产权示范园区创建工作，共同推进园区知识产权工作体系和服务体系建设，不断提高园区知识产权的创造、运用、保护和管理水平。

六、拓展对外合作

（一）建立广东省与美国全国商会知识产权合作关系。广东省确定合作内容和方式。国家知识产权局给予业务和政策上的指导和支持。

（二）完善粤港澳知识产权合作机制。广东省继续开展与港澳知识产权合作，国家知识产权局支持广东省完善与港澳知识产权合作机制，并举办2009年粤港知识产权与中小企业发展（中山）研讨会。

七、强化宣传培训

（一）广东省大力开展高校及中小学等各类学校的知识产权教育工作，努力使该项工作在全国起到示范带头作用。国家知识产权局对广东开展学校知识产权教育示范工作给予指导和支持。

（二）培养高层次知识产权人才。广东省选择并推荐省内知识产权方面的优秀人才列入国家知识产权局高层次人才培养计划，国家知识产权局优先将其纳入国家知识产权局第二批百名高层次人才培养计划。

（三）广东省建设知识产权人才培养基地，国家知识产权局在师资、教材、课程设置等方面给予支持。

（四）开展提升广东省专利代理执业能力的专项培训。广东省负责落实培训场地和组织人员参加培训，国家知识产权局在师资和经费方面给予支持。

上述工作，由国家知识产权局专利管理司与广东省知识产权局共同组织协调落实，于高层次战略合作工作委员会第二次会议前完成。

（供稿人：刘延君）

广东省知识产权“十二五”规划编制

广东省知识产权“十二五”规划编制工作情况

2008 年 12 月，广东省知识产权局按照省委、省政府有关“十二五”规划编制工作的部署，向省发改委报送了“广东省知识产权‘十二五’发展战略和规划研究”前期研究题目，这是广东省第一次编制集专利、商标、著作权、集成电路布图设计、商业（技术）秘密、植物新品种和地理标志等各类知识产权于一体的五年规划，在全国也属为数不多的尝试。

从 2009 年 5 开始，广东省知识产权局组织专家有关人员开展了前期研究工作，于 2009 年 11 月，分别将《广东省知识产权“十二五”发展战略和规划研究报告》和《广东省知识产权“十二五”发展战略和规划基本思路》报送省发改委。研究报告分序言、十一五”知识产权发展回顾、“十二五”面临的国际与国内形势、“十二五”知识产权发展的制约因素、“十二五”知识产权发展思路、“十二五”知识产权指导方针与目标、“十二五”知识产权发展的主要任务、“十二五”知识产权发展的政策措施和结语九个部分，报告全面阐述了我省知识产权“十一五”所取得的成绩，专门分析我省知识产权“十二五”期间所面临的问题与挑战，提出了十二五”期间我省知识产权发展的制约因素、发展思路、指导方针与目标、发展的主要任务、发展的政策措施，最后指出，“十二五”期间，我省要围绕知识产权发展主要任务，克服发展瓶颈，实现发展目标，全面推动我省知识产权事业实现新突破，获得新发展，实现由知识产权大省向知识产权强省新跨越。

编制过程则采取“分头研究、联手编制”的工作方法。首先由领导小组成员单位按照职责分工，分析提出与本单位相关的知识产权工作的国内外发展环境，找出知识产权工作的发展优势、存在问题，研究提出在加快建设和不断完善知识产权制度，提高知识产权的创造、管理、实施和保护能力，造就知识产权人才队伍等方面的发展目标、重点任务和对策措施。各部门提供的材料既有文字说明，也有数据分析。在成员单位研究的基础上，由编制组进行汇总分析，研究论证，并结合我省科技、经济、社会发展实际，写出《规划》初稿。在征求有关部门意见后形成《规划》送审稿，报《规划》领导小组审定。

《广东省知识产权“十二五”规划》编制工作方案

根据省政府办公厅关于《印发广东省“十二五”规划编制工作方案的通知》（粤府办〔2009〕119 号）要求，为做好《广东省知识产权“十二五”规划》（以下简称《规划》）编制工作，现制定如下工作方案：

一、指导思想及原则

《规划》编制要深入贯彻落实科学发展观，按照国家和省知识产权战略纲要、《珠江三角洲地区改革发展规划纲要（2008－2020 年）》和省委、省政府的部署，围绕我省经济社会发展大局，紧扣国际知识产权发展趋势，强化战略思维，创新发展模式，以建设知识产权强省为目标，以提高自主创新能力、转变经济发展方式为目的，以增强知识产权制度运用能力为重点，以完善知识产权保护和管理体系为保障，进一步提高我省知识产权创造、运用、保护和管理水平，为促进创新型广东建设、推动经济社会发展提供有力支撑。

《规划》编制要紧密结合我省知识产权事业发展的实际，坚持科学发展、先行先试、协调发展、服务大局四项原则，做好与国家和省有关政策文件的衔接，为实现省委、省政府提出的建设知识产权强省的目标打下坚实基础。

二、编制思路及内容

（一）总结回顾“十一五”期间知识产权事业的发展情况。对“十一五”期间与知识产权有关的战略和规划实施情况全面系统的总结，找出存在的突出问题和主要矛盾，为研究提出“十二五”知识产权发展规划提供依据。

（二）认真分析当前我省知识产权发展环境和面临的形势。主要根据经济社会发展的重大需求，从知识产权创造、运用、保护和管理四个方面，对“十一五”期间知识产权工作情况，包括机制、体系、环境建设和国际国内形势进行科学分析，加强重大问题的研究、规划目标的测算和重大项目的论证。

（三）研究提出“十二五”期间知识产权发展目标、任务和措施。通过加强对知识产权发展规划目标的科学研究，以及对“十一五”知识产权发展情况和省内外发展环境的综合分析，提出“十二五”期间知识产权发展目标和主要任务，制定推动产业升级优化、提高自主创新能力、加快经济发展方式转变，加强知识产权政策体系、保护体系、管理体系和服务体系建设等保障措施。

上述知识产权的种类包括专利、商标、著作权、集成电路布图设计、商业（技术）秘密、植物新品种和地理标志等，知识产权的工作包括知识产权行政管理和知识产权司法保护、行政保护和海关保护。

三、组织领导及职责

（一）成立《规划》编制工作领导小组。领导小组组长拟请省政府宋海副省长担任、副组长拟由省政府办公厅江海燕副秘书长和省知识产权局陶凯元局长担任，成员由省经信委、省教育厅、省科技厅、省公安厅、省农业厅、省外经贸厅、省文化厅、省工商局、省版权局、省林业局、省质监局、省知识产权局和省法院、海关广东分署等单位主管知识产权工作的领导组成。领导小组负责《规划》制定过程中的重大问题决策和检查督促、领导协调、送审稿审定等。

（二）成立《规划》编制组。编制组组长由省知识产权局郑良生巡视员担任，成员由省农业厅、省工商局、省版权局、省林业局、省知识产权局和省法院、海关广东分署7单位的相关处室负责人和执笔人（联络人），以及高校和研究机构若干专家组成。编制组负责《规划》的资料收集和起草工作。编制组日常工作和《规划》统稿工作由省知识产权局规划发展处负责。

四、时间安排

《广东省知识产权“十二五”规划》编制工作分为以下三个阶段：

（一）前期准备阶段（2009年9月至2010年3月）。主要任务是开展《规划》编制前期调查研究和准备工作，制定《规划》编制工作方案和写作提纲。

1. 2009年11月底前，完成规划编制前期研究，形成《广东省知识产权“十二五”发展战略和规划研究》并报送省发展改革委。

2. 2010年3月底前，拟定《规划》编制工作方案、写作提纲，召开《规划》编制组会议，征求方案和提纲修改意见，部署《规划》编制工作任务。

（二）《规划》起草阶段（2010年4至6

月）。主要任务是通过深入调查研究，提出《规划》编制基本思路，起草形成《规划》初稿，报送省发展改革委。

1. 2010年4月底前，各编制参与单位根据编制工作方案和写作提纲的要求，研究提出本领域纳入《规划》的基本思路，包括分析“十二五”面临的主要矛盾和挑战，提出“十二五”发展的重点、重要政策建议等，并将书面材料一份及电子文稿送省知识产权局。

2. 2010年6月底前，省知识产权局根据工作需要，组织开展调研活动，撰写《规划》草案；召开《规划》编制组会议，讨论修改形成规划征求意见稿；印发各编制参与单位征求书面意见，修改形成《规划》初稿，报送省发展改革委。

（三）修改完善阶段（2010年7－12月）。主要任务是广泛征求各地市相关部门意见，修改和完善《规划》，并做好与省“十二五”规划的衔接，形成《规划》送审稿，上报省政府审定。

1. 2010年7—10月，进一步开展《规划》编制调研，广泛听取各地级以上市、省直有关部门、专家等方面的意见和建议，以及省“十二五”规划对知识产权的对接要求，继续修改完善规划，形成《规划》送审稿。

2. 2010年12月底前，召开《规划》编制领导小组会议，审议通过《规划》送审稿，并按要求由省知识产权局上报省政府审定。

五、工作要求

《规划》编制工作时间紧、任务重、责任大，为此，提出如下要求：

（一）加强《规划》编制工作的组织领导。请各编制参与单位高度重视《规划》编制工作，加强领导，落实责任，精心组织，集思广益，开拓创新，保证编制工作顺利进行。

（二）确保《规划》编制工作的进度要求。请各编制参与单位按照《规划》编制工作进度和要求，及时向省知识产权局提交相应的材料文稿和电子件。

（三）强化《规划》编制工作的沟通协作。请各编制参与单位加强沟通联系和协作，齐心协力，共同完成《规划》编制任务，为促进创新型广东建设、推动经济社会发展提供有力支撑。

（供稿人：赵建民）

《广东省专利条例》制定概述

《广东省专利条例》制定概述

广东省知识产权局自2005年开始酝酿和准备重新制定一部新的专利地方法规，即《广东省专利条例》（下称《条例》），以涵盖鼓励发明创造、促进专利运用、强化专利保护、加强专利管理等多个方面，全面适应广东省专利工作的快速发展，并以此替代《广东省专利保护条例》。2006年，《条例》列入省人大2007—2010年立法规划项目库。2007年，省知识产权局正式启动《条例》制定工作，会同省人大法工委、教科文卫委和省府法制办开展了立法调研。2008年底，《条例》被列为省人大常委会立法规划（2008—2013）一类项目。2009年底，省知识产权局在广泛征求意见、论证并反复修改的基础上，把《条例》送审稿报请省政府审议。具体工作内容包括：

一、继续修改《广东省专利条例》并广泛征求意见

一是书面征求意见。2009年4月初，省知识产权局将《条例》（征求意见稿）发到全省21个地级以上市知识产权局书面征求意见，同时在该局政府门户网站上公开征求社会公众意见，共收到24份90条书面意见，根据意见对《条例》进行修改。

二是请示宋海省长。5月，为适应形势发展的需要，省知识产权局向宋海副省长呈报请示，建议将《广东省专利条例》补充列入省政府2009年立法计划，力争年内省政府常务会议审议条例草案。宋海副省长对此作出重要批示，推动《条例》的制定和送审工作。《条例》补充列为省政府法制办立法项目。

三是召开征求意见座谈会。6月中旬，省知识产权局在广州召开4场征求意见座谈会，听取专利行政管理部门、企事业单位、代理机构等社会各界对《条例》的修改意见和建议。6月下旬，省知识产权局在深圳召开1场征求意见座谈会，并深入腾讯等企业进行实地调研，听取了他们对《条例》的修改意见和建议，并根据意见对《条例》进行修改。

四是召开专家论证会。根据省政府法制办的要求，7月31日，省知识产权局组织召开有人大代表、立法顾问、专家学者参加的《条例》论证会，会议围绕《条例》及其涉及行政许可的专利代理机构审批项目的合理性、合法性及可行性进行认真研究和深入讨论。会议认为，《条例》的制定适应我省形势发展的需要，应当加快立法步伐。设立专利代理机构审批事项依据明确、理由充分，是必要和可行的。

五是提请省政府审议。在广泛征求意见和论证会的基础上，省知识产权局对《条例》进行反复修改，在局内处室多次研究的基础上，又经局办公会议讨论审定，于2009年9月14日正式报送省政府。

二、向省政府报送《广东省专利条例（送审稿）》并积极开展省内外立法调研

一是广泛征求意见。9月，《条例》报送到省政府以后，9月底，省府法制办与省知识产权局几问修改、形成的《广东省专利条例（第一稿）》，发至21个地级以上市和省直有关部门书面征求意见，并在省政府门户网上征求社

会公众意见，收到许多有益的修改意见和建议。

二是开展省内立法调研。10 月中旬，省法制办会同省知识产权局和省人大赴东莞和惠州进行《条例》的省内立法调研，召开四场征求意见座谈会，听取相关部门、企事业单位、代理机构等对《条例》的修改建议和意见。

三是进行省外立法调研。12 月初，为了学习外省知识产权局在专利创造、运用、保护和管理等工作的先进经验和成果，省法制办会同省知识产权局赴江苏、江西两省开展省外调研，召开两场征求意见座谈会，进行实地考察。

四是反复修改完善《条例》内容。10 月底，在省内调研的基础上，省法制办会同省知识产权局、省人大等有关部门对《条例》进行修改，形成第二稿。11 月，在收到各地级以上市和省直有关部门的意见后，省法制办又会同省知识产权局、省人大等有关部门对《条例》进行第三次修改，形成第三稿。12 月下旬，在省外调研的基础上，省知识产权局与省法制办在中山进行了《条例》的第四次修改，两局的领导亲自参加，并对《条例》的内容作重要修改。至 12 月底，《条例》的审查工作已基本就绪，准备由省府法制办的办务会议讨论通过。

（供稿人：傅蕾）

机构改革

广东省知识产权局主要职责内设机构和人员编制规定

根据《中共广东省委、广东省人民政府关于印发〈广东省人民政府机构改革方案〉的通知》（粤发〔2009〕8号），设立广东省知识产权局，为省人民政府直属机构。

一、职责调整

（一）取消和调整的职责

1. 已由省人民政府公布取消和调整的行政审批事项。

2. 将专利合同备案与认定登记、专利统计的事务性工作交给相关事业单位。

3. 将有关知识产权宣传、教育、培训以及涉及专利案件的咨询、技术判定、鉴定意见的具体实施工作逐步交给相关事业单位及社会组织。

（二）划入和增加的职责

1. 将原省整顿和规范市场经济秩序领导小组办公室（省保护知识产权举报投诉服务中心）有关知识产权的职责划入省知识产权局。

2. 增加统筹、协调、指导知识产权战略实施以及推进知识产权高层次战略合作的职责。

3. 增加牵头建立重大经济活动知识产权特别审查制度的职责。

4. 增加组织建立知识产权预警、涉外应对、维权援助机制及推动建立知识产权统计和考核制度的职责。

（三）加强的职责

1. 加强组织协调知识产权创造、运用、保护和管理体系建设的职责。

2. 加强专利行政执法及市场监督管理的职责。

二、主要职责

（一）贯彻执行国家和省有关专利工作的方针政策和法律法规，起草有关地方性法规、规章草案，拟订有关政策措施并组织实施，组织制定专利工作发展规划。

（二）负责组织协调全省保护知识产权工作，推动知识产权创造、运用、保护和管理体系建设，统筹、协调、指导知识产权战略的实施工作，牵头拟订并协调实施知识产权发展规划和年度计划，推进知识产权高层次战略合作。

（三）组织开展全省专利行政执法及市场监督管理工作，依法处理和调解专利纠纷、查处专利违法行为，会同有关部门建立知识产权执法协作机制。

（四）统筹协调涉外知识产权事宜，参与知识产权的涉外谈判，牵头开展知识产权工作的对外联络、合作与交流活动。

（五）负责全省专利工作，贯彻落实专利优惠、奖励政策和措施，指导、协调企事业单位专利工作。

（六）会同有关部门管理省级知识产权专项资金，牵头建立重大经济活动知识产权特别审查制度，组织建立知识产权预警、涉外应对、维权援助机制，推动建立知识产权统计、考核制度

（七）负责专利代理机构设立的初审工作，

指导知识产权信息化建设工作，牵头协调知识产权交易市场的规范与管理。

（八）承办省人民政府和国家知识产权局交办的其他事项。

三、内设机构

根据上述职责，省知识产权局设6个内设机构：

（一）办公（人事）室（与监察室、纪检组、机关党委办公室合署）

负责文电、会务、机要、档案等机关日常工作；承担信息、安全、保密、信访、政务公开、机关财务、内部审计和国有资产管理等工作；负责机关和指导直属单位的人事管理、机构编制、劳动工资、监察、纪检、党群和离退休人员服务等工作。

（二）政策法规处

起草有关地方性法规、规章草案和政策措施；审核重要文稿；承担、指导有关行政应诉、行政复议等工作；负责指导依法行政和普法工作；指导专利中介机构；对专利代理机构的设立进行初审。

（三）规划发展处

承担推进知识产权高层次战略合作的相关工作；承担牵头拟订并协调实施知识产权发展规划和年度计划的工作；拟订专利工作发展规划并组织实施；会同有关部门管理省级知识产权专项资金；承担专利优惠、奖励政策及措施的组织落实工作；推动建立知识产权统计、考核制度的相关工作；指导市县知识产权信息化建设工作。

（四）协调与合作处

承担组织协调全省保护知识产权的有关工作，推动知识产权创造、运用、保护和管理体系建设；承担统筹、协调、指导知识产权战略实施的相关工作；指导、协调市县知识产权工作；牵头开展知识产权的对外联络、合作与交流活动；统筹协调涉外知识产权事宜，参与知识产权的涉外谈判。

（五）产业促进处

承担牵头建立重大经济活动知识产权特别审查制度并推动相关工作的开展，审查、监管专利方面的工作；指导、协调企事业单位的专利工作；承担组织建立知识产权预警机制的相关工作；承担牵头协调知识产权交易市场的规范与管理工作；会同有关部门指导和规范知识产权无形资产评估等工作。

（六）执法与监督处

承担牵头建立知识产权执法协作机制的有关工作；组织开展专利行政执法及市场监督管理工作，依法处理和调解专利纠纷、查处专利违法行为；组织建立知识产权维权援助及涉外应对机制。

四、人员编制

省知识产权局机关行政编制37名。其中：局长1名、副局长3名，纪检组长1名，正处级领导职数7名（含机关党委专职副书记1名）、副处级领导职数8名。

后勤服务人员数5名。

五、其他事项

用于综合行政执法的编制另行核定。

六、附则

本规定由省机构编制委员会办公室负责解释，其调整由省机构编制委员会办公室按规定程序办理。

民声热线

民声热线

根据省政府纠风办关于广东民声热线第四批上线工作的安排，省知识产权局于2009年6月参加“广东民声热线”上线直播节目。直播节目于6月23日和30日分两期在广东电视新闻频道、广东电台、珠江经济广播电台同时播出，两期直播节目主题分别为“专利保护”和“专利创造与运用”，每期播出时间为90分钟。省知识产权局陶凯元局长、郑良生副局长、唐毅副局长、朱万昌副局长以及有关业务处室负责人走进“民声热线”直播室，讲解知识产权法规政策，介绍本部门职能，接听公众电话，解答公众问题，听取意见建议，接受处理投诉。全省21个地级以上市知识产权局有关领导同步异地参与“民声热线”直播节目。两期“民声热线”直播节目中，共收到观众、听众通过电话或短信反映问题38个，其中投诉3个，咨询35个，办结38个，办结率为100%。“民声热线”上线工作做到了事事有结果，件件有回音，达到了倾听百姓声音，接受社会监督，促进作风建设，展示部门形象的预期目的，取得了良好的社会效应。

（供稿人：黄喆）

领导讲话

国家知识产权局纪检组长肖兴威在泛珠三角区域内地九省（区）专利行政执法协作协议签署仪式暨首次执法协作会议上的讲话

（2009 年 12 月 2 日）

同志们：

非常高兴出席今天的会议。首先，我代表国家知识产权局，对泛珠专利行政执法协作协议签署仪式的举行和首次执法协作会议的召开表示热烈的祝贺！向今天与会的各位来宾致以诚挚的问候！

当前，随着知识经济和经济全球化的深入发展，知识产权制度激励创新与依法保护的作用将进一步彰显，知识产权日益成为国家发展的战略性资源和国际竞争力的核心要素，成为建设创新型国家和掌握发展主动权的关键。鼓励发明创造，保护知识产权，推动知识和智力资源从创造到运用的良性循环，正在成为各国追求的重要目标。在国际国内形势发生复杂深刻变化的态势下，强化知识产权保护成为国际发展趋势：一是知识产权保护水平不断提高，知识产权保护领域不断扩展；二是知识产权执法不断强化，知识产权的行政执法力度不断加强；三是知识产权的立法及其保护标准打破了传统格局，知识产权与国际贸易结为紧密一体。

2008 年 6 月 5 日，国务院颁布《国家知识产权战略纲要》，标志着我国知识产权工作进入了一个全新的历史发展阶段。实施知识产权战略是党中央、国务院根据国内外新形势作出的一项事关我国经济社会长远发展、全局性的重大战略决策。随着中央“保增长、扩内需、调结构”经济政策的推进，高新技术和新兴产业不断升级，我国不断深化实施国家知识产权战略，市场主体对于加强知识产权保护的需求日趋强烈。世界金融危机对知识产权制度的加速发展提出了迫切需求，知识产权优势所带来的经济增长将成为经济发展方式的主流。

泛珠区域的发展对于全国来说意义重大。其中泛珠区域内地九省（区）区域面积占全国 1/5，人口占 1/3，经济总量占 1/3。泛珠区域不仅包含内地东、中、西部典型省市，还加入了香港、澳门两个特别行政区。我国专利制度建立二十多年来，泛珠区域九省（区）成为专利拥有量的大户，专利申请量、授权量都占全国的 1/3，泛珠区域成为培育知识产权的沃土。同时，知识产权事业的发展，也有力地促进了泛珠区域自主创新和经济发展。

泛珠区域专利行政执法协作，是提高区域内知识产权保护水平的重要方式，是促进泛珠区域经济共同发展的有效手段；同时也是泛珠区域相互学习、相互促进、共同提高的好机会。希望泛珠区域继续强化组织协调，加强机制创新，注重信息共享，优势互补，在实践中不断探索新经验，带动全国执法能力与执法工作水平的提升；更好地发挥知识产权执法在促进我国经济社会发展中的重要作用，为泛珠区域自主创新和经济发展营造良好法制环境，为我国专利保护制度的完善、知识产权事业的发展谱写新的篇章。

预祝泛珠执法协作协议签署仪式和首次执法协作会议取得圆满成功！

谢谢大家。

广东省人民政府副省长宋海在全省知识产权工作座谈会暨2009年广东专利奖表彰大会上的讲话

（2009年4月14日）

同志们：

在全省上下深入学习实践科学发展观活动取得阶段性成果，《珠江三角洲地区改革发展规划纲要》得以贯彻实施的大好形势下，今天我们在这里隆重召开全省知识产权工作座谈会暨2009年广东专利奖表彰大会，意义重大。刚才，大会对获得“2009年广东专利奖”的单位进行了表彰，对2008年全省PCT国际专利申请、国内发明专利申请工作突出的单位和机构进行了颁牌。在此，我谨代表省政府对以上单位表示热烈的祝贺！等下，凯元局长还要传达全国知识产权局局长会议精神，部署2009年的工作。国家知识产权局的宋建华副司长还将就《专利法》的第三次修改作专题报告，希望同志们认真学习领会。

下面，我讲三点意见。

一、围绕中心，服务大局，2008年我省知识产权工作在复杂多变的形势下取得了不平凡的成绩

2008年是极不寻常的一年，是我省积极应对各种挑战、矢志不渝努力探索科学发展道路的一年。在历史罕见的低温雨雪冰冻灾害和由美国次贷危机诱发的全球金融危机冲击下，全省各级知识产权管理部门坚决按照党中央、国务院和省委、省政府的决策部署，深入贯彻落实科学发展观，积极解放思想，努力开拓创新，围绕保持我省经济平稳较快发展的中心工作，做了大量卓有成效的工作，取得了不平凡的成绩。

一是努力解放思想，敢为人先的思想树得牢。2008年，我省知识产权工作大事多，要事多。比如说6月，省委、省政府《关于争当实践科学发展观排头兵的决定》确立了建设知识产权强省目标，《决定》明确提出：“实施知识产权战略”，“实现从知识产权大省向知识产权强省跨越”。7月，全省知识产权工作会议隆重召开，国家知识产权局局长田力普和广东省政府省长黄华华同志均到会作了重要讲话；10月，省知识产权局与国家知识产权局专利复审委员会签署合作共建协议，“国家知识产权局专利复审委员会第一巡回审理庭”在我省挂牌设立；12月，省政府与国家知识产权局签署《关于建立知识产权高层次战略合作关系的议定书》，“广东知识产权服务中心”同步设立。这些政策措施的出台和成绩的取得，体现了我省知识产权工作先行先试的精神，标志着我省从知识产权大省向知识产权强省跨越迈出了可喜的一步。

二是努力破解难题，“排头兵”意识树得牢。2008年，全省专利授权量连续第14年保持全国第一位，发明专利授权量首次跃居全国第一位，全省PCT国际专利申请量连续第7年保持全国第一位，占全国PCT申请量的53.35%。特别要指出的是，截至2008年年底，我省的有效专利数量、有效实用新型专利数量、有效外观设计专利数量分别以177144件、71231件和89891件，均居全国第一位。这些数据充分说明，我省知识产权工作发展态势良好，处于全国“排头兵”的位置；同时我省专利申请和授权结构也在不断优化。

三是努力开拓进取，为中心工作服务的思想树得牢。一年来，我省各级知识产权管理部门通过开展知识产权试点示范、优势认证等活动，大力培育、支持知识产权优势企业，增强了企业的自主创新能力和核心竞争力，部分关键领域和行业涌现出一批具有自主知识产权的核心技术。例如，朗科公司作为闪存盘技术的发明者和行业的开创者，拥有相当数量的闪存盘核心技术，2008年2月，与美国PNY签订了许可协议，这是我国企业首次向美国企业收

取专利费。朗科还与多家具有全球影响力的国外企业签订了许可协议，收取了可观的专利费。又如，华为公司在与 3com、西门子等多家外国公司的合作中，运用 850 多件核心专利技术交叉许可，让公司受益匪浅。此外，TCL 集团、韶钢集团、长青集团、长城集团、美的等一批拥有大量自主知识产权、市场竞争力较强的企业，已成为我省自主创新的主力军和内源型经济活力的源泉，这些充分体现出我省在运用知识产权制度提升核心竞争力、为经济发展服务方面取得的显著成效。同时，我省还不断加大专利行政执法力度，将专项行动与日常执法相结合，重点整治与整体保护相结合，进一步规范了秩序，净化了市场，树立了重视知识产权保护的良好形象。

四是努力扩大影响，占领宣传阵地的思想树得牢。2008 年，我省知识产权交流能力进一步提高，范围进一步扩大，接待了众多国家政府、民间组织的知识产权代表团。区域知识产权合作取得新进展。粤港合作内容进一步拓宽、深入，泛珠三角区域合作进展顺利，广东省和新疆哈密地区知识产权合作力度逐步加大。知识产权宣传也取得了良好的社会反响。全省各级知识产权管理部门以"保护知识产权宣传周"、知识产权战略纲要颁布实施、纪念改革开放三十周年等为契机，开展了一系列形式新颖、内容丰富、声势浩大、影响深远的宣传活动。继续开展"省中小学知识产权教育试点学校"活动，深化中小学生知识产权普及宣传工作。各级领导和政府部门对知识产权工作的重视程度不断加大，企事业单位、科研院所的知识产权意识不断加强，全民的知识产权认知度不断提高。

五是努力提高素质，"小机构高效率"的思想树得牢。在人员少任务重、管理体系有待完善的情况下，我省各级知识产权管理部门从增强素质、提高能力入手，加强人才培养力度，提高了管理效率。年来，通过落实国家知识产权局"百千万知识产权人才工程"、实施"广东省百千万知识产权（专利）人才培育工作"等，培养培训了大批精通知识产权管理业务的人员。全省各级知识产权管理部门的业务素质、法律意识、依法行政能力不断提高。

知识产权系统卓有成效的工作，为我省经济社会实现平稳较快发展作出了积极的贡献，省委、省政府对此是满意的。这些成绩的取得，是在国家知识产权局的亲切关怀和指导支持下，在省委、省政府的正确领导下，各级党委、政府高度重视、有关部门通力合作、知识产权管理系统全体干部职工努力工作、奋勇拼搏的结果。在此，我代表省政府，向一直以来高度重视和大力支持知识产权工作的全省各级党委、政府和有关部门表示衷心的感谢！向全省知识产权管理系统的广大干部职工致以亲切的慰问和崇高的敬意！

二、认清形势，提高认识，增强做好知识产权工作的紧迫感

2009 年是我省进入新世纪以来经济发展最困难的一年。由美国次贷危机引发的国际金融危机还没有见底，对我省实体经济的影响仍在加深，知识产权工作面临着新的挑战。对此，我们必须冷静分析，因势利导，正确判断新形势下的知识产权工作面临的国内外形势。

国际上，随着科学技术的进步和经济全球化迅猛发展，知识产权已经成为企业和国家核心竞争力的重要因素、成为国际贸易竞争的主要手段和工具。据有关统计数据表明，全世界约 20 个创新型国家拥有全球 90%以上的发明专利，在全球 500 强企业中，以知识产权为核心的无形资产对企业的贡献已超过 80%。从发展趋势看，世界各国特别是各主要发达国家都把加快知识产权发展作为战略选择，目的就是要依靠知识产权优势谋求全球竞争优势。主要表现为：一是知识产权国际保护不断强化。从 20 世纪 80 年代以来，发达国家努力推动将知识产权保护引入世界贸易自由化进程，它们以国际贸易为谈判筹码，在双边贸易或地区贸易与投资协议中，越来越多地要求发展中国家做

出超越 TRIPS 协议标准的知识产权保护承诺。二是发达国家利用法律和非法律的手段，特别是国际知识产权制度，垄断和控制全球范围内的技术扩散与利用。国家间的技术竞争不再单纯是技术先进性的竞争，更是技术垄断和控制的竞争，是知识产权的竞争。三是知识产权正成为国际关系中重要的博弈工具。尤其是近几年，知识产权已成为我国对外经贸摩擦的主要肇因之一。发达国家试图通过知识产权来影响我国的经济发展。如美国，除了到 WTO 起诉以外，还频繁利用其国内法知识产权相关条款对我国企业提起调查和诉讼，阻止我国产品进入美国市场。2008 年 8 月，在德国柏林电子消费展上，深圳有几十家参展企业因知识产权问题遭到德国警方的查抄。

在国内，随着我国现代化建设进程的加快，党和国家对知识产权工作高度重视。十七大明确提出“实施知识产权战略”。2008 年 6 月，国务院正式颁布《国家知识产权战略纲要》。11 月，胡锦涛总书记在中央政治局第 9 次集体学习时强调，“要坚持走中国特色自主创新道路，大力实施科教兴国战略、人才强国战略、知识产权战略，加快建设国家创新体系”。今年 3 月，温家宝总理在《政府工作报告》中再次重申，将“知识产权战略”作为与“科教兴国战略”、“人才强国战略”并列的国家三大战略提出。2008 年国民经济和社会发展统计公报，首度公开了我国有效专利统计数据，将专利评价纳入到国家经济社会发展综合指标体系。知识产权在国内受到空前重视，这为知识产权工作的发展提供了良好机遇，也提出了更高要求。

目前，我省正抓紧贯彻实施《珠江三角洲地区改革发展规划纲要》，并且把它当作当前和今后一个时期的重大战略任务。因此，我省的知识产权工作要认真贯彻落实胡锦涛总书记在十一届全国人大二次会议广东代表团会议上的重要讲话和温家宝总理关于实施《规划纲要》的重要指示精神，按照省委提出的“三促进一保持”的要求，紧扣《规划纲要》的目标任务，充分发挥知识产权的支撑和引领作用。当前，我省的知识产权工作正处于由大到强转变的关键时期，我们必须保持清醒的头脑，深刻认识到我省存在的知识产权质量不高、重大自主知识产权偏少、知识产权管理服务体系还不完善、知识产权与经济社会发展结合还不够紧密等问题，进一步加大我省知识产权的工作力度。

三、突出重点，明确责任，确保 2009 年知识产权各项任务落到实处

2009 年是我省深入贯彻落实科学发展观的关键之年，是实施《珠江三角洲地区改革发展规划纲要》的开局之年，同时也是我省贯彻实施《国家知识产权战略纲要》和《广东省知识产权战略纲要》的重要一年。各项工作任务十分繁重，当务之急是要加强领导，抓好落实。

一要加强领导，明确职责。各级领导一定要切实将知识产权工作摆上重要议事日程，特别是要把知识产权工作的重大部署和重要任务，放在心上，抓在手上，落实到行动上。要落实知识产权工作责任制，明确工作责任，建立知识产权考核机制，加强监督检查，层层抓好落实。各项工作要落实到人，从制度上保证知识产权各项工作的顺利进行。

二要突出重点，统筹兼顾。要紧紧围绕省委、省政府的中心工作，突出知识产权的工作重点，同时又要统筹兼顾，以重点突破带动全面发展。全省各级党委、政府和有关部门要用前瞻的眼光、科学发展的思维和具体的行动，在管理体制、管理力量、政策法规、人才队伍、普及宣传等方面给予具体的关心、支持，因地制宜地制定知识产权战略纲要的实施方案，确保国家和我省知识产权战略纲要的各项任务得以落实。

三要加强协调，形成合力。知识产权事业关系着我省当前和未来的发展，与全省经济发展紧密相连，与人民群众的切身利益密切相关。同时，知识产权工作又贯穿于创造、运用、保护和管理的各个环节，涉及众多的部门。各有关部门之间既要明确分工，各司其职，又要密切配合，

协同工作。各级党委、政府和有关部门要加强协调，强化沟通，在研究解决广东经济社会发展面临的突出问题时，在推动产业结构优化升级和促进提高自主创新能力时，在制定、调整经济政策和产业政策时，要切实提高知识产权的政策参与度，加大知识产权工作力度，形成共同推动知识产权事业发展的合力。

四要把握机遇，乘势而为。当前，我国的知识产权事业正处在历史上最好的发展时期，全省知识产权管理战线上的同志要充分认识到责任的重大，使命的光荣，要善于把握机遇，积极主动地开展工作，脚踏实地抓好工作落实，以加倍的勤奋和努力去履行好这份光荣的职责。刚刚结束的省委、省政府组织的珠江三角洲各市现场会上考察的众多企业中，那些面对金融危机的冲击逆势而上甚至同比增长40%以上的企业，无一例外都是知识产权工作和自主创新工作做得好的，所以知识产权工作也是积极应对国际金融危机的一项重要工作，必须切实抓紧抓好。

同志们，知识产权事业任重道远。让我们紧密团结在以胡锦涛同志为总书记的党中央周围，在省委、省政府的正确领导下，深入学习实践科学发展观，继续解放思想，坚持改革创新，不断提高知识产权工作水平，在推进实现“三促进一保持”和应对国际金融危机中有所作为、有所建树，为实现我省由知识产权大省向知识产权强省跨越、促进全省经济平稳较快发展作出新贡献！

广东省知识产权局局长陶凯元在全省知识产权工作座谈会暨2009年广东专利奖表彰大会上的讲话

（2009年4月14日）

同志们：

经省政府批准，全省知识产权工作座谈会暨2009年广东专利奖表彰大会今天在此隆重召开。这次会议的主要任务是，以党的十七大精神为指导，深入学习实践科学发展观，贯彻落实国家、我省《知识产权战略纲要》和《珠江三角洲地区改革发展规划纲要》，传达全国知识产权局局长会议精神，总结我省2008年知识产权工作，分析当前形势，部署2009年我省知识产权工作任务，表彰2009年度广东专利获奖单位。此外，还将进行《专利法》第三次修改的专题学习辅导。根据会议的安排，下面我向各位作工作报告。

一、全国知识产权局局长会议的主要精神

（一）全国知识产权局局长会议的基本情况

今年2月4—5日，全国知识产权局局长会议在珠海市召开。中纪委委员、国家知识产权局党组书记、局长田力普，中纪委派驻国家知识产权局纪检组组长肖兴威出席会议，国家知识产权局党组成员、副局长张勤主持会议。广东省政府宋海副省长，珠海市政府钟世坚市长出席会议开幕式并致辞。会上，田力普局长作了题为《深入贯彻落实科学发展观，大力实施国家知识产权战略，努力开创知识产权工作新局面》的工作报告。国家知识产权局条法司尹新天司长作了专利法第三次修改情况的说明。国家知识产权局副局长张勤作了会议的总结讲话。各省、自治区、直辖市、新疆生产建设兵团知识产权局有关负责同志，各国家知识产权工作示范城市、示范创建市知识产权局负责人参加了会议。广东、上海、天津、陕西、深圳和成都六省市知识产权局先后向大会介绍了开展知识产权工作的经验。

（二）田力普局长工作报告的主要内容及精神

田力普局长所作的工作报告包括四个部分的内容：

报告首先回顾了改革开放30年来中国知识产权事业的发展历程，将我国知识产权事业的发展归纳为三个阶段。从1978年党中央作

出我国应当建立专利制度的重大决策开始，到1994年各省区市建立起省级知识产权办公会议制度为初级发展阶段；从1998年中国专利局更名为国家知识产权局，到2007年党的十七大报告明确提出“实施知识产权战略”为快速发展阶段；从2008年6月《国家知识产权战略纲要》颁布实施开始，进入第三个阶段，即全面协调、可持续的科学发展阶段。田力普局长强调，知识产权事业要进一步实现科学发展，必须始终坚持从基本国情出发、改革创新、统筹协调和科学的效益观。

报告的第二部分对2008年全国知识产权工作取得的新进展进行了总结。2008年作为国家知识产权战略实施的开局之年，知识产权工作在贯彻落实《国家知识产权战略纲要》，法律和制度体系建设，专利申请、授权及审查能力建设，管理效能及利用行政资源能力，知识产权执法保护，创造和运用能力，服务体系建设，全社会知识产权文化建设，国际合作与交流工作等九个方面取得了新进展。报告多处对我省的知识产权工作给予肯定：广东实施粤港两地高校及科研机构知识产权管理工作交流活动和粤港知识产权教师交流计划，积极打造“珠江知识产权及创新论坛”、“知识产权半月谈”及“鹏城论坛”等对外合作品牌；广东局组建省市联合执法队伍进驻广交会；各地联合工商部门整顿专利代理市场；深圳市人大常委会审议通过的《深圳经济特区加强知识产权保护工作若干规定》，是全国第一个以立法形式出台的对知识产权各领域综合性保护的地方性法规，并在全国率先出台《企业知识产权海外维权指引》，首次公布知识产权指标数据，举办知识产权十大事件评选；广州成立知识产权专家顾问团，建立知识产权仲裁中心，在全市范围内所开展打击专利“黑代理”专项行动等等。

报告接着深刻分析了国内外发展形势，明确了新形势下知识产权事业发展的方向，提出了做好知识产权工作必须牢牢把握的六项原则。第一，必须牢牢把握实施国家知识产权战略这个总纲，创新发展方式；第二，必须牢牢把握增强知识产权科学发展能力这个根本要求，提升管理水平；第三，必须牢牢把握健全知识产权工作体系这个组织保障，拓展管理空间；第四，必须牢牢把握完善知识产权制度这个基础，健全管理机制；第五，必须牢牢把握知识产权执法保护这个重要手段，发挥特点与优势；第六，必须牢牢把握优化市场环境和文化环境这个基本着眼点，着力促进自主创新与经济繁荣。

报告的第四部分对2009年工作进行了全面部署，提出了12项重点工作：一是大力推进实施国家知识产权战略；二是进一步完善专利法律法规和政策体系建设；三是进一步推进知识产权工作体系建设；四是加大行政执法与维权援助工作力度；五是进一步推进企事业单位知识产权工作；六是推进全国专利运用与产业化工作体系建设；七是着力培育知识产权市场化运作机制；八是大力完善专利信息服务体系；九是有效落实国家对申请国外专利的资助政策；十是开展省级知识产权绩效评估工作；十一是完善专利统计服务机制；十二是加大对内和对外宣传力度，加快人才队伍建设步伐。田力普局长强调，我国知识产权事业正处在前所未有的发展时期，党的十七大已对知识产权工作提出了明确的任务和目标，大家一定要继续解放思想，坚持改革创新，努力开创知识产权工作的新局面。

（三）张勤副局长总结讲话的主要内容及精神

张勤副局长在总结讲话中就贯彻落实会议精神，做好全年工作提出了三点要求：一是大力推进地方知识产权战略的制定与实施工作。二是提高工作能力，深化服务意识。三是加强协调，深化落实，形成工作合力。他要求大家团结一心，积极进取，开拓创新，扎实工作，切实推进战略实施，为知识产权事业又好又快发展做出贡献。

二、2008年全省知识产权工作情况

2008年是我省知识产权事业全面发展进步的一年。在省委、省政府的正确领导下，在国家知识产权局的精心指导下，我省的知识产权工作坚持以邓小平理论、“三个代表”重要思想和十七大精神为指导，深入学习贯彻落实科学发展观，紧紧围绕我省经济社会发展和知识产权事业发展的重大问题，认真研究新情况、努力解决新问题，积极主动地履行职责，扎实做好知识产权各项工作，为促进全省经济社会又好又快发展、争当实践科学发展观排头兵做出了积极贡献。全省全年专利申请量为103883件，同比增长1.4%；其中发明专利申请量28099件，同比增长5.27%；专利授权量为62031件，同比增长9.88%；其中发明专利授权量7604件，同比增长104.74%；PCT国际专利申请量3120件，同比增长17.9%，占全国PCT专利申请的53.3%。全省专利授权量连续14年保持全国第一；发明专利授权量首次跃居全国第一位，PCT国际专利申请量连续第七年位居全国第一。在第十届中国专利奖评选中，我省获金奖2项，优秀奖19项，获奖总数居全国第一。

（一）坚持以科学发展观为统领，不断创新工作思路和工作目标

2008年，我省知识产权部门深入学习实践科学发展观，继续解放思想，积极推进知识产权战略的宣传和贯彻实施，不断创新工作思路，进一步明确工作目标。

1. 知识产权强省建设目标得以确立。根据省委《继续解放思想，坚持改革开放，争当实践科学发展观的排头兵》活动的要求，省局针对现阶段我省知识产权事业发展中存在的“大而不强”的问题，及时提出了全面实施知识产权战略，进一步加强知识产权创造、运用、保护和管理，推动我省知识产权事业科学发展，为广东争当实践科学发展观排头兵提供有力支撑，实现从知识产权大省向知识产权强省跨越的奋斗目标，并得到了省委、省政府的认可。去年6月，省委、省政府《关于争当实践科学发展观排头兵的决定》中明确提出“实施知识产权战略，加强知识产权创造、应用、保护和管理，实现从知识产权大省向知识产权强省跨越”。在《广东省建设创新型广东行动纲要》等政策文件中也提出“建设知识产权强省”的相应举措。去年下半年，我省各级知识产权部门积极研究应对金融风暴的具体办法，制定知识产权相关的配套政策措施，以实际行动贯彻落实省委、省政府的决策部署，使知识产权工作在应对金融风暴中有所作为，发挥作用。我省知识产权部门通过进一步解放思想，深入学习实践科学发展观，促进了全省知识产权事业的协调发展，增强了服务经济社会发展的能力。

2.《知识产权战略纲要》宣传贯彻开局良好。2007年11月和2008年6月，《广东省知识产权战略纲要（2007－2020年）》和《国家知识产权战略纲要》先后颁布。为落实国家和我省知识产权战略纲要确定的任务和措施，省局会同有关部门组织制定了《广东省知识产权战略纲要2008－2009年度实施方案》，在全省范围开展了声势浩大的《战略纲要》宣讲活动。省委邀请国家知识产权局田力普局长在广东学习论坛上专题宣讲《国家知识产权战略纲要》；省局领导结合联系指导地市工作制度，带队分赴全省各市宣讲战略纲要；各地市局在很短的时间内，就展开了推进国家和省知识产权战略纲要的各项活动。广州市利用市委、市政府推动广州科学发展建设全省“首善之区”的良好时机，积极推进《知识产权战略纲要》落实，在创建示范、自主创新工作中，着力加强知识产权的各项工作，取得新的进展和成效；深圳、珠海、汕头、惠州、汕尾等市制定了各市的《知识产权战略纲要实施方案》；云浮市制定了本市《知识产权战略纲要》。各地市充分利用各种资源，开展多种形式的宣传贯彻活动。通过取得地市党政领导支持，邀请国

家局和省局领导、院校专家教授专题宣讲和艰苦细致的具体工作，在全省形成了声势浩大的宣传、推进和实施《知识产权战略》的良好氛围，大大增强了全社会的知识产权意识，取得了良好效果。

3. 省部知识产权高层次战略合作取得重大进展。为进一步发挥知识产权对我省经济社会发展的促进作用，省局立足全省知识产权工作实际和未来发展目标，围绕我省自主创新能力提高和产业结构优化升级的需要，积极促成国家知识产权局和省政府建立知识产权高层次战略合作关系。12 月 29 日，国家知识产权局与省政府签署《关于建立知识产权高层次战略合作关系的议定书》，标志着省部知识产权高层次战略合作关系正式确立，这为解决当前我省在知识产权体制、人才、信息等方面的实际问题，逐步解决未来事业发展的深层次问题，共同推进知识产权战略实施提供了有力支撑。为进一步扩大专利无效案件审理的影响，优化我省专利无效案件审理的环境和条件，省局与国家知识产权局专利复审委在无效案件审理、互派骨干学习交流、构建信息沟通平台等方面开展了合作共建工作。10 月 29 日，合作共建协议的签署仪式和国家知识产权局专利复审委员会第一巡回审理庭的揭牌仪式同时举行，标志着国家知识产权局专利复审委在地方巡回审案进入新的发展阶段。这对我省进一步强化知识产权保护、拓展知识产权工作新一轮发展空间具有重要意义。

（二）坚持以政策激励和扶持为导向，不断推动知识产权的有效运用

2008 年，我省的知识产权工作继续强化知识产权的激励政策和扶持措施，加大工作力度，推动知识产权的转化和运用。

1. 推动奖励政策的落实。推动省政府落实重奖我省获第十届中国专利奖项目。在去年召开的全省知识产权工作会议上，黄华华省长作了重要讲话，充分肯定了我省重奖政策对自主创新的激励和引导作用，并亲自为我省获得第十届中国专利奖的获奖单位颁奖。省政府拨款 1150 万元用于奖励我省的获奖项目。同时，我们还修改完善了《广东专利奖评奖办法》，并与省人事厅组织开展了 2009 年广东专利奖的评审工作。

2. 企业知识产权工作进一步深入。2008 年，我省认定了首批 10 家省知识产权战略试点企业，增加认定了 10 家省知识产权示范企业、50 家省知识产权优势企业，以此带动企业积极研究、制定和运用知识产权战略，不断增强企业参与国内外市场竞争的能力。选择了 70 个专利项目列入 2008 年专利技术实施计划给予资金支持，逐步形成了企业投入为主、社会支持为辅的省市县联动机制，拓展渠道，整合资源，共同推进知识产权实施和产业化的良好局面。

3. 重点产业专利态势分析收效明显。从 2007 年开始，我省开展了电池、平板显示、LED 产业等重点产业专利态势分析的研究工作，通过专利信息的分析，研究产业的未来发展态势，为政府、产业、企业的科学决策提供依据。2008 年 4 月，电池产业专利态势分析报告向社会发布后，引起了社会各界的强烈反响，广大企业和研究人员给予充分的肯定，经调查统计，满意度高达 100%。东莞市根据产业特色，开展太阳能、RFID、无铅焊料、OLED 等四个产业的专利预警分析，得到企业的积极响应。

4. 知识产权运用能力不断增强。积极协调、推荐我省机构纳入国家专利技术展示交易平台计划。2008 年，佛山、东莞、广州、深圳 4 家专利技术展示交易中心现场展示专利项目 1323 项，网上展示 28400 项，成交 38 项，成交额 11849 万元。成功举办了第二届中国专利技术展示交易活动周和第五届专博会。交易活动周展区总面积达到 10300 平方米、展位 1120 个，现场展出项目 575 项、实物样品近 500 件，网上发布项目 2 万多项，参观人数达到 10500 多人次，成交专利项目 30 项，成交金额高达 8230 万元。第五届专博会现场汇集了 3200 多项专利技术、200 多个各类名牌和

2000多项最新工业设计成果，参观人数超过5万人。展会规模大、涉及领域、参展企业和参观人数，均创下了专博会历史之最。我们还组织企业和项目分别参加了中国国际专利技术与产品交易会、第十届高交会、第十一届中国北京国际科技产品博览会、第十五届农业高新科技成果博览会和无锡工业设计博览会。会展活动的开展，为发明人和投资者搭建了对接桥梁，对专利技术和产品推广运用产生了积极的效果。

（三）坚持以法制建设和制度健全为重点，不断完善知识产权保护机制

开展行政执法和知识产权保护，是维护公平有序市场秩序、规范市场竞争的重要手段，也是知识产权管理部门发挥职能作用，参与市场监管的重要工作方式。

1. 专利法制建设不断完善。积极推进《广东省专利条例》立法工作，省局与省人大、省法制办等部门广泛调研和充分沟通，拟定并形成了《广东省专利条例》（草案文稿）。广州市制定了《亚运会知识产权保护规定》、《展会知识产权保护办法》。深圳市颁布了《深圳经济特区加强知识产权保护工作若干规定》，这是全国第一个以立法形式出台的对知识产权各领域综合性保护的地方性法规。深圳还修订了《企业技术秘密保护条例》，制定了《互联网软件知识产权保护办法》、《数字作品备案办法》、《展会知识产权保护办法》。各地市通过制定地方性法规和制度，构建了全方位多领域的知识产权政策法规体系，为本地区、本部门提供了“有法可依”的知识产权法制环境。广州市知识产权局还积极探索知识产权保护的新途径，建设完成了“专利侵权网上举报投诉系统”，为知识产权维权与执法提供了互动平台，方便了企事业单位与社会各界的维权活动；与广州仲裁委合作成立了我省首家“知识产权仲裁中心”，形成了行政、司法、仲裁多渠道保护知识产权的新格局。

2. 专利行政执法水平不断提高。继续开展“雷雨”、“天网”知识产权执法专项行动，认真查处恶意专利侵权、冒充专利和专利诈骗案件。按照行政执法“重心下移”的思路，各地市加大了开展专利行政执法的力度，全省专利侵权及假冒他人专利、冒充专利等违法行为得到有效遏制。积极探索知识产权维权援助和涉外应对机制。广州市制定了《保护知识产权行动纲要》、《重点商品知识产权专项行动工作方案》，组织开展了“春雨”、“08羊城维权”、“重点商品保护”、“犀牛行动”、“展会保护”等专项行动，加大对重点区域、重点市场、重点展会的执法检查力度。深圳市开展计算机预装软件查处和打击盗版专项行动；佛山市组织市、区、县三级执法人员，对批发市场的涉嫌冒充专利行为的商铺进行了突击检查。湛江市、阳江市、梅州、潮州等市知识产权局主动与市公安局协商，制定了执法联络制度和工作职责；惠州、珠海等市与工商部门成立了专项行动联合清查小组。通过专项行动和联合执法，极大地提高了我省知识产权行政执法的力度和保护水平，为促进我省经济发展作出了积极贡献。2008年，全省各级知识产权局共立案受理各类专利纠纷案件199件，结案198件；立案查处假冒、冒充专利案件共41件，结案44件。潮州、阳江、中山市知识产权局被国家知识产权局授予“全国专利执法先进集体”。

3. 会展和行业协会知识产权保护力度不断加大。按照市场监管“端口前移”的工作思路，继续开展以广交会为龙头的会展和行业协会知识产权保护工作。省市知识产权管理部门进驻第103届和104届广交会、第5届中博会、第28届和29届广州国际美容美发化妆用品进出口博览会等，积极指导各地市开展相关会展和行业协会的知识产权保护工作。2008年，全省各级知识产权局指导各类会展解决专利纠纷918宗，指导行业协会调解纠纷165宗。通过开展会展和行业协会监管，调动了会展和行业协会参与知识产权保护工作的积极性，把一批侵权和纠纷解决在萌芽状态，使自律保护成为行政保护和司法保护的有益补充，既维护了各类会展正常的交易秩序，推动了有

关行业产业和企业的健康发展，同时又节约了行政执法资源，提高了保护效率。

（四）坚持以加强体制建设和人才队伍建设为抓手，不断提高管理能力

2008年，我省各级知识产权管理部门积极推进知识产权管理体系建设，加大人才培养力度，我省知识产权管理能力和水平进一步提高。

1. 知识产权管理体系进一步完善。2008年，我省各级知识产权管理体系不断健全完善，事业有了新发展。汕头市知识产权局升格为正处级局；珠海市恢复建立了“珠海市知识产权联席会议制度”，4个区新成立了知识产权局；广州市专利信息研究发展中心正式列编为“广州市知识产权信息中心”，有两个区已率先落实区级知识产权局人员编制，9个区（县）成立了知识产权办公会议或协调领导小组，3个区（县）成立了知识产权保护协会和维权援助中心；清远连州市、清新县新成立了知识产权局，有4个县（市）正在筹备挂牌；汕尾市建立了知识产权工作助理员制度，有效地解决知识产权工作力量不足的问题。我省知识产权管理机构体制的不断完善，极大地提高了我省知识产权事业为经济发展服务、为建设和谐社会服务的能力和水平。

2. 区域知识产权事业发展进一步协调。继续实施《广东区域知识产权发展计划》和《广东省区域知识产权试点示范工作方案》，通过明确工作任务和目标，各地市知识产权体系建设、知识产权行政保护、知识产权宣传培训、企事业单位知识产权工作和专利信息工作得到较大发展，逐步建立了市、县（区）、镇（街道）、园区的知识产权管理网络。

3. 知识产权人才培养力度进一步加强。认真落实国家知识产权局“百千万知识产权人才工程”，组织参加国家知识产权局专题培训班30人次，制定并实施了“广东省百千万知识产权（专利）人才培育工作”方案，举办知识产权行政管理及执法研修班2期，培训180余人次。各地市局采取多种形式和途径，加强知识产权人才培养。全省全年举办各类知识产权培训班、研讨会、讲座169期，培训2.4万多人次。

（五）坚持以提高服务能力为目标，不断强化知识产权服务体系建设

知识产权服务体系和支撑体系，是知识产权事业的重要组成部分，对知识产权事业健康快速发展具有重要作用。

1. 专利代理行业进一步规范。2008年，我们组织召开了首次全省专利代理管理工作会议，推动成立了省专利代理协会，发挥专利代理惩戒委员会的作用，加强了专利代理执业培训和行业自律，并与省工商局联合开展打击专利“黑代理”专项行动，开展非正常专利申请的查处与监管工作，净化了专利代理市场的环境。截至去年底，全省共有专利代理机构84家，分支机构74家，执业专利代理人541人，其中具有涉外代理资格的代理机构22家，新增3家。

2. 知识产权信息基础建设进一步完善。制定了《广东省知识产权公共信息综合服务平台建设方案（2009－2012年）》和《关于加强专利信息服务与管理的意见》，完善广东专利信息服务平台建设，发挥省中心平台、地市分平台和使用分站的作用，为社会各界提供专利信息服务。通过开发专利信息分析系统、企业知识产权管理系统、不断扩充专利基础数据源、建设重点产业专利分类数据库等个性化的服务方式和手段，为企事业单位了解现状、了解对手、研发自主知识产权和核心竞争力专利产品，提供了有力的保障。中山市还根据本市的产业特点，建立了世界灯具照明专利专题数据库。

3. 知识产权服务环境进一步改善。积极探索专利质押融资工作，知识产权运用的投融资环境有了明显改善；积极推动专利实施许可合同备案工作，促进专利技术转让和实施的进一步规范；与国家知识产权局建立了专利登记簿副本快速出证合作机制，为进一步规范专利管理和保护提供了重要支撑，开通了首个国家

知识产权局远程会晤系统，为我省专利申请提供了沟通平台。2008年，广州代办处的各项业务均呈增长态势，全年共受理专利申请57081件，收缴专利费用过亿元（10423万元），分别增长24%和5.2%，是全国首个突破亿元大关的代办处，并连续第7年被国家知识产权局评为“先进代办处”。深圳代办处以扎实的作风建设和谐文明窗口，争当作风建设、业务攻坚排头兵，被深圳市政府评为“文明示范窗口”，被国家知识产权局授予“质量进步奖”。

（六）坚持以世界眼光和开放思维谋划事业发展，不断加强知识产权交流合作与宣传普及

2008年，我们继续做好“走出去”、“引进来”的工作，深入推进知识产权国际交流与合作，深化区域合作的各项内容，采取有效措施，加强知识产权的宣传普及。

1. 知识产权对外交流的范围不断扩大。积极发挥协调涉外知识产权事宜的机构职能，协调全省各知识产权管理与保护部门共同开展对外知识产权工作。2008年全省接待了美国、英国、德国等9个国家政府及民间组织23个知识产权代表团、75人次的来访交流；与美国专利商标局合作举办了“珠江知识产权及创新论坛2008”，与国家知识产权局、欧洲专利局、欧共体商标局联合举办了“欧洲知识产权制度—外观设计与专利国际研讨会”；广州市组织知识产权代表团首次赴台湾访问。对外的交流与合作，极大地拓展我省知识产权工作的影响力。

2. 区域知识产权合作取得新进展。粤港合作成效明显。2008年，召开了粤港保护知识产权合作专责小组第七次会议，总结交流了粤港知识产权合作经验，确定了下一阶段的合作项目；开展了粤港“正版正货承诺”计划十周年庆祝活动；举办了“粤港知识产权与中小企业发展研讨会”、知识资本管理等讲座；开展了粤港两地高校、科研机构知识产权管理工作交流活动和知识产权教师交流计划。泛珠三角区域合作进展顺利。积极配合做好第五届泛珠三角区域知识产权合作联席会议暨第四届泛珠三角区域知识产权合作论坛的筹备工作，提交2008—2009年底建议合作项目；开展了“泛珠三角区域有效专利存量调查及分析”工作，提取有效发明专利数据7万余件。粤哈知识产权合作力度逐步加大，2008年增加了“中小学知识产权教育”、“万亩优质哈密瓜科技示范园”和“哈密大枣系列产品深加工”三个项目。此外，潮州市与江西景德镇开展了陶瓷行业知识产权保护的交流与探讨。汕头、汕尾、潮州、揭阳、梅州、河源粤东六市深化“粤东合作”，茂名、云浮、阳江、湛江西部四市首次开展“粤西合作”，在专利信息交流、人员培训、侵权纠纷案件查处和管理等方面达成合作协议，广泛开展合作交流，推动区域知识产权工作的发展。

3. 知识产权宣传取得良好的社会效应。2008年，全省各知识产权管理部门结合“保护知识产权宣传周”、知识产权战略纲要颁布实施、纪念改革开放三十周年等重大事件，开展了一系列形式新颖、内容丰富、声势浩大、影响深远的宣传活动。通过举办“智慧之光——世界知识产权日”专题电视晚会，制作“实施知识产权战略”电视公益广告片，召开广东知识产权保护状况新闻发布会、组织改革开放30年广东知识产权十大成就评选和发布等大型活动，努力营造尊重知识、尊重人才、尊重创造的社会氛围。各地市知识产权管理部门通过采取新闻发布会、广场宣传、保护知识产权论坛、展览、知识竞赛、专栏、咨询服务等形式，充分运用政务信息、电视、广播、报纸、网站、墙报、板报等手段，进行全方位、立体化宣传。深圳市着力打造知识产权“半月谈”、“名人讲堂”、“鹏城论坛”等品牌文化。全省各地市全年共举办知识产权专题报告会和宣传活动102场次，宣传对象达30余万人，极大地提高了我省知识产权大众认知度，引起了各级政府部门和领导的广泛关注。继续深化中小学生知识产权普及宣传工作，认定了第一批

42所“省中小学知识产权教育试点学校”，全省的试点学校达到107所；继续支持“广东省少年儿童发明奖”、第二届“全国青少年创意大赛暨知识产权宣传教育活动”，推动省少工委在“雏鹰奖章”活动中增设“知识产权章”，在全国率先将青少年知识产权教育与“雏鹰奖章”活动有机结合起来。

一年来，在省委、省政府的正确领导下，在国家知识产权局的精心指导下，在各级党委、政府、和各有关部门的支持配合下，经过我省各级知识产权管理部门的共同努力，我省的知识产权工作取得了明显的进步。但与此同时，我们也要看到我省的知识产权工作还有许多不足，与国内外发展的形势和任务相比，与国家知识产权局、省委、省政府的要求相比，与全国排头兵地位和知识产权强省的目标相比，还有不小的差距。主要表现在六个方面：一是全社会对知识产权的重要性认识仍然不足，二是拥有自主知识产权的产业核心专利仍然不多，三是企业运用知识产权参与竞争的能力仍然不强，四是知识产权保护力度和手段仍然很弱，五是知识产权资源和投入仍然不足，六是知识产权管理体制和机制与形势发展仍然不相适应，这些都需要我们在今后的工作中采取切实可行的措施逐步加以解决。

三、2009年全省知识产权工作安排

2009年，全省知识产权工作的指导思想和总体要求是：坚持以邓小平理论和“三个代表”重要思想为指导，全面贯彻落实科学发展观，按照党中央和省委精神，继续解放思想、坚持改革创新，深入实施国家和我省《知识产权战略纲要》以及《珠江三角洲地区改革发展规划纲要》，紧紧围绕全省经济社会发展大局和省委、省政府的中心工作，深化省部知识产权高层次战略合作，激励知识产权创造，促进知识产权运用，加强知识产权保护，完善知识产权管理，充分发挥知识产权制度在推动全省科技创新、经济社会发展中的重要作用，以更加科学、务实的作风，推动知识产权强省建设。重点抓好以下八个方面的工作：

（一）贯彻实施《珠江三角洲地区改革发展规划纲要》，推进《知识产权战略纲要》的进一步实施。全面贯彻落实《珠江三角洲地区改革发展规划纲要》（以下简称《规划纲要》），是省委、省政府今年的中心工作。《规划纲要》的实施，在于通过保持珠江三角洲地区经济平稳较快增长，带动周边地区的经济发展；通过“科学发展，先行先试”，为我国实现科学发展探索新路，提供经验。应该说，《规划纲要》的颁布，为我省推进《知识产权战略纲要》带来了政策，带来了条件，带来了机遇。我省各级知识产权管理部门要加强《规划纲要》的学习和研究，找准《规划纲要》和《知识产权战略纲要》的联系点和工作切入点，从中找出知识产权事业的发展机遇、发展空间和政策依据，在贯彻实施《规划纲要》的同时，乘势而上，在知识产权激励创造、有效运用、依法保护和科学管理等方面开展知识产权强省建设的各项活动。

（二）积极推进省部知识产权高层次合作项目落实，进一步破解我省知识产权事业科学发展的难题。要加快推进省部知识产权高层次合作项目的落实，高效利用直接沟通、对话的便利渠道，在知识产权的体制创新、体系建设、人才培养、信息运用等方面取得国家知识产权局的指导和支持，克服和解决我省知识产权事业发展中遇到的管理体制和运行机制亟待创新，人才队伍能力素质亟待提高，信息资源不完整，信息运用能力不强，以及涉外应对及对外宣传交流等方面存在的困难和问题。

（三）全面开展知识产权政策研究，进一步加强宏观协调能力。要围绕我省经济社会发展中的知识产权热点、难点和重点问题，积极开展知识产权发展重大问题研究，特别是针对制约我省知识产权事业发展的瓶颈性问题开展深入调研。做好知识产权“十二五”规划的前期调研工作，开展运用知识产权制度应对全球

金融危机调研活动，争取在条件成熟时以省委、省政府名义制定颁布《关于加快建设知识产权强省的决定》，为我省知识产权事业发展提供有力的政策保障。继续实施“软科学研究计划”，大兴调研之风，理清发展思路，完善相关政策，努力解决知识产权事业发展中存在的问题。要加强和完善省政府知识产权办公会议制度，充分发挥办公会议在整合优化部门资源、促进知识产权协调管理、制定知识产权宏观政策等方面的积极作用，增强知识产权事业发展的合力，逐步形成统一管理、结构合理、协调有序、联动发展的知识产权工作新格局。

（四）大力鼓励自主创新，继续强化知识产权有效运用。目前，我省专利授权量、发明专利授权量、PCT 国际专利申请量等主要指标仍位居全国第一位，但专利申请量的增幅有放缓趋势。2008 年，我省专利申请总量和发明专利申请量分别被江苏省和北京市赶超，退居全国第二位。对此，全省各级知识产权管理部门要高度重视，认真分析原因，采取针对性措施，进一步强化企业创造知识产权的主体地位和作用。要继续实施国内发明专利申请及国（境）外专利资助政策，探索建立专利申请奖励制度，加大专利申请资助资金投入和引导力度，认真组织实施国家和省专利奖励工作。强化专利统计及分析工作，定期发布全省专利申请、授权数量，探索建立更加科学的专利统计指标体系及评价制度。在引导重点产业、行业、企事业单位在稳步提升专利申请数量的同时，更加注重专利申请的质量，不断优化我省专利申请和授权的结构。要探索制订中小企业知识产权引导计划，继续认定一批省级知识产权优势企业、试点事业单位和试点区域，积极创建知识产权示范企业，推动示范企业研究制定知识产权战略。进一步推进国家知识产权强县工程、国家知识产权城市和园区试点示范工作，深入开展高新区知识产权工作，落实专业镇知识产权专项行动方案。要编制 2009 年专利技术实施计划，提升专利技术产业化水平。推进知识产权质押融资工作，开展知识产权评估试点，探索资产评估、质押融资和知识产权转移的有机结合新模式。继续实施全国专利技术展示交易平台计划，举办中国专利周活动，支持国家知识产权局认定的展示交易中心，探索展示交易模式。继续抓好专利实施许可合同备案和专利登记簿副本出证工作。要围绕全省产业结构调整和优化升级，继续组织开展重点产业的专利态势分析，完善并试运行企业知识产权数据采集系统，启动“自主知识产权技术标准培植工程”。针对当前金融海啸引发的中小企业发展面临的困难，开展利用全球创新成果支持中小企业创业专项行动。

（五）加大知识产权保护力度，维护公平有序市场秩序。要积极开展第三次修改的专利法宣讲活动，抓好专利法及其实施条例的贯彻实施。推动加快《广东省专利条例》立法进程。要抓住机构改革的有利机遇，加强省、市、县三级知识产权行政执法保护体系的建设，充实执法力量，规范执法行为，建立行政执法监管系统和重大事项通报制度。落实行政执法和刑事司法相衔接的工作机制，强化部门间的定期沟通和重大案件会商、通报制度，形成联合执法协调机制和纠纷快速解决机制。进一步推进行政执法重心下移，深入开展“雷雨”、“天网”知识产权执法专项行动。启动“5·26”区域专利行政执法保护试点工作，强化省际间、部门间和区域间的专利执法协作。改善地市专利执法条件和装备，提高专利行政执法效率和水平。进一步加强与国家知识产权局专利复审委的合作共建，建立广东专利无效案件快速处理机制。要做好知识产权维权援助中心的筹建和建章立制工作，继续开展知识产权涉外应对调研活动，稳步推进知识产权涉外应对试点和维权援助工作。加快建立重点企业联系制度、重大涉外案件上报制度和信息采集、发布机制，加强对涉外知识产权纠纷案件的指导与援助。要深入开展会展和行业协会知识产权保护试点示范工作，进一步加强对各类会展知识产权保护工作的指导和管理，积极维护展会的正常交易秩序。引导和推动省内各行业、区域建立知识产权保护联盟，形成强有力的知识产权保护网络。探索建立行政、司法和自律保护的全方位的知识产权保护体系，加大知识产权保护和市场监管力度。下半年召开全省专利行政执法工作会议，总结交流专利行政执法经验。

（六）加强知识产权管理，强化服务支撑体系和能力建设。要抓紧建设和完善相关信息服务平台，组织实施《广东省知识产权公共信息综合服务平台建设方案》，完善我省专利信息服务平台的各项功能，扩大信息源。开展产业发展专利信息服务平台、重点产业、行业外观设计专利图像分析服务平台建设。各地市要根据全省信息平台的建设布局，配合开展信息平台的建设和平台功能的完善。要加强对专利代理行业的监管。加快制定推动专利代理行业健康发展的政策措施，开展专利代理执业能力提升专项培训，提高专利代理业务水平。加大市场监管力度，建立查处取缔非法从事专利代理行为长效机制。继续做好专利代理机构及分支机构成立审核、审批和年检工作，完善行政审批电子监察系统。充分发挥“广东专利代理协会”的作用，探索建立行业奖惩制度，加强行业自律和规范发展。认真履行省专利代理惩戒委员会职责，严肃查处专利代理违规违纪行为。要加强专利代办处专利受理和收费的管理，配合国家知识产权局做好专利审查电子审批系统上线的各项工作，启动代办处专利审查远程查询系统的相关试点工作，进一步完善远程会晤及查询系统的建设，抓紧设立专利代办业务在广东知识产权服务中心的服务窗口。

（七）进一步扩充渠道，促进知识产权交流合作深入开展。要继续实施“请进来、走出去”战略，开展知识产权国际合作交流，加强与外国有关机构和组织的沟通交流，加强国外知识产权制度及发展动向的研究，促进知识产权对外合作深入开展。要完善粤港保护知识产权合作专责小组会议制度，全面落实粤港保护知识产权合作专责小组第七次会议确定的合作项目，组织召开粤港保护知识产权合作专责小组第八次会议。积极探索建立粤台知识产权交流与合作机制，争取承办国家知识产权局主办的“两岸三地知识产权研讨会”。要做好第五届泛珠三角区域知识产权合作联席会议暨第四届泛珠三角区域知识产权合作论坛的筹备组织工作，启动第二轮粤哈知识产权协作计划，鼓励有条件的地市开展对哈知识产权协作。

（八）强化宣传教育力度，推进知识产权文化建设。要大力开展知识产权宣传活动，创新知识产权宣传工作形式内容、方法手段、体制机制，充分发挥舆论导向作用，实施“知识产权彩虹工程”，推动知识产权文化建设。精心组织开展4·26“全国知识产权宣传周”活动，举办高新技术企业知识产权论坛，召开全省知识产权保护状况新闻发布会和十大典型案件新闻发布会，开展知识产权联合执法及宣传活动。启动第二次广东省公民知识产权意识调查。推进中小学及职业技术学校知识产权教育，认定青少年发明创造特色基地，争取创建全国知识产权教育示范区。争取开展“广东省巾帼发明家”和“南粤青少年发明之星”评选活动。要加强知识产权人才培训体系建设，开展多层次知识产权培训，争取建立国家知识产权人才培养基地。推荐优秀人才纳入国家第二批百名高层次人才培养计划，继续大力实施我省“百千万知识产权人才培育工程”。探索建立党校（行政学院）系统知识产权培训骨干队伍。支持知识产权学院开展学历教育，培养高素质知识产权人才队伍。继续开展专业技术人员知识产权公需科目培训工作。探索建立知识产权从业人员职称评定体系。

同志们，2009年是我省战胜金融危机影响的关键之年，深入学习实践科学发展观的实践之年，也是我们进一步贯彻实施知识产权战略的重要之年。希望与困难同在，机遇与挑战并存。站在新的历史起点上，我省的知识产权工作要在省委、省政府的正确领导下，在国家知识产权局的精心指导下，坚持以党的十七大精神为指导，深入学习实践科学发展观，进一步解放思想、开拓创新、真抓实干，以形成知识产权工作的新优势，确保顺利完成2009年的各项工作任务，努力实现我省知识产权工作的新跨越，为促进我省经济保持平稳较快增长作出应有的贡献。

广东省版权局局长朱仲南在全省版权工作会议的工作报告

（2009年6月12日）

同志们：

今天的全省版权工作会议，非常荣幸地请到新闻出版总署副署长、国家版权局副局长阎晓宏和省政府副省长雷于蓝亲临大会指导，并将作重要讲话，充分体现了国家和省委、省政府对广东省版权工作的高度重视。长期以来，广东省版权工作一直得到国家版权局、省委省政府以及省委宣传部的高度关心、悉心指导和全力支持，得到省市各有关部门的鼎力协助和社会各界的积极参与。在此，我谨代表广东省版权局，向在座的各位领导，向为广东省版权工作辛勤奉献的全体同仁，向关心支持广东省版权工作的各界人士和朋友表示衷心的感谢！

下面，我代表广东省版权局向大会作工作报告。

一、2008年版权工作回顾

2008年，面对复杂多变的国际环境、突如其来的特大自然灾害和严峻的经济形势，广东省各级版权行政管理部门在国家版权局和省委省政府的领导下，以邓小平理论和“三个代表”重要思想为指导，坚持以科学发展观为统领，深入贯彻落实党的十七大及十七届二中、三中全会和省委十届二次、三次全会精神，围绕全党全国工作大局和省委、省政府制定的工作目标，继续解放思想，勇于开拓创新，坚持不懈地开展版权法律知识宣传教育，大力推进“版权兴业”工程，完善版权管理机制，依法查处著作权案件，服务广东版权产业，各项工作取得了新的成就。

（一）服务经济建设取得新成果

为肩负起版权工作服务于广东经济社会发展的重大使命，全省各级版权行政管理部门以促进发展为第一要务，认真贯彻实施国家和广东省知识产权战略，按照《广东省版权兴业发展纲要（2007－2015）》的要求，积极推进“版权兴业工程”，着力提高企业自主创新能力，打造创新型广东，为广东省经济的平稳持续发展做出了贡献。

1．“版权兴业工程”进一步深入推进。

2008年是广东省新闻出版局（版权局）推进“版权兴业工程”的第四个年头，在全省各级版权行政管理部门和有关部门、企业的大力支持与参与下，评选2008年度“广东省版权兴业示范基地”的工作圆满完成。通过对申报“示范基地”的企业和产业集群在作品的创作和著作权的管理、保护、使用等方面的工作情况进行综合评估，广东省版权局最终决定将“广东省版权兴业示范基地”的称号授予广州开发区创意产业园、中国游戏游艺产业基地、宇龙计算机通信科技（深圳）有限公司等12个版权相关企业和产业集群。至此，广东省目前共有36个产业集群和企业荣获“广东省版权兴业示范基地”称号，一批版权强势企业和产业集群脱颖而出。

2．创新手段鼓励作品创作。

为加强、完善软件及其他作品的版权登记和保护，激发全社会版权创意、创新、创造精神，着力培育核心版权产业，推动版权产业发展，2008年6月，广州市政府颁布实施《广州市作品版权登记政府资助办法》，对已办理著作权登记手续的作品进行政府资助。为配合该《办法》的实施，广州市版权局同步启动“广州市‘时间戳’作品首创时间登记系统”，以高科技手段协助作者建立作品创作记录档案，为作者管理自己作品的著作权开辟了新的途径。深圳市基本建立起三位一体的平面设计作品版权保护体系，深圳数字作品版权管理系统建设正式启动。

3. 完善地方版权法规建设。

为完善著作权保护的法制环境，深圳市版权局积极参与著作权保护地方立法工作，《深圳经济特区加强知识产权保护工作若干规定》经深圳市人大通过正式颁布施行，为加强包括版权在内的地方知识产权保护提供了法律依据。此外，深圳市版权局参与草拟的《互联网软件知识产权保护办法》、《深圳市数字作品备案办法》、《版画原创产业知识产权法律指引》等一些规章，已经法制部门审核，即将实施。

4. 开展版权产业发展状况研究与统计。

为客观准确地反映版权产业对广东省国民经济和社会发展的贡献情况，并通过统计分析采取对策推动版权产业发展，广州市版权局与广州市统计局、华南理工大学知识产权学院共同组建课题组，在广东省率先对广州市版权产业的发展及统计制度的建立进行专题研究，形成《广州市版权产业发展的现状与对策》和《广州市版权产业统计制度》等两份重要文件。调查报告在进行纵横比较、量化分析、展望预期的基础上，就广州市版权产业的未来发展提出四点对策。《统计制度》的制定，为通过统计客观准确地反映广州市版权产业对国民经济的贡献、并通过统计分析采取对策推动版权产业发展提供了保障。

5. 完善展会版权保护。

按照《展会知识产权保护办法》的有关规定，广东省版权管理部门积极强化展会版权保护工作，派员进驻春秋两季广交会、深圳文博会、国际中小企业博览会、广州国际家具展、广州国际漫画节（穗港澳动漫展）、广州国际汽车展、广州国际设计展和第九届澄海国际工艺玩具博览会等大型版权相关展会，为参会客商和公众提供版权法律知识服务，依法查处展会上的侵权盗版行为。特别是广州市版权局，根据展会侵权案件的处理特点，制定了一系列展会版权行政执法规程，对展前、展中和展后的行政执法行为进行规范，同时根据展会实际，及时改进和完善驻场执法机制，建立了有基层版权管理部门执法人员参与的展会版权执法队伍。在2008年举办的第103届和第104届广交会期间，广州市版权局派出的驻场执法人员分别成功调解版权纠纷63宗和60宗，结案率均达100%，受到国内外参展客商和权利人的一致好评。

6. 突出政府公共服务职能。

全省各级版权行政管理部门以促发展为己任，不断加强公共服务。省版权局为推动全省版权产业的发展，除深入版权兴业示范基地实地调研、了解情况、提供服务外，还将服务融入推进企业使用正版软件工作、版权纠纷的调解和处理、日常法律咨询等工作之中，在为群众提供便利的同时，也进一步提高和扩大了版权行政管理的影响，树立了政府行政管理部门的良好形象。广州市版权局在自身积极为社会公众服务同时，还充分发挥广州市版权协会的服务功能，在作品登记、计算机软件作品登记代理等方面积极为全市公众服务。深圳市版权局出台了行政指导性、服务性、实操性俱强的《企业知识产权海外维权指引》和《深圳市知识产权许可操作指引》，特别是前者，为全国首部指导企业进行海外知识产权维权的专门文件，在国内率先建立起一套政府出面指导和协助我国企业在海外就知识产权纠纷进行应诉抗辩的规范机制，体现了服务型政府的理念，可谓是我国知识产权应诉指导机制的一个里程碑。汕头市版权局为扩大作品版权登记的影响和方便版权权利人进行登记，在政府网站上发布了“版权登记指南”。在日常工作中，热情为社会各界提供版权知识咨询，耐心解答各种版权相关问题，细心指导作品申请人做好登记前期的准备工作，使申请人少走弯路、所申请的作品能较快地办结登记手续。该局还结合辖区玩具产业发达的特点，走访澄海玩具协会和部分企业，与企业代表进行座谈，了解澄海区工艺玩具行业的发展情况、发展目标及企业目前存在的困难和希望得到政府相关部门解决的问题，提出了扶持汕头工艺玩具行业发展的些工作思路。东莞市版权局一方面为版权人、企业经营者、市民等提供版权咨询、维权指引和侵权调解，鼓励著作权人实行“作品自愿登记”和“计算机软件自愿登记”；另一方面，加强与版权产业行业协会和版权产业中介服务组织等社会服务机构的联系与合作，指导其为东莞市版权相关企业服务。同时，借助这些社会服务机构对该市版权产业的发展状况进行调查，为版权行政管理部门实施科学管理提供依据，使东莞市的版权服务工作向着专业化、常规化的方向顺利发展。

2008年全省共完成普通作品著作权登记2343件。

（二）推进企业使用正版软件工作实现新突破

2008年，广东省推进企业使用正版软件工作在国家版权局和广东省委、省政府的正确领导下，在省推进企业使用正版软件工作联席会议各成员单位的大力支持下，按照提高自主创新能力、实施知识产权战略的部署和要求，全面实践科学发展观，深入贯彻落实国家版权局等国家九部委《关于推进企业使用正版软件工作的实施方案》（国权联［2006］2号）精神，巩固和推进并举，进一步巩固广东省企业使用正版软件工作的阶段性成果，有计划、有步骤、有组织、扎扎实实地开展推进企业使用正版软件工作，取得了明显的成效。

一是成立了“广东省推进企业使用正版软件工作联席会议”，制定《广东推进企业使用正版软件工作联席会议制度》，进一步完善省级组织领导机构和联席会议工作制度，在国家“推进企业使用正版软件工作部际联席会议”和省委宣传部、省府办公厅的指导下，继续承担推进广东省企业使用正版软件工作的组织、领导、监督职责。

二是联席会议成员单位省国资委积极、主动地推进省属国有企业使用正版软件工作，在制定推进计划的同时，积极与企业沟通，努力将工作做细，充分考虑企业的实际需要和切实利益，以优质的服务帮助企业克服了正版化过程中的种种难题，使省属国有企业使用正版软件工作取得阶段性的胜利。在省国资委的直接领导下，省属26个集团3000余家独立法人的国有企业基本实现通用软件正版化的工作目标，全省企业使用正版软件的工作成果和工作领域得到进一步的巩固和扩展。

三是省推进企业使用正版软件工作联席会议办公室通过举办“全省推进企业使用正版软件工作培训班”、利用网络和公益广告等宣传、培训手段向企业传播使用正版软件的理念，提高企业版权保护意识；各市推进企业使用正版软件工作领导小组（联席会议）及其办公室在2008年度也积极开展版权法律知识宣传，广州、深圳、珠海、河源、惠州、东莞、中山、江门、阳江、湛江、肇庆、潮州、云浮等13个市共为企业组织使用正版软件相关培训活动共36次，2427家企业共计6376人接受了使用正版软件的相关培训。

四是加大打击使用盗版软件的行政执法力度，对经宣传教育仍不及时整改且情节严重的个别侵权企业进行了依法查处。除省版权局外，广州、珠海、河源、惠州、中山、江门等市版权局在坚持推进企业使用正版软件的同时，对软件权利人投诉的著作权侵权案件进行了调查处理。广州市版权局对某设计研究院有限公司广州分公司未经许可长期使用欧特克软件产品进行查处，促使该公司采购了正版软件；河源市版权局对微软公司投诉河源某集团软件侵权进行了调查、调解，使问题获得圆满解决；惠州市版权局查处了某酒店sybase数据库软件案，维护了权利人的合法权益；江门市版权局对欧特克软件（中国）有限公司投诉江门市某些单位使用盗版Autodesk软件、CorelDRAW软件和Delcam PowerMILL软件的侵权行为，进行了处理。全年各市版权局共依法对22家使用盗版软件的企业进行了查处。

五是各地级以上市使用正版软件工作领导小组（联席会议）按照国家和省里的统一部署，纷纷采取切实有效的措施，推进本地企业使用正版软件工作。例如广州市制定和实施的

"131"推进工程（即全市100家大型企业，30家动漫制作企业和1000家网吧率先推进软件正版化工作），完成了年度预期任务，推进计划首战告捷。珠海市实施的旨在倡导使用正版软件的"绿色网吧"计划，取得预期效果。河源市对纳入正版化计划的企业，逐一抓落实，使该批企业按时完成有关任务。肇庆市明确了第一批试点企业的数量，采取"层级负责、分步实施"的方法，对其中由市直抓的试点企业按领导小组成员单位进行任务分解，各成员单位分别指导1—2家企业的正版化工作，形成了政府领导，部门配合，层级负责，分步实施的工作格局。

（三）行政执法彰显新成效

2008年，全省各级版权行政管理部门按照《著作权法》和国家版权局《关于做好2008年版权行政执法和社会监管工作的通知》（国权［2008］6号）的要求，认真履行法律赋予的版权行政执法职责，以日常管理与专项整治相结合，全力维护著作权人的合法权益。

1. 开展"治理非法预装计算机软件专项行动"。2008年4～6月份期间，全省21个地级以上市版权局按照国家版权局和省版权局的统一部署和要求，在全省范围内开展了治理非法预装计算机软件的专项行动。广州市文化市场综合行政执法总队对广州市太平洋电脑城等电脑集中销售场所进行了预装正版软件专项检查活动，并对国美、苏宁等大公司所售电脑的预装正版操作系统进行了现场检查。珠海市版权局对辖区电脑城销售盗版软件进行了查处，共收缴侵权盗版软件16000多张。汕头市文化市场综合云浮市版权局执法人员检查计算机出租柜台、组装批售计算机商店76家次，收缴盗版计算机软件197张（盒）。

2. 开展"打击网络侵权盗版专项行动"。从2008年6月12日至10月15日，广东省版权局按照国家版权局、公安部、工业和信息化部有关开展打击网络侵权盗版专项行动的统一部署，组织全省各地级以上市版权局开展了为期4个月的打击网络侵权盗版专项行动。期间，广东省版权局集中力量重点查处了国家版权局交办的21CN网站侵犯央视国际网络传播权案、"广州视听"等系列网站侵犯音乐作品版权案和CNMP3. com网站侵犯音乐作品版权案等6宗案件。其中，关闭网站1宗，由通信管理部门注销网站备案号的2宗，行政处罚的1宗，移送公安机关追究侵权刑事责任的2宗，所有案件都得到及时、有效的处理。

各市版权局也认真监管辖区的网络运行，严肃处理了一批侵权网站。其中广州市版权局在专项行动期间，查处了"知新书业网"销售非法出版物案，抓获犯罪嫌疑人1名，收缴非法出版物15000册、光盘600张，电脑2台，并依法将案件移送司法部门进一步追究刑事责任；对"疯狂传世"、"星空传世"、"御守轮回"、"玫瑰传世"、"天空魔兽"等5个私服网站，通过通信管理部门予以关闭。珠海市版权局对该市某电气设备有限公司的网站进行了查处，责令该公司网站停止侵权行为。汕头市版权局根据上海第九城市信息技术有限公司举报，关闭了汕头市某信息技术有限公司侵权的外挂"卓越之星"；根据上海巨人网络科技有限公司举报，关闭汕头电信辖区内的"征途"私服网站。河源市版权局检查辖区网站45家次，给予警告的3家。汕尾市版权局查处非法下载电影网吧2家。东莞市版权局查处网络侵权案件2宗，其中，责令停止侵权1宗，通过有关部门对网站实施关闭的1宗。湛江市版权局根据上海第九城市信息技术有限公司的举报依法查处关闭了4个"魔兽世界"网络游戏私服网站，并对从事传播音乐视频类内容的网站进行主动检查，共查处网络侵权案件5件，责令1家网站进行整顿，关闭非法网站4家，暂扣服务器2台。

3. 开展打击通过互联网非法转播奥运赛事的专项行动。为避免2008年奥运举办期间发生侵犯奥组委著作权的行为，广东省版权局根据国家版权局、工业和信息化部、国家广播电影电视总局联合印发《关于严禁通过互联网非法转播奥运赛事及相关活动的通知》和国家版权局、公安部、工业和信息化部、国家广播电影电视总局制定的《处理非法转播奥运赛事案件快速反应机制》的要求，迅速向全省21个地级以上市版权局布置相关执法工作，同时会同省通信管理局和省公安厅，组建了处理非法转播奥运赛事案件工作组，专门处理广东省奥运期间发生的侵权案件。在举世瞩目的29届奥运会举行期间，为保护第29届奥运会赛事权利人的合法权益，及时制止对奥运赛事及相关活动的非法转播行为，省处理非法转播奥运赛事案件工作组在广东省版权局领导亲自指挥下，与省通信管理局配合，建立了处理非法转播奥运赛事案件快速反应机制和工作流程，在两个奥运会举行期间（8月8日至9月17日），施行24小时值守机制，并指定专人负责双方协调、配合工作，严查非法转播奥运赛事案件。在两个奥运会举行期间共快速查处了16宗互联网站非法转播奥运赛事案件。其中，核查关闭正在非法转播奥运赛事网站11家，查处并删除登载涉奥赛事信息2家，协查网站相关信息2次，注销违法网站1家，平均每宗案件处理时限在1小时内完成，最短的仅用半小时，比上级规定的两小时内处理完毕的时限要求缩短了一半，有效保护了奥运会赛事权利人的合法权益。

一年来，广东省版权局除指导、监督全省各地级以上市版权行政管理部门履行行政执法职责以外，还根据权利人的投诉，依法查处了一批版权侵权案件。经统计，全年广东省版权局共受理投诉案157宗，其中的123宗交给有关地级以上市版权局查处，广东省版权局自行处理完毕的有34宗。全省21个地级以上市版权局全年共对631个侵权案件给予了行政处罚，行政罚款金额总计1970078元，其中有25个案件依法移送公安部门处理；收缴图书、期刊、软件、音像制品等各类侵权盗版制品5595974件（册、盒、张）。

（四）法律宣传工作取得新进展

1. 结合“4·26”世界知识产权日，广泛开展著作权法律知识宣传教育活动。按照国家版权局《关于贯彻落实全国整规办等十八部门开展2008年“保护知识产权宣传周”活动的通知》的统一部署，广东省版权局于2008年3—5月期间，在全省范围内组织开展了广东省2008年“保护著作权宣传周”系列活动。全省各地级以上市版权局积极响应，组织实施了多种多样、各具特色的宣传活动，整个活动开展得有声有色。据不完全统计，全省在“保护著作权宣传周”期间举办主题各异的版权保护培训班12次，举办保护著作权报告会（讲座、研讨会、论坛等）11场，有17个地级以上市版权局举办了公众咨询活动，14个市的版权局通过报刊、电台、电视台、互联网、电信网络等媒体开展宣传活动，10个市的版权局刊登、投放了宣传版权保护的公益广告和举办了反盗版公众签名活动，6个市版权局以举办新闻发布会、发表电视讲话、制作电视（电台）专题宣传节目等形式开展宣传活动，有7个市的版权局举办了版权知识图片宣传巡展，14个市的版权局向公众发放了宣传资料，9个市的版权局通过举行灯谜竞猜、出动宣传车、组织文艺表演、张贴宣传标语等形式宣传著作权法律知识。全省21个地级以上市版权局在宣传周期间，共查处非法音像制品仓库12个，大型地下图书（音像制品）批发窝点14个，包装厂2个；取缔无证经营书刊、软件、音像制品、电子出版物经营单位121个，非法书报刊、音像制品流动摊档208个，“黑网吧”44家；查处有证照音像制品和电子出版物经营店档19家；收缴非法音像制品、电子出版物、计算机软件、书报刊等出版物110.6520万张（份、册）。

广东省版权局除组织全省各市开展宣传活动外，在广州市4条公交线路上投放“保护版权，促进创新发展”和“使用正版软件，树立企业形象”的宣传公益广告和设立广东省新闻出版局（版权局）的反盗版举报电话；组织编辑18篇专稿，在广东省新闻出版局（版权局）政务信息网上开设“版权保护在广东”专题报道栏目，对2007年度被广东省版权局授予“广东省版权兴业示范基地”称号的18家企业

（集群）在“版权兴业”方面的成功做法和经验进行介绍，对全省版权行政管理部门查处的著作权侵权案件、反映版权管理部门和企业做强做大版权产业的实例进行点评。此外，广东省版权局在宣传周期间还对外公布了 2007 年度广东版权行政管理部门保护著作权十大事件和查处的十起典型版权案件。这一系列的活动安排，使广东省 2008 年度“保护著作权宣传周”行动呈现出高潮迭起的局面，起到了良好的宣传效果。

2. 开展“创新与未来”青少年版权保护主题教育活动。

根据国家版权局、团中央的要求，广东省版权局与团省委联合发文，在全省启动了为期半年的“创新与未来”青少年版权保护主题教育活动。广州市版权局按要求与团市委、市文明办一起，在全市开展了“创新与未来——广州市青年版权保护主题教育活动”。期间，广州市一是在市真光中学和市第四中学举办了“广州市中学生版权知识辩论会”，广州电视台以专题节目报道了辩论会实况；二是开展了“广州市中小学生版权知识竞赛活动”，《现代中小学生报》刊载了一整版竞赛题，对答题优胜评出的 3 名一等奖、10 名二等奖、30 名三等奖给予了奖励，并在广州市版权局、市版权协会网站和《现代中小学生报》上公布；此外，广州市版权局积极推动版权知识进校园工作，在市属 6 所学校建立起版权教育示范学校，并向这 6 所学校赠送了 1000 册《版权保护小卫士》书籍。佛山市版权局联合团市委在佛山三中举行了本次主题教育活动的启动仪式，向活动代表学校佛山三中赠送了版权知识读本，邀请有关专家为学生讲授版权保护基本知识，联合珠江青少年报面向全市中小学生举办以“创新与未来”为主题的征文大赛。2008 年 12 月，佛山市版权局联合佛山电台举办的《版权保护 PVP》知识问答竞赛开始播出，该节目吸引众多青少年听众参与，掀起了青少年版权保护主题教育活动的高潮。茂名市版权局与团市委合作，将青少年版权保护主题教育活动与全市大中小学校“支持正版，抵制盗版”主题团支部活动及主题班、队会结合起来，通过知识竞赛、主题征文比赛、演讲比赛、辩论比赛、主题晚会等形式，拓宽学生的版权知识面，增强学生版权保护意识。东莞、中山市版权局也开展了相关的主题教育活动。

过去的一年，广东省版权行政管理工作在复杂多变的国内外形势和历史罕见的重大挑战面前，在人手、经费等相对短缺的不利因素制约下能够取得这样的成绩，确实来之不易。这是在国家版权局和省委、省政府的正确领导下，全省各级版权行政管理部门齐心协力、共克时艰、奋力拼搏的结果。一年来，广东省各级版权行政管理部门深入贯彻落实科学发展观，以解放思想为先导，结合广东省实际创造性地开展工作，坚持不懈地以促发展为第一要务，大力推进“版权兴业工程”，不断发展壮大广东省版权产业的经济综合实力；坚持不懈地以服务社会、服务群众为己任，不断完善和改进工作方式方法，以优质的服务树立起政府行政管理部门为民、便民、亲民的良好形象；坚持不懈地推进企业使用正版软件工作，扩大正版软件的市场占有率，提高广东省企业保护著作权的社会责任；坚持不懈地大力宣传普及著作权法律知识，最大限度地满足社会公众对版权知识的需求，在全社会营造保护著作权的良好社会氛围；坚持不懈地打击各种侵犯著作权的行为，维护作品权利人的合法权益，构建公平、有序、和谐的版权市场环境；以实际行动为应对危机、迎接挑战、推动广东省版权产业新一轮大发展大提高提供了有力支撑和保障。在此，我代表广东省版权局向全省在版权行政管理战线辛勤工作的同事们表示崇高的敬意！向长期关心支持广东省版权产业发展的各界同仁和社会公众表示衷心的感谢！

在充分肯定成绩的同时，我们还应清醒地看到，广东省版权工作也面临不少问题和挑战。一是企业自主创新能力不强，作品的创作和版权经营能力需要不断加强。二是版权保护的社会认知度还有待进一步提升。经过多年坚持和努力，广东省社会公众对版权保护的重要性已有一定的认识，但与广东省经济社会文化发展的要求相比，从领导到群众都还有一个进一步提高的过程。三是版权管理担子重，责任大。广东地处我国改革开放的前沿，版权保护工作做得好坏，备受国际社会关注，直接影响中国的国际形象。四是版权保护的现状仍不容乐观，侵权盗版的现象还大量存在，版权保护工作任重道远。五是版权行政管理、行政执法和市场监管的力量、能力和手段还不适应社会、经济、文化快速发展的要求，社会综合服务的水平也有待进一步提高。对于这些问题，我们必须高度重视，采取有力措施认真加以解决，努力把广东省版权工作做得更好。

二、2009 年的主要工作任务

今年是新中国成立 60 周年，是广东省应对国际金融危机、保持经济平稳较快发展、推动经济社会全面转入科学发展轨道、实现“十一五”规划目标的关键一年，是全面贯彻实施《国家知识产权战略纲要》的第一年，也是实施《珠江三角洲地区改革发展规划纲要》的开局之年，做好广东省今年的版权工作具有特殊重大的意义。我们要以强烈的使命感和责任感，努力在构建版权保护大格局上有更大作为，在优化市场大环境上有更大作为，在提高版权服务水平上有更大作为，在促进版权产业发展上有更大作为。

2009 年广东省版权工作的总体思路是：深入学习实践科学发展观，认真贯彻实施《国家知识产权战略纲要》、《广东省知识产权战略纲要》和《珠江三角洲地区改革发展规划纲要》，按照国家版权局推进版权工作六大体系建设和广东省“三促进一保持”的要求，把保持经济平稳较快发展作为首要任务，强化服务，严格执法，全力推进“版权兴业工程”，促进版权产业的繁荣发展，在争当实践科学发展观排头兵的道路上取得更大进展和成效。

紧紧围绕国家版权局“扶持版权产业发展，支持优秀作品创作；完善制度，促进版权市场化；依法处置盗版行为，加大盗版行为处罚力度；应对新技术挑战，妥善处理保护版权和保障信息传播的关系”等四项任务，在具体工作中，重点推进五方面工作：

（一）以服务经济建设为要务，继续在全省全面推进“版权兴业”工程，促进版权产业健康、快速发展。贯彻落实《广东省知识产权战略纲要（2007－2020 年）》的重要精神，坚持“激励创造、有效运用、依法保护、科学管理”的方针，积极谋求建立政府资助激励机制，扶持、资助版权作品创作项目和“版权兴业”重点企业（版权兴业示范基地）。

按照斌杰同志“横向理顺关系，明确定位；纵向落实责任，加强力量”的要求，推进版权行政管理体系建设，立足培育版权兴业示范基地，开展设立基层版权服务工作站试点工作，加强版权管理人才队伍培养，组织培训基层版权管理人员，打造特色版权产业园区，以点带面推动全省版权产业规范发展。

引导创新要素向企业集聚，进一步推动企业成为版权创新主体，鼓励企业加大作品开发投入，不断增强企业核心竞争力；鼓励企业进行作品版权质押，鼓励风险投资资金进入版权产业，建立和完善增强企业自主创新能力的政策体系和激励机制，坚持以市场为导向，加强自主创新成果应用及产业化。

协助企业营造版权保护防御体系。把著作权保护与促进广东省新闻出版、广播影视、文学艺术、音乐戏剧、美术摄影、教育科研、工程设计、计算机软件等版权产业的发展结合起来，提高广东省版权产业创作、经营、管理和保护享有版权作品的意识、水平和能力，增强广东省版权产业的竞争力，努力将广东省打造成版权大省、强省。

建立版权社会参与体系，吸引其他行政部门和各种著作权人组织、相关行业协会、相关版权产业、教学科研等非政府部门的社会力量积极参与到版权保护、版权运用、版权服务和版权研究等活动中，将能够通过市场解决的版权问题交给相关社会组织和机构去做，引导社会参与组织的发展方向，提供政策支持，使其成为反盗维权、自律守法、宣传教育、政策研究、促进发展的重要力量；同时充分发挥版权代理等中介组织的作用，提高版权保护与交易的能力，构建常态性的版权交易平台，着力提高智力成果的市场运用水平。

充分发挥专业科研机构的作用，通过委托授权方式让其协助完成广东省版权产业发展状况、版权兴业示范基地建设、数字作品版权登记管理、版权产业统计与分析、版权贸易平台建设、作品资助政策等重要版权课题研究，为完善广东省版权保护制度提供参考意见。

继续组织开展 2009 年度“广东省版权兴业示范基地”评选工作，从申报企业（集群）中认定一批“广东省版权兴业示范基地”。

（二）增强服务意识，构建版权公共服务体系。落实《广东省珠江三角洲地区版权协作框架协议》精神，整合珠三角地区版权行政管理资源，在版权产业发展、粤港澳版权协作、企业软件正版化推进、版权执法协作、版权公共服务体系建设、版权对外交流与合作，以及展会版权保护快速反应等方面完善区域版权协作机制，提高珠三角地区版权保护和版权公共服务的水平，促进珠三角地区版权工作全面合作以促进版权产业又好又快地发展。

规范作品著作权自愿登记工作，指定一批作品登记代理机构，使广东省作品登记工作与服务版权产业发展有机结合起来，在对作品实施有效管理的基础上，进一步实现企业作品保护与使用水平的新飞跃。

贯彻落实《展会知识产权保护办法》的有关规定，制定展会版权行政投诉指南，规范全省展会版权行政执法程序，依法查处展会上的侵权盗版行为，合力打造展会大省、强省。

大力推进版权公共服务体系建设，构建版权公共服务信息平台。利用该平台构建广东省版权公共服务信息库，为社会公众提供版权法律条文、版权法律知识、作品登记信息、版权交易信息、地方版权管理信息等方面的版权数据信息查询，为促进广东省版权相关产业的繁荣发展提供良好的环境。

（三）克难攻坚，进一步推进广东省企业软件正版化工作。按照国家版权局等九部门（单位）联合下发的《关于印发〈关于推进企业使用正版软件工作的实施方案〉的通知》（国权联〔2006〕2 号）的要求，继续坚持以大型企业为重点，以国有、外商投资、民营大型企业在先，中小企业在后的原则依次推进广东省企业使用正版软件工作。鼓励和支持企业使用正版软件，加大软件著作权保护力度，严厉打击侵犯软件著作权行为，积极推进企业使用正版软件，为民族软件产业的健康发展营造良好的社会环境。

建立推进企业使用正版软件月进度申报制度。按照《2009 年广东省推进企业使用正版软件工作计划》的安排，省推进企业使用正版软件工作联席会议办公室经商各地级以上市使用正版软件工作领导小组（联席会议）办公室，编制了《2009 年度全省推进企业使用正版软件工作督办企业名录》，213 家列入名录的企业作为省推进企业使用正版软件工作联席会议及其办公室 2009 年重点督办的企业，要求在今年 10 月底前完成计算机办公软件和操作系统等通用软件的正版化工作。为确保此项工作进展顺利，省推进企业使用正版软件工作联席会议办公室要求各地级以上市使用正版软件工作领导小组（联席会议）办公室，对列入名录企业的软件正版化进展情况密切跟踪，逐月申报企业软件正版化的进度，切实肩负起督导作用，以保证全年工作计划按时完成。

认真总结广东省 2007－2008 年度企业使用正版软件工作情况，对诚信守法、积极自查自纠、按时完成软件正版化工作的企业，推荐参加第二批“全国软件正版化工作示范单位”的评选表彰。

（四）以软件和网络版权保护为重点，着力将版权行政执法和社会监管工作推向深入。加强版权行政执法和社会监管，进一步整合广东省版权执法资源，加强与有关行政机关的配合，加大行政执法力度，突出重点，抓大案要案，重点打击软件、互联网、教材、音像制品、电子出版物、动漫和玩具等领域各种损害公共利益的侵犯著作权行为。特别要重点打击利用互联网侵权和非法预装计算机软件的行为，为推进企业使用正版软件工作创造好的市场环境，维护广东省建设文化大省和经济强省的良好局面。

建立版权行政执法联络员制度，方便省市版权行政执法信息沟通和在办案件处理情况的跟踪。加强版权行政管理部门的机构建设，厘清省、市（地）和县（区）三级版权行政管理部门在版权执法与监管工作中的职能划分，切实履行法定职责。由文化市场综合执法机构行使版权行政执法权的市，文化市场综合执法机构要切实担负起版权行政执法和社会监管的责任，同级版权行政管理部门要加强与文化综合执法机构的协调配合，明确职责、分工合作；下一级文化市场综合执法机构要接受上一级版权行政管理部门的指导和工作部署，切实承担起版权行政执法和社会监管的责任，坚决杜绝在版权行政执法和社会监管方面的“缺位”现象。

坚持专项治理与日常监管相结合，加强对作品使用者的监管和指导，引导其自律守法经营，指导和帮助版权产业园区、产业集群及企业加强版权管理，规范经营行为。

（五）建立版权宣传、教育和培训的常态机制。利用每年“4·26”版权保护宣传周，开展“版权保护在广东”系列宣传活动。鼓励广东省有条件的市积极参与全国版权创新和保护示范单位的创建活动，充分发挥版权创新和保护示范单位的引导作用，大力宣传规范守法、有市场竞争力的版权创新和运用主体。

广泛开展各类版权知识宣传、培训活动，加大面向青少年的宣传教育工作，积极推动版权知识进校园。加强全省特别是基层版权管理人员的在职学习和业务培训，用先进的版权管理理念武装广东省的版权行政管理人员，以提高广东省版权行政管理工作的整体水平。抓好版权兴业示范基地、专业产业园区、集群的版权培训工作，做好企业软件正版化工作的相关培训，使广东省版权产业集群和企业在版权管理、保护、使用等方面跃上新的台阶。

同志们，当前广东省版权行政管理工作面临任务重、困难大、挑战多、人手少、经费缺等诸多压力，而经济文化的发展又对广东省版权工作提出了新的、更高的要求。我们要认清版权工作的重要性、紧迫性和艰巨性，在省委省政府和国家版权局的正确领导和大力支持下，坚定信心，努力工作，开拓创新，立足现有条件，变压力为动力，齐心协力攻坚克难，努力为推动广东省版权产业大繁荣大发展做出新的更大贡献！

综　述

协调机制

职能部门工作概述

协调机制

广东省人民政府知识产权办公会议

一、机构简介

广东省人民政府知识产权办公会议制度是根据国发〔1994〕38号文和粤府〔1994〕103号文件成立的议事机构，主要目的是加强知识产权的宏观管理和统筹协调。2000年省政府机构改革之后，广东省人民政府知识产权办公会议办公室的职能划入广东省知识产权局。2002年11月，经省府办公厅批准，召开省政府机构改革以后的首次知识产权办公会议，重新调整组成单位，明确办公会议的职责和组成单位的职能。2006年，经办公会议主持人同意，新增成员单位4个。目前，广东省人民政府知识产权办公会议由省发改委、省经贸委、省教育厅等22家组成单位以及省委宣传部、省人大科教文卫委员会等4家特邀单位组成。

二、主要职责

1. 组织、协调、指导全省知识产权工作。

2. 贯彻执行国家有关知识产权的法律法规和方针政策；研究制定广东省有关知识产权的法规、重大政策、措施和规划，并组织实施。

3. 协调解决广东省经济、科技和文化发展中有关知识产权的重大问题，并提出政策性意见和建议。

4. 组织知识产权联合执法行动

5. 组织大型知识产权宣传活动，普及和提高社会各界知识产权意识。

6. 建立各组成单位信息交换、情况通报制度，定期发布广东省知识产权保护状况。

三、组织架构

2009年，广东省人民政府知识产权办公会议领导和组成人员名单如下：

主持人：

广东省人民政府副省长　宋　海

副主持人：

广东省人民政府副秘书长　江海燕

办公室主任：

广东省知识产权局局长　陶凯元

办公室副主任：

广东省知识产权局副局长　朱万昌

组成单位及人员：

广东省发展和改革委员会副主任　张　军

广东省经济贸易委员会副主任　蔡　勇

广东省教育厅副厅长　罗远芳

广东省科学技术厅副巡视员　廖兆龙

广东省公安厅副厅长　何广平

广东省司法厅副厅长　黄　武

广东省财政厅党组副书记、副厅长　曾志权

广东省信息产业厅副厅长　彭　平

广东省农业厅副厅长　程　萍

广东省对外贸易经济合作厅巡视员　黄永智

广东省文化厅党组成员、副巡视员　王业群

广东省人民政府外事办公室副主任　方　坚

广东省人民政府国有资产监督管理委员会副主任、党委委员　刘文通
广东省广播电影电视局副局长　何日丹
广东省统计局副局长　彭启鹏
广东省工商行政管理局副局长　姜海平
广东省新闻出版局（省版权局）副局长　钱永红
广东省林业局副局长　陈俊勤
广东省质量技术监督局副局长　郭　驰
广东省食品药品监督管理局副局长　陈德伟
广东省知识产权局副局长　朱万昌
广东省人民政府法制办公室副主任　梁树声

特邀单位及人员：

广东省委宣传部副部长　顾作义
广东省人大常委会委员、教科文卫委员会副主任委员　杨文轩
海关总署广东分署副主任兼缉私局局长　李耀南
广东省高级人民法院副院长　霍　敏

（供稿人：张璟）

粤港保护知识产权合作专责小组

2003 年 8 月，在第六次粤港合作联席会议上，粤港知识产权合作被列为正式议题，粤港知识产权合作进入了崭新的历史发展时期。会后，两地政府迅速成立“粤港保护知识产权合作专责小组”（以下简称“专责小组”）。

粤方专责小组由广东省知识产权局牵头，成员单位包括广东省工商局、广东省版权局、广东省外经贸厅、广东省公安厅和海关总署广东分署。港方专责小组由香港知识产权署牵头，成员单位包括香港商务及经济发展局（原工商科技局）、香港海关。

截至 2009 年底，在专责小组的积极推动下，粤港两地政府知识产权部门建立完善了定期会议制度和项目合作制度，开展了数十个合作项目，有力地推动了粤港知识产权合作，促进了 CEPA 的实施与粤港两地经济贸易发展。

一、专责小组成立以来的工作情况

2003 年 12 月，“粤港保护知识产权合作专责小组”成立后，在香港召开了第一次会议。会上粤港双方确定了定期会议制度，决定每年定期在两地轮流召开专责小组会议，确定了共同推进具体项目的合作模式。第一次会议后，粤港知识产权合作全面展开并不断推进。截至 2009 年底，专责小组召开了八次会议，每次会议都部署开展十余个知识产权合作项目。

定期会议制度顺利运转，对于及时发现和研究粤港知识产权合作中出现的问题，提高双方的沟通协作、共同解决问题的能力具有明显的作用。同时，在专责小组会议之外，双方各知识产权部门之间每年都不定期进行多次互访交流，就知识产权合作事宜进行沟通与协调，同心协力为推进各合作项目的实施做了大量工作。

专责小组每年都积极参与粤港合作联席会议的筹备工作，向历次联席会议提交知识产权合作议题及项目。2009 年，在第十二次粤港合作联席会议上，广东省知识产权局与香港知识产权署共同签署了《2009 年至 2010 年粤港保护知识产权合作协议》，该协议是此次联席会议上粤港双方签订的 8 项合作协议之一。

二、粤港知识产权合作的重要项目

在专责小组推动下，两地知识产权合作目前已形成可持续的、内容丰富的合作体系。多年来，开展了数十个合作项目，其中不少项目成为两地知识产权合作的亮点和品牌。

（一）粤港跨境知识产权案件协作处理机制

专责小组成立后不久，就开始就联手打击粤港跨境知识产权违法犯罪行为进行协商。2004年，双方执法部门确定在跨境知识产权案件处理方面开展协作，商定在现有粤港海关知识产权保护合作机制的基础上，逐步建立多个执法部门参与的跨境知识产权案件协作处理机制。2004年以来，跨境案件协作处理机制不断完善，双方知识产权保护部门加强了信息沟通，强化了执法协作，并联合开展了一系列专项行动，有效打击了跨境侵权行为。2009年，粤港双方进一步加深粤港保护知识产权合作专责小组会议制度及加强双方的沟通和交流；完善粤港跨境知识产权协作处理机制，持续加大执法力度和提升成效。

（二）粤港企业知识产权保护与创新促进机制

为提高两地企业运用知识产权制度的能力，粤港知识产权部门从2003年开始联合举办“粤港知识产权与中小企业发展研讨会”。截至2009年底，研讨会已在广东省内各个不同的地市（深圳、东莞、韶关、顺德、惠州、江门、湛江、珠海、汕头、中山）巡回举办了10次。每次研讨会都有两地企业与知识产权管理部门300－500人参加，累计提高了两地一千多家企业的知识产权意识与能力。此系列研讨会现已成为粤港两地宣传知识产权的品牌节目。另外，近几年来，围绕知识产权与自主创新的主题，专责小组还分别在两地联合召开了多次专题交流研讨活动，如2007年在广州举办“粤港创意产业与知识产权论坛”，2008年在香港、广州先后举办“粤港知识资本管理讲座”等。

（三）“正版正货”承诺活动

“正版正货”承诺活动最早于1998年由香港知识产权署发起，后经专责小组商定，活动于2004年引入广东。活动旨在倡导企业和商家不制造和销售侵犯知识产权的商品，提高全社会尊重和保护知识产权的意识，共同提升粤港两地鼓励销售“正版正货”的国际形象。从2004年起，承诺活动相继在广东的广州、深圳、汕头、东莞、珠海、江门、惠州、湛江等8个市试点开展。活动开展以来，粤港双方知识产权部门共同制作了电视广告片、宣传海报、吉祥物和其他宣传资料，不断加大对活动的宣传和支持力度。广东各试点市参加承诺活动的企业和商家逐步增多，截至2009年底已达近500家。

（四）粤港澳三地知识产权公众信息平台

2003年12月，粤港澳三地知识产权部门联合建成并开通三地知识产权网上资料库（www. ip-prd. net）。资料库为企业和公众提供了一个良好的知识产权信息平台，通过资料库，可方便快捷地获得内地、香港、澳门三地知识产权制度相关信息，检索与专利、商标、版权等各类知识产权相关的法律法规、申请注册程序、侵权举报程序等内容，有助于保护自身知识产权并避免侵犯他人权利。近几年来，粤港澳三方对资料库持续进行内容扩充与信息更新，不断提高资料库的服务质量，受到三地企业和公众的积极评价。据统计，截至2009年底，资料库访问量已近29万人次。

（五）粤港知识产权专业人士培训交流计划

粤港知识产权部门专业人士的培训交流是双方合作的长期项目。近几年间，交流计划不断深入，从最初面向双方政府知识产权部门发展到面向高校和科研机构、知识产权服务机构、企业等，交流内容日趋专题化、实质化，拓宽了双方参与人员的专业视野，并直接促进了双方在知识产权专题领域的合作。如2006－2007年，双方知识产权保护部门以会展知识产权保护工作为交流主题，并实地观摩两地会展知识产权保护工作，形成了交流计划报告，促进了两地互相学习与借鉴会展知识产权保护经验。2007－2009年，双方组织两地高校及科研机构代表，以知识产权管理为主题开展互访交流，形成了内容翔实、参考价值高的《粤港两地高校及科研机构知识产权管理工作交流计划报告》，为两地高校及科研机构在知识产权领域增进了解、开展更深入的合作搭建了平台。2009 年，双方组织两地知识产权中介服务机构代表，以促进粤港两地知识产权中介服务机构探索合作空间及提升专业服务水平为主题在香港开展交流，拓展了两地知识产权服务机构的合作空间。

（六）粤港两地知识产权专题调研合作机制

近几年，联合开展知识产权调查研究是粤港知识产权合作重要项目。2003－2004 年，联合开展了“粤港知识产权专业支援服务课题研究”，广东省知识产权局、香港知识产权署共同委托暨南大学承担研究项目，完成了《粤港知识产权专业支援服务调查研究报告》，掌握两地知识产权服务业的发展前景，为双方政府决策和管理提供科学依据。2005 年以来，联合开展了“公司注册与注册商标的关系与现况”调研，目前调研主要承担单位广东省工商局已向港方提交《公司注册与注册商标的关系与现况》调查报告，待港方就该报告提出建议与意见后再行定稿。

（七）粤港中小学知识产权教师交流计划

专责小组积极推动双方有关部门在中小学知识产权教育方面交流经验、分享资源。2005 年，双方开始实施粤港中小学知识产权教师交流计划，广东省知识产权局组织省内中小学老师赴港参加香港知识产权署“学校知识产权导师计划”培训班，香港知识产权署组织香港教师来粤交流并观摩广东的中小学知识产权教育。2009 年 1 月，广东省知识产权局组织了广东中小学知识产权教育试点学校教师代表团一行 6 人，赴港参加香港知识产权署举办的新一期“学校知识产权导师计划”培训班，与香港 50 多位教师共同接受了知识产权基本知识、课堂管理及授课技巧等培训，学习了香港在中小学知识产权教育方面的经验，并与香港知识产权署教师代表进行了良好的沟通，推动了双方中小学知识产权教育交流。2007－2009 年，随着广东省中小学知识产权教育试点示范工作在各市铺开，广东省知识产权局每年都组织中小学教师代表团赴港参加培训班，学习香港在中小学知识产权教育方面的经验。

（八）组织港澳人员参加全国专利代理人资格考试

根据 CEPA 有关内地服务行业对香港开放的承诺，从 2004 年开始，全国专利代理人资格考试对港澳考生开放。根据国家知识产权局的安排，港澳考生统一在广东考点参加考试。近年来，广东省知识产权局与香港知识产权署合作，并协同澳门特区政府经济局知识产权厅，共同做好有关考试的咨询、报名、培训和考点准备等相关工作，顺利完成了港澳考生在广东考点参加 2004－2009 年共五届全国专利代理人资格考试工作。2009 年，香港考生 33 人，其中 4 人通过考试。

（九）鼓励内地企业与个人在香港申请知识产权

内地包括广东在香港注册的知识产权数量偏少，这与两地经贸关系发展日趋密切的形势不相适应。近年来，双方通过在内地合作举办研讨会、培训班、讲座等方式，提高内地企业或个人在香港申请与保护知识产权的意识，同时探索消除粤港相互提交知识产权申请的障碍，为双方申请人到对方申请知识产权创造便利条件，以鼓励两地知识产权申请人到对方提出申请，尤其是促进内地企业和个人的在香港申请。2009 年，广东省知识产权局继续按照 2007 年 7 月出台的《广东省知识产权局、财政厅国（境）外专利申请资助办法》，对广东省单位及个人申请香港专利开展了资助工作。

（供稿人：郭亚青）

泛珠三角区域知识产权合作机制

为了贯彻落实中共中央政治局委员、国务院副总理、广东省委原书记张德江关于开展泛珠三角区域知识产权合作的指示精神，2004

年，首届泛珠三角区域知识产权合作联席会议在广州召开，全国第一个集专利、商标、版权为一体的区域合作体系形成。2005 年，香港、澳门特别行政区加入泛珠合作，“9＋2”区域知识产权合作平台正式建立。为确保泛珠三角区域知识产权合作工作的有效开展，各方建立以下三个合作机制。

一、泛珠三角区域知识产权合作联席会议制度

联席会议成员由泛珠三角各省（区）及特区知识产权协调机构及相关专利、商标、版权管理部门负责人组成。会议每年举行一次，研究决定合作重大事宜，必要时可召开临时联席会议。会议由协议各方轮流召集和主持，每届会议确定下届会议的主办方、时间和地点。会议设会议主席，由当年主持会议的省（区）及特区知识产权负责人担任。

二、泛珠三角区域知识产权合作联络员制度

泛珠三角各省（区）及特区确定一名联络员，负责联络、沟通和协调工作。联络员应加强跟踪、落实和情况反馈，畅通各成员单位信息交流渠道，提高工作效率，确保各项合作项目的顺利完成。

三、珠三角区域知识产权合作专题工作小组制度

根据每年联席会议确定的合作项目，成立相应的专题工作小组，开展具体的专项合作工作。专题工作小组成员由协议各方指定，对具体合作项目及相关事宜制订合作计划，提出工作措施，落实合作事项，并定期向联席会议报告合作项目落实情况。

（供稿人：张璟）

职能部门工作概述

广东省人民政府知识产权办公会议成员单位

广东省经济和信息化委员会

2009年，广东省经济和信息化委员会全面贯彻落实科学发展观，以技术进步为动力，以名牌培育为手段，着力催生自主知识产权，在自主知识产权的创造、运用和保护等方面取得新进展，有力地促进创新型广东的建设。

一、突出培育发展战略性新兴产业，拓展知识产权工作新领域

组织力量对全省新兴产业发展情况进行调研，通过实地考察、座谈讨论、收集数据等方式，最后形成《广东省新兴产业发展研究报告》。报告对国内外和广东新兴产业发展现状、优劣势等做出了详尽分析，并根据广东省新兴产业面临的机遇和挑战提出了七条发展措施。同时，报告详尽分析了我省电子信息产业、新能源产业、生物医药产业、新材料产业、节能环保产业和航空产业的发展情况、重点企业和产业基地、发展思路等。提请省政府成立广东省促进战略性新兴产业发展领导小组，统筹全省战略性新兴产业发展的重大事项。我省战略性新兴产业已初步形成特色鲜明、布局合理、发展呈现规模化和集群化态势的产业体系。

一是部分领域形成较大产业规模和发展优势。新一代移动通信设备、数字音视频、新型平板显示、软件等新电子信息产业不断发展壮大，占电子信息产业比重不断提高。2009年，电子信息产业产值约占全国的1/3和全省工业总产值的1/5，产业规模连续18年居全国首位。全省平板显示产业产值达2000亿元，已落户广东省的3家大型液晶电视模块项目设计产能占全球1/4强，广东成为全球最大的液晶电视模组生产基地。生物医药产业保持快速发展势头，2009年产值超过1800亿元。

二是初步形成特色鲜明的产业集聚发展态势。珠三角地区已成为全国半导体照明(LED)、光伏和生物医药产业的集聚地，广州成为全国软件、生物、新材料产业基地，深圳成为全国电子信息、生物医药、电动汽车等产业基地，珠海、佛山、中山等市在新能源、新材料、生物医药等领域形成各具特色的产业集聚区。广州国际生物产业基地产值约占广州市生物产值的70%；广州天河软件园集聚了近1000家软件相关企业，园区内集聚的软件企业占全市软件企业总数的70%。

三是突破掌握一批具有自主知识产权的核心技术。在数字家庭领域，广东自主研发并具有自主知识产权的DRA数字音频编解码技术规范成为了国家标准和国际蓝光光盘标准，这是信息产业领域的国际主流标准第一次采用中国自主研发的核心技术。在新型平板显示领域，成功研制出液晶电视集成制造产品“南海机型”，降低了液晶电视制造成本达20%以上，该技术已被国内50多家彩电企业所采用，成为家电下乡的主流产品。在电动汽车领域，研制出多款技术性能较好的混合动力轿车、纯电动轿车、混合动力电动客车和纯电动客车，并在磷酸铁锂动力电池

等关键零部件方面取得较大突破。

四是培育一批核心竞争力较强的骨干企业。华为、中兴、金发科技、风华高科、比亚迪、晶科电子、达安基因等公司现已分别发展成我国电子信息、改性塑料、电子元器件、电动汽车、大功率LED芯片、分子诊断行业的龙头企业，其中华为公司系统设备已规模应用于80多个国家的150多个运营商，服务全球2亿多用户，跻身于全球顶级GSM供应商之列。金发科技在家电用改性塑料领域的国内市场占有率达60%以上。在生物医药领域，拥有广药集团、联邦制药、三九医药、丽珠集团、康美药业等一批优势骨干企业。在风电装备领域，中山明阳成为国内风电领域的主要设备供应商之一，拥有大型风力发电机组及关键部件批量生产能力，并已投产1.5兆瓦级大型陆上海上风力发电机组，2.5和3兆瓦级超紧凑型风力发电机组也正在开发中，预计2010年5月可下线。

二、积极推进企业自主创新，夯实知识产权工作的基础

推进自主创新，是加快经济发展方式转变的核心推动力，也是催生自主知识产权的基本立足点。2009年，广东省经济和信息化委员会一是积极引导大中型企业建立技术中心等研发机构，加快建立以企业为主体、市场为导向、产学研相结合的技术创新体系，强化企业自主创新主体地位。截至2009年底，广东省共认定省级企业技术中心432家，获认定国家级企业技术中心39家。电子、机械、家电、医药、化工、能源等主要产业的骨干企业均成为了企业技术中心的主力军，初步形成了反映广东企业自主创新实力和水平的第一梯队。积极引导企业技术中心加强创新能力建设，2009年安排1亿元支持省级企业技术中心创新能力建设，加强重点行业、重点企业的试验、检测、分析以及开发的基础条件，为企业技术中心着眼于开展前瞻性、复杂性、关键性、长期性的产品项目研发提供充分的条件和保障，为催生自主知识产权提供机构和平台保障。二是积极开展省市共建先进制造业基地，打造自主创新高地。2009年，广东省经济和信息化委员会按照省委、省政府有关扩内需、保增长的部署决策，加强对骨干企业的支持，集中2.6亿元支持300个重点企业研发及产业化项目，有效缓解了创新型企业在金融危机下的困境，为广东省产业转型升级、增强产业自主创新能力提供有力的支撑。积极与广州、佛山、韶关、梅州、惠州、东莞、中山、江门、阳江、肇庆、潮州、揭阳、云浮等市合作共建装备、家电、汽车零部件、视听设备、纺织化纤、陶瓷、五金不锈钢、硫化工等当地支柱产业，通过省市联手支持广州机床厂、金发科技、广东志高空调有限公司、TCL集团股份有限公司、广东信达化纤有限公司、怀集登云汽配股份有限公司、广东吉荣空调有限公司等当地支柱、龙头、品牌企业加强共建产业关键共性技术研发，推动在高速精密数控大导程滚珠螺母机床制造、耐高温尼龙工程塑料产业化技术关键装备制造、燃气空调产业化关键技术研发、液晶电视动态背光源控制系统、高强高模超高分子量聚乙烯纤维产业化技术和装备制造、汽车发动机关键零部件表面化学处理关键技术研发等方面取得重点突破，带动产业转型升级。加强企业研发费用税前抵扣政策的宣贯落实，全省共有1038户企业享受研究开发费用加计扣除政策，加计扣除总额达37.6亿元，按照25%的税率计算，企业少缴所得税约9.4亿元，相当于财政创新资金多投入近10亿元。

三、着力推进标准化工作，保障知识产权成果

一是着力实施技术标准战略，加强标准化组织建设。在中华人民共和国工业和信息化部部标准化工作主管部门的大力支持下，中国电子工业标准化协会数字家庭互动应用标准工作委员会和数字电视结构设计标准工作委员会先

后落户广东省。成立广东无线射频识别（RFID）标准技术委员会，组织专项技术攻关，研究制定 RFID 标准。支持中国电器科学研究院牵头成立家电产品绿色制造技术创新战略联盟，构建围绕全生命周期的家电绿色制造技术和标准体系。二是强化财政资金导向支持，在安排技术改造、技术创新项目时，对具有产品企业标准、行业标准、国家标准同步制修订计划的项目，优先予以支持，引导创新成果转化与标准制定实施同步。三是鼓励行业协会、商会等中介组织牵头，联合产业集群内有关企业研制产业技术标准和技术规范，并着力推广实施。如中山大涌红木家具产业集群联盟标准的实施，促进了木材干燥技术提高，减少了木材干燥过程中出现的内裂、端裂、表裂、变形、变色等缺陷，使出材率由 60%提高到 95%，有效节约了木材资源，促进了集群整体技术水平的提升。

四、着力构建产业集群公共服务平台，完善知识产权服务机构

在挖潜改造资金、装备制造业发展专项资金、中小企业发展专项资金安排上，着重向产业集群的龙头企业（项目）和公共服务平台建设倾斜，重点抓好产业共性技术开发、工业设计、产品研发和检测等平台建设，推动建立公共创新服务中心、知识产权保护机构、重点实验室等公共服务机构。61 个省级产业集群升级示范区已建立知识产权协会、知识产权研究会等各类知识产权公共服务机构 300 多个，为产业集群知识产权工作的开展创造了有利条件。

（供稿人：黄海丹）

广东省教育厅

2009 年，广东高校全面落实科学发展观，认真贯彻省委省政府关于“科技强省”和“提升自主创新能力”的战略思想，积极发挥高校知识创新和技术创新优势，主动融入广东省经济社会建设中，积极落实省知识产权工作部署，通过不断健全管理机构、完善管理制度、强化实施应用，加大投入等有效的措施，全方位加强学校知识产权工作，在知识产权创造、运用、管理、宣传、培训等方面都取得了较好的成绩。

一、高校知识产权创造能力增强，数量稳步增长、质量大幅提高

2009 年广东省高校专利申请量和授权量继续保持了较好的增长，全省高校专利申请总量达到 3029 项（其中发明专利 1944 项，实用新型 594 项，外观设计 491 项），同比增长 30.4 %；全省高校专利授权总量达到 1419 项（其中发明专利 770 项，实用新型 469 项，外观设计 180 项），同比增长 44. 5 %。其中华南理工大学以专利申请量 821 项位居全国高校第 9 位，以专利授权量 436 项位居全国高校第 10 位。此外，广东省高校 2009 年获批计算机软件 151 项，其中华南理工大学就获批 84 项，比 2008 年的 52 项增长 62%。

2009 年广东省专利申请量居前十位的高校有（仅以第一申请人计）：华南理工大学（821 项）、中山大学（408 项）、中山职业技术学院（210 项）、中山火炬职业技术学院（175 项）、华南农业大学（163 项）、广东工业大学（144 项）、暨南大学（106 项）、深圳职业技术学院（106 项）、深圳大学（86 项）、华南师范大学（85 项）。

2009 年广东省发明专利申请量居前十位的高校有（仅以第一申请人计）：华南理工大学（600 项）、中山大学（359 项）、华南农业大学（130 项）、暨南大学（103 项）、广东工业大学（101 项）、深圳大学（60 项）、华南师范大学（64 项）、广东海洋大学（60 项）、清华大学深圳研究生院（55 项）、五邑大学（41

项）。

2009 年广东省专利授权量居前十位的高校有（仅以第一完成人计）：华南理工大学（436 项）、中山大学（170 项）、中山职业技术学院（152 项）、广东工业大学（86 项）、深圳职业技术学院（86 项）、暨南大学（52 项）、华南师范大学（51 项）、华南农业大学（50 项）、深圳大学（33 项）、清华大学深圳研究生院（28 项）。

2009 年广东省发明专利授权量居前十位的高校有（仅以第一完成人计）：华南理工大学（300 项）、中山大学（146 项）、暨南大学（50 项）、广东工业大学（41 项）、华南农业大学（35 项）、华南师范大学（31 项）、清华大学深圳研究生院（27 项）、深圳大学（20 项）、南方医科大学（16 项）、深圳职业技术学院（13 项）。

2009 年广东省高校多项专利技术获得高层次奖励。如华南理工大学荣获 3 项国家专利优秀奖，获奖数量位于全国高校前列。其中，“木素系加气混凝土用高效砂浆外加剂及其制备方法”（ZL200410051229. 4）发明专利荣获国家专利优秀奖和广东省专利金奖。“中浓纸浆稳压双升流塔氧气漂白方法”（ZL200610035614. 9）和“抗消化淀粉及其制备方法和应用”（ZL200310112540. 0）荣获国家专利优秀奖和广东省专利优秀奖。该校周震涛教授还荣获第四届“发明创业奖”称号。

2009 年 10 月，国家知识产权局对第一批全国企事业知识产权示范创建单位进行了严格的考核评审与验收，最终 57 家单位通过验收，荣获“全国企事业知识产权示范创建单位”称号。华南理工大学成为全国 4 所获此荣誉称号的高校之一。广东省中山大学、暨南大学、华南农业大学 、南方医科大学、广东工业大学、汕头大学、广东海洋大学、茂名学院、广州大学、韶关学院通过验收成为广东省知识产权试点事业单位。

二、高校积极推广知识产权应用，成果转化效益显著

广东省高校高度重视产学研结合，注重发挥专利发明人在专利成果转化中的积极性，重视利用现有的科技成果转化平台与渠道，使专利技术产业化工作成为学校科技成果转化工作的重要组成部分，专利实施与产业化工作效益显著。如华南理工大学发明专利“中浓纸浆稳压双升流塔氧气漂白方法”，可大大降低漂白中段水的污染负荷，为企业实现清洁生产、节能减排创造有利条件。该专利技术已在广东、新疆、河南、山东等多家企业实施应用，近 5 年累计新增销售额 10.15 亿元，新增利润 1.15 亿元。又如广东药学院专利成果“复方贞术调脂胶囊”在中医药防治高脂血症研究领域取得了突破性进展，显著降低总胆固醇、甘油三酯、低密度脂蛋白胆固醇、升高高密度脂蛋白胆固醇，对饮食性、遗传性高脂血症均有显著预防和治疗双重作用，可显著抑制动脉粥样硬化斑块的形成且安全性高。该专利技术以 880 万元人民币转让给珠海凤凰山药业有限公司。深圳大学专利技术“波形控制功率负反馈激光加工”2009 年为许可企业增加销售额 5000 万元人民币，其中国外销售增加 1000 万，实现毛利润 2000 万元人民币。

三、高校继续完善机制保障建设，搭建知识产权服务平台

2009 年，广东省高校以知识产权试点和示范建设为契机，进一步加强知识产权机制建设，将知识产权工作列入学校工作的重要日程。华南理工大学进一步加强科技特派员制度，南方医科大学修订《专利管理办法》，设立专利基金，将专利基金列入学校科研经费年度预算，每年拨款 50 万元作为专利管理的专项经费，用于资助职务发明申请的发明专利和实用新型专利以及上述专利的维持费。广东海

洋大学制定知识产权管理办法，结合学校的实际情况，对知识产权工作进行了全方位的规定。深圳大学制定了《深圳大学科学研究奖励办法》，明确对在运用科学技术知识作出产品、工艺、材料及其系统等较大技术发明的发明者给予学术创新奖或专利发明奖，鼓励教师多出自主知识产权成果。

惠州学院修订《惠州学院优秀科研成果奖励办法》，进一步加大科研成果的奖励力度。广东医学院将明确知识产权管理机构，并进一步修改《广东医学院科技开发工作管理办法》、《广东医学院专利管理办法》和《广东医学院知识产权保护管理办法》。仲恺农业工程学院进一步修改了学校知识产权管理办法，加强科研技术保密工作，在对外合作交流中加强保密措施及保密意识，并做到科技成果及时归档、专人管理。

四、高校蓬勃开展交流宣传活动，营造知识产权校园环境

2009年广东省高校加强与国家、省市知识产权部门以及与地方政府、企业的交流。如华南理工大学与广东省知识产权局签订知识产权强校建设协议，与国家知识产权局、广东省知识产权局等部门，进行交流和沟通。2009年7月4日，该校还与国家知识产权专利局医药生物部就化工生物领域的专利申请策略和审查问题进行了交流，学校轻工与食品学院、生物科学与工程学院以及化学与化工学院师生150多人参加活动。

华南农业大学组织参加了20余场知识产权成果推广交易会，如植物新品种交易展示会（山东省）、中国专利技术成果交易会（大连）、工业设计及专利技术展览会（广东顺德）、农业高新技术成果展示交易会（陕西杨陵）、第一届中国专利周—广州市专利技术展示交易会，展示知识产权成果200余项，制作展板约100余块，宣传推广学校的科技成果。

南方医科大学先后邀请中国高校知识产权研究会和专利代理事务所专家在全校范围内进行专利知识讲座，采用现场互动的形式，结合大量案例使广大科技人员认识到知识产权的重要性。

华南农业大学、汕头大学、中山大学、暨南大学、广东药学院、湛江师范学院、广东技术师范学院、广东科学技术职业学院、广东理工职业学院、韩山师范学院、韶关学院利用“4·26”世界知识产权日和广东省知识产权活动周的时机，围绕着“保护知识产权、促进创新发展”等主题，利用条幅、展板、发放宣传资料等形式，大力宣传保护知识产权的相关知识，增强教师学生对著作权、商标权、专利的申请、授权、保护、应用等方面知识的了解。仅华南农业大学在“4·26”期间累计发放宣传资料超过30000份，展出展板200块，受益师生累计超过6万人次。汕头大学4月26日举行“山寨，删or载?”论坛活动，论坛设置了一对一辩论与集体辩论两个环节，分别探讨山寨电子产品及其延伸领域如山寨文化等。并且借鉴凤凰卫视“一虎一席谈”节目的互动形式，引起全场师生对知识产权的广泛兴趣。

五、高校积极组织教育培训工作，增强知识产权保护意识

在服务社会的同时，高校逐步重视知识产权的保护和维权工作，通过开展知识产权宣传和教育培训活动，教育师生在科学研究、技术开发、技术转移和合作研究等工作中，既要保护自己的科研成果，又要尊重他人的劳动成果，不侵犯他人的知识产权，使广大师生员工的知识产权意识明显加强。

2009年华南理工大学知识产权学院完成全校理工科专业学生开设知识产权必修课工作方案论证，并专门针对理工科学生知识产权学习的特点，编写统一教材《知识产权概论》，并由华南理工大学出版社出版。华南理工大学知识产权学院启动民商法专业中知识产权方向硕士研究生班的招生工作，该班由于主要面向知

识产权系统招生，利用周末时间上课，并且同时发硕士学历、学位证书，受到社会各界的广泛欢迎。年底，华南理工大学知识产权学院已完成第一届学生的招生入学工作。2009 年，中山大学先后举办了两期美国和欧洲知识产权讲座，邀请三位美国和欧洲的知识产权专家就美国生物技术领域专利法及人类胚胎干细胞专利引发的伦理问题和欧洲专利理论和实务进行报告，通过讲座使师生较系统的了解美国和欧洲知识产权申请和保护的程序、政策和法规，提高了知识产权保护意识。广东省高校还在工科学生中开展知识产权选修教育，大部分高校在新教工培训中设立知识产权培训内容。

（供稿人：谢春艳）

广东省科学技术厅

2009 年，广东省科技厅以科学发展观为统领，全面贯彻落实《珠江三角洲地区改革发展规划纲要（2008－2020 年）》、《广东自主创新规划纲要》和《广东省建设创新型广东行动纲要》，以“双提升”为中心任务，加快转变经济增长方式，以落实创新政策体系构建、原始创新能力建设、高新区和科技服务业的加快发展等为抓手，鼓励自主创新活动，依托自主创新促进知识产权创造和产业化，营造了尊重人才、激励创新的良好政策环境，收获了一大批科技成果，全省自主创新能力增强，推进了广东知识产权战略实施。

一、全省落实促进企业自主创新政策工作体系的初步建立，为激励企业创造和应用自主知识产权提供日益优化的政策环境

2009 年，广东省科技厅狠抓完善企业自主创新政策体系，不断加大促进企业自主创新政策执行力度，充分发挥创新政策在引导激励企业提高自主创新能力，创造和应用自主知识产权，应对国际金融危机中的重要作用。一是建立全省制定落实促进企业自主创新政策的组织领导架构。促成广东省政府建立全国第一个省政府落实促进企业自主创新政策联席会议，充分发挥联席会议在全省制定落实促进企业自主创新政策中的组织领导和统筹协调作用。在全国第一个以省政府名义召开全省落实促进企业自主创新政策新闻发布会，向全社会发布广东落实促进企业自主创新政策总体情况、进展成效和工作计划。二是制定出台落实企业自主创新政策的具体实施细则。制定出台《广东省自主创新产品政府采购的若干意见》、《广东省引进创新科研团队评审暂行办法》等重要政策，为落实激励自主知识产权创造政策提供具有较高可操作性的政策依据。在全国范围内率先把专利、科技进步获奖情况作为政府采购评审的定量指标写入《广东省自主创新产品政府采购的若干意见》，将参与评标产品的中国专利奖、广东省专利奖等各类专利奖或科技进步奖获奖情况与产品在评标中可获得的价格加分优惠情况的关联以定量指标加以明确，增加了自主创新产品在价格上的竞争力，发挥了政府采购政策在引导、鼓励、扶持、促进自主创新，促进知识产权创造与产业化中的重要作用。三是研究出版帮助企业落实自主创新政策的系列工具书。先后研究出版全国第一本《企业研究开发费用税前扣除实操指南》、《企业自主创新政策 100 问》、《自主创新产品政府采购制度操作指南》等工具书，成为企业落实自主创新政策的好帮手。四是在全省广泛开展政策宣传培训活动。成功开展“珠三角地区自主创新政策巡回宣讲培训活动”，对珠三角地区 9 市各类科技型企业的 2600 多名研发、管理和财务人员进行轮训，为企业免费发放 1 万多本《企业自主创新政策 100 问》，3200 份专家宣讲讲义等政策培训资料，收到良好的自主创新政策宣传效应。

全省落实促进企业自主创新政策工作体系的初步建立，为激励企业创造、应用自主知识

产权提供了日益优化的政策环境。在制定落实企业自主创新政策工作的强力推动下，全省自主创新政策的激励效应十分显著，自主创新政策的落实促进了知识产权的创造与产业化。2009年，全省已有1000余家企业享受到研究开发费用加计扣除政策，加计扣除额度超过50亿元，相当于为企业增加研究开发经费15亿元。《广东省科学技术厅 广东省经济贸易委员会 广东省国家税务局 广东省地方税务局关于企业研究开发费税前扣除管理试行办法》明确指出，研究开发活动应形成专利等知识产权或其他形式的科技成果是企业研究开发项目申请享受研究开发费加计扣除政策的条件之一，研发费加计扣除政策的全面系统落实有效引导了企业加大研发投入，促进知识产权创造与产业化。同时，自主创新产品政府采购政策也得到了全面系统落实，2009年，广东省科技厅等六个省直部门联合认定的119个自主创新产品，被省市两级政府采购近150批次。《广东省科学技术厅 广东省发展和改革委员会 广东省经济贸易委员会 广东省财政厅 广东省知识产权局 广东省质量技术监督局〈关于自主创新产品认定的管理办法（试行）〉》明确指出，具有自主知识产权和权益状况证明是申报自主创新产品的一项必要条件，自主创新产品认定及政府采购政策的落实，有效引导了企业强化自主创新，激发了广东省广大企业研发具有自主知识产权和核心技术的自主创新产品的积极性，推动自主创新产品通过商品化和产业化尽快转化为现实生产力，促进了自主知识产权的创造与应用。

二、高新区的加快发展，成为实施“双提升”战略与知识产权战略的重要抓手

加快实施“双提升”战略，是广东实施《珠江三角洲地区改革发展规划纲要（2008—2020年）》的重要举措。高新技术产业开发区是先进生产力发展和先进技术产业化的重要引擎，是新形势下提升广东产业竞争力和自主创新能力的主要载体和重要突破口，担负着引领支撑全省实施“双提升”战略的重大历史使命。加快高新区发展是广东当前乃至今后一个时期的一项重大工作，也是实施“双提升”战略与知识产权战略的重要抓手。2009年8月，广东省科技厅联合广东省委政研室起草制定广东省《关于加快高新技术产业开发区发展的意见》，并组织召开广东省高新区工作会议，努力把高新区建设成为全省自主创新核心区、现代产业体系先导区、国际科技合作密集区、体制机制创新先行区、科学发展模式示范区，力争到2020年，把全省高新区发展成为拥有一大批具有较强国际竞争力的创新型企业集团、拥有自主知识产权重大原创性产品、国际上具有较高知名度和影响力的开放型区域创新集群，明确要“引导高新区积极创建国家知识产权试点示范园区，全面加强高新区知识产权创造、应用、保护和管理工作”，要“对高新区内企业开发的具有自主知识产权的重大高新技术装备和产品实施政府首购与订购政策”，要“设立省高新技术产业开发区发展引导资金，引导地方和社会资金加大对高新区的投入，2010—2012年省财政专项安排资金5亿元，其中2010年安排1亿元，2011年、2012年各安排2亿元，主要用于推动高新区研发与引进产业高端项目、孵化自主知识产权项目、加速重大创新成果产业化、培育发展半导体照明和新型平板显示等高新技术产业”，要“在条件成熟的高新区开展知识产权等无形资产质押贷款业务试点工作”，为广东实施“双提升”战略和知识产权战略做出重要贡献。

三、原始创新能力建设的重大突破与科技领军人物和创新团队的涌现，为知识产权的创造和应用提供强大储备

2009年度，广东省共有26项科技成果获国家科学技术奖，其中自然科学奖2项，技术发明奖1项，科学技术进步奖23项。获奖项目主要覆盖光机电一体化、农业、医药卫生、环保、食品和建筑路桥六大关系国计民生的重大关键领域，获奖项目质量和水平明显提升，广东科学家首次荣获“含金量”很高的曾多年空缺的国家自然科学奖一等奖，实现了历史性重大突破；广东以第一完成单位完成的成果共12项，比2008年度增加3项。评出2009年度广东省科学技术奖271项，其中特等奖1项，一等奖29项，二等奖76项，三等奖165项。2009年全省共获得国家973计划（含国家重大科学研究计划）首席科学家项目11项，相当于我省前11年所获项目总和，约占全国的1/10；在全国排名从以前的10名之后，跃升至全国第3名。新增两院院士5位，创下十多年来的历史最好成绩。

四、科技服务业的蓬勃发展日益，为促进科技成果转化与知识产权应用提供有力支撑

2009年广东省科技厅大力发展科技服务业，技术市场规模继续稳居全国第三位，全年全省技术市场共达成技术合同14498项，实现合同成交金额247.93亿元。科技服务机构实力显著增强，共有科技部认定的5家国家级生产力促进示范中心和10家国家级技术转移示范机构。组建了珠江三角洲技术转移联盟和广东工业设计创新服务联盟。全年华南技术产权交易中心共完成交易额415.67亿元，涉及总资产金额454.48亿元，完成股份制改造21家，新增托管企业62家，共为11559家企业提供股权转让见证服务；深圳科技企业柜台交易市场正式挂牌，标志着在构建华南地区统一的初级资本市场平台上迈出关键性一步。全省科技信息、技术评估、知识产权、生产力促进机构持续健康发展，对促进科技成果转化与知识产权应用起到了积极的作用。科技服务业的蓬勃发展日益为促进科技成果转化与知识产权应用提供有力支撑。

（供稿人：陈晓）

广东省公安厅

2009年，广东省公安机关根据公安部的统一部署，在广东省委、省政府的领导下，切实履行“打击、参谋、服务”职责，严厉打击假冒知名商标，假烟、假酒、假药、假电子产品，以及盗版音像制品等侵犯知识产权违法犯罪活动，成功侦破一批重特大制售假网络案件。据统计，2009年，广东省公安机关共立案侦办侵犯知识产权犯罪案件585宗，破案361宗，抓获犯罪嫌疑人874名，涉案金额2.98亿元，挽回经济损失6148万元。由于知识产权刑事保护工作成绩突出，2009年广东省公安厅被公安部授予“全国卷烟打假特殊贡献奖”。

一、以保护民族知名品牌为主导，不断加大打击侵犯知识产权违法犯罪的工作力度

2009年，广东省公安机关集中优势警力，实施“精确打击”和“全程打击”，相继侦破一批案情复杂、涉及面广、跨境跨地区的涉假违法犯罪案件，有效地遏制了侵犯知识产权犯罪的猖獗势头。广东省公安厅先后组织各地侦破假冒“步步高”手机案，肇庆“6·18”假烟案、假冒茅台酒商标标识案、河源“12·9”特大制售假药案、深圳制售淫秽光碟案、珠海“10·23”侵犯商业秘密案等30多宗跨省跨国的重特大侵犯知识产权案件。此外，广东省公安机关以保护自主创新民族品牌为主导，重拳出击，成功侦破假冒云南白药牙膏、红牛饮料、完美化妆品、步步高手机和霸王、拉芳洗涤用品等一系列民族品牌的案件，有效保护了我国自主创新的民族品牌。

二、全省联动，深入开展打击制售假烟犯罪活动

一是开展打击非法运输假冒伪劣烟草专卖品专项行动。2009年，广东省公安厅联合省烟草专卖局在全省范围内开展打击非法运输假冒伪劣烟草专卖品专项行动，以韶关、汕尾、梅州、惠州、潮州、茂名等6个高速公路路段的临时检查点为依托，形成全省快速联动机制，积极开展打击假烟运输分销专项行动。专项行动中，全省查处运输假烟案件332宗，查获假烟52644万支，查扣机动车160辆，涉案金额近2亿元，抓获犯罪嫌疑人153人。二是狠抓制售假烟网络案件的侦破工作。2009年，广东省公安机关共破获27个特大制售假烟网络案件，抓获犯罪嫌疑人475名，其中刑事拘留382人，查获大型制假烟机106台，储存假烟窝点508个，查扣运输假烟车辆239台，假烟9.2万件。特别是广东省公安厅牵头侦办的广州白云"5·21"假烟案、肇庆"6·18"假烟案等特大跨省跨国网络案件的成功侦破，得到公安部的高度肯定，充分展现了广东省公安机关整体作战能力。公安部黄明副部长在2009年全国卷烟打假总结表彰大会上，对广东省公安机关卷烟打假工作给予高度评价。由于工作成绩突出，2009年广东省公安厅被公安部和国家烟草专卖局授予"全国卷烟打假特殊贡献奖"。全省有3位民警被授予"全国卷烟打假先进个人"称号。

三、创新思路，不断完善知识产权刑事保护工作机制

一是建立粤港双方知识产权刑事执法协助机制。为改变粤港两地知识产权执法协作程序繁琐、效率不高的现状，广东省公安厅主动与香港海关进行交流和沟通。2008年12月，与香港海关在"粤港保护知识产权合作专责小组"的框架下建立直接联络机制。二是建立知识产权刑事保护举报奖励制度。广东省公安厅高度重视打击知识产权犯罪工作，联合广东省财政厅制定《广东省举报侵犯注册商标专用权犯罪奖励办法》。该《办法》为全国首创，有力推动了全省公安机关打击知识产权犯罪工作，极大地调动了群众参与保护知识产权的积极性，为公安机关服务建设创新型国家营造了良好的执法环境。

四、拓宽合作渠道，联手国外知识产权执法机构共同打击涉假犯罪

2009年，广东省公安厅积极协助国外知识产权执法机构的案件协查工作。同时，积极开展与法国、美国、瑞士等知识产权执法机构的业务交流与合作。2009年6月，广东省江门市公安局破获一起由美国人勾结国内制假烟分子从福建组织假烟通过深圳盐田海关出口到美国境内销售的案件。广东省公安厅还通过国际刑警组织，及时将还有一货柜假烟在运往美国途中的情报通报美国警方。美国国土安全部移民及海关执法局收到情报后，查扣了这批假烟。2009年12月，广东省公安厅组织办案人员前往美国调查取证，并探讨中美双方加强合作的模式，共同打击侵犯知识产权犯罪。

五、积极开展宣传，营造打击侵犯知识产权犯罪的氛围

为配合"全国知识产权宣传周"活动，广东省公安厅积极宣传广东省知识产权刑事保护工作。《南方日报》刊登《广东警方重拳打击侵犯知识产权犯罪，5年打假破案挽回8.7亿》的新闻报道，《人民公安报》刊登《知识产权刑事保护动真格》的宣传报道。通过宣传，彰显广东省公安机关打击侵犯知识产权犯罪活动的决心和能力，积极营造有利于知识产权事业健康发展的舆论环境，达到教育群众、震慑犯罪的社会效果。为配合广州市五仙桥地

区假烟整治工作，广东省公安厅制作以打击假烟犯罪为专题的两集电视节目《假烟阻击战》和《假烟的秘密》，在广东卫视《社会纵横》和《南粤警视》栏目播出，取得较好的宣传效果。

（供稿人：黄汉生）

广东省农业厅

2009年，广东省农业厅严格贯彻落实《广东省知识产权战略纲要（2008－2009）实施方案》的要求，围绕农业知识产权的创造、运用、保护与管理，扎实有效地开展农业科技创新、品种与技术权益保护、农业品牌管理、农产品与农资市场监管等工作，农业知识产权工作得到全面推进。全省农业知识产权创造得到有力促进，成果丰硕，知识产权保护力度不断加大，非法侵权损益行为受到严厉打击，产权人的利益得到有效保护，社会知识产权意识综合水平大幅提高。截至2009年12月底，广东省农业系统累计申请农作物新品种权132件，获得授权47件。全省累计有效期内农业名牌企业431家，绿色食品企业251家，产品542个，有机企业43家，有机食品产品355个。

一、树立科技战略思想，改善农业知识产权创造环境

现代农业发展的根本出路在于科技进步。广东省农业厅坚持以科技进步来推动全省农业发展的核心思路，以项目为引导，用奖励来助推，依靠资金与政策扶持，促进全省农业科研机构与科技人员大力开展农业科技创新工作，为广东省农业知识产权的创造提供了良好的环境。2009年，广东省农业厅一方面继续履行部门职能，整合各项资源，加强项目管理，共安排动植物良种培育和引进专项资金及水稻育种补贴资金800万元，支持良种改进项目共27项，有效地提升了广东省农业科技创新工作者的积极性，提高广东农业科技自主创新能力与综合竞争力。全年遴选推介农业主导品种69个和主推技术23项，新增植物新品种权授权保护品种10个。另一方面，为进一步改善农业产业发展技术环境，建立一个长期稳定的农业知识创新体系，2009年争取广东省政府与财政厅的支持，立项启动“广东省现代农业产业技术体系建设”项目，当年共安排专项资金2000万元支持水稻、生猪、岭南水果、花卉和特色蔬菜等五个产业的技术体系建设工作，并相应组建了一支高水平的农业科技创新团队。

二、巩固品牌发展思路，提升农业知识产权运用水平

2009年，广东省农业厅继续实施农业品牌发展战略，坚持以品牌促发展，以品牌带增益，积极做好农业品牌培育工作。一是加强绿色食品、有机食品、地理标志等认定工作，2009年共有81家企业的152个产品获得绿色食品认证，43家企业的355个产品获得有机食品认证（续期），均比去年同期增长10%以上。二是按照《广东省名牌产品（农业类）管理办法》，依托全省优势农产品产业带，加大农业龙头企业扶持发展力度。通过培育发展龙头企业群体来促进农业企业名牌发展战略的实施。2009年，全省评出、通过到期复审广东省名牌产品（农业类）159个。其中饲料名牌企业25家，有5家进入全国饲料企业50强。具有代表性的企业——广东温氏食品集团有限公司的年销售收入朝200亿元大关迈进。三是继续加强植物新品种、畜禽品种及野生植物资源保护，严格落实《种子法》、《植物新品种保护条例》等法律法规，认真落实农作物品种审定与登记工作

三、规范市场经营秩序，加大农业知识产权保护力度

广东省农业厅以保护农业知识产权人的合法利益为目的，通过规范行政审批许可和加大市场监管力度严厉打击假冒伪劣等各种侵权行为，有效维护了农资市场的经营秩序。一是严格落实《行政许可法》等相应法规政策的要求，把好种子市场准入关，有效保护品种权人的利益和防范企业侵权行为。对未达到《种子法》及有关配套规章规定条件的企业，坚决不予发放农作物种子经营许可证。2009 年因申请人没有提供品种权人受权书而不许可的共有 12 个品种（次），补充有关证明材料后许可的有 9 个品种（次），不予许可的 3 个品种（次）。二是加强市场监管执法，切实维护农业知识产权的利用环境，保障产权人的切身利益。2009 年，全省累计出动执法人员 76442 人次，监督检查企业、市场 65533 个次，其中检测农药样品 1198 个/次。立案调查违法、无证或不规范生产经营的企业、养殖场（户）76 家，查处无证、无号、无标签产品 39 个，检出假劣产品 312 个/次，查处未审先推的品种 6 个，超出规定适宜种植区域的品种 2 个，查获假劣种子数量 797 公斤，违法饲料产品 288.82 吨，查获、没收、销毁不合格种子、农药共 24.3 吨。立案查处相关案件 887 起（宗），涉案金额近 850 万元。

四、培养社会意识氛围，推进农业知识产权宣传工作

2009 年，广东省农业厅在全省范围积极开展法律法规普及宣传工作，不断提高干部群众的法律意识，营造良好的执法环境。通过互联网平台建设，为社会群众提供了一个很好的法制学习、信息交流、政务公开的平台；通过设立户外法规宣传牌，“打假护农，放心农资活动”、“科技下乡活动”、“种子市场专项治理活动”等专项工作，在农贸市、种子集散地、圩场等地广泛宣传相关的法律法规，普及识假辨假知识，提高农民群众的自我保护能力和管理相对人的守法意识。在社会宣传方面，共印发各种宣传资料近 20 万份，张贴宣传标语 4911 条，出动宣传车 42 次，出宣传栏 55 期（次），利用圩日开展法律咨询服务 413 次，培训农民 455000 多人次，在电视台和广播电台播放种子法制教育节目，为种子法制工作、植物新品种保护创造了良好的工作环境。在执法体系建设工作方面，通过大力开展培训，有效提高从业人员素质，提高企业守法意识。2009 年共培训种子管理员、种子企业人员、种子检验人员培训农药生产经营人员 6200 多人次，全省农业知识产权保护法律意识明显提高，执法队伍得到进一步加强，全省目前种子管理人员 380 多人，每县平均 2—3人。

（供稿人：邓衍军）

广东省对外经济贸易合作厅

2009 年广东省外经贸厅按照省委、省政府决策部署，全面实施《珠江三角洲地区改革发展规划纲要（2008—2020 年）》，认真贯彻落实国家和省市扶持外经贸稳定发展的政策措施，推动全省外经贸实现了降幅收窄、份额提升、转型加快、结构优化的良好局面。

2009 年全省实现进出口贸易总值 6111.2 亿美元，同比下降 10.8%；实际吸收外商直接投资金额 195.35 亿美元，增长 1.92%；经核准新增协议投资额 14.07 亿美元，对外承包工程和劳务合作完成营业额 81.8 亿美元，增长 10%；经口岸进出口货物 3.2 亿吨，约占全国的 1/3，同比增长 7.2%；出入境人员 2.86 亿，

人次、约占全国的80%，出入境交通工具1776万辆（艘、列、架）次、占全国超过80%，进出口集装箱2283万TEU（标准箱）。

2009年，广东省外经贸厅在全力应对金融危机，推动外经贸发展过程中，主要做了五方面的知识产权工作：

一、推进涉外展会知识产权保护，加强知识产权管理

2009年外经贸厅继续坚持做好第105届、106届广交会知识产权保护工作，化解知识产权纠纷，同时依法对被认定涉嫌侵犯知识产权的参展企业进行全省通报。金融危机发生后，针对外经贸企业参加出口展会发生侵权案件增多的情况，2009年12月，广东省外经贸厅联合香港知识产权署在阳江市举办“涉外会展知识产权保护培训班”，邀请商务部条法司、广东省知识产权局、香港工业总会资深专家授课，各市外经贸局领导、法律部门以及外经贸企业230人参加培训。

二、开展涉外应对，维护知识产权战略利益

2009年，美国频频对我国三氯蔗糖、覆铜板、双通道锁机等产品采取337知识产权措施，直接威胁我国创新产品出口的市场利益。

外经贸厅下大力抓好案件应对跟踪工作，发布立案预警信息、指导企业应诉、开展政府交涉磋商，力争维护企业知识产权利益，应对工作取得重大成果。2009年4月，美国国际贸易委员会历经多次推迟后作出终裁，广东食品工业研究所在三氯蔗糖337调查一案最终取得胜诉。2009年5月广东生益科技股份有限公司在覆铜板337调查一案中取得胜利。

为提高广东外经贸部门及出口企业应对美国337知识产权调查的能力，广东省外经贸厅还举办337知识产权培训班，邀请三氯蔗糖337案应诉企业广东食品工业研究所及其代理律师现场就337案件应诉进行讲解，取得非常好的培训效果。

三、处理涉外知识产权纠纷，维护企业知识产权利益

对进出口贸易中出现的知识产权纠纷，广东省外经贸厅重视处理解决。2009年协调处理广州电筒公司“虎头牌”电池商标在印尼被抢注引起的诉讼纠纷。首先是函请我国驻印尼使馆经商处予以支持，其后广东省外经贸厅指导企业通过中国机电产品进出口商会，请求商务部向印尼政府相关部门发出照会函，要求该国政府公正审理案件，切实维护中国出口企业在印尼的合法权益。此外，还调查处理对德国KOZIOL公司与中山威斯丹弗公司的知识产权争议。2009年9月我国驻德国使馆经商处来函称德国Koziol公司投诉中山威斯丹弗实业有限公司销往葡萄牙、西班牙等国的两款灯具侵犯其外观设计专利保护，请外经贸厅协助核查此事，督促相关公司尊重知识产权，不再经销相关侵权产品。广东省外经贸厅及时调查了解，并将相关情况反馈德国使馆经商处，促使该纠纷得以妥善解决。2009年外经贸厅共处理5宗涉及知识产权的国际纠纷。

四、努力营造知识创新环境

在实施科技兴贸推动外经贸发展转型的过程中，广东省外经贸厅对自主知识产权予以特别关注，支持自主品牌产品出口，鼓励企业申请国外专利及进行商标注册，努力营造创新机制，鼓励企业开展知识创新。2009年建立重点自主品牌企业联系制度，选定470多家拥有自主品牌的企业作为重点联系对象，对其加强指导和培育。为帮助广东企业更好利用广交会平台展示其自主品牌产品和企业形象，吸引客商，抢抓订单，进一步完善自主国际知名品牌梯队培育机制，广东省外经贸厅认定452家企业为2009—2011年度省自主

国际知名品牌企业，比 2007 年增加 463%，推进广东自主国际知名品牌培育工作取得跨越式发展。

2009 年广东省外经贸厅还积极组织企业申报国家高新技术产品技改项目贷款贴息和出口产品研发项目资助，推动广东高新技术产品出口企业通过技术改造和技术创新，提高自主创新能力和核心竞争力。

在指导协调各类经济园区建设过程中，广东省外经贸厅注重引入知识创新要素，积极推进增城工业园区、珠海高栏港经济开发区升格为国家级经济技术开发区；牵头做好广东东莞生态产业园区、东莞立沙岛石化仓储及精细化学产业园区设立以及广东肇庆工业园区迁址工作；指导省内开发区进行科学规划和建设，从化经济开发区已被国家有关部门授予“中国最具投资价值开发区”称号。

五、积极参加粤港知识产权合作活动

2009 年广东省外经贸厅积极参与粤港知识产权合作，参加了第八次专责小组会议，提出 2009—2010 年度粤港知识产权合作工作建议，受到与会各方重视。

（供稿人：王洪）

广东省文化厅

2009 年，广东省各级文化行政部门和文化市场综合执法机构按照中央、省有关文化市场管理和执法工作的总体部署，以“迎接新中国成立六十周年，开展文化市场集中整治行动”为主线，持续开展专项整治行动，加强知识产权保护力度，严厉打击文化市场种类违法违规经营活动，取得较好成效。据统计，2009 年，全省共出动文化行政执法人员 766810 人次，检查各类文化市场经营场所 406763 家次；查处违法违规经营单位 3229 家次，其中责令停业整顿 797 家次、吊销经营许可证 62 家，罚没人民币 1200 余万元，移交案件 254 宗；查获 1 条地下光盘生产线，收缴非法出版物 2200 多万件，其中盗版音像制品、出版物共 2100 余万张（盒、册）；依法取缔各类无证照文化市场经营场所 3918 家。

一、严把审核关，推动音像制品“走出去”

2009 年 1 月至 9 月份，广东省各级文化行政部门积极推动国产音像制品“走出去”，严把审核关，其中经省文化厅审核出口的国产音像制品 254 批/次，数量 766356 张（盒），节目数 150088 个，广州市共审核出口国产音像制品 39 批/次，共 35.46 万张（盒），分别销往美国、瑞士、英国、日本、加拿大、澳大利亚、新加坡、马来西亚等国家和香港、澳门地区。与此同时，广东省文化厅还组织了广东省文化出口重点企业、重点项目贷款申报工作，向文化部推荐申报单位 17 家。

二、广泛开展知识产权保护宣传活动

2009 年年初，广东省各级文化行政部门根据中央和省关于净化社会文化环境的工作部署，将保护知识产权，维护合法权益，规范市场秩序放在重中之重位置来抓，采取媒体报道，利用广场、街道等公共场所悬挂标语、横幅、派发宣传单等多种形式进行广泛宣传，让广大人民群众和社会各界充分认识知识产权保护的政策和意义，发动全社会参与监督举报，建立和营造互动效应。

三、持续部署专项行动

（一）组织开展“两会”期间文化市场执法专项行动

2009 年 3 月 1 日起至 3 月 31 日，广东省文化厅按照中央和省有关指示精神，认真部署

开展全省“两会”期间文化市场执法专项行动。要求各地反复清查音像门店，严防政治性违法音像制品以及其他违法音像制品进入正规销售渠道，严厉打击侵权盗版行为，维护正版商的合法权益，规范文化市场经营秩序。专项执法行动期间，全省共出动检查人员42000多人次，检查经营单位21500家次，处罚违规经营单位1200多家次，没收违法音像制品300多万张（盒）。通过整治，确保“两会”期间我省文化市场的安全稳定。

（二）组织开展清查低俗音像制品专项工作

4月至5月，广东省文化厅按照中央和省的相关要求，部署开展清查低俗音像制品专项行动。行动期间，全省共收缴462多万张低俗和非法音像制品、查办31起淫秽色情出版物案件、打掉40个非法音像制品窝点。其中，省文化厅依法办理了“广东金图影音有限公司”和“广东金海湾文化传播有限公司”2家公司涉经营低俗等非法音像制品案，涉案单位已被依法吊销经营许可证。

7月8日，广东省文化厅向各音像制品批发经营单位下发《关于开展低俗和非法音像制品自查自纠的紧急通知》，要求各经营单位在前期清查的基础上，立即对照省文管办所提供的701种低俗音像制品目录，认真深入开展自查再自纠工作，深入查找出现违法违规经营行为的思想根源，深刻认识发行低俗音像制品及其他非法音像制品对社会的危害，进一步端正经营思想，增强守法经营意识；同时要求凡持有目录所列音像制品节目的单位，必须立即停止发行相关节目，并造册登记、封存待处；对已流进市场的低俗音像制品，涉及的单位要立即通知经销商予以召回，并作好登记、封存。此期间，各经营单位在自查中发现涉及低俗问题音像制品节目32个，共发行68100套，已要求市场经销商予以召回，并对所有退货和库存材料全部销毁。此外，广东省文化厅还派出人员陪同国家“扫黄打非”办专项检查组参与对广东音像城的检查工作。

（三）部署开展文化场所集中整治行动

2009年是新中国成立60华诞，国家重大活动多，重要敏感日期比较集中，文化市场监管形势十分严峻。在此背景下，为切实整顿和规范文化市场秩序，为新中国成立60周年创造和谐稳定的社会文化环境，按照文化部的统一部署，广东省文化厅部署从2009年7月14日起至2009年10月31日止，在全省范围内开展文化市场集中整治行动，重点打击音像、网吧、演出、娱乐、网络文化等领域的违法违规行为，确保了文化市场安全稳定。据统计，开展行动期间，全省共出动文化行政执法人员212765人次，检查各类文化市场经营场所119702家次，办理各类违法违规案件920宗，移交案件183宗；责令停业整顿231家次、吊销经营许可证17家，罚没人民币3903158元，没收各类非法音像制品、设备等17581488件（册、张），取得了较好的成效。

四、落实管理监督制度，畅通举报渠道

广东省各级文化行政部门和文化市场综合执法机构充分利用12318文化市场举报电话和网上举报等有效载体，落实举报监督制度，及时受理社会各界和广大人民群众对文化市场违法违规经营行为的举报，认真核实举报内容，充分掌握案件线索，及时打击网络、音像、出版物市场侵权盗版等其他违法违规行为。2009年，全省共受理举报（信访）件3117宗，立案调查各类违法违规案件2626宗，办结案件2614宗；移交案件183宗。

（供稿人：卢吉雄）

广东省统计局

2009年，广东省统计局作为省知识产权

保护办公会议成员单位，认真贯彻省知识产权保护办公会议精神，并按照相关工作部署，积极开展专利情况综合统计和情况分析工作。一是开展专利情况统计调查。从6月下旬开始，广东省统计局在组织开展全省科技情况清查的同时，开展规模以上工业企业和有科技活动的非工业企业专利情况统计调查。共清查企业5.7万余家，采集专利方面数据信息79.8万条，摸清企业专利整体和分行业专利基本情况。二是组织开展工业企业专利情况分析。2009年广东省统计局根据广东人民省政府积极推动产业转移，促进企业“双提升”和自主创新工作发展的战略部署，加强对广东工业企业专利情况的总量分布和行业专利申请、拥有等情况的统计分析，及时向省领导和政府部门提供相关统计分析报告，受到省政府领导的充分肯定。三是编辑出版包含专利情况的统计资料。为向社会提供优质的统计服务，2009年广东省统计局组织科技统计专业人员收集整理年度全省专利统计资料，并将其编入年度广东科技统计年鉴，及时为社会提供了相关统计服务，受到社会普遍认可。四是开展专利产出指数的核算工作。根据省委科学发展考核工作要求，广东省统计局组织开展科学发展考核指标专利产出指数的核算工作，为省委组织的考评工作提供数据依据。五是积极参与知识产权保护宣传工作。认真履行成员单位工作职责，积极参与省知识产权保护办公会议办公室组织开展的相关活动。

（供稿人：谭乐明）

广东省工商行政管理局

2009年，广东省工商行政管理系统商标管理工作围绕深入学习落实科学发展观，贯彻全国工商行政管理工作会议和《珠江三角洲地区改革发展规划纲要》，不断强化法治行政、效能服务、科学管理“三大理念”，加强商标专用权的保护，贯彻落实《国家知识产权战略纲要》，大力推进商标战略实施，结合全系统政风行风评议工作，努力做好职能转型、服务升级，在保护商标专用权，维护市场经济秩序，实施名牌带动战略，服务经济社会又好又快发展等方面做出努力。

一、积极开展政风行风评议活动

根据广东省工商行政管理局《2009年广东省工商行政管理系统民主评议政风行风工作实施方案》的部署，全省商标管理部门按照“依法行政、文明监管、优质服务、清正廉洁”的政风行风建设标准，认真开展民主评议政风行风工作，商标管理人员思想受教育，工作上水平，主动发挥职能作用。

二、商标宣传工作

2009年4月26日是第九个世界知识产权日，根据国家工商行政管理总局《关于贯彻落实2009年全国知识产权宣传周活动方案的通知》的有关要求，广东省工商行政管理局突出重点，注重实效，认真做好“知识产权宣传周活动”的组织策划工作，号召全省各市工商行政管理部门结合实际，开展多形式、多渠道的宣传活动，收到良好的社会效果。为使宣传周活动取得实效，全省各级工商部门努力创造条件，创新宣传方式，组织形式多样的系列活动。

（一）通过电视、电台、报刊等媒体大力宣传

一是广东省工商行政管理局组织佛山、中山、东莞市工商行政管理局联合在《南方日报》上以“实施品牌战略 加快推进产业升级步伐”为主题刊登专版宣传，集中介绍广东省工商行政管理系统实施品牌战略的各项举措

和取得的成绩，并于4月23—27日连续5天在《南方日报》举办“商标知识有奖问答”，发动社会各界人士参与商标知识的学习。二是各市工商行政管理局充分利用公共资源进行系列宣传。中山、东莞、云浮、茂名、韶关、梅州等市在当地电视台开辟专栏节目播放知识产权保护以及商标知识宣传短片。各市在各镇、区、市的商业街等人流和车流量比较大的区域制作公益广告牌、灯箱、横幅等，在社会上努力营造出浓厚的商标宣传氛围，同时编制印发商标宣传手册，宣传周期间累计发放各种宣传资料2万多份。同时还主动走访企业、农户组织等，上门提供法律咨询服务，分析当前创品牌工作中存在的问题，共同探讨对策，为企业解疑释惑。深圳市组织编撰《深圳市2008年度商标工作报告》，并在宣传周期间正式发布。东莞市针对国际金融危机对企业的影响，充分利用电视台、报刊等媒体大力宣传自有品牌在企业发展战略中的意义和作用，详细介绍企业运用商标战略实现转型升级、有效抵御金融危机的做法和经验，有效提高企业抵御风险、驾驭市场的能力。

（二）拓宽渠道扩大宣传范围

全省各级工商行政管理部门不断创新宣传方式，通过组织研讨会、培训班、商标战略交流活动、参展等形式扩大宣传范围。

4月29日，广东省工商行政管理局、东莞市工商行政管理局和广东商标协会联合在东莞组织了商标战略会员交流活动，与商标协会会员就实施商标战略问题进行互动交流，取得圆满成功。

10月16日，广东省工商行政管理局姜海平副局长带队赴四川成都参加由国家发展和改革委员会、商务部、工商行政管理总局等11个部门及全国12个省区市人民政府及新疆生产建设兵团共同主办的第十届中国西部国际博览会，并组织中兴通讯股份有限公司等4家企业参加国家工商总局及四川省人民政府共同主办“中国驰名商标馆”展览，通过参加驰名商标展的活动，充分发挥驰名商标对推动商标战略实施、促进企业和社会经济发展、推动创新型国家建设的积极作用。11月9—12日，广东省工商行政管理局和广东商标协会组织了46家广东优秀企业代表广东品牌参加在山东青岛举办的第三届中国商标节。统一设计、统一布展，将展区按行业划分，形成开放式的布局，以“广东品牌”整体形象亮相商标节，使得整个展区风格独树一帜，效果突出，得到了各界的好评。

广东省工商行政管理局与中国欧盟商会举办网络商标侵权问题研讨会，协助国家工商总局和欧盟2期合作项目，在广州举办欧盟商标注册体系的培训。同时还加强部门之间的协助交流，多次派人参加海关、知识产权局等部门组织的有关知识产权讲座和培训班，通过授课形式加强普及商标及其法律知识。

（三）举办商标代理机构诚信经营倡议活动

为构建广东商标代理行业良好秩序，广东省工商行政管理局在对全省商标代理机构进行调研和整顿的基础上，组织省内20家规模大、信誉好的商标代理机构联合发起商标代理机构诚信经营的倡议，在《南方日报》、《广州日报》上刊登倡议书及发起单位名单，并于4月24日举办隆重的倡议仪式。

三、商标行政执法工作

各级工商行政管理部门依法履行职能，加大商标行政保护力度，为促进科学发展和构建和谐社会营造良好的市场环境。

（一）组织专项行动，保护注册商标专用权

各级工商行政管理部门纷纷组织商标专用权保护专项行动，依法查处商标侵权假冒案件。韶关市工商行政管理局积极配合开展“韶关市2009年‘雷雨’、‘天网’知识产权执法专项行动”，集中整治市区主要超市、批发市场中侵犯商标专用权现象，中山市工商行政管理局组织各基层分局以日常巡查与专项行动相结合，主动查处与受理投诉相结合，保持高压态势对侵权案件多发行业、区域开展专项整治，并统一部署保护“红牛”、“娃哈哈”、“联塑”商标等商标专用权的专项执法行动。9月，广东省工商行政管理局组织保护“半月清”注册商标专用权的专项行动。2009年，全省各级工商行政管理部门共查处商标违法案件4587件（不含以其他法律法规处理的商标案件），案值7094万元，罚款5300万元，收缴和消除商标标识250万件，没收、销毁侵权商品474万件，有9件案件6个涉嫌犯罪当事人被移送司法机关。

（二）协助广州亚组委做好2010年广州亚运会的保护工作

一是积极为亚运标志的保护出谋献策，提出由国家工商总局制定行政规章或规范性文件的方式在全国范围内保护亚运标志，得到亚组委的认同。二是协助亚组委办理特殊标志和商标的注册。三是协助亚组委与国家工商总局和商标局沟通，将亚运标志保护工作列入2009年工作重点。四是与亚组委办公室联合向省政府行文，请求省政府提请国家工商总局制定保护广州亚运会的特殊标志和注册商标的行政规章，争取全国各级工商部门都重视保护亚运会特殊标志和注册商标，为亚运会的成功举办创造良好的知识产权保护氛围。省政府于9月15日正式提请国家工商总局制定亚运标志保护规章。

（三）加强展会知识产权保护

全省各级商标管理部门积极贯彻落实党中央、国务院和省委、省政府提出的扶持企业渡过难关、全面协调可持续发展及转型升级的总体要求，根据《展会知识产权保护办法》和广东省工商行政管理局确定的分级管理和属地管理相结合的原则，强化展会知识产权的保护。5月，深圳市市场监督管理局派人驻场第三届文博会，加强展会期间知识产权保护工作。9月，广东省工商局派员驻场第六届中小企业博览会，负责有关商标的咨询、宣传和侵权行为的举报投诉处理等工作。4月和10月，广州市工商局出色完成第105届和第106届广交会驻场商标执法工作。第105届广交会期间，广州市工商局组织越秀、海珠、荔湾、专业分局共17名执法骨干驻场执法，共受理商标侵权投诉185宗。从第106届广交会起，广州市工商局创新工作方法，改变往届由多个分局轮流驻场执法的做法，指定由专业分局和展会所在辖区的海珠分局负责，派出懂英语、精业务的执法骨干驻场开展商标执法。据统计，共受理商标侵权投诉296宗，比第105届增加60%，其中认定构成商标侵权案件258宗，暂扣侵权商品254件，受到商务部、交易会参展商和与会客商的一致好评。东莞市工商局根据展会的特点确立“小展会巡查、大展会驻点”的原则，加强对展会的商标监管，在毛织、名家具、模具制造机械等重点展会上设立商标知识产权投诉点，实时监控展会上的商标使用情况，树立保护知识产权的良好形象。

（四）探索建立和完善商标监管长效机制

为加强对大型批发市（商场）的监管，广东省工商行政管理局不断深入调研，探索建立长效监管机制。一是充实完善驰名、著名商标“红榜”和商标侵权企业“黑榜”，将新认定的驰（著）名商标企业在红盾网上公告，同时将被查处的商标侵权企业及时上网公示，强化社会监督。二是丰富专业批发市场商标保护“二步处理”机制内容，在商品批发零售市场档位租赁合同增加商标知识产权保护内容的基础上，指导、帮助市场开办者和场内业户建立实施“商标授权经营”、“商标违法行为警示”、“市场商标培育”等制度。三是深化涉外知名商标商品定点经营通告制度，加大对国际品牌保护力度。四是与国外驻穗机构建立沟通联络机制，及时通报涉外知名品牌商标权的保护情况，建立信息互通，沟通联络的良好机制。

（五）组织开展商标代理机构市场秩序专项整顿

2009年2—7月，广东省工商局组织全省工商系统对1084家商标代理机构开展专项整顿行动，将其作为实施知识产权战略、推动自主品牌建设和促进广东省商标代理行业健康发展的重要举措。专项行动期间，全省各级工商行政管理部门共出动执法人员2300多人次、车辆586车次，实地检查了937家商标代理机构，发现73家已自行停止经营、32户拟注销或被吊销、147家无法查实，并分别做出相应处理。

通过开展专项整顿行动，一是补充完善了商标代理机构监管名册；二是在一定程度上规范商标代理行为；三是为建立商标代理行业监管长效机制奠定了基础。四是完善了内部监督机制。全省各级工商行政管理部门在整顿商标代理机构市场秩序的同时，认真开展内部自查自纠，注重建立规范的工作制度和监管机制，加强对商标管理人员的廉政教育，杜绝商标管理人员与商标代理机构内外勾结、非法谋利的现象，促进商标管理工作公开、公平、公正，自觉接受社会各界监督。

（六）加强与相关部门的合作，提高执法效能

广东省工商行政管理局继续与海关、公安等部门加强沟通，并已初步达成了共识。一是与海关总署广东分署协商拟定《广东省工商行政管理局海关总署广东分署关于在商标行政保护中密切合作的通知》。二是与广东省公安厅就案件移送的问题开展进一步讨论，并通过建立合作机制，使双方信息资源的优势得到互补。汕头市工商局与汕头海关签订保护知识产权行政执法协作备忘录，建立知识产权执法协作机制，加强与汕头海关在商标专用权执法信息、品牌培育、执法队伍建设等方面的合作与交流，共同做好商标专用权保护工作，维护市场经济的公平有序。三是加强与日本贸易振兴机构的合作。根据日本贸易振兴机构收集的日资在华注册使用的商标、商品类别、真伪鉴别方式、代理组织联系方式等信息整理成数据库，在红盾网上开辟专栏，使全省工商系统都能及时了解日资企业在保护商标专用权方面的相关信息，得到日本贸易振兴机构和日本企业以及其他外资企业的好评。

四、贯彻落实《国家知识产权战略纲要》，大力推进商标战略实施，服务地方经济工作

（一）商标注册量持续增长

2009年广东省商标申请量和商标注册量继续保持全国第一，尤其是商标注册量达到128175件，突破了10万件，与2008年相比增长112.22%，创历史新高；商标申请量132573件，与2008年同比增长25.61%。截至2009年底，广东省有效注册商标总量为504704件，占全国的18.01%，连续15年居全国第一位。

（二）驰名商标认定取得突破性进展

2009年4月，国家工商行政管理总局商标局和商标评审委员会公布新认定的390件驰名商标，其中广东省54件，占此次认定总数的13.85%，在全国各省市中被认定的数量为最多，也是广东省史上被认定数量最多的一次，其中肇庆、清远、韶关、茂名四市实现了驰名商标零的突破。目前广东省拥有驰名商标总数历史性地达到192件，位居全国首位。

（三）广东省著名商标培育和认定工作稳步推进

2009年，全省各级工商行政管理部门重点抓好著名商标的建章立制和培育工作。广东省工商行政管理局根据《广东省著名商标认定和管理规定》的规定，制定《广东省工商行政管理局关于广东省著名商标认定和管理的实施细则》和《广东省著名商标评审委员会章程》，经报请广东省人民政府法制办公室审查，于2009年7月31日印发实施。各级工商行政管理部门依照新规定，积极引导企业做好著名商标的培育和申报工作。2009年共收到各地级以上市工商行政管理局和深圳市市场监督管理局受理报送的广东省著名商标认定申请488件，延续申请493件，合计981件，比去年增加了7.8%。2009年12月14日，广东省著名商标评审委员会召开会议，对981件广东省著

名商标申请进行了评审表决，广东省工商行政管理局根据评审表决结果，对拟认定的330件商标和拟延续的415件商标发布了认定前公示公告。2010年3月24日，经广东省著名商标评审委员会评审通过，广东省工商行政管理局认定“天赐”等333件商标和延续“宝利”等457件商标为广东省著名商标。至此，广东省著名商标总数达2185件。

（四）加强农业品牌的培育

全省各级工商行政管理部门结合广东省实施的名牌带动战略，积极开展农业品牌的培育和扶持工作，取得了一定的成效。2009年，广东省新增集体商标、证明商标7件，使全省地理标志总数达19件。

各市工商行政管理局结合当地实际，在培育的扶持农业品牌发展方面做了大量工作。江门市工商局将商标富农工作列为重点工作狠抓落实，大力推进。一是指导新会陈皮协会对“新会陈皮”地理标志商标进行推广、规范使用。二是积极培育优质农产品商标做大做强，向省著名商标迈进。积极协助企业或协会建立健全商标管理制度，指导其规范使用商标，提高知名度，拓展市场份额，为企业做大做强增加砝码。市局、分局及工商所三级商标管理人员多次深入企业，积极指导新会区沙堆镇绿自然农业服务部将“绿沙堆”商标推广使用。目前，该注册商标已许可全镇所有农户、种养专业户和涉农企业（基地）使用，初步形成以“绿沙堆”为统一品牌的无公害蔬菜基地、水产养殖基地、灵芝基地、水稻新品种基地、鳄鱼基地、现代化鸡场等多个特色农产品生产基地，总面积达2.2万亩，解决劳动再就业5000多人，初显以品牌为核心的“公司＋农户＋商标”的产业模式，产品销往广州、深圳、珠海等大城市。三是积极引导和扶持有一定经济实力、知名度高、符合条件的涉农企业申请省著名商标。四是及时总结推广商标富农工作经验。

（五）大力推进商标战略实施

为贯彻落实“全国工商系统贯彻落实《国家知识产权战略纲要》大力推进商标战略实施”工作会议精神，广东省工商行政管理局组织专题调研，并召开部分企业座谈会。在调研的基础上，根据会议的部署和要求，向省人民政府报告会议有关情况，并结合广东省的实际，提出贯彻意见，希望得到省人民政府的大力支持。

根据国家工商行政管理总局关于开展2009年国家商标战略实施示范城市（区）、示范企业工作的部署，为实现商标战略重点推进，以点带面，广东省工商行政管理局经过书面材料审查筛选、现场考察，决定推荐佛山市、深圳市为商标战略实施示范城市，推荐珠海格力电器股份有限公司、中兴通讯股份有限公司（深圳）为商标战略实施示范企业。

各市工商行政管理局也注重实施商标战略，并做了大量的工作，得到当地党委和政府的肯定和支持。东莞市工商行政管理局积极争取东莞市委、市人民政府对商标战略工作的重视和支持，推动出台“成立商标（品牌）战略资金”的扶持政策，为今后实施商标战略提供了坚实的保障。云浮市人民政府高度重视商标战略工作，将其作为培育自主品牌，带动产业结构优化升级的一项重要工作，2009年度首次将商标战略工作经费纳入地方财政预算，下拨30万元给云浮市工商行政管理局作商标战略专项经费。佛山市工商行政管理局积极向佛山市人民政府献计献策，起草并向市政府提交《关于进一步推进全市商标战略工作的实施意见》，力争把商标战略推向更高层次，为全国的商标战略实施探索经验。2009年9月，湛江市人民政府召开了省著名商标颁证大会，为湛江市2008年获得省著名商标荣誉称号的19家企业颁发证书和牌匾，隆重表彰湛江市争创名牌的优秀企业，充分肯定湛江市工商系统实施商标战略取得的显著成效。

（六）稳步推进创建区域国际品牌的试点工作

一是东莞市大朗镇的试点工作。2009年4月，广东省工商行政管理局和广东省经济和信息化委员会的领导共同赴东莞市大朗镇，对创建毛织产业集群区域国际品牌的工作进行专题研究，明确2009年的具体工作。5月份开始启动企业的发动工作和组建品牌管理机构的工作，并邀请国家发展和改革改委员会经济研究所吴晓华副所长共同对企业负责人进行了第一步培训，同时向企业宣传发动，确定成立组织机构的发起企业。7月份确定大朗镇成立理事会、品牌管理机构的方案，目前正在由大朗镇政府审议。二是汕头市澄海区的“澄海玩具”已完成商标设计注册，并已选择核心企业准备成立品牌管理机构。三是潮州枫溪陶瓷区域国际品牌的创建工作取得新的进展，向国家工商总局商标局申请注册“枫溪陶瓷”商标并获受理。

（七）承担省政府“十二五”规划前期研究课题

根据广东省人民政府办公厅《关于印发广东省“十二五”规划前期研究课题的通知》（粤办函〔2009〕349），广东省工商行政管理局商标管理处承接“广东省区域国际品牌研究”的任务，围绕以探索创建区域国际品牌的方式促进产业集群升级的主题，对创建区域国际品牌策略进行论证，探究创建区域国际品牌可预见的效果，以及开展试点工作需要解决的难点问题，提出在现阶段应当充分发挥政府主导作用的建议，并在此基础上撰写《广东区域国际品牌研究报告》。

五、粤港知识产权领域的合作

（一）参加粤港保护知识产权合作专责小组第八次会议

2009年7月16日，在广州富力丽思卡尔顿酒店召开粤港保护知识产权合作专责小组第八次会议。香港特区政府知识产权署谢肃方署长率本署、香港商务及经济发展局、香港海关的6名代表参会。广东省工商行政管理局商标管理处吴励超处长介绍第七次会议以来，广东省工商行政管理系统开展保护商标专用权的工作情况，对下一阶段粤港商标领域的合作提出建议。

（二）继续修改《公司注册与注册商标的关系与现况》调研报告

2008年7月，广东省工商行政管理局将《公司注册与注册商标的关系与现况》调研报告发送给香港特别行政区政府知识产权署。2009年2月，香港特别行政区政府知识产权署和公司注册处就该调研报告提出进一步修改意见后，广东省工商行政管理局于6月上旬完成对港方意见的答复解释和部分内容的修改工作，并发送给知识产权署，11月20日收到港方的第三次修改意见。该联合调研活动和调研报告初稿已经引起了港方的重视，香港当局于2009年年底向立法会提交《2009年公司（修订）条例草案》，借此提出相关的修订法例。修订条例草案预计可于2010年制定成为法例。

（三）探索建立粤港侵犯商标知识产权案件协作处理机制

为促进粤港两地商标合作进入实质阶段，广东省工商行政管理局提出应总结分析粤港商标侵权案件协查工作中的问题和需求，建立一套信息通报、协查制度，探索、落实情报交换、相互通报跨境商标侵权信息，加强双方在情报共享、案件协查等方面的联系配合，形成粤港两地互动的完整监管链条。港方对此表示赞同，并积极与广东省工商行政管理局联系，商讨下一步的合作。

（四）进一步协同宣传商标法律制度

根据香港特别行政区知识产权署的请求，广东省工商行政管理局积极联系广东省律师协会与港方联合举办香港商标法律知识讲座，并协助广东省律师协会办理了外事备案手续。

（五）交换知识产权信息

根据香港特别行政区知识产权署提供的信息及请求，广东省工商行政管理局及时对广东省红盾信息网的部分商标信息进行了更新，并协助提供涉港商标案件的法院判决信息。

六、加强队伍建设，提高队伍素质

（一）举办培训班，提高业务水平

2009年4月7—10日，广东省工商行政管理局举办全省工商行政管理系统商标广告培训班并召开工作会议。全省21个地级以上市工商行政管理局分管商标广告工作的副局长、商标广告科（处）负责人及业务骨干近100人参加培训会议。省工商局姜海平副局长作动员讲话，指出2009年是建国60周年，也是实施《珠江三角洲地区改革发展规划纲要》的开局之年，做好2009年工商工作具有特别重大的意义，尤其是商标广告监管工作，与民生紧密相连，关系到全省经济社会的科学发展，地位突出，影响广泛。针对实际工作中存在的问题和2009年重点工作，采取以案说法的形式重点讲解商标执法中出现的难点问题，并结合新出台的《广东省著名商标认定和管理规定》安排专题讲座，还邀请第16届亚运会组委会法律事务处对亚运标志保护做详细介绍。培训班采取业务培训与工作会议相结合的形式，理论与实务相结合，具体工作布置紧跟业务培训和指导意见，将业务指导落到实处。

（二）加强对外交流

2009年10月，广东省工商行政管理局组织全省商标管理人员，由姜海平副局长带队赴四川省调研和学习。一是对农产品“郫县豆瓣”证明商标的推广、使用、运作和保护进行考察调研，借鉴四川省的成功经验，有利于改变广东省农产品品牌工作相对落后的局面。二是通过现场观看富森美家居大型家具建材物流企业的运营，学习四川省工商行政管理系统的管理方式，有利于广东省工商行政管理部门更好地服务企业。

（供稿人：陈小冰）

广东省版权局

2009年，广东省版权局按照省委省政府的工作要求和部署，坚持以科学发展观为统领，认真贯彻落实《国家知识产权战略纲要》、《广东省知识产权战略纲要》和《珠江三角洲地区改革发展规划纲要》，按照国家版权局推进版权工作六大体系建设的总体要求，强化服务，严格执法，全力推进“版权兴业工程”，各项工作均取得了长足的进展。

一、召开全省版权工作会议

2009年6月12日，广东省版权局召开全省版权工作会议。新闻出版总署副署长、国家版权局副局长阎晓宏、广东省政府副秘书长江海燕出席会议并讲话，会议由省委宣传部副部长阎静萍主持，省推进企业使用正版软件工作联席会议各成员单位、各地级以上市版权局、使用正版软件工作领导小组（联席会议）办公室负责人及省版权兴业示范基地、版权相关中介组织（机构）有关人员参加会议。会议总结了2008年全省版权工作，并对2009年的工作进行安排。

会上，广州、深圳、珠海、佛山、江门、东莞、中山、惠州和肇庆九市版权局代表共同签署《广东省珠江三角洲地区版权协作框架协议》。广东省版权局授予广州开发区创意产业园、广州艺洲人文化传播有限公司等12家企业（集群）2008年“全省版权兴业示范基地”称号，并颁发牌匾。广东省版权局还在会议上宣布启动版权基层服务工作站建设计划，并向中山市古镇镇和港口镇两个试点单位授牌。

二、继续全力推进“版权兴业工程”

2009年8月，广东省版权局印发《关于推荐2009年度广东省版权兴业示范基地的通知》，要求各市组织并做好推荐工作，继续在全省范围内推进“版权兴业工程”。根据各地上报的材料，中山市古镇镇灯饰产业集群、广东原创动力文化传播有限公司等6个产业集群和企业被授予2009年度广东省版权兴业示范基地。目前，全省共有42个版权产业集群和企业获得了“广东省版权兴业示范基地”的称号。

为认真落实《广东省知识产权战略纲要（2008－2009）实施方案》有关精神，广东省版权局向省政府报送《关于进一步推进广东省版权工作的报告》，就广东省版权局在全省范围内推进版权产业发展的情况和取得的成效向省政府进行了专题汇报。同时，积极与有关部门沟通和磋商，谋求建立并落实政府资助激励机制，扶持、资助作品创作，培育版权强势企业，认定知名版权产品，抓好重点作品的产业化开发和经营并推动有关长效推进机制的建立，进一步把版权保护工作延伸到各类文化创意园区、动漫创作基地、影视创作基地、数字出版基地、软件开发园区等产业集群和版权产业相关企业；该项工作得到省委宣传部的大力支持，使全省资助、扶持作品原创的工作有了良好的开端。

三、强化版权基层工作站建设

为打造广东具有国际影响力的区域品牌，做大做强产业集群，2009年6月，广东省版权局印发《关于启动广东省版权基层工作站建设计划及开展相关试点工作的通知》，开始在条件相对成熟的版权产业集群、产业园区建立“版权基层工作站”。启动广东省版权基层工作站建设计划及开展相关试点工作的目的，是要有效整合全省各级政府、企业、行业协会和社会中介服务机构等各方力量，为企业提供版权服务以满足其规范发展的需求，包括帮助企业建立和完善内部版权管理机构和制度、建立企业内部版权保护防御体系以及帮助企业提高使用作品的能力等。版权基层工作站的建设由有相关意向的市有关部门提出并由条件相对成熟的版权产业集群、产业园区自主建站，为产业集群和园区中的企业提供版权服务以满足其规范发展的需求，共同打造特色版权产业集群和园区，以点带面推动全省版权产业规范发展。

广东省首批两个试点版权基层工作站设在中山市的古镇镇和港口镇。中山市及其古镇镇、港口镇的党委和政府有关部门，对版权基层工作站的建设给予高度的重视和大力的支持，对两个版权基层工作站的办公场所、人员、经费等问题都一一协助解决。两镇还组织政府、行业协会工作人员等赴华东地区考察当地的版权产业发展和版权保护工作，同时与广州市版权协会合作，委托其对版权基层工作站的相关人员进行业务培训；11月中旬，两镇合作举办第一期面向企业的版权保护知识培训班，广东省版权局、广州市版权协会派员授课，两镇100多家企业的代表参加了培训。目前上述两个版权基层工作站已经开始运行。

四、加强珠三角地区和粤港版权合作

广东省版权局抓住实施《珠江三角洲地区改革发展规划纲要》的有利契机，在广东省版权局的倡议下，珠三角地区9市版权局于2009年6月12日签署《广东省珠江三角洲地区版权协作框架协议》。该《框架协议》旨在整合珠三角地区版权行政管理资源，在版权产业发展、粤港澳版权协作、企业软件正版化推进、版权执法协作、版权公共服务体系建设、版权对外交流与合作，以及展会版权保护快速反应等方面完善区域版权协作机制，提高珠三角地区版权保护和版权公共服务的水平，促进珠三角地区版权工作全面合作以促进版权产业又好又快地发展。按照该《框架协议》的精神，珠三角9市版权局立足珠三角，纷纷开展区域内的合作，取得可喜的成果，如广州、中山、东莞等市在作品著作权登记、版权社会服务、展会版权执法等方面密切合作，共享资源，互促互进，使各方从中获得了实益。2009年12月28—29日，广州市版权局组织召开首届广东省珠三角地区版权工作联席会议。会议就珠三角地区版权交流培训、版权行政执法和版权公共服务等问题达成了具体的合作意见。

粤港版权协作也有了一个良好的开局。2009年10月27—30日，由广东省版权局钱永红副局长带队，广东省版权局及深圳市市场监督管理局、珠海市版权局有关同志组成的4人小组在港与香港知识产权署、香港海关版权及商标调查科的同行就版权法律知识普及、完善版权立法、合作打击跨境网络侵权行为等问题进行交流与探讨。

五、规范作品著作权自愿登记工作

为规范全省作品登记工作，按照国家版权局“扶持版权产业发展，支持优秀作品创作，完善制度，促进版权市场化”的要求，广东省版权局版权印发《关于进一步规范广东省作品著作权自愿登记工作的通知》，进一步完善和规范全省作品自愿登记制度。按该《通知》要求，各市根据版权产业发展的需要，指定作品登记代理机构，为本地产业集群和企业的作品登记提供帮助，使全省作品登记工作与服务版权产业发展有机结合起来。

六、完善展会版权保护工作

一是积极打造展会版权保护品牌。广东省版权局会同广州市版权局向国家版权局上报《关于授予广交会“广州展会版权保护国家示范基地”称号的请示》，经国家版权局批准，2009年4月16日，广交会被国家版权局授予“全国展会版权示范单位”的称号。

二是为维护作品权利人的合法权益，保护中外参展企业和客商的合法权益，营造广东良好的版权保护环境和形象，推动版权产业的创新发展和创作成果的转化，繁荣版权贸易，广东省版权局向全省各市版权行政管理部门和相关单位印发《关于印发〈广东省展会版权保护工作指引〉的通知》，力图在广东省尽快建立起全方位的展会版权保护体系，以确保版权产业的可持续发展。

三是集中力量搞好在东莞市举办的“首届中国国际影视动漫版权保护和贸易博览会”的版权保护工作。2009年12月30日至2010年1月3日，首届中国国际影视动漫版权保护和贸易博览会（下称“博览会”）在东莞市举行，广东省版权局和东莞市版权局成立博览会“版权服务工作站”，为本次博览会提供“作品著作权登记”以及版权咨询、版权执法等服务。“版权服务工作站”采取收集作品版权来源信息、办理和张贴“作品著作权来源信息卡”、提供免费作品登记服务、部署现场版权行政执法等方式，并对展会期间可能出现的版权问题设计相应的应对措施，确保本届博览会的整个展出期间展馆内没有出现版权纠纷，也没有接到著作权人有关参展商侵犯著作权的投诉。据统计，整个博览会期间，“版权服务工作站”共核发《作品著作权来源信息卡》1000多个，受理参展作品著作权登记申请237项，接受版权业务咨询160多人次，派发《著作权基础知识宣传活页》、《版权保护学生笔记本》、《版权保护知识书签》、《东莞动漫》共10000多套（张）。

此外，广东省版权局还派员参加2009年春、秋两季“深圳国际家纺布艺展览会”、“第六届中国国际中小企业博览会”等展会的版权保护工作。

七、开展版权产业调研工作

广东省版权局十分重视版权调研工作，全年开展多次调研工作，其中主要的专题调研有：

（一）联合广州市版权局、深圳市版权局，就广东省版权产业发展状况和版权产业园区的建立、运行、产业聚集、企业孵化、存在的问题等方面的情况与湖南省版权局版权产业调研组交流，实地考察调研广州天河软件园、腾讯科技（深圳）有限公司和深圳大芬油画村等3个“广东省版权兴业示范基地”。

（二）为加快全省乡镇等基层版权服务机构建设，提高基层版权管理部门服务产业的能力与水平，继续推进全省“版权兴业工程”，广东省版权局组织中山市版权局及中山市古镇镇、港口镇的同志赴华东上海、江苏、浙江、福建等4省（市）开展版权产业园区专题调研活动，实地学习、观摩和借鉴兄弟省（市）在推进版权产业园区版权管理与服务工作方面的好经验、好做法，如了解其制定出台的推动版权产业发展的主要文件、激励政策和措施，政府与相关行业协会、商会、专业市场等在建立版权基层服务机构、提供版权管理与服务等方面的具体合作，实地观摩有关产业园区的版权交易、版权质押等服务工作，交流进行作品自愿登记的情况等。

八、加大版权知识宣传力度

（一）部署、组织开展全省2009年“保护著作权宣传周”活动。2009年3月初，广东省版权局制定并向全省各市版权行政管理部门印发《2009年保护著作权宣传周活动计划》，要求各市在“4·26”知识产权日期间开展“保护著作权宣传周”行动。各市版权行政管理部门按照通知要求，组织实施了多种多样、各具特色的宣传活动，积极开展版权法律知识的宣传普及工作。有的市举办培训班、专题讲座和报告会，有的组织版权知识宣传推广活动，有的组织“广东省版权兴业示范基地”授牌仪式，有的针对版权产品市场组织行政执法大检查，各项活动都取得良好的宣传效果。

（二）开展法律知识宣传培训工作。广东省版权局高度重视版权知识的宣传教育工作，钱永红副局长在宣传周期间，前往珠海、东莞市和华南师范大学等地和单位，亲自为有关单位、企业以及在校大学生等讲授版权法律知识。

（三）利用媒体宣传广东省版权行政管理工作。宣传周期间，广东省版权局与《中国新闻出版报》密切合作，通过该报发表《广东省版权局加大展会版权保护力度——首家“全国展会版权示范单位”落户广东广交会》、《从管理到服务的转身——广东实施“版权兴业”工程纪实》等文章，从多个角度对外宣传广东省的版权工作，加深公众对广东版权行政管理工作的认识和了解。

（四）组织编辑印制《版权知识学生笔记本》。广东省版权局与广州市版权局合作，在宣传周期间编辑印制《版权知识学生笔记本》12000册，免费赠送广东省有关单位和饶平县新塘镇全部中小学师生以及广州市第一中学、康有为纪念小学等6所版权教育示范学校。

（五）开辟“版权保护在广东”专栏。宣传周期间，广东省版权局还组织编辑10篇专稿和多篇新闻稿，在广东省新闻出版局（版权局）政务信息网上开设“版权保护在广东”专题报道栏目，对2008年度被广东省版权局授予“广东省版权兴业示范基地”称号的12家企业（集群）在“版权兴业”方面的成功做法和经验进行介绍，对全省版权行政管理部门查处的著作权侵权案件、反映版权管理部门和企业做强做大版权产业的实例进行报道。

九、实施层级负责制，推进全省企业使用正版软件工作

为稳步推进广东企业使用正版软件工作，广东省推进企业使用正版软件工作联席会议于2009年年初向全省各市使用正版软件领导小组（联席会议）下发有关通知，在全省建立推进企业使用正版软件月进度申报制度和层级负责制，对列入《2009年度全省推进企业使用正版软件工作督办企业名录》的213家企业，要求企业所在市的使用正版软件工作领导小组（联席会议）办公室承担起督导责任，对辖区

有关企业的正版化进展情况密切跟踪，逐月申报企业软件正版化的进度，以保证在2009年10月底前按时完成本年度软件正版化工作计划。

2009年11月9日，广东省推进企业使用正版软件工作联席会议办公室、广东省打击网络侵权盗版专项治理行动工作办公室联合印发《关于开展2009年全省企业使用正版软件工作和打击网络侵权盗版专项行动检查督导的通知》，同时制定《2009年全省企业使用正版软件工作和打击网络侵权盗版专项行动检查督导方案》，组成有广东省版权局、国资委、财政厅、公安厅、信息产业厅、工商联、金融办、通信管理局等相关部门参加的3个工作组，于2009年11月23日至12月20日，分别对全省20个地级以上市（惠州市因故推迟）推进企业使用正版软件工作的情况进行检查督导。重点检查各市执行《2009年广东省推进企业使用正版软件工作计划》和《关于印发2009年度全省推进企业使用正版软件工作督办企业名录的通知》等文件精神，开展推进企业使用正版软件工作的情况，特别是列入省推进企业使用正版软件工作联席会议办公室重点检查督导名录中的企业使用正版软件的情况；同时了解各市2010年推进企业使用正版软件的工作设想。

根据此次检查的情况，全省共举办相关培训班36次，培训人数4684人次，在用计算机使用正版操作系统19010套，使用正版办公软件17637套，有241家企业完成了使用正版软件工作，全省超额完成了2009年初预定的213企业的工作目标。

十、开展打击网络侵权盗版专项治理行动

2009年8月，收到国家版权局、公安部、工业和信息化部印发的《关于印发〈2009年打击网络侵权盗版专项治理行动方案〉的通知》后，广东省版权局联合广东省公安厅、省通信管理局及时向全省各地级以上市版权局、公安局、深圳市通信管理局，以及省内各基础电信运营企业下发《转发国家版权局、公安部、工业和信息化部关于印发2009年打击网络侵权盗版专项治理行动方案的通知》，对专项行动的组织领导、任务落实、检查督办、数据汇总、总结汇报等工作进行了部署。

为便于对各市开展专项治理行动进行统一指导协调，有效解决查处网络案件涉及的各部门相互配合及涉嫌犯罪案件移送等有关问题，提高网络执法效率，及时查处有重大影响的网络案件，广东省版权局牵头成立“广东省打击网络侵权盗版专项治理行动工作办公室”，办公室设在广东省版权局版权管理处，广东省公安厅及广东省通信管理局确定联络员。办公室在专项治理行动期间专门从事网络执法和督查的有关工作。

2009年8月11—21日，广东省版权局钱永红副局长带领版权管理处等部门的同志先后前往南方新闻网、网易、腾讯网等省内9家主要门户网站进行网络舆论引导与互联网版权保护的调研工作，并分别与各网站的主要负责人进行座谈，要求各网站结合国家版权局、公安部、工业和信息化部联合印发的2009年打击网络侵权盗版专项治理行动方案的要求，在依法维护自身合法权益的同时，主动规范网站版权授权、传播行为，从源头上防范侵权盗版行为的发生。

专项行动期间，全省主动监管网站228家，查处网络侵权案件81宗，没收服务器及其他设备9台（部），关闭网站53家，行政处罚罚款109300元，9起案件移送司法机关处理。

此外，广东省版权局全年受理各类侵权投诉49宗，其中广东省版权局已处理24宗，另有25宗案件转交各市版权行政管理部门办理。

（供稿人：[illegible]）

广东省林业局

2009年，广东省林业局认真贯彻《国家知识产权战略纲要》、《广东省知识产权战略纲要（2007—2020年）》及《中华人民共和国植物新品种保护条例》、《中华人民共和国植物新品种保护条例实施细则（林业部分）》等有关林业知识产权法律法规，按照《广东省知识产权战略纲要（2008—2009年）实施方案》要求，进一步推进林业知识产权保护工作。

一、实施省林业科技创新专项，积极推进知识产权创造

设立广东省林业科技创新专项，整合全省相关林业科技资源，重点围绕广东现代林业建设的科技需求，以开展林业重大公益技术、共性技术、关键技术的研究开发与应用示范为重点，突破制约林业建设的技术瓶颈，加快林业新技术、新品种研发，培育具有自主知识产权的林木新品种；全面启动了优良乡土阔叶树种、珍贵树种、工业原料林树种、油茶良种选育及生态建设关键技术等研究与示范，选择和引进了乡土阔叶树种、珍贵树种、能源树种等优良种质资源近250个，并建立种质资源基因圃和示范基地。

二、继续加强植物新品种保护，加快推进林木良种的应用

引导林业科研教学单位和企业，积极申请植物新品种，全省申请的5个林业植物新品种通过国家林业局植物新品种保护办公室的初审。积极推进林木良种的应用推广，重点推进桉树、高脂马尾松、湿加松、油茶等树种优良品系的推广应用，提高基地建设的良种使用率。

三、继续实施名牌带动战略，推进企业技术创新

以实施名牌带动战略为载体，进一步加强林业企业知识产权工作，推进企业技术创新，特别是引导和鼓励林业企业开发具有自主知识产权的专利和产品，培育具有自主知识产权的林业名牌产品，以提高企业竞争能力。2009年有9个林产品获得广东省名牌产品称号。

四、继续加大宣传力度，进一步提高林业知识产权保护意识

积极配合实施《广东省知识产权战略纲要（2007—2020年）》，进一步加大林业知识产权的宣传普及力度。2009年结合举办全省林业科技管理培训班，开展林业知识产权培训，150多名林业科技管理和专业技术人员参加培训；编印林业知识产权保护等有关科技法律法规汇编300份，发送全省各市、县林业主管部门及有关林业科研、教学单位。通过宣传、培训和编印资料，进一步扩大了林业知识产权保护工作的普及面，提高了林业科技管理和科研开发人员的知识产权保护意识。

（供稿人：张心结）

广东省质量技术监督局

2009年，广东省质量技术监督局广东省质量技术监督局认真贯彻党的十七届四中全会、省委十届四次全会精神，深入实践科学发展观，认真贯彻质监系统提出的“三服务”工作方针，落实“五个转变”的工作要求，落实“十九条”服务承诺，开拓进取，认真履行工作职责，大力实施以质取胜战略和名牌带动战略，积极开展地理标志产品保护工作，严厉打击质量技术监督领域知识产权违法行为，知识产权保护工作取得新成效。

一、大力实施以质取胜战略和名牌带动战略，推进建立省政府质量奖励制度

2009年广东省质量技术监督局广东省质量技术监督局在国家质检总局和省委、省政府的正确领导下，以科学发展观统领全局，深入贯彻落实国家质检总局和省委、省政府的工作部署和要求，以组织开展“质量和安全年”活动为重点，大力实施以质取胜战略和名牌带动战略，推动建立省政府质量奖励制度，积极探索建立“评”“管”分开的名牌评价新机制，提高名牌评价和名牌产品的社会公信力，积极引导企业质量管理进步，2009年广东省共评出省政府质量奖获奖企业5家，省名牌产品347个，在社会上引起较好反响，为促进广东省产业结构调整和经济发展方式转变发挥了积极作用。

（一）建立省政府质量奖励制度，引导企业提高质量管理水平

2009年广东省质量技术监督局严格按照“省政府质量奖”评审管理办法的规定，开展了首届省政府质量奖的申报和评审工作。一是健全评审体系，明确评审目标。遵循《卓越绩效评价准则》国家标准的评价要求，参照美国的波多里奇国家质量奖、日本戴明奖等国外组织追求卓越绩效的实际经验，结合广东质量管理的实际情况，制定出台了《广东省政府质量奖评价细则》、《广东省政府质量奖评审委员会议事规则》、《广东省政府质量奖秘书处工作规则》、《广东省政府质量奖评审专家组工作守则》4个评审体系配套文件，促进评审工作的制度化和规范化。为确保首届省政府质量奖评审的质量，在多方征求意见的基础上，将首届省政府质量奖评选范围确定在制造业企业，待积累成熟经验后，逐步将评审范围扩展到服务、医疗、教育等方面。二是政府高度重视，部门协力推进。省政府对首次质量奖评审高度重视，成立以分管副省长为主任、省政府13个部门的厅（局）长和4个行业协会负责人组成的省政府质量奖评审委员会。分管副省长多次听取工作汇报，并主持召开省政府质量奖评审委员会会议，审定有关事项。各成员单位在评审过程中，都能积极参与，及时提出意见和建议，保障评审工作的顺利进行。三是严格挑选，建立高素质评审专家队伍。通过网上公开招聘和各地市质监部门组织发动、推荐申报两种方式面向社会公开聘请质量奖评审专家，在规定的10天时间内共有来自企业、大专院校、科研机构和境外（香港）机构的279名专家参与申报。经过组织培训、审核和考核，挑选出100名政治思想、业务素质高的专家为省政府质量奖评审专家组成员。四是广泛宣传，强化质量奖的导向作用。2009年7月份，广东省质量技术监督局召开首届省政府质量奖新闻发布会，发布省政府质量奖的评审细则和规范要求，邀请省内10多家主流新闻媒体做了深入报道。同时，还通过网络、报刊、电视台、电台、发放资料、举办论坛、座谈会等多种形式广泛宣传，强化政府质量奖励制度的导向作用，提高政府质量奖的社会认知度和影响力。目前，广东省的深圳、东莞、汕头、韶关等地已设立本市的政府质量奖。

（二）建立名牌评价新机制，推进名牌带动战略实施

一是设立省名牌产品评价中心，提高省名牌的社会公信力。为确保名牌评价工作的“科学、公正、公平、公开”，2009年7月，经广东省机构编制委员会办公室批复同意，在广东省WTO/TBT通报咨询研究中心加挂广东省名牌产品评价中心牌子，承担名牌产品评价、品牌价值评估、品牌评定等工作任务。省名牌产品推进委员会负责对名牌评价工作实施监督管理，真正实现名牌评价“评价”与“管理”相分离，确保名牌产品评价的社会公信力。二是科学制定名牌产品评价目录，积极发挥名牌的导向作用。在广泛征求各行业协会、各地市质监局意见的基础上，组织专家对名牌产品的

评价体系进行修改，增加“社会责任”、“节能减排”和“跟踪国外技术贸易措施”等评价要素，提高“科技创新”和“用户满意度调查”等分值，积极引导企业不断提高自主创新能力、强化社会责任意识、重视维护消费者利益，实现又好又快发展。三是大力改进用户满意度调查工作，全面反映名牌产品的社会满意度。首次开展用户满意度网络调查。要求申报企业的网站直接与评价中心网站链接，让申报企业的用户直接参与网络评价，较好地解决了过去网络评价难以开展的问题。以招标方式确定两家专业社会调查机构开展用户满意度电话调查，加大对这两家电话调查单位的监督，要求调查机构必须提供电信部门的电话记录和全程的电话录音，既保证了用户满意度调查真正落实到位，又较好地堵塞了用户满意度调查工作中的漏洞。同时，广泛征求相关部门的意见，接受社会的监督。通过多方面的调查评价，比较客观地掌握了申报产品的用户满意度，今年在用户满意率调查方面没有收到任何投诉。

（三）严格规范开展质量奖评审和名牌产品评价工作，确保评审和评价的科学公正

一是制定严格的评审计划和工作要求。省政府质量奖评审严格按照《卓越绩效评价准则》和有关评审的配套文件，坚持企业自愿申报、不向企业收费和“高标准、严要求、少而精、优中选优”的原则进行。同时，制定严格的工作计划和详细的时间安排表，明确每个阶段的工作要求。在材料评审阶段，秘书处为了严肃评审纪律，每天点名，不时召集评审组长们开会了解评审进度和情况，有力地确保评审按进度、公平公正地进行。在现场评审阶段，为保证评审结果的高度一致性，在进行现场评审时选取第一家现场评审企业进行一致性评审，要求参与本年度政府质量奖评审的全部专家作为观察员参加这次评审，将一致性评审方法和评分将作为评审其他企业的一致性依据。二是加强对评审和评价过程的监督。首届省政府质量奖从资格审查、到材料评审，最后到现场评审，广东省纪委驻广东省质量技术监督局纪检监察室派出专人对整个评审现场进行巡视和全过程监督，保证了评审的公正性和廉洁性。省名牌产品评价工作中，广东省评价中心事先将有关名牌产品的申报产品数据、各专业委员会的评价细则、有关评价程序和日程安排报广东省质量技术监督局审核备案，都能严格按照程序规定开展名牌的评定工作。广东省质量技术监督局会同纪检监察部门组织人员对各专业委员会、专家组评价的省名牌产品随机按照不少于10%的比例进行抽检，未发现任何错误。三是加强对评审专家的监督。省政府质量奖评审前，召开评审专家会议，明确有关评审的规则和要求，并与每一位评审员签订了《省政府质量奖评审员廉洁自律承诺书》，参加省政府质量奖评选的有关人员，能严格按照有关规定和程序评审，做到严于律己，公正廉洁，秉公办事。由于整个评审过程做到严格规范，公平公开，在初评出5家省政府质量奖获奖企业和347家省名牌产品对社会进行为期7－10天的公示中，没有收到投诉和反对意见。

（四）加强对获奖企业和名牌产品的监督管理，打造广东品牌形象

一是加强对政府质量奖获奖企业的监督管理。省政府质量奖不实行终身制，对已获得省政府质量奖称号的，每年安排1－2次省级监督抽查，各地级以上市质量技术监督局加强对辖区内获奖企业的质量巡查。对信用不良的企业，坚决取消其评选的资格。目前，广东省质量技术监督局正在抓紧制定《广东省政府质量奖标志管理办法》，规范省政府质量奖标志的使用。二是制定省名牌产品监督管理办法，加强对名牌产品的监督管理。为做好省名牌产品后续监管事宜，广东省质量技术监督局提请省政府修改《广东省名牌产品管理办法》，将“广东省名牌产品（工业类）在有效期内，对产品质量实行以抽查为主要方式的质量监督检查制度”及“在国家、省监督抽查不合格和用户、消费者举报投诉产品质量存在问题经查证属实的省名牌产品生产企业建立约谈制度”写

入管理办法，在制度上恢复对省名牌产品的日常监督抽查制度并建立与存在质量问题的省名牌产品生产企业约谈制度，提高对省名牌产品的监管。目前，广东省质量技术监督局新制定《广东省名牌产品监督管理办法》，加强对名牌产品的监督管理，提高名牌的知名度和美誉度。

二、地理标志产品保护工作取得新成效

（一）地理标志产品保护意识初步形成，产品申报工作驶入快车道

2003年底“河源米粉”成为广东省第一个获得地理标志保护的产品，实现了“零”的突破，此后2004年广东省有5个产品获得国家地理标志产品保护；2005年有8个产品获得保护；2006年有8个产品获得保护；2007年有9个产品获得保护，累计数量位居全国第一，实现了全国质监系统排头兵的目标；截至2009年底已有48个产品获得保护，位居全国第一。

（二）充分发挥地理标志产品保护制度对经济发展的推动作用，促进农业增产、农民增收

据2009年广东省质量技术监督局对全省获保护产品开展的初步统计数据显示，广东省获批的地理标志产品年总产值已达91.4亿元，较保护前的62.8亿元增长45.6%，受惠农户644613户、养殖户2604户、生产企业586家，农民年平均收入获保护后达6281元，较获保护前的4368元增长了30.5%，高出全国农民年平均收入水平1520元，如马坝油黏米实施保护后销售价格较保护前增长72%；如端砚自2004年实施保护后，加工企业数从保护前的200家增至如今的300多家，增幅达25%，企业总产值也由保护前的8000万元增至1.[illegible]亿元，增幅达[illegible]%。至今，广东省质监系统开展的地理标志产品保护工作已惠及全省农户、养殖户达64.7万人，获批产品的经济效益普遍提高，社会效益日益显著，有力地促进了县域经济的发展和农民的增收。

（三）有力地推进广东省农业标准化的发展进程

截至2009年底，在广东省获批的地理标志产品中已经制定省级地方标准44项，已建立国家级标准示范区9个，省级标准示范区13个。大多数地理标志产品均实现了标准化种植与生产，“地理标志产品＋龙头企业＋农户”的经营模式不断推广，有力地推动了广东省农业标准化的发展。

（四）充分发挥地理标志产品保护制度的名牌带动作用，推进县（区）域经济发展

广东省自实施地理标志产品保护工作以来，一直注重推动广东省地理标志产品生产企业和种养殖者不断提升产品质量，提升产品信誉和品牌影响力。截至2009年底，广东省质监系统44个国家地理标志产品共有12个地理标志权益人和37个企业使用专用标志，一定程度上提高了产品和保护制度的知名度和影响力。此外，在规范地理标志产品保护后续监管方面也取得显著成绩，各地共制定地理标志产品保护管理办法28件，如郁南县政府出台的《郁南黄皮产品保护办法》，英德市政府出台的《英石资源管理暂行办法》，对地理标志产品保护工作提出具体的措施；肇庆市设立“端砚村”，集中端砚生产加工企业，规范端砚开采、生产、加工、销售全过程；阳春市质量技术监督局对春砂仁生产加工企业实行档案管理，实时掌握企业的生产经营情况，统筹与合理规划产业发展。地理标志产品为广东省推动以质取胜和名牌带动战略、打造区域品牌、提高相关企业产品质量和信誉、促进县域经济发展、推动广东省城乡与区域协调发展发挥了积极作用。

（五）充分发挥地理标志产品保护制度的产业促进作用，服务文化大省建设

2009年11月1日，由国家科学技术部、商务部、农业部、国家质检总局等十几个部委与陕西省人民政府联合主办第十六届中国杨凌

农业高科技成果博览会（简称“农高会”）在陕西杨凌举行，广东省质量技术监督部门共组织端砚、马坝油黏米、南雄板鸭、化州橘红、普宁青梅、新会陈皮、流沙南珠等7个产品13家企业参展。广东省质量技术监督局被组委会授予“最佳组织奖”。

三、加大打击侵犯知识产权违法行为力度

2009年，全省质量技术监督系统共立案查处知识产权类案件1498宗（其中生产企业947宗，经销单位141宗，仓储点11宗，捣毁制售窝点374个），涉案货值4704.13万元，销毁货值485.71万元，移送追究刑事责任案件59宗，移送数量居全国质量技术监督系统第一位。

在“知识产权保护宣传周”和“质量安全年”行动期间，加大知识产权案件的查处密度和曝光力度，通过典型案例，造成轰动和热点效应，努力扩大宣传覆盖面和执法影响力，普及市民的知识产权法律意识，形成良好的保护知识产权的法治环境和宣传氛围。

（供稿人：李铮）

广东省食品药品监督管理局

2009年，广东省食品药品监督管理局认真落实科学发展观，积极推动我省生物医药自主创新，规范药品、保健食品、化妆品、医疗器械市场秩序，在构建良好注册环境，完善中药标准体系和严厉打击假劣产品，保护知识产权等方面取得一定成绩。

一、构建良好注册环境，完善中药标准体系

根据广东省委、省政府确立的建设中医药强省的发展目标，广东省食品药品监督管理局在构建中药标准体系及推进中医药自主创新方面做了扎实的基础工作，积极为中医药强省建设构建良好的注册环境。

（一）积极倡导企业提高药品质量标准促进医药产业发展

1. 制定南药标准体系“十二五”规划，推动广东中医药强省建设。广东省食品药品监督管理局根据省政府提出的“十二五”规划制定的要求，参照国家食品药品监督管理局“提高国家药品标准行动计划”，制定广东省地道药材、中成药标准体系建设“十二五”发展规划。该规划是在“十一五”规划的基础上，通过对阳春砂、广陈皮、广藿香等10个道地药材从规范种植、药材标准体系建设、制剂工艺研究到成品含量控制等全方位，全产业的深入研究，建立《广东省中药饮片炮制规范》、《广东省中药材标准》、《广东省医院制剂规范》、《广东省中药配方颗粒标准》、《广东省中药破壁粉粒标准》五大标准体系，广东省地方基准物质库（包括对照品库、对照药材库、中药品质资源库和中药标本馆），国内领先的公共检测服务平台及广东省药品质量研究服务平台。以地道药材为切入点，通过“五大标准、一个库，两个平台”的建立，使行业标准、国家标准、国际标准充分体现广东的技术特点和优势，提升我省在新一轮经济发展中的科技竞争力。同时确定政府出资，行业监管，检验机构、科研院所指导，企业主导的发展模式，带动整个广东中医药产业的发展上一个新台阶。

2. 完善药材标准体系建设。参照国家食品药品监督管理局“提高国家药品标准行动计划”的做法，积极构建广东的药品标准体系。由广东省药品检验所实施各市药品检验所参与的广东省药品标准提高工作扎实推进。目前《广东省中药材标准》（第二册）共120个品种、《广东省中药饮片炮制规范》共70个品种、《广东省医院制剂规范》指导原则均已完成最后的审核验收工作，即将出版。

3. 积极探讨广东省配方颗粒及破壁粉粒质量标准体系建设。随着中药材加工技术的发

展及人民群众用药便捷的需求增长，新型饮片配方颗粒及破壁粉应运而生。广东拥有获得国家认可的配方颗粒试点生产企业广东一方制药有限公司及三九医药股份公司（全国仅6家），及最早提出破壁粉粒概念并开展系统研究的中山市中智制药有限公司。目前，上述饮片作为传统饮片的有益补充，市场发展前景良好。在省药品检验所起草，配方颗粒及破壁粉粒生产企业积极参与下，广东省食品药品监督管理局积极探讨制定《广东省配方颗粒质量标准研究规范》及《广东省中药破壁粉粒标准》。规范新技术的应用，建立标准控制体系，完善新型饮片在临床应用的评价指标，具有科学性和实用性及良好的推广应用前景。

4. 为中药医院制剂的注册申报做好政策引导。鼓励临床疗效确切、使用安全的医疗机构制剂注册，并在保证安全性的情况下，对处方在医疗机构使用5年以上的中药制剂予以减免药效毒理相关研究申报资料。自国家食品药品监督管理局《医疗机构制剂注册管理办法》实施以来，广东省共注册70个新制剂品种。同时，鼓励临床应用前景良好的医院制剂品种投入新药开发研究，为具有岭南特色的新药研究开拓新路。

（二）积极实施推进全省生物医药产业自主创新步伐举措

1. 做好广东省原创药、研发中心的培育工作。围绕推进全省生物医药产业自主创新步伐举措中的规划目标，通过深入调研，对于广东省原创药和发展中的研发中心，采取座谈、培训等多种形式加强沟通，深入了解研发单位在注册申报中的困难，帮助和促进申报的新药提高质量，指导新药研究单位深刻理解法规，避免走弯路。

2. 探索药品注册监管政策、推进监管服务平台建设。在药品再注册系统的数据基础上，建立广东省药品注册信息数据库，通过软件平台的建设，实现药品从注册信息、生产信息、不良反应监测等各环节的信息整合。此外，系统完全实现资料网上申报提交，补充资料、技术审评全过程的信息化，大大减少申请人往返，电话传真通知等各环节，提高工作效率，实现无纸化办公。这些数据的收集及积累为日常药品监管工作提供了详实、可靠的数据依据，对实现注册监管的规范化和科学化，提高审评审批工作的透明度有重要意义。为监管和企业提供准确的药品注册信息。

3. 用制度及程序鼓励创新。深入领会国家食品药品监督管理局对药品注册“新、优、同、实”的监管要求，坚持“鼓励创新，引导创新，支持创新，服务创新”的药品注册发展方向，制定《广东省药品注册特殊受理工作程序》，对于创新药，实行提早介入、绿色通道、全程跟踪等政策性帮扶措施。特别在广东省研制的一类新药，在立项时，采取提早介入的方式为申报单位提供政策支持，在受理时，做到随到随审。在申报过程中，协调各职能部门，为该品种的审批提供全程跟踪服务。

二、严厉打击假劣产品，保护知识产权

2009年，广东省共捣毁制售假冒药品、医疗器械、保健食品、化妆品窝点86处，涉案物品货值1000多万元，向公安机关移送涉罪案件49宗，其中公安机关受理并立案查处33宗，刑拘犯罪分子53人，逮捕犯罪分子49人。

（一）解放思想、开拓创新，构建完善联合打假机制

做好打假工作的四要素是“体制、机制、法律、科学”，其中机制创新是推动打假工作深入开展的有效保障。2009年10月，广东省食品药品监督管理局与东莞市人民政府联合举办主题为“共同行动、科技打假”的第四届石龙论坛，取得了四个方面的成果：一是科学技术对食品药品打假支撑作用得到进一步的重视；二是无假药社区创建模式得到社会各界的进一步认可；三是行政执法与刑事司法的有效衔接得到进一步推动；四是药品打假机制创新得到进一步发展。

在联合打假机制的指引下，全省各级食品药品监管部门着力推动稽查打假工作的部门协作与区域协作，广东省与广西、湖南、江西、福建等省区相邻的市级食品药品监管部门分别与相邻省区的食品药品监管部门签订稽查打假合作协议，每年召开一次合作交流会议，努力实现稽查打假工作区域联动，提高打假效能。

（二）科学挂帅、技术先行，强化科学技术对稽查打假工作的支撑作用

随着食品药品打假形势的不断发展变化，科学技术对打假工作的支撑作用越来越重要，通过技术机构的质量抽查检验，监管部门可以快速发现假劣药品，并提供查处依据。近年来，广东省食品药品监督管理局不断强化技术监督对行政监督的支撑作用，组织各级药品检验机构研究开发食品药品非法添加化学成分的快速筛查方法并在全省范围内推广应用，取得丰硕成果。2009 年，全系统已开发成功并通过省局组织验收的快筛方法有 12 种，已立项并正在研究开发的快筛方法超过 50 种，品种涵盖药品、保健食品与化妆品，方法包括补肾壮阳产品非法添加伟哥、降糖产品非法添加西布曲明、假冒人血白蛋白等目前市场上较突出的非法添加行为。目前，药品检验机构已联合相关企业成功开发出快筛试剂盒与快检箱，更加方便现场执法。

（三）明确重点、加强督办，严厉打击制售假冒产品违法犯罪活动

2009 年，全省各级食品药品监管部门确定打击制售假冒三品一械以及通过互联网、邮政物流渠道销售假药等违法行为作为打假工作的重点，同时针对一些地区制假售假行为多发的现象，广东省食品药品监督管理局加强直接查处力度以及加强对这些地区打假工作的督导、督办。6 月 17 日，联合省、广州市公安部门快速出击，一举破获一个销售假人血白蛋白的地下网络，截至目前，公安部门已抓获犯罪嫌疑人 8 人，缴获假人血白蛋白 389 瓶。广东省食品药品监督管理局执法人员还与公安干警一起到普宁市追查生产源头，要求当地有关部门全力出击，争取早日将生产假药的幕后主犯抓获归案。在与省公安厅的直接督办下，2009 年普宁市食品药品监管部门联合公安部门捣毁 9 个制售假药的地下窝点，刑拘 25 名犯罪嫌疑人，取得打假工作的重大胜利。针对广州市白云区制售假冒名牌保健食品、化妆品现象比较突出的问题，省、市、区三级食品药品监管、公安部门加大打击力度，捣毁多个地下窝点。如广州市食品药品监管局经过十多天的缜密侦查，在公安部门的配合下于 7 月 15 日一举捣毁一个位于白云区太和镇的非法生产减肥保健食品的地下窝点，缴获非法产品、生产工具、公章一大批，此案已由广州市公安局立案处理。

在查办制假售假案件过程中，广东省食品药品监督管理局依托联合打假机制，加强与公安部门、被侵权企业的沟通与配合，努力形成打假合力，推进行政执法与刑事司法的有效衔接，确保违法分子得以严厉惩处。同时还按照“五不放过”的原则追根溯源，不放过制假售假链条中的每一个环节，确保案件等到彻底查处，确保非法产品不再危害公众身体健康。

（供稿人：梁云）

广东省知识产权局

2009 年，广东省知识产权，深入贯彻落实科学发展观，紧紧围绕广东省实施《珠江三角洲地区改革发展规划纲要》、“三促进一保持”、保增长保民生保稳定的中心，大力推进《知识产权战略纲要》，努力深化省部知识产权高层次战略合作，积极推动运用知识产权应对国际金融危机，同心协力，狠抓落实。2009 年，广东省专利申请量 125673 件，同比增长 20.98%%；专利授权量 83621 件，同比增长 34.8%。其中发明专利申请量 32247 件，同比增长 14.76%，发明专利授权量 11355 件，同

比增长49.32%。发明专利申请量、授权量和有效专利数均居全国第一位；全省PCT专利申请量连续8年保持全国首位。

广东省获第十一届中国专利奖金奖数、优秀奖数及获奖总数均居全国第一，并创历史新高。

（一）围绕中心，服务大局，以科学发展观统揽广东省知识产权工作全局

1. 推动《广东省知识产权战略纲要》与《珠江三角洲地区改革发展规划纲要》协同实施。根据省委、省政府关于贯彻实施《珠三角洲地区改革发展规划纲要（2008－2020年）的决定》，广东省知识产权局认真研究《规划纲要》和《战略纲要》的联系点和工作切入点，经过努力，在《珠江三角洲地区改革发展规划纲要实施方案》中强化知识产权工作的内容和力度，同时，拟定实施《珠江三角洲地区改革发展规划纲要（2008－2020年）》工作方案，起草《珠江三角洲地区改革发展规划纲要知识产权专项实施方案》，从加快法制建设、推动区域发展、提升创新能力、推进核心专利技术转化等方面制定33项贯彻《规划纲要》带动《战略纲要》实施的具体措施，努力将珠三角地区打造成为全国知识产权创造的核心区、知识产权运用的密集区、知识产权保护的示范区和知识产权管理体制的创新区，为推动广东省由"广东制造"向"广东创造"转变做出积极贡献。

2. 推进知识产权战略纲要的实施。4月中旬，省政府组织召开全省知识产权工作座谈会暨2009年广东专利奖表彰大会，部署全省年度知识产权战略纲要实施工作；广东省知识产权局及时向全省转发《2009年国家知识产权局实施知识产权战略计划》，将《广东省知识产权战略纲要（2008－2009年）实施方案》中涉及广东省知识产权局的31项战略实施任务落实责任到相关处室；同时，开展知识产权"十二五"发展战略和规划研究，制定《广东知识产权"十二五"战略规划》草案。加强对各市、县实施知识产权战略的指导，局长、书记多次带队到地市，向地市主要领导宣传知识产权工作，研究探讨实施知识产权战略的重点、难点问题；因地制宜，指导地市制定知识产权战略纲要或实施方案。至2009年底，全省三分之二以上的地市制定本地区的《知识产权战略纲要》或《知识产权战略纲要实施方案》，其余各市均已完成研究制定工作，正在提请市政府审议过程中。

3. 开展省部知识产权高层次战略合作。及时拟定省部知识产权合作2009年度工作计划，从落实工作机制、创新管理体制、健全服务体系、完善"绿色通道"、促进产业发展、拓展国际合作和强化宣传培训等7个方面，商定23项具体工作，形成《国家知识产权局广东省人民政府2009年度知识产权高层次战略合作工作安排》。进一步深化与国家知识产权局专利复审委的合作共建，从构建处理侵权程序和确权程序衔接机制、设立专利复审委第一巡回审理庭第二审理室、开展专利行政执法培训及研讨活动、提供专利行政执法的技术支撑等方面，促进合作共建向纵深发展。全年国家知识产权局专利复审委员会派员来粤开庭7次，审理专利无效宣告案54件；双方互派4名干部挂职锻炼。

（二）狠抓龙头，带动整体，着力引导广东省重点产业提升核心竞争力

1. 开展知识产权应对金融危机研究，总结企业运用知识产权应对金融危机的经验。3月份，广东省知识产权局开展较大范围的知识产权应对金融危机调研，在金融危机深度影响的背景下，全省169家知识产权优势企业生产经营指标稳步增长，工业总产值、销售收入和出口创汇额同比分别增长8.92%、19.6%和10.2%，表现出强大的抗风险能力，整体上实现逆市而上，知识产权成为企业应对金融危机的重要武器。汪洋书记、黄华华省长在调研报告上作出重要批示，转发全省学习宣传。

2. 开展知识产权优势、示范企业的认定工作，扶持重点企业健康发展。2009年，遴选50家知识产权优势企业和10家知识产权示

范企业予以扶持；配合国家知识产权局完成第一批全国企事业知识产权示范创建单位（8家）和第三批全国知识产权试点企事业单位试点（5家）的总结验收工作；开展第四批全国企事业单位知识产权试点申报工作。全省有8家企事业单位跻身全国知识产权示范单位行列，示范单位数居全国第一，46家单位进入全国第四批企事业单位知识产权试点。同时，开展审查员与企业的专利工作交流活动。

3. 开展专利态势分析，引导重点产业科学发展。广东省知识产权局开展对广东省经济拉动面广、促进作用大的“平板显示”和“LED”两个龙头产业的专利态势分析工作，与信息产业厅联合向社会发布《平板显示器产业专利态势分析报告》和《LED产业专利态势分析报告》，为政府制定产业政策、企事业单位选择科研项目、市场开拓方向等提供决策依据。

4. 促进专利实施，为企业运用知识产权提供平台。编制省专利技术实施计划，择优选取10个“龙头”项目列入年度实施计划。加大项目资金扶持力度，扶持广东省高新技术产业、先进制造业中的重大专利技术项目实施，带动政府和社会对专利技术实施的投入，促进新兴产业发展及其核心技术的实施和保护。组织并扶持5家创新型企业和34个优秀知识产权项目参加各类大型会展，促进专利实施。举办第二届顺德国际工业设计与创意博览会。知识产权质押融资工作取得实质性进展。佛山市建立知识产权质押融资企业信用和风险控制体系，广州市政府与五大银行签署“促进知识产权质押融资合作协议”，在三年内提供200亿元知识产权质押融资授信额度。

（三）未雨绸缪，标本兼治，努力促进广东全社会的自主创新能力的提升

1. 促进区域发展，为自主创新提供坚实保障。继续实施广东区域知识产权发展计划，与21个市签订区域发展计划合同书；开展省知识产权区域试点，有10个区域跻身2009年试点行列；与科技厅联合制定《广东省专业镇知识产权专项行动（2009－2011年）实施方案》，选定10个专业镇参加知识产权专项行动；稳步推进国家知识产权强县工程的实施，广东省6个城区进入国家知识产权强县工程行列。此外，配合国家知识产权局完成国家知识产权试点园区和试点城市——广州高新区、深圳高新区和东莞市的试点验收工作。

2. 推动和规范专利申请资助工作，提高自主创新的质量。根据汪洋书记、黄华华省长的指示精神，专题报送《关于广东省专利申请授权情况的报告》，起草《推动专利申请工作的建议措施》，提请省政府组织召开促进专利申请工作协调会，明确提出推动广东省专利申请工作健康、可持续发展的政策措施和工作责任制。“专利产出指数”拟纳入“广东省市厅级党政领导班子和领导干部落实科学发展观评价指标体系”，百万人口发明专利申请量和授权量两个指标已纳入“广东省2010年国民经济和社会发展计划”。按照“因地制宜、部分自主、突出重点、避免重复、衔接配套”的原则，加强对地市专利申请资助工作的指导。下拨2008年度国（境）外专利申请资助经费，资助奖励国（境）外专利申请2510件，组织开展2009年度国（境）外专利申请资助的申报与审批工作和2009年度中小企业、事业单位和科研机构PCT专利申请资助组织申报工作。制定出台《广东省促进专利申请工作激励措施》，落实全省“促进专利申请工作激励经费”。建立非正常专利申请处理工作机制，印发《关于加强专利申请流程管理的通知》，广东非正常专利申请数量大幅下降。国家知识产权局在全国非正常专利申请监控与处理工作会议上对广东省知识产权局工作给予充分肯定。

3. 加大专利奖励工作力度，为自主创新加油鼓劲。在重奖获国家专利奖项目的基础上，对获得2009年广东专利奖金奖13项、优秀奖55项的68家单位PCT专利申请量名列前茅的企业进行奖励。积极组织和推荐专利项目申报中国专利奖。广东省获第十一届中国专利奖金奖4项、优秀奖65项，金奖、优秀奖

和获奖总数均位居全国第一，获奖总数和获优秀奖数再创历史新高。开展优秀女发明人的评奖推荐工作，4 人获第四届“新世纪巾帼发明家”荣誉称号。与省妇联、省科技厅、省科协联合开展评选广东首届“自主创新十大女杰”，汪洋书记亲自参加座谈会并向获奖者颁奖。广东省知识产权局推荐的 3 位国家“新世纪巾帼发明家”和 1 位女企业家入选省十大女杰。

（四）健全法规，疏堵并举，积极规范广东市场经济的发展秩序

1. 健全法规制度，为专利行政执法提供依据。按照省委关于加快鼓励自主创新的法律制度建设的要求，一方面，利用《专利法》第三次修改的契机，宣传和普及新《专利法》，确保《专利法》在广东省得到正确贯彻执行。3 月 19 日，广东省知识产权局承办国家知识产权局的《专利法》第三次修改广州宣讲会。来自广西、福建、湖南、海南、广东等地的知识产权管理部门、法院、企业、高校、科研机构和专利代理机构的代表约 320 人参加会议，为专利法在广东省顺利实施奠定了良好基础。此外，广东省各级知识产权管理部门、中介代理机构、相关知识产权社团组织分别采取大会宣讲、专题培训、发放学习材料、举办论坛、研讨会等多种形式进行宣传。同时，广东省知识产权局推动加快《广东省专利条例》的制定进程，力争将《条例》补充列入省政府 2009 年立法计划，会同省法制办，通过召开多场座谈会、网络发布和外出调研等方式，广泛征求各有关方面的意见并对条例进行反复的修改完善，条例已经省法制办通过，在提交省政府常务会议通过后，将提交省人大审议通过。

2. 开展专项行动，维护市场经济秩序。根据国家知识产权局的统一部署，广东省知识产权局制定并顺利实施《广东省 2009 年“雷雨”、“天网”知识产权执法专项行动实施方案》，在“4·26”期间组织开展全省知识产权联合执法及宣传活动；召开 2009 年广东省十个知识产权典型案件发布会；与清远市政府联合主办清远市“4·26”保护知识产权集中销毁现场会，并开展“省、市、县（市、区）”三级知识产权联合执法行动；加强与公安、文化、工商、版权、药监等有关部门的联系和协作，开展知识产权执法专项行动和宣传活动，取得了积极的社会效果。

3. 创新执法机制，提高知识产权保护能力。积极开展申报进入第一批“5·26 工程”的有关工作，组织召开中山、东莞两市联合执法座谈会，在湛江市举办华南区知识产权局执法研讨班。开展省际、区域间和部门间的执法协作；会同省公安厅在中山市开展专利联合执法行动，查处重大侵权案件；与省高院一起开展“关于加强知识产权保护，建设知识产权强省”专项调研活动，向省公安厅经侦局移送涉外诈骗线索 1 起。召开全省专利行政执法工作会议。积极推进泛珠三角区域专利行政执法协作机制，举办“泛珠三角区域九省（区）专利行政执法协作协议签署仪式暨首次执法协作会议”。全年立案受理各类专利纠纷案件 143 件，结案 92 件；立案查处假冒、冒充专利案件共 14 件，结案 15 件；出动执法人员 747 人次，检查商业场所 179 次，检查商品 126218 件。向贵州、四川、天津等省市知识产权局移送冒充专利案件 8 起。

4. 加强会展和行业知识产权保护，维护广东经济社会形象。继续打造广交会知识产权保护“金字招牌”，组织进驻第 105、106 届中国进出口商品交易会、首届广东外商投资企业产品（内销）博览会、第六届中国国际中小企业博览会和第 30、31 届广州国际美容美发化妆用品进出口博览会等重要会展开展知识产权保护工作，取得显著的成效。在首届外博会上，汪洋书记强调“知识产权工作很重要，是外博会的保障条件”。与民进广东省委开展会展知识产权保护研究工作。加强对行业协会的指导，引导企业运用“专利联盟”保护具有自主知识产权的创新成果，推动全省行业协会知识产权保护工作的深入开展。

5. 探索知识产权维权援助机制，为广东经济发展保驾护航。根据国家知识产权局的统

一部署，广东省知识产权局开通“12330”维权援助与举报投诉公益服务热线，为广大社会公众提供知识产权保护举报投诉的新途径；指导东鹏陶瓷公司、美的等企业解决对外贸易中遇到的知识产权问题。广东食品企业“三氯蔗糖”、广东生益科技股份有限公司“黏结片、覆铜板和PCB成品板”两起“337知识产权调查案”胜诉，体现了广东企业在知识产权保护方面的巨大进步，成为广东应对贸易保护主义特别是应对337调查的成功范例。

6. 加强专利代理监督管理，维护行业发展秩序。开展对专利代理人违规行为的调查工作，对确认存在专利代理违规行为或恶意非正常专利申请的代理机构进行惩戒，对2008年代理国内发明专利申请量和PCT国际专利申请代理量位居全省前列的专利代理机构进行表彰奖励。依法做好专利代理机构及分支机构的设立审批及年检工作，完成“2009年全国专利代理人资格考试”广州考点考务工作。全年共受理机构设立申请9家，获得国家知识产权局批准6家；审核批准设立专利代理机构分支机构20家，批准在外省设立分支机构2家。截至2009年底，全省共有专利代理机构89家，分支机构92家，执业专利代理人632名。

（五）积极交流，充分展示，全力为广东树立良好投资环境的新形象

1. 加强知识产权宣传，展示广东新形象。2009年，广东省知识产权局利用省内电视台、报刊开展“发展自主知识产权，积极应对金融危机”系列报道，组织多家媒体对广州、深圳、东莞、佛山4市的知识产权优势企业进行知识产权优势企业运用知识产权积极抵御金融危机冲击、逆势而上的典型经验宣传，同时利用广东省知识产权局网站上开设专题栏目进行宣传。精心组织开展4·26知识产权宣传周活动，举办“高新技术企业自主创新与知识产权论坛”，召开全省知识产权新闻通联工作会议。华为公司运用知识产权优势应对金融危机、《第105届广交会知识产权保护工作取得成效》等一批信息被国务院、省委、省府办公厅的要讯刊物采用。

2. 推进交流合作，提高广东知识产权保护在国内外的认知度。派员参加世界知识产权组织跨区域知识产权高级论坛，发布《2008年广东省知识产权保护状况》中英文白皮书，举办“促进和鼓励中英知识产权制度的使用和理解研讨会”和“中美日欧外观设计保护论坛”，与美国全国商会共同主办“珠江三角洲地区创新与知识产权国际研讨会”。全年接待美国、英国、意大利等国家12个知识产权代表团来访，包括WIPO仲裁与调解中心主任恩里克·维伯斯、美国商务部部长骆家辉、美国驻华大使洪博培、美国国会政府问责办公室副主任鲍德瑞克、英国知识产权局局长伊恩·福莱德等知名人士。在粤港保护知识产权专责小组的框架下，完成第七次专责小组会议确定的各项工作内容，牵头召开第八次专责小组会议。在粤港合作联席会议第十二次会议上，广东省知识产权局与香港知识产权署签署《2009年至2010年粤港知识产权合作协议》。粤港保护知识产权合作专项调研成果被省政府纳入《粤港合作框架协议》（草案）。与香港生产力促进局合作起草的《“创新知识企业”通用规范》被列为广东省地方标准制修订计划。继续推进粤港中小学知识产权教师交流、推进知识产权民间组织等合作交流活动。泛珠三角区域知识产权合作，完成“泛珠三角区域有效专利分析”研究工作，建立泛珠三角区域内地九省（区）专利行政执法协作机制。粤哈知识产权协作工作稳步推进。

（六）创新手段，畅通渠道，自觉为推动广东省社会经济发展提供高效服务

1. 推进专利信息化建设和应用，为社会创新提供新手段。对广东省专利信息服务平台进行完善升级，在七国两组织基础专利数据的基础上，增加韩国、俄罗斯、东南亚等国家和台湾、香港地区专利信息，平台数据总量达3600万条。对东莞、江门、佛山、汕头等四个分平台系统进行升级改造。开展平板显示、数字电视、陶瓷、电池等四个行业的专利数据

库建设工作。开展广东省重产业专利信息综合应用服务平台建设，启动“企业自主创新应用子平台”建设，开发互联网版本的企业专利信息应用系统。继续扶持广东省企事业单位使用“企业知识产权信息管理系统”和“专利信息分析系统”。推进“广东省重点产业、行业外观专利图像分析服务平台”项目建设，完成“平板显示知识产权管理及运用”项目建设，与茂名市政府联合启动了“广东石化产业知识产权公共信息平台”建设。

2. 完善专利代办“绿色通道”，为专利申请提供优质高效服务。通过加强管理，专利受理收费工作稳步发展，国家局试点工作不断推进，专利统计工作稳步开展，全省专利申请数据返回得到批复，广东专利申请信息分析系统建设顺利进行，专利电子审批系统测试运行充分，备案和认证工作再创佳绩。代办处全年共受理专利申请文件 66785 件，同比增长 20.22％，收缴专利费用 204，076 笔，1.37 亿元，同比分别增长 26.9％和 31.99％；专利实施许可合同备案量为 1928 件，同比增长 336％；专利登记簿副本出证 775 件，同比增长 20％。

3. 开展专利信息数据分析研究，为政府和企业提供决策依据。利用专利统计简报、年度 PCT 申请情况分析简报、非正常专利申请情况通报和年度专利统计数据简报等形式定期公布专利信息数据，完成 2009 年度全省发明专利及 PCT 专利调查、《泛珠三角区域有效专利分析》、《广东省珠三角地区专利技术转化研究》、《广东省专利信息资源运用情况调查》、《广东省消费类电子产品专利信息分析》、《广东省信息产业相关领域专利统计》、《广东汽车行业专利发展战略研究》等项目。通过开展专利信息数据发布和分析研究工作，为社会提供数据支持和产业发展决策依据。

（七）以人为本，固本强基，知识产权机构和人才建设的增强为广东省向知识产权强省跨越打下了坚实基础

1. 完成局系统机构改革的各项工作。根据机构改革的有关要求，拟制局机关“三定”方案及局属事业单位分类改革方案。方案拟制过程中，及时向省委、省政府领导和省编办汇报知识产权对经济社会发展的促进作用，先后修改方案 12 次，得到了省委、省政府等有关部门的认可，体现了广东知识产权工作的发展要求和地方特点，广东省知识产权局成为在这次机构改革中为数不多的机构、人员和职能都得到加强的部门。同时，积极指导各地市加大工作力度，以“有为才能有位”的原则，推进各地知识产权工作的深入开展，提升知识产权工作的影响力和显示度，借机构改革的“东风”促进知识产权事业发展。据了解，广州、深圳、佛山、汕头、东莞、中山、清远、韶关、湛江等地的人员或机构都有不同程度的加强。

2. 开展知识产权人才培养和培训工作。组织实施广东省百千万知识产权（专利）人才培育工程和《2009 年广东省知识产权局培训计划》，完成 2 期百名高层次人才出国培训任务，举办 2 期千名人才培养研修班。全省全年共组织各类知识产权培训班 137 期，培训人员 39604 人次。强化专利代理人执业培训，举办 10 期专利代理人专题培训班，培训 1200 余人次。

（八）解放思想，与时俱进，深入学习科学发展观，努力营造和谐机关

坚持以深入学习实践科学发展观活动为契机，认真开展“转变作风抓落实”主题实践活动、城乡基层党组织互帮互助活动、纪律教育学习月活动、配合省委巡视组巡视活动、接受知识产权经费经济责任审计活动、参加广东政风行风“民声热线”上线直播活动、党建带“三建”活动，牢固树立弘扬汪洋书记强调的六个方面的新风正气，致力推进“学习型、创新型、服务型”机关建设，抓好班子，带好队伍，扎实有效地推进党员队伍的思想建设、组织建设和作风建设，努力营造和谐机关。在省直实践办组织开展的“两代表一委员”评机关活动中，对广东省知识产权局满意度为 98.13％。

存在不足主要表现为：一是知识产权意识还比较薄弱，知识产权制度促进经济社会发展的作用尚未充分发挥，企事业单位还不善于运用知识产权法律手段保护技术创新和开拓市场。二是知识产权创造能力还有待提高，具有自主知识产权的核心技术不多。三是知识产权管理、保护、服务等工作体制和机制还不够健全。四是知识产权投入不足，人才普遍紧缺，精通国际知识产权法律知识的高级专门人才严重缺乏，难以适应知识产权事业发展的需要，资金投入不能适应发展的需求。

（供稿人：郑俊秋）

广东省人民政府外事办公室

2009年，广东省人民政府外事办公室根据中央和省委、省政府有关知识产权工作的部署，围绕贯彻落实《珠江三角洲改革发展规划纲要》提出的相关要求，积极利用外国驻穗领馆等各种对外交往渠道，介绍和宣传广东在鼓励自主创新、促进产业升级和保护知识产权方面的政策、措施和成效，取得了较好效果。

一、积极安排高层会见

近年来，中国知识产权保护状况是美、欧、日、韩等发达国家、地区关注的热点问题之一。为增进了解、促进合作，广东省人民政府外事办公室积极安排重要访粤外宾、各国驻穗领馆及其派遣国重要团组拜会省高层领导，宣传广东省在保护知识产权方面的工作成效。2009年分别安排汪洋书记会见美国商务部长骆家辉（Gary Locke）及美国驻华大使洪博培（Jon Huntsman）、黄华华省长会见外国驻穗领团等重要外事活动，知识产权问题均为上述会见的重要议题之一。

二、成功组织驻穗领团“南粤行”

为广泛宣传广东省在配合实施《珠江三角洲改革发展规划纲要》方面的政策措施、展示有关地区不断改善的投资营商环境和知识产权保护力度，2009年，广东省人民政府外事办公室分别于3月、6月、9月组织外国驻穗领团及部分商会代表前往粤东（汕尾、汕头、潮州、揭阳）、粤西（茂名、湛江、阳江）、粤北（韶关、清远）地区参观考察。在活动的筹备和实施过程中，广东省人民政府外事办公室特别重视推介有关地区主管部门和企业增强自主创新能力和强化知识产权保护工作的情况，增进了驻穗领团和商会代表对广东省欠发达地区保护知识产权状况的认识和投资信心。

三、大力配合兄弟单位开展对外交流

2009年，广东省人民政府外事办公室积极协调安排领馆及其派遣国访粤团组拜访省知识产权局、广东质量技术监督局、广东省科技厅、广东省环保局、广东省法院等单位，为有关兄弟单位开展对外交流提供了相应便利。10月，协助广东省知识产权局成功举办“珠江三角洲地区创新与知识产权国际研讨会”，与会的美国商务部长骆家辉和美国驻华大使洪博培与我省有关部门和跨国公司代表进行交流。此外，还组织外国驻穗领团参加中国进出口商品交易会、中国中小企业博览会、中国（深圳）国际文化产业博览交易会、广东省知识产权保护状况新闻发布会等活动，帮助领馆了解广东省知识产权保护的具体行动和工作成效，及时消除外界的误解和偏见，有效增进了相互了解和合作。

（供稿人：周轩）

广东省人民政府知识产权办公会议特邀单位

海关总署广东分署

2009年，广东海关认真贯彻落实《国家知识产权战略纲要》、《珠江三角洲地区改革发展规划纲要（2008—2020年）》、《广东省知识产权战略纲要（2008－2009年）实施方案》以及海关总署的各项部署，强化打击进出口侵权行为力度，有效维护了广东关区公平竞争的对外贸易秩序和知识产权权利人的合法权益，2009年，广东海关共采取保护知识产权措施3828次，扣留侵权嫌疑货物18359批次，案值达到1.479亿元，比去年分别上升136%、343%和11%。

一、加强执法培训，提高执法能力

为提高海关监管人员主动查获侵权货物的能力，广东海关多次组织开展知识产权业务培训，经常性地邀请权利人向口岸关员介绍鉴别侵权货物的技术，不断提高口岸关员对知识产权法律法规的认识深度和对侵权商品的辨别能力，促使他们提高主动查获侵权货物的能力。2009年9月21日至25日，海关总署广东分署组织包括广东七个海关在内的泛珠三角区域16个直属海关实施知识产权保护的职能部门业务骨干及一线具体执法人员共120名进行为期一周的知识产权保护培训，邀请广东省知识产权局、广东省工商管理局、广东省高级人民法院等单位专家进行高质量的授课，并组织广东海关与其他海关开展充分的经验交流和理论研讨。类似的活动在广东省内海关中也得到普遍开展，次数达到30余次。2009年海关总署颁布新的《海关关于〈中华人民共和国知识产权海关保护条例〉的实施办法》，广东海关认真开展培训和落实工作，增加执法的规范性和透明度。

二、不断健全机构，完善执法机制

2009年，广东省内多个海关在部分工作量较大的隶属海关设立法规科，具体办理知识产权案件和其他日常知识产权执法工作。部分海关对知识产权管理职能进行调整，将原由直属海关直接办理的知识产权侵权案件职能下放隶属海关，直属海关更加注重对知识产权海关保护职能管理作用的发挥，更有效地配置执法资源，提高基层海关查处进出口侵权行为的积极性和侵权案件的办理效率。

为在不影响货物正常通关的前提下有效阻止侵权货物的进出口，广东海关进一步加强风险分析技术的运用，进一步改进执法技术，加强风险信息的共享、采集和分析，对来自重点国家和地区、重点企业和重点商品进行专门的布控查验，提高了查获侵权货物的准确性。2009年大力开展综合监控管理平台的建设，加强对省内海关知识产权执法风险点的分析，并及时将企业提供的侵权个案信息发省内海关供执法参考。据统计，广东海关查获的侵犯知识产权案件中有近40%的案件系通过风险分析布控方式查获。

此外，广东海关继续加强与公安、工商、专利、版权等广东省地方知识产权主管部门的合作，提高知识产权保护的整体效能，在开展刑事执法，商标、专利、版权保护合作等领域取得了较大进展。

三、加强与权利人的沟通，大力开展社会宣传

广东海关大力开展与权利人的沟通交流工作，各个海关普遍积极与关区知识产权权利人开展座谈，并通过发放调查问卷等方式，获取鉴别侵权货物的信息资讯，听取企业对海关的执

法意见和建议，有效增进了相互间的了解与信任。海关还积极利用进出口商品交易会等大型社会性商贸活动作为宣传平台，直接面向进出口企业宣讲海关知识产权保护政策，开展咨询、互动，取得了极佳效果。

广东海关积极开展大型宣传活动，在“4·26”知识产权保护宣传周以及“12·4”法制宣传日等期间，广泛宣传海关知识产权边境保护法律、政策和措施、成效，还采用知识产权宣传漫画等宣传形式，提高了宣传效果。

四、开展调查研究，促进企业自主创新及渡过危机

广东海关2009年全面贯彻落实总署关于加强自主知识产权保护的十项措施，加强对拥有自主知识产权且进出口量较大企业的知识产权边境保护的调研、宣传和指引力度，协助解决他们在知识产权保护方面遇到的困难和问题。

2009年金融危机余震未消，为避免企业生产经营受到影响，广东海关采取有效措施提升企业知识产权边境保护意识，引导企业合法开展对外贸易，避免发生因疏忽侵权情事，并降低被侵权的风险，尽可能减小企业的运作成本。在日常工作中，广东海关将备案自主知识产权作为监管重点，加大对进出口侵犯自主知识产权行为的查处力度。针对较为突出的定牌加工知识产权等特殊敏感问题，广东海关加强与省内法院系统的沟通，力促在此问题上与司法部门达成一致的意见，为引导定牌加工企业的生产经营活动提供有效指引。

五、开展专项执法行动，打击重点领域侵权

2009年广东海关陆续开展针对通过邮递、快件途径小批量、多批次进出口侵权货物的打击邮递快件渠道侵权行为专项行动。

2009年6月1日至12月31日，按照海关总署统一部署，广东海关开展“邮递和快件渠道保护知识产权专项行动”，对寄往重点国家的邮包、快件提高查验比例，在条件允许的情况下实行100%过机查验。法规部门与开展专项行动的业务现场建立联系机制，部分海关派员驻场进行案件办理工作，并及时开展专项行动的组织协调、宣传培训和绩效评估。期间共采取保护知识产权措施2124次，扣留侵权嫌疑货物16592批次，货物总数计322330件，案值达到5937369元人民币。

（供稿人：孙悠翔）

广东省高级人民法院

2009年全省法院深入贯彻落实科学发展观，积极应对国际金融危机，司法工作紧紧围绕“保增长、保民生、保稳定”的大局，努力营造良好的知识产权法治环境，为提高广东企业的自主创新能力和增强广东经济的核心竞争力保驾护航。

一、全省法院知识产权审判工作情况

（一）公正高效审理知识产权民事案件，保障权利人的合法利益

2009年，广东省一审知识产权民事案件新收6144件，同比增长38.78%，占全国总数的20.06%；审结6067件，同比增长40.96%，占全国总数的19.89%。二审知识产权民事案件新收1246件，同比增长80.58%，占全国总数的23.33%；审结1374件，同比增长104.77%，占全国总数的25.02%。全省知识产权一、二审民事案件的结案增长幅度均高于收案增长幅度，积存案件得到有效清理，案件收结实现了良性循环。在提高审判效率的同时，全省法院严把知识产权民事案件审判质量

关。2009年，广东省知识产权民事案件的上诉率为20.54%，二审发改率为11.28%，均保持在合理范围内。

（二）增强知识产权刑法保护的力度，打击侵犯知识产权的犯罪行为

2009年，全省法院共新收各类一审知识产权犯罪案件393件765人，审结395件764人。在已生效的判决中，假冒注册商标案118件204人，销售侵犯注册商标的商品案27件49人，非法制造、销售注册商标标识案19件26人，侵犯著作权案8件12人，侵犯商业秘密案8件12人。共对659人作出了有罪判决，并对其中656人依法给予了刑事处罚。

（三）加强知识产权行政审判工作，促进知识产权行政执法水平的提升

知识产权行政审判工作通过支持合法行政行为，监督违法行政行为，促进知识产权管理部门行政执法水平的提升。2009年，广东省共新收一审知识产权行政案件23件，审结24件，有力地推动了广东省知识产权管理机关行政保护作用的发挥。

2009年，全省法院积极开展“人民法官为人民”主题实践活动，实现了办案的法律效果与社会效果、政治效果相统一。例如，公正高效地审结了广东省第一起导航电子地图著作权纠纷。此外，还妥善审结了路易威登马利蒂（法国）诉时间廊（广东）钟表有限公司等侵犯商标权纠纷、黄道益活络油有限公司诉广州维健医药保健品进出口有限公司等侵犯商标权、美国安利有限公司、安利（中国）日用品有限公司诉广州安洛电器有限公司等侵犯商标权纠纷等一批涉及国内外知名企业、社会影响较大的案件，优化了广东省知识产权自主创新的司法环境，树立了广东法院公正高效权威的良好形象。

二、全省知识产权司法保护工作的新特点

2009年，全省知识产权司法保护工作的新特点可概括为以下七方面：

（一）知识产权民事案件收案数持续走高，案件类型更加多样化

2009年，广东省一、二审知识产权民事案件收案数都继续攀升，尤其是二审知识产权民事案件，与去年同期相比，增长幅度高达80.58%。从全国范围来看，广东省的一、二审知识产权民事案件新收数量占全国的比重均超过了五分之一。其中，一审知识产权民事案件新收数再次位居全国首位，六年连续居全国第一。在案件数量上升的同时，广东省知识产权民事案件的类型更加多样化。在新收的一审知识产权民事案件中，除含有著作权纠纷、商标权纠纷、专利权纠纷、技术合同纠纷、发现权与发明权纠纷以及不正当竞争纠纷等案件类型外，还有2件垄断纠纷案件。这是《中华人民共和国反垄断法》实施以来广东省新出现的案件类型。全省各级法院通过公正高效地审理各种类型的知识产权案件，充分发挥知识产权司法保护的主导作用，为企业增强自主创新能力、市场竞争力和抗风险能力提供司法保障，为广东由制造大省向“创造大省”的转型营造良好的法治环境。

（二）切实将执法办案作为第一要务，全省结案工作取得成效

全省法院高度重视，牢固树立执法办案为第一要务的思想，一切工作服从于并服务于办案。规范延长审限的审批程序，一手抓旧存知识产权案件的清理工作，一手抓新收知识产权案件的办结工作。2009年，全省一审知识产权民事案件结案率达到84.83%，同比增长3.72%。二审结案率达到88.59%，同比增长21.56%。部分法官甚至实现了零存案，结案率高达100%。全广东省高级人民法院清案工作取所取得的成就，为力争实现案件在审限内审结奠定了基础，减少了权利人维权的时间成本，推动了知识产权司法保护工作的发展进程。

（三）调解工作异彩纷呈，推动知识产权纠纷实现案结事了

为了促进和谐司法诉讼环境，全省法院切实贯彻“调解优先、调判结合”的原则，并根据知识产权案件的特点，通过完善调解机制，提高调解技能，使调解工作向纵深发展。全省一审知识产权民事案件继续保持了一半以上经调撤结案的良好势头。2009 年 9 月，广东省高级人民法院民三庭荣获“全省法院调解工作先进集体”称号。在广东省高级人民法院民三庭审结的二审知识产权民事案件中，部分法官的个人调撤率高达 75%，涌现了一批调解经验丰富、调解工作成绩突出的“调解能手”。各级法院还成功调解了一批涉及国外知名企业、有较大社会影响力的案件，收到了良好的社会效果和法律效果。例如佛山市南海区法院调解的美国微软公司诉广东某玻璃公司著作权纠纷一案，不但促使双方化解了干戈，还促成双方建立了商务合作关系，既维护了权利人的合法权益，又促进了被告企业软件正版化的进程，真正实现了双赢的结局。

（四）广东省高级人民法院加强了对下级法院的审判指导，规范全省法院的案件审判工作

为统一裁判尺度，确保全省知识产权审判工作的规范性，防止各法院将司法审判工作地方化，2009 年广东省高级人民法院加强了对下级法院进行审判指导的力度。一是于 2009 年 3 月出台了《广东省高级人民法院关于审理侵犯音像著作权纠纷案件若干问题的指导意见》，在全国首次对侵犯音像著作权纠纷案件中涉及的诉权、原告资格的认定、原告的举证责任、侵权责任的认定、全面赔偿原则的适用、网络侵权纠纷以及诉讼时效等问题进行了系统规范，对全省各级法院进行侵犯音像著作权纠纷案件的审判工作有非常现实的指导作用。二是为避免全省各法院在驰名商标的司法认定上出现认定标准不一致的情况，广东省高级人民法院根据最高院有关文件的精神，连续向全省法院下发了《关于审理涉及驰名商标认定的民事纠纷案件管辖问题的通知》和《关于转发〈最高人民法院进一步建立健全驰名商标司法保护制度有关问题的通知〉的通知》等文件，通过采取调整驰名商标认定案件的管辖权和从程序上确保广东省高级人民法院对驰名商标认定进行监督等措施，行之有效地对广东省驰名商标的司法认定行为进行规范。

（五）积极参与立法、修法活动，广东知识产权审判知名度得到提升

为推动知识产权法治进程，广东省法院努力在审判实践中进行理论探索，并主动参与到立法、修法活动中去，积极向立法、司法解释部门提出合理建议，促进知识产权立法的发展。例如广东省高级人民法院民三庭在专利法修改征求意见时所提出的“专利权在共有时权利如何行使”的修改建议为 2009 年 10 月 1 日施行的新专利法第 15 条全盘采纳，该项立法建议的理由亦为修改说明所采纳。此外，广东省法院还对《中华人民共和国著作权法修正案（建议稿）》、《反不正当竞争法修正案（草案）》和《广东省专利条例（修改稿）》，提出了富有见地的修改意见和建议。2009 年全省法院参与立法和修法活动所取得的成绩，体现了广东知识产权审判人员丰富的实践经验和良好的理论素养，提升了广东知识产权司法保护工作的知名度。

（六）不断探索知识产权审判体制和管辖制度改革，优化资源配置

为推动广东省知识产权司法保护的发展，优化审判资源的配置，广东省法院进一步对知识产权审判体制和管辖制度的改革进行了积极的探索。2009 年 12 月，珠海挂牌成立了全国首个知识产权法庭，配备了具有多媒体辅助功能、远程取证功能、全息记录存储功能的数字化审判系统，试行知识产权民事、刑事和行政案件“三审合一”，确保知识产权审判的统一、公正、高效。2009 年，广东省在调整知识产权案件管辖权方面有两件举措。一是，经最高院批准，增加指定深圳市盐田区人民法院、汕头市龙湖区人民法院、东莞市第一人民法院、

江门市蓬江区、新会区人民法院5个基层法院管辖部分知识产权案件，至此，广东省具有部分知识产权案件管辖权的法院已经增加到21个，占全国有知识产权管辖权的92个基层法院的22.83%，数量居全国第一。二是，经最高院批准，指定汕头市中级人民法院集中管辖粤东地区（汕头市、潮州市、揭阳市、汕尾市、梅州市）的专利权纠纷案件。审判体制和管辖制度的改革，是根据广东省知识产权审判工作的实际需要而进行的，对于更好地保护当事人的合法权益，促进知识产权司法保护能力的提高，合理配置司法资源，均有裨益。

（七）推进与复审委沟通交流机制，扩大交流层面

2009年，广东省法院与复审委的沟通交流机制得到了纵深发展，改变了以往仅在省院内部挑选学习交流人员的做法，将交流学习人员层面扩展到中级人民法院，派出广州市中级人民法院的资深法官赴专利复审委学习交流，从而扩大了交流层面，对于进一步加强专利行政执法和知识产权司法保护的协调和衔接、加强广东省知识产权的司法保护、在更大范围培养专家型、复合式法官，具有重要意义。

在世界金融危机的浪潮冲击中，全省法院立足于广东是外向型经济代表省份的现实，深入贯彻落实最高院《关于当前形式下知识产权审判服务大局若干问题的意见》，充分认识知识产权保护对于促进经济平稳较快发展的重要性，切实增强服务大局的使命感，高度关注国际国内经济形势变化对于知识产权审判的新需求，切实增强服务大局的针对性、有效性和主动性，迎难而上，化危为机，推动知识产权司法保护工作向前迈进。

（供稿人：李艳）

知识产权创造

专利

商标

地理标志

重大知识产权获奖成果

专 利

2009年广东省专利申请、授权简况

一、广东省专利申请及授权的基本情况

2009年，广东省专利申请总量继续保持全国第二，其中发明专利申请量位居全国第一，实用新型专利申请量居全国第二，外观设计专利申请量居全国第二；专利授权量居全国第二，其中发明和实用新型专利授权量继续保持全国第一，外观设计专利授权量居全国第三。

（一）专利申请基本情况

2009年，广东省专利申请量125673件，同比增长20.98%；其中，发明专利申请32247件，同比增长14.76%；实用新型39027件，同比增长35.12%；外观设计54399件，同比增长15.99%。发明、实用新型和外观设计三种专利申请占总量的比例为25.66∶31.05∶43.29。

广东省专利申请中的职务申请数量为64797件，同比增长26.50%，非职务申请数量为60876件，同比增长15.60%，职务专利申请增幅高于非职务专利申请，专利申请中职务与非职务比例为51.56∶48.44。

（二）专利授权的基本情况

2009年，广东省专利授权量为83621件，同比增长34.81%。其中，发明专利授权量11355件，同比增长49.33%；实用新型27438件，同比增长9.44%；外观设计44828件，同比增长52.71%。发明、实用新型和外观设计三类授权专利占总量的比例为13.58∶32.81∶53.61。授权专利中的职务与非职务的比例为46.41∶53.59。

二、广东省专利申请及授权的几个主要特点

1. 全省发明专利申请量和授权量双双位居全国第一。2009年，广东省发明专利申请量为32247件，较2008年同比增长14.76%，跃居全国首位，占国内发明专利申请量的14.07%；发明专利授权量为11355件，较2008年同比增长49.33%，连续两年位居全国首位，占国内发明专利授权量的17.36%。

2. 发明专利申请量占全省专利申请四分之一强。2009年，广东省发明专利申请量占全省专利申请量的比例超过四分之一，为25.66%，专利申请结构保持稳定。

3. 职务发明比例超过非职务发明比例。广东省职务发明比例平稳上升，专利申请中职务比例为51.56%，近十年来首次超过非职务比例；发明专利申请中的职务发明比例高达83.45%，超过全国平均水平8.25个百分点。

4. 企业在专利申请的主体地位不断提升。全省企业申请专利60450件，列全国第二位，较2008年同比增长26.06%，占全省专利总量的48.10%；企业申请发明专利24151件，同比增长13.48%，占全省发明专利申请总量的74.89%，发明专利申请占企业专利申请量的39.95%。

5. 全省大部分地市推动专利申请效果明显。2009年，广东省共有20个地级以上市专利申请保持正增长，东莞、汕头、汕尾、惠州、梅州、肇庆、清远七市增幅超过30%，深圳、广州、佛山的增幅均在13%以上；17个市的发明专利申请保持正增长，阳江、揭阳、汕头三市的增幅超过50%，广州、佛山、东莞的增幅超过1[illegible]%。

6. 珠江三角洲地区领跑全省专利申请。2009 年，珠江三角洲区域的专利申请量占全省专利申请量的 89.10%，其中发明专利申请量占全省发明专利申请量的 96.64%。深圳、东莞、广州、佛山的专利申请量均超过 15000 件，发明专利申请均超过 1500 件。

7. 高等院校、科研单位的专利申请增幅超过全省平均水平。高等院校、科研单位的专利申请增幅明显，分别为 30.45%和 36.05%，其中发明专利申请的增幅为 16.90% 和 37.48%，均高于全省平均水平。

8. 重点企业专利申请和授权继续领跑全国。广东省重点企业占全国企业专利申请和授权前十名的半壁江山。其中，中兴通讯股份有限公司、华为技术有限公司、鸿富锦精密工业（深圳）有限公司、深圳华为通信技术有限公司、比亚迪股份有限公司位列国内企业专利申请的第一、二、三、八、十位；中兴通讯股份有限公司、华为技术有限公司、鸿富锦精密工业（深圳）有限公司、深圳华为通信技术有限公司位列国内企业发明专利申请的第一、二、三、九位；华为技术有限公司、中兴通讯股份有限公司、比亚迪股份有限公司、鸿富锦精密工业（深圳）有限公司、美的集团有限公司位列国内企业专利授权的第一、二、三、四、八位；华为技术有限公司、中兴通讯股份有限公司、鸿富锦精密工业（深圳）有限公司、腾讯科技（深圳）有限公司位列国内企业发明专利授权的第一、二、三、八位。

（供稿人：黄国栋）

2009 年广东省 PCT 国际专利申请简况

一、广东省 PCT 国际专利申请基本情况

2009 年，广东省专利申请人通过《专利合作条约》（以下简称 PCT）共提出 PCT 国际专利申请 4418 件，同比增长 41.60%；申请量约占国内 PCT 国际专利申请总量（8000 件）的 55.23%。全省 PCT 专利申请连续八年保持全国首位。

在广东省 PCT 申请中，企业 3946 件，占全省总量 89.32%；高校 24 件，占总量 0.54%；科研单位 24 件，占总量 0.54%；机关团体 1 件，占总量 0.02%；个人 423 件，占总量 9.57%。五类申请人中，企业绝对优势明显。

2009 年，广东省共有 17 个地级以上市提出 PCT 国际专利申请，比上年度减少了 1 个。深圳 PCT 国际专利申请量为各市之首，达到 3954 件，比 2008 年增加 1235 件，占全省 PCT 国际专利申请总量的 89.50%，比 2008 年提高 2.35 个百分点；其次为广州 161 件，占全省 3.64%；东莞 114 件，占全省 2.58%；佛山 50 件，占全省 1.13%；珠海 47 件，占全省 1.06%；其余地级市申请量的比例均低于 1%；其中，肇庆、梅州打破了 2008 年 PCT 专利零申请，2009 年分别申请了 3 件和 1 件。

二、广东省 PCT 国际专利申请主要特点

2009 年广东省 PCT 国际专利申请的主要特点为：申请量继续占全国半壁江山，区域不均衡情况依然突出，集中度依然偏高。

1. 广东省 PCT 国际专利申请占国内总量的比例超过一半。2009 年，广东省 PCT 国际专利申请 4418 件，占国内 PCT 国际专利申请总量的 55.23%，比 2008 年提高 1.92 个百分点，继续保持增长的良好势头。2009 年广东省的 PCT 申请量是 2002 年的 22.09 倍。经过八年的努力，全省 PCT 国际专利申请量从 2002 年仅占全国总量的 21.03%，提高到目前占全国总量的 55.23%。

2. 全省 PCT 国际专利申请区域不均衡情况依然突出。2009 年，深圳、广州、东莞、珠海、佛山 5 个地级以上市的 PCT 国际专利

申请量占全省PCT国际专利申请总量的97.92%，继续保持稳定平缓的增长势头；韶关、清远、揭阳、云浮4个地市PCT国际专利申请为零；其中，云浮已经连续四年PCT国际专利申请为零。

3. 广东省PCT国际专利申请集中度过高。与2008年的情况类似，广东省PCT专利申请除了集中在珠三角的几个地市以外，大部分集中在深圳华为技术有限公司和深圳中兴通讯股份有限公司，以上两个公司PCT专利申请占了全省七成以上。2009年，华为占全省PCT国际专利申请量增长幅度收窄，但仍占广东省PCT申请的48%以上，中兴占全省PCT国际专利申请的26%，比2008年增加16个百分点。

华为技术有限公司位居2009年度全球PCT国际专利申请量第二，中兴通讯股份有限公司列2009年度全球PCT国际专利申请量第二十三。根据世界知识产权组织（WIPO）2月8日发布的《International Patent Filings Dip in 2009 amid Global Economic Downturn》，华为技术有限公司以1847件PCT申请位列全球PCT申请人第二，仅次于日本松下公司（该公司2009年度共提交1891件申请），超过德国博世、荷兰飞利浦、美国高通、瑞典爱立信等世界知名企业。

4. PCT企业申请人主体逐步扩大。2009年，广东省提交PCT专利申请的企业数量为218家。其中，申请量在10件以上的企业共14家，申请量在2－10件的共73家，申请量为1件的共131家。

5. 大专院校和科研单位的申请量增长较大。2009年，广东省大专院校和科研单位类型的申请人共提交了48件PCT申请，占广东省的1.08%，比2008年有较大增长，显示作为广东省自主创新主体重要组成部分的大专院校和科研单位对知识产权的重视日益加强。

6. 广东省PCT申请集中于电信技术领域。在对广东省有专利分类号的2521件PCT申请进行分析后发现，其中H部的申请约占80%，并且以H04（电信、数字通信技术类）最多，占74%左右。广东省PCT申请以电信技术领域为主，该特点与企业分布特点相符。

（供稿人：黄国栋）

商　标

2009 年广东省获认定中国驰名商标简况

2009 年 4 月 25 日，国家工商行政管理总局商标局和商标评审委员会公布了 2009 年新认定的 390 件中国驰名商标，其中广东省 54 件，占此次认定总数的 13.85%，是广东省历次被认定数量最多的一次。至此，广东省经国家工商行政管理总局认定的驰名商标总数达 192 件，继续位居全国首位。

此次广东省被认定的 54 件驰名商标中，广州 8 件、深圳 12 件、佛山 9 件、中山 5 件、东莞 6 件、江门 4 件、肇庆、清远各 2 件，韶关、汕头、湛江、茂名、潮州、揭阳各 1 件。其中韶关、肇庆、茂名、清远 4 市实现了驰名商标零的突破。被认定的驰名商标共涉及 21 个商品或者服务类别，覆盖了化工、电子、食品、服装、五金、珠宝、电缆、建筑陶瓷、电子通讯、建筑施工、不动产管理、网络服务等行业，尤其是服务业此次获认定了“联泰”、“金地”和“QQ” 3 件驰名商标。

（供稿人：陈小冰）

地理标志

2009 年广东省质监系统地理标志产品简述

2009 年广东省获得国家地理标志产品保护的 7 个产品都具有鲜明的地方特色，源自特定的自然环境和人文环境，有着浓厚的岭南文化气息。

南雄板鸭　俗称“泡腌”，是以南雄良种麻鸭为原料经精心喂养后加工腌制而成，据史料记载至今已有 200 多年的加工历史。该产品采用传统的自然风干工艺制作而成，具有香韧骨脆、咸淡适中、腊味浓香、肉嫩味鲜的特点，是一种高蛋白、低脂肪、低盐的健康食品。目前，南雄板鸭规模以上加工企业 5 家，年加工总产量 100 万只以上，总额 6000 万元左右。其制品主要销往港澳及东南亚、珠三角地区和邻近的湘赣等地区。

沿溪山白毛尖　产于乐昌市，外形肥壮，色泽绿润，茸毫披露，香气清新馥郁，汤色嫩绿明亮，滋味鲜爽回甘；内含物质比例协调，有提神醒脑、生津止渴的作用。产品畅销省内外。2004 年沿溪山白毛尖被认定为绿色食品 A 级产品；2007 年取得了 QS 证；2003 年、2005 年、2007 年在中国茶叶学会举办的第五、六、七届“中茶杯”全国名优茶评比中荣获“一等奖”；2007 年同时荣获“银奖”；多次被广东省茶叶学会评为省级名茶金奖；2008 年被认定为广东省名牌产品。

北乡马蹄　产于乐昌市，芽短紧凑，脐部较平整，表皮呈红褐色或深红褐色；肉质脆嫩、清甜化渣。产品畅销广东省内外，远销泰国及东南亚等国。2003 年初，江泽民同志到韶关视察时品尝北乡马蹄，对北乡马蹄很是赞赏；2004 年，乐昌市委、市政府举办了首届北乡马蹄节暨经贸洽谈会，并在广东电视台进行电视直播，盛况空前；2006 年 2 月，时任中共中央政治局委员、广东省委书记张德江同志到韶关调研时专程来到乐昌，看到许多村民通过种植北乡马蹄致富的成果，十分高兴。

钱岗糯米糍　从化是著名的荔枝种植地区，其中以钱岗糯米糍最为出名。钱岗糯米糍历史悠久，已有 200 多年种植历史，产区地处北回归线，果实呈扁心形，色泽鲜红、外形美观，果大如桃，核小似米，皮薄而脆，肉厚而嫩滑可口，味浓甜，口感好，其可食部分达全果的 82%—86%，焦核率特高。果肉含可溶性固形物 19.5%—23%，100 毫升果汁含维生素 C20.4—36.0 毫克，有机酸≦ 1.5 克。100 多年前，钱岗糯米糍就在香港、澳门、新加坡等华人居住地区旺销，新中国成立后，中央首长曾多次带着钱岗糯米糍作为友谊礼品出国访问。目前钱岗糯米糍栽种面积近万亩，大年产量 3000 多吨，年均产值约 4000 万元。产品畅销国内外，出口到港澳台及欧美地区，深受消费者喜爱。

白蕉海鲈　珠海市斗门区白蕉镇利用丰富优质的咸淡水资源，大规模养殖海鲈。因养殖面积最大、产量最高、特色明显而久负盛名。白蕉海鲈肉厚刺少、质地鲜嫩、入口嫩滑清甜，营养价值高。吃法多样化，可以用来做刺身、打火锅，鱼骨用来煲汤等，同时也是做寿司的极品，深受消费者的欢迎。目前，白蕉海鲈的养殖面积已达 1.5 万亩，年产量 5 万多吨，年产值达 7 亿多元，加工厂有 5 家。鲜活海鲈以及鱼干制品不仅在北京、上海、青岛等国内大中城市十分畅销，还远销至韩国、日本等地。

乐平雪梨瓜　乐平雪梨瓜于明末清初开始在乐平种植，至今已有数百年历史，远近闻名，是一个优质香瓜品牌。乐平雪梨瓜具有肉质结实、香气浓郁、爽甜汁多、营养价值高等特点，其可溶固形物含量12%—16%，最高的可达18%，总酸（以柠檬酸汁）在0.2%以下，在民间有“蜜糖埕”的美誉。乐平雪梨瓜近年来每年种植面积均在万亩以上，2009年产量超过1.9万吨，产值超过6350万元。产品主要销往广州、深圳、东莞、佛山、香港、澳门等大中城市，而且供不应求。现在，佛山市三水区乐平镇已是广东省最大的香瓜种植基地，被列入国家现代西甜瓜产业技术体系建设的试验基地之一。

新垦莲藕　因产于南沙区万顷沙镇的新垦地区而得名。新垦地区位于珠江入海口的咸、淡水交界处，经人工围垦而成，泥层肥厚。独特的地理环境造就了新垦莲藕藕香浓郁，藕味纯正地道，淀粉、可溶性糖和纤维含量高，皮较厚，耐储运等特色。从20世纪60年代起，新垦莲藕就出口东南亚、欧美等国家，享誉中外。1997年，“新垦莲藕”评为广州农业名优产品；1999年，“新垦莲藕”被评为广州市十大农业品牌之一；2004年“新垦莲藕”评为广州市名优农产品；2009年“新垦莲藕”被国家农业部绿色食品中心确认为绿色食品。新垦莲藕的种植面积近1330公顷，产量达3.2万—3.5万吨，年产值达1.28亿至1.4亿元，年出口量达0.8—1.0万吨。并且已有多家农业龙头企业和公司建立新垦莲藕生产基地，实现了生产、加工、销售一条龙的规模经营体系。

（供稿人：李铮）

重大知识产权获奖成果

2009 年广东专利奖评选与表彰

为贯彻落实国家和省知识产权战略纲要，进一步提高广东省专利创造和运用水平，经广东省政府批准，2008 年 10 月 29 日，广东省知识产权局与省人事厅共同印发了《关于开展 2009 年广东专利奖评选表彰活动的通知》（粤人发〔2008〕260 号，以下简称《通知》），继续在全省开展 2009 年广东专利奖评选表彰活动，评出本届广东专利候选项目 68 项，其中金奖项目 13 项、优秀奖项目 55 项。

一、创新完善实施方案

根据形势发展的需要，在总结往届广东专利奖评选的经验和不足，采纳专家的建议的基础上，本届对原广东专利奖评选活动实施方案大胆创新，进行了比较大的调整。

（一）调整奖项类别、增加获奖数量

将奖项分为技术类和外观类两个类别，各类别单独设金奖、优秀奖以及奖励数量。具体是：发明、实用新型专利为技术类别，设金奖不超过 10 项、优秀奖不超过 40 项；外观设计专利为外观类别，设金奖不超过 5 项、优秀奖不超过 15 项。合计两个类别金奖不超过 15 项、优秀奖不超过 55 项，奖励总数由原来的 50 项增加到 70 项。

（二）扩大项目推荐范围

将原推荐单位由地级以上市人事局、知识产权局和有关省直单位，扩大到 211 工程高校、粤籍中国科学院和中国工程院院士，并对省示范企业单独设置名额。

（三）调整项目评价指标及分值

增加申报单位对该项专利权的保护采取措施及效果指标，对专利权保护做得好的项目给予一定的指标分。将技术类的“专利类型”指标调整为“专利权寿命”，细化国外专利授权和申请指标，其他继续延用往届项目评价指标。

（四）实行匿名的专家评审方式

为了坚持公平公正原则，首次采用匿名的专家评审方式，在《系统》中增加可以隐去相关指定信息的功能模块，使评审专家在评审过程中看不到项目申报材料中与专利权人及实施单位有关的信息。

二、项目组织与申报

（一）项目组织及申报情况

本届审报项目的组织继续采取申报与推荐相结合的方式。申报单位通过《系统》向所属的推荐单位申报，推荐单位通过《系统》对项目进行形式审查并核对相关附件材料，按分配的项目名额向评选办公室推荐项目。至项目申报推荐截止日，全省专利权人或实施单位通过《系统》向推荐单位申报项目 411 项，其中经推荐单位推荐的项目 264 件，是上届项目数的 2 倍多。本届共有 21 个地级以上市、13 个省直单位和高校参与本届专利奖项目的组织和推荐工作。推荐项目较多的有深圳 26 项、佛山 24 项、广州 20 项、中山 19 项，较少的有汕尾、茂名、揭阳、肇庆各 3 项；较多的省直单位有：国资委 12 项、科学院 10 项、教育厅 6 项、交通厅和华工大各 5 项。有效推荐的 264 个项目中，技术类专利共 207 个。其中，发明

140、占该类项目的 61.7%，实用新型 87 个、占该类项目的 38.3%，外观设计专利项目 37 项，占总数的 14.0%。

（二）项目组织和申报的特点

本届项目的组织和申报工作有以下四个特点：一是广东专利奖的社会影响力进一步提升，本年度通过《系统》申报项目多达 411 项，其中经推荐单位推荐的项目 264 件，是上届项目数的 2 倍多。二是广东专利奖在省直单位的影响力和认可度进一步提高，参与项目组织推荐工作的省直单位由上届的 6 个增加到本届的 13 个，为上届的 2 倍多；推荐项目由 12 项增加到 55 项，为上届的 4 倍多。三是单独设置外观设计专利奖项的效果明显，外观设计专利项目由上届的 7 项增加到 37 项，比例由 5.7%增至 14.0%。四是技术类专利项目中发明专利占 61.7%，继续占绝对多数。

三、项目评审

（一）项目申报材料形式审查

根据《通知》规定申报项目的条件和材料要求，评选办公室对 264 个有效申报项目进行了严格的形式审查。审查的主要内容包括：申报材料完整性、申报单位资格、专利权法律状态、附件内容及格式、特殊产品准予实施证明等。经过形式审查，264 个项目中，合格项目 254 个，不合格项目 10 个。不合格项目中，有 8 个项目的专利权已经终止，2 个项目的专利权处于无效宣告程序中，均不符合申报条件。通过形式审查的 254 个项目中，技术类专利共 220 个，其中发明 136、占该类项目的 61.8%，实用新型 84 个、占该类项目的 38.2%，外观设计专利项目 34 项，占总数的 13.4%。根据项目技术领域的分布情况，技术类项目的专业组设置和项目个数情况为：电子组 48 项（占技术类专利项目总数的 21.0%，下同）、机械 1 组（机电）49 项（22.3%）、机械 2 组（纯机械及其他）47 项（21.4%）、化学组 39 项（17.7%）、生物组（医药、农林）37 项（16.8%）。外观设计专利类项目设一个组，项目数 34 个。

（二）专家评审

首先是专家网上评审，专家按照指定的账号和密码登录《系统》，查看申报材料，按照专利奖项目评价指标及评分标准对每个项目打分，项目主审专家对主审项目提出了综合评审意见。其次是专家会议评审，先公布专业组网上评审情况，再由各主审专家分别介绍和评价各自主审的项目，然后全组进行评议及讨论，最后过投票表决的形式确定本专业组的最终排序，并根据各专业组金奖、优秀奖名额分配，按最终排序评选出各专业组的金奖和优秀奖项目，专家委员会对各专业组评选出的金奖和优秀项目进行综合评审，并提出本届广东专利奖候奖项目名单。最后由评选委员会审定后将项目。

（三）项目评审结果

2009 年广东专利奖的评审工作经过专家网评、专业组评议、专家委员会综合评审，最后由评选委员会审定奖励项目 68 项，分别占申报、推荐项目数的 17.0%和 26.5%。其中，金奖 13 项、分别占申报和推荐项目数的 3.6%和 5.9%，优秀奖 55 项、分别占申报和推荐项目数的 13.4%和 21.6%。

四、本届获项目的主要特点

（一）企业主体地位进一步突出

企业获金奖、优秀奖、总数分别占各自的 86.7%、80.0%、81.4%。其中，外观设计的所有奖项均由企业获得。

（二）技术领域、单位、区域覆盖面广

70 项金、优奖候奖项目均涉及电子、机械、机电一体化、化学、生物医药农业及外观等 6 个技术大类。15 个金奖项目分别来自 7 个地市和 2 个高校、科研院所。55 个候奖项目来自 18 个地市和 8 个省直或高校、科研院所。

（三）发明专利的比例大

技术类候奖项目中，金奖有 9 项是发明专利，占金奖总数的90%，与上届持平；优奖奖有31项是发明专利，占总数的77.5%，比上届提高了5.5个百分点。

（四）外观设计项目水平明显提高

本届共有20项外观设计专利获奖，全部是产品的工业设计，涉及家电、通讯、机动车、仪器设备等高端产品，多项金奖获得过国家或省的工业设计奖或博览会奖。

（五）实施获得巨大经济效益

获得金奖的15个项目累计销售额、利润、出口额分别为529347万元、138045万元、8320万美元；55个优秀奖累计销售额、利润、出口额分别为4334320万元、561405万元、978722万美元。

五、项目表彰情况

2009年4月14日，广东省知识产权工作座谈会暨2009年广东专利奖表彰大会在广州举行。会议对68家2009年广东专利奖获奖单位进行了表彰，对全省2008年PCT专利申请、发明专利申请量前三名的企事业单位和发明专利代理量前三名的专利代理机构颁发了奖牌。广东副省长宋海出席会议并作讲话。

（供稿人：李强）

第十一届中国专利奖广东省获奖情况

2009年3月，为做好广东省参加中国专利奖评选项目的组织和推荐工作，广东省知识产权局将国家知识产权局《关于评选第十一届中国专利奖的通知》（国知发管字〔2009〕45号）转发给地级以上市知识产权局和省直有关单位，要求积极组织本市、本单位及系统内优秀专利项目申报，引导申报单位通过国务院部委及机构、科学院院士和工程院院士的推荐渠道，争取推荐更多省内优秀专利参加评选。经广泛发动利用多种途径推荐参评（部委、央企、院士、省局、市局），广东省本届共推荐参评项目40多项，居全国各省市之首。

根据国家知识产权局《关于第十一届中国专利奖授奖的决定》（国知发管字〔2009〕243号），在第十一届中国专利奖评选中，广东省获得中国专利金奖数、优先奖数和获奖总数均位居全国第一，获奖总数和优秀奖数再创历史新高。其中，中兴通讯股份有限公司的“应用于分组网络的基于H.323协议的终端接入方法”等四项发明专利，被国家知识产权局和世界知识产权组织授予中国专利金奖；广州珠江钢铁有限责任公司“一种应用薄板坯连铸连轧流程生产Ti微合金化高强耐候钢板的工艺”等25项发明、实用新型、外观设计专利，被国家知识产权局授予中国专利优秀奖。广东省知识产权局有效推荐的10个项目中，获金奖2项、优秀奖6项，获奖率为80%，连续第二届获得最佳组织奖。根据经广东省政府同意的《广东省重奖中国专利奖获奖企事业单位实施办法》（粤知规〔2003〕82号），省政府将对本省获得中国专利金奖和中国专利优秀奖的企事业单位进行表彰，并分别予以每项100万元和50万元奖金的奖励。

（供稿人：李强）

2009年广东省名牌产品（工业类）简述

2009年，广东省质量技术监督局贯彻广东省委省政府实施名牌带动战略的重要部署和要求，紧紧抓住名牌的培育、评价、带动、发展和保护五个中心环节，大力实施名牌带动战略，取得了显著成绩。347个企业的工业类产品被评为广东省名牌产品。截至2009年底，全省共有广东省名牌产品（工业类）1113个。

347个广东省名牌产品（工业类）主要分布的地区有：广州41个、深圳30个、珠海17个、汕头18个、佛山66个、韶关10个、河源1个、梅州5个、惠州7个、东莞31个、中山36个、江门16个、阳江13个、湛江5个、茂名4个、肇庆12个、清远3个、潮州11个、揭阳13个、云浮5个；主要辐射的行业有：电子信息、电器机械及专用设备、汽车及摩托车产业等九大支柱产业。其中合资企业、股份制企业和民营企业的名牌产品已占据半壁河山，有效促进了产品结构和企业组织结构的优化升级。广东省所获中国世界名牌和中国名牌产品中，九大支柱产业的生产企业分别占100%和77.59%。以“HUAWEI华为”、“ZTE中兴”、“震雄CH”、“兴发”等品牌为代表的名牌优势企业吸纳生产要素的能力不断增强，有效促进了产业结构和企业组织结构的优化升级。全省36个省级产业集群升级示范区培育中国名牌产品70个，省名牌产品278个。以名牌企业为龙头，逐步形成了深圳珠宝、佛山陶瓷、顺德家电、南海铝材、虎门服装、狮岭皮具等100多个产业集群和区域品牌。名牌产品已成为带动全省经济发展的有生力量，不仅成为广东省经济新的增长点，还提升了产业竞争力，带来了核心技术、产业集群、经济质量的提高，优化了全省的经济结构。

（供稿人：李铮）

知识产权运用

国民经济重点产业专利态势分析、预警

专利技术实施计划

信息运用

转化

经验介绍

国民经济重点产业专利态势分析、预警

重点产业专利态势分析

产业专利态势分析工作，通过对全世界有关专利的检索，运用科学的统计分析方法，客观地预测全球、重点国家及所关注地区相关技术的发展态势，为政府产业政策的制定、企事业单位科研项目的选择、市场开拓方向等提供决策依据。2009 年，广东省知识产权局重点产业专利态势分析工作，围绕全省产业布局的重点和中心开展，继续以平板显示器和 LED 两个产业为工作对象。2009 年 9 月 10 日，广东省知识产权局联合广东省信息产业厅，在白云国际会议中心举行隆重的报告会，公开向全省有关科研机构、产业联盟、企业发布这两个产业专利态势分析研究成果，引起积极反响。

一、平板显示器产业专利态势分析

（一）研究工作内容

平板显示器产业专利态势分析工作于 2007 年启动，2009 年的主要工作是更新和补充最新数据，密切结合产业发展最新形势，分析和预测平板显示器产业专利技术发展方向。

（二）研究工作成果

完成并公开发布了《平板显示器产业专利态势分析报告》。

（三）研究工作结论

LCD、PDP、OLED 是现在三大主流平板显示技术，其中：

1. LCD 方面。

（1）LCD 的核心专利基本上掌握在外国公司手中，我国 LCD 领域缺乏核心专利。

（2）TFT-LCD 相关技术正处于成熟、发展阶段。

（3）我国在 TFT-LCD 关键技术领域专利申请量较多，占有一席之地。TFT-LCD 技术主要集中在中国大陆、台湾和韩国、日本人手中。

（4）广东省 LCD 生产企业具有较强的创新意愿和创新实力，70%以上的专利申请来自企业，获得授权的专利 60%以上也来自企业。

（5）用于控制光的强度、颜色、相位、偏振或方向的器件或装置是广东省 LCD 领域创新最活跃的领域。

（6）广东省 LCD 产业的发展应以形成大屏幕液晶显示器的市场生产能力为主。

2. PDP 方面。

（1）PDP 技术仍然存在较大的提升空间。

（2）广东省在 PDP 领域创新意愿明显，具有较强的创新潜力，存在较大的提升空间。

（3）等离子显示在数字通信领域的应用是广东省创新最为活跃的领域。

（4）广东省 PDP 的技术开发应坚持核心技术的攻坚与产业化规模生产两条线并重的原则。

3. OLED 方面。

（1）OLED 在未来的平板显示领域中极具竞争力，我国在 OLED 显示技术上起步较早。OLED 领域是目前最有希望改变我国当前显示核心技术统统被外国人掌握的被动局面的领域。

（2）广东省 OLED 领域的发明专利申请占 OLED 专利申请重量的 44.8%，低于全国总体水平 20 个百分点，实用新型专利的申请比例高于全国总体水平。

(3) 用于控制光的强度、颜色、相位、偏振或方向的器件或装置和有机电致发光半导体器件两大领域是广东省创新最为活跃的领域。

(4) 应对 OLED 关键技术进行研究和突破，争取在 OLED 有机材料、显示部件、驱动电路及生产工艺等当面形成较多的核心技术自主知识产权。

二、LED 产业专利态势分析

(一) 研究工作内容

LED 产业专利态势分析工作于 2008 年底启动，2009 年研究工作全面铺开。为实现产业专利态势分析工作的可持续发展，培养省内专利态势分析人才，改变以往该项工作完全依靠外省人才的局面，广东省知识产权局这次对工作模式进行了大胆尝试和创新，建立由广东省内的中山大学、华南理工大学和华南师范大学三所高校技术专家及其研究生组成的“LED 产业专利态势分析”研究工作组，完全依靠广东省人才力量完成该工作。2－3 月，广东省知识产权局利用周末时间，组织了 10 余期次专利信息培训班和讨论会，邀请国家知识产权局的专家来粤开展“专利文献检索方法”、“专利检索信息平台使用”、“专利检索表达式的撰写”等专题培训，并现场指导研究工作组人员上机操作实践，使他们在短时间内基本掌握专利信息采集、分析和运用方法，确保研究工作的顺利开展。研究工作组人员边学边干，工作进程迅速。4 月下旬，《LED 产业专利态势分析报告》初稿完成，广东省知识产权局组织来自国家知识产权局、省信息产业厅、省内高校院所和企业的 11 位专家召开论证会。并根据论证会的专家意见，对报告进行进一步修改和完善。

(二) 研究工作成果

完成并公开发布《LED 产业专利态势分析报告》。

(三) 研究工作结论

1. 经历了几十年的发展，日本和美国在 LED 新产品和新技术领域拥有创新优势，主要从事最高附加值产品的生产；欧洲在 LED 应用技术领域的开发和吸收最新技术转换方面拥有优势，其产品的附加价值较高；中国台湾地区在近 10 年中迅速崛起，在 LED 芯片产量和 LED 封装方面占据全球第一的位置。

2. 广东省 LED 上有关键技术的专利数量不多，专利主要集中在中下游领域，封装与应用占了大多数，上游技术领域竞争力有限。

（供稿人：刘延君）

专利技术实施计划

2009年广东省专利技术实施计划

为贯彻实施国家和省知识产权战略纲要，配合《珠江三角洲地区改革发展规划纲要（2008－2020年）》（以下简称《纲要》）的实施，促进全省专利技术实施，省知识产权局今年继续开展了“广东省专利技术实施计划”工作。根据当前形势发展要求，省知识产权局调整了该项工作的思路及具体操作办法。

一、调整工作思路

为适应我省知识产权事业发展的新形势，省知识产权针对原计划的问题，对“广东省专利技术实施计划”工作方案进行调整。

（一）回归目标任务，促进项目实施

计划任务调整为：探索总结我省专利技术实施的方法、规律，树立专利技术实施及产业化的典型，为全省专利技术实施提供示范；跟踪新兴产业的发展、核心技术的保护和实施、不同区域的重点发展等情况；带动政府和社会对专利技术实施的投入。通过上述三项任务，实现促进全省专利技术实施的目标。原计划“带动项目承担单位建立和完善知识产权工作制度”、“建立工作关系”的任务，交由区域知识产权发展计划、知识产权区域试点、知识产权示范和优势企业认定等工作来完成。项目承担单位要求在本市、本行业具有较大的影响力，具备探索、总结和推广专利技术实施规律和经验的能力和愿望。珠三角地区各市单位具有省内行业龙头或位居前列的行业地位，领先或居前列的自主创新能力，较高的知识产权创造、运用、保护和管理能力。东西两翼和山区市单位有较强的技术开发能力，具有较完善的知识产权管理制度，有较好的实施条件。

（二）突出项目重点，扶持重大专利

根据《珠江三角洲地区改革发展规划纲要（2008－2020年）》和《中共广东省委广东省人民政府关于加快建设现代产业体系的决定》精神，选择扶持我省高新技术产业、先进制造业、地方优势和特色产业的重大专利技术实施，强化对省重点项目中的重大专利技术实施的推动、跟踪作用。珠三角地区各市主要选择电子信息、生物、新材料、环保、新能源等高技术领域中新兴的产业，尤其是与省知识产权局现已开展的专利态势分析工作有关的平板显示、薄膜电池、数字家电等产业；东西两翼和山区市主要选择对地方经济起支柱作用的产业、优势产业及地方特色产业，尤其是符合“双转移”政策的产业。具体专利要求是本产业或技术领域关键核心技术的发明专利，技术创新水平在省内本产业中处领先地位，有后续的创新潜力和发展空间，项目的实施能带动相关产品或产业在技术、用途、功能等方面的创新，对推动产业技术进步、提高相关产品的附加值及市场竞争力有突出的作用。

（三）集中资金投入，加大扶持力度

加大对单个项目的资金扶持力度，改变原来项目多、支持力度小、使用分散的资金投入方式。在目前经费预算不可能有大的增加情况下，尽量使各市都有项目纳入计划。今后在经费投入允许情况下，可以考虑进一步加大单个项目的资金扶持力度，或为专利项目贷款及专利权质押贷款贴息，放大财政投入的作用。

（四）提高立项条件，严把实施能力

主要从行业地位、创新能力、知识产权管理状况三方面选择项目承担单位。要求具有本市行业龙头或位居前列的行业地位、较强的自主创新能力、建立了较完善的知识产权管理机构和制度。在立项阶段，加强对专利项目技术水平、对产业或地方经济的推动作用的审查，加强对承担项目单位实施条件和行业地位的审查，将技术水平高、推动作用大的专利项目和实施能力强、在行业前列的单位列入计划。

（五）强化过程管理，提高计划绩效

完善实施方案，加强计划立项、执行和验收三阶段的管理。

二、项目申报和推荐情况

今年项目的申报、推荐和评审工作仍然通过《广东省知识产权局业务管理系统》（以下简称《系统》）进行。鉴于今年是调整工作思路的第一年，项目数和经费又比往年大幅度减少，未将省直有关单位列为推荐单位，同时地级以上市知识产权局推荐项目数原则上也不能超过 3 项。根据《系统》统计，今年全省申报项目共 95 项，比去年 139 项减少了 31.7%；21 个市地级以上中，除了河源、茂名、肇庆三市没有推荐项目外，其他 18 个市知识产权局择优推荐项目共 44 项，比去年 129 项减少了 65.9%，各市项目申报、推荐情况详见下表。44 个推荐项目分布在 6 个产业，其中电子信息产业 14 项、装备制造 9 项、电器制造 6 项、新材料 4 项、新能源 3 项、生物医药 8 项。

地级以上市知识产权局推荐项目情况表

序号	地市	数量	序号	地市	数量
1	广州	4	12	中山	3
2	深圳	3	13	江门	1
3	珠海	3	14	阳江	1
4	汕头	3	15	湛江	1
5	佛山	3	16	茂名	0
6	韶关	2	17	肇庆	0
7	河源	0	18	清远	2
8	梅州	1	19	潮州	2
9	惠州	3	20	揭阳	1
10	汕尾	2	21	云浮	3
11	东莞	6 合计		44	

三、项目评审程序

1. 形式审查。主要是审查申报单位提交的材料是否齐全、申报单位和项目是否符合申报条件。经审查，全部项目通过初审。

2. 项目核心专利的法律状态检索。对通过初审项目的核心专利的有效性、专利权人、授权时间进行核实。根据国家知识产权局出具的《专利登记簿副本》，全部项目的核心专利符合要求。

3. 产业和环境保护政策审查。聘请产业和环保政策专家对项目是否符合我省产业和环保政策进行审查。经审查，全部项目符合要求。

4. 技术和经济专家评审。根据项目技术领域分布情况，聘请相关专业技术专家，对项目的技术水平进行评审、打分；聘请企业管理与市场营销专家，对项目市场前景和单位的实施条件进行评审、打分。所有专家评分后，系统自动汇总两类专家的评分。

5. 审定计划编制方案。参考专家评审意见和市局的推荐意见，相关业务处室提出拟列入实施计划的项目名单和经费安排，由局办公会议审定。

四、纳入计划项目情况

省知识产权局从 44 个项目中选择了 10 项作为 2009 年省专利技术实施计划项目，每个项目扶持经费 20 万元，合计 200 万元。项目地区分布情况：广州、深圳、珠海、汕头、佛山、惠州、韶关、中山、揭阳、清远等 10 个市各 1 项，其中珠三角地区 6 项、其他地区 4 项。项目产业分布情况：新能源 3 项，电子信息、医药生物、装备制造各 2 项，电器制造、新材料各 1 项。项目专利数量情况：专利申请总量为 320 件，其中发明、实用新型、外观专利申请分别为 105、162、53 件；专利授权总量为 207 件，其中发明、实用新型、外观专利申请分别为 40、128、39 件；国外专利申请 25 件。项目经济效益情况：2008 年已经实现销售额、纳税额、出口额分别为 7.13 亿元、3591 万元、4679 万美元；计划完成当年预计实现销售额、纳税额、出口额分别为 18.96 亿元、1.07 亿元、4.18 亿美元。

（供稿人：李强）

2009 年广东省专利技术实施计划项目简介

一、乳化焦浆（EGC）代油节能技术

乳化焦浆/油是将石油焦作为母料，加入特定的复合添加剂，通过乳化工艺制备成的一种新型清洁燃料，可替代各种燃料油用于工业锅炉和窑炉。该工艺包含了 EGC 燃料制备技术、锅炉制（改）造技术、燃烧技术、控制技术、除尘脱硫技术五大技术，突破了乳化焦浆（EGC）“不环保、难点燃、燃不尽、难排灰、易结焦”五大行业技术难题。该项目 2008 年被列入国家科技支撑计划、全国十大重点节能工程项目。项目 2008 年实现销售收入 4000 万元，年纳税总额 220 万元，产品在国内的市场占有率达到 63%。项目计划完成时预计能实现销售收入 15000 万元，年纳税总额 1500 万元，年出口额 100 万美元，产品在国内的市场占有率达到 90%。

二、一种太阳能光伏中空玻璃及其制造方法

该项发明解决了太阳能电池与中空的玻璃镶嵌的技术问题，克服了薄膜电池器件易划伤、玻璃基底易断的缺陷，在技术上具有实质性的突破和显著的进步，能够实现构建大面积光伏中空玻璃，提升材料利用率。本项目推动了太阳能光电在城乡的应用，开拓了太阳能电池的新应用领域，为促进建筑节能提供了可靠的技术支持。该项目的良好前景引起了跨国公司和风险投资的关注。项目计划完成时预计能实现销售收入 56475 万元，年纳税总额 1589 万元，年出口额 37898 万美元。

三、肿瘤微创手术介入热化疗机

肿瘤微创手术介入热化疗机是国内外首创的治疗实质性脏器肿瘤的一项新型临床专用设备。该技术提供了介入热凝固和介入热化疗精密治疗两个平台，将温度精确的高温液体注入肿瘤病灶内，提高治疗的精确性，治疗效果好，不易复发。本项目专利“一种肿瘤介入热疗仪”于2009年获得广东专利奖金奖，还获得了广东省粤港关键领域招标项目。项目2008年实现销售收入3200万元，年纳税总额350万元，产品在国内的市场占有率100%。项目计划完成时预计能实现销售收入6300万元，年纳税总额650万元。

四、40吨级发酵罐异养培养富含DHA海洋微藻

该项目通过驯化富含DHA菌株并在生物反应器进行异养培养，首次实现大规模发酵罐高密度异养培养富含DHA海洋微藻，生产的微藻DHA有别于鱼油DHA，其优点在于无污染，无鱼腥味，不含EPA。该技术该项目2008年被列入国家火炬计划。项目2008年实现销售收入7078万元，年纳税总额424万元。公司是我国DHA产业的龙头企业，产品在国内的市场占有率达到50%。项目计划完成时预计能实现销售收入14000万元，年纳税总额900万元，产品在国内的市场占有率达到60%。

五、新型大功率LED器件结构设计与产业化

本项目通过底部注胶一次性塑封成型技术、荧光粉涂敷技术、测试编带、散热及大功率芯片键合技术等技术，对于解决大功率LED的发光率低、散热差等关键问题取得突破性进展。项目2008年实现销售收入1800万元，年纳税总额300万元。项目计划完成时预计能实现销售收入12000万元，年纳税总额2000万元，产品在国内的市场占有率达到5%。

六、平板显示器用软磁材料及其制造方法

高性能软磁材料，主要应用于平板显示器领域。该项目发明通过合理的成分配比和复合掺杂，增加材料晶界电阻率和降低磁芯损耗，使材料的涡流、磁滞损耗得以平衡，从而达到磁芯在不同频段和不同温区具有良好的损耗特性的目标。该材料与电路配套可大大降低平板显示器待机功耗、提高图像清晰度、稳定性和色彩逼真性，适应数字化高频化薄轻化需要。以本项目核心专利为主的“平板显示器件用高性能软磁材料产业化”项目列入国家发改委2008年新型平板显示器件产业化专项项目。项目2008年实现销售收入3671万元，年纳税总额140万元，年出口额150万美元，产品在国内的市场占有率达到20%。项目计划完成时预计能实现销售收入10000万元，年纳税总额400万元，年出口额300万美元，产品在国内的市场占有率达到25%。

七、安全增强型功率型锂/亚硫酰氯电池

本专利采用集成电子和电池技术结合的技术，通过对功率型锂/亚硫酰氯电池进行智能电路控制，攻克了大功率锂/亚电池安全隐患的世界性难题，拓展了大功率锂/亚电池的应用领域，同时为锂亚电池进入高端军工领域打下了坚实的基础。该技术生产的电池广泛应用于国防、军事、航空、航天以及一些长寿命仪器仪表领域。项目2008年实现销售收入800万元，年纳税总额72万元，年出口额122万美元，产品在国内的市场占有率达到[illegible]。项目计划完成时预计能实现销售收入1000万元，年纳税总额90万元，年出口额200万美元，产品在国内的市场占有率达到[illegible]。

八、基于IGCT串联技术的高压变频调速装置

该项目产品是运用变频调速技术和智能控制技术应用于大功率高电压电机调速的一种电力变换装置，应用范围广，特别是能源工业和工矿企业中大型电机安全运行和节能方面，能大幅度降低电力损耗，节能达30%以上。在变频调速系统中使用IGCT功率器件串联、快恢复二极管串联方面达到国际领先水平、填补国内空白，整体技术上达到国内领先水平。该项目被列为国家火炬计划项目和国家科技攻关计划项目。项目2008年实现销售收入11820万元，年纳税总额800万元。项目计划完成时预计能实现销售收入25300万元，年纳税总额1300万元，产品在国内的市场占有率15%。

九、高纯硒的生产设备及生产工艺

高纯（5N、6N）硒是化合物半导体的主要生产原料之一。清远先导稀有材料有限公司的高纯硒生产设备及生产工艺项目，创新采用了硒提纯工艺——火法生产工艺，以不同温场温度进行精馏生产，确保了精馏过程中的产品质量和产能，并采用石英作为精馏釜材料，避免了在生产过程中硒对精馏釜的腐蚀，确保了设备的长期使用和工艺的流畅性，具有高效、环保的特点。该项目的产品被列为广东省高新技术产品。项目2008年实现销售收入34217万元，年纳税总额674万元，年出口额2460万美元，产品在国内的市场占有率达到50%。项目计划完成时预计能实现销售收入46000万元，年纳税总额1600万元，年出口额2900万美元，产品在国内的市场占有率进一步提高。

十、飞机地面专用空调机组

飞机地面空调机是为解决民航飞机在登机廊桥待飞或在停机坪检修时，向机舱输送经过净化处理的洁净新鲜空气的一种特殊专用空调设备，填补了国内在该项产品和应用技术上的空白。产品可用于各种型号飞机的地面通风、供冷和供暖，具有机动性能好，制冷性能优越，调节适应面广、安全可靠性高、节能效果明显等优点，打破了外国公司在该领域的垄断地位。该项目曾获得2008年度广东省科学技术奖二等奖，并被列为国家火炬计划产业化项目。项目2008年实现销售收入2500万元，年纳税总额500万元，年出口额80万美元，产品在国内的市场占有率达到60%。项目计划完成时预计能实现销售收入3500万元，年纳税总额700万元，年出口额150万美元，产品在国内的市场占有率达到80%。

（供稿人：李强　成思）

信息运用

2009 年全省知识产权信息运用工作简介

大力发展知识产权服务，有效运用专利信息是省委省政府相关战略决策对知识产权工作主要方面所作的部署之一。近年来，广东省知识产权局稳步推进专利信息化建设和专利信息运用工作。

一、深化专利信息化建设，推进专利信息运用工作

广东省专利信息服务平台已构建了省、市(区域)、重点行业三级专利信息网络服务体系，2009 年，对整个体系中的几个主要核心进行了升级、完善，包括全领域代码化专利数据更新，各个功能模块优化升级，分平台后台管理系统升级等，这些工作提升了广东省专利信息服务平台网络体系的整体服务效率和社会效益。

2009 年，在广东省专利信息服务平台七国两组织专利数据的基础上，通过申请的方式获得了韩国、俄罗斯、东南亚、阿拉伯等国家和台湾、香港地区的专利信息，同时继续更新外观设计专利电子公报数据、各行业专题专利数据等。至此，广东省专利信息服务平台数据总量达 3600 万条，最大限度地满足用户对于在专利数据源和数据量方面的需求。同时，对省中心平台和东莞、江门、佛山、汕头等四个分平台后台系统进行升级改造，与茂名市政府联合启动了“广东石化产业知识产权公共信息平台”建设项目。为了不断丰富行业专利数据库主题，开展了平板显示、数字电视、陶瓷、电池等四个行业的专利数据库建设工作，截至 2009 年底，包括重点家电、中药等 14 个专题专利信息数据库已建成开通。

平板显示技术专利信息平台采用了国内最先进的 PATENTICS 智能专利信息平台系统，该库依托于广东省专利信息服务平台，建设专门的平板显示技术专利分类导航、检索、分析系统，在不断丰富我省行业专利数据库主题的同时还丰富了行业专利数据库的检索分析系统类型、不断提升行业专利数据库服务的内容和水平。项目通过互联网方式为我省平板显示产业用户提供专利信息服务，同时采用多种形式对平台进行示范应用推广。

2009 年，广东省知识产权局将工作重点由系统建设转向信息应用，启动“企业自主创新应用子平台”建设，开发互联网模式的企业专利信息应用系统。该系统包括专利信息分析和专利信息应用两大模块，专利信息分析模块可实现专利新颖性分析、专利引证分析、专利侵权分析等功能；专利信息应用模块实现专家咨询、关键技术分析、企业专利技术路线图定制、企业专利技术战略、企业专利技术开发与保护等创新功能。其中“企业专利技术路线图定制”开创性地把专利和技术路线图制定两者紧密结合，基于全球范围内 6000 多万条海量的专利信息资源、深入研究产业的技术路线，通过专家参与和系统智能分析手段，定制企业的专利技术路线图，帮助企业科学、快速进行专利技术研发方向定位，提高技术创新效能。此外，还建设了“广东省重点产业、行业外观专利图像分析服务平台”，该平台可通过图像比对技术进行专利文献检索，实现外观设计专

利图像处理技术，方便了省内相关企业对于外观设计专利的应用。

二、拓展专利信息分析研究

1. 态势分析。2007 年以来，广东省知识产权局针对重点产业特别是战略性新兴产业开展专利态势分析工作，通过对全世界有关专利的检索，运用科学的统计分析方法，客观预测全球、重点国家及所关注地区相关技术的发展态势，为政府产业政策制定、企事业单位科研项目选择、市场开拓等提供决策依据。2009 年，广东省知识产权局开展了国家知识产权局专利战略推进工程研究项目——广东汽车行业专利技术现状及发展趋势研究；“平板显示”和“LED”技术专利态势分析；还对消费类电子产品、信息产业、广东珠三角地区专利技术转化、专利信息资源运用情况等领域进行专利态势分析。

2. 信息数据分析。定期公布全省每月和年度专利统计简报、年度 PCT 申请情况分析简报、非正常专利申请情况通报和年度专利统计数据简报等工作，定期在局网站上发布全省及各地市专利申请授权分析报告。开展《泛珠三角区域有效专利分析》、《广东省珠三角地区专利技术转化研究》、《广东省专利信息资源运用情况调查》、《广东省消费类电子产品专利信息分析》、《广东省信息产业相关领域专利统计》等。通过开展专利信息数据发布和分析研究工作，为相关部门知识产权管理与服务提供相关数据支持和产业发展决策依据。

（供稿人：陈嘉婧）

2009 年专利信息服务平台建设及应用情况

2009 年，广东省专利信息中心以《广东省知识产权战略纲要》（2007—2020 年）为指导，紧紧围绕广东省知识产权局 2009 年工作重点，在 2008 年专利信息服务平台及应用系统建设的基础上，继续推行稳步建设，对“广东省产业发展专利信息综合应用服务平台”、“广东省专利信息服务平台”、“广东省知识产权公共信息综合服务平台”等几大平台进行重点建设，并利用这些平台开展一些课题的应用研究和应用培训，同时对平台体系的一些软件进行升级维护。

一、充实基础专利数据资源

拥有丰富的专利信息资源是提供专利信息公共服务的前提。2009 年，继续更新外观设计专利电子公报数据、各行业专题专利最新数据等以最大限度地满足用户对专利数据源和数据量方面的需求。数据显示，2009 年广东省专利信息服务平台访问量达到 149142 人次，比 2008 年增长近 30%。

二、丰富行业专利数据库主题

2009 年，开展平板显示、数字电视、陶瓷和电池等四个行业专利数据库的建设工作，并顺利完成，特别是平板显示技术专利信息平台采用了国内最先进的 PATENTICS 智能专利信息平台系统。同时，5 月 13 日，援建四川知识产权局的世界医药行业专利数据库正式开通。

三、不断升级专利信息服务平台体系

2009 年，对整个体系中的几个主要核心进行了升级、完善，包括：广东省专利信息中心平台基础数据和备份数据全部升级为全领域代码化专利数据；广东省中心平台后台管理系统加强了统计信息模块功能和数据自动网络更新功能模块；8 月，对平台所有全领域代码化专利数据系统进行全面清理、排查，完成数据更新，平台数据更完善，并对平台各个功能模块优化升级

四、完善专利信息应用系统的服务工作

2009 年，继续优化软件系统功能，在分析系统中增加专利聚类分析等功能，并进一步改良操作模块和流程，使这两套软件能更好为广大用户服务。完成专利信息应用系统 200 多家用户的技术支持工作。

五、开展专利信息服务平台的推广培训服务

2009 年，面向全省开展平台、重点行业库、分平台、分站、专利信息应用系统等应用培训，推广汽车、医药、家电、精细化工等重点行业库的利用。2009 年 2 月和 3 月，先后组织“广东省汽车、摩托车行业专利信息应用培训班”和“专利信息应用系统应用培训班（第二期）”，对汽车行业用户普及专利意识以及传授获取行业专利信息的途径和方法。

（供稿人：刘晓波）

转 化

2009 年知识产权交易

为解决长期困扰知识产权向现实生产力转化渠道不畅的问题，2009 年省知识产权局通过各种途径，搭建平台，努力推动知识产权的转移和转化。

一、整合挖掘资源，推动专利技术展示交易

截至 2008 年，位居广东省专利申请量前 4 位的广州、深圳、佛山、东莞四市有关机构都被列入“全国专利技术展示交易平台计划”。2009 年 11 月，国家知识产权局、广东省政府及广州市政府三方在广州成功举办第三届专利周全国主场活动。活动包括“第三届中国专利周（广东）应对金融危机中小企业与知识产权展览交易会”、“企业运用知识产权应对金融危机高层论坛”等内容。获中国专利奖金奖单位、知识产权优势企业、高校和科研院所等逾 400 家单位以及一批非职务发明人参展，共展示电子信息、生物医药、创意产业等各方面的优秀专利技术千余项。同时，在展区还设立了综合服务区，银行、产权交易所、知识产权代理机构、评估公司、风险投资机构在现场提供专利质押融资、专利技术交易和产业化等服务。深圳分会场利用专利周与高交会举办期相近的契机，首次将活动纳入具有全国技术第一展美誉的高交会，成为高交会的新亮点。主要活动有：“知识产权战略制定与实施和重大发明创新成果展”、“世界创新高峰论坛”等。包括华为、中兴等知名大公司以及腾讯、宇龙等创新型企业在内的 40 多家企业、100 多项专利技术和产品参加。东莞地区活动与东莞国际科技合作周共同举办，这也是专利周活动方式的新创举。主要活动由现场技术展和论坛组成，其中展览包括“专利技术和产品展”、“LED 技术展”等，论坛包括“知识产权资产评估与质押融资论坛”、“LED 技术现状及发展趋势论坛”等。参展的专利技术和产品项目共计 156 件，涵盖电子、化工、新技术新能源等各个领域，参展的代理机构 11 家。工业设计大赛优秀作品展展出获奖作品和入围优秀作品近 300 件。佛山展区设特装展区和标准展区，特装展区重点展示了近年来佛山市的知识产权工作成果，体现了禅城区的专利孵化、南海区的知识产权质押融资、顺德区的工业设计等特色服务；标准展区主要展示知识产权优势企业近年来的先进专利技术成果和产品和非职务发明人的专利技术成果；参加现场展示交易的单位和个人达 60 多个，现场展示项目 110 多项，其中有 300 多件实物样品。第三届专利周广东会场，共吸引了近 900 个单位和个人、1200 多项专利技术或产品参加，实际技术成交 6000 万元、意向成交 1.77 亿元。

二、积极搭建平台，促进专利技术转移推广

举办和参加技术会展是促进专利技术转移推广的有效措施。2009 年 9 月，第二届中国（顺德）国际工业设计与创意博览会成功举办。展会内容丰富，专业性强，现场人气鼎盛，洽谈活跃，成果丰硕。主会场三天展期，参观人数超过 7 万人，其中专业观众 1.5 万人。展会以“设计与制造之约”为主题，共设立工业设计、品牌设计和创意体验三大展馆，同时开设

顺德工业设计园分会场，主会场展览面积达到22000平方米，其中特装展位超过70%。此外，省知识产权局继续组织并扶持创新性企业和优秀知识产权项目参加大连专交会、杨凌农高会、深圳高交会等各类大型会展，增进交流合作。全年共组织并扶持5家创新型企业和34个优秀知识产权项目参加各类大型会展，促进知识产权转让及实施。

（供稿人：李强　成思）

2009年专利实施许可合同备案情况简述

2009年国家知识产权局专利局广州代办处共受理广东省专利实施许可合同备案1928件，涉及专利2848项，专利许可使用费105422.85万元，分别同比增长235.89%，30.76%，572.72%，备案量居全国第二位。从数据反映的情况来看，2009年专利实施许可合同备案具有以下特点：

（一）备案增长与科技政策出台有关

随着国家知识产权战略实施、有关科技政策的出台等因素，2008—2009年专利实施许可备案量呈现快速增长趋势，2008年同比增长1025%，2009年同比增长达到235.89%。从广东省专利许可备案增长情况分析，增长主要是与2008年科技部与财政部等联合出台的《高新技术企业认定管理办法》实施密切相关。2009年专利实施备案的增长高峰期主要在7－10月份，与广东省高新企业申报的月份相符合。

（二）专利许可实施地域较集中

2009年，广东省专利许可实施地域主要集中在珠江三角洲地区，居前五名地市分别是佛山市、深圳市、广州市、东莞市、中山市，这五个地市专利许可实施量占总量的80.08%。实施许可专利的企业性质以有限责任公司为主，占实施企业的55.70%。

（三）专利许可方式以独占许可为主

专利实施许可方式有独占许可、排他许可、普通许可、分许可等四种，全年专利许可备案合同中，以独占许可方式的备案共1863件，占总数的97%；排他许可和普通许可分别占总数的1%、2%。独占许可方式同比增长265.29%，这一结果与高新技术企业认定中规定的知识产权条件相吻合（认定要求企业必须拥有专利权或独占许可方式的专利权）。

（四）专利使用费以无偿许可为主

专利合同涉及的使用费分有偿和无偿两种，2009年共有1369件无偿许可合同备案，占总量的71%，主要原因是专利让与人是受让人的股东、法定代表人或者专利让与人和受让人是母子公司等连带关系。有偿许可方式合同备案数为559件，占总数29%，专利许可使用费105422.85万元，平均每份合同专利使用费人民币188.6万元。

（五）广东省高校专利实施许可量在提高

2009年，广东省14家高等院校许可了165项专利，同比增长537.20%，许可使用费共计1159.4万元人民币。165项专利中以发明专利为主。华南理工大学许可企业109项专利，居全省高校许可第一位。

（供稿人：张东华）

经验介绍

知识产权制度是企业自主创新的动力和支撑

广东格兰仕集团有限公司

广东格兰仕集团有限公司是一家全球化的家电制造企业，现有员工3万多人，主要生产微波炉、空调、洗衣机、电冰箱、电饭煲、电磁炉、电烤箱、电水壶等家电产品，产品销往全球100多个国家和地区，并保持了多年微波炉制造、销售全球第一的地位，2008年实现销售收入人民币255亿元，同比增长8.6%。格兰仕集团正在从全球制造向全球创造的目标迈进，把增强自主创新能力并形成知识产权作为企业参与国际竞争和可持续发展的中心环节，先后成立了企业博士后科研工作站和省级企业微波工程技术中心，从根本上提高了知识产权的创造能力。截至2009年3月，集团累计申请专利1014件，拥有国内外注册商标227件。其中，使用在微波炉上的格兰仕商标被认定为中国驰名商标，微波炉、空调、电饭煲也被评为中国名牌产品。

在国家知识产权局和省、市知识产权局的指导和支持下，公司认真贯彻执行专利法等知识产权法律、法规，进一步提高企业知识产权创造、运用、管理和保护能力，知识产权工对企业的持续高速发展发挥了重要作用。

一、企业知识产权管理体系建设

格兰仕集团知识产权管理办公室设立于1999年，直属总裁办领导，全面负责集团公司的知识产权工作。集团公司高度重视，指定一名副总裁主管知识产权工作，并在机构设置、人员配备、制度建设、专利信息化建设、资金投入等方面进一步得到了加强，企业的知识产权管理体系日臻完善。

1. 在机构设置上，知识产权办统筹管理、协调指导集团及各子公司的知识产权工作，具体承办专利申请、商标注册、版权登记等知识产权事务，参与技术研发活动和各项经营活动，开展专利情报的搜集分析，组织实施企业专利战略，开展知识产权宣传培训以及知识产权法务工作。

2. 在人员配备上，知识产权办专职人员由原来的3人增加到5人，同时，还根据企业的实际需要，配备17名知识产权联络员分散在技术研发部门、国内外市场部门、物资采购部门、企划部门、各地营销中心、生产车间等，基本上构建起了以知识产权办为中心，各部门工作点为支撑的知识产权工作网络，职责明确，流程畅通，为实施企业知识产权战略提供了有力的组织保证。

3. 在制度建设方面，进一步完善了企业的《知识产权保护管理规定》，并在此基础上细化了《专利奖励管理办法》、《知识产权办与技术部门专利工作职责分工》、《专利检索管理办法》、《专利数据库使用指引》，出台了《科技创新奖励办法》。其中《知识产权保护管理规定》对职务发明、职务作品及其他智力成果的产权进行了严格界定；对专利申请、知识产权保护和技术创新各环节专利信息的开发利用提出了具体要求；对涉外贸易、物资采购、技术引进或转让以及会展中的知识产权保护做了明确规定，《专利奖励管理办法》进一步明确了对发明人或者设计人的奖励金额和具体操作程序，《科技创新奖励办法》规定对产生了经济效益的专利技术进一步给予奖励。企业知识产权制度的建立不仅极大地调动了技术人员自主创新的积极性，全面规范了企业各个经营环节中的知识产权行为，也体现了企业知识产权战略的指导思想，融入了组织实施知识产权战略的具体措施。

4. 在专利信息化建设上，基本形成了以企业专利数据库为主、多级信息检索为辅助的多层次专利信息服务网络，为企业利用专利信息拓展技术创新空间，开拓市场发挥了积极作用。

5. 在资金投入方面，公司对知识产权的资金投入不设限制，随时申请，随时审批。2008年专利申请、商标注册、知识产权保护和管理以及专利分析评价的费用投入达300多万元。

二、国内外知识产权信息的开发利用

格兰仕集团一方面着力加强自主创新能力建设，形成和保护自己的知识产权，另一方面也充分运用知识产权制度，通过专利分析评价合理利用现有技术，主动规避专利风险，尊重他人的知识产权。尤其是公司的产品出口量达到了60%，仅微波炉每年就有2000万台出口到全球100多个国家和地区，解决好知识产权问题是公司的产品走向国际市场的前提。因此，公司的产品从项目立项到研发以及市场销售的全过程都采取了积极的防御措施，例如：在调研和研发环节加大对专利风险的评估力度，事先提出解决问题的办法，利用失效专利进行专利规避设计，通过对市场国的专利分析指导产品出口。为避免使用侵权零部件产品而产生专利纠纷，公司在采购活动中严格把关，除了严格审查合同中的知识产权条款外，还要求对供应方的产品情况做多方面的了解并要进行专利检索分析，尽可能防患于未然。对OEM产品，公司要对委托方出具的商标证明文件进行核查，同时还要对OEM品牌是否与中国的注册商标相同或近似以及是否在海关备案进行查询，以避免侵犯第三人的商标权。由于数据资源、检索手段以及语言等方面的原因，制约了公司对国外专利信息的开发利用，在国家知识产权局和省知识产权局的关怀和支持下，公司与国之中心等知识产权服务机构开展合作，在专利预警、专利分析评价、现有技术的开发利用等方面做了大量的探索工作，几年间，已经投入数百万元开展专利信息的分析利用，为企业的经营决策提供了可靠的依据，为企业进行专利许可、技术引进、产品开发、产品出口提供了有力的支持，为有效防范和降低企业经营风险，增强企业竞争力，保持企业可持续发展发挥了重要作用。

三、企业知识产权信息化建设

知识产权信息，特别是专利信息蕴藏着巨大的战略信息资源，在知识经济的兴起和经济全球化进程中，开发利用知识产权信息就更显示其战略意义和经济价值。为此，格兰仕集团把专利信息化建设作为企业知识产权工作体系建设的重要组成部分，公司于2003年建立了包括八国两组织（中国、美国、英国、法国、瑞士、德国、日本、俄罗斯以及国际专利合作条约组织和欧洲专利局）的专利数据库，不仅收集了与企业密切相关的专利文献，还将行业的关键技术收集在数据库中，使研发人员能够方便快捷地查找专利，了解行业的发展趋势，为技术创新提供了巨大的信息资源。为了使专利信息能更好地服务于企业的经营活动，适应技术发展的需要，公司又多次对数据库进行调整，及时增加新内容，调整布局结构，剔出多余数据，保持了企业数据库专业性强，方便快捷的特点。为了提高技术人员运用专利信息的能力和水平，公司制定了详细的培训计划，除了培训技术人员掌握专利文献的基本知识以及使用数据库的基本技能外，还针对性地开展多种形式的专题培训，请专家讲解专利信息运用的具体案例，指导技术人员运用专利信息解决工作中遇到的实际问题，因此，专利信息的分析利用已成为技术创新的重要手段。

除了企业专利专题数据库外，公司还充分利用国家知识产权局、广东省专利信息服务平台以及多个国家的公共数据资源开展专利信息分析工作，同时在信息开发利用方面积极探索，大胆尝试，与专业机构开展深入合作，形成了多层次、多渠道的专利信息服务平台。

为了简化专利管理流程事务，提高工作效率，2004 年初公司结合工作实际，自行开发一套专利管理系统，基本满足了需求。随着知识产权工作的深入开展，专利申请量和商标注册申请量大幅增加，管理工作涉及的面越来越宽，内容也越来越广泛。2008 年公司又专门购置了一套专利、商标管理软件，不仅规范了事务工作，提高了工作效率，也进一步提高知识产权管理工作的水平和手段。

四、知识产权宣传培训工作

提高全员知识产权意识是开展企业知识产权工作的基础。几年来，公司通过多种形式，全方面、多层次地开展知识产权宣传培训，首先把知识产权法律法规的普及宣传纳入公司的日常培训计划，在新员工进厂时就要接受包括企业知识产权管理制度等相关内容的培训，同时，公司还根据需要针对性地组织管理人员和技术人员进行专题培训。目前，接受过培训的技术人员在 95%以上，管理人员在 80%以上。例如：技术人员的培训内容包括专利数据库使用方法，专利文献检索技巧，专利文件的撰写以及对权利要求保护范围的确定，外观专利相同和相近似判断等内容，并结合工作中遇到的实际问题请专家来公司讲解，以提高技术人员运用专利信息解决实际问题的能力；对外贸业务员的培训除讲解市场国的知识产权保护情况外，还强调注意合同中的知识产权责任条款，对 OEM 产品还要求其查询商标的海关备案情况等，以防产品侵权。

为进一步提高企业全员的知识产权意识，公司充分利用企业报的宣传优势开展知识产权形势教育和法律法规的宣传普及，还通过内部 OA 系统搭建的信息共享平台，将国家的知识产权法律法规、各级政府的知识产权政策文件以及企业的知识产权管理制度共享在内部网上，并每月编辑一期知识产权简报，转载知识产权方面的重大新闻事件，选择一些典型案例进行点评，加深员工对知识产权的了解和认识。公司还通过请进来、走出去的方式组织知识产权工作人员和技术人员参加各种报告会、座谈会，去其他企业交流学习，借鉴经验，开阔视野。多种形式的宣传培训活动为企业专利工作广泛深入地开展打下了良好的基础。

五、专利、商标申请情况

截至 2009 年 3 月，集团累计申请专利 1014 件，发明和实用新型在全部专利中的比重得到了提高。我们也同样重视专利技术的实施转化，几年来，专利实施率始终保持在 85%左右，专利产品产值占总产值的 70%—80%。

目前，公司拥有国内外注册商标 227 件，其中，在国外 110 多个国家和地区注册了“格兰仕、GALANZ”商标，自主品牌的出口率在 20%左右。

六、存在的问题

1. 发明和实用新型占全部申请量的比例偏低，国外专利申请量少。

2. 在知识产权信息的获取和分析手段上要进一步要引进适用、高效的软件系统。

七、建议

1. 目前，企业的知识产权工作者流动性较大，特别是不能在企业之间流动，部分人流向专利、商标代理事务所，还有不少人刚刚积累了一些经验就转行做了其他工作，尽管各级政府和企业都在轮番培训，但能够坚持做企业知识产权工作的并不多。出现这种现象的原因虽然是多方面的，但主要原因之一是企业知识产权工作者不能像专利代理人和技术人员那样通过获得职业资格或职称来获得社会的普遍认可。企事业单位是技术创新的主体，更是实施国家知识产权战略的基础，特别是企业知识产权战略的实施需要企业知识产权工作者把战略思想转化成具体措施贯彻落实到企业的各个经营环节中，因此，拥有一批既熟悉知识产权制度又有一定企业工作经验的人非常重要。建议从制度上解决企业层面知识产权工作者的流动问题，参照专利代理人职业资格或专业技术职务的模式对企业知识产权工作者进行考试或考核评价，使其能名正言顺地被称为企业知识产权管理师，以稳定企业知识产权工作队伍。

2. 加大对企业的指导，帮助企业更多地了解国外知识产权制度和专利文献的特点，更好地开发利用知识产权信息，使知识产权信息真正成为企业参与国际竞争的战略信息资源。

（供稿人：王龙霞、成思）

全员参与，紧扣工作内容，将专利拉下神坛

深圳市创益科技发展有限公司

深圳市创益科技发展有限公司是一家以自有知识产权为核心技术的太阳能光伏领域研究和生产的高新技术企业，自从 1993 年成立以来，共申请 150 项专利，是我国光伏领域申请专利最多的企业，具体申请情况如下图：

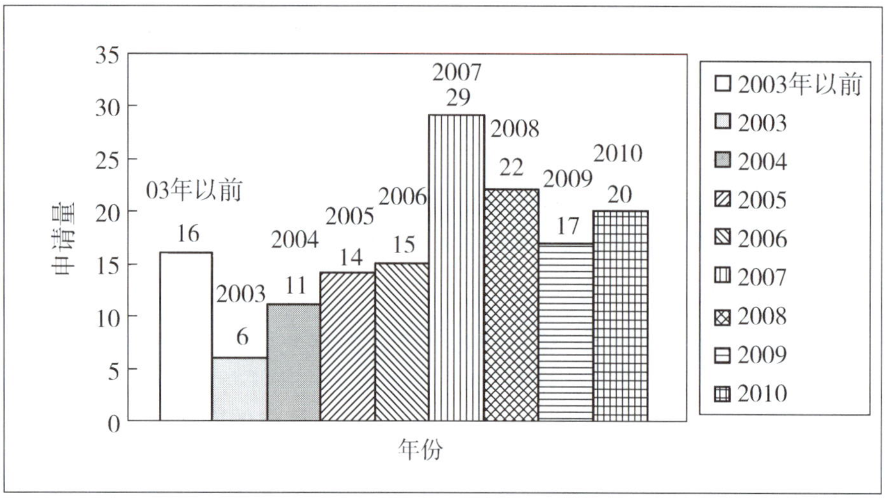

专利种类与授权情况如下表：

创益专利授权表

类型	申请量	申请量百分比	授权量	授权量百分比
发明	47	31.3%	22	46.8%
实用新型	81	54%	69	85.2%
外观	22	14.7%	22	100%
总计	150	100%	113	75.3%

从图表中可以看出公司非常注重发明专利的申请，占到了申请量的31.3%，目前已有近一半的发明专利被授权，其中发明专利《内联式非晶硅太阳能电池及制造方法》（ZL95104992.5）获得2005年中国发明专利金奖和法国巴黎发明专利金奖，《一种太阳能光伏中空玻璃及其制造方法》（ZL200410028002.8）获得2009年中国专利优秀奖。

经过这么多年的专利工作经验，公司主要注重从以下几方面开展工作：

一、打破专利神秘面纱，形成人人可写、人人能写的局面

首先改变新员工思想中认为专利高不可攀，不好写的思想，让老员工给新员工讲解自身的经历，然后请和公司多年一直合作的深圳毅颖专利事务所的专家讲解专利撰写的几个注意方面，让他们放下包袱，打破专利的神秘面纱，使得无论是技术部门的研发人员从自身的研发项目中间还是生产部门的操作人员从工作的小改小革方面都能够产生一些专利的技术，形成了一种全员参与，人人可写、人人能写的良好局面。

二、从实际出发，紧密联系工作内容

公司鼓励员工从自身熟悉的工作内容出发，与工作内容紧密相连，以本职工作为主，不写不熟悉的内容，不写虚无缥缈的内容，同时开拓其发散思维，丰富内容，彻底改变人们认识中的专利是纸上谈兵的印象。

三、重点突出，形成自己优势项目的专利池

公司是国内最早研究光伏与建筑一体化的单位，承担多项国家科研项目，在此领域投入了大量的研究经费和人力，具有领先技术优势，公司紧抓这一优势，积极发动各个层面力量，共申请48件专利，在此新领域已经形成了一个小型的专利池。

四、公司重视，奖励为主，与绩效考核挂钩

公司在2007年制定了《关于知识产权管理办法的若干规定》，在规定中明确了各种专利奖励办法，积极鼓励员工申请专利，使得大家主动地想写专利，多写多得，同时也制定了公司的专利计划，将专利与部门和相关人员的绩效考核挂钩，督促各部门领导重视专利，而且还在一些项目中将专利作为项目考核的成果。

五、双重把关，提高专利品质

公司设有专门的知识产权专员，并且和深圳市毅颖专利事务所进行长期的深入合作，任何员工都可以先期同知识产权专员面谈其专利想法，知识产权专员帮助其梳理专利的发明点，撰写人员只需提交一份技术发明的技术交底书，知识产权专员对技术交底书进行第一道把关；技术交底书在知识产权专员审核后再提交给毅颖专利事务所，事务所再从专业的角度进行审核和提升，整理成标准的专利文书，形成第二道关口。往往经过第二道把关后，可以将一个技术交底书形成几个专利进行保护，经过双重的把关，使得专利品质得到保证。

六、寻求专利与标准的有机结合

公司是全国建筑玻璃标准委员会太阳能光伏中空玻璃分技术委员会主任委员单位，根据我们的优势，组织承担了《太阳能光伏夹层玻璃》和《太阳能光伏中空玻璃》国家标准的起草以及相关的标准研发，尝试寻求能够在标准的制定中将专利技术转化为效益的办法。

（供稿人：崔常民、成思）

实施知识产权战略，推动企业自主创新

广东风华高新科技股份有限公司

广东风华高新科技股份有限公司（以下简称“风华高科”）地处广东省肇庆市，是一家专业从事新型电子元器件、电子材料、电子专用设备等电子信息基础产品，集研制和生产于一体的国有控股高科技上市公司。（深圳证券交易所证券代码：000636）

风华高科自1984年成立以来，坚持贯彻以自主创新为核心的发展战略，通过同步推进技术创新、体制创新和管理创新，实施知识产权战略，确保了企业规模与结构、数量与质量、速度与效益的统一，实现了跨越式发展：现已成为我国最大的新型电子元器件、电子基础材料及电子元器件制造装备的科研、生产和出口基地，拥有核心自主知识产权的国际知名公司。也是全球八大片式元器件制造商之一、中国电子元件百强企业、全国首批创新型企业、全国企事业知识产权试点单位、广东省知识产权优势企业以及中国名牌产品、中国免检产品、中国驰名商标企业。

能取得上述优异的成绩，不仅是风华人努力奋斗的结果，也是公司长期坚持实施知识产权战略，走自主创新道路的结果。实践证明：进行自主创新、参与日趋激烈的全球市场竞争，需要知识产权的全方位保护；而首先保护好自己的知识产权，才能通过知识产权保护企业参与竞争。

一、企业知识产权工作简介

（一）建立健全的企业知识产权工作管理机构

建立健全的企业知识产权工作管理机构，是做好企业知识产权工作的重要保证。风华高科于1998年4月成立了由公司领导挂帅的企业知识产权工作领导小组，负责对企业知识产权战略规划、知识产权制度制定、知识产权事务决策等工作进行宏观指导和控制。由公司总经理任组长，公司技术副总任常务副组长，技术中心负责人任副组长，小组成员由公司总部各部门、下属各子（分）公司主管领导组成。在公司技术中心设立知识产权管理办公室，配备专职知识产权工作者，负责统筹管理公司日常知识产权事务。同时，在各子（分）公司配备知识产权工作联络员，与公司知识产权办形成工作管理网络，从而形成以公司知识产权管理办公室为核心，各（子）分公司知识产权管理部门为支撑，以高等院校、科研机构和政府知识产权主管部门为依托的新型知识产权管理体系。

（二）制定完善的企业知识产权管理制度

结合企业自身实际，制定和完善便于操作的管理制度是开展企业知识产权工作的坚强保障。风华高科在原有诸如《关于加强企业专利管理工作的暂行规定》、《关于职务发明创造专利发明人、设计人奖酬提取的规定》、《关于专利费用统一管理的通知》等政策性文件的基础上，于2002年整理制定出公司知识产权综合性规章制度文件——《知识产权工作管理办法》，该制度文件涵盖专利管理、商标管理、奖惩等内容，为很好的开展企业知识产权工作提供了指导性依据。随后曾在2004年底和2008年初对该办法中的具体内容加以修改和完善。在2009年下半年，根据公司技术发展战略规划需要，新增对著作权、标准的管理及奖惩等条款内容，并将《知识产权工作管理办法》按照ISO9001质量管理体系认证要求重新修订为2010年版《知识产权管理规定》。风华高科通过不断对公司知识产权管理制度中的相关条款进行修订，从而逐步规范知识产权管理制度，完善知识产权管理体制，形成有效的知识产权工作机制。

（三）创立长效的知识产权激励机制

创立长效的知识产权激励机制，可以有效

调动和激励企业员工从事职务发明创造的积极性。风华高科在《知识产权管理规定》中明确规定了奖励条款：对专利申请、专利授权及专利实施等进行奖励，每件专利申请奖励发明人500元，每件授权发明专利奖励发明人3000元，每件授权实用新型专利奖励发明人1000元；许可他人实施专利，从收取的使用费中纳税后提取5%—10%的费用作为一次性报酬奖励给发明人；对举报他人侵权行为、为保护公司的专利权或商标权做出贡献的个人，一次性奖励从1000元到3000元不等，并记入个人档案；对科技学术类文章的对外投稿进行奖励，视投稿刊物的学术水平和影响力而定，奖金从200元到1000元不等；对从事技术标准体系研制，参与国内、国际标准化组织及其活动等予以奖励，视参与性质和程度而定，奖金从1000元到10000元不等。同时，公司人力资源管理部门还将专利的拥有量作为技术人员考核评定的一项重要参考指标，直接影响到薪资和职位的变更升迁。

（四）开展积极主动的专利信息工作

专利信息集技术、法律、经济等情报于一体，是企业不可或缺的重要信息来源。企业开展专利信息工作的最终目的是促进企业的技术创新和进步，合法借鉴公有技术，避免侵权纠纷，因此专利信息工作必须深入到产品研发的各个环节。风华高科在对新产品、新技术开发立题及验收等工作中，均要求项目组进行相关专利检索，从而确认新项目的新颖性，提高研究开发的起点，防止重复研究和侵犯他人专利权。同时也可根据需要利用他人专利，进行专利转让、许可或其他技术合作。只有使专利信息工作融入到产品研发活动的全过程中，才能形成自己的核心自主知识产权，促进并保障公司的研发活动顺利开展。

为了开展行之有效的专利信息工作，风华高科积极运用广东省知识产权局开发的《专利信息分析系统》和《企业知识产权信息管理系统》等知识产权工作软件，提高了对专利信息收集、管理和利用的工作效率。

风华高科还在订制同方知网技术有限公司开发的《CNKI中国专利全文数据库》中涉及本行业技术领域相关专题数据库基础上，建立了企业自己的行业专利数据库，促进公司技术人员更好地开展技术创新活动。

（五）加大对知识产权的宣传和培训力度

企业员工整体知识产权意识和素质的提高是开展企业知识产权工作的基础。风华高科采取“走出去、请进来”相结合等方式，通过国家、省、市各级领导亲临公司进行工作视察和指导，以及在内部举办各类培训讲座，使公司从上到下形成更为深入的技术创新意识和知识产权意识。

为了提高公司员工知识产权意识，从2005年起，公司知识产权办与国家及地方宣传“4·26”世界知识产权日同步，将每年4月份定为“风华知识产权宣传月”，通过在企业内部报刊及内部网络平台上刊登知识产权类文章进行强化宣传，逐渐扩大知识产权在企业内的影响力。

风华高科对员工实行多层次分等级的知识产权系统培训。针对公司中高级管理人员进行知识产权战略知识培训，提高知识产权宏观管理能力；针对公司普通管理人员进行知识产权基础知识培训，普及知识产权保护意识；针对公司技术人员进行相关专利知识、专利文献检索技能以及专利文件撰写方面的培训，增强实际操作能力。

风华高科非常重视对企业知识产权管理人员业务能力的培养和提升，经常派员参加广东省知识产权局、广东省知识产权保护协会举办的各类知识产权培训，通过各种途径培养能够胜任企业知识产权工作的知识产权工作者，提高他们的业务素质并发挥其积极作用。

从2004年至今，风华高科开展知识产权培训已达3000多人次，公司中高级管理人员培训率达90%，技术人员及其他人员培训率达95%。

（六）注重对专利技术的实施工作

风华高科在注重专利申请的数量与质量的

同时，也十分注重对专利技术的实施工作，使企业的专利产品上规模、增效益，为企业的发展做出了积极的贡献，例如下表所示：

序号	专利名称	专利号	实施起始年份	年均新增销售额（万元）	年均新增利润额（万元）
1	高性能低温烧结多层片式陶瓷电感器制作工艺	98113311.8	1998	2725.57	290.66
2	中温烧结瓷料	00117545.9	2000	352.32	191.25
3	低温烧结电感器材料	00117536.X	2000	450.00	255.00
4	片式网络电阻器的制备方法	03113828.4	2003	580.41	72.29
5	多层陶瓷电容器及其制备方法	03140111.2	2003	14467.5	1876.78
6	一种色环标示的瓷介电容器	200320118260.6	2004	4424.40	783.36
7	钛钡系陶瓷介质材料及其所制得的电容器	200310117575.3	2005	967.42	153.25

上述列举的发明创造不但体现了风华高科所具备的研发能力和技术实力，而且为风华高科创造了巨大的经济效益和社会效益。此外，风华高科还对某些重大关键性的专利技术，积极向各级政府部门申请列入技术创新项目计划、科技计划中，以获得政府政策及资金扶持。

（七）构筑坚实的企业品牌“防火墙”

对企业商标品牌文化体系的精心构筑，有助于树立良好企业形象和扩大产品市场份额。风华高科对自己的商标实行分级管理：对公司最为重要的核心商标“FH”，在国内进行主要类别注册并在欧盟、香港等地进行注册，使其保护范围扩大到全球 29 个主要国家及地区；对二级商标“风华”及“FENGHUA”等，有选择性地进行与电子信息产业关联度较大的类别注册，以大量且有针对性的商标储备为核心商标“FH”提供全方位保护屏障。风华高科务求规范使用注册商标，已将公司商标“FH”、“风华”及“FENGHUA”等与企业形象识别系统（CIS）紧密结合起来，并要求公司视觉识别系统（VI）中的商标图样必须与公司商标规格相一致。

针对目前国内外商标抢注现象十分突出的情况，为及时监测、掌握恶意抢注公司商标的状况，风华高科会同代理机构建立了监测台账，及时跟踪并反制企图抢注风华高科商标的行为，曾在 2007 年运用知识产权制度规则有效阻止了欧洲某公司在我国抢注“风华”商标的行为。

为了营造更加公平的市场环境，维护公司品牌形象，倡导有序竞争，严厉打击各种假冒伪劣等不当市场行为，风华高科在 2008 年 7 月成立了公司打假专项工作小组，由公司市场营销部门和公司知识产权办具体负责公司品牌系列产品的市场打假工作。公司打假专项工作小组通过安排专人受理举报、进行市场调查、客户走访等多种形式了解情况，积极配合当地工商主管部门组织实施不定期联合打假行动。他人假冒侵权行为一经核实，风华高科将依法追究当事人责任。

（八）知识产权工作成效显著

在政府主管部门各级领导的关心和指导下，风华高科的知识产权工作初步取得一定成效。截至2010年6月30日，公司专利申请数量达到226件，其中：发明专利143件，实用新型专利74件，外观设计专利9件；获得授权专利110件，其中：发明专利37件，实用新型专利65件，外观设计专利8件。公司的知识产权工作也得到社会各界的认同和赞誉：

2002年4月，被评为“广东省首批知识产权试点企业”；

2004年5月，被评为“广东省专利工作先进企业”；

2005年4月，发明专利“高性能低温烧结多层片式陶瓷电感器制作工艺”（ZL98113311.8）和“中温烧结瓷料”（ZL00117545.9）荣获“2005年广东专利奖优秀奖”；

2005年7月，被评为“广东省知识产权优势企业”；

2006年1月，“FH”图形商标被认定为“广东省著名商标”；

2008年9月，代表肇庆市参展“第五届中国国际专利与名牌博览会”；

2009年4月，发明专利“多层陶瓷电容器及其制备方法”（ZL03140111.2）荣获“2009年广东专利奖优秀奖”；

2009年4月，“FH”图形商标被认定为“中国驰名商标”；

2009年12月，入选“第四批全国企事业知识产权试点单位”；

2010年4月1日，参与起草的《铁氧体用氧化铁》国家标准GB/T24244－2009正式实施。

二、企业知识产权今后工作重点和举措

（一）建立专利预警机制

风华高科将挑选下属子（分）公司研发部门的工程师、知识产权管理部门的管理人员以及市场营销部门的人员，一起组成预警团队。积极组织人员对技术项目进行专利分析，制定预警规则，发布预警信息，并将预警结论及时反映给公司决策层。

（二）实施知识产权人才战略

风华高科将加大力度培养高素质知识产权人才。争取在2012年前，公司拥有一批具备律师资格、专利代理人资格、商标代理人资格等专业技术过硬的知识产权工作队伍，能够胜任为公司技术和产品“保驾护航”的工作。

（三）完善知识产权激励机制

风华高科将根据实际情况对现有知识产权激励机制进行不断完善。以健全完善的激励机制推动公司产品研发的进程，缩短产品从研发到投入市场的时间，提高企业在市场中的竞争力。

（四）参与技术标准研制工作

风华高科将紧密跟踪与企业有关的各个标准组织和标准持有者的标准发展动态，积极参与技术标准体系研制和国内外标准化组织活动，在各类草案和动议中谋求更多专利机会。并将标准、专利与研发进行有机结合，适时调整和全方位协调内外资源，谋求掌控更多的行业话语权。

（五）开展专利运营工作

风华高科把专利积累和专利经营作为两个并重的方向，目前公司已经有一定数量的专利获得授权，今后将在专利资产的增值方面进行运作，努力使公司无形资产的价值达到最大限度发挥和利用。

三、企业对政府主管部门的建议

（一）对知识产权执法工作的建议

1. 鉴于社会公众和企业对知识产权执法工作中的执法项目、适用范围、操作程序等实质性内容欠缺了解，建议在全国各地开展普法宣讲工作，提升社会公众和企业对知识产权执法工作的认识度和配合度。

2. 加大对知识产权执法工作的力度和适

明度，树立社会公众和企业对知识产权执法工作的信心。

3. 提高知识产权执法人员的素质，增强执法人员的执法能力。

4. 优化执法操作程序，建立信息反馈机制，完善第三方监督机制。

（二）对预防和应对企业境外参展纠纷的建议

1. 制定并实施“境外参展企业强制教育培训（免费）”制度，提升企业对参展纠纷的认知，未通过培训及考核的企业取消当年境外参展资格。

2. 建立我国企业境外参展的“红黄牌劝退机制”。在参展当年遭遇知识产权纠纷并给我国国际形象造成损失的，视情节轻重予以“红黄牌”警告：获“黄牌”警告者参展后一年内取消赴境外参展资格；获“红牌”警告者参展后三年内取消赴境外参展资格等。

3. 建设我国企业境外参展知识产权纠纷资料数据库及案例库，对频遭知识产权纠纷的国内行业提供预警通知服务，并提出应对措施和建议。

（三）对知识产权信息资源开发与利用的建议

1. 由政府主管部门牵头建设各行业专利数据库，减轻企业负担，促进企业对知识产权信息资源的积极开发与合理利用。

2. 各行业专利数据库可由行业内的主导企业提出建库需求，同时广泛征求业内大中型企业的意见进行修订完善。

3. 在行业专利数据库建成后，以网站形式向使用单位提供授权访问服务，并由行业内有使用意愿的企业共同分摊年费支出等维护性工作。

（四）对知识产权培训及人才培养的建议

1. 建立全国知识产权培训联盟，由政府主管部门统筹安排国内外优秀师资力量进行授课。有培训需求的企业可自愿加入该培训联盟，在每年定期缴纳一定培训会费，便可享受到政府主管部门当年统一规划的知识产权培训活动，从而可进一步减轻企业在全球金融危机下的经济负担。

2. 全国知识产权培训联盟，应主动在各地有培训条件的企业内开展培训活动，方便培训地及周边地区的会员单位就近组织更多的学员参加培训学习及交流活动。

3. 我国企业知识产权管理人员群体在客观上存在着人员流失率高、在企业内的地位及待遇等均有待提高等突出性矛盾。建议政府主管部门研究解决对策：如大力推动企业知识产权管理人员相应职称和资格的设立，在国家、省、市层面实施表彰企业知识产权工作先进工作者等措施。

风华高科通过对近年来企业知识产权工作情况的回顾、对未来工作的展望以及对政府主管部门的殷切期盼，将在今后以实际行动进一步加强企业知识产权工作，不断推动企业自主创新，促进企业持续向前发展。

（供稿人：李江竹、成思）

知识产权保护

概述

行政执法

市场监管

执法协作

维权援助与涉外应对

委局合作

实例

概 述

2009年广东省知识产权保护状况

2009年，广东知识产权保护工作实现长足发展。全省各级知识产权行政和司法部门以科学发展观为指导，深入实施国家和广东省知识产权战略纲要，各司其职、密切配合，大力推进各项知识产权保护工作，努力营造尊重知识产权的良好氛围和社会环境，全省知识产权保护事业呈现全面、协调发展的良好局面，为广东有效应对国际金融危机、经济实现回升向好提供了有力支撑和坚实保障。

一、知识产权强省建设步伐不断加快

2009年，是广东大力落实《珠江三角洲地区改革发展规划纲要》的开局一年，是推进国家和省级知识产权战略纲要深入实施的关键一年，是全面建设知识产权强省的重要一年。

知识产权战略纲要实施工作持续推进。各有关部门认真贯彻落实战略纲要及实施方案，采取有力措施，确保各项战略任务扎实落实；各市结合自身发展实际，制定并出台市级战略纲要或实施方案，截至2009年底，全省深圳、珠海、汕头、韶关、梅州、惠州、中山、江门、阳江、湛江、茂名、清远、潮州、揭阳、云浮15个市已经出台了《知识产权战略纲要》或《战略纲要实施方案》，全省上下形成了思想统一促战略、齐心协力谋发展的良好局面。

珠江三角洲地区知识产权事业发展目标正式确立。2009年，省知识产权局制定了《珠江三角洲地区改革发展规划纲要知识产权专项实施方案》，明确了将珠三角地区打造成为全国知识产权创造的核心区、知识产权运用的密集区、知识产权保护的示范区和知识产权管理体制的创新区的奋斗目标。省版权局积极推进珠三角版权合作工作，促成珠三角地区9市版权局共同签署了《广东省珠江三角洲地区版权协作框架协议》，并召开了首届广东省珠三角地区版权工作联席会议。

国家知识产权局与广东省人民政府知识产权高层次战略合作工作有序推进。双方成立了高层次战略合作工作委员会，形成了有利于推动知识产权强省建设的合作会商工作运行机制，年度合作事项全面落实，战略合作年度目标圆满完成。

二、专利管理与保护工作成绩显著

截至2009年底，全省累计专利申请量和授权量分别为757369件和455068件，有效专利量221131件，均居全国第一位。2009年，全省专利申请量和授权量分别为125673件和83621件，同比增长20.98%和34.8%。其中，发明专利申请量和授权量分别为32247件和11355件，同比增长14.8%和49.3%，分别占国内发明专利申请量的14.1%和国内发明专利授权量的17.4%，全省发明专利申请量和授权量首次双双位居全国第一位。

2009年，全省职务专利申请比例平稳上升，发明专利申请中的职务发明超过全国平均水平8.25个百分点。同期，全省企业专利申请量60450件，同比增长26.1%，占全省专利申请总量的48.1%；其中，企业发明专利申请量24151件，同比增长13.5%，占全省发明专利申请总量的74.9%，占企业专利申请量的

39.9%，继续居全国第一位，企业自主创新主体地位更加凸显。

2009年，全省PCT（专利合作条约）国际专利申请量继续领跑全国，连续八年保持首位，当年申请量达4418件，占全国PCT国际专利申请总量的55.2%。华为技术有限公司和中兴通讯股份有限公司分别申请PCT国际专利1847件和502件，分列全球企业第二位和第二十三位。

2009年，专利法制建设步伐不断加快，《广东省专利条例》被列为2009年省人大常委会立法计划新制订项目，省知识产权局与省法制办就《条例》广泛征求意见并不断修改完善，至年底，该《条例》已提请省政府审议。省知识产权局出台《广东省专利行政执法操作指南》，率先在省级区划内统一专利执法操作规范；同时，开通"12330"维权援助与举报投诉公益服务热线，为权利人和社会公众提供维权援助途径。全省各级知识产权局全年立案受理各类专利纠纷案件144件，结案92件；立案查处假冒、冒充专利案件共14件，结案15件；涉外专利案件26件；出动执法人员747人次，检查商业场所179次，检查商品126218件。

三、商标管理与保护工作快速发展

截至2009年底，全省有效注册商标总量已逾50万件，连续15年居全国首位。2009年，全省驰名商标认定工作取得突破性进展，新增驰名商标54件，累计驰名商标总数达192件，继续位居全国首位，肇庆、清远、韶关、茂名四市实现驰名商标零突破；省工商局收到各市工商局受理报送的广东省著名商标认定申请488件，延续申请493件，合计981件，比2008年增加7.8%。

2009年，全省各级工商行政管理部门大力实施商标战略和名牌带动战略，稳步推进创建区域国际品牌试点工作，加强对农业品牌的培育和扶持。全年全省新增地理标志集体商标、证明商标7件，累计达19件；东莞大朗、汕头澄海、潮州枫溪三大区域国际品牌的管理机构不断健全，商标申请及注册工作持续推进。

2009年，全省各级工商行政管理部门组织商标专用权保护专项行动，加大商标行政保护力度。全年共查处商标违法案件4587件（不含以其他法律法规处理的商标案件），案值7094万元，罚款5300万元，收缴和消除商标标识250万件，没收、销毁侵权商品474万件。移送司法机关案件9宗，涉嫌商标犯罪当事人6人。同期，加强对大型批发市场（商场）的监管，探索建立和完善商标监管长效机制；加大反不正当竞争执法力度，重点打击侵犯商业秘密以及仿冒知名商品特有名称包装装潢、冒用他人企业名称等"傍名牌"违法行为，查办侵犯商业秘密和"傍名牌"不正当竞争案件401件，案值8524.2万元。

2009年，省工商局协助亚组委做好2010年亚运会知识产权保护工作，省政府已提请国家工商行政管理总局制定亚运标志保护规章。省工商局组织全省各级工商行政管理部门对商标代理机构开展专项整顿行动，组织省内20家商标代理机构联合发起诚信经营倡议活动，规范商标代理行为，建立商标代理行业监管长效机制。

四、版权管理与保护工作取得实效

2009年，省版权局继续积极推进"版权兴业工程"，评选2009年度"广东省版权兴业示范基地"6个，全省累计有42个产业集群和企业获得"广东省版权兴业示范基地"称号。同时，积极打造区域版权产业集群，在中山市古镇镇和港口镇建立"版权基层工作站"2个。全年全省新增认定软件产品3669个，累计登记软件产品10079个，位居全国前列。全省软件业务收入1780亿元，软件产品收入542亿元，系统集成收入428.8亿元，均居全国第位。

2009年，全省各级版权行政管理部门专门成立“广东省打击网络侵权盗版专项治理行动工作办公室”，连续第五年开展“打击网络侵权盗版专项行动”，同时，注重规范重点互联网企业和网站使用作品行为，从源头上防范侵权盗版行为的发生；年底，省版权局联合省公安厅、省通信管理局对全省20个地级以上市开展打击网络侵权盗版专项行动进行了检查督导。专项行动期间，全省主动监管网站228家，查处网络侵权案件104宗，没收服务器及其他设备数量11台（部），关闭网站66家，行政罚款109300元，11起案件移送司法机关处理。

2009年，全省文化行政管理部门认真开展保护知识产权整治活动，有效地规范了文化市场经营秩序。全年全省共出动检查人员30.6852万人次，检查经营单位16.1293万家次，责令改正2233家次，受理举报1008件，立案调查1126件，移交司法机关案件87件，没收非法出版物421.5293万册，没收非法音像（电子）出版物1706.069万张，没收非法印刷物68万件。其中，4月至5月，开展整治非法音像制品专项行动，收缴462多万张非法音像制品、查办31起非法出版物案件、打掉40个非法音像制品窝点，依法吊销2家企业的音像制品经营许可证。

五、名特优产品保护与打假工作不断深化

2009年，全省大力实施“千百亿名牌培育工程”，充分发挥名牌带动作用，逐步形成专业镇区域品牌，带动全省产业集群不断聚集壮大，企业核心竞争能力明显提升。截止2009年底，全省共拥有广东省名牌产品1547个，其中工业类名牌产品1113个，农业类名牌产品434个。

地理标志产品申报及实施工作稳步推进，截至2009年底，全省共有地理标志保护产品53个，位居全国前列；地理标志产品推动县域经济发展和农民增产增收，全省地理标志产品年总产值达91.4亿元，受惠农户644613户。

省农业和林业行政管理部门加强农林业科技创新工作，加快植物新品种的培育、申报与保护。2009年，全省农业植物新品种申请量和授权量分别为29件和16件，同比增长32.2%和47%；截至2009年底，全省累计申请农业植物新品种119项，授权50项，累计申请林业植物新品种15项，授权7项。同时，省农业和林业行政管理部门加强对侵犯品种权等各类假冒违法行为的查处力度，不断提升植物新品种保护能力和水平。

全省质监系统整合资源，健全知识产权违法案件快速反应和联动执法机制，针对重点产品、重点行业和重点区域，积极开展保护知识产权专项行动，与刑事司法部门建立刑事案件快速移送“绿色通道”，严厉打击伪造厂名厂址、产地和假冒商标等制售假冒国内外知名品牌产品违法行为。2009年，全省质监系统共立案查处知识产权类案件1498宗，捣毁窝点374个，涉案货值4704.13万元，移送案件59宗。

六、打击侵犯知识产权犯罪工作成效明显

2009年，全省各级公安机关始终保持打击侵犯知识产权刑事犯罪行为的高压态势，严厉打击假冒驰名商标、著名商标，制贩假烟、假酒、假药、假电子产品、盗版音像制品等侵犯知识产权违法犯罪活动，成功侦破一批特大制假售假网络案件。2009年共立侵犯知识产权犯罪案件585宗，破案361宗，抓获犯罪嫌疑人874名，涉案价值约2.98亿元，挽回经济损失6148万元。

全省公安机关不断拓宽情报来源，相继侦破一批案情复杂、涉及面广、跨境跨地区的侵犯知识产权违法犯罪案件。例如，佛山董某制售假冒商标案，深圳龙岗、宝安假冒手机案，潮州陈培光制售假冒茅台商标标识案，河源“10·9”制售假药案，珠海“10·00”侵犯商

业秘密案，假冒云南白药牙膏、红牛饮料、完美化妆品、步步高手机和霸王、拉芳洗涤用品等一系列影响重大的犯罪案件，有力地打击了犯罪分子的嚣张气焰。同时，推进警企合作制度，建立知识产权刑事保护“绿色通道”和“便捷通道”，并在全国首创“广东省举报侵犯注册商标专用权犯罪奖励制度”，动员社会力量共同打击侵犯知识产权犯罪行为。

省公安厅与省烟草专卖局密切配合，通力合作，开展打击制售假烟犯罪活动。2008 年至 2009 年，查处运输假烟案件 356 宗，抓获犯罪嫌疑人 151 人，查扣机动车 191 辆，查获假烟 8.2 万件，涉案金额 3.4 亿多元；2009 年，抓获制售假烟犯罪嫌疑人 475 名，刑事拘留 382 人，逮捕 201 人，判刑 154 人，查获大型制假烟机 106 台，储存假烟窝点 508 个，查扣运输假烟车辆 239 台，假烟 9.2 万件。

七、海关知识产权保护有力加强

2009 年，广东省内海关全面落实海关总署关于加强自主知识产权保护的十项措施，健全执法机构、完善执法机制，提高执法效能，进一步加大对进出口侵犯知识产权行为的查处力度。全年共采取知识产权保护措施 3828 次，扣留侵权嫌疑货物 18359 批次，案值达到 1.479 亿元，分别同比上升了 136%、343% 和 11%。

广东省内海关积极开展邮递和快件渠道保护知识产权专项行动，加大了人力和先进设备的投入，提高了来自重点国家和地区邮递物品和快件货物、物品的查验比率，全年在快递渠道共采取知识产权保护措施 2388 次，扣留侵权嫌疑货物物品 17118 批次，案值约 787.93 万元，分别同比上升了 320%、418%和 25%。

广东省内海关加大知识产权海关保护宣传力度，自觉服务企业知识产权海关保护需求，引导企业合法开展对外贸易，同时，加强与权利人的沟通交流，增进相互了解和信任。为了加强世博会和亚运会的知识产权保护工作，广东海关专门加大了设备人力投入，并组织专门培训，有效开展涉及上述两会的知识产权风险分析和布控工作。

八、知识产权司法保护再创佳绩

2009 年，全省法院积极营造良好知识产权法治环境，公正高效审理知识产权民事案件，全年，新收一审知识产权民事案件 6144 件，同比增长 38.8%，占全国总数的 20.1%，审结 6067 件，同比增长 40.96%，占全国 19.9%；新收二审知识产权民事案件 1246 件，同比增长 80.6%，占全国 23.3%，审结 1374 件，同比增长 104.8%，占全国 25.02%；一、二审民事案件的结案增长幅度均高于收案增长幅度，案件收结实现良性循环，同时，一批社会影响较大的民事案件得到了妥善处理，有效地保障了权利人的合法权益。全省法院积极开展民事诉讼调解工作，有力促进知识产权司法和谐，全年调解（含经调解撤诉）一审民事案件 3040 件，调解 50.1%；省法院调解二审民事案件 154 件，调解率达到 26.97%。

2009 年，知识产权刑法保护力度全面增强，全省法院新收各类一审知识产权刑事案件 393 件 765 人，审结 395 件 764 人，其中 656 人被依法给予刑事处罚；知识产权行政审判工作有力推进，全省法院新收一审知识产权行政案件 23 件，审结 24 件，推动知识产权行政执法水平不断提升。

知识产权司法保护机制不断创新。12 月，最高人民法院批复同意扩大汕头市中级人民法院专利纠纷案件地域管辖范围，将发生在潮州市、揭阳市、汕尾市和梅州市辖区内的第一审专利纠纷案件授予汕头市中级人民法院管辖，这是最高人民法院首次指定非省、自治区、直辖市人民政府所在地的中级人民法院跨行政辖区集中管辖专利纠纷案件。

知识产权司法保护重心逐步下移，审判资源配置继续优化，2009 年，全省新增 5 家基层法院管辖部分一审知识产权案件，截至 2009

年底，全省共有8家中级法院管辖一审专利案件，21家基层法院管辖部分一审知识产权案件。全年基层法院受理一审知识产权民事案件3852件，占全省案件总数的62.7%，同比增长86.5%。

九、会展及行业协会知识产权保护稳步推进

2009年，全省各级知识产权行政执法部门大力推进展会知识产权保护工作，先后在第105届和106届中国进出口商品交易会（广交会）、第6届中国国际中小企业博览会暨中西中小企业博览会、第10届中国国际高新技术成果交易会、首届广东外商投资企业产品（内销）博览会、首届中国国际影视动漫版权保护和贸易博览会、第30届和第31届广州国际美容美发化妆用品进出口博览会、中国（深圳）国际文化产业博览交易会、中国国际音像博览会、广州国际玩具及礼品展览会等大型展会上开展侵犯知识产权行为查处和法律咨询工作，获得了展会组织单位和参展商、与会客商的高度评价。其中，第105届和106届广交会共受理涉嫌侵犯知识产权投诉1291宗，同比增长9.5%，被投诉企业1861家，同比增长16.9%，认定涉嫌侵权企业1135家，同比增长17.3%，投诉专利案件904宗、商标案件334宗、版权案件53宗。广交会被国家版权局授予“全国展会版权示范单位”称号。

各级知识产权职能部门努力提升展会知识产权保护能力，省版权局印发《广东省展会版权保护工作指引》，健全展会版权保护体系，省外经贸厅加强展会知识产权培训工作，与香港知识产权署联合举办涉外会展知识产权保护培训班，提升企业展会知识产权保护意识。

会展和行业协会大力发挥自身在知识产权保护中的作用。省法院与广东音像协会在全国率先制定《关于审理侵犯音像著作权纠纷案件若干问题的指导意见》，加大对侵犯音像著作权案件的赔偿力度，有力地支持了广东文化产业的振兴和发展。全年，全省各级知识产权局系统通过指导各类会展和行业协会协调解决专利纠纷共1191宗，其中，指导会展解决专利纠纷996宗，指导行业协会调解纠纷195宗。

十、对外及区域知识产权合作与保护全面拓展

知识产权对外交流合作进一步加强。全省知识产权职能部门加强与境外有关机构的沟通，宣传广东知识产权事业成绩，学习境外知识产权制度，增进了解，促进合作。省知识产权局与美国全国商会共同举办“珠江三角洲地区创新与知识产权国际研讨会”，美国商务部长骆家辉和美国驻华大使洪博培出席会议；省知识产权局举办“促进和鼓励中英知识产权制度的使用和理解研讨会”、“中美日欧外观设计保护论坛”等国际研讨活动。省工商局与中国欧盟商会联合举办网络商标侵权座谈会，探讨打击互联网商标侵权行为。省法院与中国外商投资企业协会优质品牌保护委员会召开“国家知识产权战略架构下的司法保护论坛”，世界500强企业代表与知名法官、学者进行研讨。省公安厅积极开展与境外知识产权执法机关的案件协查工作，2008年以来，协查涉外知识产权案件29宗，同时，与法国、英国、美国、瑞士等国执法部门合作侦办案件一批。

粤港知识产权合作不断深入。在粤港保护知识产权合作专责小组的框架下，粤港双方签署《2009年至2010年粤港知识产权合作协议》，确定年度合作项目。两地知识产权部门召开第八次专责小组会议，联合举办“粤港知识产权与中小企业发展（中山）研讨会”，组织开展中介服务机构、创意产业企业交流活动，合作编印《粤港澳知识产权简明手册》（中英文版），并共同在广交会开展知识产权宣传咨询活动。

粤港澳行政、刑事和边境知识产权保护力度持续加强。广东海关继续在情报交流、案件协查和联合执法等方面加强与港澳海关的合作，2009年，粤港、粤澳海关交换知识产权

情报近100份，协查重大跨境侵权案件10余宗，开展联合执法行动5次，广东海关在行动中共查获侵权案件40余宗；省版权局、省公安厅分别与香港海关探索建立打击侵权知识产权行为联络机制，联手打击跨境侵权案件。

2009年，泛珠三角区域内地九省（区）共同召开首次区域专利行政执法协作会议，签署《泛珠三角区域内地九省（区）专利行政执法协作协议》，首创省、市两级执法协作机制。同时，各级知识产权行政执法部门不断加强省际间执法协作工作，及时有效制止侵权行为，最大限度地降低了权利人的维权成本。

十一、知识产权保护合力全面增强

2009年，全省各级知识产权行政和司法部门加强配合与协作，充分发挥知识产权保护整体合力。全省各级知识产权局依法履行职责，加强与公安、文化、工商、版权、药监等部门的沟通，开展“雷雨”、“天网”知识产权执法专项行动，取得积极成效。省法院积极参与专利法和著作权法修改工作，推动完善知识产权法律体系，并与省知识产权局联合开展“关于加强知识产权保护，建设知识产权强省”专题调研活动。省知识产权局与国家知识产权局专利复审委员会合作共建工作不断深入，双方共同建立了专利复审委第二审理室并安装“庭审多媒体记录系统”，选派优秀干部挂职锻炼并深化交流机制。省工商局与广东海关在商标行政保护中加强合作，与省公安厅探索建立案件移送机制及合作机制，实现信息资源共享，提高知识产权保护整体效能。省知识产权局会同省公安厅在中山市开展查处水烟筒专利侵权系列案联合执法行动，查获涉嫌侵权产品一批。广东海关针对定牌加工中的知识产权问题加强与司法部门的沟通，为定牌加工企业生产经营活动提供指引。省外经贸厅积极指导企业有效应对国际知识产权纠纷，提升国际市场竞争能力。

十二、知识产权文化氛围日趋形成

2009年，各级知识产权职能部门组织各类大型宣传活动，营造尊重知识产权的社会氛围。省知识产权局联合中国知识产权报、南方日报、广东科技报等开展“发展自主知识产权，积极应对金融危机”系列报道，引导企业在金融危机中积极运用知识产权制度化“危”为“机”，社会反响十分热烈；同时，省知识产权局参加“民声热线”直播节目，宣传知识产权政策法规，及时处理群众投诉。省公安厅利用平面媒体和电视媒体，全面宣传知识产权刑事保护工作，彰显打击侵犯知识产权犯罪活动的决心和能力。省司法厅、省普法办和省知识产权局联合举办知识产权卫星远程普法讲座。省版权局与东莞市版权局全面做好首届“中国国际影视动漫版权保护和贸易博览会”版权服务工作，为参展作品免费提供著作权登记，接受业务咨询，派发各类宣传材料10000多套（张）。

“知识产权宣传周”是打造知识产权文化的重要阵地。2009年，按照国家知识产权局等24个部委的统一部署，全省各级知识产权职能部门紧紧围绕“文化·战略·发展”主题，组织开展了内容丰富、形式新颖的系列宣传活动，为国家和我省知识产权战略纲要实施营造了良好的社会氛围。省知识产权局制作电视公益广告，在广东卫视及各市电视台连续播出，并与省科技厅联合举办“自主知识产权的力量——高新技术企业自主创新与知识产权论坛”。省工商局组织佛山、中山、东莞市工商局联合在《南方日报》刊登跨版宣传，集中介绍工商行政管理系统品牌战略实施成效，并举办“商标知识有奖问答”活动。省版权局利用宣传媒体开辟展览，多角度报道我省版权行政管理工作成效，同时，联合广州市版权局共同印制《版权知识学生笔记本》，赠送中小学生。省农业厅和省林业局通过派发宣传资料、组织研讨活动等，不断加强植物新品种知识的宣传普及工作。

全省中小学知识产权教育工作扎实推进。省知识产权局与省教育厅、团省委、省少工委共同确定第四批省中小学知识产权教育试点学校42所。至2009年底，省试点学校达149所，累计受教育学生近31万人。全省各级版权行政管理部门与各级团组织联合启动“创新与未来”青少年版权保护主题教育活动，不断增强青少年版权保护意识。

全省知识产权教育培训深入开展。省工商局举办全省工商系统商标广告培训班，提高管理人员业务水平；“广东省百千万知识产权（专利）人才培育工程”持续实施，全年全省知识产权局系统共面向社会举办各类知识产权培训班、研讨会、讲座156期，参加培训人员达4.4万多人次。

（供稿人：张璟）

行政执法

2009年广东省专利行政执法情况

2009年，广东省各级知识产权局共立案受理各类专利纠纷案件144件，其中，发明专利案件14件，占9.7%；实用新型46件，占32%；外观设计84件，占58.3%。结案92件，其中，作出处理决定的有22件，调解的18件，撤回的52件。涉外专利纠纷案件立案22件，结案13件，大约占15%。立案查处假冒、冒充专利案件共14件，结案15件。出动执法人员747人次，检查商业场所179次，检查商品126218件。

一、基本情况

（一）不断加强和深化专利行政执法能力建设

随着广东省知识产权保护形势的日趋严峻，专利行政执法工作任务也不断繁重，压力增大。2009年，广东省知识产权局切实提升办案质量和水平，扎实有效开展专利行政执法工作。全年共立案受理各类专利纠纷案件22件，与2008年同期少了一件，结案13件，行政诉讼案件13件，指定管辖及移送管辖案件8件。2009年受理的纠纷案件专利类型大部分是发明和实用新型，而且涉及大型机器设备的较多，技术性强，结构复杂，工艺难度大，如“减压阀”、“单缸防净层机”、“单片纸板钉箱机”等。对这些重大复杂案件，广东省知识产权局在认真查明案件事实与证据的基础上，坚持做到程序公正和实体公正并重，真正解决法律适用中的难点，有效维护专利权人和社会公众的合法权益。

为进一步加强和深化专利行政执法能力建设，2009年5月，根据国家知识产权局《关于近期知识产权局系统执法工作安排的通知》的要求，广东省知识产权局积极开展申报进入第一批国家知识产权局“5·26工程”的有关工作，并通过国家局批准。为进一步加强专利行政执法档案工作，提高档案科学管理水平，9月，广东省知识产权局和广东省档案局还修改制定了《广东省专利行政执法档案管理办法》，并印发广东省各地级以上市知识产权局和档案局。

（二）召开第二次广东省专利行政执法工作会议

为了贯彻实施第三次修改的《专利法》，提升广东省专利行政执法工作的整体水平，2009年11月11日，广东省知识产权局在广州召开广东省专利行政执法工作会议，这是自广东省知识产权局成立以来召开的第二次广东省专利行政执法工作会议。会议的主要内容是学习贯彻第三次修改的《专利法》，回顾总结五年多来广东省专利行政执法工作的成绩经验，研究部署下一阶段的工作任务，进一步发挥专利行政执法工作在构建和谐社会和建设创新型广东中的积极作用。国家知识产权局办公室韩秀成副主任、广东省政府江海燕副秘书长出席会议并作重要讲话。广东省知识产权局唐毅副局长作题为《坚定发展信心 应对各种挑战 努力开创广东省专利行政执法工作的新局面》的工作报告。会上，广东省各地市知识产权局代表签署了《泛珠三角区域内地九省（区）市级成员专利行政执法协作协议》。会议还出台《广东省专利行政执法操作指南（讨论稿）》。

《指南》也是全国第一个在省一级行政区划内统一专利执法操作的规范性文件。

（三）继续开展知识产权执法专项行动

为营造促进创新的良好环境，积极维护市场经济秩序，2009 年，根据国家知识产权局的统一部署，广东省知识产权局继续开展“雷雨”“天网”知识产权执法专项行动。制定《广东省 2009 年“雷雨”、“天网”知识产权执法专项行动实施方案》，明确广东省开展专项行动的指导思想、工作任务、具体措施和时间安排等。根据专项行动实施方案，在“4·26”期间组织开展广东省知识产权联合执法及宣传活动。2009 年 4 月 19 日上午，由广东省知识产权局与清远市人民政府联合主办，清远市知识产权局承办的广东省清远市“4·26”保护知识产权集中销毁现场会在清远市体育馆举行，现场会之前，还在清远市区还开展一场“省、市、县（市、区）”三级知识产权联合执法行动，来自广东省各地级市知识产权局的 50 多名执法人员参与这次行动，对查获的共 7395 件各类知识产权侵权产品进行集中销毁。4 月 23 日，广东省知识产权局召开 2009 年广东省十个知识产权典型案件发布会，发布 2009 年广东省十个知识产权典型案件。此外，广东省各地市知识产权局认真组织知识产权联合执法及宣传活动，进一步加强与公安、文化、工商、版权、药监等有关部门的联系和协作，密切配合，通力合作，扩大宣传和影响。

（四）开展部分市执法调研活动并召开执法专题座谈会和研讨班

为进一步提升执法能力，加大执法力度，解决突出问题，2009 年，广东省知识产权局一方面开展部分市执法调研活动，在局内组成联合调研组，对惠州、湛江、江门和东莞等市的专利行政保护情况开展调研，进一步提高广东省部分市专利行政保护的水平和能力。另一方面，还召开不同主题的执法座谈会，不断推动广东省专利行政保护工作的新发展。1 月 16 日，广东省知识产权局召开第二次中山、东莞两市联合执法座谈会。这次会议的主题是积极贯彻实施新修改的专利法，稳步推进专利行政执法工作。座谈会对近几年广东省知识产权局与中山、东莞两市知识产权局开展联合办案的工作情况进行讨论交流，对出现的新问题和疑难性问题进行研究总结。3 月初，广东省知识产权局又在湛江市举办华南区知识产权局执法研讨班。国家知识产权局专利管理司执法处领导，广东、海南、广西、湛江等省、市知识产权局执法处（科）负责人以及广东省食品工业研究所等共 30 多人进行研讨。研讨班介绍了跨地区、跨部门执法案例及工作经验、专利执法规范及专利行政执法“重心下移，关口前移”工作、讨论了美国 337 知识产权局调查案和我国相关产业应对策略等。

二、主要做法

（一）强化队伍建设，为培养和锻炼执法人员提供契机

2009 年，广东省知识产权局不断提高执法人员的业务水平和理论素养，为培养和锻炼执法人员提供契机，通过组织广东省地市局的执法人员参加第 105 届和第 106 届广交会知识产权保护工作、参加国家知识产权局举办的专利行政执法人员培训班、会展保护知识产权专题培训班、华南地区知识产权研讨班等；通过选派业务骨干到复审委学习交流、抽调地市局的执法人员到广东省知识产权局实习锻炼等，大大调动了广东省省市执法人员的学习热情和积极性，为锻炼和培养执法人员提供了良好的机会，推动了广东省的专利行政执法工作更加有效地开展。

（二）不断深化工作，为积极拓宽保护层面创造条件

2009 年，广东省专利行政执法紧紧围绕广东省的中心工作和社会关注的热点问题，不断拓宽专利保护层面，努力提高服务经济社会发展大局的能力。广东省知识产权局组织泛珠三角区域内地九省（区）共同签署了专利行政执法协作协议，认真开展广东省知识产权维权

援助工作，积极探索建立知识产权涉外应对机制，大力推进与专利复审委的合作共建等，这些为地方经济发展和构建和谐社会服务的工作，都取得了良好的社会影响和效果。

（三）认真总结研究，为保护工作的实践和改革探索经验

2009年，广东省知识产权局承担完成国家局条法司“发明和实用新型专利侵权判定标准项目”和“外观设计专利侵权判定标准项目”等的研究工作，完成《广东省外观设计专利保护若干问题的研究》的软科学研究项目，撰写《广东省涉外知识产权案例分析研究报告》等等。

（供稿人 傅蕾）

2009年广东省开展打击网络侵权盗版专项治理行动的情况

一、广东省版权局2009开展年打击网络侵权盗版专项治理行动的情况

（详见《综述·职能部门工作概述·广东省版权局》）

二、全省各市开展打击盗版专项行动的基本情况

（一）领导重视、周密部署

为贯彻粤权联〔2009〕1号文件精神，广东省各市版权、公安、通信管理部门召开工作会议，明确职责分工和工作责任，要求各职能部门各司其职、加强协作、密切配合、齐抓共管、干出实效。例如广州、东莞、珠海等市，制定本市《2009年打击网络侵权盗版专项治理行动实施方案》，明确目标、任务、步骤和要求，细化工作，强化措施，切实把整治工作落到实处。珠海、东莞等市成立打击网络侵权盗版专项治理行动领导小组及办公室。

（二）主动监管辖区网站

广州、深圳、汕尾、清远等市确定了重点监管的企业和网站。以深圳市为例，在专项行动期间联合版权、公安、通信管理部门对深圳市的互联网企业和网站加强了日常监管和重点监控，对全市传播影视、新闻、文字的网站和从事网络新闻转载的50多家网站进行重点监控。清远市版权局主动联系本地新闻性质的综合网站“飞翔网”，对网站的有关负责人及管理人员进行网络版权法律的宣传教育工作。

（三）规范版权授权、传播行为

广州、深圳、珠海、梅州、东莞、江门、潮州、揭阳等市规范本地网站使用作品的版权授权、传播行为。深圳市对网站传播的内容是否取得授权进行主动检查，督促其建立版权审核制度，规范其网络使用作品的行为，从源头上防范侵权盗版行为的发生。如深圳的迅雷公司，原来面临的版权问题较多，经过近两年深圳市版权部门的多次上门指导、走进企业开展预防版权侵权行为教育宣讲，帮助企业建立知识产权管理制度，公安网监部门也在该公司设立了警务点。目前迅雷已建立了25人的专业团队，通过6个流程审核上网内容。由于加强了版权的运用和管理，迅雷公司近年规模不断扩大，广告、数字内容超值服务收入持续增长，去年的版权采购量达1亿人民币。揭阳市要求辖区内的网站首先进行自查自纠，全面清理清查站内使用的网络作品，特别是网络视听节目和文学作品，并清理各种非法或侵权盗版链接，教育并要求互联网经营企业要按照“先授权，后传播”使用网络作品。汕尾市电信部门制定了相关的审核标准和准入制度，尤其是对上线传播影视、音乐、文学等作品信息内容的，要求必须提供明确的授权方、授权期限、授权范围等授权文件以及提供相关的许可证、批准文号，版权号等证明材料。

（四）加强对网站的宣传教育

广东省各市在开展打击盗版专项行动的过程中，普遍重视对网站进行尊重著作权、告认

使用作品的教育。东莞市组织召开全市网吧经营业主会议，学习《互联网上网服务营业场所管理条例》，传达《2009年打击网络侵权盗版专项治理行动方案的通知》精神，要求网吧、网站对网络影视传播、文学网站、网络新闻转载等涉及作品的授权使用问题进行主动检查、自查自纠，限期整改，从源头上防范侵权盗版行为的发生。在专项行动期间，东莞建立明确的工作责任制，对辖区内互联网企业和网站进行包干，确保工作目标落实到位。落实版权动态管理机制，定期检查网站中各项内容的版权时效性；通过与网吧、网站签订“禁止网络侵权盗版行为责任书”和“信息安全责任书”，防止网站登载有害信息；落实举报制度，对外宣传公布12318文化执法举报电话和网上举报信箱，对所有举报线索统一建立举报档案。同时，利用新闻媒体加大宣传力度，深入网吧开展《互联网信息服务管理办法》、《互联网著作权法行政保护办法》、《互联网文化管理暂行规定》送法上门服务，对检查、督查中发现的违法企业进行法律教育，帮助企业树立保护版权的法律意识。多举措整治，使网络侵权盗版现象得到有效遏制，进一步维护了版权者的合法利益。

（五）发挥行业协会作用，通过技术手段，加强维权

广州、深圳等市在开展打击网络侵权的同时，注重向网站提供版权服务。两市通过行业组织，建立网上数字作品备案系统，为申请数字备案的作品提供作品创作“时间戳”。深圳市一些专业服务机构建立预警保护中心，主要采取音源搜索和声纹的比对技术，不间断地在互联网上对未经权利人授权、涉嫌盗版的音乐作品进行搜索和监控，及时地向权利人发出预警信息，利用网络技术开发和管理网上数字音乐作品的市场，最大限度地维护数字音乐作品权利人的合法权益。

（六）依法查处网络侵权案件

专项行动期间，广州、梅州、潮州等市依法查处了一批网络侵权案件。例如广州市版权局，查办了“书谊图书批发网”等5个网站销售非法出版物大案，协调公安、工商、城管等部门对广州群英精密橡塑有限公司、广州恒星冷冻机械制造有限公司、广州达意隆包装机械股份有限公司三家公司未经权利人许可通过网络下载使用侵权盗版Pro/Engineer、WindowsXP、AutoCAD等软件的案件进行联合执法。整个专项行动期间，共检查网站5000余家次，立案查处单位53家，移交公安部门处理3宗，罚款8.4万元，收缴非法出版物3600余册，责令整改12家，函请广东省通信管理局关闭非法网站26家。梅州市版权局查处案件2宗，涉案服务器2台，责令2家网站停止侵权，罚款5000元。潮州市版权局检查中发现“潮州网址大全”网站提供《颐和园》、《北逃》等违规电影在线播放，立即责令该网站停止传播视听节目。

揭阳市版权部门向公众公布了举报电话，公安部门也同时公布了网络侵权盗版举报网站和举报电话，确保专项行动期间能广泛收集案件线索，及时进行处置。

六、存在的主要问题

在打击网络侵权盗版专项行动中也还存在一些问题：一是网络技术人才匮乏，检查手段落后，不能及时发现和查处网络侵权盗版行为；二是网络运营商的配合工作需要进一步加强；三是各市县执法机构普遍缺少执法经费、设备和技术，一定程度上制约了执法力度。

（供稿人：张同英、凌立华、易瑾媛）

“4·26”广东省知识产权联合执法及宣传活动

2009年是第九个“4·26”世界知识产权日，广东省各级知识产权局精心组织开展“4·26”知识产权联合执法及宣传活动，加强

知识产权保护，促进自主创新，取得良好成效，营造了全社会尊重和保护知识产权的氛围。

一、召开广东省2009年十个知识产权典型案件发布会

2009年4月23日，广东省政府知识产权办公会议办公室召开广东省2009年十个知识产权典型案件发布会，向新闻界公布广东省2009年十个知识产权典型案件。

这次公布的十个典型案件，是从广东省专利、商标、版权等知识产权行政管理部门和广东省公安机关、广东省高级人民法院以及海关总署广东分署提供的31个知识产权案件中挑选出来的。这些案件涵盖了生活日用品、电子产品、家用电器、食品、药品等多个领域，涉及刑事犯罪的2件，民事判决的2件、行政处罚的5件，行政处理的1件。与往年相比，这次公布的十个典型案件，呈现出如下几个特点：一是社会影响大，这些案件涉及社会生活众多领域，受到社会公众的普遍关注；二是涉及类型广，涵盖了专利、商标、著作权和不正当竞争等多种类型的知识产权；三是代表性强，案件本身非常典型，基本反映了同类案件的共性问题；四是充分体现了知识产权保护的发展趋势，其中不少案例中的侵权手法揭示了侵权行为发展的新特点，案件的处理过程及结果则反映了知识产权保护的新动向。从这些典型案件可以看出，知识产权与社会公众的切身利益密切相关，知识产权保护在社会经济发展中的地位和作用已进一步显现。

这些案件是广东省知识产权保护水平不断提高、知识产权保护环境日趋完善的集中体现，更重要的是，这些案件的处理结果都很好地实现了法律效果和社会效果的统一，具有很强的指导意义和警示作用，再一次充分彰显了广东省知识产权各有关部门和海关、人民法院坚持依法行政、惩处侵权行为、强化司法保护的坚定决心。

二、组织开展知识产权联合执法及宣传活动

“4·26”世界知识产权日期间，广东省各地积极开展知识产权联合执法及宣传活动。2009年4月19日上午，广东省知识产权局在清远市区开展“省、市、县（市、区）”三级知识产权联合执法行动，来自全省各地级市知识产权局的50多名执法人员参与这次行动，查获7395件侵权产品和假冒专利产品。行动结束后，由广东省知识产权局与清远市人民政府联合主办，清远市知识产权局承办的广东省清远市“4·26”保护知识产权集中销毁现场会在清远市体育馆举行，对查获的共7395件各类知识产权侵权产品进行集中销毁。

三、严厉打击假冒他人专利和冒充专利行动

2009年，广东省各地积极开展打击假冒专利和冒充专利行为，有效地遏制了假冒冒充专利等违法行为的滋生。广州市知识产权稽查队在日常检查行动中，共出动206人次，对广州市12个区（县级市）的12个大型专业批发市场、10个大型超市和5家药店进行检查，共检查了店档3099间，检查商品49000多件。通过检查共立案查处假冒专利行为22件，责令整改的专利违法行为45件，移交其他部门处理的8件。佛山市知识产权局市、区专利行政部门共计出动执法人员250人次开展知识产权保护专项行动，组织较大规模的联合执法行动17次，检查商品2850件，查处冒充专利21件。

（供稿人：傅蕾）

“雷雨”、“天网”知识产权执法专项行动

为营造促进创新的良好环境，积极维护市

场秩序，国家知识产权局决定 2009 年继续开展“雷雨”、“天网”知识产权执法专项行动。根据国家知识产权局《2009 年度“雷雨”、“天网”知识产权执法专项行动方案》，以及广东省文管办《广东省“扫黄打非”、保护知识产权宣传活动方案》和广东省打假办《关于在全省开展春季农资专项联合打假执法行动的通知》有关要求，2009 年“4·26”世界知识产权日期间，广东省知识产权局在广东省范围内组织实施“雷雨”、“天网”知识产权执法专项行动。

一、认真制定切实可行的专项行动实施方案

2009 年 4 月初，广东省知识产权局，结合广东省的实际，及时制定《广东省 2009 年“雷雨”“天网”知识产权执法专项行动实施方案》。

《广东省“雷雨”、“天网”专项行动的实施方案》的具体措施包括：

1. 在“4·26”期间组织开展广东省知识产权联合执法及宣传活动。

内容包括：在“4·26”世界知识产权日期间，开通知识产权维权援助公益热线 12330；查处和公开审理重大、典型的知识产权侵权案件；打击假冒专利行为；公布广东省“2009 年侵犯知识产权十个典型案例”；积极配合省、市文管办，各司其职，深入开展形式多样的“扫黄打非”、保护知识产权宣传活动；开展广交会知识产权保护工作；开展省、市、区知识产权联合执法及集中销毁专项活动。

2. 在重点领域开展专利执法活动。

广东省各级知识产权局对食品、医药、农业、家电、皮革及本地优势产业等领域的专利侵权案件加大查处力度，严厉打击假冒专利行为，涉嫌犯罪的，及时移送公安机关处理。

3. 在各类展会中开展知识产权保护工作。

广东省各市知识产权局以省市会展知识产权保护试点示范单位为重点，结合当地实际情况，指导各会展主办单位，从源头抓起，采取有效措施，严把展品展前审查关；会展期间派出执法人员驻会，切实做好会展知识产权保护和宣传工作，协助大会处理专利侵权纠纷，查处假冒专利行为，维护正常交易秩序。

4. 在社会上打击冒充合法组织进行涉及专利的诈骗行为。

广东省各市知识产权局认真贯彻国家知识产权局和公安部有关文件精神，建立专利诈骗案件线索的收集、举报和管理制度，发挥执法联络室的作用，加强线索移送、信息通报、办案协作和案件互送等工作。发现涉及专利的诈骗案件重大线索后，及时组织会商，积极配合公安部门，推进立案侦查，形成打击犯罪的整体合力，集中力量查处涉及地域广、受骗群众多、社会影响恶劣的案件，严厉打击不法分子欺骗公众、牟取非法利益的行为，维护公众的合法权益。

5. 加强对专项行动的组织领导。广东省知识产权局成立“雷雨”、“天网”知识产权执法专项行动领导小组，全省各地市知识产权局落实工作责任制，明确责任人和联系人。专项行动期间，广东省知识产权局加强指导、监督和协调，并适时会同有关部门进行督导检查。

按照行动方案的统一要求，广东省各地市知识产权局纷纷制定切实可行的实施计划，从人力、财力、物力等方面给予充分保障，确保专项行动各项工作顺利开展。

二、组织开展知识产权联合执法活动

根据《广东省“雷雨”、“天网”专项行动的实施方案》，广东省知识产权局在“4·26”期间组织开展全省知识产权联合执法及宣传活动。活动内容包括查处和公开审理重大、典型的知识产权侵权案件，公布广东省“2009 年侵犯知识产权十个典型案例”，开展广交会等会展知识产权保护工作等。2009 年 4 月 23 日，广东省知识产权局召开广东省 2009 年十个知识产权典型案件发布会，向驻粤新闻界公布广东省十大知识产权典型案件。4 月 15 日起，广

东省知识产权局组织广东省市专利联合执法队伍进驻广交会，展前指导会展主办单位，从源头抓起，采取有效措施，严把展品审查关；会展期间派出执法人员驻会，切实做好会展知识产权保护和宣传工作，协助大会处理专利侵权纠纷，查处假冒他人专利和冒充专利行为，维护正常交易秩序。广东省各市知识产权局根据广东省知识产权局的要求，与公安、文化、工商、版权、药监、海关等有关部门联系和协作，集中时间，密切配合，通力合作，开展知识产权联合执法和宣传活动，掀起保护知识产权的热潮。

三、查处假冒他人专利和冒充专利行动

打击假冒他人专利和冒充专利行为，是"雷雨"、"天网"专项行动的一项重要内容。根据专项行动实施方案，广东省知识产权局选择一批影响较大的大型商场或商品批发市场，协调和组织有关部门共同开展查处假冒他人专利、冒充专利行为等联合行动。广州市知识产权稽查队根据国家知识产权局的部署开展打击专利侵权和假冒专利的"雷雨"行动、打击专利诈骗的"天网"行动。在春节期间开展了专利行政执法专项市场检查，共出动执法人员58人次，检查三家大型超市、一个批发市场、二个农资市场和一个年货集市，共抽查店铺230个、商品4700余件。2009年共立案查处假冒专利行为案件29件，除了通过流通领域检查发现并立案查处的22件外，通过该队设立的24小时快速反应系统接收市民举报并立案查处的假冒专利行为案件有7件，已处理完毕27件。另外，因行政相对人的违法情节较轻，依照《行政处罚法》应免于行政处罚而采取通知整改方式处理的专利违法行为有45件。移交其他部门处理的外地专利违法行为8件。

（供稿人：周[illegible]）

2009年广东省商标案件统计分析

2009年，广东省各级工商行政管理部门深入学习实践科学发展观，不断强化法治行政、科学管理、效能服务理念，做到监管与发展、服务、维权、执法统一，加强工商行政管理制度化、规范化、程序化、法治化建设，加大商标行政执法力度，严厉打击各种商标侵权行为，为推动商标战略的实施，促进广东经济的可持续发展营造良好的知识产权法治环境和市场环境。

一、查处商标侵权违法案件的基本情况

2009年，广东省各级工商行政管理部门依据《商标法》及其实施条例，查处各类商标案件4587宗，案值7094.4万元，罚款5300.45万元，收缴和消除商标标识250.4万件，没收、销毁侵权商品473.96万件，没收、销毁专门用于制造侵权商品和伪造注册商标标识的工具217件，有9件案件6个涉嫌犯罪当事人被移送司法机关。

二、商标侵权违法案件的特点

（一）案件总量略为上升，案值和罚款稍有下降

2009年，广东省工商行政管理部门共查处各类商标案件4587宗，与2008年同比增长3.92%，其中一般违法案件348宗，同比下降22.67%，侵权假冒案件4239宗，同比增长6.94%；案值7094.4万元，同比下降4.67%，罚款5300.45万元，同比下降12.69%。

[illegible]

2009年共查处商标侵权假冒案件4239件，其中假冒商标案件928件，商标侵权案件3311

件。“销售明知是假冒注册商标的商品的”案件398宗，占假冒商标案件总数42.89%，同比增长86.85%；“销售侵犯注册商标专用权的商标”案件2006宗，占商标侵权案件的60.58%，与去年同比增长18.42%。

（三）查处商标案件与经济发展状况密切相关

从全省查处商标违法案件区域情况看，经济发达地区案件明显较多。2009年共查处商标侵权假冒案件4239件，其中珠三角地区3683件，占86.88%；一般违法案件348件，其中珠三角地区285件，占81.9%；涉外商标侵权假冒案件2699件，其中珠三角地区2571件，占95.26%。

（四）涉外商标案件查处力度加大，案件数量连续四年保持增长态势

2009年广东省工商部门共查处涉外商标侵权假冒案件2699宗，比2008年同期增长9.49%；案值4108.33万元，同比增长0.63%；罚款金额3179.58万元，同比下降23.11%。

（供稿人：陈小冰）

市场监管

2009 年广东省会展知识产权保护工作及会展试点工作

会展是展示创新成果和开拓产品市场的主要场所，也是知识产权保护的重要窗口，越来越受到社会各界的关注和重视。2009 年，广东省在加强会展知识产权保护工作方面做了以下工作：

一、继续打造广交会知识产权保护的“金字招牌”

广交会作为“中国第一展”，其知识产权保护不仅深受国内外的广泛关注，也成为广东省知识产权工作的重要品牌。2009 年 4 月和 10 月，受商务部的邀请和广东省政府的委派，广东省知识产权局每届组织包括广州、佛山、汕头、惠州、中山等 11 市知识产权局近 60 人的省市专利联合执法队伍分别进驻第 105 届和第 106 届广交会。会前，专门召开广交会知识产权保护工作动员大会，并结合当前金融危机对我国外贸业和出口企业造成较大的影响这一新形势，对知识产权执法保护提出新要求。在办案过程中，驻会工作人员始终本着大局意识和服务意识，与各商会、交易团工作人员紧密配合，形成合力，并进一步规范办案流程，统一办案标准和档案管理。两届广交会知识产权保护各项工作更加制度化、规范化、高效化，知识产权投诉案件有所下降，向国内外客商全方位展示我国政府高度重视知识产权保护工作的良好形象，得到国内外参展商和采购商的高度赞赏。如第 105 届广交会共受理知识产权侵权投诉 581 宗，被投诉企业 748 家，认定涉嫌侵权企业 446 家。其中，专利投诉 420 宗，占投诉总量的 72.3%。第 106 届广交会共受理知识产权侵权投诉案件 710 宗，被投诉企业数 1113 家，最终认定涉嫌侵权企业 689 家。其中，专利投诉 484 宗，占投诉总量的 68.1%，有力地维护了大会正常有序的交易秩序。广东省知识产权局报送的《第 105 届广交会知识产权保护取得显著成效》和《第 106 届广交会知识产权保护情况》都被国家知识产权局编入《知识产权局信息》，被国务院办公厅《昨日要情》采用，供国务院和各部委领导参阅。

二、外博会、美博会等知识产权保护工作取得良好成效

2009 年，省知识产权局进驻首届广东外商投资企业产品（内销）博览会，第 30 届、第 31 届广州国际美容美发化妆用品进出口博览会，第 6 届中国国际中小企业博览会暨中西中小企业博览会等积极开展知识产权保护工作。其中，首届外博会的知识产权保护工作得到广东省领导的高度赞誉。广东省知识产权局一是专门制定《外博会涉嫌侵犯专利权的投诉和处理办法》，商请组委会编入《广东省外商投资、加工贸易企业产品内销有关政策规定及操作指引》；二是通知各市知识产权局配合有关部门做好展前展品知识产权方面的自查自纠工作；三是组织由广东省知识产权局和东莞市知识产权局参加的联合执法队伍共 12 名执法人员驻守。外博会上，汪洋书记看望驻会执法人员，并对知识产权工作给予肯定，指出“知识产权工作很重要，是外博会的保障条件”，

广东省知识产权局陶凯元局长亲自接受民声热线记者现场采访和来宾的咨询，认真解释相关知识产权问题。在第 30 届美博会期间，省知识产权局主动联系《中国知识产权报》广州记者站的记者赴展会现场，采访报道美博会知识产权保护状况，扩大美博会知识产权保护工作的影响。

三、与民进广东省委共同研究会展知识产权保护有关问题

2009 年 3 月，民进广东省委提出“关于进一步完善广东展会知识产权保护立法的若干建议”的广东省政协十届二次会议第 200090177 号提案，提案抓住当前广东省社会发展的焦点和核心问题，引起了广东省各个部门的重视。省知识产权局党组高度重视这一题案的办理工作，在局内进行认真讨论形成会展意见草案的基础上，2009 年 5 月 18 日，到民进广东省委征求意见，与提案起草人共 10 余人进行当面交流，分别就展会知识产权保护立法的问题、展会保护模式的问题、展会中外观设计许诺销售保护的问题、展会知识产权行政执法程序简化的问题共同展开研究、交流和探讨，为进一步推动和完善我省会展知识产权保护工作奠定了良好基础。

四、大力推动全省会展知识产权保护试点工作

（一）国际名家具（东莞）展览会

2009 年，国际名家具（东莞）展览会在坚持以往长期实行的、发展成熟的保护措施外，通过方式、方法的创新，力求突破。名家具展组委会采取主动型的保护方式，“保”“立”并举，也就是一方面加强保护措施，另一方面通过加强企业设计能力帮助企业加强知识产权力量。组委会根据实际情况，制订相应的工作计划，从宣传、培训、信息、维权、申请专利、促进交流合作等多个方面，以多种方式开展工作，促进家具业健康发展。

1. 坚持把展会知识产权保护工作制度化。

名家具展的知识产权保护工作由组委会知识产权保护工作组具体负责，依托东莞市知识产权保护协会的支持，制定了一整套工作方案，从展会前到展会中、展会后开展连续的工作，并根据实际情况，不断完善工作方案。

展前，利用《参展商手册》、《参展协议书》的相关条款，让所有参展企业明确保护知识产权的权利和义务；平时，通过东莞国际名家具设计研发院的知识产权服务中心，向企业提供相关的信息、咨询服务，组织企业开展培训工作以及“东莞家具知识产权重点保护企业”的评定工作。

展中，在东莞市知识产权保护协会的帮助下，设立“知识产权保护现场投诉点”，为参展商、俱乐部会员企业提供知识产权法律事务的咨询和代理服务，协助展会向参展企业提供专利代理、申请资助、现场法律咨询及纠纷调处等。

展后，继续提供后续服务，使之具有连贯性。整套的制度化工作对可能侵犯其他企业合法权益的行为起到了警示、预防作用，合法经营的企业则提高了自我保护意识。

2. 加强国内外宣传工作。

一方面，加强自有宣传平台，如《名家具》报、《名家具》会刊、名家具网对知识产权保护的宣传；根据企业、经销商的实际需求，举办知识产权培训和专家论坛，提高行业对知识产权的保护意识及保护能力。

另一方面，继续加强展会的海外宣传。名家具展在海外十多个重要的家具专业展会及二十多种专业杂志上长期进行宣传，近两年，更把“东莞之夜”这一活动搬到美国家具行业峰会上去，让海外的家具界人士充分了解名家具展是如何重视并采取有力措施保护企业的知识产权的，树立展会尊重知识产权、坚决保护知识产权的形象，提高中国家具的国际声誉，激励国内企业更加重视知识产权，鼓励更多国内

外设计师、品牌企业到名家具展参展，促进各方的交流与合作。

3. 不断促进中外家具业交流。

名家具展的不懈努力，极大地促进了中外家具界的相互了解，促进了双方的合作。近年来，家具发达国家的设计师、企业家等纷纷来到名家具展参观、演讲及展出自己的作品，在展会现场直接与中国家具界人士沟通。如意大利、美国、法国等国家的设计师、品牌产品都在名家具展亮相，2009 年的两届展会上，组委会在 2 号馆设立的“创意设计空间”就展出了意大利、美国等 14 个国家和地区的设计师的作品，还安排了二十多家企业与国际设计师进行单独的交流、举办设计沙龙，获得了很好的效果。

4. 倡导原创设计。

名家具展倡导原创的工作一直通过展品设计评选、名家具设计大赛、国内外设计精品展示、专家论坛设计专场等活动不断推进。2009 年 9 月展会期间，十多位国内外的评委说得最多的就是“中国家具企业设计水平整体提高了”，风格多样、品质提高、更多原创产品、更注重环保，这些现象让几位十年来都在名家具展担任评委的专家大感振奋。创意设计空间举办的“中国出发”展中展汇集了中国 10 位风头最劲的设计师的原创作品；“新生代设计展”中，16 位国际设计师向中国家具人展示了未来设计的方向。一系列活动的开展受到业界人士的广泛赞赏。

一年来，名家具展的知识产权保护工作取得了明显成效。两届展会组委会接到的侵权投诉都为一到两宗；展会的品牌集中度始终是国内家具专业展会中最高的；海外设计师越来越多地来到展会展出自己的作品，把名家具展当作他们与中国家具业沟通合作的桥梁；展会参展商的产品设计水平整体提高了，知识产权保护的意识也普遍提高了。据统计，2009 年由东莞国际名家具设计研发院协助东莞市知识产权保护协会，受理了厚街家具企业共 1486 件专利申请，同时完成专利授权 1796 件。此外，授予 46 家企业“东莞家具知识产权重点保护企业”称号，并提供了相应的法律咨询、专利申请、参展保护等服务。

（二）中国国际中小企业博览会

2009 年，中国国际中小企业博览会继续认真贯彻温家宝总理关于“把中博会办成国际中小企业博览会，为广大中小企业创造一个合作平台”的重要指示，以“加强合作、应对挑战、互利共赢、携手发展”为主题，突出为中小企业服务，在各方面的大力支持下，圆满完成各项活动，成果丰硕，达到了支持、引导、帮助中小企业应对金融危机、共渡难关的预期目标。第六届中博会暨中西中小企业博览会成功举办，在推动中外中小企业交流与合作，促进中小企业健康发展方面作出了应有贡献。

2007 年，第四届中博会首次设立知识产权保护展区，是国内展会举办的首个知识产权展区，介绍我国在保护知识产权工作的原则立场、方针措施和法律法规，展示我国保护知识产权工作取得的成果，取得了显著效果和良好反响。2008 年，第五届中博会再次设置知识产权保护展区，以“加速推动以知识产权助力中小企业与国际接轨，提高企业自主创新能力和无形资产保护意识，促进产业结构优化升级，实现中小企业可持续健康发展”为主题，吸引多家知识产权中介服务机构参展，受到参展中小企业和参会客商的一致好评。

2009 年第六届中博会继续设置知识产品展区为广大参会的中小企业提供专利申请、商标注册、著作权登记、许可证贸易、专利信息检索分析、专利战略研究、知识产权培训、知识产权侵权诉讼、无形资产评估等相关知识产权业务咨询和服务。同时，第六届中博会还设立知识产权保护服务处，广东省知识产权局派员参与驻会，提供知识产权咨询服务，开展专利投诉案件的受理和处理工作。大会期间，受理多宗知识产权侵权投诉案件，均进行了妥善处理，有效化解了双方当事人的矛盾，维护了大会正常的交易秩序。9 月 24 日下午，广东省知识产权局局长陶凯元来到现场检查调研，了解部分国内外参展企业技术研发和专利申请及保护的情况，引导企业提高知识产权意识，多层次、多方位、多渠道地保护知识产权，并对中博会在知识产权保护上的努力给予了充分的肯定。

（三）中国国际高新技术成果交易会

为促进高新技术自主创新成果知识产权化，营造尊重知识产权的社会意识，高交会一直将知识产权保护工作作为展会服务的主要内容之一。在国家知识产权局、广东省知识产权局和深圳市市场监督管理局的指导下，高交会积极宣传推广知识产权保护，促进会展知识产权保护工作的开展，保证展会的质量，保障参展商的权益。2009 年在知识产权保护方面，完成如下工作：

1. 继续完善以《保护知识产权管理规定》为核心的会展知识产权管理和保护的规章制度。通过总结历届高交会知识产权保护工作的经验，制定完善了展品审查备案、参展承诺、投诉处理、涉嫌侵权产品管理等规定，并通过宣传册、网站、组团工作会议等多种形式向参展商进行了广泛的宣传。

2. 高交会布展期间，加强了展前的展品审查，防止侵权产品及假冒他人专利、冒充专利产品进入会展场所，争取从源头做好展会的知识产权保护工作。

3. 在 2009 年的高交会上，为国家知识产权局免费提供 1500 平方米展览面积展示、宣传拥有自有知识产权产品。国家发展改革委还在展会期间专门组织了“加强自主创新，推动产业振兴”主题展览，我国具有自主知识产权的电信标准 TD－SCDMA，下一代互联网、数字电视等电子信息新技术成果在本届高交会中亮相。

4. 高交会期间，继续设立高交会权益保障中心，并积极改进和完善现场维权和纠纷处理的具体措施。在知识产权现场执法和服务的基础上针对近年来现场维权和纠纷处理工作中出现的各类新问题，提前与深圳市市场监督管理局、中国国际经济仲裁委员会等专业机构协调，扩大宣传的范围，加大现场服务的投入和力度。

5. 高交会期间，设立了内容为“世界未来的竞争就是知识产权的竞争”的知识产权宣传墙，得到中外媒体和参展商的好评，起到了良好的宣传效果。

（四）中国（水口）水暖卫浴设备展销洽谈会

2009 年，中国（水口）水暖卫浴设备展销洽谈会知识产权工作在开平市知识产权局的指导下，在开平市水口镇委镇政府的正确领导下，以提高自主创新能力和提高企业的创新能力和竞争能力为主线，知识产权工作取得了一定的成绩。

1. 突出企业创新主体地位，引导专利转化。

2009 年，中国（水口）水暖卫浴设备展销洽谈会坚持市场导向，支持创新的原则，不仅积极引导企业申报专利，而且帮助企业提高知识产权意识，注重知识产权保护，尽快申请专利，引导和消化外来先进技术。同时，进一步加大知识产权工作投入力度，鼓励支持购买、申报、实施专利。

加强对专利申请的引导，2009 年专利中心已受理的总数有 274 件，其中发明 12 件，实用新型 25 件，外观专利 237 件。专利总数同比去年增长 150%，专利中心已成为开平企业专利申请、业务咨询的主要机构。

2. 利用“科技活动周”、“全国科普活动日”加强知识产权宣传。

2009 年 4 月，在水口创新中心开展了知识产权系列宣传活动，举办了最新科技成果、专利知识图片展，商标与著作权知识宣传，知识产权法规资料、图书发放和宣传，现场专家咨询等服务活动。发放各类宣传资料 200 余份，现场咨询 200 多人。

（1）制作 11 条宣传世界知识产权专题的横幅，分别挂在水口镇政府、水口创新中心、水口第一工业园、第二工业园、第三工业园、水口丁志超市等企业和人员聚集地区。

（2）制作题材广泛、内容详细的关于世界知识产权专题网页，分别放在中国水暖卫浴网，水口水暖卫浴技术创新中心网，水口镇府信息网。

（3）4·26—5·26 活动日期间进行免费专利申请和商标注册活动，前后为 50 多个企业服务。

3. 切实发挥专利试点企业示范带动作用。

坚持"试点先行、积累经验、以点带面、积极发展"的方针，把推动企业专利创新作为重中之重，积极开展专利试点企业工作。指导华艺卫浴实业有限公司、开平市国陶卫浴五金制品有限公司等 10 家企业实施知识产权战略，有力地推进了专利产品的产业化，大幅度提高了企业自主创新能力，在本地区起到了良好的示范带动作用。

4. 推行名牌战略，提高水口卫浴知名度。

名牌是企业的无形资产，也是知识产权保护工作的一项重要内容。推行名牌、名标战略是提高企业知名度和市场竞争力，推动区域经济发展的一项战略性措施。现在水口企业中获得"中国卫浴名牌产品"的企业 12 家，"中国水龙头十大知名品牌"的企业 3 家，获得"中国公认名牌产品"的企业 1 家，"中国绿色水龙头"的企业 9 家，"中国卫浴产品行业知名品牌"2 家，获得广东省著名商标称号的企业 3 家，各企业获得国家专利授权的产品有 200 多项。2002 年 10 月，开平市水口镇被中国五金制品协会命名为"中国（水口）水龙头生产基地"，2007 年 2 月，水口镇又被中国建筑卫生陶瓷协会命名为"中国水暖卫浴生产基地"。

为帮助企业尽快渡过金融危机，走出外单萎缩低迷的阴影，迅速切入国内市场，2009 年水口展在中国水暖卫浴网上专门为华艺卫浴实业有限公司、国陶卫浴五金制品有限公司等 5 家企业进行网络宣传、品牌推广等，并为上述企业网站进行 SEO 优化和推广。通过加大力度宣传和推广，这几家企业在 2009 年底的订单先后回升 40%，企业基本走出了金融危机的困局。

2009 年 7 月份水口展和中国建筑卫生陶瓷协会卫浴配件分会、国家建筑材料工业建筑五金水暖产品质量监督检验测试中心，积极配合中国质量认证中心在水口进行水暖卫浴产品节水认证的活动，通过前期的培训、企业内部流程再造、程序文件梳理、节水产品抽检和企业现场审核等多个环节，水口 7 家企业最终顺利通过中国质量认证中心的严格审核，取得了节水产品认证证书。节水产品认证的顺利通过，意味着这些企业顺利地进入到国家各种工程采购企业的名册。

5. 推进技术创新，促进产业结构升级。

2009 年水口展积极依托水口水暖卫浴研发中心与华艺卫浴实业有限公司共同完成了电子开关水龙头的研发，同时帮助企业积极申报研发成果的专利保护，并通过网络积极宣传推广此项科研成果，向更多的卫浴企业进行此项目科研成果转化的推广工作，尽快将研发成果产业化、市场化。

（五）中国（长安）国际机械五金模具展览会

第九届中国（长安）国际机械五金模具展览会（以下简称"长展会"）于 11 月 26—29 日在东莞市长安镇顺利举办并取得圆满成功。以"模具名镇·装备中国"为主题，以打造"国际化、品牌化"展会为方向，该届展会的层次和规模更上一层楼，知识产权保护工作更是迈上新的台阶，各项工作开展有序，成果丰硕喜人，具体工作如下：

1. 第九届长展会的基本情况。

第九届长展览会在东莞市长安镇广东众源城举行，设置室外展位 500 余个，展馆共分五大功能展区：机械配件展区、模具工具展区、特装机械展区、长安馆展区及机械测量仪器展区，展区面积超过 1 万平方米。展会吸引了国际、港澳台和内地共 300 多家机械五金模具知名企业参展，意向成交额过 60 亿元。

2. 第九届长展会的特点与特色。

长展会历经九年的推广和努力，其实体的展贸效果和组委会人性化的服务理念，逐渐成为众多国外品牌企业宣传推广的首选平台，第九届长展会更得到公众、媒体和参展商的普遍认可。2009 年特别增设“长安馆”，创立本土企业展示空间，共设展位 100 个，搭建一个交流平台，展示本土优秀创新型五金机械模具展品，促进东莞市长安镇企业新产品及技术与国内国外知名企业的交流。此外，举办“中国汽车产业发展高峰年会”，打造行业高端交流平台。在第九届长展会期间举办汽车发展高峰年会，为汽车业界厂商制定战略规划、年度计划提供智力支持与决策参考。促进汽车产业健康发展的同时，借交易会为契机，为东莞市长安镇引进大型汽车零部件模具企业，将汽车零配件模具生产打造成东莞市长安镇新的发展方向和经济增长点。机械工业联合会、国务院发展研究中心、国家交通运输部、国家工业和信息化部等部门代表出席了会议，期间举办了《我国汽车产业分析及未来发展预测》等演讲及论坛。

3. 第九届长展会的知识产权保护工作。

（1）加强展会知识产权法制意识，大力抓好展会的知识产权保护工作，努力提高企业的市场竞争能力，在展会期间各个环节严把知识产权关，避免参展商侵犯或被他人侵犯知识产权。

（2）举办“东莞市中小型精密模具行业技术联盟技术标准签订仪式暨新闻发布会”。联盟的建立将对东莞市以及长安镇模具行业联盟技术标准化做出决定性部署，特别是对中小型精密模具行业面临巨大的市场竞争做出整体规划，拉动联盟企业的技术进步。此次发布会的召开，为中小企业提供了数字化模具设计制造新技术等方面的信息，对东莞市中小型精密模具行业技术发展有着重要的意义。它将有利于增强长安镇模具产业的“软件”建设，为全面提升长安镇乃至东莞市模具产业的整体质量水平，扶持企业创名牌，促进东莞市模具产业健康、稳定、快速发展打下坚实的基础。

（3）加强管理，营造展会期间乃至行业间的知识产权保护的良好环境；加强对会展知识产权工作指导和监督，完善有关知识产权保护的管理规定，支持会展知识产权执法工作，维护公平竞争的展会及市场经济秩序。

（4）建立知识产权自律制度，制订知识产权自律规则，加强协会成员单位的知识产权知识培训，协助知识产权执法部门查处会展中各种侵权案件，制止不正当竞争行为，营造展会知识产权保护的良好环境。

（5）聘请专家制定知识产权保护规则，保护知识产权权利人的合法权益。规则的制定为促进展会活动的健康发展提供了准绳和规范，让参展商有规则可依，管理人员有章可循，依法接受和处理会展发生的侵犯知识产权的投诉案件，指导开展知识产权保护工作，督促落实展会知识产权保护管理规定，让权利人投诉有门，使监管工作落到实处。

（6）加大对知识产权保护宣传经费的投入，做好会展知识产权保护管理工作，宣传知识产权法律、法规知识，及时通报有关参展维权和侵权信息，减少甚至杜绝会展中知识产权侵权行为的发生，增强各参展商的知识产权法制意识、自我保护意识，努力提高各参展商的市场竞争能力。

（供稿人：傅蕾）

2009 年广东省行业协会知识产权保护工作及行业协会试点工作

2009 年，广东省行业协会知识产权保护工作情况如下：

一、大力推动全省行业协会知识产权保护工作

为贯彻国家和广东省的知识产权战略纲要，规范市场秩序，优化投资环境，2009 年，广东省知识产权局切实加强对各类行业协会知识产权保护工作的指导和管理，努力促进广东

省行业协会知识产权工作的健康发展。2月，广东省知识产权局主动与广东省知识产权保护试点单位——深圳市中小企业发展促进会商谈知识产权保护工作事宜，共同探索建立长效的知识产权纠纷涉外应对机制。为帮助和扶持广东省日化行业健康发展，积极维护我省产业和经济安全，3月，广东省知识产权局制定《关于广东日化行业知识产权的基本情况及工作方案》，并将广东省日化商会列入广东省知识产权保护涉外应对试点单位。7月，广东省知识产权局作为支持单位，在顺德举办企业知识产权战略与产业专利联盟建设论坛，论坛对中小企业中实施知识产权战略、建立专利联盟及专利联盟的运作机制与模式进行了探讨。组建国内家电领域首个知识产权联盟组织，积极引导企业专利联盟健康发展，对于解决知识产权纠争，建立技术标准，提升企业的竞争力，都具有重要意义。

二、部分行业协会知识产权保护试点单位工作情况

（一）珠海市软件行业协会

2009年，尽管遭遇金融海啸，但通过狠抓技术创新，实施知识产权战略等行动稳扎稳打，积极开拓国内外市场，珠海市软件产业逆势增长迅猛。据不完全统计，2009年珠海市软件产值达160亿元，同比增速超过20%，软件出口5.1亿美元；珠海市软件行业协会全年帮助企业顺利完成软件著作权登记247件；2009年新认定软件企业33家，截至12月份全市双软认定企业共226家；新登记软件产品183件，截至12月份全市累计登记软件产品1297件。主要做法如下：

1. 广泛开展知识产权宣传，增强企业知识产权的意识。

珠海市软件行业协会积极发挥桥梁纽带作用，通过定期召开知识产权工作会议，研讨知识产权保护工作情况，广泛地开展知识产权宣传，增强企业知识产权的意识。在“3·15”保护消费者权益日、“4·26”世界知识产权日、保护知识产权宣传周、法制宣传日、科技活动月期间，珠海市软件行业协会开展多种形式的宣传活动，大力进行知识权的宣传工作。

2. 建立和完善知识产权保护的各项规章制度，加强行业自律，促进拥有知识产权的核心技术实施转化。

珠海市软件行业协会通过建立健全知识产权管理制度，明确工作制度及职责，进一步完善工作体系。帮助软件企业建立公司内部知识产权保护制度，特别加强公司商业秘密、技术秘密保护条例的制定。加强行业自律，制止会员之间的知识产权侵权行为，切实遵守珠海市软件行业协会人才信用联盟公约，引导企业在聘用员工时应尊重原单位的合法权益和遵守与原单位签订的保密协议。完善工作体系，杜绝企业通过不正当手段获取、使用、泄露或许可他人使用原单位的技术成果、知识产权和商业秘密的现象。组织软件企业在保护的基础上开展会员与会员之间、会员与研究机构及各高校之间的联合创新工作，促进拥有自主知识产权的核心技术的实施和转化。

3. 加强合作，共同营造知识产权良好氛围。

为进一步提高珠海软件企业知识产权保护意识，营造软件企业自主创新和可持续发展的良好社会环境，促进珠海市软件产业健康稳步发展。珠海市软件行业协会与珠海高新技术创业服务中心积极配合，共同举办“保护知识产权，促进软件产业创新发展”专题研讨会。与珠海市公安局经侦支队合作签署软件知识产权保护合作备忘录。与珠海市中级人民法院知识产权法庭积极沟通，强化执法工作，提高软件企业知识产权维权意识，维护企业合法权益。与广东省知识产权局签署珠海市软件及集成电路设计产业知识产权发展战略研究课题，收集企业知识产权保护中出现的新情况、新问题，研究知识产权工作新思路、新方法。通过合作交流，共同营造良好的知识产权保护氛围。

4. 组织开展“承诺销售、制造正版正货企业”，“珠海市软件行业协会创新人才”评选表彰活动，树立行业典范。

2006 年以来，珠海市软件行业协会认真履行试点单位职责，开展知识产权行先行先试工作，积极评选“承诺销售、制造正版正货企业”，目前珠海已有远光软件、炬力集成、万力达、高凌等多家企业被广东省知识产权局授与“承诺销售、制造正版正货企业”牌匾。珠海市软件行业协会通过每年定期开展“珠海市软件行业协会创新人才”评选表彰工作，在行业内树立知识创新典范，形成鼓励科技进步和技术创新的良好氛围，激发企业和员工的创新热情。同时，珠海市软件行业协会加强同报刊、电视、广播等媒体的联系，利用《珠海软件之窗》网站和《珠海软件》杂志，围绕珠海市知识产权的重点工作，在做好软件行业知识产权工作动态宣传的同时，挖掘信息，在知识产权工作的深度报道上下功夫，使知识产权意识日益深入人心。

5. 组织软件企业参加第十三届中国国际软件博览会，宣传推介珠海市知识产权优势软件企业。

在经费有限的情况下，珠海市软件行业协会拿出一定经费，组织了四家公共服务平台，金山、远光、优特、万力达等企业以国家软件产业基地整体形象参展第十三届中国国际软件博览会，宣传推介珠海市良好的投资创业环境和知识产权优势软件企业。珠海市远光软件、同望科技的软件产品荣获软博会产品“创新奖”和“金奖”。

6. 承担建设和管理珠海市 IT 和 IC 产业公共技术服务平台项目，充分利用政府项目资金，以团购方式购买开发工具软件，解决企业开发工具昂贵问题，降低企业经营风险。

近几年来，在国家优惠政策的扶持下，我国软件产业得到了迅速发展，但核心技术仍主要依赖国外。珠海市政府通过立项，委托珠海市软件行业协会建设珠海南方软件产品检测中心、珠海市方网络检测中心、珠海南方集成电路服务中心、珠海南方数字娱乐公共服务中心等公共服务平台，为企业提供有共性的软硬件研发环境，解决软件和集成电路企业部分正版开发工具购买昂贵的问题，用正版软件开发工具来规范我市软件行业行为。目前 4 个技术平台累计投入 5000 多万元。珠海市软件行业协会担负的由广东省发展现代信息服务业专项资金重点支持建设的项目——“珠海南方数字娱乐公共服务中心”，前期建设情况良好，2010 年 3 月将正式为企业提供服务。该中心为数字娱乐企业提供影视、动漫后期制作、网游美工技术支持、制作流程标准化建设、人才培训、企业孵化、市场开拓等服务。该平台的建成，将为以网络游戏、动漫产品和影视后期制作为主的企业提供正版的开发工具等技术支撑。

7. 深入企业开展调研，了解企业知识产权工作存在的问题和需求。

珠海市软件行业协会产业研究部门对珠海市的知识产权工作认真调研统计与分析，为政府提供决策依据。高质量完成《2008 年珠海市软件产业研究发展报告》，配合完成《2008 年高新区软件产业研究发展报告》，受到珠海市有关部门和领导领导的充分肯定。协助企业在新产品、新技术的研究、开发、生产、经营的各个环节，开展专利文献的检索，帮助企业了解产业的技术动向和发展趋势，预测出市场和社会的需求，提高企业知识产权创造、运用、保护的能力与水平。

8. 做好软件著作权登记服务。

珠海市软件行业协会设立软件著作权登记服务点，协助指导企业对研发的新产品办理软件著作权登记、专利申请，切实有效帮助企业做好知识产权管理和保护工作，鼓励企业通过专利权、著作权登记等方式来保护自身的软件产品。2009 年珠海市软件行业协会加强对软件著作权保护的宣传和培训力度，全年共代理登记计算机著作权 247 件。

（二）深圳市中小企业发展促进会

1. 加强知识产权的宣传培训。

针对深圳中小企业在知识产权保护意识较

薄弱的状况，为加强中小企业知识产权的管理与保护，深圳市中小企业发展促进会充分利用会刊、网站进行知识产权保护宣传。以会刊、网站为载体，从观念意识、管理制度、激励机制等方面入手，用实际案例让中小企业的管理层和员工充分认识到知识产权保护的重要性，改变知识产权保护不力的状况，加强企业对知识产权的管理和保护工作，以不断提高竞争力。同时，深圳市中小企业发展促进会多次去深圳市科技工贸和信息化委员会、深圳市知识产权局沟通各种政策信息及办事流程和知识产权申报项目，自费编辑《中小企业办事指南》一书（已出第五期），对政府政策包括知识产权政策等进行全面宣传。

2. 举办相关培训、帮助企业申报驰名、著名商标。

深圳市每年获得中国驰名商标、广东省著名商标的企业数量还非常有限。为了帮助更多企业保护自己的品牌，加强品牌保护意识，提高企业品牌经营和管理水平，2009 年深圳市中小企业发展促进会在各有关方面的大力支持、帮助下开展一系列工作：组织“知识产权保护专场——澳洲专场”专题讲座、举办“如何申报国家高新技术企业”免费培训并后期协助企业申报、定期举办申请驰名、著名商标的相关讲座，邀请深圳市市场监督管理局知识产权促进处的专家前来授课，帮助会员企业了解中国驰名商标的相关知识及申请办法等，2009 年鼓励并帮助多家企业申报驰名、著名商标，广田集团、泰香米业等公司获得中国驰名商标，还有多家会员企业如中航健身会、奥尼电子等获得了广东省著名商标称号。

3. 组织参加国内外展会，加强展会期间企业知识产权保护。

2009 年深圳市中小企业发展促进会分别组织了美国纽约安防展和中国国际中小企业博览会，参展时，重点加强对参展方自有知识产权的保护和对参展项目（包括展品、展板及相关宣传资料等）的知识产权状况的审查，确保参加国内外展览的企业都必须有知识产权证书（如企业产品证书、营业执照都必须留给协会备案）；参展前组织展邀请知识产权局的专家给企业讲解在展会期间如何应对知识产区诉讼突发事件，展期主要做好协调、监督、检查及保障展会的正常交易秩序，深圳市中小企业发展促进会设立知识产权服务区，积极配合知识产权行政管理部门的知识产权保护工作及企业投诉处理。由于加强了国内外展览的知识产权工作，各项展览活动都顺利进行，并取得了出色的成绩。

（三）阳江市五金刀剪行业协会

1. 完善规章制度，加强宣传，帮助企业提高知识产权水平。

根据工作实际，阳江市五金刀剪行业协会修订完善了《阳江市五金刀剪行业行规行约》、《阳江市五金刀剪行业知识产权保护管理办法》、《阳江市五金刀剪行业专利纠纷调处办法》等三个文件，刊登在该会的会刊上，并编印成小册子发至各会员企业。同时协同阳江市知识产权局继续广泛深入宣传，以进一步增强企业的知识产权保护意识，熟悉知识产权的法律、法规和政策，从而提高保护自己和发展自己的能力。

2. 把知识产权保护作为一项经常性工作来抓，营造尊重知识产权的良好氛围。

一直以来，阳江市五金刀剪行业协会利用各种场合，通过各种途径广泛深入地做好知识产权的宣传教育工作，做到“三同时”：一是到企业进行调查研究时，同时了解企业知识产权工作情况；二是开会布置工作时，同时布置知识产权工作；三是举办《劳动合同法》、应对金融风暴等培训班时，同时宣讲有关专利保护工作。如此力促行业营造一种尊重知识产权的良好氛围。

3. 举办知识产权实务培训班，推动企业重视保护自己的知识产权。

培训教育是有效提高企业知识产权的知识水平及运用能力，推动全行业知识产权保护工作的重要途径。阳江市五金刀剪行业协会把知识产权培训教育当作一项基础性工作来抓，

2009年阳江市五金刀剪行业协会与阳江市知识产权局联合举办两期知识产权实务培训班，邀请大学及广东省里的知识产权事务的专家、教授授课，发动组织行业企业的高层管理者、知识产权管理人员、科技人员和营销人员共600多人次参加，课后进行互动交流、解难答疑。参加培训班的企业负责人及专利工作人员深受启发，进一步增强了发明创造、自主创新的意识，更加重视保护自己的知识产权。

4. 积极组织和协助企业做好专利申请工作，使专利申请量有进一步提高。

由于加大了宣传教育力度，阳江市企业特别是五金刀剪企业申报知识产权的积极性越来越高，2009年申请发明专利38件，申请实用型专利234件，申请外观设计专利830件，合计1102件，比上年增长15.8%。

5. 召开知识产权工作座谈会，总结交流工作经验。

阳江市五金刀剪行业协会会同阳江市知识产权局召开知识产权工作座谈会，除了组织会员企业负责人及专利工作人员参加外，还邀请非会员企业有关人员参加。会上各方总结交流了知识产权管理和保护工作经验，阳江市五金刀剪行业协会还广泛征求企业对知识产权保护工作的意见和建议，以便及时改进工作。

6. 及时、公正、合法地调解知识产权纠纷，保护会员单位的合法权益。

2009年来阳江市五金刀剪行业协会接受多起会员及非会员企业的维权投诉，根据行业自律的有关规定，向被投诉人宣传相关的知识产权法律知识，做到晓之以理、动之以情，帮助投诉人与被投诉人进行协商，尽量促使双方达成和解。对于调解不成和不听劝告者，则通过法律途径解决。

7. 协助做好第八届中国（阳江）五金刀剪博览会的会展知识产权保护工作。

阳江市五金刀剪行业协会配合阳江市知识产权局在展馆里设立会展知识产权保护展位，向参展厂家及商家派发有关宣传资料、知识小册子，并且现场提供政策法规、专利申报办理实务等咨询服务以及纠纷调解服务，受到有关参展者的热烈欢迎，得到一致好评。

（四）江门市新会区不锈钢制品行业协会

1. 加强学习，提高认识。

2009年江门市新会区不锈钢制品行业协会在江门市新会区知识产权局的指导下，采用多种形式开展产权知识的学习和培训。为方便企业管理人员的学习，江门市新会区不锈钢制品行业协会印制了几千份宣传小册子分发至78个会员企业中。同时，邀请江门市新会区知识产权局到司前日兴不锈钢制品有限公司、新会英姿不锈钢制品有限公司等10多家企业进行专利、商标、版权等知识产权的法律咨询服务工作。此外，以江门市新会区不锈钢制品行业协会的名义，参加江门市新会区科技局（知识产权局）举办的有关知识产权培训讲座，积极鼓励会员以申请专利、注册商标等方式争取和保护自主知识产权，并做好有关维权工作。

2. 加强自律，维护知识产权工作的发展。

江门市新会区不锈钢制品行业协会在江门市新会区不锈钢制品行业协会知识产权工作领导小组的组织和协调下，建立了会员内部知识产权的交流和合作机制，增进会员之间的了解，有效地防止恶性竞争。2009年由于世界金融风暴的影响，企业面临更大的挑战。江门市新会区不锈钢制品行业协会帮助解决会员企业之间知识产权纠纷及人才竞争、工资福利待遇竞争、产品价格竞争和产品互相仿制等问题，多次牵头与会员企业召开各种大小协会会议，共同协商，求同存异，达成共识，取得较好的效果，受到企业的好评。在维护企业权益方面，江门市新会区不锈钢制品行业协会经常牵头与政府各有关部门进行沟通，发挥各部门的职能作用，较好地帮助企业通过自律解决相互之间的有关侵权等问题，有效地维护企业的权益。同时，为实现江门市新会区政府提出的要将“中国（新会）不锈钢制品生产基地”建成行业技术创新中心、信息中心、现代物流服务中心、知识产权应用和保护中心、质量监督检验中心的目标，江门市新会区不锈钢制品行业协会建立新会区不锈钢制品行业网络，在江门市新会区司前镇建立广东省不锈钢制品质量监督检查站，对提高行业产品质量和维护企业权益等方面提供了可靠的保证。

3. 积极组织培训和参观学习，提高企业知识产权保护能力。

为了使会员企业有更多的对知识产权的相关知识的了解，江门市新会区不锈钢制品行业协会想方设法利用各种渠道，多次组织会员企业参加各种有关知识产权保护工作的培训学习和组织部分企业外出参观，使会员企业开阔视野，增强对知识产权工作的认识和重视。2009年，江门市新会区不锈钢制品行业协会会员企业向有关部门申请300多项专利，这充分反映出会员企业对知识产权保护工作的认识和重视有了较好的效果。为了协助会员企业积极申请专利和维护权益，江门市新会区不锈钢制品行业协会着力抓好如下一些具体工作：

（1）配合“知识产权日”，发动会员企业积极参加江门市、区知识产权局组织“保护知识产权，促进自主创新”的大型宣传活动，派发宣传知识产权的小册子1500多份，大大提高企业对知识产权保护的重要性的认识，并自觉维护好知识产权的权益。

（2）江门市新会区不锈钢制品行业协会组织部分副会长、理事参加广东省五金协会在新兴市举办的五金制品协会论坛会议及总结会，江门市新会区不锈钢制品行业协会还积极参与配合各职能部门开展国家质量监督局对产品质量的调研和江门市对金融危机对不锈钢制品影响的调研会。同时，组织部分企业到彩塘不锈钢制品行业协会进行参观学习，互相交流在知识产权保护工作的经验和体会。

4. 实施名牌产品战略，提高企业自主创新能力。

由于国际金融风暴的影响，产品价格波动较大，各项成本和费用增大，行业内有不少企业经营发生困难。面对挑战，江门市新会区不锈钢制品行业协会及时召开理事会研究对策，商讨解决办法。通过研讨，大家一致认为在这样的情况下，企业只有在提高管理水平和产品质量上下功夫，充分体现企业产品的价值，并通过实施名牌产品战略，进一步提高企业的知名度，才能使企业有生存和发展的空间。通过以推广和培育企业申报的做法带动企业，狠抓企业内部管理，提高市场竞争能力，使不锈钢制品行业不断争创品牌，并力促企业自主创新地发展，为在2010年不锈钢制品企业能争取更多国家名牌及省知名商标作出贡献。

（五）潮安县庵埠食品行业协会

1. 强化宣传培训，提高企业知识产权意识。

为进一步普及知识产权知识，提高全社会和广大企业知识产权保护意识，潮安县庵埠食品行业协会积极开展知识产权的宣传培训教育，先后举办了“知识产权专题讲座”，参加学习人员300多人次，还举办了两场“知识产权专题培训班”，并与潮州市知识产权局联合举办了“知识产权保护”咨询活动多渠道、多形式开展宣传教育，提高广大企业知识产权管理人员的业务素质和管理水平，唤起各级领导干部和社会公众对知识产权的广泛关注，进一步提高企业保护自己和尊重他人的知识产权意识。

2. 加大工作力度，切实抓好知识产权保护工作。

潮安县庵埠食品行业协会把抓好《食品安全信用公约》同实施《产品维权公约》有机地结合起来，既抓好企业的知识产权保护、又注重企业的信用体系建设，做好行业自律。为做好这一工作，潮安县庵埠食品行业协会成立了由会长任组长的五人知识产权保护小组，并设立投诉电话。对一些企业仿冒外观设计专利或违反《食品安全信用公约》进行恶性竞争的违法行为，潮安县庵埠食品行业协会依据《维权公约》和《信用公约》及时进行调解处理或报请有关职责部门进行查处，一年来共调处仿冒外观设计专利10宗，其中潮安县庵埠食品行业协会自行调处7宗，上报有关职能部门进行查处 3 宗。

为加强食品出口企业知识产权保护工作，潮安县庵埠食品行业协会制订《关于广交会参展企业联盟公约》并在馆内设立知识产权保护小组，潮安县庵埠食品行业协会的知识产权保护小组也深入到各参展摊位，做好参加广交会企业的知识产权保护工作，防止参加广交会的外观专利产品受仿冒。

（六）汕头市金平区机电商会

1. 结合产业特点，有针对性开展宣传培训。

（1）2009 年上半年，汕头市金平区机电商会邀请知识产权方面的专家，深入会员企业调研，了解轻工装备制造业的现状及发展态势，以及运用知识产权制度存在的问题，有针对性为企业出谋划策，提供国内外同行业信息。企业如何应对当前国内外市场竞争的策略，为企业的长远发展及知识产权方面可能出现的争议及防范措施进行前瞻性论证，使企业能知己知彼，不断调整应对策略，做到未雨绸缪，为企业提供预警服务，为行业健康发展提供科学决策依据。

（2）随着知识经济的发展，信息化时代给企业知识产权保护带来了新的挑战：如何提高企业信息化的同时切实保护企业知识产权。2009 年下半年汕头市金平区机电商会举办专场讲座，邀请专家为会员企业讲授“机械制造业信息化与知识产权保护”专题，提高企业在信息化时代对知识产权保护的新思维和对策。

（3）利用政府和社会提供的培训资源联合举办或派员参加各类专场学习班或讲座，2009 年参加汕头市举办的讲座有“外观设计专利无效宣告请求中应注意事项”、“金融危机下知识产权保护若干问题”等二场，参加人员达 80 人次。

2. 运用知识产权制度促进产业发展。

为进一步提升会员企业的自主创新能力和知识产权的运用能力，促进产业优化升级，快速发展，2009 年汕头市金平区机电商会制订运用知识产权促进轻工装备产业发展的工作方案，被汕头市知识产权局确定为“汕头市特色产业运用知识产权推进工程试点单位”，并得到扶持。

方案包括：建立轻工装备产业知识产权联盟；聚集产业的资源，构建专利许可交易平台；建立轻工装备制造业发展知识产权战略研究预警机制；建立轻工装备行业的专利数据库和信息服务平台；建立联合创新平台，开展产业的产学研活动，共同开发共性技术和核心技术；建立联合维权平台，聘请知识产权方面的法律专家，为行业维权提供法律援助。

3. 制订行业知识产权保护自律规则，约束和制约各种侵权行为，协调解决行业内部知识产权纠纷。

4. 筹备专利信息服务体系建设。

金平机电知识产权数据库主要通过利用“金平机电电子商务平台”与专业数据库连接及远程接入的方式，实现机电产业专利数据库的过滤及跨库检索，为会员企业提供产业动态、信息查询、项目研发、专利申请、检索、维权等服务，今年已完成前期服务，力争明年下半年投入使用。

（七）新兴县不锈钢制品企业商会

1. 加强专利宣传与培训、建立激励机制，营造不锈钢行业知识产权保护的舆论和政策环境。

一是抓好专业技术人员知识产权知识普及工作。组织各会员企业的专业技术骨干开会，此类会议先后举办了 19 次，参加骨干 280 多名，大大地增强了广大专业技术人员保护知识产权的法律意识和知识更新的自觉性。二是开展多种形式的培训活动。组织专利宣讲团分赴各企业举办多场报告会，开展大规模的专利及知识产权宣传培训工作。三是广泛宣传，努力增强维权意识。新兴县不锈钢制品企业商会利用在“4·26”世界知识产权日组织会员对知识产权保护工作进行全面宣传。通过开展向会员企业寄送和发放知识产权保护宣传资料，收到了良好的宣传效果。此外，新兴县不锈钢制品企业商会还通过门户网宣传本县不锈钢行业专利工作动态，每周定期更新专利统计数据、专利工作动态。

2. 加强技术创新，创造更多的具有自主知识产权的技术，并及时申请专利。

积极支持知识产权的申报工作，初步建立了知识产权的管理制度，积极协调、鼓励和指导有条件的企业开展知识产权工作。新兴县不锈钢制品企业商会会员企业积极参加博览会及广交会，展会以实物、样品、模型、图片、多媒体等多种形式发布专利信息、推介优秀专利项目、进行专利项目展示、洽谈和交易。新兴县不锈钢制品企业商会经常利用科技管理的机制与机会，深入部分企业，与企业一道研究企业知识产权工作问题，宣传、鼓励企业开展知识产权工作，利用知识产权的管理、保护和应用为企业的生存与发展服务。

（八）佛山市顺德区家具行业知识产权保护协会

1. 构建立体的普法宣传网络。

一是继续实施专利普法宣传“进厂到村”战略。在佛山市顺德区局等的指导和协助下，根据佛山市顺德区家具行业的实际，重点在佛山市顺德区的龙江和乐从两大家具生产销售基地开展普法宣传活动。通过讲座、报告会等形式，深入村居、工厂，现场对企业人员开展专利“扫盲”活动，介绍专利制度的重要性及申请专利的流程及注意事项。累计走访村居二十多条、企业三百多家。通过多年连续不间断的普法活动，企业的专利意识得到显著提高，行业内尊重知识产权、保护知识产权的氛围逐渐形成。

二是邀请权威专家授课。针对佛山市顺德区家具专利以外观设计为主的现状，邀请了原国家专利复审委员会外观申诉处赵嘉祥先生为会员企业作报告，向会员企业解读外观设计专利相近似的判断原则及判断方法，大大提升了会员企业规避他人专利及防止侵权的能力。

三是以案说法，以案说教。邀请佛山市中级人民法院的法官作专利侵权案例研讨会。通过一个个鲜活的事例分析，大大增强了企业对专利的感性认识，使企业进一步熟悉诉讼程序，对其规避专利风险，保护自身权益起到重要的促进作用。

四是寓教于乐。在科技活动月期间，分别在佛山市顺德区龙江、乐从和大良举办“知识产权科普展”；在“4·26”世界知识产权日期间举办户外知识产权图片展览及现场咨询会，图文并茂地介绍专利基础知识及协会的工作成果。

2. 积极开展会展知识产权保护工作，扩大协会影响力。

在每年的“龙家展”期间，佛山市顺德区家具行业知识产权保护协会都会主动承担展会的知识产权工作任务，负责展会期间知识产权的咨询及投诉处理。展会期间，佛山市顺德区家具行业知识产权保护协会都会派出业务骨干驻会办公，一方面向参展商派发协会编制的知识产权宣传资料，另一方面，会同政府知识产权管理部门组成工作组协助组委会开展知识产权保护工作，及时处理参展商的知识产权投诉，切实维护专利权人的合法权益，保证了会展正常的交易秩序，深受组委会和参展商的一致好评。多年来，累计处理展会投诉达100多宗。扎实的会展保护工作不仅获得了会员企业的认同，还扩大了协会的影响力，促进了协会自身的发展。

3. 坚持不懈开展维权调解工作，净化行业环境。

佛山市顺德区家具行业知识产权保护协会成立的重要目的就是改变佛山市顺德区家具企业知识产权意识淡薄，行业抄袭侵权盛行的现状。佛山市顺德区家具行业知识产权保护协会自成立以来，紧紧抓住这一核心工作，努力开展维权调解工作，利用知识产权制度这一武器净化家具行业的营商环境。对于会员内部的专利侵权纠纷，主动介入开展调解，争取双方和解，减少内耗；对于外部的纠纷，协会争当会员的参谋，帮助会员调查取证，对外谈判。必要时利用行政或司法途径进行维权，为会员谋求最大的利益。累计发出维权警告200多份，调解专利纠纷300多宗，成为行政、司法保护的重要补充。经过多年持之以恒的维权调解工作，家具企业普遍提高了知识产权认识，申请专利的意识得到提高。很多家具企业在进行产品开发时能自觉进行专利检索，并逐步学会规避他人的专利避免侵权现象的发生，行业自律机制初见成效。

（九）佛山市陶瓷行业协会

1. 通过开展各种活动，提高人员意识、营造保护氛围。

2009 年 8 月份组织会员参加国家知识产权局和中国科协在万和公司举行的 2009 国家知识产权战略巡讲活动。2009 年 10 月 18 日在佛山皇冠假日酒店，佛山市陶瓷行业协会邀请全国政协、国家知识产权局等领导和协会会员单位一起就佛山陶瓷发展、反倾销、陶瓷行业知识产权纠纷等问题进行讨论。11 月中旬，在佛山市知局和协会的业务合作伙伴——国家知识产权局专利检索咨询中心的大力支持下，由国家知识产权局专利检索中心派出两名经验丰富的副调研员，在佛山科学馆举办了“利用专利信息引导企事业实施知识产权战略”论坛。主题围绕着专利信息检索在知识产权战略的应用及专利预警分析进行，既详细罗列了国内外的主要的公共专利资源库，引导企业善加利用公共资源，也深入进行了专利检索分析以及专利预警分析的案例讲解。来自佛山市五区的近百名企事业工程技术人员参加了这一论坛。

2. 组织陶瓷企业参加学习佛山市知识产权局活动，使企业对知识产权有了更深刻了解。

2009 年 8 月 13 日，由第十六届亚运会组委会办公室、广州市知识产权局，第十六届亚运会佛山分赛区筹委会、佛山市知识产权局、佛山市工商行政管理局、佛山市文化广电新闻出版局主办的亚运会知识产权宣讲会在佛山佳宁娜大酒店举行。来自佛山市各行各业及媒体代表 500 多人出席会议。佛山市陶瓷行业协会组织 30 多家企业参加本次活动。这次宣讲会由广州市知识产权局杨抗帝副局长主持，邀请来自广州亚组委办公室黎丽红处长介绍亚运会相关知识，讲解亚运会标志使用技术规范；广州市工商局郑碧召科长介绍亚运会商标和特殊标志保护情况；广州市版权局瞿政祥处长介绍亚洲运动会标志版权保护相关知识；广州海关白洁副科长介绍亚运会知识产权边境保护相关知识；原广州市知识产权局陆志红处长介绍亚运会举办城市，包括广州、佛山、汕尾、东莞四城市专利行政执法协作工作机制。这次宣讲会还安排了企业提问，演讲嘉宾回答问题的互动交流活动，使与会者深刻地认识到亚运会知识产权不容侵犯，任何单位未经广州亚组委书面授权，擅自使用亚运会会徽、环保标志、活动标志、理念、亚运吉祥物品等均是侵权行为，如未经授权的“广州亚运会指定产品”、“亚运铺王”、“亚运商圈”等“傍亚运”的侵权行为将受到处罚。

（十）佛山市南海区铝型材行业协会

1. 引导行业加强质量管理，为企业品牌建设造大声势。

历年来，佛山市南海区铝型材行业协会都十分重视企业创品牌、促效应的工作，2009 年佛山市南海区铝型材行业协会与佛山市南海区科委、区工商局联手帮助三家企业争创广东省著名商标。目前，南海铝型材行业已有 8 个“中国名牌”，20 个“广东省名牌”，5 件“中国驰名商标”，16 件“广东省著名商标”。

2. 加强知识产权宣传工作，提高行业知识产权保护意识。

通过过去几年的工作和努力，铝型材企业对知识产权的认识与重视得到不断提高，但仍有部分企业在该项工作的使用和管理意识相对薄弱。针对这一现状，佛山市南海区铝型材行业协会首先是通过邀请相关法律顾问组织开展各类培训、讲座，加大宣传力度以不断提高企业对知识产权的保护及应用意识。其次，为企业申请专利和保护知识产权等工作提供技术支持。为方便企业申请专利及知识产权保护等各方面工作，佛山市南海区铝型材行业协会与各相关单位保持密切联系，可为企业组织专利代理人或专家提供咨询及协助办理，同时，佛山市南海区铝型材行业协会的法律顾问也能长期为各企业提供法律支持。再次，根据铝材行业特点，佛山市南海区铝型材行业协会成立专门的知识产权保护小组，协调解决协会会员之间的知识产权纠纷，并负责组织会员企业共同应对对外纠纷。而最重要的一点是，制定建立行业知识产权保护自律机制，在行业内形成良好的知识产权保护氛围，使协会会员单位在自觉遵守知识产权法律、培养知识产权意识、参与知识产权管理、培育自主知识产权、运用知识产权成果、维护知识产权权益。这些工作不仅促进了行业的自律，在行业内逐渐形成积极、良性、有序的竞争，也为适应国内外经营和贸易往来奠定了基础。目前，南海铝材行业已有专利申请量达4000多件，其中2009年度南海铝工业企业的专利申请量400多件，专利授权量1000多件。

3. 不断扩大专家委员会队伍的建设，充分发挥技术专家委员会的作用。

铝型材协会技术专家委员会自2008年成立至今，吸引了越来越多该行业的技术专家加入，队伍不断扩大，已有专家将近20人。技术专家队伍不仅为行业技术交流提供平台，而且为解决行业的难点、重点问题提供强而有力的技术支持后盾。2009年技术专家委员会所开展的一系列工作，在对知识产权工作方面的作用也是不容忽视，主要工作有：

（1）2009年3月开展“送培训到企业”专题活动，发送培训咨询到会员企业，并收集有意向邀请专家授课的企业信息。活动以自愿为原则，由企业向专家委员会发出邀请，委员会根据企业实际情况组织专家们免费到企业内部举办技术讲座或组织培训专场。

（2）2009年4月至10月，平均每月举办一次专题系列讲座，主要课题有：“液体、油漆、喷涂在建筑铝型材行业的应用”、“铝合金熔炼环保节能技术的现状和发展”、“用沉淀法实现氨氮废水达标排放技术”、“隔热铝材技术专题讲座”等。

（3）2009年8月至11月佛山市南海区铝型材行业协会及专家委员会先后与广东工业大学和上海交通大学等高校合作，对氨氮废水处理进行技术攻关。

（4）2009年8月19日召开“含氟废水处理技术转让会议”，三十多家企业参加了会议。

（5）自2009年8月开始，由佛山市南海区铝型材行业协会承担，技术专家委员会、广州有色金属研究院协助参与的软科学项目——“佛山市铝工业技术路线图研究”向佛山市科技局申请立项，于2010年1月正式获批。

（6）不断完善“中国铝型材专家网”和《有色金属铝型材专刊（月刊）》。以更方便快捷的方式为企业提供各类技术支持和行业信息。

4. 巩固地区行业品牌，提升知名度。

经过多年的发展，“南海——中国铝型材产业基地”、“大沥——中国铝材第一镇”、“大沥——中国有色金属名镇”的声誉已遍布全国各地。但近年来北方同行业在崛起，且其利用交通便利、交期短等优势因素，在北方市场的份额不断扩大。因此，在已树立了“南海大沥铝材”区域品牌的基础上，继续巩固地区品牌声誉，提升南海铝材行业在国内外的知名度工作更加值得重视。2009年，佛山市南海区铝型材行业协会通过积极举办、协办或参加全国性以及国际性的展会、论坛和研讨会议，及时掌握行业信息及市场动态的同时更能过各方媒体的报道宣传，巩固和提升品牌知名度，让更多人知道了大沥铝材，让大沥铝材真正走向国际化。

（供稿人：傅蕾）

执法协作

2009年广东省专利行政执法协作情况

2009年，广东省知识产权局不断提升执法效能，努力创新工作机制，扎实推进执法工作，努力营造广东省保护知识产权，促进经济发展的投资环境和公平竞争的市场环境。

一、不断加强省际间的专利行政执法协作

区域专利行政执法协作充分发挥了专利行政执法的优势，最大限度减少当事人的维权成本，对及时、有效地制止专利违法行为，加强各地区的协同执法工作力度，维护市场经济秩序发挥了积极作用。2009年，广东省知识产权局不断强化跨省市协作机制的建设，向贵州省、天津市知识产权局移送冒充专利案件2件，向湛江、汕头、潮州等市知识产权局作出指定管辖案件6件，为共同推动省际间专利行政执法协作，搭建广泛的交流与沟通的平台奠定了良好基础。

二、积极开展部门间的执法协作和联合执法行动

近几年，广东省知识产权局不断加强行政执法和刑事司法衔接工作，逐步健全和完善协调高效的知识产权执法协作长效机制。2009年，广东省知识产权局与广东省公安厅开展执法协作和联合执法行动又取得新成效。2009年4月2日，广东省知识产权局会同广东省公安厅，与中山市知识产权局、中山市公安局经侦支队和中山市公安局横栏分局、古镇分局组成联合执法队伍，在中山市横栏镇、古镇分别开展了查处水烟筒专利侵权系列案的联合执法行动，查获涉嫌侵权的产品一批，取得了预期效果。4月底广东省知识产权局与广东省公安厅联合下发了《转发国家知识产权局公安部关于对全国知识产权部门和公安机关知识产权执法保护先进集体和先进个人予以表扬的通报的通知》，广东省6个单位和4名个人荣获国家知识产权执法保护先进集体和先进个人的表扬。5月，广东省知识产权局向广东省公安厅经侦局移送了国家知识产权局专利管理司告知的涉外诈骗线索，广东省公安厅经侦局立即批示并指定专人负责，部署人员开展核查工作，并成功破案。

三、继续推进区域专利行政执法协作

建立泛珠三角区域专利行政执法协作机制，是泛珠三角区域知识产权合作的重要项目。为进一步充分发挥专利行政执法优势，加强泛珠三角区域专利行政执法协作，促进区域经济共同发展，2009年12月2日，泛珠三角区域内地九省（区）在广东佛山市召开了泛珠三角区域内地九省（区）首次专利行政执法协作会议，并共同签署了专利行政执法协作协议。国家知识产权局纪检组长肖兴威亲自到场祝贺，广东省副省长宋海专门发来书面讲话，广东省各地级以上市知识产权局的代表现场见证了这一历史性时刻。泛珠专利执法协作协议与十六省市、中南五省、闽粤沿海城市专利执法协作等协议、宣言相比，具有两个突出的特点：一是首创省、市两级执法协作机制，开创

了省与省、省与市、市与市案件移送的新模式；二是推动执法标准一致化工作，提出了执法标准统一化的新思路。加强泛珠区域专利执法协作，是促进泛珠三角区域合作、经济发展的重要因素，也是推动泛珠区域乃至我国知识产权事业发展的重大举措。

四、与广东省高级人民法院共同开展专项调研活动

2009 年，广东省知识产权局与广东省高院共同开展“关于加强知识产权保护，建设知识产权强省”专项调研活动，起草了工作方案，明确了指导思想、调研内容、人员安排和调研分工等。6 月底到 7 月初，广东省知识产权局派人与广东省高院民三庭到广州、佛山、江门、深圳等市调研。8 月，双方起草了调研报告的提纲，并对提纲多次进行研究商榷和反复修改，并分别起草各自部分的调研报告。广东省知识产权局与广东省高院共同开展专项调研活动，这是推进双方互动沟通，整合地方资源优势、强化广东省知识产权保护的重要举措，对不断探索建立更加有效的执法协作工作机制，进一步实现广东省由“知识产权大省”向“知识产权强省”跨越具有积极意义。

（供稿人：傅蕾）

泛珠三角区域专利行政执法协作情况

执法协作是充分发挥专利行政执法优势，最大限度减少当事人的维权成本、促进执法人员业务交流的重要举措。2009 年，广东省知识产权局努力探索专利行政执法协作新模式，积极强化泛珠三角区域专利行政执法协作，进一步加大知识产权保护力度。

为充分发挥专利行政执法优势，加强专利行政执法协作，促进区域经济共同发展，2009 年 12 月 2 日，福建、江西、湖南、广东、广西、海南、四川、贵州和云南等九省（区）知识产权局领导和执法部门负责同志，在广东省佛山市举行泛珠三角区域内地九省（区）专利行政执法协作协议签署仪式暨首次执法协作会议。会议的主要任务是签署泛珠专利行政执法协作协议，交流近年来专利行政执法工作经验，探讨专利侵权纠纷案件立案标准统一化问题，商定第二次执法协作会议的主办方及主题。国家知识产权局纪检组长肖兴威亲自到场祝贺，广东省副省长宋海专门发来书面讲话，广东省各地级以上市知识产权局的代表现场见证了这一历史性时刻。泛珠专利执法协作协议与十六省市、中南五省、闽粤沿海城市专利执法协作等协议、宣言相比，具有两个突出的特点：一是首创省、市两级执法协作机制，开创了省与省、省与市、市与市案件移送的新模式；二是推动执法标准一致化工作，提出了执法标准统一化的新思路。

（供稿人：傅蕾）

行政执法与刑事司法相衔接工作情况

自 2005 年起，广东省各级知识产权局逐步加强与公安机关的执法协作配合，建立健全行政执法与刑事司法相衔接的工作机制。2006 年底，广东省知识产权局和广东省公安厅正式挂牌成立执法联络室；2008 年，在广东省知识产权局和广东省公安厅的大力推动下，广东省 21 个地级以上市基本都已挂牌成立执法联络室。

2009 年 4 月 2 日，广东省知识产权局会同广东省公安厅，与中山市知识产权局、中山市公安局经侦支队和中山市公安局横栏分局、古镇分局组成联合执法队伍，在中山市横栏镇、古镇分别开展了查处水烟筒专利侵权系列案的联合执法行动，查获涉嫌侵权的产品一批，取得了预期效果。4月底广东省知识产权局与广东省公安厅联合下发《转发国家知识产权局公安部关于对全国知识产权部门和公安机关知识产权执法保护先进集体和先进个人予以表扬的通报的通知》，广东省6个单位和4名个人荣获国家知识产权执法保护先进集体和先进个人的表扬。5月，广东省知识产权局向广东省公安厅经侦局移送国家知识产权局专利管理司告知的涉外诈骗线索，广东省公安厅经侦局立即批示并指定专人负责，部署人员开展核查工作，成功破案。

（供稿人：傅蕾）

维权援助与涉外应对

2009年广东省知识产权维权援助工作

2009年，广东省各级知识产权局在知识产权维权援助工作方面开展了以下的工作：

一、起草并完善广东省知识产权维权援助中心筹建方案

2008年底，国家知识产权局批复广东省知识产权局成立中国（广东）知识产权维权援助中心。2009年，为了使广东省知识产权维权援助中心筹建工作顺利开展，确保机构、人员、办公场所及经费用的落实，更好地开展知识产权维权援助工作，广东省知识产权局制定了《广东省知识产权维权援助中心筹建工作方案》。方案明确了机构编制、主要职能、援助服务对象、援助形式、运作方式以及近期主要工作等。维权援助中心对于提供广东省知识产权保护的专业化和规范化公共服务、维护市场秩序将发挥积极的作用，也必将进一步推动广东省知识产权战略的实施和知识产权事业的健康发展。2009年下半年，广东省知识产权局还起草了《全省专利保护重点联系机制工作方案》和《广东省知识产权维权援助办法》的草案。

二、开通知识产权维权援助与举报投诉公益服务电话

为顺利开通全国知识产权维权援助公益热线，根据国家局的要求，2009年，广东省知识产权局多次与电信部门主动沟通和加强联系，在“4·26”知识产权宣传周期间，广东省知识产权局与全国45个知识产权维权援助中心一起开通了“12330”维权援助与举报投诉公益服务热线。“12330”拟定的服务范围包括：负责受理各类知识产权纠纷的举报和投诉；负责受理各类知识产权的维权援助请求；提供关于知识产权的咨询服务。电话开通以来，广东省知识产权局工作人员及时接听电话，耐心听取意见，细致解答问题，并认真做好记录。

三、推进广东省知识产权维权援助中心的建设

至2009年底，广东省内已有四家知识产权维权援助中心，分别是广东、佛山、汕头和深圳等四家知识产权维权援助中心。2009年，四家维权援助中心都大大推进了相关的工作。以佛山市知识产权局为例，3月份完成了佛山市知识产权维权援助中心建立的初步论证和上报申报材料，7月份，国家知识产权局和广东省知识产权局领导到佛山市进行现场考察，8月，国家知识产权局正式批准佛山市建立中国（佛山）知识产权维权援助中心。佛山市知识产权局已向佛山市编办申请成立全额拨款事业单位，维权中心管理办法已出草稿，待征求意见后报佛山市政府发布实施。佛山市维权援助中心主要任务是：提供有关知识产权法律法规、法律状态、纠纷处理咨询服务；为符合维权援助条件的当事人提供维权援助；组织服务机构和服务人员就受援人涉及的重大知识产权纠纷案件进行分析论证，提供咨询意见或制定具体的维权应对方案；为支柱行业和企业提供专利状况、趋势分析等预警信息，支持企业开展知识产权战略研究。该

中心的设立将进一步提升佛山市知识产权保护和运用能力，有效发挥知识产权制度在提高企业核心竞争力、建设创新型城市中的保障和支撑作用。

四、对企业积极开展知识产权维权援助工作

开展知识产权维权援助工作，是履行政府部门公共服务职能和提高广东省企业国际竞争力重要体现。2009 年，广东省知识产权局适应发展形势，积极履行职能，为广东省内权利人和当事人提供保护与运用知识产权方面的公共服务，帮助其更好地解决经济活动中遇到的知识产权问题。如广东省知识产权局指导广东东鹏陶瓷公司、广东美的集团有限公司等企业解决对外贸易中遇到的知识产权问题，进一步提高他们保护和运用知识产权的能力。

（供稿人：傅蕾）

2009 年广东省知识产权涉外应对工作

近年来，广东省按照“一手抓发展、一手抓保护”的基本思路，紧紧抓住“行政执法重心下移，市场监管端口前移”的主线，积极开展知识产权涉外应对工作，努力促进广东省知识产权保护水平的不断提升。2009 年，广东省在加强知识产权保护进行涉外应对工作方面做了以下工作：

一、大力推动广东省行业协会知识产权保护工作

为贯彻国家和广东省的知识产权战略纲要，规范市场秩序，优化投资环境，2009 年，广东省知识产权局切实加强对各类行业协会知识产权保护工作的指导和管理，努力促进广东省行业协会知识产权工作的健康发展。2 月，广东省知识产权局主动与广东省知识产权保护（涉外应对）试点单位——深圳市中小企业发展促进会商谈涉外应对工作事宜，共同探索建立长效的知识产权纠纷涉外应对机制。为帮助和扶持广东省日化行业健康发展，积极维护广东省产业和经济安全，3 月，广东省知识产权局制定了《关于广东日化行业知识产权的基本情况及工作方案》，将广东省日化商会列入知识产权保护涉外应对试点单位。7 月，广东省知识产权局作为支持单位，在顺德举办企业知识产权战略与产业专利联盟建设论坛，论坛对中小企业中实施知识产权战略、建立专利联盟及专利联盟的运作机制与模式进行了探讨。组建国内家电领域首个知识产权联盟组织，积极引导企业专利联盟健康发展，对于解决知识产权纷争，建立技术标准，提升企业的竞争力，都具有重要意义。

二、对广东省内企业积极开展知识产权维权援助工作

开展知识产权维权援助，进行涉外应对工作，是履行政府部门公共服务职能和提高广东省企业国际竞争力重要体现。2009 年，广东省知识产权局指导广东东鹏陶瓷公司、广东美的集团有限公司等企业解决对外贸易中遇到的知识产权问题，进一步提高他们保护和运用知识产权的能力。广东省知识产权局唐毅副局长还亲自带队到广东食品企业调研座谈。4 月和 5 月，广东省知识产权局作为支持单位，分别参加了广东食品企业“三氯蔗糖”337 知识产权调查案新闻发布会和广东生益科技股份有限公司“黏结片、覆铜板和 PCB 成品板”337 知识产权调查案新闻发布会。这两起胜诉“337 知识产权调查案”是值得广东省所有企业学习的典范，不仅体现出广东省企业在知识产权保护方面的进步，为广东省应对贸易保护主义特别是为今后 337 调查涉案企业提供了的样本，也为今后跟踪指导和援助广东省企业参加 337 调查奠定了良好基础。

（供稿人：李鹏）

委局合作

2009年委局合作共建情况

2009年，广东省知识产权局在加强与国家知识产权局专利复审委员会合作共建方面做了以下工作：

一、研究草拟与复审委合作共建的补充协议

2009年上半年，广东省知识产权局继续推进委局合作共建，加大改革创新力度，强化协调沟通机制，认真研究草拟《国家知识产权局专利复审委员会广东省知识产权局合作共建补充协议书》。补充协议坚持科学发展、先行先试，突出近期、谋划长远的原则，主要内容包括：构建处理侵权程序和确权程序衔接机制、设立专利复审委第二审理室并安装“庭审多媒体记录系统”、开展专利行政执法培训及研讨活动、提供专利行政执法的技术支撑等，对有力促进合作共建向纵深发展，更好发挥专利行政执法的优势都具有重要意义。下半年，广东省知识产权局积极筹备设立复审委第二审理室。

二、积极互派干部挂职锻炼

2009年，广东省知识产权局和专利复审委把选派干部挂职锻炼作为委局互学互建、融合发展的一项主要工作。3月，广东省知识产权局钟兴子副处长到复审委行政诉讼处挂职；7月，广东省知识产权局张元萍同志到复审委行政诉讼处挂职；5月，复审委选派了第二申诉处副处长孙克良到广东省知识产权局法制处挂职。挂职期间，双方干部在工作职责与工作方法等方面加强沟通，在行政执法与无效宣告的丰富实践中相互借鉴。孙处长还亲自参与案件处理的全过程，对专利行政执法的工作加以指导，提出宝贵的意见和建议。通过人员互派交流和挂职干部推动，进一步搭建双方互动交流的平台，增强合作共建的发展活力，达到了交流经验、加强学习、锻炼干部、共同促进的目的。

（供稿人：傅蕾）

配合国家专利复审委员会来粤审理专利无效案件情况

2009年，应广东省知识产权局邀请，国家知识产权局专利复审委员会电学处、化学处、通信处、光电处等多个部门分别5次来粤，共对36件专利权无效宣告案件进行公开审理。广东省知识产权局积极组织企业及社会公众参加审理旁听。2月，国家知识产权局专利复审委员会杨光副主任带队来粤调研，在广东省知识产权局唐毅副局长的陪同下，调研组深入基层、走进企业开展调研活动，在江门市与企业家面对面地了解他们对专利工作的意见和建议，以进一步改进管理水平、提高服务质量和提升办案效率。3月，复审委化学处一行到肇庆调研；5月，复审委廖涛副主任带队到广州调研；9月复审委电学处一行到阳江调研；9月复审委通信处和光电处一行到惠州调研。实践证明，邀请复审委来粤审理专利无效案件并开展调研，在提高审理效率，降低诉讼成本，服务社会基层等多方面发挥了良好的作用。

（供稿人：傅蕾）

案 例

2009 年广东省十个知识产权典型案件

关于公布十个知识产权典型案件的说明

为加大知识产权保护力度，进一步提高社会公众的知识产权意识，在社会上营造良好的知识产权保护环境，我们自 2002 年起，在每年“4·26”世界知识产权日活动期间，都向社会公布十个知识产权典型案件。受省政府知识产权办公会议办公室主任、省知识产权局局长陶凯元的委托，2009 年的十个知识产权典型案件，由省知识产权局唐毅副局长予以公布。

这次公布的十个典型案件，是从我省专利、商标、版权等知识产权行政管理部门和省公安机关、省高级人民法院以及海关总署广东分署提供的 31 个知识产权案件中挑选出来的。与往年相比，这次公布的十个典型案件，呈现出如下几个特点：一是社会影响大，这些案件涉及社会生活众多领域，受到社会公众的普遍关注；二是涉及类型广，涵盖了专利、商标、著作权和不正当竞争等多种类型的知识产权；三是代表性强，案件本身非常典型，基本反映了同类案件的共性问题；四是充分体现了知识产权保护的发展趋势，其中不少案例中的侵权手法揭示了侵权行为发展的新特点，案件的处理过程及结果则反映了知识产权保护的新动向。从这些典型案件可以看出，知识产权与社会公众的切身利益密切相关，知识产权保护在社会经济发展中的地位和作用已进一步显现。

在新的历史时期，知识产权保护工作正面临着紧迫的形势和严峻的挑战。我们希望通过公布这些典型案件，使广大公众了解我国知识产权保护发展的新特点和新趋势，更加重视、关注和支持知识产权保护工作，在全社会共同努力下，营造一个良好的知识产权保护环境，促进建设知识产权强省、构建创新型广东宏伟目标的实现，进一步推动我省经济社会又好又快的发展。

广东省政府知识产权办公会议办公室
二〇〇九年四月二十三日

案例一：重复侵犯“一种收放线用的线轮”实用新型专利权案

2007 年，专利权人郭某练就郭某浩侵犯其名称为“一种收放线用的线轮”、专利号为 ZL200520060063.2 的实用新型专利权，向汕头市知识产权局请求处理。该局立案后，经审理认定郭某浩侵权行为成立，遂依法做出处理决定，责令被请求人郭某浩立即停止侵权行为，销毁侵权产品的零部件以及模具。但郭某浩在汕知纠〔2007〕7 号处理决定依法生效后，并没有停止侵权行为，继续制造销售侵权产品。

2008 年 2 月，郭某练再次向汕头市知识产权局请求处理郭某浩重复侵犯其 ZL200520060063.2 实用新型专利权的行为。该局经过现场勘验调查取证，发现郭某浩继续制造、销售相同的侵权产品，根据《汕头市专利保护和促进条例》第四十一条“侵权人对同一专利权两次以上实施相同类型的侵权行为的，由管理专利工作的部门没收并销毁侵权物品，没收违法所得，并处违法所得三倍以下的罚款”的规定，除再次责令郭某浩立即停止侵权行为外，没收郭某浩销售侵权产品的违法所得，并处以违法所得二倍罚款。郭某浩最终自动履行了有关的处罚决定。

该案是《汕头市专利保护和促进条例》实施后，汕头市知识产权局首次对重复侵权作出的行政处罚。重复侵犯专利权行为一般是指专利行政管理部门或者人民法院作出侵权认定成立的处理决定或者判决生效之后，侵权人就同一专利权再次作出相同类型的侵权行为。这是一种严重的专利违法行为。严厉查处这种违法行为，不仅有效保护了企业和专利权人发明创造、自主创新的积极性，而且大力维护了市场竞争秩序和社会公众利益，对于健全和完善我国专利法规建设具有重要的意义。

（汕头市知识产权局提供）

案例二：特大制售假名牌洋酒瓶盖案

2008 年 6 月底，珠海市公安局经侦支队接获线索称：该市某村有一个涉嫌非法制造各种“洋酒”瓶盖的生产窝点。接报后，珠海市公安局经侦支队立即派出侦查员展开调查。经过连续多天的跟踪、守候、摸排，逐步摸清了制假窝点老板、生产工人人数、活动规律等情况。

7 月 4 日，珠海市公安局经侦支队对该制假窝点采取突击行动，现场抓获正在组织生产的老板李某某及生产工人 4 名，查获“芝华士”、“威士忌”、“蓝带”、“百灵坛”等各种“洋酒”瓶盖 17.5 万个及上述品牌商标标识一大批，及制假设备一套（8 台）。经审查，犯罪嫌疑人李某某对其涉嫌非法制造、出售非法制造的注册商标标识的犯罪事实供认不讳。目前，该案已移送检察机关审查起诉，法院已开庭审理，择日宣判。

该案是一起典型的家庭作坊式制假售假案件，设备简陋，加工简单，但仿真度较高、销路通畅。由于酒瓶盖是识别真假酒的重要标志，犯罪嫌疑人通过制造仿真度较高的假瓶盖，以假充真、以次充好，严重扰乱了酒类市场的管理秩序，危及人民群众的生命安全和身体健康。该案的成功侦破，有力地保护了知名洋酒品牌的知识产权，维护了消费者权益，净化了洋酒市场环境。

（广东省公安厅提供）

案例三：非法转播奥运赛事案

为加强第 29 届奥运会知识产权保护，广东省版权局会同省通信管理局和省公安厅，成立了处理非法转播奥运赛事案件工作组，专门处理我省奥运期间发生的侵权案件。在 2008 年 8 月 8 日至 9 月 17 日两个奥运会举行期间，工作组启动处理非法转播奥运赛事案件快速反应机制和工作流程，实行 24 小时值守，共快速查处了××明星网、××免费在线电视网、××搜索等 16 宗互联网站非法转播奥运赛事案件。

其中，核查关闭正在非法转播奥运赛事网站 11 家，查处并删除登载涉奥赛事信息 2 家，协查网站相关信息 2 次，注销违法网站 1 家，平均每宗案件的处理完成时间在 1 小时以内，最短的仅用了半小时，比上级规定的两小时内处理完毕的时限要求缩短了一半，有效保护了奥运会赛事权利人的合法权益。我省快速处理、及时制止非法转播奥运赛事，得到了国家有关部门的充分肯定和表扬。

本案的处理，为强化 2009 年广州亚运会知识产权保护工作提供了有益的借鉴。

（广东省版权局提供）

案例四：华某尘诉电视台侵犯“美在花城”著作权案

1988年起，广州某电视台每两年或一年举办一届“美在花城”广告新星大奖赛，且每届均将大奖赛决赛的实况经过剪辑制作成电视节目，由该电视台署名并播出。华某尘以其承包该电视台广告部并担任该电视台广告部主任期间，投资与电视台共同举办第一届“美在花城”广告新星大奖赛及投资拍摄电视节目为由，认为《〈美在花城〉——广告新星大奖赛方案书》、电视节目及“美在花城”作品标题的著作权均归其所有，向法院提起诉讼，请求判令该电视台停止侵权，消除影响，赔礼道歉，赔偿经济损失999.9万元。

该案一审法院认为，自然人不能成为电视节目著作权的权利主体，作品标题也不能独立作为一个作品享有著作权，判决驳回华某的诉请。二审法院认为，即使上述电视作品确属华某尘投资拍摄，民事主体投资与他人合作拍摄以类似摄制电影的方法创作的作品，双方对作品的权属没有约定或约定不明的，在发表作品上署名的制片者享有著作权，投资者只能就投入资金向著作权人主张债权，而不能主张著作权。同时作品名称作为作品的有机组成部分，难以独立表达作品的内容，不构成独立作品。故驳回上诉，维持原判。

“美在花城”广告新星大奖赛在广州地区乃至全国都享有较高的知名度，该案的社会关注度非常高。本案电视台是否构成侵权的前提是华某尘是否享有其所主张的相关著作权，法院针对投资人是否即等于电视作品的著作权人，作品名称能否作为独立的作品主张著作权，以及能否通过反不正当竞争法对作品名称进行保护等争议的问题，给出了明确的说法。

（广东省高级人民法院提供）

案例五：侵犯“虎头”牌商标专用权手电筒案

2008年7月22日，黄埔海关连续接到权利人举报，称有两批假冒“虎头”手电筒即将通过黄埔口岸出口。该关通过风险分析，立即联系现场海关通关、查验部门核对情况。在发现货物已经海关单证审核后，立即下达布控指令，进行重点查验，共查获两批次共计12540支“虎头 TIGER HEAD及图形”手电筒，市场价格近20万元。经立案调查，黄埔海关认定上述手电筒侵犯了“虎头”牌商标专用权，依法对两批侵权手电筒予以没收，并对当事人处以罚款。

广州市电筒工业公司作为我省大型企业，在中东、非洲等市场均享有较高的声誉。该案是黄埔海关继2007年查获10万余支侵犯“虎头”牌手电筒案之后，又一次查获同类货物。该案的查处有效维护了我省知名企业在海外市场的权益，对国内生产类似假冒侵权手电的厂家产生了极大的警示作用，凸显了海关打击侵权尤其是侵犯国内自主知识产权的坚定决心。

（海关总署广东分署提供）

案例六：侵犯“三角牌”注册商标案

2008年“4·26知识产权日”期间，广州某集团有限公司向省工商局投诉，反映在省内多处发现涉嫌侵犯“三角”商标的行为。经查明，该公司在第11类电饭锅、电风扇等商品上注册了“三角牌”商标，其商标专用权依法受到保护。随后，广东省工商局部署了保护“三角”商标的专项行动。4月28日，佛山市南海区工商行政管理局丹灶分局在丹灶金沙新安工业区内查获一批涉嫌侵犯“三角牌”注册商标的电风扇，经立案调查，认定佛山市南海某电器有限公司在未取得“三角牌”商标注册人授权的情况下，擅自在自己生产的产品上使用与“三角牌”近似的“澳皇三角”标识，并在市场上销售，非法经营额超过5万元。

根据《商标法》及其实施条例的相关规定，佛山市南海区工商行政管理局丹灶分局对佛山市南海某电器有限公司作出行政处罚：责令立即停止商标侵权行为；没收带“澳皇三角”标识的转页扇B2型1箱、台扇A2型15箱、壁扇B1型20箱、落地扇A3型16箱、落地扇A5型25箱、电火锅40箱；罚款人民币15万元。

此案主要涉及商标近似侵权的问题。该案中，广州某集团有限公司在第11类电饭锅、电风扇等商品上注册了“三角牌”商标，佛山市南海某电器有限公司在相同商品上使用的“澳皇三角”标识与权利人的“三角牌”商标构成近似。根据《商标法》第52条的规定，未经商标注册人的许可，在同一种商品或者类似商品上使用与其注册商标相同或者近似的商标的，属于侵犯注册商标专用权的行为。

（广东省工商局提供）

案例七：侵犯驰名商标“念慈菴”不正当竞争案

×××公司经核准注册“念慈菴”文字及图形组合商标，并将其使用在自己的药品“京都念慈菴蜜炼川贝枇杷膏”的外包装盒上。该商标亦因使用在前述产品上而被国家工商总局认定为驰名商标。×××公司以潮州某公司“京都蜜炼川贝枇杷膏”产品的外包装装潢，与其使用在先的包装装潢构成近似，向一审法院起诉，请求判令潮州某公司停止侵犯商标权及停止不正当竞争，赔偿经济损失30万元。

一审法院认为潮州某公司产品包装盒的图案与念慈菴公司商标不构成近似，而现有证据又不能证明“京都×××蜜炼川贝枇杷膏”为知名产品，驳回×××公司诉讼请求。二审法院认为，将权利人核准注册的商标本身与被控侵权人使用的装潢比对，确实不近似。但权利人持有的注册商标系驰名商标，且该商标系使用于“京都念慈菴蜜炼川贝枇杷膏”上而被认定为驰名商标的，故该产品应认定为知名产品。判决潮州某公司停止不正当竞争，赔偿权利人20万元。

本案涉及驰名商标“念慈菴”及知名药品“京都念慈菴蜜炼川贝枇杷膏”之间的关系，同时该商标及产品包装装潢在全国各地均有被假冒的现象，且药品的质量问题直接关系老百姓的利益。加大对知名品牌的司法保护力度，遏制一切仿冒和混淆的不正当竞争行为，对维护市场秩序和公众利益有着积极的作用。

（广东省高级人民法院提供）

案例八：侵犯“EPSON”商标专用权打印机色带案

2008年1月14日，北京某公司以一般贸易方式向拱北海关下辖九洲海关申报出口打印机用色带4.107万个，货物申报价值约人民36万元，出口目的国为古巴。该关通过风险分析，认为该批货物存在较大的侵权嫌疑，遂果断开箱查验，发现该批兼容色带在外包装盒上虽然也标明了国内生产厂家的商标，但却同时以放大、加粗的方式突显了“EPSON”商标字样，部分色带在“EPSON”之前还缺少表明其兼容产品特性的说明文字。

经联系“EPSON”商标权利人精工爱普生株式会社，其书面确认上述货物侵权并依法向海关提出了知识产权保护申请。经过立案调查，拱北海关最终认定上述4.107万个色带侵犯了EPSON商标专用权，并依法作出了没收并处罚款的行政处罚决定。

本案是近年来拱北海关运用风险分析方法，成功查获的案值最大、数量最多的一起兼容耗材产品侵权案件。该案发生后，拱北海关本着“查处一典型，教育一行业”的工作理念，主动加强了与珠海市耗材行业协会的合作，注重依靠行业协会的力量规范业内企业的生产和进出口行为，取得了良好成效。

（海关总署广东分署提供）

案例九：网站贩卖盗版图书和音像制品侵权案

2008年6月27日，广州市公安局网络警察支队四大队接到投诉，称“××书业”网站大量贩卖盗版图书和音像制品。接案后，公安人员从“××书业”网站上公布的收款银行账户、联系电话及QQ、电子邮箱等线索着手进行调查，初步掌握了嫌疑人的活动范围、业务来往方式，发现该“××书业”网站上公布的银行账号销售额已高达48万元人民币，其发行销售的非法出版物统计表也多达2000余种，同时获取了浙江、福建、山东等多个省市的书店向该网站采购盗版书的信息。

在确定了犯罪嫌疑人的真实身份、办公场所以及窝藏非法出版物的仓库地点后，2008年7月31日，广州市公安局网络警察支队四大队与广州市文化执法总队联合采取抓捕行动，于当日10时在广州市海珠区将犯罪嫌疑人抓获，在其办公室查获作案用的电脑、相机、银行卡、3000余册非法出版物等证物一批，在其仓库查获非法出版物超过1.2万册。按照出版物的原始定价，两处查获的非法出版物货值金额达33万余元。8月底，犯罪嫌疑人徐某梁被广州市人民检察院以“侵犯著作权”罪名批捕。

近年来，通过网络等高科技形式侵权的行为越来越多。此案的侦破，为广州市按照国家版权局、公安部、工业和信息化部的要求，开展“2008年打击网络侵权盗版专项行动”成功打响第一炮，得到国家版权管理部门的肯定。

（广东省版权局提供）

案件十：侵犯婴幼儿三轮车外观设计专利权系列案

请求人中山市某公司合法拥有“三轮车”、“婴幼儿车车轮护罩”和“三轮车”的外观设计专利权，专利号分别为ZL99304614.2、ZL99307743.9和ZL00320016.7。2006年12月，请求人以东莞市A公司和B公司制造、销售的“婴幼儿童车”产品侵犯其上述外观设计专利权为由，请求广东省知识产权局立案处理。

该局立案后，依法同时到东莞市两被请求人A公司、B公司的经营场所勘验检查，分别发现被控侵权产品、半成品、零配件，以及分别销售各类型号的被控产品共四万余台、九千余台的账册记录。在处理过程中，两被请求人均向国家知识产权局专利复审委员会提出上述外观设计专利权无效宣告请求，并请求广东省知识产权局中止案件的处理。经审查，该局认为被请求人提出的中止理由明显不能成立，随即作出不予中止处理的决定。其后，省知识产权局作出处理决定，认定被控侵权产品分别与三项外观设计专利权相近似，侵犯上述外观设计专利权，并责令两被请求人停止制造、销售与上述外观设计专利相近似的婴幼儿童车产品，销毁库存的产品、半成品、零配件。

两被请求人对上述处理决定不服，向广州市中级人民法院提起行政诉讼，该院于2008年1月作出维持处理决定的判决。两被请求人不服一审判决，上诉至广东省高级人民法院，该院于

2008年5月作出维持原判的终审判决。另外，国家知识产权局专利复审委员会于2007年9月和2008年9月对上述三项外观设计专利权分别作出了维持专利权有效的审查决定。

本案的处理充分显示了专利行政执法的优势，即通过行政执法程序可以快捷、准确地查明侵权事实，并依此作出正确的处理决定，有效地维护了专利权人的合法权益和公众利益。

而且，行政处理决定经得起行政诉讼一审、二审等多个环节的司法审查，也充分体现了专利行政执法的公平与公正。

（供稿人：李鹏）

2009年广东省知识产权审判十大案例

案例一：北京某公司诉深圳某有限公司等侵犯著作权上诉案〔（2008）粤高法民三终字第290号〕

【当事人】

上诉人（原审被告）：深圳市A公司

上诉人（原审被告）：B公司

上诉人（原审被告）：C公司

被上诉人（原审原告）：北京D公司

【案情及裁判】

某公司2005年5月获得国家测绘局颁发的甲级测绘资质证书，拥有导航电子地图制作资质，其第四版《“道道通”导航电子地图》于2006年8月获得《地图审核批准书》。B公司2005年6月24日取得国家测绘局颁发的甲级测绘资质证书。被控产品《×××全国导航电子地图（362城市）》（以下简称“《362图》”）在2007年2月1日获得国家测绘局签发的《地图审核批准书》。其后，某公司发现中佳讯ADH－105GPS导航器内装有被控产品《362图》光盘，光盘显示的版权与制作人为B公司。法院通过比对，发现两者存在个别字误相同、不规范简称相同等十二个相同点，在两者之间有若干不合理雷同的情况下，被控侵权人无法提供任何独立创作被控侵权作品的证据，因此认定B公司《362图》抄袭、剽窃了某公司第四版《道图》，判决B公司等停止侵权、公开赔礼道歉并赔偿北京某科技有限公司损失100万元及合理维权费用821870元。

【启示】

系广东法院受理的首件导航电子地图著作权纠纷，案件受到社会广泛关注。本案判决对于规范行业健康发展具有很强的指引作用。

案例二：美国安利有限公司、安利（中国）日用品有限公司诉广州安洛电器有限公司等侵犯商标权纠纷案〔（2008）穗中法民三终字第126号〕

【当事人】

原告一：美国某公司

原告二：中国某公司

被告一：广州A有限公司

被告二：金上乐

被告三：温州市B公司

【案情及裁判】

法院经审理认为，两原告核定使用在第29类商品上的“Amway＋飘带图形＋安利”注册商标符合驰名的认定条件，是驰名商标。被告一、被告三未经许可共同生产、销售标有“Amway及图”和“安利国际”字样的电工产品（属第9类商品），是复制两原告驰名商标主要部分在不相同和不相类似商品上进行使用的行为，该行为容易误导公众，致使两原告的利益可能受到损害，故侵犯了两原告驰名商标专用权，遂判令该两被告立即停止侵权并共同赔偿两原告20万元。

【启示】

对于普通注册商标而言，商标专用权以核定使用的商品类别为限。即未经许可，在同一种或者类似商品上使用他人注册商标，构成侵权，在不相同或者不相类似商品上进行使用，不构成侵权。但是，对于他人注册的驰名商标，即使是在不相同或者不相类似的商品上进行使用，如果误导公众，致使该驰名商标注册人的利益可能受到损害的，也构成侵权。即注册的驰名商标，可以受到跨商品类别的法律保护。

案例三：佛山合记饼业有限公司诉珠海香记食品公司侵犯商标权上诉案〔（2007）粤高法民三终字第 36 号〕

【当事人】

上诉人（原审被告）：珠海某公司

被上诉人（原审原告）：佛山市某公司

【案情及裁判】

盲公饼是佛山市创制于清嘉庆年代后期的土特产名产品之一。佛山某公司享有第 166967 号“盲公牌”商标和第 1965555 号“盲公”商标专用权，并在其生产的盲公饼上使用。珠海某公司在其生产的盲公饼的外包装标贴和产品本身使用了“盲公饼”文字，均作为商品名称使用。法院审理认为被控侵权盲公饼饼身所刻“盲公餅”阳文是对商品名称的正常使用，没有侵权；被控侵权产品外包装使用的“盲公饼”商品标记包含了第 1965555 号“盲公”文字商标的标识特征且与之高度近似，构成侵权，终审改判为珠海某公司停止侵犯第 1965555 号商标专用权并赔偿 5 万元等。

【启示】

商品通用名称的使用只能在通常意义上使用。在商品通用名称与他人注册商标权利冲突的情况下，应避免对他人注册商标专用权的侵害。应尽量避免使用跟他人的注册商标相近似的通用名称。

案例四：法国某诉广东某公司等侵犯商标权上诉案〔（2008）粤高法民三终字第 345 号〕

【当事人】

上诉人（原审被告）：广东某公司

上诉人（原审被告）：上海某公司

被上诉人（原审原告）：法国某公司

原审被告：深圳市某公司

【案情及裁判】

路易威登“LV”字母组合图案商标具有较高的知名度，但“四花瓣”标识仅为字母组合图案的一部分，并无证据证明路易威登“四花瓣”图形商标用于手表上在中国具有较高知名度。经对比，被控侵权的“SOLVIL”手表上花形装饰图案与“四花瓣”并不相同，“SOLVIL”手表上使用的图案花纹仅起装饰作用，而非作商标标识使用，并非商标意义上使用该图案。被控侵权的手表将“SOLVIL”字样置于手表中上部即标注商标的惯常位置上，与路易威登的手表有显著区别，而该位置是一般消费者了解手表品牌所关注的惯常位置。在没有误解商品和服务来源可能的情况下，即使被控侵权的手表上的花纹和“四花瓣”图案标识相似，“SOLVIL”手表上的花纹不足以造成一般消费者对该手表的来源产生混淆。二审改判驳回法国某公司的全部诉讼请求。

【启示】

组合商标中的一部分在特定商品上具有较高知名度并不代表组合商标中的所有商标在特定商品以外的其他商品上均具有较高知名度。被控侵权产品对商标图案花纹的使用仅起装饰作用，而非作商标标识使用，并非商标意义上使用商标图案，不构成侵权。

案例五：美国某公司、龙岗某首饰厂诉深圳某公司侵犯实用新型专利权上诉案〔（2009）粤高法民三终字第 70 号〕

【当事人】

上诉人（原审被告）：深圳市某公司

被上诉人（原审原告）：美国某公司

被上诉人（原审原告）：龙岗某首饰厂

【案情及裁判】

某首饰厂是美国某公司投资经营的企业，其申请了一种名为“多粒宝石自动黏接装置”的实用新型专利，并于 2005 年 11 月获得授权。之后，某公司发现原审被告深圳某公司在使用类似装置，认为深圳某公司侵犯了其专利权，遂向法院提起诉讼。法院审理认为，被控侵权产品的技术特征与专利产品的技术特征差别显著，实现目的的手段也不相同，两者不能构成等同。因此，深圳某公司被控侵权产品并未落入涉案专利的保护范围，没有侵犯美国公司和某首饰厂的合法权利。

【启示】

此案对于国内企业如何积极应对外国企业知识产权诉讼，依法维护自身权益，具有指导意义。

案例六：某活络油有限公司诉广州某医药保健品进出口有限公司等侵犯商标权上诉案〔（2007）粤高法民三终字324号〕

【当事人】

上诉人（原审原告）：某活络油有限公司

被上诉人（原审被告）：广州某医药保健品进出口有限公司

被上诉人（原审被告）：香港某医药控股有限公司

被上诉人（原审被告）：某国际药业有限公司

被上诉人（原审被告）：冠邦国际有限公司

【案情及裁判】

黄某某先生是×××活络油有限公司的创始人，该公司生产的“×××活络油”在海内外享有较高声誉，并获得中国内地注册商标。某医药控股有限公司的法定代表人是黄先生长子黄××，该公司根据1999年与香港某活络油有限公司签订的《协约》，拥有“×××活络油”在中国大陆市场的一切权益。2003年，香港某医药控股有限公司授予某国际有限公司及广州某医药保健品进出口有限公司在内地经营“×××活络油”产品的独家经销权。由于黄先生家族企业内部不睦，2006年5月，香港某活络油有限公司以广州××医药保健品进出口有限公司进口“×××活络油”产品涉嫌侵犯其商标专用权，向广州市中级法院提起诉讼，要求停止侵权行为，并赔偿经济损失1000万元人民币。一、二审法院审理认为，香港某医药控股有限公司根据与某活络油有限公司签订的《协约》，依法享有“×××活络油”在大陆的权益，双方均应依法履行合同义务，遂判决驳回某活络油有限公司的诉讼请求。

【启示】

该案的依法审理，规范了在境内外享有盛誉的“黄道益活络油”产品在内地的经营活动，得到社会各界肯定。

案例七：广东某照明有限公司等诉香港某国际照明股份有限公司侵犯商标权上诉案〔（2009）粤高法民三终字292号〕

【当事人】

上诉人（原审被告）：香港某国际照明股份有限公司

上诉人（原审被告）：中山市×××照明电器有限公司

上诉人（原审被告）：夏某

被上诉人（原审原告）：广东某照明有限公司

被上诉人（原审原告）：中山市某照明股份有限公司

【案情及裁判】

中山某照明公司是涉案7项“欧普”商标的注册人，广东某照明公司是商标使用许可人。中山市×××照明公司在其网站上宣称始终对经销商负责，并对经销商的店面装修、形象设计作统一要求。中山某照明公司、广东某照明公司以公证的方式获得了中山市×××照明公司设在浙江、江西、南京等地的经销商销售的被控侵权产品，上述经销商有突出使用“新欧普”、“香港新欧普国际照明”等字样的行为。法院审理认为，中山市×××照明对其经销商的管理已延及店铺装潢，香港某国际照明公司、中山市×××照明公司、夏某在销售被控侵权产品时共享宣传资料、销售平台，构成共同侵权。遂判决香港某国际照明公司等停止侵权，赔偿中山某照明公司、广东某照明公司经济损失人民币 80 万元。

【启示】

经营者应合理、规范使用企业名称。如经营者突出使用的企业名称与他人注册商标相同或近似，从而使消费者对其提供的商品或服务与商标权人的商品或服务造成混、误认，应认定其构成侵犯商标权的行为。

案例八：马×公司诉晋江市××食品有限公司、秦××侵犯商标权纠纷案〔（2008）粤高法民三终字第 131 号〕

【当事人】

上诉人（原审原告）：马×公司

上诉人（原审被告）：晋江市××食品有限公司

上诉人（原审被告）：秦××

【案情及裁判】

马×公司经中华人民共和国国家工商行政管理局商标局核准注册了“m&m’s”商标。此外，马×公司在中国还注册了第 1983591 号组合商标。2002 年 11 月，马×公司（许可人）与爱×公司（被许可人）签订《知识产权许可协议（营销部门）》，约定许可人向被许可人授予，非独占性地使用与知识产权的注册和申请中所适用的一切货物（包括服务在内）有关的知识产权的权利。马×公司认为被控侵权的黄、蓝、棕色包装的“果仁夹心巧克力豆”上的“meimei”标识分别侵犯了马×公司享有的注册商标权。法院经审理认为，原审被告未经马×公司许可，销售侵犯马×公司注册商标专用权的产品，侵犯了马×公司注册商标专用权，依法应当承担赔偿 30 万元等民事责任。

【启示】

本案系侵犯注册商标专用权纠纷，涉美案件，涉案商标在国际上享有较高知名度。本案依法审理，彰显了我国司法机关切实履行入世承诺，依法保护外国企业知识产权的决心。

案例九：王××等诉深圳书城×××实业有限公司、××音像出版社侵犯著作权纠纷案〔（2009）深中法民三初字第 86 号〕

【当事人】

上诉人（原审原告）：王×亚

上诉人（原审原告）：王小×

上诉人（原审原告）：王×英

被上诉人（原审被告）：深圳书城×××实业有限公司

被上诉人（原审被告）：××音像出版社

【案情及裁判】

原告黄梅戏演员严××的直系亲属王×亚等认为：1. 严××在黄梅戏《天仙配》中的唱腔具有著作权，2. 舞台剧黄梅戏《天仙配》先于电影《天仙配》，因此舞台剧《天仙配》各类作品的著作权人享有在先权利。原告认为××音像出版社未经著作权人许可出版的音像制品戏曲电影《黄梅戏》侵犯了严××的著作权和表演权，遂向法院提起诉讼。法院审理认为，电影作品的整体著作权归属于制片人，××音像出版社出版发行行为是对黄梅戏电影《天仙配》整体作品的使用，而不是单独使用《天仙配》唱腔设计的行为，所以无论原告主张的严××享有《天仙配》唱腔设计著作权的主张能否成立，上诉人均无权向被上诉人××音像出版社主张该唱腔设计著作权被侵犯的请求权。法院判决驳回原告的诉讼请求。

【启示】

电影作品的整体著作权归属于制片人，制片人对外授权他人使用电影作品，或发生电影作品著作权被侵犯的情形，只能由制片人作为著作权人对外来行使权利或主张权利，电影内部作品的著作权人无权向该侵权人主张权利。

案例十：台山××电器有限公司诉广州第×电器厂、北京××信息技术有限公司侵犯商标权纠纷案〔（2008）穗中法民三初字第119号〕

【当事人】

上诉人（原审原告）：台山××电器有限公司

上诉人（原审被告）：广州第×电器厂

被上诉人（原审被告）：北京××信息技术有限公司

【案情及裁判】

台山××电器有限公司是绿岛风“Nedfon”中英文文字组合商标（绿岛风 Nedfon）的独占使用人。广州第×电器厂在北京××信息技术有限公司的代理商处购买了Google AdWords广告服务。网络用户通过google的搜索引擎，输入关键词“绿岛风”进行网页搜索，该搜索页面的右栏赞助商链接第一项搜索结果显示是“绿岛风—第×电器厂”及其链接www. gzmeihao. com，该页面搜索结果的左栏第一项显示的是台山××公司的名称及网页链接。台山××公司认为北京谷翔信息技术有限公司与第×电器厂的上述行为侵犯了其商标独占使用权。法院审理认为，公司对第×电器厂的商标侵权行为提供了帮助，××公司已经主动承担了停止侵权的民事责任，第×电器厂的侵权行为无法再继续实施，故不再判令停止侵权。但就赔偿损失及合理费用的负担问题仍旧应当由第×电器厂和××公司共同承担连带责任。二审法院综合考虑二审发生的费用以及根据商标的知名度、侵权的时间、情节等因素，改判“广州第×电器厂、北京××信息技术有限公司于本判决送达之日起十日内共同赔偿台山××电器有限公司经济损失及合理费用人民币50000元”。

【启示】

国家鼓励互联网行业积极创新，鼓励其通过提高技术水平和经营管理水平来提升行业竞争力。随着互联网的迅猛发展，网络用户要在海量信息中寻找自己所需要的信息如同大海捞针，而搜索引擎作为快捷检索信息的网络工具广泛被网络用户使用，为广大网络用户带了巨大的便捷。关键词广告本身是技术创新和经营管理创新的产物，其以搜索引擎技术发展为基础，网络环境下技术和服务的创新和发展绝非脱离法律监管的理由。

（供稿人：李艳）

2009年广东海关知识产权保护典型案例

准确适用新法规，助推生产加工型企业渡过金融危机

——广州海关查获出口“HITACHE”吸尘器4240台案例

一、案情简介

2009年6月27日，佛山市某电器制造公司向广州隶属佛山海关驻顺德办事处申报出口至沙特阿拉伯真空吸尘器4个货柜共4240台，申报货物价值人民币709570.2元。海关查验发现上述吸尘器标有“HITACHE”标识，与株式会社日立制作所在海关总署备案的“HITACHI”商标仅一字之差。“HITACHI”商标权利人株式会社日立制作所认为上述货物为侵犯其商标权产品并向广州海关提出扣货申请。

广州海关经调查，发现涉案企业系受一家伊拉克公司委托生产上述货物。2008年下半年以来，国内生产加工型企业在欧美订单大幅减少的情况下，将东南亚、中东等新兴市场的订单视为渡过金融危机的救命稻草，且知识产权保护法律意识模糊，对委托方授权文件的有效性没有认真审核，导致侵权行为的发生。

考虑到上述情况，广州海关根据《中华人民共和国海关关于〈中华人民共和国知识产权海关保护条例〉的实施办法》（以下简称《实施办法》）的相关规定，并结合该案是近似商标侵权，不构成犯罪且涉案货物产品质量已经检测的情况，接受了双方当事人自愿合法协商的和解协议，对该案终止调查，由生产厂商对涉案货物进行除标处理，既保护了商标持有人的合法权益，又避免了生产企业的重大损失，还避免了社会财富的浪费，达到了多方共赢的效果，权利人株式会社日立制作所专程向海关送来感谢牌匾。

二、案件主要特点

（一）准确适用新法规，助推企业渡过金融危机

该案涉案货物数量多，价值高，企业向海关申报日期为2009年6月27日，海关立案日期为7月3日，修改后的《实施办法》自2009年7月1日起施行。海关按照“从旧兼从轻”的原则，在涉嫌侵权行为未涉嫌构成犯罪的情况下接受当事人双方的和解协议，避免了没收货物给生产企业带来的沉重打击，为企业保存实力渡过金融危机提供了帮助。

（二）坚持把关服务，促进企业健康发展

海关在接受当事人和解后，并未简单地“案结事了”，而是对生产厂商进行法制教育，并督促其进行整改，帮助企业规范管理。同时结合关区内生产加工型企业以接受海外定牌加工为主的情况，进一步加大宣传力度，在广佛地区举办多场宣讲会，以案说法，推广定牌加工授权预审核制度，帮助企业防范经营风险，深受企业欢迎。

紧跟时尚热点，准确风险布控，严厉打击批量邮递出境侵权物品行为

——广州海关1天内查获邮寄出境侵权“UGG”雪地靴860双

一、案情简介

2009年12月26日，圣诞新年之际，广州海关驻邮局办事处在860票寄往美国、日本等国的快件中查获侵犯“UGG”商标权雪地靴860双。此案860件快件全部为1个邮包内仅有1双雪地靴，每票邮件的包装方式完全相同，反复使用几个假姓名、假地址，在同一天内集中闯关，具有明显的网上贸易特征。且靴子内外包装齐全，款式多样，经权利人鉴定为近似程度较高的假冒产品。

二、案件主要特点

（一）严厉打击通过邮寄快件渠道分散寄递出口侵权物品的不法行为

本案中，每个邮包的包装方式包括邮包内的配件等配置完全相同，明显具有同源性。860个邮包在寄件人信息中反复使用“王平”、“胡仙”等姓名和多个构成方式雷同的地址，网络化、集团化运作痕迹明显。可见不法分子受到海外市场的巨大吸引，为逃避海关监管，宁肯增加运输成本采用一票一件直接寄递的方式，企图通过多票邮件分拆集中闯关。现场关员严格把握执法尺度，对此类贸易性质明显的邮包予以严密查控，遏制了不法分子通过一票一件、集中闯关的方式企图逃避海关监管行为。

（二）紧跟时尚热点，准确风险布控

相比“NIKE”、“LV”等被侵权经典品牌，“UGG”属于新兴品牌，其雪地靴因受众多好莱坞明星的青睐，在海外市场迅速刮起了一阵时尚旋风。广东东莞等地有多个该商标权利人授权的生产加工基地，而广州周边地区也因制鞋业发达成为不法分子生产、加工假冒“UGG”雪地靴的大本营。正品“UGG”雪地靴价格在人民币2000元左右，而假冒的雪地靴则多数只卖50～100元。越来越多的不法分

子受高额利润和海外市场空间的驱使，在广州周边组织货源后通过互联网销售至海外市场。考虑到该产品的季节性，广州海关在圣诞、新年前期加大布控查验力度，在邮递快件渠道先后查获“UGG”商标权雪地靴2752批次，共计5877双，居全国海关前列。为此，“UGG”商标权利人德克斯户外用品有限公司及其代理人先后两次到访广州海关并赠送“忠于职守、廉明高效”的感谢牌匾。

深圳海关查获全国数量最大的假药出口案

2009年1月，深圳海关查获了一宗特大假药出口案，查获假药数量近300万粒（若按真品市场价格计算，该批假冒药品价值约人民币1.57亿元）。查获该案后，深圳海关立即将有关情况报告海关总署。海关总署对此案高度重视，将相关线索通报公安部。目前，此案已作为公安部督办案件交由广东省公安厅进行侦办。

2009年1月3日，揭阳市某公司委托深圳市某货运代理有限公司，持530420090045005212号报关单，以一般贸易方式向深圳海关隶属蛇口海关申报出口电脑机箱（不带电源）1026台，申报价格18262.8美元，目的国埃及，承载集装箱为20尺集装箱。经风险分析，深圳海关认为该批货物存在以下疑点：一是目的国为埃及，从以往经验来看，埃及是地中海航线中一个侵权高风险挂靠港，近年来该关查获的多宗侵权案件涉及的目的国就是埃及；二是经营单位揭阳市某公司是“生疏”外地企业，实际货源地揭阳地区是国内几个主要假药生产地区之一；三是经调阅有关资料库，代理报关企业深圳市某货运代理有限公司在海关曾有多次违法记录，四是电脑机箱产品出口在蛇口港虽为常见，但一般用40尺集装箱装载货物较多，而用20尺集装箱的情况较少见。综合以上分析，该关下达了B级查验指令，并要求查验部门查验核实货物的品名、数量和品牌。

开柜后，查验关员发现该柜前端整齐堆放了电脑机箱的包装纸箱，在卸下前三排电脑机箱后，开始有化妆品的出现，至此，查验部门当机立断，将查验等级提升为A级，对该柜进行彻底查验，最终查获药品数量近300万粒，侵权对象包括辉瑞产品有限公司的“伟哥”，拜耳股份有限公司的“LEVITRA”，史密斯克兰·比彻姆公共有限公司的“PANADOL”三大世界知名品牌。经相关权利人确认，该批药品全部是侵权假冒产品。涉案药品虽然外观“精良”，但是质量低劣，若流入市场，将可能对众多消费者的身体健康产生严重损害，甚至造成生命危险。据权利人代表称：此案不仅是中国海关查获的数量最大的假药出口案，也是国内行政执法部门发现的单批数量最大的假药案。

中山市某商业有限公司申报出口铜球锁侵犯MAXIM商标专用权案

2009年1月16日，中山市某商业有限公司（以下简称当事人）以一般贸易方式向拱北海关隶属中山海关驻小榄办事处申报出口铜球锁等货物一批，申报品牌为“MAXIM BRAND”牌，货物的目的地为美国。海关对该票货物实施彻底查验，发现当事人申报的15000个铜球锁的商品包装盒上带有“MAXIM LOCKS”标识，涉嫌侵犯蔡××在海关备案的“MAXIM”商标专用权（备案号：T2009—14719）。该案涉案货物价值总计人民币495279.80元。

海关经立案调查，认为当事人申报出口的铜球锁的包装盒上使用的“MAXIM LOCKS”标识与权利人在海关总署备案的“MAXIM”注册商标中“MAXIM”字母、排列顺序相同，文字字形、读音、整体结构相似，根据《最高人民法院关于审理商标民事纠纷案件适用法律若干问题的解释》第九条第二款的认定标准，两者属于近似商标。鉴此，拱北海关认为，当事人在同一种商品上，将与他人注册商标相近似的标志作为商品装潢使用，误导公众，根据《商标法》第五十二条第（五）项、《商标法实施条例》第五十条第（一）项之规定，该批货物属于侵犯权利人蔡××“MAXIM”商标专用权的货物。后因权利人与当事人经协商达成和解，此案实现了“定纷止争”、“案结事了”，确保了海关执法法律效果与社会效果的有机统一。

此案是拱北海关2009年度查获的首宗侵犯自主知识产权案件，也是该关2009年加强国内自主知识产权保护的一个成功范例。去年，拱北海关积极顺应国际国内形势变化，制定出台了《拱北海关关于落实促进经济增长十项措施、加强关区自主知识产权保护工作的五项举措》，并在关区范围内组织开展了一次代号为“春风”、为期5个月的保护自主知识产权专项行动。行动期间，拱北海关坚持打击侵权与提升服务相结合的指导思想，重点监控和严厉查处货运、快件及行邮渠道侵犯国内自主知识产权的违法行为，先后查获了3宗侵犯国内自主知识产权案件，涉嫌侵权货物4.3万件，案值416.4万元。与此同时，拱北海关还不断拓宽和丰富知识产权海关保护工作的服务渠道和内涵，分别开通了珠海、中山两地知识产权海关保护热线电话，选择重点企业在申请备案、政策指引、预审核服务、打击侵权等方面提供帮助，热情为关区自主知识产权企业自主创新和开拓国际市场提供服务，取得了良好成效。

黄埔海关查获假冒“Marlboro”等香烟案

一、案情简介

2009年7月，黄埔海关根据地方烟草专卖行政主管部门提供的情报，获悉即将在黄埔老港海关出口的一批货物有出口假冒香烟的重大嫌疑，该关对此情况极为重视，密切监控有关口岸的进出口情况，迅速下达风险布控指令。

7月23日，黄埔海关隶属的老港海关根据风险布控，对虎林市某经贸有限公司申报出口至约旦的6个集装箱进行布控查验。经查，该批货物中有大量涉嫌侵权香烟，共计4个品牌75168条，分别涉嫌侵犯菲利普莫里斯产品有限公司的“Marlboro”、FTR控股有限公司的“L&M”、日本烟草产业株式会社的“Winston”商标专用权。

二、案件处理情况

黄埔海关法规部门依法迅速通知相关权利人，权利人均在规定期限内提出保护申请并提供担保。鉴于本案案情重大，且涉及与地方烟草专卖行政主管部门执法协作的问题，黄埔海关迅速成立专案组，克服各种困难开展案情调查工作，收集有力的证据材料，为认定货物侵权做好了充分保障。同时，主动走访有关部门，做好执法协作工作，争取地方部门的支持，并会同广东分署和省烟草专卖局共同研究联合执法等有关问题。

在专案组的努力和有关部门的支持下，黄埔海关最终顺利办结了这宗出口假冒香烟大案，对发货人依法作出了没收侵权货物并处罚款人民币26000元的行政处罚。

三、案件评析

“7·23”假冒香烟案是近年来黄埔海关查获的最大一宗出口假冒香烟案件，也是海关系统中一次性查获侵权货物数量较大的案件，本案的查获有力震慑了不法分子，使黄埔海关的进出口贸易秩序得到进一步净化。通过本案的查处，黄埔海关在全国海关查获侵权货物数量的排名上升到第三位，知识产权保护执法能力得到了海关总署的充分肯定。由于本案涉及的知识产权权利人较多且为国际知名企业，黄埔海关及时做好了对国际烟草联盟的通报工作，使本案在国际烟草行业有较大的知名度和影响力，树立了中国海关致力于知识产权保护的良好执法形象。

黄埔海关查获假冒“海飞丝”等日化产品案

一、案情简介

2009年8月，黄埔海关接到知识产权权利人举报，称有一批假冒日化产品即将在黄埔老港海关出口。8月21日，黄埔海关办案人员在掌握了有关假冒日化产品的确切情报后立即赶赴监管现场，加班加点查找装有涉嫌侵权货物的3个集装箱，施加封志，并于翌日对货物进行彻底查验，一举查获了伪报的涉嫌侵权洗发水共计3个品牌、66010瓶，其中标有“SUNSILK”商标的洗发水26650瓶、标有“PALMOLIVE”商标的洗发水10560瓶、标有“head&shoulders”商标的洗发水28800瓶，涉嫌侵犯联合利华有限公司、高露洁棕榄公司、宝洁公司（美国）的商标专用权。

二、案件处理情况

黄埔海关在对侵权嫌疑货物进行清点后，立即通知权利人，并与其保持紧密联系，同时，加班加点做好扣留货物的相关工作。鉴于本案案情重大，且可能还有部分侵权货物仍存于广州市白云区内的某仓库，黄埔海关设立专案组周密部署深挖侵权源头的有关工作，在案件办理的前期就主动到广州市整规办通报有关情况。在黄埔海关的协助下，广州市整规办查封了相关仓库，查获了约60万瓶侵权日化产品。在获悉可能有部分产品通过深圳海关出口后，该关迅速向广东分署报告有关情况，协助知识产权权利人与深圳海关的联系工作，帮助深圳海关查获了4个集装箱的侵权日化产品。由于部分侵权货物在海关进行布控前已装船运离我国口岸。经总署同意后，黄埔海关积极配合知识产权权利人请求香港、阿联酋海关对有关货物进行拦截的行动，向知识产权权利人和有关海关提供了必要的信息。在多方的共同努力下，最终在阿联酋迪拜成功截获了5个集装箱、30余万瓶侵权日化产品。

三、案件评析

通过本案的查处，黄埔海关的知识产权保护执法能力得到了海关总署的充分肯定。由于本案涉及的知识产权权利人较多且为国际知名企业，本案在知识产权保护执法领域有较大的影响力。此外，本案是海关与海关之间、海关与国内其他执法机构之间执法协作的一次成功示范，使本案的影响面进一步扩大；同时黄埔海关还积极参与了海关知识产权保护的国际执法协作，并取得显著成效，使本案成为中外海关开展国际执法协作的典型案例，树立了中国海关致力于知识产权保护的良好执法形象。

江门海关查获假冒“镇江香醋”案

一、基本案情

2009年3月30日，江门市某进出口有限公司向江门海关外海办事处申报出口“梅花镇江香醋”，共153箱（每箱24瓶）合计3672支，价值1407.4美元。目的港为香港。

现场海关在进行审查时，发现该批票货物存在比较大的侵权风险。疑点有：

1. 镇江香醋不远千里绕到广东出口？报关单上的申报内容“梅花镇江香醋”与近年该关查获的“金梅牌”镇江香醋侵权案件情况相似，数量不大，却不远千里绕道到广东江门口岸出口，有近似商标侵权的可能。

2. “镇江香醋”刚刚被海关总署核准备案，各地的食用醋生产企业还习惯于早先免费的贴“镇江香醋”名牌待遇，莫非这批货物也是这类自封的名牌货？

于是，海关关员决定对该票货物进行风险布控，并实施了重点查验。查验关员发现货物上带有“镇江香醋”，外包装还标有繁体“镇江香醋”字样。通过查询海关总署“知识产权海关保护备案申请系统”，海关人员进一步核实“镇江香醋”是镇江市醋业协会向海关总署申请保护的商标，并且为海关总署刚在2009年3月3日最新核准的一批备案。海关将有关情况通知了镇江市醋业协会。镇江市醋业协会经过鉴定，确认该批香醋为侵权产品，于4月2日向江门海关提交了扣留申请和担保金。江门海关根据镇江市醋业协会的申请依法扣留了该批香醋。

在调查中，海关调查人员了解到，该批香醋是香港陈某委托出口的。香港陈某经营土特食品，一直以来就以“镇江香醋”名义申报出口。这次由于“镇江香醋”镇江市醋业协会及时进行海关备案，加上现场执法关员监管工作的细致认真，假冒“镇江香醋”被一举查获，一条经营多年假冒“镇江香醋”商标香醋出口的渠道被彻底截断。

2009年6月，江门海关依法对当事人作出没收侵权货物并科处罚款的行政处罚。

二、案件评析

1. 该案属于海关保护国内自主品牌暨地理标志的案例，在当前形势下具有积极意义。

2. 核准备案的当月即查获侵权货物，充分表明海关保护国内自主知识产权的高效。

3. 海关运用风险分析对侵权嫌疑进行布控。

湛江市某有限公司出口电感镇流器侵犯“SYLVANIA”商标专用权案

一、案件基本情况

2009年10月20日，湛江某有限公司向湛江海关隶属霞山海关申报出口4票、27424个电感镇流器，价值184148.72美元，约合人民币125.77万元，目的国是美国。接单审核人员发现，该4票电感镇流器均申报使用SYLVANIA商标，通过查询“知识产权海关保护备案申请管理系统”，“SYLVANIA”已经在海关总署备案，但许可使用单位中没有湛江某有限公司，有侵权嫌疑。查验发现，电感镇流器的机身和包装盒上都标有SYLVANIA商标。案件线索移交到法规部门后，法规部门查明SYLVANIA商标的权利人是弗洛维国际照明设备控股公司，但湛江某有限公司向海关提交的资料称，这批货物是其美国客户定购，其客户在美国合法拥有SYLVANIA商标。

2009年10月27日，湛江海关依法扣留有关侵权嫌疑货物，开展调查取证工作。11月12日，当事人到我关作询问笔录，表示其根据美方客户要求使用SYLVANIA商标，此前从不知道弗洛维国际照明设备控股公司及其在中国注册SYLVANIA商标的情况。期间，当事人通过其美国客户积极寻求与权利人和解。11月5日，权利人通过代理人向海关提交申请，确认湛江某有限公司是其合作伙伴欧司朗公司（OSRAM GMBH）的供货商，经欧司朗公司与权利人沟通，权利人与湛江某有限公司达成和解，追认该批出口电感镇流器为授权产品，并向海关申请解除扣留。11月16日，湛江海关终止案件调查，并解除扣留侵权嫌疑货物，妥善处理了案件。

二、案件特色

（一）提高关员知识产权保护意识。该案的查获起到积极的推动作用，现场关员查处侵权案件的意识和热情空前高涨。

（二）引起地方各界高度重视，促使便于海关知识产权保护工作开展氛围的形成。此案发生后，海关多次联系地方政府部门开展宣传和培训，促进了地方对海关工作的了解和支持，提高了企业自主维权和尊重他人权利的意识。

（三）案件妥善处理，政策宣传作用明显，

促使当事人明辨是非、转变观念。海关考虑权利人的意愿，及其与当事人和解的状况，在有效保护知识产权实施的前提下，为有利于双方当事人的利益，有利于促进外贸出口，有利于促进地方经济发展，最终和解结案，加大了海关知识产权保护工作的正面宣传作用。

（供稿人：孙悠翔）

主要案例

案例一：佛山市南海区黄岐某手机电池加工场涉嫌生产假冒伪劣手机电池案

2009 年 8 月 26 日，根据群众举报是，佛山市南海区质监局执法人员依法对位于佛山市南海区黄歧沙溪东北旧街二十七巷 5 号五楼的手机电池加工场进行执法检查。检查时，该加工场内有 38 名工人及主管 1 人，工人正在生产标注“MOTOROLA”、“SAMSUNG”等字样的手机电池。在该加工场内，执法人员共查获该工场生产的涉嫌假冒厂名及利用标识弄虚作假的手机电池成品共 51163 块、电芯 18677 块、手机电池外壳 68 套、生产设备 4 台。货值约 400 万元。

因该案涉案产品货值较大，责任人涉嫌刑事犯罪，南海区质监局于 8 月 26 日将案件移送佛山市公安局南海分局进行立案查处，追究当事人的刑事责任。

案例二：肇庆市怀集县怀城镇一窝点涉嫌非法生产名牌汽车刹车片案

2009 年 11 月 5 日，根据举报，肇庆市怀集县质监局联合公安部门依法对怀集县怀城镇某窝点进行执法检查，发现该窝点涉嫌违规生产名牌汽车刹车片。检查现场有 6 名工人正在生产加工刹车片，违规生产的设备磨面机、开槽机、磨外弧机等七台，执法人员查获标有“TOYOTA”的汽车刹车皮碟刹片近六千多片、鼓刹皮八百多个，五十铃货运车一辆，车上有刹车片成品 19 多箱以及原材料、包装物、资料一批。

因该案责任人涉嫌刑事犯罪；怀集县质监局于 11 月将案件移动当地公安机关进行立案查处，追究当事人的刑事责任。

案例三：侵犯“青岛啤酒”、“TSINGTAO”商标专用权案

案情

2009 年 2 月，青岛啤酒股份有限公司向深圳市工商行政管理局投诉，请求该局对深圳市某娱乐有限公司销售侵犯其商标专用权商品的行为进行查处。

深圳市工商行政管理局根据投诉，对被投诉人进行了现场检查。现场查获涉嫌侵犯注册商标专用权的啤酒 732 支（其中“青岛纯生清润啤酒”317 支，“青岛特制啤酒”415 支）。经投诉人青岛啤酒股份有限公司鉴别，上述物品为侵犯“青岛啤酒”、“TSINGTAO”注册商标专用权的产品，被投诉人对此侵权行为也供认不讳。经调查，被投诉人自 2009 年 1 月开始，从青岛某啤酒有限公司购进啤酒瓶颈处带有“青岛啤酒”和“TSINGTAO”标识字样的“青岛特制啤酒”和“青岛纯生清润啤酒”100 箱（每箱 24 支）。至案发时止，被投诉人已销售 1668 支，销售价格每支 4 元。

被投诉人的上述行为，属于《商标法》第五十二条所指的商标侵权行为。依据《商标法》第五十三条和《商标法实施条例》第五十二条的规定，深圳市工商行政管理局对当事人作出“责令立即停止侵权行为、没收侵权啤酒 732 支，罚款人民币 30000 元上缴国库”的行政处罚。

评析

在本案中，被投诉人不是传统意义上的销

售经营主体，而是提供卡拉 OK 服务娱乐的经营者。这类经营主体的主要经营行为是提供服务，销售酒水或者饮食只是一种附带经营行为。因此，这类经营主体存在商标侵权行为的情况不容易发现，进而证明侵权行为已经延伸到非常态的经营领域。本案的侵权物品是未经商标注册人的许可，在同一种商品上使用了与权利人注册商标相同的商标，查处这类案件的关键在于商标权利人对涉嫌侵权物品的确认。

案例四：侵犯“ERICSSON”商标专用权案

案情

东莞市工商行政管理局的执法人员在巡查中发现，自然人陈某未领取工商营业执照，即擅自在东莞市塘厦镇科苑城精工科技园开办企业，并以虚假的企业名称对外接受委托，加工标有“Snoy Eriosson”字样的手机产品。东莞市工商行政管理局调查后认定，当事人陈某的行为属于无照经营及侵犯注册商标专用权行为，依据《广东省查处无照经营行为条例》、《中华人民共和国商标法》及《中华人民共和国商标法实施条例》的有关规定，对当事人作出以下处罚：1. 责令当事人立即停止上述侵犯注册商标专用权及无照经营行为；2. 没收并销毁当事人加工的侵犯注册商标专用权的手机半成品及手机元件共计 24711 个；对当事人从事无照经营行为处以 1 万元、对侵犯注册商标专用权的行为处以 10 万元的罚款，上缴国库。

评述

本案中，当事人的两种违法行为是交织在一起的，其为从事商标侵权的经营活动虚构了一个企业名称，因此不能单纯地将本案视为无照经营案件，而应当对其主要的商标侵权行为一并予以查处，避免当事人避重就轻，逃避法律法规的处罚。当事人陈某加工的“Snoy Eriosson”手机，其中“Snoy”与日本索尼株式会社注册的“Sony”商标相比较，在字母的排序上做了调整；“Eriosson”与爱立信有限公司注册的“ERICSSON”商标相比较，只改变了一个字母，两个单词从整体上看，与权利人的注册商标十分近似，容易造成消费者的误认误购，当事人模仿他人注册商标的主观刻意较明显，其商标侵权行为应当受到处罚。

（供稿人：李铮　东莞市工商行政管理局商标广告管理科）

广东省野生动植物保护情况

一、开展重点野生动植物的野外资源调查和保护

1. 开展珍稀濒危野生动植物资源调查与监测。组织开展全省野生鸟类、南岭地区珍稀动物、鳄蜥、珠江口岛屿猕猴和野生植物极小种群等野生动植物野外资源调查与监测工作。

2. 实施苏铁、兰科、鳄蜥等珍稀濒危物种回归自然工程。继续开展国家苏铁、兰科植物种质资源保护中心对苏铁、兰科植物的野外资源调查、种质资源收集、迁地保护、回归自然工程等科学研究工作；推动广东曲江罗坑省级自然保护区鳄蜥研究中心人工繁育鳄蜥，已繁育鳄蜥 131 条，并于 2009 年 7 月 30 日组织开展人工繁育鳄蜥野外放归活动，在罗坑省级自然保护区放归人工繁育鳄蜥 30 条。

3. 开展南岭地区华南虎的调查、监测以及人工繁育研究。继续组织开展南岭地区野外华南虎调查监测；2009 年 10 月 30 日，召开华南虎保护与人工繁育技术座谈会，邀请有关单位专家、学者共同研讨华南虎的保护现状、人工繁育技术及发展方向。

4. 积极推进极小种群野生植物保护。组织开展观光木、猪血木、报春苣苔、丹霞梧桐等 4 个极小种群野生动植物拯救与保护工程项目的实施，积极推进广东极小种群野生植物保护。

二、规范野生动植物资源培育与经营利用

1. 规范敏感物种中的穿山甲片、稀有蛇类、象牙及其制品的经营利用管理。组织开展了对广东省内有关单位和个人库存敏感物种中的穿山甲片、稀有蛇类、象牙原料及其制品的情况调查、登记备案、清理整顿，下达了穿山甲片、稀有蛇类原材料利用的年度限额、年度消耗控制量等。

2. 建立“谁投入，谁拥有，谁受益”的机制，调动经营利用主体参与资源培育的积极性。在一些酒楼饭店建立了梅花鹿、鳄鱼等野生动物养殖场，一些中医药企业积极参与熊、蛇等野生动物养殖合作和投资建立金毛狗脊等野生植物培育基地，以解决其生产所需的野生动植物原材料来源。湛江徐闻县神州木兰园培植中心建立了优良木兰科树种示范基地，种植木兰科植物1560亩，育苗200万株。

3. 实行野生动植物标记管理。做好养殖、经营利用企业的养殖动物及其产品的标记管理工作；在全国率先试行个人携带兰花赴港澳标识管理制度，初步建立了有效的市场准入机制。

三、严厉打击破坏野生动植物资源的违法犯罪活动

1. 开展野生动植物保护日常检查与专项执法行动。广东省林业局组织开展了“绿盾三号行动”、保护野生鸟类和“2009冬季行动”等专项执法行动。行动期间，广东省各地林业部门高度重视，精心组织，集中时间、集中警力，集中清查非法收购、出售重点保护野生动物的市场、窝点和酒楼，重点打击在非法猎捕、收购、运输、出售国家、省重点保护野生动物的违法犯罪行为，收缴国家保护野生动物2万多只，有力打击了破坏野生动物资源的违法犯罪活动。

2. 2009年12月17日，广东省野生动植物保护管理办公室联合海关总署广东分署、广东省森林公安局在边境口岸开展进出口野生动植物及其产品的执法巡查行动，重点对广州白云机场、广州火车东站、深圳罗湖口岸、深圳皇岗口岸货物和口岸商店摆卖货品进行了巡查，没有发现口岸商店摆买和旅客非法携带濒危物种及其制品的情况。

3. 广东省野生动植物保护管理办公室联合广东省森林公安局、广州市森林公安分局对广州华林国际市场的部分经营档口及周边市场进行清查整顿。共清查了21个经营象牙及其制品的档口，一举端掉了3个非法经营象牙及其制品的窝点，现场抓获涉案人4人，缴获涉案疑似象牙及其制品73件共7.3公斤，派发宣传资料200份。

（供稿人：张心结）

知识产权管理与服务

区域知识产权发展

知识产权试点示范

知识产权重大决策研究

专利代理管理

服务与支撑机构

区域知识产权发展

广东区域知识产权发展计划

2009年，广东省知识产权局在总结2008年广东区域知识产权发展计划执行情况的基础上，继续推进该项工作。一是加大专项经费的支持力度，总额达到688万元；二是增加“规范专利代理市场”的指令性工作任务。在制定年度发展计划时，主要遵循“注重实际，兼顾绩效；沟通为主，指令为辅；把握原则，注意平衡；全局为重，灵活处理”的原则。为鼓励先进，鞭策后进，对2008年度区域知识产权发展计划项目完成质量较好的市适当增加工作经费的额度，而对完成计划项目质量较差的则减少工作经费。通过调整，近2/3的市增加了工作经费。

8月14日，在广州举办广东区域知识产权发展计划总结会暨2009年合同签署仪式。会议由广东省知识产权局党组书记马宪民主持，局长陶凯元到会并讲话，副局长郑良生做总结报告，副局长唐毅、朱万昌也出席会议。各地级以上市知识产权局的领导和业务科室的负责同志及广东省知识产权局机关各处室和局属单位的主要负责人参加会议。

（供稿人：王开智）

知识产权试点示范

2009年广东省知识产权区域试点示范工作

为进一步运用知识产权制度推进区域技术创新与经济发展，提高区域知识产权创造、运用、保护和管理的能力，提升区域竞争力，根据《广东省区域知识产权试点示范工作方案（试行）》，2009年继续开展省知识产权区域试点工作。在各地级以上市知识产权局推荐的基础上，研究确定广州市海珠区、深圳市福田区、汕头市濠江区、梅州市梅县、东莞市长安镇、江门市鹤山市、阳江市阳东县、湛江市坡头区、茂名市茂港区、清远市连州市等10区域为2009年省知识产权试点区域。

为总结试点经验，评价试点工作的成效，进一步推进试点区域的知识产权工作，对2007年认定的15个省知识产权试点区域：广州市天河区、惠州市惠城区、汕尾市陆丰市、汕尾市陆河县、江门市江海区、湛江市赤坎区、茂名市茂南区，珠海高新技术产业开发区、佛山创意产业园、东莞松山湖科技产业园区，广州市花都区狮岭镇、汕头市金平区永祥街道、佛山市顺德区勒流街道、阳江市江城区岗列街道、潮州市潮安县古巷镇等进行考核验收，15个省知识产权试点区域全部通过验收。

同时向国家知识产权局推荐惠州市列入国家知识产权试点城市；推荐惠州仲恺高新技术产业开发区列入国家知识产权试点园区。配合国家知识产权局做好深圳市、佛山市国家知识产权示范城市评定，东莞市国家知识产权试点城市考核验收，以及广州开发区、深圳高新技术产业园区国家知识产权试点园区考核验收工作。经国家知识产权局审定，佛山市为国家知识产权工作示范城市；东莞市试点通过验收，并推荐为国家知识产权示范城市创建市；广州开发区、深圳高新技术产业园区通过试点验收。

（供稿人：王开智）

2009年广东省知识产权示范企业

2009年，省知识产权局按照《广东省知识产权示范企业认定办法（暂行）》，进行第四批示范企业的认定工作。

一、申报情况

全省共有13个地市组织了46家企业参加本次省知识产权示范企业的认定工作，申报企业数量同比增长31.43%。其中：佛山10家，广州8家，深圳、汕头、东莞各4家；珠海、中山、江门各3家、惠州、阳江各2家、韶关、河源、潮州各1家。申报的46家企业，全部是省知识产权优势企业，共有国家级创新型试点企业1家，省级创新型企业3家，省级创新型试点企业10家。

二、认定条件

《广东省知识产权示范企业认定办法（暂行）》中明确规定了省知识产权示范企业的认

定条件如下：

（一）知识产权战略运用初见成效。企业知识产权工作思路清晰、目标明确、措施得力，高度重视知识产权战略的研究与运用工作，知识产权战略与企业的经营发展战略结合紧密，运用知识产权制度参与国内外市场竞争的能力较强。

（二）知识产权管理机构及制度健全。企业知识产权管理机构完善，已成为企业整体管理架构的重要组成部分，知识产权规章制度健全而且执行情况良好。

（三）拥有的自主知识产权量多质高。企业研发能力强，产学研结合良好，近三年专利申请总量在本行业领先或拥有本行业重要核心专利，拥有国内外商标。

（四）知识产权工作信息化程度高。企业知识产权信息化建设完备，已根据企业所处行业及实际需要建立专利信息数据库，专利信息利用能力强。

（五）自主知识产权的经济和社会效益显著。销售收入在同行业领先，并且保持连续三年赢利，产品的市场占有率、出口创汇率、品牌知名度居省内同类产品前列，取得良好的社会和经济效益。

（六）知识产权投入力度大。知识产权投入占科技总投入的5%以上。

三、认定原则

（一）坚持标准，严格把关。

（二）在同等条件下，优先考虑已被评为国家级创新型企业、省级创新型企业的企业或被列入国家级创新型试点企业、国家知识产权试点企业、省级创新型试点企业的企业。

（三）省市互动，工作中注意听取有关市局的意见。

四、认定情况

根据《认定办法》规定的认定条件，从知识产权战略、知识产权机构人员及制度、知识产权数量及质量、知识产权信息利用、知识产权的经济效益和社会效益、知识产权投入等六大方面列出了评价内容、评价要求和评分标准，对46家申报企业进行评分和排序。

五、认定结果

根据以上的认定条件和把握原则，认定中山大学达安基因股份有限公司等10家企业为省知识产权示范企业。具体名单如下：

1. 中山大学达安基因股份有限公司
2. 宇龙计算机通信科技（深圳）有限公司
3. 金蝶软件（中国）有限公司
4. 珠海天威飞马打印耗材有限公司
5. 丽珠医药集团股份有限公司
6. 炬力集成电路设计有限公司
7. 海信科龙电器股份有限公司
8. 广东溢达纺织有限公司
9. 佛山市国星光电股份有限公司
10. 广东铁将军防盗设备有限公司

六、认定企业情况

1. 地区分布情况：认定的10家企业，分布在5个地市，其中：广州1家、深圳2家、珠海3家、佛山3家、中山1家。

2. 产业分布情况：电子信息6家，生物医药2家，电器1家，纺织服装1家。

3. 专利、商标数量情况：截至2008年底，10家企业累计申请专利4413件，其中发明专利申请1309件；累计授权专利2725件，其中发明专利授权246件；申请国际专利194件，授权国际专利101件。共有11件专利进入国家标准及行业标准。注册商标2094件次。

4. 经济效益情况：2006—2008年，10家企业累计销售收入达457.17亿元，累计利润达32.68亿元。

（供稿人：成思）

2009 年广东省知识产权优势企业

为提高企业知识产权创造、管理、运用和保护水平，增强企业自主创新能力和核心竞争力，推动广东省企业知识产权工作的新一轮发展，根据《广东省专利工作“十一五”规划》精神，省知识产权局 2009 年开展“广东省知识产权优势企业”的认定工作。

一、申报情况

全省 21 个地市组织了 166 家企业参加本次省知识产权优势企业的认定工作，申报企业数量同比增长 82.42%。其中：东莞 45 家，佛山 23 家，广州 22 家，深圳 16 家，中山 15 家，汕头、江门各 5 家，惠州、阳江、清远、潮州各 4 家，河源 3 家，梅州、汕尾、湛江、茂名、肇庆、揭阳、云浮各 2 家，珠海、韶关各 1 家。申报企业，均是各市重点培育和扶持的企业，其中国家级创新型企业 1 家，国家级创新型试点企业 1 家，省级创新型企业 2 家，省级创新型试点企业 5 家。

二、认定条件

2009 年省知识产权优势企业认定工作，参照《广东省百家知识产权优势民营企业认定办法》（粤知规〔2003〕49 号）进行。具体的认定条件如下：

（一）企业领导高度重视企业知识产权工作，有一名企业领导分管知识产权工作。

（二）企业已设立专门的知识产权管理机构，配备了专职或兼职工作人员，负责本企业的知识产权管理工作。

（三）企业已建立较为健全的知识产权管理制度和激励机制

（四）企业的知识产权宣传培训工作制度化，知识产权意识不断提高。

（五）企业重视专利信息化建设和专利信息利用，已建立专利数据库或其他专利信息利用渠道，已建立研发专利检索制度，研发人员会使用专利信息系统，会查阅和分析专利文献。

（六）企业专利申请和授权的数量和质量逐年提高，拥有一定数量的自主知识产权，或自主知识产权的产品成为企业的主打产品，专利技术在企业整体发展中作用显著。

（七）企业根据自身特点，开展专利战略研究，指导企业研发和生产。

（八）企业重视专利技术产业化，专利产品销售额占企业总销售额的 30%以上。

（九）企业对知识产权工作的投入（指对知识产权创造、管理、实施、保护和运营的投入，有关专利申请、维护、诉讼、信息利用、实施、宣传培训和奖励的费用）逐年加大，占企业研发投入的 5%左右。

（十）企业无恶意侵犯他人知识产权行为。

（十一）企业知识产权工作以及企业的整体发展势头较好，在同行业或者所处地区具代表性。

三、认定原则

（一）坚持标准，严格把关。站在全省的角度，主要考虑在知识产权创造、管理、保护、运用等方面有优势的企业。

（二）兼顾地区平衡。对欠发达地区的企业，只要在本地区或者本行业知识产权工作有相对优势，也应作适当考虑。

（三）重视以往申报的历史。多次申报省知识产权优势企业的，作适当考虑。

（四）工作中注意听取有关市局的意见。

四、认定结果

根据以上的认定条件和把握原则，认定以下广州市白云电气集团有限公司等 50 家企业为省知识产权优势企业。

认定的50家企业，广州8家，深圳8家，东莞6家、佛山、中山各4家，汕头3家，江门、惠州各2家，珠海、韶关、河源、梅州、汕尾、阳江、湛江、茂名、肇庆、清远、潮州、揭阳、云浮各1家，21个地级市皆有分布，具体名单如下：

广州市（8家）

1. 广州市白云电气集团有限公司
2. 广州电器科学研究院
3. 广州市聚晖电子科技有限公司
4. 广州珠江钢琴集团股份有限公司
5. 中国移动通信集团广东有限公司
6. 广州毅昌科技股份有限公司
7. 广州机械科学研究院
8. 广州天赐高新材料股份有限公司

深圳市（8家）

9. 研祥智能科技股份有限公司
10. 深圳市航盛电子股份有限公司
11. 深圳市奥拓电子有限公司
12. 深圳市元征科技股份有限公司
13. 昂纳信息技术（深圳）有限公司
14. 芯邦科技（深圳）有限公司
15. 深圳市雄韬电源科技有限公司
16. 深圳诺普信农化股份有限公司

珠海市（1家）

17. 珠海丽珠医用生物材料有限公司

汕头市（3家）

18. 黑牛食品股份有限公司
19. 汕头市远东轻化装备有限公司
20. 广东树德实业有限公司

佛山市（4家）

21. 广东新明珠陶瓷集团有限公司
22. 佛山市顺德区本邦电器有限公司
23. 佛山市南海瑞洲科技有限公司
24. 广东海川智能机器有限公司

韶关市（1家）

25. 广东省韶关烟草机械配件厂有限公司

河源市（1家）

26. 河源市粤兴实业有限公司

梅州市（1家）

27. 广东梅县梅雁电解铜箔有限公司

惠州市（2家）

28. 惠州市百宏微动技术工业有限公司
29. 惠州市纯英半导体照明科技有限公司

汕尾市（1家）

30. 陆丰市百可适五金有限公司

东莞市（6家）

31. 东莞宏威数码机械有限公司
32. 东莞市永强汽车制造有限公司
33. 东莞市科达机电设备有限公司
34. 东莞宜安电器制品有限公司
35. 东莞龙昌数码科技有限公司
36. 广东电子工业研究院有限公司

中山市（4家）

37. 中山大洋电机股份有限公司
38. 中山市琪朗灯饰厂有限公司
39. 中山市欧普照明股份有限公司
40. 中山百诺精密工业有限公司

江门市（2家）

41. 江门气派摩托车有限公司
42. 江门市中港宝田摩托车实业有限公司

阳江市（1家）

43. 阳江市宝马利汽车空调设备有限公司

湛江市（1家）

44. 湛江市新诺电器有限公司

茂名市（1家）

45. 化州市民生五金橡塑工艺制品有限公司

肇庆市（1家）

46. 肇庆市科华食品机械实业有限公司

清远市（1家）

47. 清远市佳的美电子科技有限公司

潮州市（1家）

48. 广东博宇水族实业有限公司

揭阳市（1家）

49. 广东宝山堂制药有限公司

云浮市（1家）

50. 广东永康药业有限公司

（供稿人：[illegible]）

2009年广东省事业单位知识产权试点工作

2009年，广东省知识产权局以试点工作为重要抓手，不断提升事业单位的知识产权制度运用能力：一是积极参与“广东省人民政府和中国科学院全面战略合作规划纲要”的制定和实施工作，参加深化省部产学研结合相关工作，并就加强省部（院）合作中的知识产权工作提出建议措施；二是深入事业单位考察和调研，加强对试点事业单位开展知识产权工作的业务指导；三是组织华南理工大学和中国科学院广州化学所分别参加第一批全国企事业知识产权示范创建单位和第三批试点单位总结验收工作，华南理工大学成为“全国企事业知识产权示范单位”，全国仅四所高校获此殊荣；四是组织全省事业单位积极申报全国第四批企事业单位知识产权试点，全省共13家事业单位被纳入全国第四批试点工作范围；五是与华南理工大学签署《共同推进知识产权强校建设协议书》，力争在三年内，将华南理工大学建设成为全省乃至全国知识产权强校；六是举办事业单位知识产权实务培训班，全省知识产权试点和其他事业单位的知识产权管理人员等100余人参加了培训；七是继续在人才培训、合作交流、软科学研究项目等方面对事业单位给予大力支持，例如，继续支持试点单位知识产权试点经费，在省百名高层次知识产权人才培养工作中组织事业单位代表赴德国学习知识产权制度，为事业单位提供专利信息检索系统和管理软件使用的指导和服务。

经过不懈努力，全省事业单位知识产权工作的热情显著提升，事业单位知识产权工作整体水平明显提高，仅以专利申请为例，全省大专院校及科研单位的专利申请量、特别是发明专利申请量出现了大幅度增长。2009年，全省大专院校专利申请量达3029件，同比增长30.5%，其中发明专利申请量1944件，同比增长16.9%，增长率均高于全省平均水平；科研单位专利申请量达1068件，同比增长36.4%，其中发明专利申请量708件，同比增长37.5%，增长率均远高于全省平均水平。同年，在广东省知识产权局开展的授权发明专利实施状况抽样调查工作中，大专院校和科研单位的发明专利实施率分别达42.1%和58.8%，均远高于全国平均水平。通过开展试点工作，全省事业单位的知识产权意识得到了显著增强，知识产权创造及运用能力得到了进一步提高。

（供稿人：张璟）

2009年广东省版权兴业示范基地认定

为了发展独具地方特色的版权产业，促进文学、艺术和科学作品的创作、制作和传播，特授予中山市古镇镇灯饰产业集群、广东原创动力文化传播有限公司、深圳华强文化科技集团股份有限公司、深圳市网域计算机网络有限公司、佛山市软件行业集群、佛山市新石湾美术陶瓷厂有限公司“广东省版权兴业示范基地”称号，并颁发“广东省版权兴业示范基地”证书。

希望各示范基地再接再厉，努力开拓以版权保护为重心的产业可持续发展之路，实现“版权兴业”的根本目的，为版权产业大发展大繁荣作出应有的贡献。

（供稿人：张同英、凌立华、易理娅）

知识产权重大决策研究

2009 年广东省知识产权局软科学研究管理工作

2009 年，广东省知识产权局积极推动全省知识产权软科学研究发展，具体情况如下：

一是组织开展 2009 年度广东省知识产权局软科学研究计划项目申报工作。按照《广东省知识产权局软科学研究计划项目管理办法》（简称《管理办法》），组织全省 14 个地级以上市 41 个单位的项目申请 60 项，经按《管理办法》组织专家评审，批准立项 36 项，其中重点项目 6 项，一般项目 20 项，自选项目 20 项。

二是组织参加“国家知识产权局成立 30 周年纪念文集”征文活动。我省文章《中国特色专利制度的无限生命力》入选文集。

三是组织申报 2009 年度国家知识产权局软科学研究项目。共组织我省 13 项申请，其中广东省知识产权局与暨南大学申报的 2 项申请，经国家知识产权局批准立项，我省获得立项数量为历年最高。

四是组织参加“国家知识产权局第六届全国知识产权（专利）优秀调查研究报告暨优秀软科学研究成果”评选活动。共组织我省 11 项作品参加评选活动，其中，一等奖 1 项（广东省知识产权局的调研报告《知识产权是应对国际金融危机的利器》），三等奖 2 项（东莞市知识产权局《东莞市知识产权发展战略研究》、中山大学法学院《“老字号”商业标识和商誉的保护》），取得了历年最好成绩。

五是组织参加国家知识产权局举办的“知识产权与核心竞争力论坛”征文活动。

（供稿人：李伟）

专利代理管理

2009年专利代理管理工作

一、专利代理机构基本情况

截至2009年12月31日，全省专利代理机构89家，分支机构90家，执业专利代理人623人，代理机构及代理人数量位居全国第二。在专利代理机构中，有限公司48家、合伙制37家、律师所开办专利代理业务的4家，具有10名以上专利代理人的代理机构有24家。

二、专利代理机构管理工作

（一）依法做好专利代理机构的审核、分支机构的审批工作

按照《专利代理条例》及《专利代理管理办法》（国家知识产权局第30号令）的相关规定，广东省知识产权局对申请设立专利代理机构、分支机构的申报材料分别进行审核及审批。2009年，通过审核上报国家知识产权局审批的专利代理机构共9家，其中12月31日前经国家知识产权局批准设立6家；审核批准省内分支机构20家，审核同意在外省设立分支机构2家；经专利代理机构申请、报国家知识产权局批准撤销专利代理机构1家，批准撤销分支机构8家。

（二）依法做好专利代理机构的年检工作

根据国家知识产权局《关于开展2009年专利代理机构和专利代理人年检工作的通知》（国知发法字〔2009〕160号），2009年我省列入年检范围的专利代理机构共86家。通过审核，86家代理机构、621名专利代理人全部通过年检。其中，9月30日前第一批通过年检的代理机构80家、执业代理人564名；12月31日前第二批通过年检合格的专利代理机构6家、专利代理人57名。

（三）加强对专利代理行业的政策扶持和执业监管力度

为了鼓励专利代理机构不断做大做强，加大了对业绩突出、信誉良好的专利代理机构的扶持力度，2009年，广东省知识产权局对2008年代理国内发明专利申请量位居全省前列、代理PCT国际专利申请代理量在10件以上的专利代理机构分别进行表彰奖励，并在南方日报等省内重要媒体上进行广泛宣传。同时，省知识产权局充分发挥广东省专利代理惩戒委员会作用，一是积极开展对专利代理纠纷的调解工作，全年共调解纠纷10余起；二是开展对专利代理违法乱纪行为的查处，对1家确认存在恶意非正常专利申请的代理机构给予警告处分，对1家存在严重违纪行为的代理机构给予通报批评，对1名存在严重违纪行为的专利代理人在进行详细调查后将详情报国家知识产权局惩戒委员会，由国家知识产权局惩戒委员会对其给予吊销专利代理人资格的处分。

（四）加大对专利代理人才培养工作力度

2009年，省知识产权局继续将专利代理人才培训列入百千万知识产权（专利）人才培育工程，不断加大对专利代理人的培养力度。一是继2008年选派7名专利代理人作为百名人才培养派赴英国学习，2009年内再选派7名专利代理人派往德国学习；二是积极组织专利代理人参加千、万知识产权人才的培育；三是

组织举办10期面向专利代理人的专题培训班，内容包括：由国家知识产权局和中华全国专利代理人协会联合主办、我局承办、广东专利代理协会协办的“专利复审与无效专题培训班”，由国家知识产权局初审及流程管理部分别在广州和深圳举办的三期“PCT知识培训班”，由省专利信息中心举办的2期专利撰写提高班，由广东专利代理协会举办的“知识产权实务培训班”等，参加培训专利代理人共计1200余人次。

三、组织“全国专利代理人资格考试”广州考点的考试

2009年，“全国专利代理人资格考试”在广州设立考点，广东省知识产权局继续承担广州考点考务工作。此次考试，国家知识产权局在广州等三个考点首次试行“网上报名”。广州考点实现了全部考生信息网上采集、考生资格网上审查、准考证网上发送打印等工作。

12月5—6日，考试在广州等全国15个城市如期举行，全国报考考生约11805人，其中广州考点考生1440人。广州考点是继北京（4220人）、上海（1748人）的全国第三大考点，考点有港澳考生35人。考试录取分数线总分为240分，其中法律知识150分、专利代理实务90分。全国通过考试共924人，其中广州考点134人。

根据国家知识产权第147号公告，从2009年始，该考试进行改革，成绩以法律知识、专利代理实务的两个部分记分，单个成绩合格后，合格成绩自当年起三年内有效，三年内通过两部分考试的，发放专利代理人资格证书。本次考试中，广州考点单个通过法律知识部分考试共198人，单个通过专利代理实务考试128人。

四、发挥专利代理协会的作用，加强专利代理行业自律

2009年，在省知识产权局大力支持下，广东专利代理协会逐步完善运行机制，不断加强行业自律，积极推动专利代理行业的发展。协会一是通过开通“广东专利代理协会网站”、召开“同业交流会”、举办专题培训班、配发专业软件等各种方式，加强机构的沟通交流，提升业务能力。二是组织起草了《广东省专利代理行业自律公约》，在第一届年会上广泛征求意见并修改后，正式实施。三是积极开展国际交流活动，组织省内机构与英国特许专利律师协会、美国和香港的著名知识产权律师所进行交流和座谈，共同探讨建立深层次合作关系的渠道和模式。四是组织专业律师和专利代理人成立讲师团。五是参加省委统战部专门为新社会阶层组织的交流活动。

（供稿人：张淑芳）

服务与支撑机构

国家知识产权局专利局广州代办处

2009年，国家知识产权局专利局广州代办处（以下简称“广州代办处”）紧紧围绕国家局和省知识产权局的中心工作，齐心协力，锐意进取，开拓创新，深入扎实地推进各项工作的开展，推动代办处各项工作再上新水平。

一、强化管理，推动各项职能工作迈上新台阶

（一）抓质量，促效率，全面做好受理和收费工作

专利受理和收费工作是代办处的主要职能工作，2009年共受理专利申请文件66785件，同比增长20.23%；收缴专利费用204076笔，137583069元，分别同比增长26.9%和31.99%，整体业务量有较大的提高。为进一步提高工作质量和效率，广州代办处积极采取措施狠抓工作质量和效率。一是统一思想，提高认识。2009年，国家知识产权局为全力推动电子审批系统上线，对代办处的工作质量和效率提出了更高的要求，省知识产权局分管领导要求大家面对新形势、新要求，下大力气解决思想认识问题，准确地找准定位，充分认识质量和效率对专利审查流程管理的重要性和迫切性，树立“质量和效率齐抓共进”的意识。二是改进工作方法，提升工作质量和效率。针对广东省专利申请量的增长情况，广州代办处对流程实行了划分管理，根据工作量的变化和人员的变动适时调整工作流程，提高工作效率，对于不断出现的新情况，建立相应的制度进行规范化管理。三是及时总结经验，巩固工作成效。以上措施，有效保证了广州代办处专利受理质量逐月提高、收费质量保持零差错的水平。

（二）继续推进专利实施许可合同备案工作

2009年，随着广东省高新技术企业认定工作的推进，专利权人的专利转化和运用意识逐渐提高，广东省专利实施许可合同备案日益增多，全年备案量达到1928件，比2008年增长336%。为保障专利权的有效运用，广州代办处结合广东省高新技术认定工作的需求，加强业务管理，进一步推进专利实施许可合同备案工作规范发展。一是完善《代办处专利实施许可合同备案流程管理规定》，使备案工作进一步程序化和规范化；二是加强与国家知识产权局有关部门的沟通和联系，建立个案处理应急机制；三是根据各地市备案工作的需求，加大专利转让宣传力度；四是不断向专利受让方（企业）宣传专利法知识，促进企业重视研发自主知识产权，加强专利申请和专利流程管理；五是整合数据，进行专题统计分析，为国家知识产权局和广东省知识产权局出台相关政策提供依据。这些措施，进一步完善了广东省的备案工作，为广东省广大专利权人提供了方便、快捷的优质服务，同时也将宣传、普及专利法知识融贯其中，受到公众的广泛好评。

（三）进一步完善专利登记簿副本出证工作

2009年，广州代办处在2008年与国家知识产权局建立专利登记簿副本快速出证机制的基础上，根据工作需要，进一步完善快速出证机制，缩短出证时间，提高效率，有效地解决

了广东省在专利保护、专利管理工作中长期存在的专利权确认难问题。广州代办处还进一步规范专利登记簿副本普通出证办事程序，积极推进专利登记簿副本出证工作在全省有序开展，取得了很好效果。2009 年共为各有关部门和申请人出具登记簿副本 775 件，同比增长 20%。

（四）采取措施，大力提高广东省专利申请质量

加强对非正常专利申请监控和处理。主要措施有：建立事前监控制度，尽可能避免非正常专利申请进入审查流程。根据非正常专利申请的特点，充分发挥代办处位于专利申请前沿的优势，对非正常专利申请文件进行有效的前期监控，以加强对广东省非正常专利申请的监控工作。结合广东省专利申请的状况，制定非正常专利申请监控工作流程，将监控的每一个环节落到实处，发现疑似非正常申请，及时妥善处理。同时，建立非正常专利申请"黑名单"制度，长期监控"黑名单"上的专利申请人或联系人，有效地遏制了非正常专利申请行为，降低广东省非正常专利申请量。针对部分申请人因不熟悉专利申请流程或费用减缓未通过的原因而重复申请专利，导致广东省非正常专利申请量增多的现象，充分利用服务窗口的优势，改进受理工作流程，采取主动告知和延缓处理措施，有效减少申请人由于程序的差错造成的非正常专利申请的数量，取得了很好的实效。为了保证新专利法顺利实施，广州代办处结合实际，对申请人提交的外观设计加强审核，对不予授权但可以受理的外观申请及时退回并做好解释工作，有效避免广东省大批专利申请日后被驳回。

此外，广州代办处非常重视国家知识产权局非正常专利情况通报工作，及时配合国家知识产权局进行分类指导和处理。2009 年，国家知识产权局返回的非正常专利申请数据统计由广州代办处负责。广州代办处根据国家知识产权局下发的非正常专利申请信息，及时与工作组、涉及申请人和代理人联系，了解涉及非正常专利申请的具体情况和产生的原因，并将有关情况形成书面材料报局领导和有关部门。同时注重加强与地市知识产权管理部门的沟通和联系，及时交流相关信息，了解各地市专利申请动态。

（五）加强财务管理，确保国家资金安全

一是完善网上银行服务系统。2009 年 4 月，银行进行网上服务系统的升级改造工作。在系统暂停服务期间，为确保专利汇缴工作的正常进行，广州代办处积极与银行协商沟通，建立临时性的信息查询机制，确保系统改造期间各项工作的顺利开展。二是与邮局建立快捷安全的资金兑现机制。2009 年邮局改变了高额汇单的额度标准，大幅度增加了广州代办处邮局兑付的工作量和操作环节，容易出现高额汇兑单据的遗漏，给资金的安全带来隐患。广州代办处一方面积极与邮局协调，反映具体情况，与邮局重新建立新的兑现模式，另一方面及时调整内部处理流程，采取相应的措施，保证邮局汇兑工作的有序开展和资金的及时安全到位。三是进一步完善银行卡收费系统。正确引导缴费人的刷卡行为，提高系统使用率，减少现金流量，目前银行卡缴费占现金缴费总量的 50%。四是开通网上银行定向汇款，提高专利收费资金的汇缴时效。五是积极做好电子审批系统收费子系统的上线工作，完成全国首个双采模式的新收费系统在广州代办处的测试，为进一步提高广东省的专利收费服务水平产生积极影响。在新旧系统过渡时期，加强数据审核和资金管理，确保新系统运行期间资金的安全到位。到目前为止，没有发生资金问题，实现了收费的零差错。

二、扎实推进，稳步做好新增职能工作

（一）专利申请统计分析工作取得新突破

根据省知识产权局的工作部署，广州代办处从 2009 年 3 月份开始承担全省的专利统计事务性工作。对此，广州代办处高度重视，指

派专人具体负责此项工作。及时与协调处沟通，加强学习，在短短3个月内，顺利完成工作的交接，并按要求及时完成了全省每月专利统计简报、2008年PCT申请情况分析简报、广东省非正常专利申请情况通报和年度专利统计数据册子的制作发放等工作，并定期在广东省知识产权局网站上发布全省及各地市专利申请授权分析报告。与此同时，广州代办处还结合目前全省知识产权工作的实际需要，适时调整并充实了统计分析的内容，进一步提高了专利统计分析的质量。

（二）电子申请注册工作全面启动

按国家知识产权局《关于代办处开展电子申请用户注册工作的通知》要求，广州代办处在人员少、工作量大的情况下，派出专人负责此项工作。在国家知识产权局有关部门的大力支持下，通过远程会晤系统连续对广东省部分代理机构举办了6期电子申请的应用培训班，使参加培养的人员对电子申请系统有了更深的了解，掌握了相关电子申请知识和系统操作技能。广州代办处在为有关单位做好电子申请注册服务的同时，积极收集使用者的意见，并形成报告向国家知识产权局有关部门反映，及时解决使用者的有关技术问题，为全面推行电子专利申请奠定基础。目前广东省已进行电子申请注册的代理机构达50多家。

（三）专利技术合同认定登记工作顺利移交

根据2009年政府及事业单位机构改革相关规定，专利技术合同认定登记工作由广东省专利信息中心正式移交给广州代办处承办。为做好这项新增职能工作，在工作正式移交之前，广州代办处与广东省专利信息中心进行协调沟通，在人员及工作安排上做了充分的准备，同时，为了进一步理顺工作关系，广州代办处积极与省科技厅和省监察厅有关部门加强沟通，并在广东省知识产权局网站上向公众公布办理专利技术合同认定工作有关程序。

（四）电子申请文件的接收打印工作开展顺利

为配合电子申请的推广应用，方便申请人及社会公众递交与电子申请相关的文件，按国家知识产权局《关于代办处接收与电子申请有关文件的通知》要求，广州代办处积极处理好不同业务之间的工作衔接，整合资源，全力配合国家知识产权局做好电子申请文件的接收、打印工作。

三、落实省部高层次战略合作，利用国家知识产权局的审查资源为地方服务

（一）成为全国首批专利申请全数据返回试点单位

为了进一步完善广东省专利申请数据，发挥专利统计对专利管理的作用，广州代办处充分利用试点单位的条件，积极协调国家知识产权局有关部门，请求返回广东省完整的专利数据。经多方努力，国家知识产权局已正式批复同意将广州代办处作为全国首批试点，返回全省专利数据。这是一次历史性的突破。全省专利数据的返回将有效推动广东省专利统计分析工作，促进广东省知识产权管理水平的进一步提高。

（二）启动广东专利申请信息分析系统的建设

为进一步强化专利统计分析工作，提高向政府部门提供专利信息支持和决策依据的能力，在有效整合广东省专利申请数据资源的基础上，经深入的调研，组织制订系统建设方案，正式启动"广东专利申请信息分析系统"的建设工作。广州代办处严格按照国家知识产权局专利局代办处数据使用管理办法和有关规程，认真做好系统建设的各项工作。目前系统已进入一期开发建设阶段。为确保系统的建设质量和效率，广州代办处不断完善系统建设方案，并与具体负责的技术人员签订保密协议，为建立集统计、分析、监控、预测为一体的分析系统打下坚实基础。

（三）开展远程会晤及查询系统的试点工作

在2008年取得远程会晤查询系统改造成

功的基础上，2009年广州代办处将工作重点放在积极探索和利用远程会晤查询系统的运用，为广东省知识产权工作提供有效支撑上来。广州代办处尝试利用会晤系统，为代理机构成功举办远程业务培训，学习效果十分明显，既节约培训经费，又方便广东省的中介机构。6—9月，广州代办处积极与国家知识产权局专利局各审查部门加强沟通和协调，促成专利局审查员与广东省专利申请人及代理人通过会晤系统分别举办了3期共5件发明专利的远程视频会晤。通过该系统，双方就技术要点、审查流程等方面进行充分的交流和探讨，达成共识，取得很好的效果。今后广州代办处将不定期组织专利申请人与国家知识产权局审查员会晤，建立远程会晤制度和工作规程，进一步拓宽国家局和地方局的业务合作渠道。

（四）组建“国家知识产权局专利局广州代办处广州开发区受理点”服务窗口

为了向广州市的高新技术企业提供更加便捷优质的服务，广州代办处在国家知识产权局和广东省知识产权局的支持下在开发区设立了受理点。这是广东省的第一个代办处受理点，为了充分发挥受理点的作用，广州代办处在现行的代办处工作模式的基础上，结合地处开发区的特点，加强服务窗口建设，有侧重点地开展业务。

（五）建立人才交流培养机制

为了加强对地方知识产权工作的支持，促进国家知识产权局与地方局之间的沟通与交流，加强对地方业务工作的指导，4月9日，国家知识产权局首次选派优秀处级领导干部到广州代办处挂职锻炼。广东省知识产权局领导非常重视，指示广州代办处认真配合国家知识产权局做好挂职干部锻炼期间的各项工作。广州代办处充分发挥挂职干部业务优势，开展利用国家知识产权局的审查资源，加强地方知识产权保护和运用，为地方知识产权服务的工作，大大地促进广州代办处各项业务职能的拓展和工作水平的提高。

四、转变作风抓落实，不断创新窗口服务形式

围绕广东省委提出的“三促进一保持”工作部署，广州代办处深入开展学习实践科学发展观活动，着力抓好“转变作风抓落实”主题实践活动，争当建设广东省文明单位。根据广东省知识产权事业发展需求，结合本处的实际情况，不断创新服务形式，提高服务效率和服务质量，提供了以下服务：（1）一站式服务：广州代办处按国家知识产权局有关要求，加强流程管理，限定专利审查审批时限，当专利申请量大时，及时组织人员加班，保证在国家知识产权局规定的期限内完成所有的业务，方便、快捷的服务受申请人的好评；（2）贴心服务：面对金融危机，广州代办处主动为企业设立并开通办理专利受理、缴费、专利登记簿副本、专利实施许可合同备案等相关业务“绿色通道”，加快流程处理，解决企业在专利保护中的确权问题，促进企业专利技术有效转移和推广应用，有效减少企业的损失，帮助企业积极应对危机；（3）为支持粤北地区科技发展开通相应的专利业务“绿色通道”；（4）进一步规范银行卡服务，保证申请人资金安全；（5）开通代办处邮箱，完善咨询服务；（6）实行阳光服务：在服务大厅和省局网站，公开专利代办工作流程和审批时限，不搞暗箱操作，使公众对广州代办处业务一目了然；（7）进一步完善代办处语音服务系统，公众可以24小时随时拨打电话了解代办处业务；（8）完善叫号系统，实行排队管理制度，规范申请人办理业务；（9）整合业务宣传资料，便于申请人办理专利相关业务。

五、克服困难，积极配合国家知识产权局做好相关工作

（一）电子审批系统上线测试

电子审批系统上线是国家知识产权局2009

年的一项重点工作，作为国家知识产权局的业务派出机构，代办处将通过此系统与之真正实现专利资源共享。为配合国家知识产权局的电子审批系统顺利上线，广州代办处在做好日常工作之余，努力做到：（1）提高思想意识，充分认识到电子审批系统上线的重要性，积极配合国家知识产权局做好电子审批系统的上线工作，做好前期线路测试和设备的配置；（2）加强学习，在做好日常工作之余，见缝插针地抽空熟练掌握受理和收费系统操作；（3）按国家知识产权局部署，全力完成各种上线测试演练任务；（4）及时反馈系统使用报告，为国家知识产权局不断完善系统打好基础；（5）配合国家知识产权局向广大公众积极宣传电子审批系统的优势；（6）建立相应管理制度，保障电子审批系统运行后工作的规范化。

（二）做好新专利法实施相关工作

2009 年 10 月 1 日，新专利法实施，涉及广州代办处的业务工作较多。为此，新法实施前，广州代办处有计划安排工作人员学习相关法规，提前做好业务流程监控方案；新法实施后，广州代办处按国家知识产权局的要求，积极配合对“同日申请发明专利和实用新型专利的声明”等四种特殊文件的处理，做好外观专利申请不受理文件的通知，为新旧法顺利过渡打好基础。

（供稿人：牛晨蕾）

国家知识产权局专利局深圳代办处

2009 年 6 月 11 日经国家版权局批准，决定在深圳设立“中华版权代理中心深圳工作站”。具体业务由国家知识产权局专利局深圳代办处办理。因此国家知识产权局专利局深圳代办处增加版权代理业务内容。

2009 年国家知识产权局专利局深圳代办处共完成受理专利申请 31090 件，同比增长

10.4%；其中发明 8666 件，同比增长 9.5%；实用新型 12083 件，同比增长 26.55%；外观 10123 件，同比增长 9.46%，另有特殊申请 218 件；代理收缴各项专利费用 114255 笔，同比增长 36.75%；收费金额 107727300 元，同比增长 39.71%；完成登记簿副本的办理 186 份；办理专利申请资助 1400 件 554 万余元、计算机软件著作权登记资助 843 件 24 万余元。

2009 年深圳代办处业务质量显著提高，全年平均出错率为 0.098%，低于国家知识产权局规定的 0.3%，根据深圳地区专利申请环境突出的特点，应广大发明人、专利代理机构、企业等的要求，国家知识产权局专利局深圳代办处于 2009 年 11 月 3 日与深圳市科协联合主办“美国国际贸易委员会（ITC）深圳专题研讨会”，邀请美国国际贸易委员会（ITC）决策者之一、委员 Charlotte R. Lane（夏洛特·莱恩）博士为深圳市企业解读近期中美贸易中出现的状况和趋势、影响中美贸易关系的因素、ITC 制定、修改中美贸易关系战略的依据和原则等。

2009 年 12 月 7 日国家知识产权局专利局深圳代办处举办“美国专利审查的应对策略”讲座，介绍美国专利制度的相关内容：（1）透过专利再审，成功挑战专利的有效性；（2）如何避免美国专利申请时常犯的错误；（3）与审查员的面谈，可加快专利申请程序。

（供稿人：微嘉）

广东省知识产权研究与发展中心

（广东省知识产权维权援助中心）

2009 年，广东省知识产权研究与发展中心（广东省知识产权维权援助中心）以《广东省知识产权战略纲要（2007—2020 年）》为指导，紧紧围绕广东省知识产权局 2009 年中心工作，扎实有序地开展各项工作。

一、不断丰富信息资源，完善基础建设，有序推进专利信息化建设

（一）扎实工作，抓好专利信息化基础建设

年初，广东省专利信息服务平台在七国两组织基础专利数据基础上，新增加韩国、俄罗斯、东南亚、阿拉伯、台湾、香港等国家和地区的专利信息，继续更新外观设计专利电子公报数据、各行业专题专利数据等。我省专利信息服务平台数据总量达 3600 万条，最大限度地满足用户在专利数据源和数据量方面的需求，同时也为开发新的创新应用服务平台提供数据资源保障。

此外，对已构建形成的省、市（区域）、重点行业三级专利信息网络服务体系的广东省专利信息服务平台进行升级完善，包括：省中心平台基础数据系统和备份数据系统全部升级为全领域代码化专利数据；省中心平台后台管理系统加强了统计信息模块功能和数据自动网络更新模块功能；对体系中的东莞、江门、佛山、汕头等四个分平台后台管理系统升级，使广东省专利信息服务平台网络体系趋于更加合理。

（二）结合产业特点，开展专题专利数据库建设

2009 年，中心开展平板显示、数字电视、陶瓷、电池等四个行业专利数据库建设。其中平板显示、数字电视行业库数据库采用国内最先进的 PATENT TIPS 智能专利信息系统。

（三）抓软件研发，完善专利信息应用系统

《企业知识产权信息管理系统》和《专利信息分析系统（广东版）》是中心针对企业研发的专利信息应用软件，软件用户已达 200 多家。中心在两套软件 2008 年年底全面改版后，及时收集用户的使用情况和意见建议，对系统功能、操作模块和流程进行优化、改良，使软件日趋完善，网络环境兼容性更高，方便企业集团用户的高效应用。2009 年继续扶持 100 家企事业单位、中介代理机构应用两套专利信息应用系统，有效促进企事业单位将知识产权战略制定和应用与专利信息服务平台相结合。

（四）创新工作模式，开发创新应用服务平台

2009 年，中心在省信息产业厅、省科技厅的重大项目中嵌入专利信息应用内容，《广东省产业发展专利信息综合应用服务平台建设》、《平板显示知识产权管理与运用》、《广东省重点产业、行业外观设计专利图像分析系统》等项目分别获得省科学技术厅、省信息产业厅的立项。另外，省知识产权局于 2009 年初出台《广东省知识产权公共信息综合服务平台建设方案》（2009—2012），计划通过四年时间，建设集知识产权信息查询、知识产权交易、知识产权管理、知识产权保护、知识产权战略研究及预警、知识产权宣传培训等功能于一体的“一站式”全方位的广东省知识产权公共信息综合服务平台。

2009 年，中心根据几个项目的整体目标和年度工作要求，在充分调研的基础上，制定年度工作计划，设计具体实施方案，按计划推进项目实施。其中《平板显示知识产权管理与运用》项目五个子项目 7 月顺利通过中期验收，12 月顺利完成项目建设任务。《广东省重点产业、行业外观设计图像分析系统》项目的建设工作进展顺利。《广东省产业发展专利信息综合服务平台》项目启动系统总体架构开发和“企业自主创新应用子平台”建设，中心针对技术难点，广泛听取科技管理部门和产学研以及国内专利信息开发权威机构的意见和建议，制定“企业专利信息应用系统”建设方案，并按计划组织推进实施。为保障能够将《广东省知识产权公共信息综合服务平台》建设成为我省乃至我国权威的服务平台，2009 年中心选取知识产权宣传培训子平台、知识产权法律援助子平台，对子平台建设前的整体建设方案、功能、建设内容等进行专题调查研究。

（五）整合资源，开展知识产权分析研究工作

2009年完成《泛珠三角区域有效专利分析》、《广东省珠三角地区专利技术转化研究》、《广东省专利信息资源运用情况调查》、《广东省消费类电子产品（电视、移动电话、笔记本电脑）专利信息分析》、《广东省信息产业相关领域专利统计》、《广东汽车行业专利发展战略研究》等项目。同时，配合省知识产权局规划发展处，完成《LED技术专利态势分析报告》的研究工作。委托专门机构尝试对中外专利信息资源、专利信息应用系统等进行归类整理和比较研究工作，为今后专利信息资源的引进、应用系统的开发等提供科学依据和指导。

（六）支援灾区，做好对四川医药行业库援建工作

“世界药物行业专利数据库（四川版）”是根据国家知识产权局《关于继续做好知识产权抗震救灾工作的紧急通知》和四川省知识产权局的需求，结合我省自身专利信息化工作实际，由中心具体完成。中心认真做好对四川医药行业库的援建及后续服务工作，四川省知识产权局向中心发来“感谢信”，对中心的工作表示肯定。

二、深化知识产权应用为己任，加大宣传培训力度

根据《广东省“百千万知识产权（专利）人才培育工程”实施方案》和《2009年全省知识产权工作要点》，制定2009年知识产权培训工作计划。全年共举办、协办各类培训班23期，培训各类人员2000多人次，内容包括围绕专利信息服务平台的专题培训，互动形式的专利信息应用研讨会，各地市行业知识产权培训，专利申请文件撰写（机械、电子、PCT）、PCT知识培训等专题培训，代理人考前培训，各类高级研讨班及讲座，以及局协调和委托的其他培训等。承办、协办四个涉外班，包括6月份的“促进和鼓励中英知识产权制度的使用和理解研讨会”；7月份的“美国知识产权法律及实务讲座”；10月份的“珠江三角洲地区创新与知识产权国际研讨会”，11月份的“国际知识产权争端仲裁和调解培训班”，这些涉外的高级培训班及讲座，内容和深度与往年相比都有很大突破。

配合省局和地方局开展专利信息传播工作，为佛山市南海区知识产权局、东莞市知识产权研究会、美的公司、日用化工行业组织的相关培训班担任授课教师，讲授专利信息基础、专利信息检索、分析、管理等内容，提高学员的专利信息运用能力。

三、改进工作方法，落实上级机关下达的各项工作任务

（一）完成《广东知识产权年鉴》改版及出版工作

一是两次召开编辑部会议，提出创新年鉴工作的新思路，并确定2009年年鉴编写框架紧密围绕战略纲要确定的“激励创造、有效运用、依法保护、科学管理”为主要脉络，结合我省知识产权工作的特点，将框架进行创新与优化。二是加强组织，提早计划。年初，编辑部制订《年鉴》工作进度安排表，组织开展年鉴编撰的各项工作，6月中旬已完成收稿工作，11月底印刷出版，比往年提前一个月的时间。三是系统升级，促进管理科学化。年鉴信息系统经过2008年一年的使用，在稿件流转、时效监管等方面的好处大大显现，中心对该系统进行优化升级，以便系统使用更加便捷，管理更加顺畅，有效促进年鉴编撰工作在质量和效率上的进一步提高。

（二）完成广东省知识产权业务管理系统相关工作

开展广东省知识产权管理系统的建设、升级、维护工作。该系统从2007年底开始，先后开发建设了10个子模块，从2009年初开始

对"系统"中的6个子模块进行升级和测试，并在申报期间为各企业和推荐单位提供系统的后台管理和咨询工作，及时解决使用问题，为省知识产权局机关各处室顺利开展各项业务申报工作提供有力保障。

（三）完成2009年广东省专利调查工作

根据国家知识产权局2009年在全国范围内开展专利调查工作的要求，从2009年8月初至10月同时开展发明专利运用状况和PCT国际专利申请调查。调查对象包括2008年授权的国内发明专利7582件和2007年、2008年提交过PCT国际专利申请的专利申请人755人，共涉及调查问卷8337件。通过两个多月的精心组织、认真实施，回收调查问卷7571份，占总样本量90. 81%，真实、有效、圆满地完成专利调查工作。

（四）做好全国专利代理人资格考试的报名及考务工作

2009年中心首次独立承担全国专利代理人资格考试广州考点的报名及考务工作，而且该年广州考点作为试点采用网上报名系统，工作任务重，责任大。中心自5月份开始组织全体人员积极研究对策，撰写工作方案，学习掌握相关文件精神，派人到北京参加国家知识产权局组织的网报软件学习使用培训班，做到任务明确，程序熟悉，分工合理。在接受考试报名工作中耐心细致地处理各个环节，有条不紊地做好考场的组织和相关服务，顺利地完成了各项考务工作。

（五）做好局机关软硬件维护和技术支持

做好局机关办公自动化系统（OA）、计算机网络和局门户网站、国知局网站广东子站等的维护工作，根据局机关工作要求以及保障网络室机房各种设备正常运行的需求，制定《机房管理维护规定》，规范机房管理维护的各项流程，协助局机关门户网站升级改版。同时，积极做好专利信息应用系统200多家用户的技术支持工作，保障软件用户顺利运用专利信息应用软件。

五、逐步规范鉴定管理，大幅提高鉴定质量和数量

2009年中心知识产权司法鉴定所业务稳步发展，全年受理各类知识产权鉴定案件共36件，结案共30件，结案率为83.3%。在发展业务的同时，鉴定所着力加强规范管理。年初，专门聘请常年法律顾问对鉴定业务各流程中涉及的法律问题进行把关，规范司法鉴定程序，强化鉴定工作的整体安全性；并为执业司法鉴定人进行法律方面的培训。年中，聘请知识产权界老专家顾开信为所长。年底，招聘工作人员，加强行政管理人员的配备，并对现行的各项制度进行梳理和修订。2009年鉴定所新增司法鉴定人4名，专业技术涵盖电子、机械等领域。中心有执业司法鉴定人27人。

（供稿人：吴建华）

广东省知识产权研究会

2009年，广东省知识产权研究会积极开展知识产权的宣传、培训、研究和咨询工作，在提高全社会的知识产权意识，为政府知识产权工作提供决策依据，促进我省知识产权事业快速发展等方面做出新的贡献。

一、开展知识产权研究论文征集工作

为配合《广东省知识产权战略纲要（2007—2020年）》的顺利实施，开展征集2009年度学术研究论文活动，学术研究的重点主要围绕纲要的内容来展开，共收集到来自我省机关、高校、中介服务机构、企业等的学术研究论文28篇。

二、与相关部门联合举办创新竞赛

为激励我省少年儿童爱科学、学科学、讲科学、用科学的积极性，鼓励少年儿童的发明创新，提高少年儿童重视知识产权、保护知识产权意识，促进少年儿童素质的全面提高；为推进我省轻工产品外观计的发展，提高创新水平，搭建创新资源共享平台，实现创新成果转化、创新人才交流，与广东发明协会等单位共同举办第七届“广东省少年儿童发明奖”评选活动、“朗能杯”2009年广东轻工产品外观设计专利大赛（中山·小榄）。

第七届“广东省少年儿童发明奖”评选活动分设一、二、三等奖和少儿创新奖、园丁奖、组织奖和专利申请鼓励奖，分别对参赛优秀作品及其辅导老师、组织活动出色的单位和申请或授权专利作品给予奖励和表彰。“朗能杯”2009年广东轻工产品外观设计专利大赛（中山·小榄）是以省内企事业单位或个人、高校学生及其他爱好产品设计的人士为对象。评审结果按综合类和专项类分设奖项，其中综合类设金奖5个、银奖15个、铜奖40个；专项类设金奖1个、银奖2个、铜奖4个。获奖作品将获得奖金、证书和奖杯。

三、承办政府机关相关业务

为配合全省产业结构调整和优化升级，发挥知识产权对于产业的促进作用，研究会承接了由省知识产权局联合省信息产业厅开展的产业专利态势分析研究工作，开展LED产业技术专利态势分析研究。针对中国及国际LED产业开展专利调研，摸清LED产业专利的分布态势，掌握国内外专利申请和授权情况，探明国内外有发展优势的重点技术领域，了解外资企业的关键技术和设备以及在我国的专利布局情况，同时对广东省LED产业的相关专利进行研究。

（供稿人：顾婉华）

广东知识产权保护协会

一、机构简介

广东知识产权保护协会（英文名称GuangDong Intellectual Property Protection Association简写GDIPPA），是由广东省企事业法人和企事业单位知识产权工作者等自愿组成的全省性的非营利性社会团体。广东知识产权保护协会于2004年3月29日成立，其宗旨为团结和教育协会会员遵守国家的有关法律、法规和政策；提高会员开展知识产权工作的水平；加强行业自律，引导企事业法人会员依法管理、保护、运用知识产权，促进企事业知识产权工作的健康发展；开展国内外的企事业知识产权保护、管理的交流和合作；促进和维护本行业领域职业道德；协调行业内、外部关系；协调企事业单位与政府的工作关系，维护会员的合法权益。广东知识产权保护协会的业务主管单位为广东省知识产权局，社团登记管理机关为广东省民政厅，接受广东省知识产权局、广东省民政厅的业务指导和监督管理。

二、业务范围

广东知识产权保护协会业务范围：宣传国家知识产权方面的法律、法规和有关政策，提高会员的知识产权法律保护意识；研究并实施会员知识产权保护自律行为规范；总结交流企事业知识产权保护工作经验，提高企事业知识产权保护工作水平和层次，拓展其范围与内容，增强会员的自我保护、自我约束和自我发展机制；组织开展知识产权培训、信息、咨询及法律等方面的服务，举办知识产权培训班、研讨会和考察活动，提高企事业单位知识产权工作者综合素质和业务水平；维护会员的合法权益，接受会员的申诉和委托，向有关部门反映会员的意见和要求，并提供相关服务；协助政法部门处理涉及会员的知识产权纠纷，并根据政府主管部门的授权和委托，组织协调会员参加有关诉讼，对会员间的知识产权纠纷进行调解；举办本会的年会及其他需要协会组织开展的业务会议；开展面向行业协会的知识产权保护工作指导，协助作为团体会员加入本会的行业协会开展会员知识产权自律规范活动；编辑出版会刊，及组织编辑有关书刊、音像资料等；开展与省内其他协会的合作，加强与国内外同类团体组织的联系、交流和合作；履行国家法律、法规和省知识产权局授权的职责；办理有关政府部门和会员委托的有关事宜。其他有利于提高广东全省及企事业单位知识产权保护水平又被有关国家法律、法规许可的相关活动。

三、组织架构

广东知识产权保护协会最高权力机构是会员大会（或会员代表大会），会员大会（或会员代表大会）每五年召开一次。协会设立理事会及常务理事会，理事会是会员大会（或会员代表大会）的执行机构。理事会每届任期五年，会员代表大会提前或延后举行时其任期作相应改变。广东知识产权保护协会现任会长（法人代表）为唐善新。协会下设秘书处，秘书长为顾奇志，秘书处下设综合管理部（会员部）、宣传培训部、法律事务部等部门。协会另设有一个专业委员会即广东知识产权保护协会皮革皮具知识产权保护专业委员会。

四、2009年度主要工作情况

（一）成功举办广东知识产权保护协会理事会年度工作座谈会

2009年1月13日，在广州市云山大酒店举办“保护协会理事会年度工作座谈会”，省知识产权局陶凯元局长在会议前夕，专程前往看望参加会议的代表。保护协会唐善新会长在座谈会上介绍了协会2008年工作的基本情况和2009年工作安排的设想。省局法制处陈曦帆副处长出席座谈会并讲话。座谈会还邀请了省高级人民法院、广州中院、佛山中院、天河法院等法院知识产权庭负责人以及知识产权法律服务界的知名律师、代理人参加。来自协会会员单位的80多人参加了座谈会。

（二）成功举办2008年度广东知识产权保护形势及案例分析报告会

2009年4月17日，在广州悦华大厦举办2008年度广东知识产权保护形势及案例分析报告会（广州专场）。活动由广东省知识产权局作为支持单位，报告议题为（1）2008年度广东专利行政保护形势及案例分析（主讲：省知识产权局法制处负责人）；（2）2008年度广东知识产权司法保护形势及典型案例介绍（主讲：省高级人民法院知识产权庭资深法官）；（3）2008年度知识产权典型案例介绍（主讲：广州市中级人民法院知识产权庭资深法官）；（4）2008年度知识产权典型案例介绍（主讲：深圳市中级人民法院知识产权庭资深法官）；（5）2008年度知识产权典型案例介绍（主讲：佛山市中级人民法院知识产权庭资深法官）；（6）2008年度知识产权刑事、行政案例介绍（主讲：广州市天河人民法院知识产权庭资深法官）；（7）商标、专利、商业秘密、著作权案例介绍（主讲：广东省法律服务界知名律师、代理人）。全省企事业单位及会员单位近200人参加。

（三）4月24日，在东莞市举办2008年度广东知识产权保护形势及案例分析报告会（东莞专场）

该活动由广东知识产权保护协会主办，东莞市知识产权保护协会承办。该市300多名企事业单位相关人员参加。

（四）6月22日，在深圳市博林诺富特酒店举办“中美专利保护实务高层论坛”

省知识产权局朱少昌副局长出席。论坛由

广东省知识产权局、深圳市知识产权局作为支持单位，广东知识产权保护协会、广东省律师协会知识产权专业委员会、深圳市专利协会联合主办，三环知识产权公司和美国富理达律师事务所承办。在当日的论坛上，共进行 10 场专题演讲，包括：专利申请“高速公路”：国际专利申请系统进一步发展的关键因素（主讲人：杜达知，美国前专利商标局局长，美国富理达律师事务所华盛顿办事处合伙人）、当前美国国际贸易委员会 337 调查中的法律问题（主讲人：白珊润，美国富理达律师事务所芝加哥办事处合伙人）、从司法审判角度解读与介绍新《专利法》（主讲人：祝建军，深圳市中级人民法院知识产权庭法官）、专利案件中被告应诉的十大策略和技巧（主讲人：温旭，暨南大学教授，三环知识产权公司董事长）、技术主导的全球市场中以公司的知识产权实现价值最大化（主讲人：柏思迪，美国富理达律师事务所华盛顿办事处合伙人）、案例解析美国专利诉讼与标准组织成员 IPR 义务（主讲人：丁建新，华为技术有限公司知识产权总监）、企业国际化与知识产权战略（主讲人：黄章辉，比亚迪股份有限公司知识产权及法律部经理）、自主知识产权企业的知识产权管理（主讲人：李富山，同洲电子知识产权部部长，深圳企业知识产权经理人沙龙创始人之一）、专利实务：用发明实现财富（主讲人：华格纳，美国富理达律师事务所华盛顿办事处合伙人）、中国企业海外并购——获得自主知识产权的新途径（主讲人：孙嘉鸿，美国富理达律师事务所上海办事处合伙人）。来自省内外 200 多位企事业单位知识产权管理人员和法律服务界专业人士参加了当天的论坛。

（五）9 月 25 日，在广州悦华大厦举办“2009 年度企业知识产权维权经验交流会”

广东健力宝集团、广州宏昌胶黏厂有限公司、佛山陶瓷研究所（南海金刚）、代万国律师等有关人员做了发言。省知识产权局许宝副处长、钟兴了副处长、孙京良副处长和广州中级法院民三庭黄雪梅副庭长等作为专家点评。80 多名会员单位代表参加活动。下午，还组织代表参观考察了协会副会长单位广州宏昌公司。

在这一年，广东知识产权保护协会还组织了多场专利无效请求案件庭审等活动，近 100 人参加了案件旁听。协会还和有关知识产权行政执法机关和司法保护机关、企事业单位及社团组织进行了大量良性互动。协会还编辑出版了《智慧的角逐与裁决（第二辑）——最新广东知识产权典型疑难案例判解》。

（供稿人：顾奇志）

广东专利代理协会

广东专利代理协会（下简称代理协会）于 2008 年 8 月 28 日成立。在广东省知识产权局的指导和大力支持下，代理协会积极组织专利代理行业加强自律，开展交流和业务培训活动，为广东省专利代理行业进一步健康有序发展贡献力量。

代理协会积极发挥了在政府机关和代理机构之间的桥梁和纽带作用，积极配合国家知识产权局、广东省知识产权局和中华全国专利代理人协会对广东省专利代理机构的考察调研活动。

2009 年，代理协会积极引导会员单位讨论制定了《广东省专利代理行业自律公约》（下简称《自律公约》），并拟定于 2010 年 3 月在全省范围的专利代理机构同业交流会上隆重发布实施。《自律公约》是广东省专利代理行业自觉自行发起、讨论和制定的自律性公约，开启了我省专利代理行业自律的新篇章，昭示了我省专利代理机构规范执业、谋求行业更大发展的决心。

代理协会切实做好会员服务工作，不断加强代理机构之间的交流沟通和互相学习，多次组织开展业务培训、学术交流和研讨活动，举力提高行业整体执业水平。2009 年代理协会成功举办“德国展会知识产权保护问题与对策研讨会”、“PCT 培训班”、“知识产权实务培训班”、“专利复审与无效专题培训班”、“专利代理机构负责人培训班”、“中英专利实务交流会”等多个培训班；在加强交流方面，代理协会组织全省专利代理机构代表分别与美国飞翰律师事务所、比利时科瑞克知识产权事务所等国外知识产权服务机构代表举行交流座谈活动，并承办粤港两地知识产权中介服务机构交流活动，组织专利代理机构代表赴港与香港知识产权中介服务机构代表开展深入交流，努力帮助全省专利代理人提高业务水平和综合素质，促进专利代理队伍整体服务水平的进一步提高。

与此同时，代理协会积极做好专利代理行业的宣传工作。2009 年 5 月代理协会成立讲师团，讲师团第一批共有 28 位资深专利代理人加入。代理协会多次组织讲师们参加广东省委统战部组织的企业考察、知识产权宣讲、主题论坛活动以及省高院组织的知识产权保护主题座谈会。

2009 年，代理协会进一步完善和丰富了网站，并于 2009 年 5 月举行网站开通仪式。

（供稿人：任重）

广东商标协会

2009 年，广东商标协会在广东省工商行政管理局的指导下，积极开展商标服务工作，为促进广东省商标事业发展，促进经济社会平稳较快发展作出了努力。

一、以行评促转变，提升服务能力

2009 年，广东商标协会积极参加广东省工商行政管理系统开展的政风行风评议活动，以行评促进协会的行风建设，不断提高协会的服务水平和工作效能，服务会员，为推动广东从商标大省向商标强省转变提供服务。

二、开展形式多样的服务

（一）组织策划会员交流、培训等活动

一是组织策划企业交流活动。2009 年 4 月 29 日，广东商标协会联合广东省工商行政管理局、东莞市工商行政管理局在东莞组织了商标战略会员交流活动，与 120 多位商标协会会员就实施商标战略问题进行互动交流，收到较好的效果。

二是适时组织协会会员参加培训，提高会员的商标法律意识和自我保护水平。2009 年分三批次组织会员参加了有关研究机构和大学院校举办的商标侵权纠纷诉讼、企业商标战略管理专题讲座、培训班和研讨会。

三是协助广东省工商行政管理局组织 46 家广东省驰名、著名商标企业参加中华商标协会在山东青岛举办的第三届中国商标节。

（二）商标监测系统继续提供特色服务，维护会员商标权益

为了维护会员的商标权益，加强广东省著名商标的保护力度，广东商标协会进一步完善商标监测机制，通过开展商标监测为会员及著名商标企业依法维护商标权益提供重要线索和帮助。2009 年广东商标协会共发出商标监测预警通知 1000 份。

三、加强广东商标网的建设

广东商标网创建于 2002 年，是广东商标协会面对社会的窗口和交流的重要平台。广东商标协会积极开展商标信息调研工作，努力搜集、整理、录入国内外商标最新信息、企业商标工作动态、商标最新法律法规及相关政策，建立了一套比较完善的商标信息体系。该网站属于知识产权商标领域的专业网站，主要宣传

商标法律法规，介绍商标知识，解答商标疑难问题，提供相关商标信息，开展网上社会调查。目前开辟的栏目有国际视窗、法律法规、商标新闻、商标知识、注册指南、权益保护、案例分析、商标管理、品牌经营、代理天地、设计园地、商品/服务分类查询、驰/著名商标和商标转让等。尤其是“商标转让”栏目，给闲置的注册商标提供了展示场所，集中需要者求购意向，建立起商标转让网上市场，盘活和开发闲置商标资源，为有需要的商标所有人提供了一个交流平台。

此外，广东商标协会作为广东省著名商标评审委员会成员单位，积极参加2009年度广东省著名商标评审认定工作。

（供稿人：陈小冰）

广东省版权保护联合会

2009年，省版权保护联合会在各级领导的关心、支持和指导下，在全体会员单位和理事的共同努力下，在版权民间管理和社会服务方面做了一些工作。

一、加强组织建设，努力促进社会服务向专业化方向发展

1. 搞好社会服务，提升协会形象。在维护著作权人合法利益的同时，搞好版权的社会服务是协会的工作宗旨。秘书处全年共受理作品自愿登记3172件，为作品的正常使用和传播提供了方便；完成图书著作权合同备案登记61件、著作权售付汇审查备案26件。

2. 积极发动、支持软件企业开展软件正版化工作。为推动软件使用正版化，我会积极参与软件企业的各项活动，协调软件正版示范单位备案问题等。经严格审核有关推荐材料，向99个单位颁发了《正版软件示范单位》证书。

3. 健全版权信息网络，及时、快速地传递版权保护信息。继续办好广东版权信息网，扩大信息源、改善信息传输渠道、提高信息质量，使版权信息充分发挥指导、借鉴和参考的作用，真正做到为全省版权保护工作服务，为版权产业的发展服务。

4. 完善档案管理，方便权利人维权及查阅。

二、加强宣传教育培训工作，强化社会版权保护意识，努力营造良好的社会版权保护环境

借助各种活动和行业会议之机，采取培训、报告会、专题讲座、现场咨询等多种形式，大力宣传普及版权保护知识，强化版权保护意识。

1. 配合全省知识产权普法教育，对司法、行政、律师、文化、新闻、出版、高校等部门讲授版权等相关知识，如：全省新闻采编人员资格培训，广东省内部资料编辑人员培训，广东省出版专业技术人员继续教育培训，以及广东出版行业协会、省印刷协会、省期刊协会等举办的培训班，暨大与欧盟合作举办的广东省政府知识产权管理干部研修班，省知识产权局举办的全省中小学知识产权试点教师班等共29期，培训人员5500人次。

2. 开展著作权维权护法宣传，提供免费咨询活动。散发版权保护宣传单张，为维护著作权人的合法权益提供舆论支持和法律援助。免费为会员单位、行政部门以及社会各界提供版权法律咨询，其中较为典型的有：省文化厅委托鉴定贺慧玉的《著者姓名汉语拼音与四角号码数字混编书次号的应用》所涉及的版权问题，省教育纪工委委托鉴定《中国竞技体育创新》一书和《中国竞技体育利益格局研究》一文涉及抄袭问题

三、加强对外交流，努力提高版权管理水平

联合会积极发挥纽带作用，组织会员参与省内外与版权保护有关的活动，以加强业界的沟通和交流，扩大我会的影响。

如参加易博士 M218B 荣登电子（纸）阅读器国际三甲品牌及 2009 年新品发布会；参加 2009（春、秋）广东省家纺协会深圳国际家纺布艺展；与深圳版权协会、杭州版权协会协调并草拟大型展销会版权保护方案，并就此方案展开有关调研。

派员参加新闻出版总署教育培训中心举办的软件登记及登记代理实务培训班、中国版权协会组织的中国版权协会数字出版培训班，以提升我会业务管理能力，更好地为权利人服务。

2009 年，联合会荣获中国版权协会颁发的“2009 中国版权年会优秀组织奖”奖项。

（供稿人：刘振盛）

广东发明协会

2009 年广东发明协会按照全年的工作安排，以科学发展观为指导，重点组织好重大活动，为营造发明创新氛围、提高群众性发明创新水平、建设创新型广东服务，取得了较好的成效。

一、组团参加第十八届全国发明展览会

第十八届全国发明展览会于 2009 年 8 月 12 日至 15 日在昆明国际会展中心举办。本届发明展览会以“创新发展、提升能力、加强合作、服务经济”为主题，共有来自全国的 45 个代表团、1700 多个项目参加了展览会的展示、交易和洽谈。我省在省科技厅和知识产权局的重视和大力支持下，成立了以协会副理事长兼秘书长刘庆茂副巡视员为团长的广东展团，组织了 20 个展位、60 多名参展人员、93 项发明成果参加展览和大会交流，是本届展览会上最大的展团之一。广东展团参展单位在 4 天的展出中积极开展项目推介和交流活动，共接待参访观众近 2000 人次。在参展的 93 项目中，获奖 70 项，获奖率达 75%。其中金奖 22 项、银奖 23 项、铜奖 25 项、专项奖 3 项。获奖总数和获奖率均居各参展团的前列。

二、第七届广东省少年儿童发明奖评选活动

第七届广东省少年儿童发明奖评选活动，于 2009 年 6 月 13 日、14 日在广州市第六中学举办了“优秀发明作品展示”和颁奖活动。全省 15 个地级以上市、150 多间中小学校（青少年科技活动中心）参加本届评选活动，参评作品共 680 件。省科技厅、省教育厅、省知识产权局、省科协、省科学院以及协会领导参加了活动。省科技厅刘庆茂副巡视员以及中国科学院广州分院、广东省科学院党组书记、副院长郭俊分别在开幕式上讲话，强调举办少年儿童发明奖评选活动的意义和作用，号召全省少年儿童解放思想，大胆创新，积极开展发明创造活动，努力争取成为新世纪的创造发明人才，为提高我省的自主创新能力做贡献。出席活动的领导和专家参观了展示会，与参展师生进行了亲切的交谈，给予鼓励。经过活动评委会的认真评审、现场考核和组委会核准，244 件参评发明作品分别获得一、二、三等奖（其中一等奖 17 件，二等奖 43 件，三等奖 184 件）。还有 67 件作品获得专利申请鼓励奖。200 多名科技老师获得园丁奖。46 个单位获得组织奖。本届活动参评作品比往届大幅增长，水平有较大提高。展示会和颁奖大会的组织更加完善，吸引了万人以上到会参观。

三、组队参加第三届“中国青少年创意大赛暨知识产权宣传教育活动”

第三届“中国青少年创意大赛暨知识产权

宣传教育活动”由中国教育学会、国家工商行政管理总局商标局、中国版权协会联合主办，旨在响应“建设创新型国家”的号召，推动中小学教育创新，促进创新活动深入开展，普及知识产权教育，搭建一个创新型人才培育、交流、展示的平台。它的特点是，所有参赛选手不能携带任何作品，所有创作全部在现场完成，以体现参赛者的创造能力和应变能力。

广东发明协会和广东教育学会联合下文组织发动我省中小学校师生参赛。为了做好赛前的备战工作，专门组织了赛前培训，为广东省各代表队在大赛中取得优异成绩奠定基础。

活动于2009年7月18日至20日在山东省济南市举行。

来自全国37个区域选拔赛的200支优胜青少年学生队伍共2000多名师生参赛。广东省共有7支代表队88名师生参赛。经过三天的激烈角逐，我省参赛队，共获得2个团体金奖、4个团体银奖、1个团体铜奖，有6所学校获得了“百佳创新型学校奖”；获个人一等奖的有22人、二等奖31人、三等奖15人，其中深圳市水库小学的陈梓豪同学和广东省实验中学的朱瑞彪同学分别获得了“百佳尚德创意奖”；广东省知识产权局、广东发明协会和广东教育学会均获优秀组织奖。

四、引进DI®创新思维竞赛已获成功

DI®是英语 Destination Imagination 的缩写，原意是“目的地想象”，现译为“创新思维竞赛”，是目前全球规模最大的培养青少年创造力的活动。竞赛旨在培养和提高青少年的创新思维能力以及团队协作精神、时间管理、动手实践和解决问题的能力。目前，全世界已经有58个国家和地区，超过200万人参与到DI®各地活动中。

协会于2009年3月在中山市举办了第一届“广东省创新思维竞赛”活动，竞赛由广东发明协会主办，中山市教育局承办，中山市科学技术协会为支持单位。本次大赛受到全省各个学校广大师生的喜爱和热情参与，来自广州、深圳、佛山、中山、东莞等市中小学校的33支队伍，300多名师生在中山市东区雍景园小学欢聚一堂。通过竞赛，共决出一等奖3名、二等奖8名、三等奖10名。本届DI®竞赛，是全省青少年创新思维能力交流的盛会，是学生综合素质较量的大擂台，它让广大学子在交流中懂得了取别人之所长补自己之所短，在挑战中学会创新协作，勇往直前，展现自我。

通过省赛选拔出12支优秀代表队103名师生参加了在山东泰山举行的DI®全国赛，在全国赛中广东取得一等奖7名、二等奖4名、三等奖1名的全国最好成绩。广东队已成为DI®全国赛事的主力军。今年5月，由广东省四支优秀队伍组成的中国代表队赴美国参加全球总决赛，并且取得良好成绩。

协会自2007年探索性的把DI®活动引进广东以来，深受广东省内广大师生的欢迎。华南师范大学附属中学、广东省实验中学等名校都已积极参加到DI®活动中来，华师附中的吴颖民校长还提出要把DI®活动纳入学校的选修课，并组织编写DI®校本教材。广东教育学会主动提出愿意和我们联合举办第三届“广东省创新思维竞赛”活动。这些都充分地说明了协会引进DI®活动已经获得了成功。

（供稿人：邝伯麟）

《中国知识产权报》广东记者站

一、机构简介

《中国知识产权报》广东记者站是中国知识产权报社与广东省知识产权局共建，经国家

知识产权局、广东省新闻出版局批准同意，于2003年3月开始筹建，2003年8月正式成立的驻地方新闻机构。广东记者站主要负责《中国知识产权报》在广东地区的新闻采访、通联等工作。同时也为省知识产权局开展宣传工作提供协助。

目前广东省知识产权局分管记者站工作的领导为朱万昌副局长，记者站在报社通联部和省局协调管理处的指导和支持下开展相关工作。广东记者站目前驻站记者1名。

二、2009年度工作情况

2009年年度广东记者站充分发挥知识产权宣传的推手和助手作用，做好新闻报道、通联队伍建设和宣传策划等工作，均取得了较为突出的成绩。全年驻站记者累计发稿117篇，计10.58万字；其中重要文章29篇（各版头条）。

在这些报道中，为了配合知识产权强省宣传，驻站记者在省知识产权局的支持下，采访了一批知识产权战略实施和知识产权强省建设的重大事件，并进行深入报道。2009年2—3月，驻站记者先后深入广东数十家自主知识产权优势企业，通过报道这些企业在金融危机中的卓越表现，树立了运用知识产权应对金融危机的企业典型形象。驻站记者极为关注广东知识产权保护事业的推进，通过对北大方正诉深圳方正不正当竞争案等一批重要案件的报道，宣传了广东知识产权保护事业取得的成绩。同时还广泛宣传了“三氯蔗糖企业赢得337调查”、“生益科技赢得337调查”等广东企业在美国337知识产权调查案件获胜的消息。

在做好新闻报道工作的同时，记者站还积极开展通联工作，培育优秀知识产权宣传工作人员。一年多来，广东记者站根据《通联工作管理办法》，深入推进全省通讯员的新闻采访和稿件撰写指导、通讯员培训和评优表彰工作，促进通联工作的深入开展。2009年，全省在册通讯员累计在《中国知识产权报》发稿近100篇。2009年5月下旬记者站还成功举办了建站以来的第三期新闻通联业务培训班，邀请报社张岳庚副总编、通联部刘瑞升主任为通讯员进行业务培训。同时，广东记者站还评出2008年度最佳通讯员5名，优秀通讯员10名，分别予以表彰和奖励。

此外，记者站还充分挖掘以往新闻报道中具有价值的资料，进行归纳总结，使宣传效果得到进一步的升华。2009年1月，广东记者站承担的软科学计划项目《法眼看新闻——知识产权案件报道之法理解读》由羊城晚报出版社出版，该书由广东记者站站长、省知识产权局朱万昌副局长任主编，精选《中国知识产权报》近年来报道的知识产权案例（其中90%以上为广东记者站驻站记者报道），邀请10多位知识产权法官、行政执法人员和律师进行解析。2009年1月，记者站编辑出版了《中国知识产权报广东新闻作品汇编（2008年卷）》，收录了180多篇新闻报道，作为宣传资料发送到全省知识产权管理机关和企事业单位手中。

在2009年的中国知识产权报全国通联工作会议上，广东记者站再次荣获2009年度最佳记者站等多项荣誉和奖励。

（供稿人：顾奇志）

广东省专利信息中心知识产权司法鉴定所

广东省专利信息中心知识产权司法鉴定所是广东省唯一一家开展知识产权司法鉴定的机构。2009年，鉴定所在拓展业务、健全制度、加强培训，提高质量以及改善自身工作条件等方面取得了较好的成绩，并产生了积极的影响。

一是鉴定业务稳步发展。鉴定所全年共受理各类知识产权鉴定案件36件，结案30件，结案率为[illegible]%。其中，专利鉴定案件[illegible]件、计算机软件鉴定案件3件、技术秘密鉴定案件24件；有22件来自公检法和行政管理部门的委托，14件受企事业单位的委托。受理数量与去年基本持平，但复杂疑难案件却呈明显上升趋势，投入鉴定的工作量也比往年有较大幅度增加。

二是各项制度逐步完善。鉴定所建立了各项工作制度，逐步规范了受案、检验、出具报告等工作程序，内部订立岗位责任制，明确各人的工作职责。鉴定所在严格执行有关法律的基础上，结合自身实际对已制定的《鉴定过错责任追究办法》、《司法鉴定工作程序》、《司法鉴定文书档案管理办法》、《特聘专家的聘用办法》、《鉴定复核办法》、《疑难案件会鉴办法》等规章制度进行自查和重新修订。

三是队伍建设不断加强。经广州司法局审核同意、广东省司法厅批准，2009年鉴定所有4人获取司法鉴定人执业资格。本次新获批的执业司法鉴定人的专业技术涵盖了电子、机械等领域。截至2009年底，鉴定所已有执业司法鉴定人数共27人，初具规模。但随着案件数量的大幅度增长，涉案领域的多样化，鉴定所仍有待进一步加强鉴定人队伍建设。当前，鉴定人队伍建设重点在于抓好鉴定人管理、教育培训和后备人才培养工作，为优质高效的司法鉴定服务创造条件。

四是鉴定质量力求提高。为了保证鉴定工作的正常开展，一方面，积极开展好司法鉴定人的公正执法教育、职业道德教育和专业技术培训；年初，鉴定所专门制定了知识产权司法鉴定培训、交流的学习计划，并安排法律顾问与鉴定人进行定期的讲座，内容包括鉴定程序、鉴定文书的法律要求、出庭质证的注意事项等等，借以推动司法鉴定人的学习热情，促进鉴定质量的提高。另一方面，鉴定所要求鉴定人严格遵守司法鉴定程序，认真执行国家和行业标准，提高鉴定技能，保证鉴定质量。

首先从规范司法鉴定文书入手，促进司法鉴定活动的规范化；核技术领域选取行业专家参与鉴定，并由高级技术职称背景，掌握熟悉知识产权司法鉴定业务的鉴定人负责技术复核把关，确保鉴定意见的客观、公正和合法性。

此外，鉴定所对珠三角地区曾委托鉴定所鉴定的司法行政机构进行调研，重点了解相关单位在执法过程中对知识产权司法鉴定工作的需求，以及委托方对鉴定所的办案程序和出具的鉴定意见书的意见和建议，通过调研，为鉴定所更好地开展司法鉴定服务，提高鉴定质量提供了很好的思路。

（供稿人：广东省专利信息中心知识产权司法鉴定所）

广东省法学会知识产权法学研究会

6月27日，广东省法学会知识产权法学研究会换届会议暨2009年学术年会在广州召开。

广东省法学会知识产权法学研究会换届会议审议并通过第一届理事会工作报告，选举产生第二届理事会的组成人员。当选第二届理事会理事69人，常务理事39人。广东省知识产权局副局长唐毅当选广东省法学会知识产权法学研究会第二届理事会会长，叶若思、刘天兴、孙伟良、刘在东、朱列玉、关永宏、张健、吴国平、何伟、李颖怡、林广海、胡充寒、徐暄、黄丽萍、黎炽森等15人当选为副会长；李敏杰当选为理事会秘书长，石静涵、江兰平、吴婧、唐珺当选为副秘书长。

广东省法学会知识产权法学研究会2009年学术年会共收到论文28篇，论文作者及广东省法学会知识产权法学研究会第二届换届大会的代表近80人参加了研讨。综述这次研讨会的内容和观点主要有：（1）知识产权在建设创新型国家中的重要地位和作用；（2）国外知识产权保护的经验及对我国的启示；（3）企业知识产权战略发展；（4）我国知识产权的司法保护；（5）国际金融危机下优化自主创新司法环境的对策；（6）网络服务提供商标帮助侵权责任的法律完善。

（供稿人：骆文经　杨安飞）

广东省律师协会知识产权法律专业委员会

广东省律师协会是依照《中华人民共和国律师法》设立、由广东省律师组成的社会团体，受广东省司法厅的指导和监督，对广东省的律师队伍实施行业自律管理。它成立于1980年，是我国律师制度1979年恢复重建后成立的第一家省级律师协会，至今已历时九届，截至2009年12月，共有团体会员（各地级市律师协会和律师事务所）1400多家，个人会员（执业律师）18000余名，均居全国前列。

知识产权法律专业委员是广东省律师协会根据章程设立的专业委员会之一。其任务是根据活动规则和业务发展需要，组织开展理论研究和业务交流活动，起草律师有关业务规范，为全省律师提供业务指导，提高整体执业素质。委员会组成人员从全省品行良好、声望较高、具有丰富律师执业经验和知识产权专业水平的律师选拔担任。第八届专业委员会委员共计74名，主任温旭、副主任邓尧、刘茂林、胡波，秘书长王广华。第九届专业委员会委员共计40名，主任邓尧，副主任曾报春、王广华、赖灿辉，秘书长张育泉。

2009年是《国家知识产权战略纲要》和《广东省知识产权战略纲要》的实施阶段，在广东省司法厅、律师协会的指导和支持下，广东省律师协会知识产权法律专业委员会积极参与国家和地方知识产权战略实施计划，组织开展了一系列的理论研究和业务交流活动，旨在提高广东省律师在知识产权领域的业务水平，为全省律师提供业务指导，提高整体执业素质，取得了一定的成果。其中重大的活动有：

2009年6月，与有关单位在深圳共同举办了“中美专利保护实务高层论坛”，参与这次论坛主办和承办的单位包括广东省知识产权局、深圳市知识产权局、广东知识产权保护协会、深圳市专利保护协会、美国富理达律师事务所、三环知识产权公司。来自中美两国的知识产权律师对美国337调查、中美专利保护措施等问题发表了精彩的演讲。

2009年10月，专业委员会与佛山市中级人民法院法官协会在佛山市科学馆共同举办了“知识产权最新动态高端论坛”，包括委员、律师及企业代表在内的200余人参加了会议。论坛邀请国家知识产权局协调司副司长何越峰、最高人民法院民三庭审判长夏君丽及佛山市中级人民法院民三庭庭长霍彦杰作为嘉宾，分别就商标权司法保护最新趋势、广东知识产权司法保护最新动态、专利法修改对知识产权保护的影响等主题作了精彩演讲，并就知识产权领域的最新动态和与会者进行了交流探讨。

2009年10月，专业委员会组织编写的广东律师系列丛书之四《智慧的较量——知识产权案例评述与诉讼技巧》正式出版。主编温旭、邓尧，副主编刘茂林、胡波。该书共收录43篇案例评析文章，涉及著作权法、专利法、商标法和反不正当竞争法等多个知识产权领域，作者全部是我省从事知识产权法律服务的专业律师，绝大多数案件都是作者亲自参与办理的。文章中不仅有作者代理案件的切身感受，更有对案件关键法律问题的详尽评述，对提高律师和其他知识产权从业人员的业务水平都具有一定的参考价值。

此外，专业委员会还指派委员参加了由政府部门、学术团体等组织的各种形式的座谈会、研讨会、论坛和讲座，并积极参与对地方知识产权立法的修改建议工作。

（供稿人：邓尧）

知识产权交流与合作

对外交流与合作

区域交流与合作

国际知识产权动向

对外交流与合作

2009年广东省知识产权对外交流与合作

2009年，广东省知识产权局继续加强知识产权外事工作，知识产权对外交流与合作取得新的进展，在进行知识产权外事协调、举办知识产权国际研讨活动、接待来访和组织知识产权境外访问及培训等方面，起到了加强沟通、增进了解、增加互信、推进工作的目的。

一、发挥广东省知识产权局职能，协调相关部门共同开展对外知识产权工作

2009年，广东省知识产权局继续发挥协调涉外知识产权事宜的职能，协调全省各知识产权管理与保护部门共同开展对外知识产权工作，确保在敏感时期及敏感问题上，全省各部门团结统一，一致对外。4月，广东省知识产权局组织省政府知识产权办公会议各组成单位，编写《2008年广东省知识产权保护状况》中英文白皮书，并举办发布会向各国驻穗领事机构及境内外媒体发布，各知识产权保护部门分别回答了各国领馆代表以及媒体记者的提问。发布会连续数年举办，已成为全省对外知识产权宣传工作的一个品牌性活动。

二、组织举办国际交流与研讨活动，拓展广东省知识产权工作的国际影响力

3月，广东省知识产权局陶凯元局长参加世界知识产权组织跨区域知识产权高级论坛6月，广东省知识产权局承办“促进和鼓励中英知识产权制度的使用和理解研讨会”，国家知识产权局副局长李玉光、英国知识产权局局长伊恩·福莱彻（Ian Fletcher）、广东省人民政府副秘书长江海燕出席研讨会并致辞。同期，与顺德区政府、美国驻广州总领事馆共同承办“中美日欧外观设计保护论坛”，来自中国、美国、日本和欧洲知识产权相关机构的官员和专家就外观设计的申请与保护问题展开热烈的研讨，并分组讨论，互相交换意见。10月份，广东省知识产权局与美国全国商会共同主办“珠江三角洲地区创新与知识产权国际研讨会”，美国商务部骆家辉部长、美国驻华大使洪博培、美国全国商会高级副会长薄迈伦参会，中美两国的知识产权专家济济一堂，围绕知识产权与创新进行深入探讨，来自中美双方的政府部门、企事业单位、知识产权研究及服务机构的代表约300人参加了会议。2009年11月23—25日，广东省知识产权局与香港城市大学联合主办“国际知识产权争端仲裁与调解培训班”，邀请了来自世界知识产权组织、联合国贸易和发展会议、国际商事模拟仲裁庭以及国际常设仲裁法院等在内的国际知名仲裁机构的专家，围绕知识产权争端的仲裁与调解这一主题，对学员进行了三天的培训。培训班突破以往常规，首次采用全英文授课，参加培训的全体学员均获得了由世界知识产权组织仲裁与调解中心、联合国贸易和发展会议、香港城市大学和广东省知识产权局联合颁发的培训证书。

三、认真接待外事访问，增进与国外机构和知名人士的交流

3月13日，美国国会政府间贡办公室鲍德

瑞克副主任一行四人访问广东省知识产权局，了解美国驻华知识产权机构与广东省知识产权局在知识产权领域合作情况及取得的成效；4月2日，美国贸易代表署助理贸易代表夏尊恩（Timothy P. Stratford）先生等一行6人访问广东省知识产权局，与广东省知识产权局陶凯元局长进行会谈；6月4日，英国知识产权局局长伊恩·福莱彻（Ian Fletcher）、英国知识产权局国际政策顾问伊恩·格林（Ian Greene）、英国驻广州总领事馆副领事毕思德（Chris Butland）等一行4人访问广东省知识产权局；7月23日，美国全国商会大中华区高级主任王杰（Jeremie Waterman）与中国首席代表金立刚访问广东省知识产权局，双方就关于合作召开知识产权研讨会等事宜进行了深入会谈；10月28日，美国专利商标局副局长白珊润（Sharon Barner）、美国驻广州总领事馆领事王伟柏（Conrad Wong）、美国驻广州总领事馆经济部领事柯英豪（Nolan Barkhouse）等一行6人访问广东省知识产权局，双方介绍了各自在知识产权领域开展的工作，并就今后加强交流合作等问题交换了意见；11月26日，英国睿阁律师事务所（Wragge & Co）一行2人访问广东省知识产权局；12月15日，越南知识产权局代表团一行6人访问广东省知识产权局；截至12月底，共接待来自美国、英国、意大利等国家9个知识产权代表团共计35人访问。

四、精心组织出访 拓展广东省知识产权发展国际空间

10月，广东省知识产权局陶凯元局长率知识产权代表团赴瑞典、挪威、俄罗斯开展交流活动，访问瑞典专利局、挪威工业产权局与俄罗斯知识产权服务机构，与国外机构建立并深化合作关系。

广东省知识产权局先后组织百名高层次知识产权人才分赴德国和美国研修。研修班培训期间，研修人员访问了世界知识产权组织WIPO纽约代表处、美国专利商标局、美国国际贸易委员会、德国联邦经济和技术部等机构，接受了知识产权许可、仲裁、诉讼等方面的培训，加深了对国际知识产权制度及趋势的认识。

五、积极结交国际友人 拓宽广东省知识产权国际合作渠道

在开展知识产权对外交流与合作过程中，广东省知识产权局重视认识和结交对我国和广东省友好的外国朋友，目前已结交了一批美国、英国、意大利等国的政府机构、商会组织、知名企业中的知识产权专家，包括世界知识产权组织仲裁与调解中心主任恩里克·韦伯斯、联合国贸易法委员会前秘书长恩里克·博格斯顿、美国国会政府问责办公室副主任鲍德瑞克、美国贸易代表署助理贸易代表夏尊恩、美国驻广州总领事高来恩、英国知识产权局局长伊恩·福莱彻等知名人士，为进一步开展合作提供了有利条件。

六、注重对外宣传 营造广东省知识产权良好国际氛围

在外事接待与出访交流工作中，广东省知识产权局注重向国外机构宣传广东省知识产权保护的措施与成效，并且通过召开新闻发布会、举办和参加国际交流研讨活动等措施，增进外方政府对广东省知识产权工作的认识，加深外资企业对我国知识产权制度的了解，消除误解，增进互信。

（供稿人：郭亚青）

区域交流与合作

2009年粤港知识产权合作

2003年8月，在第六次粤港合作联席会议上，粤港知识产权合作被列为正式议题，粤港知识产权合作从此进入了崭新的历史发展时期。2009年，在“粤港保护知识产权合作专责小组”的积极推动下，两地知识产权相关部门，顺利开展了多个项目的合作。

一、继续推进及完善粤港知识产权保护及各类协调合作机制

包括：加深粤港保护知识产权合作专责小组会议制度及加强双方的沟通和交流；进一步完善粤港跨境知识产权案件协作处理机制，持续加大执法力度和提升成效；推进粤港中小企业创新促进机制，继续在广东省巡回举办“粤港知识产权与中小企业发展”研讨会；继续联合举办香港商标法律知识讲座；继续开展知识产权专业人士培训交流计划；不断更新及充实“粤港澳三地知识产权资料库”；继续深入在两地共同开展“正版正货”承诺活动，加强两地参与机构的交流，增加管理透明度及加强宣传推广；继续联合开展粤港知识产权专题研究，持续进行各类型知识产权宣传教育交流与合作等。

二、继续在粤巡回举办“粤港知识产权与中小企业发展”研讨会

按照专责小组第七次会议部署，粤港双方于2009年4月7日在中山市联合举办“粤港知识产权与中小企业发展（中山）研讨会”，国家知识产权局李玉光副局长在会上致辞并作专题演讲，粤港两地政府知识产权部门、企业与知识产权服务机构的专家在会上介绍了内地与香港知识产权制度最新进展、国家知识产权战略的制定与实施、企业知识产权发展与保护有效经验分享、知识产权海关保护实务以及企业进军海外的知识产权策略等内容，两地共约350人参加。此次研讨活动是本系列研讨会在广东省内第十次举行（深圳、东莞、韶关、顺德、惠州、江门、湛江、珠海、汕头、中山）。

三、合作编印《粤港澳知识产权简明手册》

专责小组第七次会议后，粤港双方知识产权部门与澳门特区政府经济局联合，组织粤港澳三地知识产权专业人士编撰《粤港澳知识产权简明手册》。《手册》针对商标、专利、外观设计和版权等不同类型知识产权，简明扼要地介绍了粤港澳三地的相关法律法规、申请注册程序与侵权救济途径等内容，有利于广大企业和社会公众更方便地获取三地知识产权制度信息，三地社会共同提高知识产权意识及制度运用水平。

四、推进粤港知识产权中介服务机构交流

为促进粤港两地知识产权中介服务机构探索合作空间及提升专业服务水平，2009年4月，广东省知识产权局与香港知识产权署合作在香港举办“粤港知识产权中介服务机构交流活动”。广东省知识产权局、香港知识产权署、粤港两地17家中介服务机构代表，在香港知

识产权署举行座谈，双方分别就涉外知识产权合作方式的建立和拓展、内地与香港知识产权法律实务及实施比较、知识产权服务机构的内部制度建设等议题进行了讨论和交流，广东代表团还对两家香港知识产权中介服务机构进行了考察访问。这次活动是两地知识产权中介服务机构的第二次交流活动。

五、开展粤港创意产业企业知识产权交流

按专责小组第七次会议部署，2009年7月7—8日，广东省知识产权局与香港知识产权署将合作举办了“粤港创意产业企业知识产权交流活动”，活动以知识产权运用和管理为主题。广东省知识产权局组织了省内创意产业企业代表团赴港开展交流，代表团一行访问了香港知识产权署，学习知识资本管理的概念；访问香港数码港、香港科技园、香港应用科技研究院，了解香港创业产业园区的知识产权运用与管理情况，与香港创意产业企业代表深入开展交流。

六、继续利用会展加深企业对两地知识产权制度的认识

为使粤港两地企业通过更直接的渠道获知两地的知识产权制度，鼓励企业到对方申请注册知识产权，2009年4月，广东省知识产权局与香港知识产权署共同参加第105届“中国进出口商品交易会”（广交会），双方在交易会场内展示两地知识产权制度的资料，并派专业人员现场为企业代表解答知识产权申请注册的问题，加深企业对两地知识产权制度的认知。

七、推进粤港中小学知识产权教师交流

2009年1月，广东省知识产权局组织广东中小学知识产权教育试点学校教师代表团一行6人，赴港参加香港知识产权署举办的新一期“学校知识产权导师计划”培训班，与香港50多位教师共同接受知识产权基本知识、课堂管理及授课技巧等培训，学习香港在中小学知识产权教育方面的经验，并与香港知识产权教师代表进行直接沟通，增进双方中小学知识产权教育交流。

八、持续更新“粤港澳知识产权资料库”与“粤港知识产权合作”专栏信息

“粤港澳知识产权资料库”（www. ip－prd. net）开通以来，为粤港澳地区的企业和公众提供了一个知识产权信息利用平台。为了进一步提高资料库信息服务质量，2008年以来，粤港双方对资料库不断进行扩充与更新，使其内容日趋丰富。截至2009年6月底，资料库访问量已近11万人次。

广东省知识产权局、香港知识产权署于2008年7月在各自官方网站增设了“粤港知识产权合作”专栏，通过网站发布最新的合作信息、加大粤港知识产权合作的宣传力度，第七次会议以来，专栏内容不断得到充实与更新。

九、推进知识产权相关民间组织机构交流

近一年来，粤港双方知识产权部门积极发挥政府机构的引导作用，推动两地知识产权相关民间组织机构间的交流与合作。在粤港知识产权与中小企业（中山）研讨会、“正版正货”承诺活动、粤港知识产权中介服务机构交流、粤港创意产业企业知识产权交流等合作项目中，粤港双方积极邀请了两地知识产权相关民间组织机构，如香港贸易发展局、香港工业总会、香港律师会、香港商标师公会、广东专利代理协会、深圳市专利协会、中山市现代服务业协会、中山市生产力促进中心等参与项目实施，为民间机构间开展交流合作提供平台。

（供稿人：郭亚青）

2009年泛珠三角区域知识产权合作情况

2009年，在泛珠三角区域“9＋2”各方知识产权职能部门的共同努力下，区域知识产权合作内容不断深化，合作领域有效拓展，合作力度全面加强。

一、第五届泛珠三角区域知识产权合作联席会议暨第四届泛珠三角区域知识产权合作论坛

由于2008年5月12日四川汶川发生8.0级强烈地震，为全面支持抗震救灾及灾后重建，第五届泛珠三角区域知识产权合作联席会议暨第四届泛珠三角区域知识产权合作论坛由2008年延期至2009年举行。

2009年6月11日上午，第五届泛珠三角区域知识产权合作联席会议暨第四届泛珠三角区域知识产权合作论坛在广西南宁开幕。广西壮族自治区副主席陈章良、中纪委驻国家知识产权局纪检组组长、国家知识产权局党组成员肖兴威等领导出席开幕式并致辞，广西壮族自治区知识产权局杜伟局长主持开幕式。泛珠三角区域“9＋2”各方知识产权、工商、版权局的代表，有关专家学者，广西知识产权办公会议各成员单位代表以及广西各市知识产权局代表100多人参加会议。第四届泛珠三角区域知识产权合作论坛主题为“实施知识产权战略，促进区域自主创新和经济发展”，多位专家分别就新时期下区域知识产权事业发展的重大问题进行了深入探讨。论坛总共收集论文41篇并汇编成《第四届泛珠三角区域知识产权合作论坛论文集》。

广东省知识产权局陶凯元局长率省知识产权局、省工商局、广东金融学院代表一行6人赴南宁参加会议，并向第四届论坛提交论文3篇，向第五届联席会议提出年度新增合作项目建议1项。在第五届合作联席会议上，陶凯元局长代表广东省向会议介绍本省牵头开展合作项目的进展情况，提出了下一阶段的合作建议，并对实施泛珠三角区域知识产权战略提出了意见，得到与会代表们的积极响应。

二、建立泛珠三角区域内地九省（区）专利行政执法协作机制

根据首届泛珠三角区域知识产权合作联席会议确定事项，由广东省知识产权局牵头开展“探索建立泛珠三角区域专利行政执法协作机制”项目。2005年4月，广东省知识产权局成立领导小组和工作小组，制订了项目实施工作方案，明确了工作目标、内容、原则、方式、进度安排和要求，提出了项目组织架构的具体意见，并于年内初步形成了泛珠专利执法协作协议初稿。2006年、2007年和2009年，广东省知识产权局先后三次发出《泛珠三角区域内地九省（区）专利行政执法协作协议》（征求意见稿），征求各兄弟省区知识产权局意见。在综合各省区局意见的基础上，根据第三次修订的《专利法》，对协议内容进行了多次修改，前后十易其稿并最终形成了《泛珠三角区域内地九省（区）专利行政执法协作协议》（以下简称《执法协作协议》）。2009年12月2日，福建、江西、湖南、广东、广西、海南、四川、贵州和云南九省（区）知识产权局的负责人在佛山共同签署了《执法协作协议》。

《执法协作协议》包括前序和协作组织、协作内容、协作机制和协议签署及生效四个部分，具体条款共有23条。《执法协作协议》具有两个突出的特点：一是首创省、市两级执法协作机制。二是推动执法标准一致化工作。

三、开展泛珠三角区域有效专利分析工作

2007年，第四届泛珠三角区域知识产权合作联席会议确定由广东省知识产权局局牵头开展“泛珠三角区域有效专利分析”研究工

作。经过积极争取，2008 年底，国家知识产权局提供了泛珠三角区域、长三角区域、环渤海湾区域的有效专利数据。广东省知识产权局从地域分布、专利权利人类型、专利技术领域、专利有效率、专利有效期和半衰期等几个方面对 60 余万条专利数据进行分析，并起草了《泛珠三角区域有效专利分析报告》（以下简称《报告》）。《报告》共 5 章约五万六千余字，从泛珠三角区域、泛珠三角区域各省（区、特区）、三大经济区域三个层面上分析有效专利的基本情况，并提出五点政策建议。在第五届泛珠三角区域知识产权合作联席会议上，广东省知识产权局将报告全文印发给参会代表参阅。

四、为四川省援建“世界药物行业专利数据库”

2009 年 5 月 13 日，广东省知识产权局援助四川省的“世界药物行业专利数据库”在四川成都正式开通，该数据库分为传统医药、生物制药、天然药物、化学药物和医疗机械 5 个子数据库，技术主题总量超过 240 个，主要为四川省内医药行业用户提供免费、丰富的医药行业专利信息。

五、配合泛珠三角区域各省区完成区域合作项目

2009 年，广东省知识产权局认真履行《泛珠三角区域知识产权合作协议》，积极落实区域知识产权合作联席会议确定的合作工作。如，配合广西壮族自治区知识产权局开展《国家知识产权战略实施泛珠三角区域建设规划（2010—2020）》的研制工作，并向国家知识产权局申报设立国家知识产权战略实施泛珠三角试点区域；派员参加香港知识产权署和澳门知识产权厅联合组织的“泛珠三角区域知识产权公务人员交流活动”，介绍广东企业知识产权工作成效，交流学习知识产权工作经验；配合贵州省知识产权局开展全省地理标志现状专题调研工作等。

（供稿人：张璟）

2009 年粤哈知识产权对口协作

2009 年，是开展粤哈知识产权对口协作的第四年，也是开展中西部知识产权合作联席会议和对口支援合作第二年。一年来，在广东省知识产权局和哈密地区知识产权局的共同努力下，对口协作工作不断深化，合作领域不断拓展，合作力度不断加强，合作成效不断显现，有效地推动了粤哈双方知识产权事业的发展。

一、签订对口协作补充协议 深化粤哈两地知识产权交流与合作

自 2006 年广东省知识产权局与新疆哈密地区行政公署签署《广东省知识产权局与新疆哈密地区行政公署对口协作协议书》（以下简称《协议书》），开展粤哈知识产权对口协作工作以来，粤哈双方根据《协议书》确定的内容积极开展交流与合作活动，各项工作取得预期效果，在中小学知识产权教育、知识产权人才培训及专利技术产业化的交流与合作方面，取得显著成效，有效推动了粤哈两地知识产权工作的深入发展。

为巩固对口协作成果，进一步深化粤哈两地知识产权交流与合作，广东省知识产权局与新疆哈密地区行政公署签署了《广东省知识产权局与新疆哈密地区行政公署对口协作补充协议》，继续开展对口协作。

二、对口协作项目的支持力度

2009 年，广东省知识产权局在继续支持

哈密地区开展“中小学知识产权教育”以及干部人才交流与培养等协作项目的基础上，新增“哈密地区支柱产业专利信息数据库建设”和“哈密地区有机晚熟哈密瓜贮藏保鲜项目”作为对口协作项目。为了将协作项目落到实处，广东省知识产权局专程支持了哈密地区知识产权经费。

三、对口协作项目落到实处

（一）开展中小学知识产权教育试点工作

1. 结合实际编写新疆知识产权教育学生用书。

在新疆知识产权局和广东省知识产权局的大力支持和指导下，哈密地区知识产权局、教育局、吐哈石油教育分局结合使用广东知识产权局主编的《知识产权教育读本（初级版）》有益借鉴和积累，立足哈密知识产权教育试点的实践摸索，尝试编写新疆知识产权教育学生用书——《知识产权教育读本（初级版）》。专门成立课程开发组，编写了《知识产权课程标准（讨论稿）》，设想从适合 10－12 岁儿童使用的初级教材研发入手，坚持“生动、活泼，富有启发性和趣味性”的原则，以有趣的卡通形象、精彩的历险故事、经典的案例、丰富的活动引导学生喜欢知识产权课，培育尊重知识、崇尚创新、诚信守法的小公民。并根据小学生的心理特点和认知水平，安排教学内容，设计教学体例，结合教育试点过程中学生对知识产权基础知识的学习、感受以及社会实践活动编写，并经新疆维吾尔自治区知识产权教育示范学校新疆哈密石油第二学校教学课堂实验，征求实际教学老师和学生们的意见、建议后修订而成。

2. 组织试点学校师生开展知识产权社会实践活动。

为深化知识产权教育，组织各试点学校开展有益的社会实践活动。哈密石油二校组织师生深入企业及科研单位，了解自主知识产权对经济建设、国家安全的重大意义，并邀请企业专利申报负责人讲授发明专利申报讲座。哈密市四校、巴里坤县一中、哈密市一校组织学生在校园周边的专卖店开展“查找知识产权”活动，让学生们主动发现身边的知识产权，感受知识产权保护的重要性。

（二）逐步推进地区支柱产业专利信息数据库建立

一是为充分发挥专利制度作用，提升哈密地区科技研发的水平，哈密地区各县（市）知识产权局全部建立了信息网站，实现了无纸化办公、为数据库建设提供了保障。二是正在筹建集中培训、专利查询、专利战略分析等功能于一体的专利信息服务平台和系统的建设。

（三）逐步完善地区有机晚熟哈密瓜贮藏保鲜项目建设

结合哈密地区的产业特点，在广东省知识产权局的大力支援下，开展“有机晚熟哈密瓜贮藏保鲜项目”的建设工作。针对晚熟哈密瓜贮运无“冷链”运输条件，为了能从产地到销售地保证哈密瓜不腐烂，采取哈密瓜采后产地贮运保鲜加工技术研究，实现“冷链”流通，采前品种选择、栽培管理、病害控制、提高耐贮性、贮藏方法等项研究的关联性和整体性与市场效益目标紧密地结合起来，从而实现以“冷链”物流来保证哈密瓜的品质和成熟度，以优质瓜促进国内外消费，提高生产经营者的收益，以提高市场回报拉动科技投入和基础设施建设，进一步提升哈密瓜品质和竞争力，从而形成哈密瓜产业发展动力机制的良性循环。

（供稿人：郭亚青）

国际知识产权动向

外展知识产权遭遇战

一、2009年外展知识产权遭遇战实例

2009年1月，在德国汉诺威地板展期间，近年对中国锁扣地板生产企业屡屡发难的欧美巨头公司，以“深圳某公司木地板产品侵犯其公司专利权”为由，申请汉堡法院对深圳公司发出临时禁止令。法院下达临时禁止令后，没收了深圳公司的展品，并要求深圳公司现场交纳高额保证金。这将使深圳公司为参加此次重要展会长达半年的精心准备付诸东流，错过重要商机，蒙受巨大经济损失。

在深圳公司发明“一拍即合”地板锁扣之前，欧洲公司垄断了地板锁扣技术。

在此期间，深圳公司一方面研究分析德国诉前临时禁止令的特点；另一方面，充分研究利用国内外专利制度实施反制策略的可行性。

2009年9月30日，深圳公司应诉欧洲某集团申请的紧急临时禁止令案在德国汉堡法院开庭。11月6日，德国汉堡法院作出判决：撤销2009年1月16日的紧急临时禁止令，驳回颁布禁令的申请。深圳公司胜诉。

近年来，在国际金融危机影响下，国际竞争日趋激烈，越来越多的境外公司运用知识产权制度，采取司法救济途径，阻碍中国企业拓展海外市场的步伐。类似于临时禁止令这样的措施具有很强的法律救济效力，处置不好甚至会导致被申请人丧失海外市场，造成巨大的经济损失。此次燕加隆公司依靠自主创新的技术实力，积极应诉并最终胜诉，为国内企业涉外知识产权维权提供了成功案例。

二、外展遭遇战启示

展会上遭遇各种知识产权纠纷很令人头痛。国外参展，是我国企业走出去的桥梁，也是外国企业“暗器伤人”的地方。在一些著名的展会上，如美国的拉斯维加斯国际消费电子展、德国的汉诺威国际信息及通信技术博览会、德国的柏林国际电子消费品展览会等，我国企业频频遭受国外企业采取的相关措施，其中最为常见的是“临时禁令”，对此，很多企业面对当地执法当局对展台的突袭不知所措，盲目应对，签字撤展，一走了之。这对我国产品形象伤害很大。

中国贸促会法律事务部处长张顺认为，众多的海外知识产权纠纷，反映出我国的经济增长与专利质量不相适应，企业走出去打拼与国家援手保护不相适应，知识产权案件涉及领域之广与企业认识深度不相适应。

走出去发展，我国企业必须要有产品先行检索意识，遇到纠纷一定要积极应诉抗辩，不战而退是最糟糕的。这是众多专家的一致看法。进入国际市场前先进行产品知识产权检索，是防止侵犯他人知识产权的有效办法；官司找上门来，更必须冷静应诉。

据有关方面专家介绍，面对外国企业的咄咄逼人，我国一些企业往往自认侵权就算了。其实，国际上允许的侵权抗辩理由多达30多种，我国企业常用的只有0种，诸如不侵权抗辩、诉讼主体资格抗辩、依法免责抗辩、专利无效抗辩、公知技术抗辩、经济合同抗辩、超

期诉讼抗辩、禁止反悔原则抗辩。其他的如公开原则抗辩、证据不可信抗辩、发明实际范围抗辩、侵害公众利益抗辩等，企业涉及的很少。

很多应对知识产权纠纷的技巧，是中国企业需要学习的。比如，针对会展中常常出现的“临时禁令”，企业收到后，通常被要求停止侵权，提供有关产品的信息来源和知识产权证明。由于禁令不同于常规诉讼，因此企业在配合时，要注意不在承诺停止侵权声明之类的文件上签名。之后，企业需要根据专利、商标、版权的诉讼特点，要么在侵权的情形下签署停止侵权声明，要么提出异议或者要求对方限期提起诉讼。

企业海外参展，需要带上在参展国家拥有的权利证明等。以德国为例，虽然在德国展会上中国展商常常是被指控侵权的一方，但如果一家中国企业拥有德国专利或商标，或者欧盟商标或欧盟外观设计（两者在德国都受到等同于德国商标或德国外观设计的法律保护），一旦发现德国或者欧洲的参展企业侵权，那么这家中国企业同样可以采取相同法律手段打击他们。

（供稿人：傅蕾）

美国337调查

受国际金融危机影响，2009年全球货物贸易出现第二次世界大战以来最大降幅，国际贸易保护主义急剧升温，我国遭遇的贸易摩擦明显增多。据商务部统计，2009年，中国出口产品共遭受116起贸易救济调查，涉案总金额约127亿美元。其中，反倾销案件76起、反补贴案件13起、保障措施案件20起、特保案件7起。同时，贸易救济措施、技术性贸易壁垒、进口限制等各类贸易壁垒措施对我国对外经济贸易产生的影响进一步加深，使我出口遭受较大损失。知识产权海外纠纷进一步增多，美国对我国产品发起8起337调查。我国企业面临的国际贸易和投资环境不容乐观。

一、2009年中国企业应对337调查实例

案例一：素食氨糖337调查案

2009年1月28号，美国嘉吉公司根据美国《1930年关税法》第337条（简称“337条款”）向美国国际贸易委员会（ITC）递交诉状，指控以南通某公司为第一被告的6家被告公司（包括这些公司的美国经销商）在美国销售的素食氨糖侵犯了嘉吉公司在美国已经注册的第433号专利，提请ITC对被告公司启动“337”调查，下发普遍排除令，即不分来源地禁止所有同类侵犯433号专利的素食氨糖及含此物质的产品进入美国市场。2月26日，ITC正式立案调查，成为2009年美国对我国发起的第一起“337”调查案。

美国嘉吉公司创立于1865年，号称是当今世界上最大的私人控股的动物营养品和农产品制造商。而南通某公司是一家成立于1988年的小型民营企业。该公司与协作方合作，经过十多年努力，自主研发出素食氨糖的提取技术。素食氨糖受到欧美消费市场的极大欢迎，美国成为世界头号氨糖消费大国。为此，美国嘉吉公司对南通某公司挥舞起了“337”大棒。3月底，南通某公司决定应诉，向美国ITC递交了答辩状。

在递交答辩状后，南通某公司开始在律师的协助下进行工艺改进以确保强有力的不侵权抗辩。中美律师多次到企业的生产基地进行新工艺测试运行并进行摄像、详细进行生产记录等证据收集。美国斯坦福大学化学工程系著名教授作为中方聘请的专家证人在律师陪同下到企业的生产基地实地考察。经过亲自全程考察生产过程，专家认定公司的生产工艺与嘉吉公司所申请的专利有根本差别，从而提出了生产工艺不侵权的专家报告，附随不侵权简易诉讼

裁决动议提交到ITC。

2009年6月22日，嘉吉公司主动联络了南通某公司的美国律师，提出了无条件撤诉请求。至此，美国今年对我国发起的第一起“337”调查案结案。南通某公司用不到四个月的极短时间创造了中国企业在“337”调查应诉历史上结案迅速、成本低廉、结果有利的经典案例。

案例二：三氯蔗糖337调查案

美国时间2007年4月6日，英国泰莱公司（Tate & Lyle Technology Limited）及其在美国的子公司（以下简称“泰莱公司”）对包括广东省某工业研究所及其生产企业在内的中国所有生产和出口三氯蔗糖的公司，向美国国际贸易委员会（即ITC）提出申请，指控被告企业分别侵犯了其在美国的5项专利，请求启动337调查程序，并申请发布永久性普遍排除令和禁止令。

英国泰莱公司于1921年成立于英国，是目前世界领先的食物配料生产企业，在美洲、欧洲、东南亚等拥有50多个生产工厂，2007年的销售额约34亿欧元。2007年广东省某工业研究所及其生产企业的销售额不到1亿元人民币，与泰莱公司相比差距非常大。但是为了维护民族工业的国际形象和地位，也为了拿到三氯蔗糖产品在美国销售的“通行证”，广东省某工业研究所及其生产企业积极参与应诉。经过整整两年的艰苦诉讼，北京时间2009年4月7日凌晨4点（美国当地时间4月6日下午4点），美国国际贸易委员会（ITC）对英国泰莱公司及其在美国的子公司诉中方涉嫌侵犯其三氯蔗糖在美国的知识产权而发起的337调查案作出终裁，中方所涉四项专利全部不侵权，获得终裁的全面胜利。

本案的重要意义：

“337调查”是指美国国际贸易委员会（以下简称“ITC”）根据美国《1930年关税法》第337节，对不公平的进口行为进行调查，并采取制裁措施的做法。实践中，“337调查”主要针对进口产品侵犯美国知识产权的行为。进口产品如果侵犯了美国有效的知识产权，该知识产权权利人，可以向ITC提起“337调查”申请，并要求ITC采取相关救济措施。337调查申请门槛低，但制裁措施严厉。如果美国ITC判定企业违反了“337条款”，将签发排除令，指示美国海关禁止该批产品的进口。

近年来，随着我国高科技产业和出口贸易的迅猛发展，国内出口企业遭受337调查的数量呈现上升趋势。自1986年我国第一起337调查案件发生以来，至2008年已发生88起。目前，中国已经成为遭受美国337调查最多的国家之一。由于诉讼过程十分漫长、诉讼难度异常巨大、诉讼费用非常昂贵，我国胜诉案例非常稀少。据统计，至2007年底，仅有7例胜诉，胜诉率不到10%。本案的胜诉是到目前为止我国在应对美国“337调查”中获得完胜的第8例案例，所控四件专利一件对方主动撤销，二件被判不侵权，还有一件被判为专利无效，可以说是一次经典的案例，对我国企业今后应对“337调查”提供了一个很好的范例。

此外，在该案中，江苏盐城的某公司并不是美国国际贸易委员会这项“337调查”中的被告，但鉴于美国国际贸易委员会有可能发出“普遍排除令”，江苏盐城的某公司防患于未然，主动申请加入调查，以证明自身的生产工艺专利不侵权。这是自中国2001年加入世界贸易组织以来，唯一一家主动要求加入“337调查”并最终胜诉的中国企业。

案例三：黏结片、覆铜板和PCB成品板337调查案

2009年5月21日，广东某科技股份有限公司在东莞举行了“关于黏结片、覆铜板和PCB成品板337知识产权调查案”新闻发布会。

广东某科技股份有限公司董事长简要介绍了整个事件的过程。该公司经过了近8个月的努力，在美国伊索拉公司援用“ITC337条款”起诉广东某科技股份有限公司的专利侵权案

中，最终以埃索拉公司无条件撤诉而获得了胜利。广东某科技股份有限公司之所以能获得这起案件的胜利，与企业坚持技术进步、坚持自主创新和拥有自主技术是分不开的。该公司营运总监回顾了过去六个月以来所经历的一切，从茫然、震惊、痛苦、彷徨，到勇敢应诉、刻骨坚持，再到最后取得胜利，其中的跌宕起伏，让与会人员为之动容。

美国 Steptoe & Johnson 律师事务所的代表也发表了对此次事件的看法，他们认为广东某科技股份有限公司这一次的胜诉是一次完全彻底的胜利，是在强强对话中以勇气和实力赢得的一场漂亮的攻坚战。

二、美国“337”调查与应对策略

国际贸易委员会（ITC）是美国政府机构。《美国法典》第 19 卷第 1337 节（下称 337 条款）规定，国际贸易委员会有权命令美国海关官员拒绝任何侵犯美国专利权的产品进入美国市场。这是一种很有威力的救济措施。

根据 337 条款展开的调查，与美国联邦法院的专利诉讼一样，会牵涉到大量技术和法律方面的问题。但国际贸易委员会有其独特之处，它会使被告面临更加严峻的挑战。遭遇 337 调查后，客观、迅速地评估所遭遇的风险、仔细了解审理机构、通行程序和相关时间安排、选择可靠而有经验的律师，并与律师开诚布公地合力应对诉讼，将会增加诉讼成功的概率。

（一）风险评估

欲进入美国市场的公司必须了解哪些产品有可能被拒绝进入美国市场。国际贸易委员会调查的范围和市场禁入令的范围均可从调查案的名称看到。例如，第 337-TA-656 号调查案的名称是《含该元件的某些集成电路和产品》，这有可能指该案被告生产或出售的所有集成电路，尽管指控书具体指明的只是“LSI SAS 1068 控制器”。如果禁入令已经颁布，将禁止那些查明已侵犯专利权的集成电路入境。禁入令通常不会具体指明哪些产品在禁入范围之内，尽管国际贸易委员会的裁决可能已具体指明哪些产品侵权。实际上，禁入令可能会包括尚未开发或出售但却在专利权项保护范围内的产品。

此外，国际贸易委员会也可能禁止与涉案产品相关的某些下游产品进入美国市场。如果某项调查案的名称包括“含该元件的产品”这样的词语，通常表明原告还试图禁止与涉案产品相关的某些下游产品进入美国市场。在上述 656 号调查案中，可能被禁止进入美国市场的下游产品指的是涉及涉案集成电路的其他下游产品。这一调查案指控书所指范围十分宽泛，将“主机板、主机总线适配器、计算机周边产品、服务器、工作站和硬驱”均纳入了禁止进入美国市场的下游产品。

不少公司认为，国际贸易委员会的调查可能只影响直接出口到美国的产品。但事实上，如果禁入令禁止被告产品出口到美国，就很容易影响其产品的全球销售。因为这时，客户为避免风险，可能转而购买被告竞争对手的产品，以便安全出口到其他国家。

进行风险评估时，即使被告认为某些产品处于所称专利保护范围之外，但还是应对这些产品予以评估。被告应提供有关这些产品的证明材料，争取获得明确的未侵权裁决。例如在第 337－TA－541 号调查案中，被告出示某些产品的文件，设法说明这些产品并未侵犯所称专利权。数次交换意见书后，法官签发了一项命令，使这些产品今后不受禁入令的限制。尽管这宗调查案最后还是签发了禁入令，但被告仍有权将该禁入令明确排除的产品出口到美国。如果被告不出示有关这些产品的证明文件，这些产品可能被纳入禁入令的范围。禁入令发布后再争辩这些产品可安全进口到美国，难度就明显增大了。

此外，在进行风险评估时，客观评估至关重要。风险评估会帮助公司选择适当的防卫方式。被控产品可能在被告的业务中微不足道，也可能是被告的整个产品系列。对被告造成的损失不同，被告所做的应诉策略也不同，愿意承担的诉讼费也有差异。每个被告都需要了解清楚自己所面临的风险，并让管理层知道，以便及时通报股东，为公司制定最佳发展策略。

（二）审理机构、程序和相关时间表

国际贸易委员会位于哥伦比亚特区华盛顿市城区。目前共有 5 名行政法法官审理呈递到国际贸易委员会的与 337 条款有关的案件。在这些案件中，专利侵权案约占 90%。因此行政法法官非常熟悉专利法。

由于国际贸易委员会是行政机构，诉讼案还涉及第三方：不公平进口调查办公室。该办公室受雇于国际贸易委员会，但不是行政法法官的助理，与任何私营方无关，而且不直接为国际贸易委员会提供参考意见。不公平进口调查办公室代表公共利益，并以此身份参与调查，表明立场，包括以意见书和建议书的方式向行政法法官和国际贸易委员会提供建议。

国际贸易委员会通常在立案后 9 个月到 10 个月审理，立案后不久，将确定结案日，在结案日之前，必须做出最终裁定。国际贸易委员会可用 4 个月时间审核行政法法官的“初审裁决”，并做出终审裁决。例如，某个案件的审理时间有 16 个月，则行政法法官的最后初审裁决须在立案后 12 个月内做出。被告应注意，与国际贸易委员会调查案有关的大部分开支均在审理的 10 个月内产生。

结案日确定后，行政法法官将向涉案各方发出程序时间表，通报各个关键到期日。被告应了解各到期日涉及的事项。例如，所有程序时间表都包括交换专家报告时间、取证截止时间、提交听证前陈述和交换拟议证据的时间，有些还包括其他日期，这些对涉案各方均很重要。

“专家报告”由特定领域的专家准备，通常作为专家在审理中将要作证的方案。涉案各方均须呈递听证前陈述，其中必须包含涉案各方对几乎所有争议事项的论据和观点。如果涉案各方准备展示呈堂物证，则必须在审理之前向对方指明这些物证。被告可能不必直接协助律师准备这些材料，但调查案的这些程序会增加开支。

被告必须确保在取证截止日前已搜集到并提供可作为案件证据的所有必要信息。如果信息存在缺陷，必须在该日结束之前弥补。

国际贸易委员会调查案进展很快。立案后不久，行政法法官将应一方的请求签发保护令。该保护令准许签署并同意接受保护令条款约束的公司外部律师查阅请求方提供的保密资料。这可防止涉案方因担心泄密而不提供信息。取证要求和提议送达后，另一方通常须在 10 日内（地区法院是 30 天）回复。行政法法官通常举行电话听证，以便更快解决取证方面的争议。

（三）选择律师

在 337 诉讼中，聘用熟悉国际贸易委员会惯例和程序的律师尤为重要。优秀的律师能迅速准确地计算回复提议或取证的日期，并清楚取证的范围。国际贸易委员会的取证范围十分宽泛，但并不意味着无限取证，涉案方应明白哪些信息可通过取证获得。具备这方面的知识，涉案方可避免在取证方面陷入不必要的争议。

此外，律师还应该了解被告的风险，以便提出适当的建议。如果被告面临很大风险，则可能值得花费资金提出某些动议和进行取证，以创造对自己有利的形势。如果被告几乎没有风险，则可能没必要为这些动议或取证耗费资金。

（四）与律师保持沟通

在整个调查过程中，与律师保持坦诚沟通很重要。尽管这对被告来说很费时间，但可达到多重目的。

首先，由于国际贸易委员会的保护令很宽泛，很多文件被告不会看到，被告完全依赖所聘外部律师对案情的分析来估计胜诉的可能性。定期与律师沟通接触可使被告更好地了解调查进展是否顺利。

其次，律师可及时提醒被告注意临近的到期日，有机会评估某项工作的工作量。这将有助于被告预估短期和长期开支。

第三，公司聘用的外部律师通常需要迅速从被告那里获得信息，以便就取证做出迅速反应。定期沟通有助于集中搜集回应信息。

（供稿人：傅蕾）

宣传　教育培训

宣传

教育培训

宣 传

2009 年“4·26”知识产权宣传周

根据国家知识产权局、中共中央宣传部等 24 部委关于开展 2009 年“保护知识产权宣传周”活动的部署，结合《广东省知识产权战略纲要（2007—2020 年）》的贯彻实施，2009 年 4 月，广东省知识产权局以“发展自主知识产权，积极应对金融危机”为主题，精心组织开展“保护知识产权宣传周”活动，营造热烈、浓厚的知识产权宣传气氛。活动开展情况如下：

一、宣传周期间举办活动

（一）积极举办“自主知识产权的力量——高新技术企业自主创新与知识产权论坛”主题活动

4 月 20 日，广东省知识产权局与省科技厅联合主办“自主知识产权的力量——高新技术企业自主创新与知识产权论坛”。论坛开幕式和论坛分别由广东省知识产权局局长陶凯元和广东省知识产权局党组书记马宪民主持。广东省副省长宋海出席论坛并致辞，广东省科技厅厅长李兴华，广州市委常委、副市长李荣灿，广州市委常委、广州开发区管委会主任薛晓峰出席论坛并致辞。经济界、科技界、知识产权界专家学者以及广东省自主创新典型企业和海外知名企业代表、广州市高新技术企业负责人 200 多人参加论坛。

论坛邀请了著名经济学、科技管理、知识产权专家围绕国际金融危机对我国及广东经济发展的影响和机遇、知识产权战略在企业应对危机中的作用等主题，进行了深入研讨。自主知识产权典型企业代表华为、志成冠军、珠江钢铁和海外知名企业代表思科与参会者分享了实施知识产权战略提升企业竞争力的做法和经验。知识产权和科技部门的官员，向与会者介绍了实施知识产权战略，加快自主创新，提升企业竞争力的相关政策措施。

（二）联合媒体开展“发展自主知识产权 积极应对金融危机”系列报道

为宣传自主创新企业在应对金融海啸中的主要做法和取得的成效，广东省知识产权局联合《南方日报》、《中国知识产权报》、《广东科技报》等多家媒体，开展“发展自主知识产权，积极应对金融海啸”系列报道。

广东省知识产权局联合媒体深入广州、深圳、东莞、佛山 4 市，对包括深圳华为技术有限公司、广州达意隆包装机械有限公司、东莞宏威数码机械有限公司、广东万和集团、广东志成冠军集团在内的五家自主知识产权优势企业进行采访，并于全国“两会”期间在《南方日报》、《中国知识产权报》、《广东科技报》开辟专栏进行报道，同时在广东省知识产权局网站上设专题栏目进行宣传，引起了较大反响。其中，华为公司运用知识产权优势应对金融危机的信息被国务院办公厅《专报信息》采用。

（三）推进战略实施，探讨知识产权战略实施策略

5 月 9—10 日，广东省知识产权局作为支持单位，参与国家知识产权局保护协调司、华南理工大学、中南财经政法大学、中国法学会知识产权法研究会、法制日报《法人》杂志联

合主办的“国家实施知识产权战略实施策略与绩效评价国际研讨会”。

（四）举行广东省知识产权保护状况新闻发布会

4月24日，省政府新闻办公室召开2008年广东省知识产权保护状况新闻发布会，由省政府知识产权办公会议办公室主任、广东省知识产权局局长陶凯元发布2008年广东省知识产权保护状况。各国驻广州领事馆代表、各国及港澳驻穗新闻媒体代表、中央驻粤和广东各新闻单位代表参加发布会。发布会从知识产权战略纲要颁布实施，知识产权行政执法、海关保护、刑事保护、司法保护，以及区域知识产权保护合作等方面介绍了广东省2008年知识产权发展与保护状况。省公安厅、省工商局、省版权局、省知识产权局、海关总署广东分署、省法院等知识产权部门的代表出席了发布会，并就广东省知识产权保护相关问题回答境内外记者的提问。中央驻粤媒体、广东省内各媒体如新华社广东分社、广东电视台、南方日报、南方新闻网、广州日报、羊城晚报等，对发布会进行了广泛深入的报道，增进了社会公众及各国领馆对广东省知识产权保护状况的了解。

（五）召开广东省知识产权十个典型案件发布会

4月23日，省政府知识产权办公会议办公室召开记者会，广东省知识产权局副局长唐毅发布广东省2009年度十个知识产权典型案件。（具体内容详见P165）

（六）组织开展“4·26”全省知识产权联合执法及宣传活动

4月，广东省知识产权局组织开展全省知识产权联合执法及宣传活动，部署各市知识产权局在全省范围内，针对重点地区、重点行业、重点领域，开展知识产权执法专项行动，遏制各种专利侵权和违法行为。

广东省知识产权局会同清远市人民政府，在清远市开展省市知识产权联合执法专项行动，省市联合查处冒充专利违法行为，并召开保护知识产权集中销毁侵权产品现场会。此次行动，省、市、区知识产权局等单位共出动执法人员30多人，省电视台、羊城晚报、南方日报等多家媒体进行跟踪现场报道，引起社会各界广泛关注。

（七）制作播出“保护知识产权，你我携手同行”电视公益广告片

为提高广大公众的知识产权意识，营造全社会保护知识产权、尊重知识产权的良好氛围，广东省知识产权局以“保护知识产权，你我携手同行”为主题，精心制作了15秒电视公益广告片，并于4月15日至5月15日期间，在广东卫视每天中午和晚间黄金时段连续播出。同时，广东省知识产权局还将电视公益广告片发放全省，组织各市知识产权局在当地电视台播出。

（八）利用媒体专版广泛宣传知识产权最新进展

广东省知识产权局积极在全国专业媒体及本省主流媒体组织刊登知识产权专版，宣传广东省知识产权事业取得的最新发展。4月26日，广东省知识产权局在《南方日报》开设“隆重庆祝世界知识产权日”专版，刊登宋海副省长世界知识产权日致辞，深入报道广东省与国家知识产权局签署《关于建立知识产权高层次战略合作关系的议定书》等影响2008年全省知识产权事业发展的大事要事，发布2009年度广东专利金奖获奖项目以及2008年广东省发明专利申请量居前十位的企业、大专院校、科研院所，PCT专利申请居前十位的企业，以及发明专利代理量居前十位的代理机构排行榜。4月10日，广东省知识产权局联合广州、深圳、佛山、汕头、东莞五市的副市长在《中国知识产权报》开辟专栏，介绍省知识产权局及各地市实施知识产权战略，推动知识产权强省建设的一系列措施。此外，广东省知识产权局还在《广东科技报》开设知识产权专版，对广东省知识产权保护进展及典型案例进行系列报道。

（九）组织各地市开展保护知识产权宣传周活动

3月下旬，广东省知识产权局转发国家知识产权局《2009年知识产权宣传工作要点》，印发《关于做好2009年全省知识产权宣传工作的通知》，明确把精心组织开展“保护知识产权宣传周”活动作为全年全省知识产权系统宣传工作的重点，并组织各市认真做好宣传周活动计划。

宣传周期间，全省各市知识产权局按计划开展内容丰富、形式多样、各具特色的宣传活动。广州市以“迎亚运：保护知识产权 构建和谐广州”为主题，围绕广州举办2010年亚运盛会，建设全省首善之区和创建国家知识产权示范城市，开展“第十六届亚运会举办城市签订执法保护协议暨知识产权保护宣讲会”、“亚运羊城执法”——广交会及重点区域知识产权执法专项活动、“迎亚运盛会 促科技创新”大型农业科技下乡咨询、“广州市商标代理行业诚信经营倡议大会”等活动，引导社会各界广泛参与。为庆祝第九个世界知识产权日和迎接第十六届亚运会，营造知识产权保护的良好社会氛围和法制环境，广州、佛山、东莞、汕尾市知识产权局在广州联合举行“第十六届亚运会举办城市签订知识产权保护协议暨亚运会知识产权宣讲会”，广东省知识产权局副局长唐毅，广州市委常委、广州市副市长李荣灿和广州亚组委办公室的领导，出席会议并见证了上述四个亚运会举办城市知识产权局共同签署《亚运会举办城市知识产权联合执法协作协议》。深圳市召开新闻发布会，发布2008年《深圳市知识产权发展状况白皮书》和“2008年深圳市知识产权十大事件”；召开知识产权工作会议，总结全市2008年知识产权工作，研究部署今后一段时期全市知识产权工作；召开LED行业知识产权保护策略研讨会，并举办为期一个月的LED项目展示会。东莞市在宣传周期间召开全市首次知识产权工作会议暨专利奖励大会；汕头市人民政府举行“2008年汕头市知识产权保护状况”新闻发布会，发布2008年汕头市知识产权保护状况，设立中国（汕头）知识产权维权援助中心。惠州市举办“扫黄打非”、保护知识产权咨询宣传活动，通过现场咨询、资料赠送、非法出版物鉴别等形式，向社会公众宣传介绍知识产权的基本常识，呼吁人们重视和保护知识产权。珠海、阳江、潮州、佛山、韶关、梅州、云浮等市开展现场销毁非法出版物，举办世界知识产权日大型宣传咨询活动，其他各市也开展了丰富多彩的知识产权宣传活动。各市充分利用广播、电视、报刊、网络等各类媒体，集中宣传知识产权。整个宣传周前后一个月间，全省各地市开展知识产权联合执法20余次，出动执法人员逾千人，召开专题讲座论坛培训30余场，举办大型宣传咨询活动近30场，参与人数过万，并现场派发相关宣传资料1万多份，营造了浓厚的保护知识产权宣传气氛。

二、宣传周活动特色

（一）紧跟形势，突出重点

2008年，全球金融危机全面爆发，给以外向型经济为主的广东带来了严重的影响，为宣传自主创新企业在应对金融海啸中的主要做法和取得的成效，及时引导企业寻求知识产权突围之策，在危机中寻找和把握机遇，化危为机，广东省知识产权局联合《南方日报》、《中国知识产权报》、《广东科技报》等多家媒体，开展了“发展自主知识产权，积极应对金融海啸”系列报道。并在宣传周期间举办“自主知识产权的力量——高新技术企业自主创新与知识产权论坛”的主题活动。同时发动各地市组织媒体深入当地企业，采访报道在自主知识产权方面具有优势的企业应对金融危机的做法与经验。省市集中报道对于引导企业加大自主创新力度，提高知识产权创造、运用和保护能力，在危机中把握机遇提升竞争力，起到了十分积极的推动作用。

2008年国家出台《国家知识产权战略纲要》，2007年广东省出台《广东省知识产权战略纲要（2007—2020年）》，为进一步推进战略的实施，宣传周期间举办2009南湖论坛，邀请吴汉东等知名知识产权专家学者出席，围绕知识产权的创造、运用、保护以及知识产权制度的完善等主题进行演讲，并向与会者介绍防止知识产权滥用，培育知识产权文化以及国家知识产权战略实施绩效评价研究等方面的最新研究。

宣传周正值第105届中国进出口商品交易会（广交会）期间，广东省知识产权局组织本局及部分地市知识产权局执法人员入驻广交会保护知识产权。执法人员在执法的同时，注重对知识产权的宣传，使广交会不仅成为重要的执法阵地，还成为重要的宣传阵地，执法保护与宣传教育紧密结合，受到展会组织方和中外参展商的好评，并引起各媒体的广泛关注与报道。

（二）形式多样，营造氛围

广东省知识产权局充分利用电视、报纸、网络等多种媒体，先后召开广东省知识产权十个典型案件发布会以及2008年广东省知识产权保护状况新闻发布会，向包括各国驻广州领事馆代表、各国及港澳驻穗新闻媒体代表、中央驻粤和广东各新闻单位代表在内的社会各界发布知识产权保护状况，并且采用播放电视公益广告片，开展现场咨询活动等影响广泛的方式，有效提高全社会对知识产权的认知度，进一步在全省普及知识产权理念。

同时，广东省知识产权局加强对全省宣传周活动的组织，充分发挥各地市知识产权局力量，组织发动全省各地市根据自身的情况与特点开展了形式多样的宣传周活动，在全省范围内营造浓厚的保护知识产权的社会氛围。

三、领导重视，创立品牌

省委、省政府一贯非常重视知识产权宣传周活动的开展。在省委省政府的支持与指导下，经过近几年的实践，广东省知识产权局组织推动的知识产权保护状况发布会、典型案例发布会以及“4·26”全省知识产权联合执法和宣传活动等已成为广东省宣传周品牌活动。2009年的宣传周活动继续得到了省委、省政府的大力支持与指导。宋海副省长亲自出席广东省知识产权工作座谈会以及高新技术企业自主创新与知识产权论坛并做重要讲话，广东省委、省政府有关领导就发展自主知识产权，应对金融危机系列调研报道作出重要批示。

（供稿人：郭亚青）

2009年广东省知识产权局宣传工作

2009年，《国家知识产权局 广东省人民政府关于建立知识产权高层次战略合作关系的议定书》进入全面实施阶段，广东省知识产权事业进入崭新的发展阶段，围绕广东省委、省政府建设知识产权强省的目标，广东省知识产权对外宣传工作也迈上了新的台阶，主要情况如下：

一、认真组织开展知识产权宣传周活动

（内容详见P.233）

二、深化中小学知识产权教育工作

一是继续组织开展“广东省中小学知识产权教育试点学校”申报工作，确定第四批试点学校42所。二是继续支持青少年发明创造活动，在第24届“广东省青少年科技创新大赛”中向15名获得“专利申请奖”的学生颁发荣誉证书及奖金，择优资助41个参赛项目申请专利；在第七届“广东省少年儿童发明奖”中，颁发专利申请鼓励奖67项；继续支持省发明协会和省教育学会组织7支代表队参加第二届中国青少年创意大赛暨知识产权宣传教育活动，共获各类团体及个人奖项86个。

三、积极围绕广东省知识产权局重点工作进行宣传

一是通过媒体宣传报道广东省知识产权局开展的各项工作。对全国知识产权局长会议、全省知识产权工作座谈会暨2009年广东专利奖表彰大会、专利法第三次修改宣讲会、自主创新十大女杰座谈会、广交会知识产权保护、泛珠三角区域内地九省（区）专利行政执法协作协议签署仪式、全省专利行政执法工作会议、国际交流研讨会及培训班和全国专利代理人考试等重要工作、重大活动进行广泛报道，提高了广东省知识产权局各项工作的社会显示度与影响力。二是充分发挥《中国知识产权报》广东记者站作用，及时报道广东省知识产权事业最新发展动态。从2008年12月到2009年11月期间，驻站记者累计发表新闻报道118篇，约10.74万字，其中头版头条2篇，其他版头条30篇。记者站驻站记者与通讯员合作撰写的稿件达到65篇，占到驻站记者发稿数量的50%。通讯员独立发稿的有27篇。与去年同期相比，数量和质量均有较大提升。此外，《中国知识产权报》广东记者站编辑出版了《中国知识产权报广东新闻作品汇编》（2008年卷）；圆满完成省局软课题《法眼看新闻——知识产权典型案例报道之法理解析》编辑出版工作。三是组织编印《广东知识产权保护2008》画册等宣传资料。四是指导组织各市开展宣传工作，向各级党政领导赠阅《中国知识产权报》，向各市发放知识产权宣传资料。

（供稿人：郭亚青）

2009年广东省版权局知识产权宣传工作

（内容详见P.73）

2009年广东省推进企业使用正版软件工作情况

为继续贯彻落实国家版权局、工业和信息化部、商务部、财政部、国资委、全国工商联、银监会、证监会、保监会《关于推进企业使用正版软件工作的实施方案》、《2009年推进企业使用正版软件工作计划》的有关精神，2009年广东省推进企业使用正版软件工作在国家版权局和省推进企业使用正版软件工作联席会议的领导下，在各成员单位的大力支持下，取得成效。具体情况如下：

一、省推进企业使用正版软件工作联席会议办公室完成的主要工作

（一）召开全省推进企业使用正版软件工作情况通报会

按照省推进企业使用正版软件工作联席会议的部署，联席会议办公室于2009年1月6日在广州召开全省推进企业使用正版软件工作情况通报会。联席会议召集人、广东省版权局副局长钱永红向与会的联席会议成员和联络员通报了2008年省推进企业使用正版软件工作联席会议办公室和全省各地级以上市使用正版软件领导小组（联席会议）及其办公室的工作情况；会议讨论通过了由联席会议办公室起草的《2009年推进企业使用正版软件工作设想》。会后，联席会议办公室及时向联席会议各成员单位和全省各地级以上市使用正版软件领导小组（联席会议）及其办公室印发《广东省推进企业使用正版软件工作情况通报会纪要》。有关全省2008年的工作情况，也专文向推进企业使用正版软件工作部及联席会议办公室进行了报告。

（二）部署2009年全省工作

联席会议办公室于2009年2—3月间，分别向省推进企业使用正版软件工作联席会议各成员单位及各成员和联络员、各地级以上市使用正版软件工作领导小组（联席会议）办公室转发了推进企业使用正版软件工作部际联席会议办公室《关于印发〈2008年推进企业使用正版软件工作总结〉、〈2009年推进企业使用正版软件工作计划〉的通知》，以及印发了由广东省推进企业使用正版软件工作联席会议制定的《2009年广东省推进企业使用正版软件工作计划》，对2009年全省开展推进企业使用正版软件工作进行了部署。广州、珠海、汕头、河源、中山、潮州、揭阳等市结合工作实际，相继制定计划，对各自全年的工作进行了安排。

（三）建立推进工作月进度申报制度，实施层级负责制

为稳步推进广东企业使用正版软件工作，广东省推进企业使用正版软件工作联席会议于2009年初向全省各市使用正版软件领导小组（联席会议）办公室发出了《关于填报2009年推进企业使用正版软件进度月报表的函》和《关于印发2009年度全省推进企业使用正版软件工作督办企业名录的通知》，在全省建立推进企业使用正版软件月进度申报制度，要求各地级以上市使用正版软件工作领导小组（联席会议）办公室，对列入名录的企业的软件正版化工作进展情况密切跟踪，逐月报告企业的软件正版化进度；同时要求对列入《2009年度全省推进企业使用正版软件工作督办企业名录》的213家企业所在市的使用正版软件工作领导小组（联席会议）办公室承担起督导责任，以保证在2009年10月底前按时完成本年度软件正版化工作计划。

（四）搞好企业使用正版软件的宣传工作

联席会议办公室除利用各种大型宣传活动、宣传媒体、法律知识讲座和专业人员培训等对企业使用正版软件工作进行宣传外，还编印了2期《推进企业使用正版软件工作简报》，对广东省推进企业使用正版软件工作的进展和各市的工作情况及时进行宣传报道。

（五）积极组织第二批“全国软件正版化工作示范单位”的申报、推进工作

为树立先进典型，宣传软件正版化工作突出的企业，总结、交流企业推进软件正版化中的工作经验，联席会议办公室及时转发国家版权局办公厅《关于开展第二批“全国软件正版化工作示范单位”评选表彰工作的通知》，积极组织全省各地推荐本行业、本地区软件正版化工作完成突出的企业，参加全国的先进评选和表彰活动。经过筛选，广东省粤电集团有限公司、广东省交通集团有限公司等19家企业（集团）作为广东省的企业代表被联席会议办公室推荐参加全国的评选。

（六）开展检查督导工作

按照2009年初的工作部署，2009年11月9日，广东省推进企业使用正版软件工作联席会议办公室、广东省打击网络侵权盗版专项治理行动工作办公室联合向全省有关单位印发《关于开展2009年全省企业使用正版软件工作和打击网络侵权盗版专项行动检查督导的通知》，同时制定《2009年全省企业使用正版软件工作和打击网络侵权盗版专项行动检查督导方案》，组成由广东省版权局、国资委、财政厅、公安厅、信息产业厅、工商联、金融办、通信管理局等相关部门参加的3个工作组，于2009年11月23日至12月20日、2010年2月2—3日，分别对全省21个地级以上市推进企业使用正版软件工作的情况进行检查督导。重点检查各市执行《2009年广东省推进企业使用正版软件工作计划》和《关于印发2009年度全省推进企业使用正版软件工作督办企业名录的通知》等文件精神，开展推进企业使用正版软件工作的情况，特别是列入省推进企业使用正版软件工作联席会议办公室重点检查督导名录中的企业使用正版软件的情况；同时了解各市2010年推进企业使用正版软件的工作设想。

二、检查督导情况

2009年的检查督导工作得到了省推进企业使用正版软件工作联席会议各成员单位的大力支持和配合，各单位纷纷派出精兵强将参与本次检查督导工作，确保了工作的顺利完成。

按照工作部署，本次检查督导工作分3个工作组进行，从21个地级以上市列入督导名录的213家企业中抽查了43家企业，占名录中企业总数的21%左右。检查的基本情况如下：

（一）列入名录中的企业完成预定工作目标情况

广州52家企业（目标数量20家）、深圳20家企业（目标数量20家）、珠海10家企业（目标数量10家）、汕头14家企业（目标数量10家）、佛山10家企业（目标数量10家）、河源12家企业（目标数量12家）、惠州20家企业（目标数量20家）、汕尾8家企业（目标数量5家）、东莞20家企业（目标数量20家）、中山10家企业（目标数量10家）、江门10家企业（目标数量10家）、清远5家企业（目标数量5家）、揭阳21家企业（目标数量21家）、云浮5家企业（目标数量5家）完成了企业在用操作系统和办公软件的正版化目标。

合计有241家企业完成了使用正版软件工作，超额完成了广东省预定的工作目标。

（二）列入名录中的企业未完成预定工作目标情况

韶关2家企业（目标数量5家）、梅州2家企业（目标数量5家）、阳江1家企业（目标数量5家）、湛江1家企业（目标数量5家）、茂名1家企业（目标数量5家）、肇庆1家企业（目标数量5家）、潮州3家企业（目标数量5家）。

合计有11家企业因各种原因没能按时完成工作计划。没完成的主要原因是受金融危机影响，企业关闭、停产等。

三、全省各市使用正版软件领导小组（联席会议）一年来的工作成效

（一）制定年度工作目标，确定试点企业名单

各市按照《关于印发2009年度全省推进企业使用正版软件工作督办企业名录的通知》的要求，结合本地实际，在规定的时间内确定本地纳入年度正版化目标的企业名录，并将名录及时报送省推进企业使用正版软件工作联席会议办公室备案。例如广州市，确定的首批推进使用正版软件的100家大型企业中有64家全部或部分使用正版软件，30家动漫企业推进工作取得实质性进展，1000家网吧中有50%使用了正版软件。河源市将12家民营企业列入省推进企业使用正版软件工作重点检查督导名录。汕尾市首先以文化企业为突破口，将汕尾市上规模的10家出版印刷企业列入2009年度完成企业使用正版软件的企业，其中列入省督办企业5家，并将逐步在全市网吧和娱乐业中推进企业软件正版化工作，以点带面，循序推进。

（二）加强领导，积极开展宣传培训，大力提升试点企业版权保护意识

各地使用正版软件领导小组（联席会议）在推动当地企业使用正版软件工作中发挥了积极的主导作用，如东莞市充分认识到在危机中推进企业使用正版软件工作的重要意义，在全市市直议事协调机构被撤销60%的情况下，保留市推进企业使用正版软件工作领导小组的组织机构，为软件正版化工作的顺利开展提供了组织保障。

在推进企业使用正版软件工作中，各市注重宣传教育与企业自纠相结合的方式，加强对企业的正面引导，耐心向企业宣传贯彻国家有关版权保护的法律法规和政策，努力提升试点企业的版权保护意识，积极引导推进企业软件正版化，在企业中形成守法诚信，自觉使用正

版软件、抵制盗版的良好风气，为推进企业使用正版软件工作打好基础。广州市共举办4次企业软件正版化工作会议开展培训，对推进企业使用正版软件工作起到了很好的促进作用；同时充分运用会议、培训、展会版权执法、法规政策说明会、版权知识咨询以及在局网站开设版权访谈、投诉指南栏目等形式，向企业和社会广泛宣传版权保护知识，增强正版意识。珠海市举办“珠海市推进企业使用正版软件工作培训班”和“版权执法培训班”，为推进企业使用正版软件工作打下了良好的基础。东莞市充分利用各类媒体扩大普法宣传力度，设计制作“版权保护公益广告书签”，开展规模庞大的宣传执法行动，以版权兴业工程为切入点，推动企业使用正版软件走向常态化。

（三）积极服务企业，确保软件正版化工作顺利进行

为切实降低企业使用正版软件的成本，广州市推进企业使用正版软件工作领导小组办公室召开成员单位联络员会议，成立广州市软件价格洽谈小组，先后与微软（中国）公司广州分公司、欧特克软件（中国）公司广州分公司、广州中望龙腾软件公司就软件价格进行洽谈，主要解决软件单价、经销方式和售后服务等三个方面的问题，达成协议后在网上公布，受到了广大企业的欢迎；领导小组办公室成员单位市国资委多次与微软（中国）公司广州分公司联合举办培训会议和组织软件供需双方进行沟通，做好牵线搭桥和促成工作，该委明确要求企业把使用正版软件经费列入企业成本纳入年度预算，确保推进工作进入常态。揭阳市在提高企业维权法律意识、增强企业的守法意识、扩大软件正版化工作的社会影响力、提高企业使用正版软件的自觉性的同时，积极在推进工作中增强服务意识，不以行政命令干预企业的经营行为，对软件选取购、配置等市场行为，都从企业的实际情况出发，坚持以市场调节为主，确保了软件正版化工作的顺利进行。

（四）按照自查自纠与逐个检查督导相结合的原则，切实督促企业使用正版软件

各市通过向所属试点企业下发通知、传达有关文件精神等方式，动员并要求企业在规定时间内进行自查、自纠，将本企业的计算机软件的使用情况限时报送。同时，各市对各自督办的企业的软件正版化进展情况进行密切跟踪，要求企业逐月报告，认真督促企业使用正版软件。

深圳市会同市版权协会，对试点的50家企业逐个上门检查督导，对没有参加培训学习、又不交自查统计表的企业，逐一上门宣传和发放软件自查统计表，督促企业提高守法意识；对拒不合作、态度恶劣的企业，联合执法队对其进行执法检查。同时，深圳市还推行“使用正版软件承诺书”制度，由各试点企业签署本年度使用正版软件承诺书，以书面的形式进一步敦促企业开展软件正版化工作。汕尾市从文化系统企业入手，组织10家具有一定规模的出版印刷企业开展使用正版软件自查自纠活动，制定印发了《汕尾市企业使用正版软件自查自纠报告表》。东莞市引导企业开展软件自查、制定软件购置计划并实施采购和合理使用软件；召开领导小组成员单位联络员碰头会，研究解决软件正版化工作中遇到的实际问题，组织布置开展对企业的检查督导工作。

（五）依法查处软件侵权案件，维护软件著作权人合法权益

在推进企业使用正版软件的过程中，各市始终保持打击软件侵权盗版的高压态势，确保软件正版化工作取得成效。如江门市相继受理了“锦隆实业有限公司计算机软件侵权案”等11宗涉及计算机软件版权案件，目前已有5宗案件得到了妥善处理。

四、全省推进企业使用正版软件工作中存在的主要问题

（一）经销商卖盗版

督导组在抽查河源、汕尾两市试点企业时

发现，企业大部分计算机以组装机为主，操作系统多为盗版。在经济欠发达地区，企业很难通过正规渠道购买正版操作系统软件，微软公司在该市并无正规销售商。企业多采取去附近电脑城购买的方式解决使用软件的问题。但软件销售商采用不当牟利手段，将已售出的正版软件的序列号重复提供给购买软件的企业，造成企业花正版的价钱购买到的却是盗版软件的现象，严重打击了当地企业使用正版软件的积极性。

（二）图方便使用盗版软件

检查中发现，部分企业使用的软件授权证明齐全，合法授权使用的数量与企业实际使用的计算机数量相符，但在计算机上安装的不是正版软件却是盗版的。究其原因，竟是因为计算机经常中毒，系统经常需要重装，1台普通计算机重新安装完毕正版系统需要1—2小时，新型机也要近1小时，而安装1套盗版软件所需时间只需15分钟。为了节省时间，技术人员一般选择安装盗版软件。

（三）软件正版化基础知识未能普及，专业知识较为匮乏

由于缺乏软件正版化的基础知识，部分企业未能通过正确的渠道购买正版软件，有的企业不能正确分辨正版、盗版软件。而部分不法经销商利用购买者缺乏正版软件认识的弱点，通过各种方式销售所谓的“正版软件”谋取暴利。

（四）宣传发动不够到位

一些市的推进工作局限于传达文件、会上强调、搞些调查，缺乏工作抓手，没有形成合力。部分企业领导对软件正版化的工作认识不足，强调金融危机对企业的影响；部分企业担心购买使用正版软件增加成本，对软件正版化工作行动不够积极。

（五）缺乏专项经费，推进工作受到一定影响

推进企业使用正版软件工作所需的宣传、培训费用较大，而全省大部分市的推进企业使用正版软件领导小组（联席会议）办公室没有相应的专项经费，在开展宣传、培训工作时受到较大限制，推进工作也受到一定影响。

五、对推进企业使用正版软件工作的建议

（一）借助社会团体力量，增强部门之间联动工作机制

充分发挥行业协会等社会团体的作用，采用政府牵头，行业协会参加的方式，加速推进工作的进展，以解决工作量大，人力不够的问题。积极吸纳、委托行业协会和中介机构参与推进工作，如对企业使用正版软件情况进行调查摸底和数据统计等。加强政府部门之间的交流与合作，增强部门之间联动工作机制，以使软件正版化推进工作进展更快更好。

（二）采用多种形式相结合的培训方式，坚持长效机制

转变集中培训的单一培训方式，以满足不同人的不同需求。可采用网络教学，通过视频点播、视频会议、web教材等灵活的教学形式，在节省人力财力并不受时空限制的同时使培训活动增值，使学习活动变得更为便利。同时，加强对基层文化综合执法人员的技术培训，重点加强高技术取证手段以及软件鉴定、执法取证方面的培训。建立坚持学习的长效机制，保持知识的不断更新，以满足软件正版化工作的新要求。

（三）争取经费保障，进一步完善软件正版化工作的奖惩制度

通过广开渠道，力争财政经费的支持，以推动企业软件正版化工作的深入开展。同时，完善机制，大力宣传表彰使用正版软件的先进企业，实行“黑名单”制度，加强行政执法，使不配合软件正版化工作的企业得到应有的惩戒。

（供稿人：张同英、凌立华、易瑾媛）

教育培训

2009 年广东省知识产权局培训工作

2009 年，广东省知识产权局积极贯彻实施国家和广东省知识产权战略纲要，多渠道、多层次地开展知识产权培训工作，取得良好成效。

（一）积极落实国家知识产权局“百千万知识产权人才工程”

2009 年，广东省知识产权局继续按照国家知识产权局的统一部署，全面做好“百千万知识产权人才工程”的实施工作。主要包括：选拔 9 名优秀人才纳入国家知识产权局第二批百名高层次人才培养人选，选派 2 名高层次人才参加国家知识产权局组织的高层次人才知识产权法律和管理实务出国培训班，选派 1 名专利代理人赴新加坡开展为期半年的交流培训，组织 16 人次参加国家知识产权局举办的 7 期专题培训班。广东省知识产权培训工作受到国家知识产权局的高度评价，2009 年，全省共有 5 家单位荣获全国知识产权培训先进集体称号，4 人荣获全国知识产权培训先进个人称号。

（二）大力实施我省“百千万知识产权（专利）人才培育工程”

2009 年，广东省知识产权局继续实施“百千万知识产权（专利）人才培育工程”。在百名人才培养方面，积极整合和利用国外培训资源，组织全省知识产权行政管理人员 11 人及企事业单位、中介机构知识产权管理人员 14 人分别赴美国和德国进行专题培训，系统学习欧美发达国家的知识产权制度与经验，培训班访问了 WIPO 纽约代表处、美国专利商标局、美国国际贸易委员会、德国联邦经济和技术部等机构，与国外相关单位进行深入交流。在千名人才培养方面，委托华南理工大学和暨南大学举办了两期企事业单位知识产权研修班和知识产权行政管理及执法研修班，共有 131 人参加学习。在万名人才培养方面，组织省专利信息中心开展知识产权专题培训，同时，指导和支持各市知识产权局积极落实人才培育计划，面向政府机构、企事业单位、中介服务机构开展了大量内容丰富的培训活动，为全省打造高素质知识产权人才队伍奠定了坚实基础。

（三）不断提升专利代理人执业能力和水平

广东省知识产权局持续加大对专利代理人的执业培训力度，全年，由广东省知识产权局组织或委托组织的面向专利代理人的专题培训班共 10 期，接受培训 1200 余人次。其中主要包括：由国家知识产权局和中华全国专利代理人协会联合主办、广东省知识产权局承办、广东专利代理协会协办的“专利复审与无效专题培训班”，由国家知识产权局初审及流程管理部分别在广州和深圳举办的三期“PCT 知识培训班”，由省专利信息中心举办的两期专利撰写提高班，由广东专利代理协会举办的“知识产权实务培训班”等。这些培训班受到了全省专利代理人的普遍欢迎，有效地开阔了专利代理人的眼界，提升了他们的综合业务能力。

（四）加强对全省知识产权培训工作的指导和支持

2009 年，广东省知识产权局制定并印发了《2009 年广东省知识产权局培训计划》，对各市知识产权培训工作提出了具体要求，同时，广东省知识产权局还进一步加强了对省专利信息中心、各市县知识产权局、行业协会组织开展培训活动的指导和支持。据不完全统计，全年，省专利信息中心组织专题类培训班19期，参加培训2083人次；各市知识产权局组织各类培训班105期，参加培训36190人次；省专利代理协会组织专利代理培训班5期，参加培训700余人次；省企业管理咨询协会组织知识产权公需科目培训班6期，参加培训500余人次。

（五）进一步推进高校知识产权教育工作

2009年，广东省知识产权局大力支持知识产权学院建设和教学及研究工作，与华南理工大学共同签署《共建知识产权强校协议书》，支持中南财经政法大学和华南理工大学在广州举办“国家知识产权战略实施策略与绩效评价国际研讨会”，委托学院承担知识产权软课题研究项目十余项，接受学院学生到局内实习等等。目前，各所学院已经逐步组建了较强的师资队伍，并结合本校的优势积极探索知识产权学历教育模式。

（供稿人：张璟）

2009年华南理工大学知识产权学院

2009年华南理工大学知识产权学院在省市知识产权管理部门的指导下，在围绕学科建设和人才培养方面，取得了良好成绩。

一、启动知识产权强校建设

2009年5月9日，广东省知识产权局陶凯元局长到校调研知识产权工作，华南理工大学李元元校长与陶凯元局长就学校的知识产权工作、知识产权人才培养和深化华工与省知识产权局合作等事宜进行会谈，并达成一系列共识。陶凯元局长对华工在全省高校知识产权与学历教育方面发挥的示范带动作用表示赞赏，称赞华南理工大学知识产权专业是广东省办得最好的知识产权专业，并希望华工发挥学科特长，制定实施本校知识产权战略规划，加强知识产权学院建设，力争在知识产权工作领域取得更大的成绩。李元元校长要求华工知识产权学院继续解放思想，加强学科建设，争取建设成为全国一流的知识产权学院，为广东的知识产权事业发展做出更大贡献。根据陶局长和李校长的要求，华南理工大学知识产权学院启动了知识产权强校建设规划，9月30日，广东省知识产权局与华南理工大学共同签订《共同推进知识产权强校建设协议书》。其中，协议明确提出，省知识产权局将进一步推动华南理工大学知识产权学院的建设，力争将学院建设成国内一流知识产权学院。

二、学院科研、教学取得了一定成绩

1. 葛洪义院长主持的《东莞市知识产权战略发展纲要研究》，获得国家知识产权局全国知识产权软科学研究三等奖。谢惠加副教授的论文获得第五届高等学校科学研究优秀成果奖二等奖（人文社会科学），该奖是我国目前人文社会科学领域最高级别的奖项。

2. 葛洪义院长主持的《广州市知识产权战略实施规划研究》课题进展顺利，目前已进入征求意见阶段。该课题研究成果有望被广州市政府采纳，形成《广州市知识产权战略实施规划》颁布实施。

3. 葛洪义院长牵头，学院完成了全校理工科专业学生开设知识产权必修课工作方案论证。同时，为提高教学效果，学院专门针对理工科学生知识产权学习的特点，编写统一教材《知识产权概论》，并由华南理工大学出版社出版。

4. 根据学校与省知识产权局签订的《共同推进知识产权强校建设协议书》，学院启动民商法专业（知识产权方向）硕士周末班的招生工作。该班由于主要面向知识产权系统招生且利用周末上课，并且能够发硕士学历、学位

双证，受到了社会各界的广泛关注，已完成第一届学生的招生入学工作。

三、召开系列高水平的学术研讨会

1. 2009年5月9日—10日，学院承办的“2009知识产权南湖论坛暨国家知识产权实施策略与绩效评价国际研讨会”在华南理工大学召开。本次研讨会共有来自10个国家和地区的300多名学者参加，是学院成立以来召开的规模最大的国际学术研讨会。

2. 2009年6月15日，学院与美国德雷克大学知识产权中心联合承办“版权产业与知识产权”研讨会。共有来自美国、加拿大、英国等国家和中国香港的30多位学者参加会议。本次会议加强了学院与国外著名大学知识产权学院的联系，拓展了学院知识产权专业的国际合作空间。

3. 2009年6月27日，学院承办“广东省法学会知识产权法学研究会换届会议暨2009年学术年会”。共有来自省内知识产权理论与实务界80多人参会。在本次会议上，学院葛洪义院长被聘为广东省法学会知识产权法学研究会顾问，关永宏教授被推选为副会长，另有多名教师被推选为常务理事、理事。

四、聘请知名人士担任我院兼职教授

1. 2009年9月30日，华南理工大学聘请广东省知识产权局陶凯元局长为兼职教授。聘任仪式后，陶凯元局长为学院的师生作了题为《实施知识产权战略 建设创新型高校》的专题讲座。

2. 2009年11月24日，华南理工大学聘请国家知识产权局原局长王景川为兼职教授。

五、举办系列学术讲座

1. 2009年6月8日，学院举办“华进知识产权论坛”第六讲，邀请华中科技大学法学院副院长郑友德教授主讲《商标的反不正当竞争法和商标法保护》。

2. 2009年11月24日，学院举办“华进知识产权论坛”第七讲，邀请王景川教授主讲《专利法修改解读》。

六、举办第三期企事业单位知识产权培训班

2009年10月30日至11月3日，由广东省知识产权局主办、学院承办的“百千万知识产权人才培育工程”——广东省企事业单位知识产权管理及实务研修班（第三期）在华南理工大学举行。全省近百名企事业单位知识产权管理人员参加了培训。

七、拓展对外发展空间

1. 2009年3月12日，学院葛洪义院长、谢惠加博士应邀赴台参加“2009年高雄第一科技大学科技法律学术研讨会”，并就两校之间的合作深入交换了意见。

2. 2009年5月12日，学院正式与台湾高雄第一科技大学科技法律研究所签署了合作协议，就教师互访、学生交流、出版物交流等达成广泛共识。

（供稿人：谢惠加）

2009年暨南大学知识产权学院

暨南大学知识产权学院成立于2004年9月11日，其前身是2003年3月成立的知识产权研究中心。知识产权学院是广东省首家集教学和科研为一体的知识产权学院，也是华南地区第一家知识产权学院。学院现有教职员工11人，其中专职教师10名，教授1人、副教授5人、讲师4人，研究生导师4人，其中博士生导师1人，教师队伍中，博士学位获得者

7人。

2005年经教育部批准，学院率先在国内试办“知识产权”本科专业，并于2005年开始招生，其中2005级15人，2006级28人，2007级23人，2008级23人，2009级26人。自2004年起挂靠法学院民商法专业招收知识产权方向研究生，其中2004级7人，2005级8人，2006级7人，2007级13人，2008级13人，2009级10人。7月，首届知识产权本科专业学生毕业，其中内招生7名，外招生7名，就业率100%。

2009年，学院获得1项国家知识产权局软科学项目——“港澳地区专利制度史研究”（SS09－A－11），3项广东省知识产权局软科学项目——“广东建设知识产权强省理念、思路和主要路径研究”、“知识产权人力资源管理研究”和“TRIPS协议的负面性及其补救研究”。

2009年，知识产权学院2008级学生郭颖、张家敏、李绮慧，前往无锡江南大学参加“全国普通高校信息技术创新与实践活动”，参赛作品“舍盟主页设计”获得创业类计划竞赛类二等奖。2005级学生王雨青的《论端砚的法律保护》获得学校第四批本科生科技创新工程二等奖。11月1日，在珠海校区就读的2008、2009级知识产权本科专业同学返回校本部与2007级同学举行联谊活动。

10月27日，美国商务部部长骆家辉访问暨南大学，林如鹏副校长会见并陪同访问全程。骆家辉部长在短短的75分钟内参加了两场活动，与10名来自知识产权学院的学生代表进行小组讨论，在管理学院一楼多功能厅就知识产权保护问题发表《创新与创造》演讲。知识产权学院副院长徐瑄对骆家辉的演讲做了扼要点评，随后骆家辉还和现场的同学进行了交流。

12月22日，学校在专家楼1号会议室隆重举行了敦聘香港大学法学院李亚虹副教授为客座教授的仪式。

2009年学院举办了1次研修班、2场学术报告。其中3月23—27日，由广东省知识产权局和欧洲专利局主办、知识产权学院承办的第二期政府知识产权管理研修班在学校正式开课，研修内容从知识产权的创造、管理、保护和运用四个角度全新诠释广东省知识产权发展战略。

10月14日，法国巴黎第八大学Mehrdad VAHABI副教授主讲“从经济学角度谈创造力与破坏力”，经济学院、知识产权学院师生约40人参加。

12月22日，暨南大学客座教授、香港知识产权署谢肃方署长在第二文科楼模拟法庭为70多位师生作了题为“*Intellectual Capital and Economic Prosperity*”的学术报告。

（供稿人：周玉宇）

2009年广东金融学院知识产权研究所

2009年，广东金融学院知识产权研究所在有效推动知识产权教学与研究方面做了许多积极有益的工作，收到了良好的效果。

一、知识产权教学建设

（一）完成法学专业知识产权方向2009级人才培养方案的制订

该人才培养方案历经半年的反复研议与论证，与过去相比有了较大的改进，为培养既懂法律又懂知识产权经营管理的复合型人才打下了坚实的基础。

（二）配合完成两项知识产权重要调研

一是配合完成2008年高校知识产权人才培养与宣传普及调研。2009年1月，吴国平所长认真配合中国高校知识产权研究会人才培养委员会完成了2008年中国高校知识产权人才培养与宣传普及调研工作。二是积极参与广东金融学院珠三角地区人才需求与培养模式调研，深入掌握培养知识产权人才的第一手资料。

（三）中央与地方共建特色实验室项目《金融知识产权实验室》获准立项并开建

2009 年 2 月至 5 月，吴国平所长负责并主持的 2009 年中央与地方共建特色实验室项目《金融知识产权实验室》先后通过专家组评审。评审专家对该项目给予“填补广东该项目空白”的评价，共获 200 万中央财政资助。同年 11 月，吴国平所长主持完成该项目设计工作，项目进入建设阶段。

（四）知识产权专业学生积极开展知识产权宣传活动

为了紧跟世界发展的潮流，响应党和国家的号召，保护知识产权，鼓励创新发展，广东金融学院知识产权专业方向的广大学生于 2009 年 4 月开展了知识产权宣传周活动。第九个世界知识产权日当天还举办了以“绿色创新”为主题的大型宣传活动。

二、知识产权师资与研究团队建设

高质量的师资与研究团队，是做好知识产权人才培养与知识产权学科建设的根本保障。在这方面，知识产权研究所主要抓了三项工作：

一是为专业师资与研究人员进修深造创造条件。2009 年，安喜梅副教授获得知识产权博士学位并进入暨南大学管理学博士后站从事知识产权研究。二是着手组建知识产权兼职教学研究队伍。分别从华师、广工和市知识产权局聘任了 3 位副教授和博士作为知识产权所兼职教学、研究人员。三是组织教师积极参与省内知识产权学术活动，帮助多位教师成为广东省法学会知识产权法学研究会骨干力量。

知识产权教师 2009 年度获得学术兼职一览表

序号	姓　名	学　术　兼　职	兼职时间
1	吴国平	中国高校知识产权研究会人才培养委员会委员	2009 年 5 月
2	吴国平	连任第二届省法学会知识产权法学研究会副会长	2009 年 6 月
3	唐珺	连任第二届省法学会知识产权法学研究会副秘书长、理事	2009 年 6 月
4	朱玛	当选第二届省法学会知识产权法学研究会常务理事	2009 年 6 月
6	安雪梅	当选第二届省法学会知识产权法学研究会理事	2009 年 6 月
7	王杏飞	当选第二届省法学会知识产权法学研究会理事	2009 年 6 月
8	陈叶茂	当选第二届省法学会知识产权法学研究会理事	2009 年 6 月

三、知识产权学术科研建设

（一）申报广东省知识产权人文社科重点研究基地

吴国平所长牵头组织人员于 2009 年 7—8 月经过充分准备，第一次正式向省教育厅申报本年度广东省人文社科重点研究基地。

（二）发表知识产权学术理论文章

知识产权教师与研究团队成员在知识产权理论与实务研究方面，取得了较大的成绩，吴国平、安雪梅、唐珺、江忠英等教师先后在《法学论坛》、《科技与法律》、《科技管理研究》、《中国知识产权报》、《人民论坛》、《人力资源管理》、《科技管理研究》、《兰州学刊》、《中国科技产业》等刊物上发表知识产权论文 12 篇。

（三）开展知识产权课题研究

1. 成功申报课题 2 项。2009 年 7 月，安雪梅博士主持申报的一项科技厅软科学项目课题《广东高新技术企业知识产权管理业绩评估体系研究》获准立项；2009 年 11 月，安雪梅博士主持申报的另一项省知识产权局课题《知识产权人才评估体系研究》获准立项。

2. 完成委托课题 1 项。2009 年 10 月，吴国平教授作为主持人之一与省法学会合作主持完成广东省政法委咨询报告课题《完善我国商业秘密保护法律规定研究》，获政法委很高评价。

3. 推进国家课题研究 1 项。吴国平教授主持的我国最高级别的社会科学课题——国家社科基金项目《社会信用体系法律制度建设》一直在积极推进之中，其中涉及知识产权信用体系建设问题的研究。

（三）出版有关知识产权著作

安雪梅博士撰写的《专利侵权行为研究》一书，由知识产权出版社于 2009 年 8 月公开出版。

（四）举办知识产权讲座

1. 邀请著名知识产权专家张玉敏教授作专题学术讲座。5 月 10 日，国内著名知识产权专家、西南政法大学知识产权研究中心主任、博士生导师张玉敏教授应邀为广东金融学院广大师生作了《关于商标法修改的指导思想》的专题学术讲座。

2. 吴国平教授应邀为云浮市全市企业家作商标战略演讲。为贯彻实施国家和广东省知识产权战略，推进云浮自主创新，打造企业和产品品牌，云浮市 2009 年 10 月 20 日隆重举行了全市广东省著名商标企业表彰暨商标战略报告会。吴国平教授应邀以《企业发展与商标战略》为题作专题演讲。

（五）参与知识产权战略与政策研讨

1. 吴国平教授应邀参与《东莞知识产权发展战略研究报告》专家研讨。2009 年 3 月 23 日，吴国平教授应邀到东莞市科技局（知识产权局）参加《东莞知识产权发展战略研究报告》专家座谈会，对东莞知识产权发展战略进行研讨。

2. 吴国平教授应邀参加《广州市知识产权战略实施规划》专家研讨。为推进国家和广东省知识产权战略的实施，把广州打造成为充满生机与活力的创新型城市，《广州市知识产权战略实施规划》课题组，于 2009 年 11 月 1 日召开专家咨询座谈会。吴国平教授应邀参加了会议研讨。

3. 吴国平教授应邀出席广州市轻出集团“三角”商标许可使用与企业发展研讨会。为进一步明确企业的战略定位，有效解决企业在商标许可使用中存在的各种问题，加强商标品牌建设，广州市轻出集团公司 12 月 24 日召开了“三角”商标许可使用与企业发展专家研讨会。吴国平教授应邀出席了本次研讨会。研讨会上，来自中国社科院、广东省工商局和广东金融学院的专家针对广州市轻出集团的“三角”商标许可使用问题提出了许多积极有效的对策建议。

（六）参与知识产权重要会议

1. 吴国平教授应邀在第四届泛珠三角区域合作与发展论坛之知识产权分论坛上发表演

讲。第五届泛珠三角区域合作与发展论坛暨经贸洽谈会于2009年6月9日至13日在广西南宁市举行。吴国平教授应邀代表广东团论文作者出席第四届9+2知识产权合作论坛并发表演讲，演讲的题目是《用知识产权战略引领泛珠三角区域经济的发展》。

2. 吴国平教授在中国高校第四届知识产权人才培养研讨会当选中国高校知识产权研究会人才培养委员会委员。2009年5月12—14日，中国高校第四届知识产权人才培养研讨会在江苏省苏州市隆重召开。安雪梅博士出席了会议。在本次会议上吴国平教授当选为中国高校知识产权研究会人才培养委员会委员。

3. 吴国平教授在广东省法学会知识产权法学研究会2009年年会上发表主题演讲。2009年6月27日，广东省法学会知识产权法学研究会换届大会暨2009年年会在华工隆重举行。吴国平教授连任研究会副会长，唐珺博士连任研究会副秘书长，朱玛当选为常务理事，安雪梅博士、王杏飞博士、陈叶茂老师分别当选理事。本届年会的研讨主题是：国际金融危机与知识产权战略的创新与发展。在年会上，吴国平教授以《全球金融危机中的知识产权战略对策思考》为题作了主题发言。

4. 吴国平、安雪梅、朱玛应邀参加知识产权战略国际研讨会。2009年5月9—10日，2009年知识产权南湖论坛——“国家知识产权战略实施策略与绩效评价”国际研讨会在广州大学城隆重召开。来自我国内地和台湾、美国、德国、日本、英国、韩国、比利时、澳大利亚、印度等国家和地区的顶级知识产权专家学者，以及全国各地高等院校、科研单位、新闻媒体、企事业单位的代表共300余人参加了会议。吴国平教授、安雪梅博士、朱玛老师应邀出席了本次国际学术会议。吴国平教授向本次大会提交的论文《用知识产权战略引领中国经济发展》收入了会议论文集，该文主体部分发表在《中国知识产权报》上。

（七）接受有关知识产权内容的重要采访

为深入揭露时下社会上各种品牌评选与排名方面的泛滥无序现象，有效规范品牌评比行为，中央电视台新闻中心记者组特地前来广东进行专题调研。调研期间，针对其中的许多问题采访了各方人士。经省政府有关部门推荐，央视记者组于2009年5月20日下午专门前往广东金融学院对吴国平教授作了一次专家采访。吴国平教授在接受采访时对记者提出的每一个问题都给予了满意的回答。央视新闻节目6月9日播出了这一节目。

（供稿人：广东金融学院知识产权研究所）

2009年广东省中小学知识产权教育

一、组织申报第四批“广东省中小学知识产权教育试点学校”

5月份，广东省知识产权局、教育厅、团省委及少工委四部门根据《广东省中小学知识产权教育试点示范工作方案》的要求，启动第四批试点学校的申报工作。在自愿申请、地市推荐的基础上，确定华南师范大学附属中学等42所学校为第四批“广东省中小学知识产权教育试点学校”。截至2009年底，全省已认定四批共149所试点学校，包括57所小学、77所中学和15所职业高中。

为了加强对试点学校的指导与管理，广东省知识产权局与各试点学校及试点学校所在地市知识产权局签署了《广东省中小学知识产权教育试点工作合同书》，明确试点工作的目标、任务和各方责任。广东省知识产权局连续3年向每所试点学校提供工作经费，并配发200本《知识产权教育读本》。

二、组织召开“全省中小学知识产权教育试点学校授牌仪式暨师资培训班”

11月11—12日，广东省知识产权局、教育厅、团省委及少工委四部门联合在广州举办“全省中小学知识产权教育试点学校授牌仪式暨师资培训班”。会议总结交流一年来我省中小学知识产权教育试点工作取得的经验，对如何进一步深化我省中小学知识产权教育试点工作进行统一部署，并为第四批42所试点学校举行授牌仪式。广东省知识产权局副局长朱万昌、省教育厅基础教育处处长黄向群、团省委学校部部长刘珲，以及有来自知识产权系统、教育系统、团委及和少工委系统和各试点学校分管知识产权教育工作领导及知识产权教师共160多人参加授牌仪式及师资培训班。

广东省知识产权局朱万昌副局长在会上指出，抓好中小学知识产权教育，向青少年普及知识产权知识，培养知识产权意识，让青少年认识知识产权，懂得尊重知识，尊重劳动，尊重创造，尊重知识产权，进而懂得保护知识产权，是素质教育的需要，是培养知识产权人才的一项战略工程，是发展知识产权事业，迎接知识经济时代挑战的一项根本大计和长远大计。朱万昌副局长要求各试点学校按照试点示范工作方案，切实将试点工作落到实处：一是要将知识产权工作纳入学校的教学和管理中；二是要加强知识产权教育体制的建立；三是要将知识产权教育课程列入学校教学活动计划；四是要重视知识产权教育师资的培养；五是要将知识产权教育与学生发明创造活动相结合；六是要建立相应评价机制，鼓励和支持担任知识产权课程教学的老师开展教学内容和教学方式的研究。

三、加强粤港中小学知识产权教育工作的交流与合作

为了学习与借鉴香港特区开展中小学知识产权教育的经验，同时也为了增进对香港知识产权制度的了解，广东省知识产权局1月20日组织4所试点学校负责人及部分地市知识产权局干部赴港参加由香港知识产权署举办的“学校知识产权导师计划”培训班。

四、结合青少年发明创造活动深化知识产权教育工作

为了进一步浓郁知识产权的社会氛围，结合青少年的发明创造活动开展知识产权教育，启发和培养青少年的知识产权意识，广东省知识产权局在广东省青少年科技创新大赛和广东省少年儿童发明奖设立专利奖，并拨专项经费支持参赛作品申请专利。据统计，在第24届广东省青少年科技创新大赛中，共颁专利奖15项，资助参赛项目申请专利41项，专利奖中发明专利申请1项，实用新型专利申请40项。在第七届广东省少年儿童发明奖中，共颁专利申请鼓励奖67项，其中发明专利申请16项、实用新型专利申请31项，已授权发明专利1项，已授权实用新型专利19项。

（供稿人：王开智）

2009年广东省中小学知识产权教育试点学校

（第四批）

华南师范大学附属中学
广州市花都区狮岭镇冠华小学
深圳市罗湖区草埔小学
深圳市南山区桃源中学
深圳市福田区新沙小学
广东汕头华侨中学
汕头市潮阳黄图盛中学
佛山市荣山中学
佛山市顺德区中等专业学校
佛山市南海区狮山镇桃园小学

佛山市高明区明城镇明城小学
韶关乐昌市乐昌实验学校
韶关乐昌市乐昌小学
河源市源城区下城小学
河源市源城区东埔中学
梅州市高级技工学校
梅州市司法干部学校
惠州市惠阳区崇雅中学（初中部）
惠州市第九中学
汕尾市城区新城中学
汕尾市陆河县螺溪中学
东莞市可园中学
东莞市莞城实验小学
中山市石岐中心小学
中山市纪中三鑫双语学校
中山市东区雍景园小学
江门市高级技工学校
阳江阳春市第一中学
阳江市阳东县实验学校
湛江市坡头区龙头镇中心小学
湛江市第二中学
茂名信宜市实验学校
茂名市电白县第一小学
肇庆市第一小学
清远市高级技工学校
清远市连南瑶族自治县民族小学
潮州市实验学校
潮州市湘桥区实验学校
揭阳市邱金元纪念中学
揭阳市揭东第一小学
罗定市附城平西小学
云浮市第一小学

（供稿人：王开智）

地市知识产权工作

地市知识产权工作

地市知识产权工作

广州市

一、概况

2009年，广州市专利授权量11095件，同比增长37.3%，其中发明专利授权量1516件，同比增长35.1%；专利申请量16530件，同比增长18.2%，其中发明专利申请量5042件，同比增长24.6%。提前一年完成“十一·五”规划的既定目标。全年实现专利零的突破的企业达850家，累计申请专利2499件。实现专利申请量倍增的企业121家，倍增专利申请量1685件。全年资助申请专利7126项。

新增注册商标2.1万件，同比增长16.5%，注册商标总数达14.1万件。年内共有“王老吉”等9件商标获认定中国驰名商标，创广州市单批次获认驰名商标最高纪录，广州市驰名商标数增至36件（其中7件为法院认定）。在2009年度广东省著名商标公示名单中，广州市共有38件商标新获认定，82件商标获延续认定，认定总数居全省之首。此外，新认定87件、延续认定148件广州市著名商标，全市著名商标总数增至640件。

截至2009年11月15日，市版权协会完成作品著作权登记1500件，其数量是2008年同时期的20倍，是历年来最多的一年，同时有600多名作者通过“时间戳”作品首创时间登记系统自行上网进行著作权登记。到2009年底，广州市登记软件产品总数累计超过5000个。

地理标志产品保护工作进展顺利，从化钱岗糯米糍荔枝和南沙新垦莲藕已被国家质检总局正式公告为地理标志产品，同时，从化荔枝蜜、增城迟菜心、派潭凉粉草、萝岗甜橙等项目也正申报地理标志产品保护。

市花卉研究中心培育的“彩霞红掌”、“旭日红掌”、“朝霞红掌”、“贵妃红掌”和“艳阳红掌”等五个花卉新品种已向国家农业部植物新品种保护办公室申请品种权保护并通过初审，标志着我国首批具有自主知识产权的红掌新品种的诞生。此外，广州市还有珍珠番石榴等十个品种通过了广东省品种审定。

广州市技术标准研制资助专项资金申报项目280余项，经审查共212个项目通过评审获得资助，总金额达700.2万元，较2008年增加了55%，在行业竞争中取得了先机。

二、创建国家知识产权示范城市工作

（一）政策法规工作

2009年，“创建国家知识产权示范城市”被列入市落实《珠三角地区改革发展规划纲要》的目标和任务，知识产权工作纳入《关于加快推进知识城开发建设的决定》、《广州建设现代服务业中心实施方案》、《广州市、佛山市推进同城化发展框架协议》、《推动穗港合作工作方案》以及服务外包等重点工作。此外，《广州市专利奖励办法》完成论证工作，正进入市政府审议阶段。《广州市知识产权战略实施规划》已完成征求意见工作。出台《广州市标准化战略实施纲要（2009—2012年）》、《广州市版权产业统计制度》、《广州市自主创新产品认定管理办法》等政策法规；市委宣传部积极将知识产权列为广州创意产业发展重点内

容；市发改委安排4500万元统筹资金实施广州市生物产业发展专项；市科技局设立4500万元“科技型中小企业贷款担保资金”；市外经贸委设立1500万元“品牌建设专项资金”；市经贸委落实税收激励政策，加大对企业自主创新投入的所得税前抵扣力度；市金融办推动银行融资，为动漫游戏、网络文化、影视传媒相关产业以及老字号商标质押融资共提供40亿元额度的专项贷款；市农业局通过农业科技攻关招标和农业科技专项经费扶持加强农业科技创新成果的知识产权保护等。

（二）知识产权试点工作

2009年，广州开发区通过国家验收，成为全省首个“国家知识产权试点园区”；华南理工大学通过国家验收，成为首批国家企事业知识产权示范单位；花都区产业特色和集群优势与知识产权有机互动，进入首批“全国知识产权强县”行列；实施市进出口优势企业知识产权推进计划，依利安达（广州）电子有限公司等49家被认定为“广州进出口知识产权优势企业”。此外，京信通信系统（中国）有限公司等12个单位被认定为国家知识产权试点单位；中山大学达安基因股份有限公司等9家企业分别获得省知识产权示范企业和优势企业称号（全市累计53家），这些企业的专利产品销售收入占全部销售收入的比重高达72%。

（三）企业技术创新工作

2009年，在第11届中国专利奖评奖中，广州市企业广东威创视讯科技股份有限公司“一种基于服务器端\客户端结构远程显示处理方法”和广州微点焊设备有限公司“可直接焊接漆包线的点电焊机”荣获金奖，9个新技术产品获得优秀奖（分别占广东省获奖项目的50%和39%）；2009年在广东专利奖评中，广州市共有6个项目获得金奖，12个项目获得优秀奖；第18届全国发明展，广州市37个参评项目获得8金3银10铜的好成绩。

三、知识产权创造与运用

（一）知识产权质押融资

2009年，张广宁市长、朱小丹书记先后对质押融资工作作重要批示，强调要“积极试点，大胆探索，力争尽快取得实质性突破”。9月举行“广州促进知识产权质押融资签约仪式”，市知识产权局与5家银行共同签订了《促进知识产权质押融资合作协议》，获得5家银行三年内提供200亿元授信额度。在第3届中国专利周期间，6家银行向18家企业发放2亿余元贷款并签署11亿余元贷款意向书。编写《知识产权质押融资需求摸查表》和《企业知识产权质押融资指引》等文件，初步形成广州市知识产权质押融资的发展格局和工作特色。

（二）专利技术产业化示范带动工作

2009年，市知识产权局选取“高清数字电视互动服务平台及产业化示范工程”等8个项目作为2009年专利技术产业化示范项目，下达项目扶持经费共215万元。通过“以市带区、联动扶持”的模式，下达100万元产业化引导资金扶持区、县级市专利产业化工作，引导推动优势项目30多个。据2009年对专利技术产业化示范项目的验收工作显示，15项专利技术累计实现销售收入7.42亿元，利税1.13亿元，为下游客户实现新增产值近3亿元，项目实施过程中后续申请82件专利，项目承担单位的研发创新、制度建设、产品销售等指标，都达到预期效果。

（三）专利信息运用和技术推广工作

2009年，市知识产权局将中外专利信息服务平台全领域数据库升级为13个国家、地区和2个组织的专利数据库，其中，增加韩国、俄罗斯等7个国家、地区的专利数据，并在专利检索方面增加中国专利代码化全文，实现全文检索；增建电子信息制造和汽车零部件两个行业专题专利数据库，并向政府及有关部门、企事业单位等提供公益性服务，一年来已有 12067 人次访问。举办第三届中国专利周主会场知识产权展览交易会，参展企业 600 多家，精选包括获得国家专利金奖、优秀奖、广东省金奖优秀奖、中国国际名牌产品以及一批省、市知名专利和名优产品在内的 1000 多项产品参展。

四、知识产权行政执法保护

2009 年，市知识产权局共制定完善《广州市知识产权局执法责任制》等规范性文件 6 个，取消、转移行政许可事项 11 项；共受理专利侵权纠纷案件 28 件，行政诉讼案件一审胜诉率达 100%；对全市 12 个区、县级市的 33 个大型专业批发市场、超市、年货集市、药店等进行检查，并组织区、县级市知识产权局的执法人员参与执法工作，共有 11 个区、县级市参与了 41 次执法行动。知识产权局被国家局和省局分别评为“全国知识产权局系统执法先进集体”和“全省专利工作（行政执法）先进单位”。

（一）亚运和展会执法保护

2009 年，广州市出台《广州市亚洲运动会知识产权保护规定》以及《第 16 届亚运会知识产权保护工作方案》；建立“广州市亚运会知识产权保护工作联席会议制度”，与佛山、汕尾、东莞四城市共同签订《亚运会举办城市知识产权联合执法协议》，共查处 21 起侵权案件。出台实施《广州市展会知识产权保护办法》，建立合同处理纠纷和行政处罚相结合的“双轨”保护机制，创新展会知识产权保护的简易程序。在“亚运羊城执法”专项行动中，先后进驻 34 个大型展会开展知识产权保护工作。第 105、106 届广交会共处理专利侵权纠纷 904 宗，协助处理投诉案件 90 宗。市工商局制定下发《保护世界博览会和第 16 届亚洲运动会标志专有权行动方案》，共立案查处侵犯亚运标志专有权案件 15 宗，责令整改 10 宗。市版权局成立亚运会版权保护工作小组，先后赴东莞、佛山、汕尾开展亚运会知识产权保护巡回宣讲。截至 2009 年 11 月 15 日，已有 20 多宗侵犯亚运会知识产权的案件得到依法查处。市中院审理了原告央视国际网络有限公司诉被告世纪龙信息网络有限责任公司侵犯其奥运火炬传递节目著作权纠纷案。广州仲裁委积极争取在亚运会涉及的知识产权合同中加入仲裁条款，使亚运会知识产权纠纷的解决方式得以和国际接轨。花都区召开 2010 亚运城市行动计划知识产权保护专项工作会议，对全面推进 2010 年知识产权保护专项的实施工作进行了部署。

（二）维权援助和企业、行业自律建设

2009 年，广州市各维权中心共协助企业调解各类专利侵权纠纷 9 起，培训企业工作人员 800 余人。天河、番禺两区成立知识产权维权服务中心，荔湾区成立知识产权保护协会。天河区与广东省电脑商会合作在石牌电脑市场建立起知识产权工作站；广州市文具协会、市工业经济联合会等建立知识产权工作部。广州仲裁委知识产权仲裁中心共受理涉及知识产权的纠纷案件 35 件，争议标的达两千余万元。2009 年 4 月，广东省食品工业研究所在英国泰莱公司起诉、美国国际贸易委员会（ITC）发起的三氯蔗糖“337 调查”中获得终裁全面胜诉。首批广州市进出口知识产权优势企业——广州美视晶莹银幕有限公司在日本专利维权获胜，日本特许厅（日本最高专利审查机构）作出裁决，判令泉株式会社的专利“特许第 4157908 号”无效，相当于直接否决了泉株式会社认为“美视 GRANDVIEW” GUP－80 银幕产品侵犯其专利权的指控，标志着美视公司最终获得这场旷日持久的国际知识产权争端的胜诉。市工商局以荔湾分局辖内专业批发市场为试点，开展“保护商标专用权春风行动”，帮助市场开办者和场内业户建立商标授权经营、商标违法行为警示、市场商标培育等制度；施行涉外知名商标商品定点经营通告制度，指导分局查处侵犯定点经营商标专用权案件 500 多宗，参加“通告”的涉外商标权利人比 2008 年增加了 30%。

（三）专项行动

2009年，市知识产权局按照《2009年保护知识产权专项行动实施方案》和《重点商品知识产权保护专项行动方案》的部署，开展了打击专利侵权和假冒专利的“雷雨”行动、打击专利诈骗的“天网”行动等专项整治，对全市12个区、县级市的33个大型专业批发市场、超市、年货集市、药店等进行了检查，并组织区、县级市知识产权局的执法人员参与执法工作，分级处理不同性质案件，共同推进长效监管机制的建立和完善。市工商局共出动执法人员9042人次，检查经营户29965个、商品交易市场391个，捣毁侵权窝点47个，查处各类商标违法案件1856宗，其中涉外案件1690宗，占91%。查处的商标侵权违法案件案值达2680.03万元，罚款2507.5万元，没收和销毁侵权商品272万件、商标标识约75万件，移送公安机关案件两宗。在2009年下半年开展的打击网络侵权盗版专项行动中，广州市有关部门共出动执法人员800多人次，检查网站5000余家次，立案查处53家，移交公安部门处理的案件3宗，行政罚款8.4万元，收缴非法出版物3600余册，责令整改12家，函请省通信管理局关闭非法网站26家。广州市文化市场综合行政执法总队还被评为“全国打击侵权盗版有功单位”。市食品药品监管局牵头组织珠三角六市药监稽查联合打击假冒名牌产品的专题培训，联合佛山、中山、东莞、珠海、江门等地食品药品监管局开展了珠三角六市区域药监稽查联合打假专项行动，并与佛山市、肇庆市食品药品监管局签订了《广州佛山肇庆药品稽查联合工作协议》，初步实现三市食品药品安全监管的无缝对接。全年共出动执法人员32590人次，检查生产经营单位43622家次，捣毁制售假劣“三品一械”（药品、保健食品、化妆品、医疗器械）窝点56个，查处各类案件650宗，入库罚没款622.3万元。全市质监系统全年共出动执法人员3.21万人次，立案1610宗，办结案件1446宗，查处取缔各类无证照窝点223个，到位罚没款1473.85万元，移送公安机关涉嫌刑事犯罪案件6宗。查处的制假案件涉及众多国内、国际知名品牌，覆盖皮具、化妆品、电池、服饰、手机、汽配等众多产品领域，案值逾1200万元。广州海关在“邮递和快件渠道保护知识产权专项行动”中重点打击通过网上贸易方式成交利用邮路向国外寄递侵权物品的不法行为，2009年6—12月，共堵截出境侵权物品12136批次，涉及侵权物品194667件。市公安机关在打击制售假烟专项行动中共捣毁假烟窝点191个，抓获犯罪嫌疑人188名（其中逮捕79人），查处仓库281个，查获烟机28台、假烟33819.413万支、烟丝187.981吨、烟叶36.71吨。海珠区全年在知识产权联合执法行动中共出动14491人次，查办案件417宗，捣毁窝点25个，罚没金额1106.817万元，处罚案件248宗，销毁涉案物品价值478.49万元。花都区在全区范围内大力开展保护知识产权专项行动，共组织专项执法200余次，出动执法力量10000余人次，检查经营商户10000余户，查处各类知识产权案件400余宗。黄埔区文广新局在打击盗版侵权专项行动中共出动执法人员591人次，检查企业1036家次，取缔非法经营场所236家（档），收缴非法音像制品（含电子出版物）176517张（套）、非法书报刊13789本（册），刑事立案5件，刑拘5人。荔湾区版权局出动检查人员4960人次，检查音像店1312家次，书报摊3855家次，收缴盗版光碟210多万张、盗版书2133本。

五、知识产权司法保护

2009年，市公安局共立知识产权犯罪案件97宗，涉案金额4160.91万元，破案66宗，挽回经济损失3280.16多万元，抓获犯罪嫌疑人100名。其中，该局侦办的袁敏等人涉嫌假冒注册商标案入选“2008—2009年度中国知识产权保护十佳案例”。市检察机关共受理侵犯知识产权类犯罪案件60件123人，提起公诉60件103人。两级法院新收知识产权民事案件2156件（其中一审案件1917件，二审案件239件），审结案件2202件（其中一审案件为1958件，二审案件为244件），存案421件。新收知识产权行政案件10件，审结9件，存案1件。新收知识产权刑事案件14件，审结14件。市中院认定“耐克”、“安利”、“BP”、“CALTEX”和“加德士”等商标为驰名商标。广州海关共查获涉嫌侵权案件2100宗，比2008年同期增加210%，涉及侵权货物物品12872批次、数量43万余件。黄埔海关查获涉嫌侵权案件165宗，货值人民币2167万元，实际立案98宗，同比增长96%，实际立案率高达59.4%，远超2008年同期水平。自2009年7月1日起，黄埔海关在全关范围内对知识产权案件办理职能做出调整，由各隶属海关、办事处独立承担部分办案职能，并在老港海关、新港海关、东莞海关先后设立了科级法制机构。调整职能以来，仅老港海关全年就查获涉嫌侵权案件68宗，占全关查办案件数的41.2%。黄埔海关制定下发了《黄埔海关保护国内企业自主知识产权工作方案》，和广州市电筒工业公司签订了《关于加强国内自主知识产权保护合作备忘录》。

六、区、县级市知识产权工作

2009年，荔湾区在区县知识产权战略制定工作中取得突破，编制《荔湾区知识产权发展战略实施方案》。成立以副区长为组长的区标准化工作领导小组，起草《荔湾区标准化工作实施意见》和《荔湾区标准化战略实施细则》等。以“创新发展，创造强区”为主题，开展区发明创造大赛颁奖、区知识产权示范学校授牌及赠书、区知识产权艺术团文艺演出等一系列宣传活动。认定8所学校为区科技创新与知识产权教育示范学校，并出台《荔湾区科技创新与知识产权教育示范学校考核认定方案（试行）》，对区示范学校的认定及考核标准进行量化。越秀区成立以分管副区长为组长的越秀区知识产权工作领导小组。出台《关于越秀区加强知识产权工作的意见》，并配套制定《越秀区知识产权示范企业认定办法（暂行）》、《越秀区中小学知识产权教育试点示范工作方案（试行）》和《2009年度越秀区专利工作奖励方案》等系列文件。越秀区面向全区副处以上领导干部及辖区内广大企业人员举办《国家知识产权战略纲要》辅导报告。

从化市在组织申报各级科技项目过程中，重点审查其知识产权状况，对存在知识产权争议的项目暂缓推荐、上报，并对有争议的科技成果暂缓申请鉴定和论证，以防止侵权行为的发生。举办大中小学生“再生资源合理利用与文明同行”科技作品创作大赛。花都区出台《关于大力推进自主创新加快高新技术产业发展的实施意见》，将知识产权列为重要内容，并从区科技三项经费中安排了180万元，专项用于知识产权的管理、创造、运用、保护和宣传工作。花都区全年共举办各类专题讲座、培训班30余期，培训人数3000余人次。在3所知识产权教育试点学校开展“科技创新与知识产权教育同行系列活动”。番禺区年内投入经费681万元，用于支持知识产权工作。在第24届广东省青少年科技创新大赛上获得一等奖1项、二等奖3项、三等奖1项，该区教育局还荣获大赛的优秀组织奖。海珠区把获得市以上知识产权项目的奖励纳入科技奖励体系，如获得国家专利金奖的项目最高可获得60万元的奖励，年获7件以上专利授权或3件以上发明专利授权的企业给予10万元奖励等。组织企业、机关事业单位、在校学生、社区居民等进行培训7次，近3000人参加，并在全市率先将知识产权纳入公务员培训系统，形成制度。白云区举办新《专利法》专题讲座，结合案例和广州实际工作经验，为企事业单位的代表逐条解读《专利法》的第三次修正。天河区举办新《专利法》专题培训会、知识产权保护研讨会和电脑城知识产权日大型宣传活动；组织企业参与知识产权庭案件公审旁听，让企业“零距离”接触知识产权诉讼审判全过程。增城市、番禺区通过知识产权专版、电视专题片、

“知识产权进校园”专题讲座以及户外咨询等形式，广泛宣传知识产权。

七、宣传和培训工作

（一）第三届中国专利周活动

2009年11月第3届中国专利周活动在全国42个城市同时举行。广州是主会场，包括全国开幕式、专利展示交易、专利质押融资签约、企业运用知识产权应对金融危机高层论坛、高校知识产权创新赛等一系列活动由国家局、省、市政府三级联合主办，深圳、佛山、东莞三市协办。据不完全统计，筹备与活动期间共起草各类方案、文件、报告96个、各类媒体专题报道3000多条；签订各类业务合同19个，设计（印制）各类网页、海报、音像、广告、资料25000多件（册）；先后接待国家部委领导、特邀专家和外地来宾600余名，联系参展企业600多家，委托专业协作机构25家；动用工作人员1500多人次、车辆300多台次。专利周活动期间，广东省委常委、广州市委书记朱小丹专程会见了国家局田力普局长一行，就知识产权战略与广州的发展进行了深入的交流，并就把广州作为国家局工作联系点、领导挂职和加强知识产权建设等问题达成共识。

（二）“4·26”世界知识产权日活动

2009年，市知识产权局牵头，在全市“4·26”世界知识产权日期间，组织了18项重点系列活动，其中有：围绕新《专利法》等重大法律法规的实施，组织开展宣传培训，在全市12个区、县级市以及部分行业协会举办16场宣讲会，培训各类专业人员近5000人；“高新技术企业自主创新与知识产权论坛”、“国企知识产权报告会”等专项论坛、培训15个。市工商局与亚组委联合举办培训班，对全系统100多名基层执法人员进行了有关亚运特殊标志保护的专业培训；按辖区组织10场“百家企业商标专题座谈会”，并选定80家知名度高的企业进行上门服务，指导协助企业申报认定驰名商标。市版权局举办全市版权骨干业务培训班；举行“广州市使用正版软件示范企业授匾暨版权知识学生笔记本赠送仪式”，向全市6所版权教育示范学校赠送《版权知识学生笔记本》2万册；市、区两级版权管理部门通过版权知识宣传一条街、中学生版权知识演讲会、版权宣传公益广告、开设网站专栏等一系列手段，向社会广泛宣传版权知识。广州海关组织全关座谈会和各级培训20余场，逾千人次参加；与广州报关协会、市外经贸局合作，在广州市部分区、县举办知识产权海关保护政策巡回宣讲会，企业代表500余人次参加；在交易会、现场口岸设立知识产权专岗答复咨询约2000人次；发放新修订的中英文版《知识产权海关保护条例实施办法》宣传手册1500余件；制作知识产权专题网页，举办互联网在线咨询活动等。黄埔海关先后向广州、广西、西藏、江西等地红十字会转交符合规定的侵权货物10万余件，专门用于扶贫救灾工作，并组织了三次侵权货物集中销毁活动，涉及10多种商品共300余万件，货值近500万元，均有效提升了海关知识产权保护的社会影响。广州仲裁委在“中国商事仲裁网”和“广州仲裁网”等重要网站开辟知识产权仲裁专栏，宣传推广知识产权仲裁服务。市农业局在大型农业科技下乡咨询活动中专门安排农业知识产权宣传教育内容，并结合新型农民科技培训工程，开设知识产权有关课程。

八、交流与合作

2009年，市知识产权局在香港大学举办“知识经济与知识产权”高级研修班；先后举办了“第四届俄罗斯知识产权保护报告会”、“2009年中韩（广州）知识产权交流会”等活动。6月15日，市版权局与华南理工大学知识产权学院、美国德雷克大学知识产权中心共同举办了“2009版权产业与知识产权”学术研讨会，会议邀请海内外13位版权专家来穗进行学术交流。市工商局先后接待了英、美、法、日、瑞士等国驻穗领事馆官员，通报我市保护涉外知名品牌商标权情况，意大利知名品牌杰尼亚集团向该局赠送了“清正廉明，执法如山”牌匾。天河区承办了首次粤港创意产业企业互访交流活动。广州华进联合专利商标代理有限公司主办了“如何快速在美国获得专利权及美国软件专利申请”讲座、“德国展会知识产权保护问题与对策研讨会”等活动，为珠三角企业讲解涉外知识产权事务。华南理工大学承办了“2009 知识产权南湖论坛暨国家知识产权实施策略与绩效评价国际研讨会”，来自十多个国家和地区的200多名知识产权专家学者参加了会议。

九、统计资料

（一）广州市2009年专利申请及授权情况图表

表1　2009年广州市三种类型专利申请同比增长情况

	2009年	2008年	同比增长率
发明	5042	4047	24.6%
实用新型	5635	4444	26.8%
外观设计	5853	5499	6.4%
合计	16530	13990	18.2%

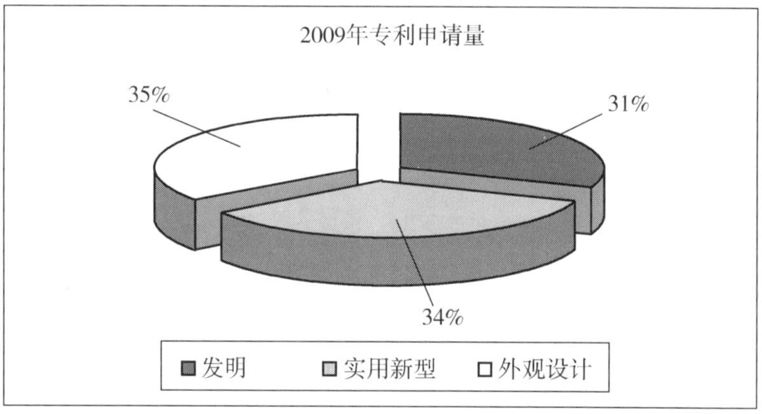

图1　2009年广州市专利申请占总量比例

表2　2009年广州市三种类型专利授权同比情况

	2009年	2008年	同比增长率
发明	1516	1122	35.1%
实用新型	3990	3709	7.6%
外观设计	5589	3250	72%
合计	11095	8081	37.3%

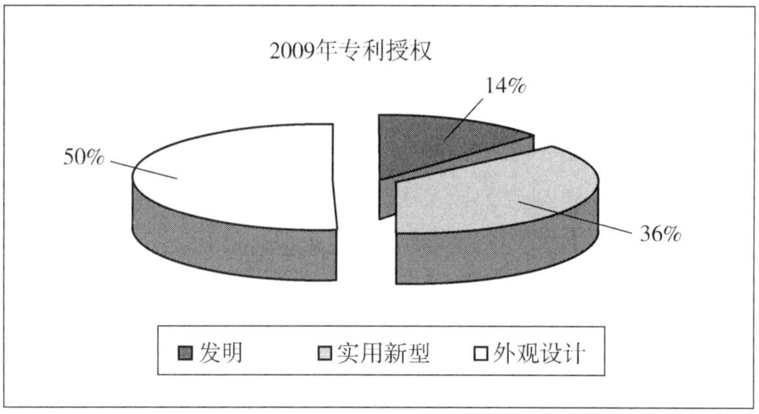

图 2　2009 年广州市专利授权占总量比例

表 3　2009 年广州市五种专利申请人申请专利同比情况

	2009 年	2008 年	同比增长/下降率
大专院校	1932	1581	22.2%
科研单位	713	565	26.2%
工矿企业	5194	3997	30%
机关团体	117	79	48.1%
个人	8574	7768	10.4%
合计	16530	13990	18.2%

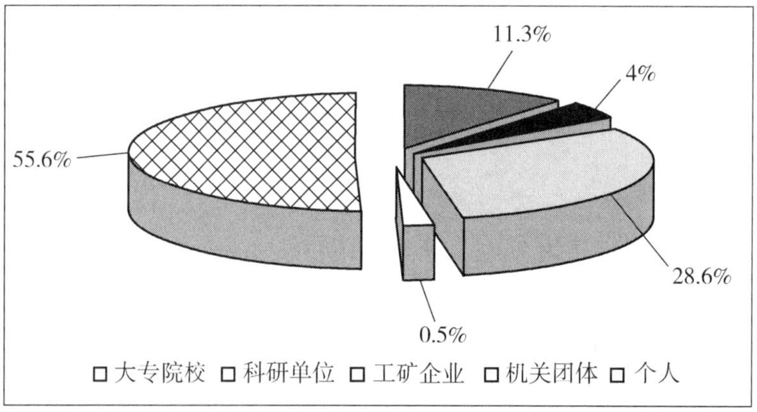

图 3　2009 年专利申请人情况分布

表4 2009年广州市各区、县级市专利申请量和授权量统计表

地区	申请						地区	授权					
	发明	实用新型	外观设计	合计	去年同期	同比		发明	实用新型	外观设计	合计	去年同期	同比
天河	1710	1189	1291	4190	3661	14.40%	天河	674	906	1147	2727	2175	25.40%
萝岗	834	555	357	1746	1170	49.20%	番禺	118	598	809	1525	1113	37.00%
海珠	725	503	493	1721	1516	13.50%	越秀	131	516	758	1405	1211	16.00%
越秀	475	739	788	2002	1614	24.00%	白云	101	455	799	1355	993	36.50%
番禺	488	862	759	2109	1705	23.70%	海珠	255	345	423	1023	760	34.60%
白云	365	682	966	2013	1292	55.80%	萝岗	99	321	242	662	432	53.20%
荔湾	136	260	409	805	1134	−29.00%	荔湾	44	200	412	656	439	49.40%
花都	130	369	459	958	675	41.90%	增城	4	84	488	576	217	165.40%
黄埔	77	162	16	255	159	60.40%	花都	43	243	378	664	367	80.90%
南沙	43	125	14	182	242	−24.80%	南沙	17	156	28	201	173	16.20%
从化	26	47	47	120	159	−24.50%	从化	5	69	61	135	93	45.20%
增城	29	136	251	416	647	−35.70%	黄埔	18	90	25	133	82	62.20%
其他	1	3	3	7	16	−56.30%	其他	8	7	20	35	26	34.60%
合计	5042	5635	5853	16530	13990	18.10%	合计	1516	3990	5589	11095	8081	37.30%
另：高新区	1819	987	541	3347	3738	−10.50%	另：高新区	509	618	475	1602	1798	−10.90%

注：1. 高新区含：开发区、天河科技园、黄花岗信息园、南沙资讯科技园、民营科技园。
2. 数据来源于省知识产权局提供2009年专利授权统计数据。

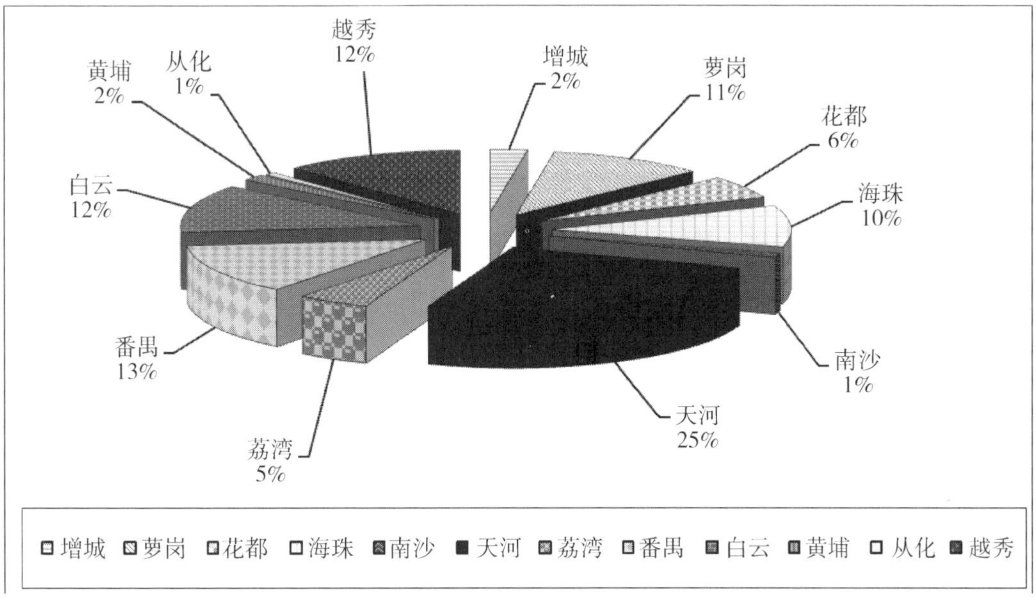

图4 2009年各区、县专利申请占总量比例

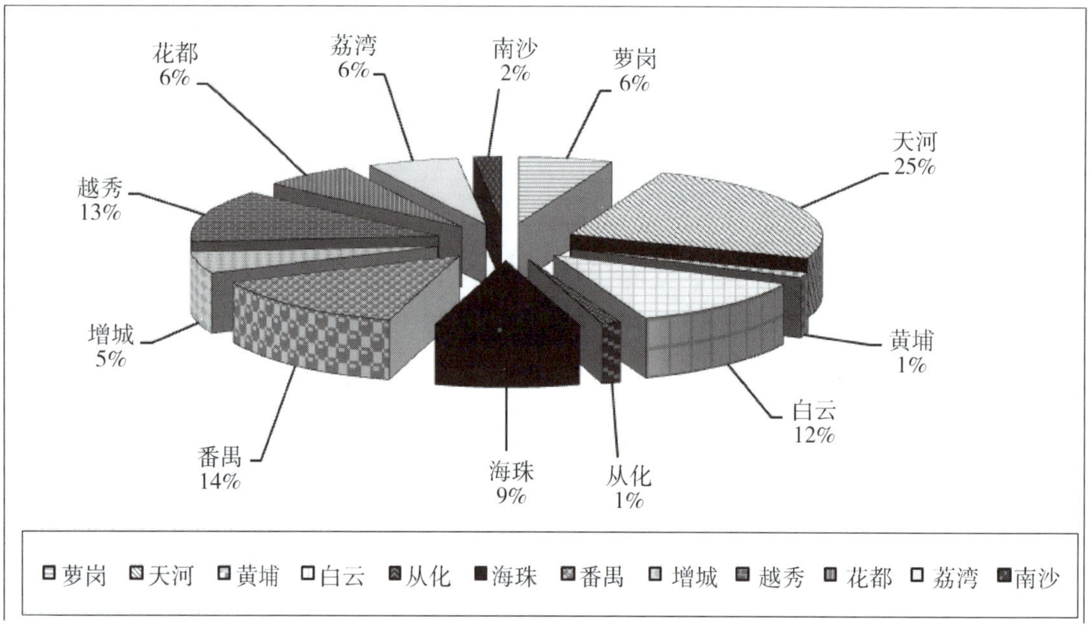

图 5　2009 年各区县专利授权占总量比例

（二）2009 年广州市知识产权局专利行政执法统计图表

1. 2009 年广州市知识产权局专利纠纷案件受理结案情况　　单位：件

受理		结案				中止	申请法院强制执行
		合计	结案方式				
			处理	调解	撤诉		
发明	1	1			1		
实用新型	7	5	2	2	1	2	
外观设计	20	19	5	9	5	2	
合计	28	25	7	11	7	4	

2. 2009 年广州市知识产权局涉外专利纠纷案件情况　　单位：件

受理总数	外国	港澳	台湾
	8		2
	侵权纠纷	假冒他人专利	冒充专利
	10		
	发明	实用新型	外观设计
	1		9
其中结案总数	处理	调解	撤诉
	1	8	1

3. 2009 年广州市处理假冒、冒充专利案件情况统计表　　单位：件

立案	结案	行为种类	专利类型			
		假冒	冒充	发明	实用新型	外观设计
29	28	2	27	2	7	20

4. 广州市 2002—2009 年处理假冒、冒充专利案件情况图　　单位：件

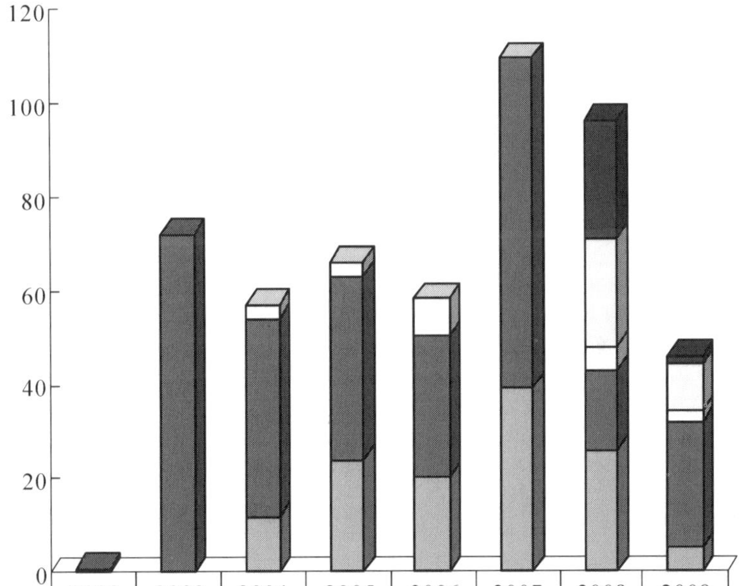

	2002	2003	2004	2005	2006	2007	2008	2009
移送							25	2
整改							23	10
假冒			3	3	8	0	5	2
冒充	1	72	42	39	30	70	17	27
调查			12	24	20	39	26	5

（供稿人：黄玉霞）

深圳市

2009 年，世界金融危机的影响，给深圳经济社会发展带来巨大冲击，知识产权在深圳经济社会发展中的作用和意义越加凸显，知识产权事业由此进入了一个更加良好的发展阶段。2009 年，也是深圳市大知识产权管理体制和大市场管理体制由探索实践向全面深化转变的一年，深圳知识产权工作以科学发展观为统领，解放思想，大胆创新，努力为当好科学发展排头兵做贡献。

一、知识产权行政管理体制重大改革

2009 年，深圳市行政机构改革迈出新的步伐。根据《中共深圳市委 深圳市人民政府关于〈深圳市人民政府机构改革方案〉的通

知》和《关于市政府工作部门主要职责内设机构和人员编制规定的通知》，深圳市新设置市场监督管理局，主管全市工商行政管理、质量技术监督和知识产权工作，2009年9月9日，深圳市市场监督管理局正式挂牌，为构建大知识产权行政管理体制带来机遇。首先，率先实现专利、版权、商标、技术秘密和地理标志行政管理的统一。其次，率先实现了知识产权和技术标准行政管理的统一。深圳市市场监督管理局的成立为知识产权与标准化工作的融合以及知识产权、标准化两大战略的实施提供了更好的体制保障。再次，率先实现了知识产权垂直管理的统一。根据改革方案，各区政府承担的知识产权行政管理工作转由市市场监督管理局下辖的各个分局承担。

二、知识产权政策法规体系建设

为适应新的形势要求，更好地平衡企业技术秘密保护和劳动者的合法权益，使技术秘密权利人的维权保护更加具有操作性，2009年深圳市完成对1996年深圳市出台的《深圳经济特区技术秘密保护条例》的修订工作，进一步加大了对技术秘密侵权行为的处罚力度，并对竞业限制做出了更具体的规定。2009年5月21日，深圳市第四届人民代表大会常务委员会第二十八次会议通过了该条例，为强化技术秘密保护提供了更有力的法律武器。2009年6月30日，深圳市政府令颁布《深圳市互联网软件知识产权保护若干规定》，对软件在互联网环境下的著作权、信息网络传播权保护予以规范，大大加强对互联网软件侵权行为的打击力度。2009年深圳市出台《深圳市贯彻落实国家知识产权战略纲要的实施意见（2009—2010）》。近年来，深圳市企业赴德参展频繁遭遇知识产权诉讼。为进一步落实市委市政府"走出去"战略，帮助企业更好地维护合法权益，2009年深圳市发布《深圳企业德国参展知识产权指引》。

三、知识产权保护

按照国家、省的统一部署，深圳市在全市范围内开展多项专项行动，打击知识产权侵权违法犯罪行为，净化深圳市自主创新环境。2009年，开展打击假冒专利行为、涉及专利诈骗行为为主要任务的"雷雨"、"天网"专项行动和开展打击网络侵权盗版专项治理行动和盗版教材教辅读物专项行动。深圳海关开展一系列打击进出口侵权行为专项行动。在"邮递和快件渠道保护知识产权专项行动"中，共查获侵权货物1749批次，同比增长9倍；在4次专项打假行动中，共采取知识产权执法措施近400次，查获了涉及LV、NOKIA等知名品牌的手袋、手机等侵权货物近10万件；在与香港海关共同开展的4次知识产权执法联合行动中，共查获涉嫌侵犯知识产权案件20余宗。

2009年，原深圳市知识产权局共受理专利案件23件，处理跨年度专利侵权纠纷案件78件，结案45件；受理版权行政查处案件15件，结案7件，处理跨年案件5件，版权行政处罚金额约15万元，案值2351万元。原深圳市工商系统商标口共查处和审结商标违法案件141宗，罚款42.66万元，案值161.9万元，没收销毁各类侵权商品16.6万件，收缴商标标识1.9万件，收缴专用于商标侵权的模具印版等工具35件，移送司法机关案件1宗。其中，侵犯外国商标注册人案件57宗，罚款14.3万元，案值91.1万元。原稽查大队立案164宗，结案150宗，分别占全年立案数的70.73%和结案数的76.92%，涉案货值3500多万元，罚没入库400余万元。原深圳市质监局出动执法人员8000多人次，查处各类案件475宗，查获违法产品货值1149.8万多元，向公安部门移送案件34宗。原深圳市文化局立案查处案件590宗，罚款108.9万元，会同有关部门收缴盗版出版物150余万件，移交涉嫌犯罪案件58宗。会同有关部门破获的"全国首例非法销售电子版ISO标准"案和"深监管理认证中心有限公司盗版国家标准”案受到全国“扫黄打非”办的书面通报表扬。

2009年，深圳市公安机关受理侵犯知识产权类案件129宗，立案105宗，涉案金额2079.83万元，破案76宗，抓获犯罪嫌疑人270名，成功打掉了一批侵犯知识产权的犯罪团伙。市检察机关深入开展行政执法与刑事司法相衔接工作，建立了信息通报制度、相互协作监督工作机制、案件处理备案制度。针对侵犯知识产权犯罪案件较多的情况，加大审查批捕、起诉工作力度，共批准逮捕312人、提起公诉171人。深圳市法院系统新受理知识产权民事案件2245件，同比增长85.8%。深圳市中级人民法院受理案件866件，其中，一审案件659件，全年结案577件，结案率为66.6%。市中级法院积极探索知识产权诉讼的调解新机制和新方式，采取包括以证据保全为契机促进调解、以合作双赢为目标引导调解、以标准化办案为基点强化调解等多种方式，审结案件中调撤率达到42.8%。2009年11月，最高法院批准深圳市盐田区法院对部分知识产权一审民事案件的管辖权，深圳成为全国唯一的各家基层法院都有权管辖部分知识产权民事案件的城市。2009年6月9日，深圳市成立中国（深圳）知识产权维权援助中心。

四、知识产权创造与应用

2009年，深圳市PCT申请达3800件，连续六年居全国第一，同比增长40.3%，占全国申请总量的47.5%，其中，华为PCT申请量排名全球第二，中兴通讯增长量排名全球第一。在第十一届中国专利奖评选中，中兴通讯的“宽带码分多址移动通信系统的功率控制方法”和“应用于分组网络的基于H.323协议的终端接入方法”两项专利荣获金奖，腾讯的“基于Brew的一种动态用户界面的体系结构和实现方法”等9项专利获优秀奖，深圳获奖数量居全国各大城市第一。“ZTE中兴”和“QQ”等12件商标被新认定为中国驰名商标全市累计拥有中国驰名商标42件、广东省著名商标206件。

在世界许多国家受金融危机影响专利申请量下降、国外在华专利申请量首次出现负增长的情况下，深圳市国内专利申请42279件，同比增长16.63%，其中，发明专利申请20520件，居全国第三位，同比增长9.4%，中兴通讯以5719件专利申请量首次占据全国榜首；国内专利授权25894件，同比增长37.7%，其中，发明专利授权8132件，同比增长50.34%，位居全国第二。2009年，全市有效注册商标数量为23663件，同比增长116.2%，累计有效注册商标94800件，平均6.8个市场主体拥有1件注册商标，较2008年底的7.4个市场主体拥有1件注册商标有了较大提高；腾讯科技、华侨城集团、海王集团分别以808件、682件和575件有效注册商标位居前三甲。从注册商标类别看，前五位主要集中在电子产品、服装、实业经营、食品和洗涤化妆品，基本反映了深圳市产业结构变化。2009年，全市计算机软件著作权登记5543件，居全国各大城市第二位，同比激增124.8%。

深圳市标准化战略实施取得重大突破。2009年5月，国内首个国家级旅游标准化示范区在盐田成功创建。2009年12月，深圳国家高新技术产业标准化示范区在全国首家通过验收。一年来，深圳市企业参与制订、修订国际标准62项、国家标准103项、行业标准171项，其中，4项标准化科研成果荣获国家质检总局“科技兴检奖”等荣誉。市标准技术研究院参与制定的国际标准IEC62430《将环境化意识引入电子电气设备中》获准发布实施，实现了参与国际标准制订工作“零”的突破。

2009年深圳市实现高新技术产品增加值2611亿元，同比增长9.6%；实现软件产业产值2800多亿元，同比增长20%以上，实现软件收入1450亿元，同比增长25%。在深圳市工业百强榜单上，华为首次超过富士康位居榜首，中兴通讯超过深圳供电排名大幅上升至第四，在全球互联网企业市值排名上，腾讯以接近400亿美元市值，仅次于谷歌和亚马逊位居第三。这些变化充分反映在国际金融危机的严峻考验下，深圳市创新型企业凭借自身知识产权优势成功化危为机，进一步得到发展壮大。

2009年期间，在国家相关部门的大力支持下，国家超级计算深圳中心和电子标准化、数字音频技术、闪联互联网技术实验室等三个国家工程实验室以及基因组学农业部重点实验室成功落户深圳，中科院深圳先进技术研究院、深圳华大基因研究院和深圳航天科技创新研究院等一批重点研发机构建设进展迅速。华动飞天网络、宇龙计算机和中国·观澜版画原创产业基地被省版权局授予“广东省版权兴业示范基地”称号。

五、知识产权服务

2009年原深圳市知识产权局出台《服务企业保增长若干措施》，通过加大直通车服务范围、完善专利资助网上受理、实施高新技术企业知识产权保护计划等18项具体举措服务企业保增长，全年资助专利申请27567件，办理专利申请加快460件、专利申请费用减免614件。国家知识产权局深圳专利代办处共受理国内专利申请31090件，同比增长10.4%。在国家上级部门的支持下，中华版权代理中心深圳工作站于2009年6月11日揭牌成立，使深圳市版权产业环境进一步优化。原深圳市知识产权局还与原深圳市人事局联合开展了知识产权研究员职称评定工作，为深圳市知识产权人才发展提供了良好的制度保证和发展环境。原深圳市工商局通过商标预警平台发出商标预警通知8693件，同比增长32.5%，被权利人采纳6705件。原深圳市质量监督局在国内率先开展标准化战略资金资助和标准创新奖励工作，资助标准化项目235项2639万元。深圳海关出台了《关于应对当前经济形势加强对自主知识产权保护的若干措施》，确定了华为、中兴通讯等一批重点辅导单位，在有关手续办理方面提供贴身服务。

深圳市各区服务水平不断提高。深圳市福田区被确定为广东省知识产权试点区域，投入知识产权经费达780余万，深圳市福田区在天安数码城建立了全区首家知识产权工作站，完善了覆盖21家知识产权代理机构、15家联席会议单位和400多家科技企业的区知识产权工作网络；积极打造知识产权“中介品牌之区”，开展了全市首届“十个优秀发明专利申请文件评选”活动；举办了软件知识产权保护研讨会等一系列培训活动。深圳市南山区成功入选全国首批国家知识产权强县工程单位，出台了《科技创新奖励暂行办法》，吸引创新型企业和人才落户南山；深入开展了“百场知识产权讲座进企业”活动，使所到企业近20家实现“零”专利突破。深圳市南山区资助自主知识产权项目312项2093万元，并启动了“大沙河创新走廊”建设。深圳市宝安区全年共资助自主知识产权项目755个2.2亿元，资助项目数超过了前三年总和。深圳市龙岗区大幅增加创新投入，全年投入科技资助资金1.85亿元，其中无偿资助0.97亿元，同比增长300%。该区大力推进科技企业导师计划，44对企业成功配对，效果显著，并新建了宝龙工业区和平湖街道两个知识产权工作站。深圳市罗湖区积极推进“黄金珠宝产业知识产权保护”工作，向企业免费提供了1万件“时间戳版权自助保护”系统。

有关代理机构、协会积极开展相关服务。深圳代理机构代理本地国内专利申请20307件，同比增长20%，占全市专利申请总量的48.03%；代理国内发明专利申请6928件，同比增长35%，占全市发明专利申请总量的33.76%。深圳市专利协会组织“知识产权半月谈”活动21次，参加人数达到1606人次，积极协助开展知识产权系列专业技术人员资格评审，成功承办全国专利代理人资格考试强化培训班，荣获2009年“全国知识产权培训工作先进集体”荣誉称号。深圳市知识产权研究室举办“金融危机下的知识产权预警与风险”、“新专利法”等一系列讲座培训。深圳市版权协会积极配合有关部门推进企业软件正版化，协助中国音像著作权集体管理协会举办“电脑点歌机曲库合法授权座谈会”等培训活动。深圳市商标协会大力为企业提供网络域名注册、商标等无形资产评估以及知识产权管家服务，积极组织有关企业参加第13届西洽会、第10届西博会和第3届商标节，辅导企业争创广东省著名商标和中国驰名商标。

六、知识产权宣传、教育与培训

深圳市利用“4·26”等重大活动大力弘扬知识产权文化。在世界知识产权日、文博会、高交会、商标节等重要节点上发布《深圳市知识产权发展状况》白皮书，公布《知识产权指标体系》实施情况，举办知识产权十大事件评选和开辟媒体专版研讨知识产权热点问题，掀起知识产权宣传活动的高潮，营造出浓厚的知识产权文化氛围。积极组织“知识产权名人讲堂”、“知识产权鹏城论坛”、“知识产权半月谈”等活动和“中美两国专利申请与保护研讨会”、“中美欧知识产权研讨会”、“LED行业知识产权保护策略研讨会”、“金融危机下的企业知识产权工作应对策略”等40多场论坛或研讨会。教育部门在全市中小学中开展知识产权教学和宣传活动，以师资培训、教学观摩、课题研究和知识产权优秀课例评选等活动形式，不断提高知识产权教师的教学水平。在第24届全国青少年科技创新大赛中，宝安区青少年参赛作品获二等奖2项，三等奖3项；在第11届国际机器人奥林匹克大赛中，该区新湖中学、宝城小学代表中国队参赛，取得了1项金奖2项铜奖的优异成绩。罗湖区举办以知识产权为主题的小学师生书画比赛，收到参赛作品近3000件，该区草埔小学入选广东省知识产权教育试点学校。南山区大力实施“中小学知识产权意识提升计划”。福田区成立深圳第一支由在校中学生组成的保护知识产权宣传志愿队。

（供稿人：谢喜）

珠海市

2009年，珠海市知识产权局在珠海市委、市政府的领导下，在广东省知识产权局的指导下，珠海市知识产权局协同相关知识产权职能管理部门认真落实《珠海市贯彻落实国家和省知识产权战略纲要的实施方案》，不断营造全社会尊重和保护知识产权的良好氛围。

一、加强知识产权政策体系建设

经珠海市人民政府同意，珠海市知识产权局与珠海市财政局联合印发《珠海市专利奖励办法》及《珠海市专利奖励办法实施细则》。第一届珠海市专利奖评出5项专利金奖和10项专利优秀奖，获奖专利项目技术含量高，专利金奖5项，全部是发明专利。15项获奖专利项目应用前景十分广阔，专利技术全部得到实施并取得了显著的经济效益，获奖专利项目2007—2008年两年累计税后利润达18.9亿元。为鼓励珠海市单位及个人申请国外专利，有效利用知识产权增强国际竞争力，应对金融危机，市知识产权局修订《珠海市专利申请资助管理办法》。市工商局与市财政局联合印发《关于对珠海市企业商标国际注册给予财政资助的通知》。版权局制定《珠海市2009年度推进企业使用正版软件工作计划》及实施方案，明确工作目标，对“督办企业”软件正版化工作进行了跟踪落实，保证了企业软件正版化工作有条不紊地开展，指导、帮助10家企业完成了办公软件或专业工具软件正版化。拱北海关修改和制订《拱北海关办理侵权案件工作规程（试行）》、《查处邮递渠道侵犯知识产权案件法律指引》等工作制度和执法参考意见，进一步规范关区知识产权侵权案件查办工作，统一关区知识产权保护执法标准和尺度。

二、促进知识产权创造与运用

2009 年，珠海市专利申请量为 2778 件，同比增长 23.80%，其中，发明专利申请量为 644 件，同比增长 47.37%，每万人均为 4.35 件（按 2008 年常住人口计算），全省排名第三。专利授权量为 2008 件，同比增长 11.74%，其中，发明专利授权量为 203 件，同比增长 41.96%。目前，全市累计专利申请 18211 件。

2009 年珠海市三种专利申请比例图示

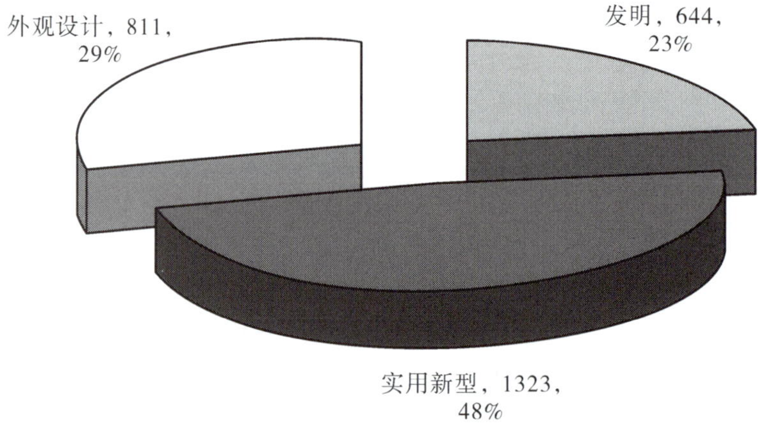

2009 年珠海市三种专利授权比例图示

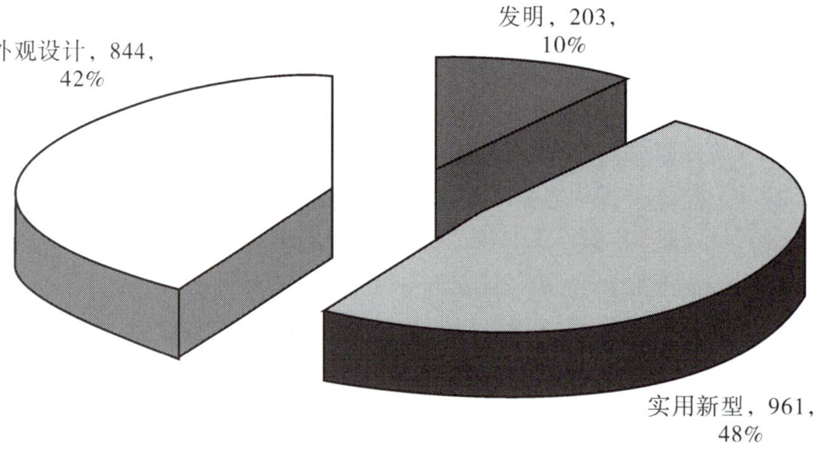

按照《珠海市专利技术实施计划工作方案》要求，市知识产权局根据全市重点技术领域和产业发展需要，以专利项目实施为载体，引导企业加大专利开发与实施的投入，促进专利技术实施，提高企业的核心竞争力。有 4 个项目列入珠海市专利技术实施计划，共安排经费 110 万元。新认定 4 家珠海市知识产权优势企业，目前共有 36 家企业被认定为珠海市知识产权优势企业，通过市知识产权局的培育，大力推动企业建立健全知识产权管理制度，制定知识产权专项规划，提高企业自主知识产权的创造、运用、保护、管理能力，市知识产权优势企业专利申请量不断增多，累计申请专利共3900件，其中发明专利近770件。2009年，注册商标2834件，同比增长65%，截至2009年12月，注册商标15607件。全年新增10件广东省著名商标，目前共有61件商标被认定为广东省著名商标，6件商标被认定为中国驰名商标。2009年全市共获广东省名牌17个，其中新增11个，复评6个。拱北海关选择关区内20家自有品牌知名度较高、专利技术拥有量较多、进出口业务量较大的企业作为重点辅导单位，通过深入企业调研、宣讲法制和解答知识产权疑难问题等方式，积极帮助拥有自主知识产权企业提高维权意识，增强风险防范能力。全年关区共新增知识产权海关保护备案31项。

三、加大知识产权保护力度

珠海市中级人民法院在高新区设立知识产权法庭，将懂法律、懂经济、懂外语、懂科技的人才充实到知识产权法官队伍中，进一步加强知识产权法官队伍建设，采取集中受理、审理侵犯知识产权的民事、行政和刑事案件，统一审判标准的方法，加大对知识产权的保护力度，改善珠海投资环境，增强国内外高新技术企业投资珠海的吸引力。全年中级人民法院受理知识产权二审行政案件8件，结案8件，其中7件涉及商标权，1件涉及商业秘密，都是不服工商行政管理机关处罚决定的；审理知识产权民事案件116件，其中涉及版权82件、商标23件、专利8件、商业秘密1件、其他2件。市知识产权局利用机关建立ISO9000管理体系的契机，完善了专利侵权纠纷调处工作流程，引入了提前告知和听证程序，在案件的处理过程中，严格把关，目前未发生行政诉讼。不断增强执法力量，机关16人申领了广东省人民政府《行政执法证》，2009年，处理专利纠纷2件，其中专利侵权纠纷1件，专利奖酬纠纷1件。市工商局2009年共组织商标执法专项整治行动3次，查处商标违法案件182宗，案值62.96万元，罚没款77.35万元，没收侵权商品23623件。协助拱北海关对“钻石”等商标案件进行了认定，并分别指导珠海御温泉、珠海麦田咖啡餐饮公司、珠海市佳德厨卫产品公司、珠海市金能纸品公司等企业到省内外维权。市版权局联合公安、电信部门开展了为期四个月的打击网络侵权盗版专项治理行动，使专项治理行动取得显著的成效，进一步提升了网络版权执法水平，规范了网络文化市场秩序。拱北海关全年共查获侵权案件774宗，较去年同期增长92%；案值人民币984.2万余元，较去年同期增长19.3%。组织开展了一次旨在保护自主知识产权、代号为“春风”的知识产权保护专项行动。行动期间，共查获侵权案件176宗，案值557万余元，分别较去年同期增长117.3%和23.5%，其中查获侵犯国内自主知识产权的案件3宗，涉嫌侵权货物4.3万件，案值416.4万元。拱北海关与澳门海关在拱北、横琴口岸举行了粤澳海关保护知识产权联合执法行动，共查获侵权案件18宗，侵权嫌疑货物、物品共201件，价值合计4万余元。检察院2009年共审查逮捕侵犯知识产权犯罪案件1件2人，依法起诉侵犯知识产权犯罪3件5人，其中2件3人已被法院作有罪判决，依法起诉其他罪名中含侵犯知识产权行为案件12件28人。市质监局2009年共立案404宗，捣毁各类制假窝点14个，总涉案货值2.02亿元，销毁假冒伪劣产品货值近200万元。

四、提高知识产权管理与服务

珠海市知识产权局2009年重点大力推动企业健全知识产权制度，促进企业知识产权创造，辅导企业知识产权运用，树立典型扩大影响。珠海健帆生物科技有限公司被省知识产权局认定为省知识产权优势企业，珠海天威飞马打印耗材有限公司等3家企业被认定为省知识产权示范企业。珠海格力电器股份有限公司被国家知识产权局认定为全国企事业知识产权示范单位，珠海金山软件股份有限公司入选全国知识产权试点单位。目前全市共有16家省知识产权优势企业，6家省知识产权示范企业，1家全国知识产权示范单位，1家全国知识产权试点单位。市工商局确定了顺明等30家企业作为2009年商标品牌重点培育和发展对象，并初步确定2010年商标品牌重点培育对象。市工商局还深入格力、丽珠、纳思达、旭日等企业具体指导商标使用及中国驰名、著名商标申报工作。通过指导企业科学收集、整理申报材料，使企业能凸显其商标品牌优势及亮点，提高了申报著名商标的成功率。市版权局加大版权兴业工程实施力度，大力推进版权兴业工程，指导和推荐珠海传奇动画公司及珠海丽珠集团申报2009年度广东省“版权兴业”示范基地；加强了版权工作的管理和服务工作，全年为企业登记计算机软件著作权8个，作品自愿登记15个。

五、推进知识产权宣传、教育与培训

珠海市知识产权局围绕市委市政府发展产业集群的工作目标，针对重点行业广泛开展知识产权宣传，举办各种形式知识讲座和培训。3月份，举办“欧洲专利知识及实务培训班”。3月份与6月份，组织“保护知识产权研讨会”。11月份，珠海市召开粤闽两省沿海城市保护知识产权工作第六次联席会议，广东省知识产权局、福建省知识产权局领导出席开幕式并致辞。“4·26”世界知识产权日，市知识产权局、市工商局在《珠海特区报》开设“世界知识产权日专版”栏目，介绍知识产权政策导向及实施成效、知识产权宣传活动、打击知识产权侵权行为等。“4·26”期间，市知识产权局联合市工商局、市版权局，高新区知识产权局共同举办“世界知识产权日广场宣传活动”，向社会发放知识产权宣传资料，向企业和员工宣传知识产权保护的有关法律法规知识和提供知识产权法律咨询服务。市版权局举办“青少年版权保护读书活动暨版权保护知识竞赛”活动。举办“珠海市推进企业使用正版软件工作培训班”和“版权执法培训班”。拱北海关通过珠海电视台、《国际商报》、《珠海特区报》、《珠江晚报》等报刊先后报道了反映拱北海关知识产权保护的新闻、动态20余条次。利用门户网站互动栏目先后制作3期网上直播栏目，详细介绍海关知识产权保护工作。拱北海关邀请阿迪达斯有限公司、耐克国际有限公司等7家知识产权权利人，向来自中山、珠海两地的130多名定牌加工企业代表介绍其品牌的授权程序及分辨真假授权书的相关技巧，开创了国外知名品牌所有人与定牌加工企业直接面对面沟通交流的先河，为关区定牌加工企业避免盲目接单、提高防范侵权风险能力提供了一个良好的平台。

（供稿人：谭韬）

汕头市

一、概况

2009年，在汕头市委市政府的统一领导和部署下，汕头市知识产权工作以服务全市经济发展为着力点，认真贯彻落实省委、省政府粤东地区现场会和工作会议精神，深入践行科学发展观，全面贯彻实施知识产权战略，扎实开展国家知识产权示范城市创建工作，努力引导和帮助企业运用知识产权制度应对国际金融危机，在推动全市经济、科技和社会发展方面再上新台阶：新增专利申请和专利授权分别为6678件和3692件；新增有效注册商标11516件，驰名商标1件；新增国家专利优秀奖1项，省专利金奖1项、优秀奖3项，省专利技术实施计划1项，市专利技术实施孵化项目10项，有30多家企事业单位

承担（或参与）90多项国家标准、行业标准的制修订。

二、知识产权政策体系建设

2009年，汕头市围绕实施知识产权战略纲要和创建示范城市的工作目标，着眼引导企业运用知识产权制度应对金融危机，不断完善和强化推动措施。2月9日，汕头市政府出台《汕头市实施国家和省知识产权战略纲要（2009—2010年）工作意见》（以下简称《意见》），在全市全面启动实施知识产权战略。《意见》在推动知识产权创造、保护、运用和管理，以及知识产权服务体系建设和营造良好知识产权发展氛围等六个方面，提出39项具体工作任务，并明确各项工作的牵头单位和责任单位。《意见》把推动科技经济与知识产权紧密结合、创造更多自主知识产权作为实施国家和省知识产权战略纲要的重中之重，提出要加大对支柱产业、重点行业、重点领域、新兴产业和技改项目的扶持力度；加快推进高新技术知识产权化，把专利申请量和拥有量作为推荐、申报国家高新技术产业发展项目计划的重要条件；大力扶持注册有地方特色的农产品商标和集体商标；挖掘汕头名、特、优产品申报国家地理标志；扶持、培育“版权兴业”重点企业和推动玩具产业结构调整升级；实施省“千百亿名牌培育工程”，推进国际区域名牌的创建等。

2009年，市知识产权局出台《关于帮助企业提升应对金融危机能力的若干服务措施》，从促进专利产出、创建重点产业专利引领工程、实施知识产权优势企业提升计划、强化专利保护、打牢企业创新发展的知识产权工作基础等五个方面25条措施引导和服务企业有效运用知识产权应对金融危机。市工商局出台《关于服务汕头企业平稳较快发展的工作意见》，从放宽市场准入，培育各类市场主体等九方面帮助企业应对金融危机，提出除法律法规另有规定外，设立公司注册资本的最低限额降低到3万元，允许用实物、商标、专利、著作权、土地使用权等可以货币估价并依法转让的非货币财产作价出资，其出资比例最高可占注册资本70%等33条支持创业带动就业的具体措施。此外，汕头海关出台《汕头海关关于落实促进经济增长十项措施加强对自主知识产权保护的工作方案》，支持企业化危机为转机。

三、知识产权创造与运用

2009年，汕头市专利申请量6678件，同比增长38.5%，高于省平均增幅17个百分点，其中发明专利申请量330件，同比增长52.1%；专利授权3692件，同比增长26.14%；新增有效注册商标11516件，同比增长105%，广东省联泰集团有限公司的“联泰”商标被国家工商总局认定为驰名商标，有38家企业商标申请认定省著名商标、52家企业商标申请延续认定为省著名商标，西陇化工股份有限公司的“XL”商标申请认定驰名商标。截至2009年底，汕头市累计专利申请量36660件，专利授权量24204件，年专利申请量和累计专利申请总量居全省第6位；注册商标累计50650件，驰名商标13件、省著名商标188件，有效商标注册量和驰名、著名商标拥有量排名全省前列。市版权局办理版权登记60项，有9个项目入选国家级非物质文化遗产名录，11个项目入选省级非物质文化遗产名录，22个项目入选市级非物质文化遗产名录。地理标志产品保护工作取得新进展，“南澳牡蛎”获得国家质检总局受理并进入公告期，“南澳鱼露”通过省质监局审核向国家质检总局推荐。

2009年，汕头市企业广东奥飞动漫文化股份有限公司的“玩具悠悠球（极速飞鹰）”外观设计专利获得第11届中国专利奖优秀奖，广东绍河珍珠有限公司的“一种淡水有核再生珍珠的养殖方法”项目获得省第四届专利奖金奖，金卞兰包装机械有限公司的“激光图案压印生产工艺”等3个项目获得省第四届专利奖优秀奖；截至2009年底，汕头市已315项专利转化为企业标准；347家企业的575种产品获得采标标志。

四、知识产权保护

2009年，汕头市各级政府和知识产权职能部门不断加大知识产权保护力度，切实保护权利人的合法权益，规范市场经济秩序，促进经济发展。市知识产权局查处假冒冒充专利案件13宗、专利侵权纠纷案件9宗；继续派出“专利顾问”进驻第105和第106届广交会，为参展企业发出行业知识产权预警通报1份，解决专利纠纷20宗；与市工商联签订《关于开展汕头市工商联系统行业商（协）会知识产权维权援助工作合作备忘录》，开创了知识产权管理部门与工商联系统在知识产权维权援助方面的工作新模式。市工商行政管理系统查处各类商标违法案件113宗，罚款金额88.46万元，没收、销毁违法商标标识24.13万件，没收、销毁侵权商品0.52万件。汕头市文化市场执法队伍检查网吧721家次，查处违规经营网吧69家，检查网络接入服务单位7家次，检查网站29个，关闭违规网站6个，删除低俗有害信息121条，责令5家网站删除相关侵权内容；查处生产侵权玩具企业6家，收缴并销毁侵权玩具一批。市公安局受理各类侵犯知识产权案件146宗，立案108宗，破案78宗，大要案件13宗；抓获涉假人员266人，刑拘涉假嫌疑人127名，逮捕61名，判刑35人；捣毁制假窝点110个，缴获制假机械113台（套），缴获涉嫌假冒产品及制假原材料一批。市检察院批捕侵犯知识产权犯罪案件16宗21人，移送起诉16宗23人。市中级人民法院受理知识产权一审民事案件74宗，审结72宗，调撤率40.21%，全市两级法院审结涉及知识产权侵权的刑事案件7宗，依法追究刑事9人。汕头海关开展邮递快件渠道保护知识产权专项行动，重点打击进出口货运渠道和行邮渠道侵权行为，共查获侵权案件5宗；汕头海关还分别与市公安局和市工商局签订知识产权执法合作备忘录，加强执法协作。

第11届澄海国际玩博会期间，市知识产权办公会议办公室和保护知识产权工作组办公室组织市区两级知识产权、工商、版权、质监、经贸等部门联合组成知识产权保护监督组，进驻展会开展知识产权执法检查，展前清退涉嫌侵权展品21款，展中清退涉嫌侵犯奥迪曼、叮当猫、蜘蛛侠、2008奥运会吉祥物（福娃）、可口可乐包装罐、南猫、天线宝宝商标的产品7款。

4月，中国（汕头）知识产权维权援助中心作为全国首批46家知识产权维权援助机构之一，在全省率先挂牌，开通了全国统一的知识产权维权援助热线电话“12330”。

12月，经最高人民法院批复同意，市中级人民法院从2010年1月1日起管辖发生在汕头市、潮州市、揭阳市、汕尾市、梅州市辖区内的第一审专利纠纷案件，汕头市龙湖区人民法院从2010年4月1日起管辖其辖区内的部分一审知识产权民事案件。这是最高人民法院首次指定非省、自治区、直辖市人民政府所在地的中级人民法院跨行政辖区集中管辖专利纠纷案件。

五、知识产权管理与服务

2009年，汕头市各级政府和各有关职能部门共同推进企业专利创造与实施、品牌培育、标准制定等工作，帮助引导企业运用知识产权制度提升应对金融危机和参与市场竞争的能力，全市涌现出新一批善于运用知识产权提升核心竞争力的典型区域、行业和企业：龙湖区被列入国家首批实施知识产权强县工程区，濠江区被确定为省知识产权试点区域，澄海区凤翔街道被确定为省首批知识产权专项行动专业镇；广东奥飞动漫文化股份有限公司被确定为国家知识产权示范企业，广东宝明塑料设备有限公司等3家企业被确定为第4批全国企事业知识产权试点单位，黑牛食品股份有限公司等3家企业被确定为省知识产权优势企业。广东邦领塑模实业有限公司等10家企业被确定为第4批汕头市知识产权优势培育企业，金平区包装行业、龙湖区化妆品行业、濠江区工艺行业被列入汕头市特色产业运用知识产权推进工程。

截至2009年底，汕头市有国家知识产权示范企业1家、企事业知识产权试点单位4家；省知识产权示范企业1家、优势企业17家；市知识产权优势企业6家、优势培育企业40家；省知识产权试点区域4个、市知识产权试点园区7个；有12家拥有核心专利技术的企业参与国家标准、行业标准和地方标准的制定工作；30多家企事业单位承担（或参与）90多项国家标准、行业标准的制修订；4家企业被确认为“标准化良好行为企业”。

六、知识产权宣传、教育与培训

2009年，汕头市围绕贯彻实施知识产权战略、创建国家知识产权示范城市和运用知识产权制度应对国际金融危机开展知识产权宣传活动，营造全社会尊重与保护知识产权的良好氛围。市政府举行了“2008年汕头市知识产权保护状况”新闻发布会。市知识产权办公会议办公室“4·26”期间在全市组织开展了以“文化·战略·发展”为主题的系列宣传活动，在汕头电视台黄金时间段播放“在保护知识产权的路上你我携手同行”主题电视公益广告、在第11届“澄海国际工艺玩具博览会”开展保护知识产权宣传咨询活动等，与汕头市创建国家知识产权示范城市领导小组办公室联合在《汕头日报》开辟为期一年的“实施知识产权战略，创建国家知识产权示范城市”宣传专栏，开展对国家和省知识产权战略纲要和有关知识产权法规知识、企业运用知识产权制度应对国际金融危机的经验做法、知识产权案例等内容的宣传，还定期编发《汕头知识产权动态》专刊，及时报道国内外和全市知识产权发展状况。市知识产权局在《汕头日报》刊登《金融危机冲击下，我市部分企业以自主创新为法宝，视知识产权为生命，创新企业大显身手》、《运用知识产权制度提高企业抗风险能力》等文章，对奥飞动漫、奇佳机械和夏野电器等市知识产权优势企业运用知识产权制度应对金融危机的成功经验进行宣传。

2009年，国家工业和信息化部对汕头市玩具业逆势而上的经验进行专题调研，并对汕头市玩具企业注重自主创新和运用知识产权等经验和做法进行总结推广；中央电视台、新华社、《人民日报》、《经济日报》等国内主流媒体也组织对汕头市澄海玩具行业应对金融危机的经验做法进行了专题采访和报道，汕头电视电台、《汕头日报》等本地新闻媒体同时开展了系列宣传活动。

2009年，汕头市各相关职能部门结合各自实际开展了形式多样的知识产权培训教育活动，推动知识产权文化建设和培育知识产权人才队伍。市知识产权局在纺织服装、精细化工、袜业、文具、包装印刷等有代表性的行业协会或行业龙头企业中开展重点培训，先后组织举办了“潮南区成田丝袜协会专利知识讲座”、“知识产权在纺织服装行业中的应用讲座”、“外观设计专利无效宣告请求程序中当事人应注意的事项讲座”、“试点行业知识产权保护专题讲座”、“市第二期知识产权专业人才培训班”等9场培训活动，1300多人参加。市人事局举办专业技术人员《知识产权法基础与实务》公需科目培训班19期，培训人员3270名。市司法局组织开展“百场讲法”活动，把《知识产权法》作为讲法内容之一，在组织全市近10万名公职人员法律知识考试中，把《知识产权法》列入考试内容之一。市工商局举办了全市工商系统商标业务培训班，与汕头市社科联、汕头大学华商经济研究所、汕头市商标协会联合举办了“实施商标战略，加强品牌建设”服装行业企业家沙龙等。

2009年，汕头市新增汕头华侨中学、潮阳黄图盛中学两所省知识产权教育试点学校，龙湖小学作为第二批省中小学知识产权教育试点学校指定代表，在全省知识产权教育试点师资培训班活动上作了题为《让知识产权之花在校园绚丽绽放——开展知识产权教育的探索与实践》的经验介绍和课例示范；市知识产权局、教育局、团市委和市少工委联合召开全市中小学知识产权教育工作座谈会暨教学观摩，推动中小学知识产权试点教育工作“五化”，即生活化、德育化、课堂内容结合化、活动化和校外化。截至2009年底，汕头市有省级试点学校7所、市级试点学校5所。

七、统计资料

（一）2009年度汕头市三种专利申请比例

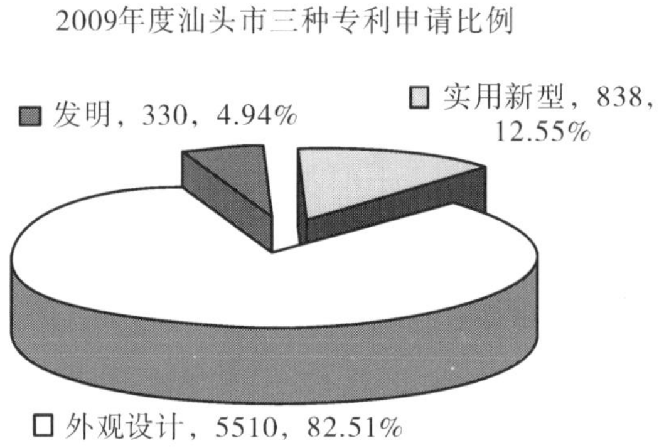

（二）2009年度汕头市三种专利授权比例

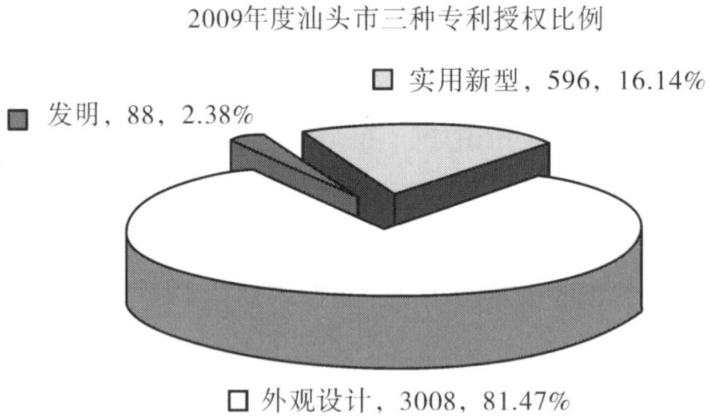

（三）2009 年度汕头市各区县专利申请统计

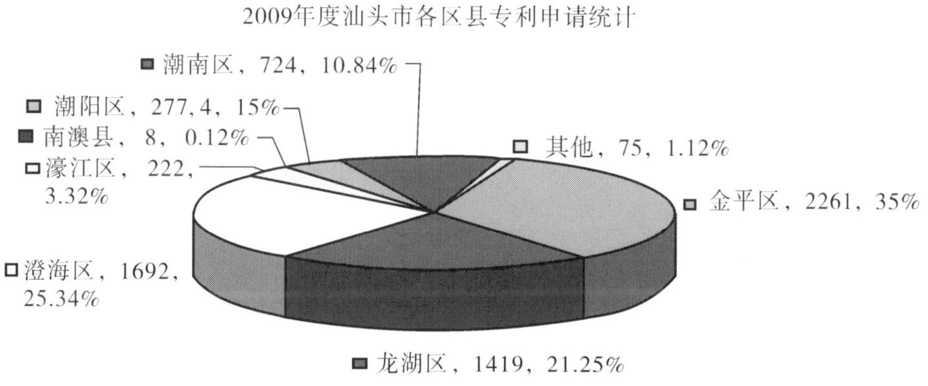

（四）2009 年度汕头市各区县专利授权统计

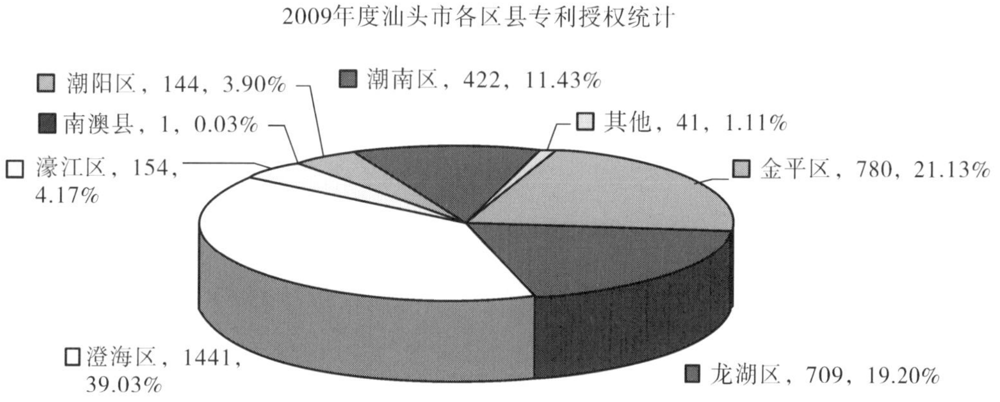

（供稿人：柯宁）

佛山市

一、概况

2009 年，佛山市认真贯彻落实中央和省关于知识产权工作的方针政策，深入贯彻落实国家和省知识产权战略纲要，围绕佛山市经济发展战略目标和中心工作任务，与时俱进，开拓创新，积极探索，大力推进国家知识产权示范城市创建市的建设。2009 年 12 月国家知识产权局考评工作组对佛山市创建国家知识产权示范城市工作给予了高度评价和充分肯定。

佛山市禅城区、南海区、顺德区被列入首批国家知识产权强县工程，占全省数量的 50%；禅城区南庄镇和顺德区勒流镇列入广东省知识产权专项行动专业镇，占全省数量的 20%；佛山市新石湾美术陶瓷有限公司和佛山市软件行业集群获得广东省版权兴业示范基地称号。

佛山市获得中国专利奖优秀奖 1 项，全国企事业知识产权试点工作单位 1 家，广东省知识产权示范企业 3 家，广东省知识产权优势企业 4 家，广东省知识产权试点学校 4 所，广东省专利技术实施计划项目 1 项。至 2009 年底，佛山市获得全国知识产权试点单位 4 家，广东省知识产权示范企业 6 家，广东省知识产权优势企业 53 家，广东省知识产权试点事业单位 1 家，广东省知识产权试点学校 19 所。

二、知识产权创造

（一）专利

2009 年佛山市专利申请量为 15340 件，数量位居全省第四位，比 2008 年增长 13.1%；其中发明专利申请量为 1853 件，数量位居全省第三位，比 2008 年增长 17.7%。年度专利申请量呈回升态势。发明专利申请量占专利总申请量的 12.1%，比 2008 年增长了 0.5 个百分点，专利申请质量有所提高。至 2009 年底，佛山市累计专利申请量达 114930 件。

2009 年佛山市专利授权量为 12861 件，数量位居全省第三位，比 2008 年增长 20.5%；其中发明专利授权量为 646 件，数量位居全省第三位，比 2008 年增长 76.5%。至 2008 年底，佛山市累计专利授权量达 73893 件。2009 年佛山市 PCT 国际专利申请 50 件，比 2008 年下降了 16.7%。

（二）商标

2009 年佛山市新增中国驰名商标 9 件，驰名商标拥有数量达到 34 件。至 2009 年底，佛山市注册商标达 6.5 万件，位居全省第三位。

（三）版权

2009 年佛山市计算机软件著作权登记数为 220 件；其他作品著作权登记数为 530 件。

三、知识产权保护

（一）知识产权行政保护

1. 专利。（1）提高专利纠纷处理效能，保护当事人正当权利。2009 年，佛山市知识产权局共受理专利侵权纠纷 21 件，其中涉外 3 件，分别是意大利、德国和日本，结案 19 件，其中作出处理决定 11 件，和解结案 8 件。为提高执法效能，佛山市知识产权局在专利纠纷案件处理中主要采取以下做法：一是规范处理流程，总结多年执法工作经验，细化和优化各个环节工作流程，将处理流程在市政府网站公布，并报送市行政电子监督系统接受监督。二是根据《佛山市专利行政执法若干意见》，形成市区镇联动执法体系处理专利纠纷。三是争取低损耗解决纠纷，佛山市知识产权局审结的专利纠纷案件近 40% 以调解方式结案，效率高，双方当事人比较满意。（2）积极开展“雷雨”、“天网”知识产权执法专项行动。根据《2009 年度佛山市“雷雨”、“天网”知识产权执法专项行动实施方案》，佛山市知识产权局积极开展知识产权保护专项行动，2009，联合各区知识产权局、工商局对大型专业市场、大型商场、连锁超市等场所食品、药品、电脑、汽车配件、音像制品和电子出版物等进行执法检查，共计出动执法人员 250 人次，组织较大规模的联合执法行动 17 次，检查商品 2850 件，查处冒充专利 21 件，全部已结案。（3）加强会展保护，维护市场经济秩序。2009 年佛山市知识产权局与禅城、顺德等区知识产权局进驻“中国（佛山）陶瓷博览交易会”、“龙江家具精品展和亚洲国际家具材料博览会”等 10 几个展会，设立了知识产权投诉及咨询站，为参展商提供专利法律咨询，及时有效地处理知识产权侵权纠纷，使会展专利侵权得到有效遏制。（4）着力推动区域间执法协作，提高执法协同能力。作为第 16 届亚运会举办城市之一，2009 年 4 月 22 日佛山市与广州市、东莞市、汕尾市共同签署了《亚运会举办城市知识产权联合执法协作协议》，为亚运会专利权人搭建维权通道。佛山市知识产权局借助泛珠三角区域知识产权合作协议、粤闽两省沿海城市保护知识产权保护《厦门宣言》、亚运会举办城市知识产权行政执法协作协议，加强跨地区知识产权执法协作。

2. 商标。2009年，佛山市工商局共查处各类商标违法案件449宗，其中查处商标一般违法案件62件；查处商标侵权假冒案件387件，总案值1368.28万元，共处罚款562.51万元；收缴商标标识990624件，收缴专门用于商标侵权的模具印版等工具32件，没收、销毁侵权商品801292件。组织全市工商系统开展了“555”电池、“长城”牌红酒、“半月清”除臭剂等多个商标专项执法行动。对涉及驰、著名商标等侵权行为始终保持从快、从严、从重打击的高压态势，查处了一批大要案件，保护了商标权利人的合法权益，为驰、著名商标企业的成长和自主创新创造良好的市场环境，取得良好的社会效益。

（二）知识产权司法保护

1. 审判工作基本情况。2009年佛山中级法院共受理专利权纠纷案件230件，技术合同纠纷案件10件，侵犯商标专用权纠纷案件39件，侵犯著作权纠纷案件21件，侵犯商业秘密纠纷案件3件，不正当竞争纠纷案件6件，域名纠纷案件1件，审结一审案件240件、二审案件53件，结案率为80%。其中因管辖权异议上诉省法院13件，因必要共同诉讼需追加被告7件，中止4件，因举证期限未满无法开庭40件，鉴定或评估3件，还有3件已结案但未报结。除以上因法定原因无法结案的外，结案率为99%。另外，还完成证据保全案件3件、财产保全案件2件。

2. 主要工作措施。(1) 积极为企业除危解困。2009年佛山中院知识产权庭组织了知识产权审判法官进机关、社区、学校、协会和企业的调研座谈活动，编写并印发《佛山市中级人民法院知识产权民事诉讼指引》。先后与广东音像协会、佛山陶瓷行业协会、佛山市家电协会、佛山市顺德区知识产权协会、佛山市家具协会等协会、企业代表召开座谈会，了解企业对知识产权司法保护的需求，贴身解决企业在应对金融危机、自主创新过程中所遇到的法律问题。(2) 深入开展巡回审判活动。2009年佛山中院知识产权庭有针对性地选择典型的案件，先后在南海科技局、顺德区乐从镇政府、顺德技工学校、顺德区龙江镇政府等机关、学校举行巡回法庭审判活动。《广州日报》、广东电视台等新闻媒体对各个巡回法庭的庭审均作了报道。以现实的庭审活动进行知识产权的普法宣传，取得了显著的效果。

(3) 积极建言献策。佛山是全国家电、家具、陶瓷、五金等行业的重要制造基地，为解决这些产业在知识产权方面的纠纷，佛山中院知识产权庭向有关部门、行业提出了许多司法建议，有效预防了同类型纠纷的重复发生。2009年的世界知识产权日，佛山中院知识产权庭将这些司法建议结集为《佛山知识产权司法保护》专刊向公众派发。

四、知识产权管理与服务

（一）积极推进创建国家知识产权示范城市工作

一是出台政策文件。为确保示范创建工作的有序进行，2009年佛山市政府印发了《佛山市贯彻实施知识产权战略纲要推进国家知识产权示范城市创建工作目标任务分解表》和《佛山市创建国家知识产权示范城市工作方案》。另外，为加快佛山市现代产业体系建设，提升企业以品牌为依托的核心竞争力，佛山市政府印发了《佛山市关于进一步推进商标战略工作的实施意见》。二是召开会议。2009年5月13日，佛山市召开佛山市知识产权工作领导小组扩大会议，要求各区、各部门结合《工作任务分解表》，认真做好工作计划。6月9日召开了全市知识产权局系统工作会议，布置任务。三是创建工作获得好评。2009年12月，国家知识产权局考评工作组对佛山市创建国家知识产权示范城市进行考核评定。佛山在中小学知识产权教育、专利联盟建设、知识产权质押试点等诸多领域，评定组给予充分肯定和赞赏。马维野司长充分肯定佛山创建工作，佛山在知识产权创造、应用、保护、教育等方面，提供了值得推广的经验。

（二）举办工业设计创意博览会

2009 年 9 月佛山在顺德区成功顺德区举办了第二届中国（顺德）国际工业设计创意博览会，充分地展示了珠三角企业的创新能力和形象，促进了佛山市乃至国内工业设计创意产业的快速发展。

（三）参加中国专利技术展示交易周活动

2009 年 11 月 12 日参加在广州举办的第三届中国专利技术展览交易会，佛山市共有 60 多家企业 300 多项专利技术及产品参加了本次专利周展览会的展出。

（四）开展知识产权质押融资试点工作

2009 年，南海区通过开展知识产权质押融资试点工作，基本形成了“政府引导，企业参与，市场化运作”的工作模式，至今，共有 5 家企业通过知识产权质押获得了贷款，贷款总额达 3000 万元，另外还有 7 家企业共 2350 万元贷款需求银行正在审查中。

（五）实施企业国际知识产权评估管理体系建设及提升创新能力计划

2009 年，顺德区知识产权局与香港生产力促进局合作，引进香港先进和成熟的公共服务模式和经验。香港生产力促进局派专家为 10 家试点企业开展“诊断及产品创新培训的服务项目”活动，加强创新能力、知识产权管理、生产成本控制和品牌营销策略等方面能力培训。进一步推动了企业自主创新能力的建设，知识产权保护和人才系统工程建设，为佛山市的产业转型，提高技术核心竞争力，培育和促成了一批拥有自主知识产权和核心竞争力的高新技术企业、知识产权优势企业成长。

五、知识产权宣传、教育与培训

（一）广泛开展知识产权宣传活动

2009 年 4 月 10 日《中国知识产权报》刊登了题目为《贯彻实施知识产权战略纲要推进国家知识产权示范城市创建工作》的市领导署名文章。4 月 13 日，在市委党校举办了“佛山市 2009 年自主创新与知识产权培训班”。4 月 24 日，举行了佛山市知识产权保护暨十大典型案例新闻发布会。4 月 25 日在《佛山日报》刊登佛山市知识产权十大典型案例。4 月 25 日在佛山创意产业园举办了“2009·专利保护三步曲论坛”，邀请有关专家讲解新专利法修改内容，并就专利的申请、保护、管理进行探讨。4 月 26 日，举办了“尊重知识、崇尚创新、诚信守法”座谈会，邀请有关企业、发明人和学生进行座谈对话。另外在“4·26”期间还在佛山电视台和市内户外全屏广告牌播放知识产权保护宣传广告，南海区承办了“佛山知识产权司法保护巡回庭”的公开审理活动，并协助中央电视台经济频道完成了《经济与法》栏目知识产权专题节目的拍摄工作。

（二）举办各种大型宣传培训

南海区组织了“知识产权质押融资试点推进大会暨专题论坛”。顺德区举办了“中美日欧外观设计保护论坛”、“企业知识产权战略与产业专利联盟建设论坛”、“国际工业设计大师研讨会”、“企业创新与知识产权能力提升报告会”。禅城区举办“实施国家知识产权强县工程推进大会暨佛山宣言签署仪式”。高明区和三水区分别举办了“知识产权的企业价值及其实施策略”专题讲座。佛山高新区组织“知识产权之旅”活动，举办了“知识产权与标准化知识培训班”和“知识产权最新动态高端论坛”。围绕“专利信息检索和有效利用专利信息在实施知识产权产权战略中的应用”、“企业实施知识产权战略专利预警分析案例及应用”两个主题，佛山市知识产权局与国家知识产权局联合举办“利用专利信息引导企事业实施知识产权战略论坛”。广州亚组委及佛山分赛区筹委会、广州市知识产权局、佛山市知识产权局、佛山市工商行政管理局、佛山市文化广电新闻出版局联合举办亚运会知识产权佛山宣讲会。广东万和集团公司举办了“2009 实施知识产权战略巡讲活动（广东·佛山）”。

（三）举办学生创新发明大赛等活动

为推动中小学知识产权教育试点示范工

作，调动广大青年学生的创新热情，推广知识产权知识，顺德区举办了第四届“亿龙”杯学生发明创新大赛。活动期间，共印制、派发了30万份给学生家长的公开信，组织了“小舞台，大创意”大众评审活动并产生2000多件创意作品，评选了201件亮点作品在第二届中国（顺德）国际工业设计创意博览会创意体验馆中公开展示。

（四）商标管理部门积极开展知识产权宣传活动

一是“4·26”保护知识产权宣传周活动期间，联合市知识产权局参与编写《佛山市知识产权年鉴》、佛山市2008年十大知识产权保护案件编选，并参加新闻发布会。二是利用《南方日报》整版特刊，集中宣传报道佛山市工商部门培育品牌、引导企业发展方面的成绩和经验。三是协助市个私协会、劳协会深入五区巡回开展融资服务推介活动，介绍企业商标质押融资成功经验。四是积极开展培训学习。3月，市工商局牵头组织，与日本贸易振兴机构广州代表处联合举办2009保护知识产权研讨会，全市工商系统70名一线商标执法人员、市公安局部分执法人员以及本田、索尼、松下等10家日本知名企业代表参加了会议。10月，市工商局组织了20名工商系统及企业代表参加了由国家工商总局举办的“欧共体商标和立体商标制度巡回研讨会”，认真学习了有关欧共体商标注册及保护的知识。

（五）版权部门积极开展知识产权宣传活动

“4·26”保护知识产权宣传周，以播放版权保护公益广告、电台有奖问答游戏、中小学生版权保护征文大赛等方式，宣传版权保护。尤其是，在佛山电台周六、日黄金时段播出的为期5个月的《版权保护PVP》有奖问答游戏，吸引了近千人次参加比赛，在社会上引起了较大的反响，推动了版权保护知识的进一步普及。

六、统计资料

2009年佛山市专利申请情况

各区	2009年专利申请					
	发明	实用新型	外观设计	合计	去年同期	同比增长
禅城	350	698	1242	2290	2042	12.1%
南海	361	1324	2137	3822	3255	17.4%
顺德	1054	3017	4412	8483	7649	10.9%
高明	49	81	107	237	176	34.7%
三水	39	109	360	508	447	13.6%
合计	1853	5229	8258	15340	13569	13.1%
去年同期	1575	4198	7796	13569		
同比增长	17.7%	24.6%	5.9%	13.1%		

2009 年佛山市三种专利申请比例

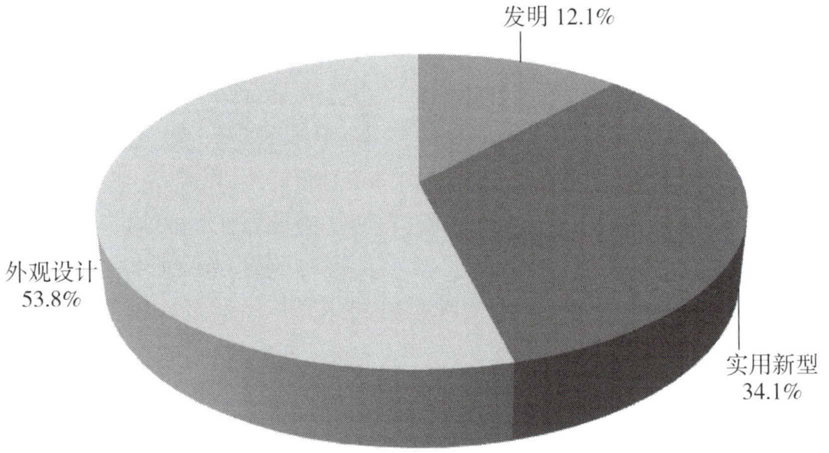

2009 年佛山市各区专利申请比例

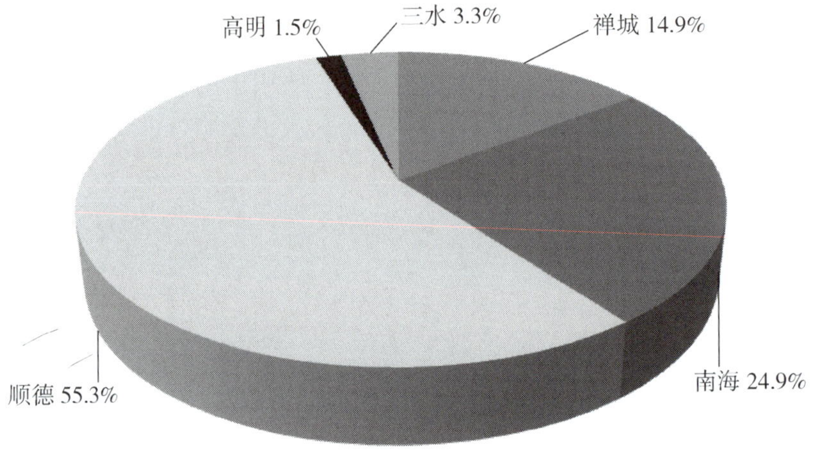

2009 年佛山市各区发明专利申请比例

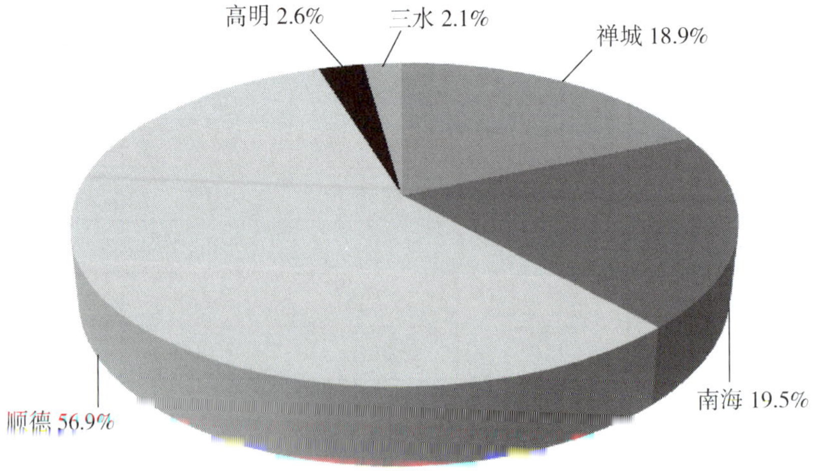

2009 年佛山市专利授权情况

各区	2009 年专利申请					
	发明	实用新型	外观设计	合计	去年同期	同比增长
禅城	142	463	1191	1796	1195	50.3%
南海	113	920	2163	3196	3684	－13.2%
顺德	371	2502	4430	7303	5298	37.8%
高明	11	52	98	161	211	－23.7%
三水	9	108	288	405	289	40.1%
合计	646	4045	8170	12861	10677	20.5%
去年同期	366	3888	6423	10677		
同比增长	76.5%	4.0%	27.2%	20.5%		

2009 年佛山市三种专利授权比例

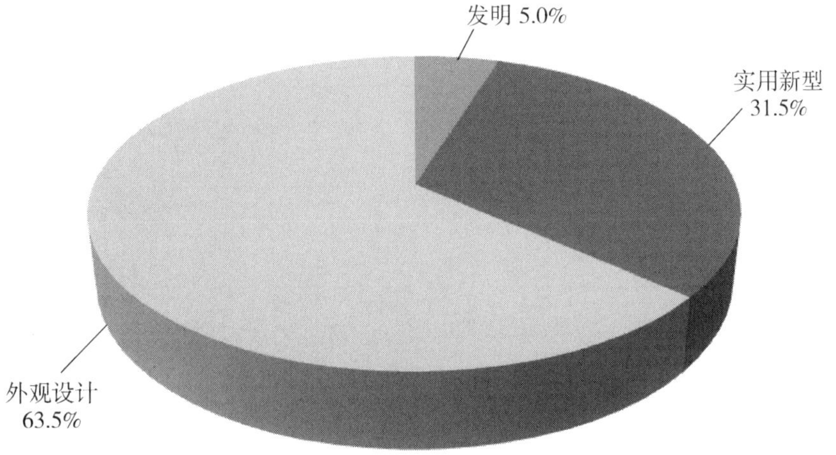

2009 年佛山市各区专利授权比例

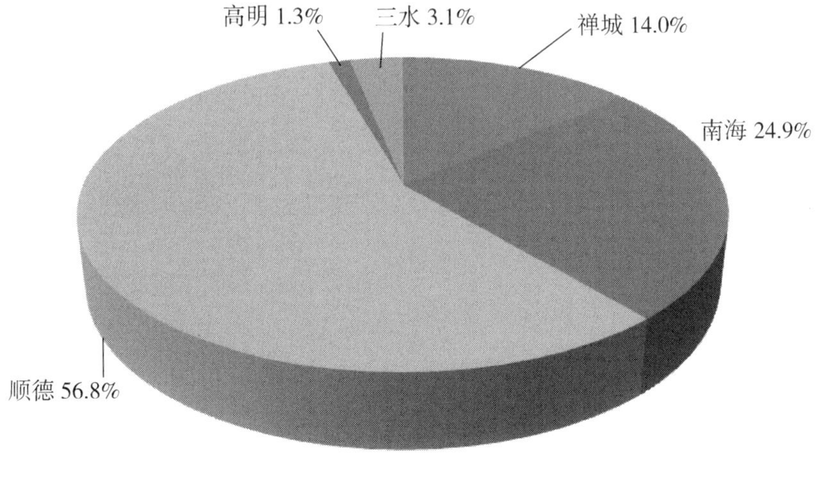

2009 年佛山市各区发明专利授权比例

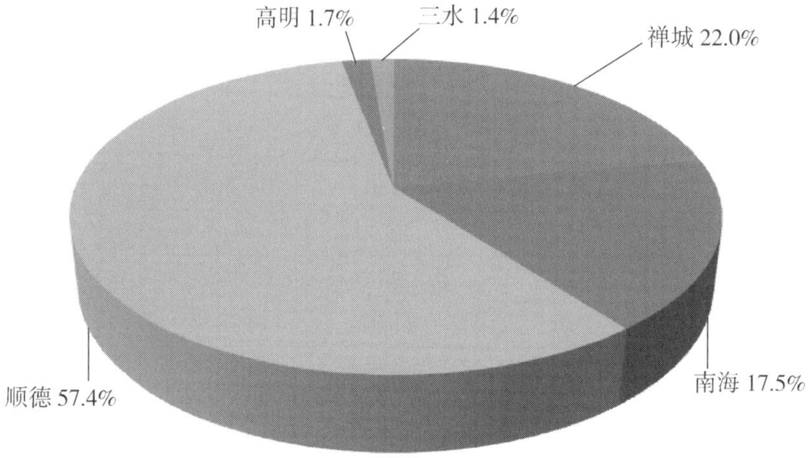

1985—2009 年佛山市累计专利申请量 130270 件

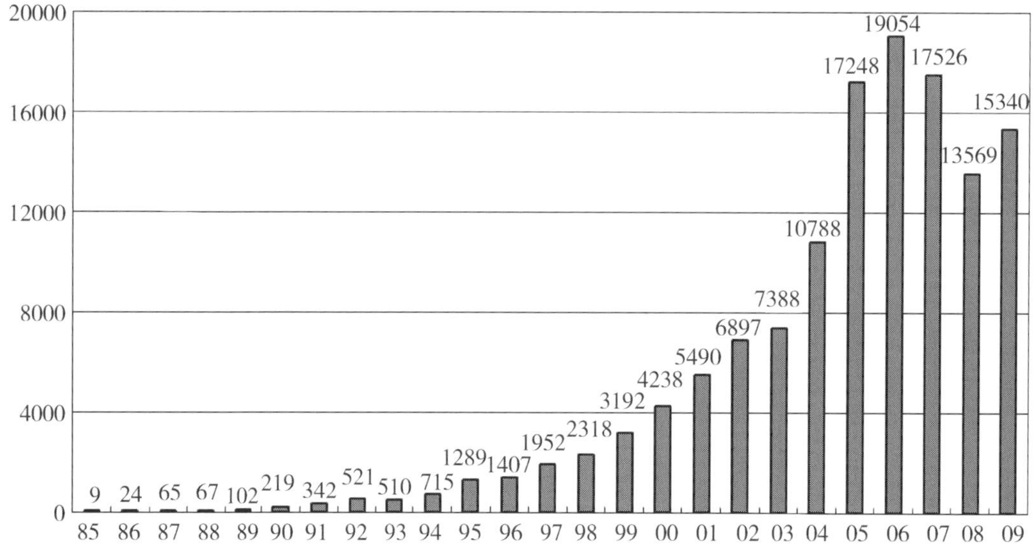

1985—2009 年佛山市累计专利授权量 86754 件

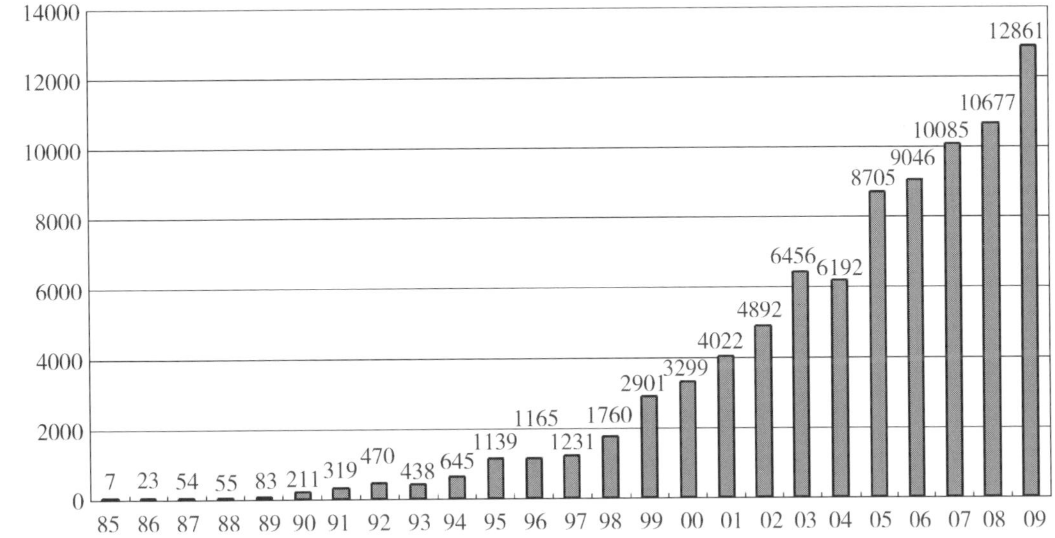

近年来佛山市 PCT 专利申请情况

年份/地区	2006	2007	2008	2009
禅城区	10	19	10	6
南海区	8	7	14	12
顺德区	12	17	31	31
高明区	1	4	4	1
三水区	2	0	1	0
合计	33	47	60	50

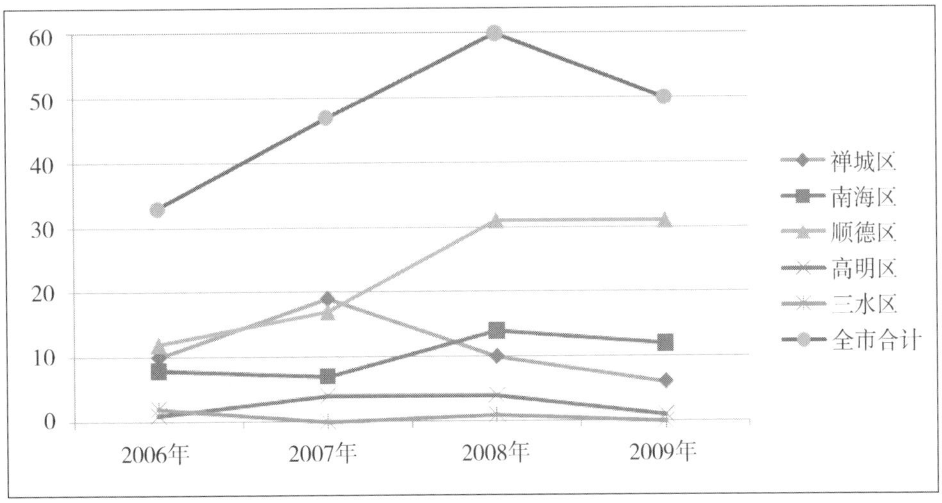

（供稿人：梁明国）

韶关市

一、概况

2009年，韶关市知识产权工作以“健全机构、完善制度、创新机制”为思路，大力实施知识产权战略，着力推进“双转移”，着力提升自主创新能力和产业竞争力，积极引导企业知识产权工作机构建设，不断完善知识产权激励政策，逐步形成了科技—知识产权工作“大合唱”的机制，扎实抓好知识产权宣传培训和专利信息化，全市知识产权工作迈上了新台阶。全市专利量突破500件。旅游产业知识产权取得新进展，制定并出台了《关于加强韶关市旅游产业知识产权工作的意见》。全市知识产权创造、运用、管理和保护水平不断提升，为经济社会发展和自主创新提供了有力支撑。

二、政策体系建设

2009年，市政府出台《韶关市贯彻〈广东省知识产权战略纲要〉（2009—2011年）实施方案》。有效地营造了良好的知识产权法治环境、市场环境、文化环境，提高我市知识产权发展质量，增强知识产权制度运用能力，促进知识产权商品化和产业化，提高专利对经济发展的贡献率，提高拥有自主知识产权的产品产值占高新技术产品产值的比重，提升自主创新能力和产业竞争力，稳步推动我市知识产权事业的发展。

三、知识产权创造

2009年，全市专利申请量514件，同比增长26.29%，其中发明和实用新型专利申请348件，占专利申请总量的67.7%。专利授权量316件。拥有PCT国际专利申请4件。全市新增注册商标679件，新增广东省著名商标4件。中国驰名商标实现了零的突破，乳源东阳光化成箔有限公司的“HEC”被认定为中国驰名商标。

四、知识产权宣传培训

“4·26”世界知识产权宣传周期间，组织市内新闻媒体对“4·26”知识产权执法专项行动进行跟踪报道。2009年4月24—30日在韶关电视台播放了由省知识产权局制作的知识产权公益广告，并在《韶关日报·科技专版》大力宣传知识产权政策法规和专利典型。深入韶关东南轴承有限公司、韶关液压件厂有限公司、韶关烟草机械厂有限公司等30多家企业开展“发展知识产权，转变发展方式”专题调研，大力宣传知识产权在应对金融危机，提升企业核心竞争力中的作用。

五、知识产权保护

4月24日，韶关市政府知识产权办公会议办公室组织市知识产权局、整规办、工商局、文广新局、公安局、质监局、药监局等有关部门开展知识产权联合执法专项行动，出动执法人员30多人，在市区主要流通市场、多个大型商贸场所进行现场检查。执法人员向商场、群众宣传专利、商标、版权等法律法规及有关专利标记和专利号标注方式、专利商品广告有关规定等。重点对专利商品备案、假冒专利商品举报以及假冒商标的食品药品和盗版光盘、非法出版物等情况进行了检查，对涉嫌假冒知识产权的物品进行现场立案，并暂扣一批假冒知识产权的物品。

六、知识产权试点示范

2009年，广东东阳光铝业股份有限公司被评为第四批全国企事业知识产权试点单位。全市有2所学校被认定为省级中小学知识产权教育试点学校。截至2009年12月31日，全市拥有全国企事业知识产权试点单位1家、省级知识产权试点县（区）2家（武江区、乐昌市）、省级知识产权优势企业5家、省级知识产权试点事业单位1家（韶关学院）、省级知识产权战略试点企业1家、省级知识产权示范企业1家、省级中小学知识产权教育试点学校7所。

七、专利技术产业化

2009年，乳源东阳光磁性材料有限公司《平板显示器用软磁材料及其制造方法》项目被列入《2009年广东省专利技术实施计划项目》十个项目之一。全市有2个项目获2009年广东专利优秀奖，6个专利项目获第18届全国发明展览会奖（其中银奖3项）。韶关烟草机械配件厂有限公司通过实施“GDX2小盒四面整容装置”等45项专利技术，使专利产品项目销售额占公司总销售额的74%以上。

（供稿人：冯瑞麟）

河源市

一、概况

2009年，河源市认真贯彻落实《国家知识产权战略纲要》和《广东省知识产权战略纲要（2007—2020年）》，从改善服务质量、提高工作效率、增强服务意识着手，坚持以舆论宣传为先导，扎实推进知识产权工作的全面发展。2009年全市专利申请量245件，专利授权量233件；申请商标注册18件，有效商标注册4056件；现有省著名商标16件。

二、知识产权创造与运用

2009年，河源市专利申请量245件，同比下降20.71%。从申请类型来看，发明28件，同比下降17.65%，实用新型89件，同比下降23.28%，外观设计128件，同比下降19.50%。从专利申请人构成来看，个人申请187件，企业申请47件，大专院校申请9件，机关团体申请2件。

同期，河源市专利授权量233件，同比增长102.61%。其中，发明专利6件，同比下降33.33%；实用新型86件，同比增长50.88%；外观设计141件，同比增长187.76%。

全市新申请商标注册18件，有效商标注册4056件；现有省著名商标16件。

三、知识产权保护

（一）开展“4·26”知识产权宣传周活动

一是由河源市知识产权局牵头，组织工商、版权、科技、公安、海关对河源市区各大商场进行了执法巡查活动。二是集中销毁盗版侵权书籍、音像制品以及利用不正当手段生产的产品。三是全市各级版权执法部门分别组织力量对市场进行一次全面清查。据统计，“宣传周”期间全市联合执法9次，出动执法人员300多人次，共检查各类出版物印刷单位、发行单位、计算机经营单位150多家次，收缴淫秽色情、侵权盗版等非法音像制品1.3万多张，盗版电脑软件、电子出版物1200多张，盗版、非法书报刊3000多份（册），取缔无证经营音像制品摊档16处。

（二）加强合作，处理专利纠纷，维护专利权人利益

河源市知识产权局针对专利权人詹月星诉“梁氏毛桃香鸡”侵占其“五指香鸡”专利侵权纠纷案件进行分析研究，发现“梁氏毛桃香鸡”不仅如专利权人所诉涉嫌外观设计专利侵权，还涉嫌五指毛桃照片版权侵权、发明专利侵权和采取不正当竞争行为。河源市知识产权局组织市工商局、市版权局、市公安局联合对案件进行调处，促成双方签订停止侵权协议，达成侵权方赔偿3万元，同意侵权方使用其专利技术，每年上缴专利权人技术使用费。

（三）开展保护注册商标专用权工作

河源市、县区商标广告监管部门开展保护商标专用权专项行动维权工作机制，严厉打击商标侵权假冒行为，2009年，全市共查处商标案件15宗，案值4.33万元，罚款2.5万元，没收销毁侵权商品0.24吨，没收销毁侵权标识3500件，行政告诫（整改）11宗。针对检查过程中发现个别企业及个体业户使用商标不规范情况，对所辖区域内的商标使用企业、各类商品交易市场进行检查，纠正企业、商户在商标使用过程中出现的问题。2009年出动执法人员60余人次，检查经营户数100户（次），检查交易市场10多个。如东源县望郎归企业投诉，反映某经营户及企业在销售假冒广东省著名商标“望郎回”的商标侵权案，为保护商标权人的利益，在1月和5月份及时组织查处，责令下架319箱“望郎归”板栗商品，发出整改通知书11份；行政处罚2宗，并处予0.3万元处罚。在全市商标代理机构中，开展整顿市场秩序专项行动，对现有两家公司的负责人进行商标中介代理企业遵守诚信，规范经营，维护代理人的合法权益教育。

（四）展开为期三个月的打击网络侵权盗版专项行动

根据《转发国家版权局、公安部、工业和信息化部关于印发2009年打击网络侵权盗版专项治理行动方案的通知》的精神，2009年8月至11月，河源市版权局在全市范围内开展打击网络侵权盗版专项行动，依法查处通过互联网非法传播音乐、电影、软件、图书等作品的网络侵权盗版行为。专项行动期间，全市共出动执法人员368人次，检查网站25家，给予警告的3家；检查网吧600多家次。

（五）加大文化市场综合执法力度

2009年，河源版权局始终把打击侵权盗版行为的工作作为整顿文化市场最重要的工作来抓。全市各级文化执法部门组织各类专项执法行动共计172次，动用执法力量2612人次，出动执法车辆359台次，共检查文化市场经营单位2461家次，收缴各类非法光盘15722（张）、各类非法印刷品19896册（本、张），立案查处著作权侵权纠纷案34件，取缔违法经营单位12家，实施行政处罚违法经营单位21家，查处地下窝点4家。

四、知识产权管理与服务

（一）河源市知识产权局强化服务意识，提高工作水平

转变工作方式，由被动服务转为主动服务，由事后服务转为事前介入，由临时服务转为长期服务，为知识产权战略实施提供保障。河源市知识产权局深入各县区企事业单位调研，进一步掌握全市知识产权基本状况，详细了解企业在申请专利方面面临的问题，帮助、指导企业开展知识产权保护、实施知识产权战略，帮助其建立、完善知识产权管理制度，及时为企业办理、发放专利资助资金，进一步调动企业申请专利的积极性。一是协助企业申请专利。二是继续开展知识产权优势企业和优势区域的培育工作。2009年，河源市知识产权局组织粤兴实业有限公司等2家企业和源城工业园申报省级知识产权优势企业和优势区域。三是协助培训企业知识产权工作骨干。2009年结合省局十百千知识产权人才培育计划，安排企业负责人考察、学习先进管理经验。四是帮助企业建立知识产权管理制度。帮助河源市[illegible]酿酒厂建立知识产权管理制度，将知识产

权管理参与到企业产品开发、生产、经营、销售、对外贸易等各个环节，成为河源市第一个参与制定省小曲糯米酒标准的单位之一。五是加强专利代理管理。通过开展联合清查专项行动，进一步推动河源市打击非法从事专利代理行为长效机制的建立，同时引入有专业实力的专利代理公司广州市南锋专利代理公司在河源设立专利代理分支机构。

（二）河源市工商局继续实施名牌战略，推动全市商标发展

2009年，全市有6家企业被推荐认定广东省著名商标。同时，河源市工商局还邀请广东省商标事务所的专家为“万绿湖”、“霸王花”商标的两家企业申报中国驰名商标“把脉问诊”，开创中国驰名商标申报工作。紫金县工商行政管理局城南工商所被国家工商总局授予“全国工商行政管理系统商标工作先进集体”荣誉称号。

（三）推进民营企业使用正版软件工作

通过制定实施《河源市2009年推进企业使用正版软件工作方案》，被列入省推进企业使用正版软件工作重点检查督导名录的12个民营企业软件正版化工作基本完成。从抽查的情况看，杀毒软件、专业软件以及原装机的操作系统、办公系统均为正版，侵权现象较为严重的是组装机的操作系统、办公系统。

（四）行政许可工作有序推进，市场经营行为全面规范

2009年，河源市对116家印刷企业、133家出版物发行单位进行年度审核、登记和换证，并对存在问题的经营单位进行整顿。

五、知识产权宣传、教育与培训

（一）采取各种形式，加大面向社会公众的普及宣传力度

一是集中开展大型知识产权现场咨询宣传活动。“4·26”活动期间，河源市知识产权局联合市、源城区两级知识产权、工商、版权、科技、公安以及河源海关等单位，在源城区开展现场咨询活动，吸引大批群众前来咨询。河源市副市长叶维园、市政协副主席吴素香出席活动并讲话。二是河源市各级知识产权管理部门根据业务开展宣传工作。河源市知识产权局不定期编发内部刊物《河源知识产权》。宣传专利政策法规，宣传发明人事迹，介绍河源市专利工作最新动态，配合《广东科技报》在广东专利之光系列报道中报道“河源知识产权助力经济转型”；为市县区党政主要领导、分管领导、有关部门、高新技术企业、专业镇等赠送《中国知识产权报》。同时，积极组织开展知识产权讲座和专题报告。

河源工商系统利用纪念“3·15”国际消费者权益日，发送商标法律法规宣传单，户外悬挂宣传标语，展示所缴获的各种商标侵权商品，开展宣传商标保护、商标咨询服务活动，教育经营者诚信经营，保护商标品牌、树立品牌形象，营造良好社会氛围；对查获假冒广东省著名商标“望郎回”商标侵权案例进行通报，并在当天电视新闻时间作了报道，引起了社会强烈反响。

河源市版权局在《河源晚报》、《河源广播电视周报》开设“著作权保护”专栏，大幅刊载“著作权知识问答”“企业软件正版化知识问答”等有关著作权保护内容；在河源中小企业信用信息网站开辟了保护著作权专栏；4月23—26日，河源电视台、河源人民广播电台《走进河源》栏目陆续报道了全市“宣传周”活动和著作权保护工作的有关情况。另外，专题报道材料《河源市成功查处滨江金利大酒店非法使用酒店管理软件案》被广东省版权局《版权保护在广东》采用。

（二）河源市知识产权局开展各种形式的学习培训

2009年，与市科协共同对试点学校举办“科技创新与知识产权”的师资培训班6期。同时，还组织企业技术骨干和教师参加省市各种业务培训班。

（三）开展学校知识产权教育

一是在开展省级知识产权教育试点工作的

同时，积极开展市级知识产权教育试点工作。2009年，源城区下城小学、源城区东埔中学被认定为第四批省中小学知识产权教育试点学校．全市省级知识产权教育试点学校达到8家，河源市第三小学受邀在第四批广东省中小学知识产权教育试点学校授牌仪式暨师资培训班上作知识产权教学课例介绍，同时，河源知识产权局还联合市教育局、科技局、工商局、版权局、科协、团市委、少工委、妇联、关工委等十个部门，积极开展适合该市的中小学知识产权教育活动，为河源市首批10家知识产权教育试点学校，各下拨1万元资金支持知识产权教育，有效地促进了试点学校知识产权教育的开展。省知识产权局对河源市“充分调动各方面的条件资源积极开展适合当地特色的中小学知识产权教育活动，走出了较有特色的知识产权教育道路”的做法，给予充分的肯定。二是组织青少年开展科技创新活动。河源市知识产权局与市科协、市教育局合作，组织全市中小学生参加广东省第24届青少年科技创新大赛。和平县福和高级中学学生设计的“厕所节水装置”和“安全防碎体温计”两项专利获得大赛专利奖。

（供稿人：陈伟东）

梅州市

一、知识产权的创造与运用

2009年梅州市专利申请量485件（其中发明73件，实用新型133件，外观设计279件），比2008年增长48.77%，专利授权量277件（其中发明17件，实用新型76件，外观设计184件），比2008年增长33.82%；在《商标公告》上被核准公告的商标共1178件，至2009年12月底，梅州市注册商标累计数4835件，其中中国驰名商标1件，广东省著名商标31件。2009年10月梅州市知识产权局被国家知识产权局授予全国知识产权培训工作先进集体。梅州市政府于12月23日印发《梅州市贯彻落实国家和省知识产权战略纲要实施方案》。

二、知识产权宣传

（一）积极开展系列知识产权宣传活动

在“世界知识产权日”和“知识产权宣传周”悬挂知识产权宣传标语、播放知识产权公益广告、开展联合执法行动。4月26日，梅州市知识产权局联合梅县知识产权局在梅县展开联合执法行动，出动执法人员7人，检查商场、药店3家，共查到标有专利标识的商品26件，经检索，其中有4项专利权终止。

4月24日晚，丰顺县在坚真公园举行丰顺县“全国知识产权宣传周”文艺晚会，晚会以演出、专利知识有奖问答、幸运观众抽奖、发放知识产权宣传资料等形式加强对知识产权的宣传。梅州市曾宪梓中学在“4·26”知识产权周活动中，积极组织学生开展“知识产权课堂教学”、“保护知识产权”主题黑板报比赛、理化操作实验创作大赛等。

（二）举办知识产权讲座、培训班

7月9—12日，梅州市知识产权局在平远县卫生局举办了四期《知识产权法基础与实务》培训班；7月31日，在平远县农业局举办知识产权培训班；10月16日在广东嘉和电器股份有限公司举办知识产权讲座；介绍国内外知识产权发展态势，专利、商标和著作权的基本知识。

（三）积极推进省中小学知识产权教育试点学校工作

2009年梅州市高级技工学校和梅州市司法干部学校被确定为第四批广东省中小学知识产权教育试点学校。12月31日，梅州市司法干部学校举行广东省中小学知识产权教育试点学校揭牌仪式。至 2009 年，梅州市已有 6 所省中小学知识产权教育试点学校。

二、知识产权执法

（一）开展知识产权执法行动，规范市场秩序

梅州市知识产权局开展查处假冒他人专利和冒充专利违法行动 4 次，出动执法人员 25 人（次），检查大型连锁超市、商场、药店共 9 家，查到标有专利标记的商品 52 件，经查实，检查的 52 件商品上标有 62 项专利，其中有 7 项专利权终止，但仍在商品的包装上标记专利号；有 13 件商品专利标记不规范。并重点检查了以往执法行动中查处的“绿兰春”梅菜、“黄金”姜糖等商品，现均已更换新包装，在新包装上没有再标上失效的专利号。同时向商家发放国家知识产权局第 92 号公告以及《专利标记和专利号标注方式的规定》，并向各商家讲解专利标记的含义，如何防止假冒他人专利和冒充专利行为的商品进入商场等。

（二）加强对商标专用权的保护，提高执法效能

2009 年，对收到的 5 件商标投诉，件件都进行调查处理，并及时回复投诉人。据统计，2009 年梅州市工商系统共查处商标案件 87 件，案值 54.4 万元，罚款 23.11 万元，没收侵权商品及商标标识 40087 件。

2009 年，梅州市版权局组织在全市印刷复制企业中开展严厉查处印制非法出版物和侵权盗版、打击侵权盗版特别是盗版教材教辅读物、打击网络侵权盗版、治理非法预装计算机软件等专项行动。据统计：全市共出动执法人员 18060 人次，收缴非法音像和计算机软件制品 6502 多张、非法书报刊 7650 多（册）张，取缔无证经营摊（档）店 59 家，查处了 3 宗影响较大盗版教辅案件和 2 宗网络侵权案件。

（三）认真做好推进企业使用正版软件工作

制定《梅州市 2009 年推进企业使用正版软件工作计划》，由市政府办公室发文，调整和增加了梅州市使用正版软件工作领导小组成员单位及成员和联络员。加强对被列入省督办企业名单的 5 个梅州外资企业使用正版软件工作的督办，到 2009 年底已完成 3 家。

三、企业知识产权工作

（一）开展“自主创新企业行”调研活动

6 月 11 日，由中国民主促进会梅州市委员会开展“自主创新企业行”调研活动，梅州市人大常委会副主任、民进梅州市委主委雷近芳教授率领调研组一行 7 人，在梅州市知识产权局有关领导陪同下考察广东省知识产权优势企业——广东杉维生物医药集团有限公司和广东新大地生物科技股份有限公司。

（二）积极推动企业知识产权的发展

广东梅县梅雁电解铜箔有限公司被确定为 2009 年广东省知识产权优势企业，该公司的“电解铜箔多卷分切的方法”发明专利被授予 2009 年广东专利优秀奖，梅州市政府奖励该专利优秀奖 5 万元，12 月 10 日该公司被国家知识产权局确定为梅州市唯一一家全国企事业知识产权试点单位。梅州博敏电子有限公司的“高密度互连（HDI）印制电路板”被评为 2009 年度梅州市科技进步二等奖，4 月 25 日 HDI 事业部开业，7 月梅州市工程技术研究开发中心成立。广东杉维生物医药集团有限公司对获得“抗菌消毒洗手液及其制备方法”发明专利的发明人给予 1 万元奖励。12 月 25 日，广东省梅州市磁性材料厂对获得“磁粒料及其制造方法”发明专利的发明人奖励 5000 元，对获得“门封胶条”、“用于塑料造粒的风送机”和“铁氧体预烧料回转窑用燃烧器”等三项实用新型专利的设计人各奖励 1000 元。8 月 28 日，梅州市风华喷雾喷灌机械设备有限公司的“200 米远射程风送式喷雾机”填补了国内风送式超远射程的空白，“车载式超微粒风送喷雾机”被评为 2009 年度梅州市科技进步三等奖，“3WD2000 型远射程风送式喷雾机”被省科技厅认定为广东省高新技术产品。广东宙运

稀土新材料股份有限公司的“晶型重稀土碳酸盐沉淀工艺技术”发明专利被评为2009年度梅州市科技进步二等奖。梅县梅雁蓝藻有限公司的“螺旋藻组合物产业化技术”发明专利被评为2009年度梅州市科技进步三等奖。4月17日，嘉应学院在“生活污水深度强化处理的方法”发明专利权转让仪式上，将此专利权转让给广东鸿源机械设备制造股份有限公司，梅县2009年被认定广东省知识产权试点区域。

（三）实施商标带动战略，服务地方经济发展

积极主动到有意向申报省著名商标和中国驰名商标的企业开展调研活动，宣传商标法律法规及创立省著名商标和中国驰名商标意义，帮助制定商标发展规划，建立健全商标管理、使用、宣传等有关制度，指导其正确使用商标；对具备条件的企业，积极支持企业实施商标战略，提高企业运用商标实施“走出去”战略的能力，服务地方经济发展。如“塔牌”、“嘉应牌”、“威利邦”、“明珠”等商标的企业，梅州市工商局商标广告科科长陈亚平在2009年被国家工商总局评为全国工商系统商标工作先进个人。

（供稿人：李昌栋、徐静、刘森芬、张伟辉）

惠州市

一、概况

2009年，惠州市被国家知识产权局确定为国家知识产权试点城市；新认定全国企事业知识产权示范单位1家；第四批全国企事业知识产权试点单位1家，广东省知识产权优势企业2家，广东省中小学知识产权教育试点学校2所，惠州市知识产权优势企业0家，参加“广东省专业镇知识产权专项行动”的专业镇1个。至2009年底，全市累计拥有惠州市知识产权优势企业40家，广东知识产权优势企业12家，广东省知识产权示范企业2家，全国企事业知识产权试点单位2家，全国企事业知识产权示范单位1家，广东省中小学知识产权教育试点学校5所。

二、知识产权政策体系建设

2009年，惠州市政府颁布实施《惠州市实施国家及省知识产权战略纲要的若干意见》，要求各级政府、各部门要从落实科学发展观的战略高度充分认识知识产权工作的重要作用，不断增强知识产权保护意识，切实把知识产权工作抓紧；惠州市政府重新出台《惠州市专利申请费用资助管理办法》，该办法扩大了资助范围，增加了对PCT国际申请的资助和奖励专利申请表现突出的专利申请人；惠州市知识产权局和惠州市财政局出台《惠州市知识产权专项资金管理暂行办法》，规定知识产权专项资金的六种主要用途：专利体系建设、专利申请资助、扶持专利技术产业化实施、专利奖励及表彰、知识产权宣传培训和交流、惠州市委市政府确定的知识产权事业发展的其他工作。

三、知识产权创造与运用

据广东省知识产权局统计，2009年惠州市国内专利申请量为1761件，同比增长了51.81%，其中发明专利359件、实用新型801件、外观设计601件；专利授权量为985件，比去年同比减少2.57%，其中发明专利73件、实用新型488件、外观设计424件；PCT国际专利申请11件。新增注册商标3231件，累计注册商标13764件，推荐广东省著名商标20件，推荐申报创中国驰名商标1件。

2009年，惠州亿纬锂能股份有限公司的发明专利技术项目“安全增强型功率型锂/亚

硫酰氯电池”被列入“广东省专利技术实施计划项目”，获得省知识产权局的重点支持；惠州市知识产权局扶持了广东罗浮山国药股份有限公司的“独一味滴丸产业化实施”等8个项目产业化，扶持资金90万元。

2009年，惠州市知识产权局积极组织企业参加第11届中国专利奖申报工作。惠州亿纬锂能股份有限公司的“一种安全的一次锂电池”和TCL集团股份有限公司的下属单位深圳TCL工业研究院有限公司的“一种降低观看液晶显示器产生视觉疲劳的方法、装置及应用”两个项目获第11届中国专利优秀奖。广东省博罗东田实业有限公司获“2009年广东专利优秀奖”。

四、知识产权保护

2009年，惠州市知识产权局开展重点领域的专利专项执法行动2次，共出动执法人员40余人次，检查商业场所18家，检查商品近3000件；惠州市工商行政管理局查处商标各类违法案件144宗，罚没金额96.63万元，收缴和消除商标标识89937件，没收销毁侵权商品99723件。惠州市文化广电新闻出版局共组织各种以保护知识产权为主题的专项活动7次，出动检查执法人员357人次，收缴盗版光盘共4.6621万张、非法图书5.3063万册，取缔无证经营摊档26家。

2009年知识产权宣传周期间，惠州市知识产权局、市工商行政管理局和市食品药品监督管理局等部门的执法人员在全市开展“雷雨”、“天网”知识产权专项联合执法行动。对惠州市区多家超市、药店等流通领域进行联合执法检查，检查商家出售商品的标识、标志是否存在假冒专利、假冒商标等违法行为。

2009年4月20日，惠州市文化广电新闻出版局、市知识产权局、市公安局、市工商局、市海关等10多个单位及出版经营界、电子音像经营界、互联网服务经营界联合举行“销毁非法出版物现场会”，本次活动共销毁各种非法出版物84.5万册（盘）。

2009年惠州市工商行政管理局加大对商场、专卖店、印刷业的检查力度，尤其加大对涉外商标和名牌商标的保护。组织对全市203家企业和53家印刷企业进行检查。针对侵犯涉外商标、驰名和省著名商标、农产品商标、印刷涉外商标，以及驰名和省著名商标包装的违法行为进行专项整治，打击印刷和销售环节商标侵权行为，纠正和教育规范商标使用12家。2009年，惠州市工商行政管理局和博罗县工商行政管理局在博罗县查处一家未经商标所有权人授权或许可，擅自生产他人注册商标企业，责令其立即停止违法行为；没收侵权物品“Adidas”服装3147件、“NIKE”服装136件、“PUMA”服装236件及“Adidas”商标标识1200只、“NIKE”商标标识1200只、“PUMA”商标标识17200只，予以销毁；处以人民币3.5万元的罚款，上缴国库。

五、知识产权管理与服务

2009年，惠州市知识产权局根据《惠州市知识产权优势企业认定办法》的要求，对市知识产权优势企业进行考核。参加这次考核的有TCL集团有限公司等34家企业，通过考核验收，TCL集团有限公司等13家获得优秀等次的企业，惠州市九惠制药厂等18家获得合格等次的企业，惠州市华星通讯实业有限公司等3家企业由于没有上交考核材料，被视为主动放弃惠州市知识产权优势企业称号。

2009年，惠州市知识产权局通过多方考察比对，遴选10家拥自主创新能力强、产品术含量高、市场前景好的企业作为重点对象，同时联合专利服务机构与上述企业实行逐个对接，了解企业专利申请的需求、对企业的专利工作者进行针对性的培训指导，帮助企业进一步完善知识产权管理制度，强化企业领导层知识产权的战略思维、维权意识和能力，全方位提升企业的知识产权创造、运用、保护和管理水平。

2009 年，惠州市工商行政管理局积极帮助和扶持企业实施商标品牌战略。引导企业积极注册商标，加强对支柱产业、中小企业商标量较大的农产品、鞋、服装、电子等行业的商标注册指导帮助，使 2009 年商标注册发展比去年同期增长 105%速度；通过走访、宣传、了解辖区的企业 36 家，对有规模上档次的企业、条件成熟的企业，落实专人跟踪指导，帮助企业申报省著名商标。

2009 年，惠州市文化广电新闻出版局根据广东省版权局《关于印发 2009 年广东省推进企业使用正版软件工作计划的通知》，组织专门调查组，对全市国有、外商投资、民营等大型企业进行调查，基本掌握了不同类型企业使用软件的相关情况，经与各成员单位充分论证，制定下发《2009 年惠州市推进企业使用正版软件工作计划》，召集被列为重点督办的单位进行座谈，传达上级精神，部署专项工作，提出具体要求，同时组织人员深入重点督办企业走访，与企业相关负责人进行面对面的沟通交流，宣传软件正版化对推动企业实现信息化、保证企业运行安全的重要意义，了解企业在用软件现状及存在主要问题，及时引导企业软件正版化工作。2009 年惠州市被列为第三批推进企业使用正版软件的省、市重点督办单位有惠州市隆生集团有限公司、乐金电子（惠州）有限公司、惠州市宝柏包装有限公司等不同行业、不同类型 20 家单位。

六、知识产权宣传、教育与培训

（一）知识产权宣传工作

在“4·26”世界知识产权日、“3·15”消费者权益日及“12·4”法制宣传日期间，惠州市都开展了大规模知识产权法律法规宣传活动，大力宣传，强化知识产权意识。特别在“4·26”世界知识产权日期间，由市文化市场管理工作领导小组办公室牵头，市文化广电新闻出版局、市知识产权局、市工商局和惠州海关等部门共同组织以“保护知识产权、打击非法出版、建设文明城市，构建和谐惠州”为主题的惠州市“扫黄打非”、保护知识产权宣传咨询活动。本次活动共悬挂横幅、标语 10 条，发放知识产权知识宣传资料、法律法规小册子 3000 余份，参加活动的工作人员 20 余人，接受咨询的群众 500 余人，受教育的群众达 2000 余人。

2009 年 3—4 月惠州市工商行政管理局在全市范围内组织开展大型的《商标法》宣传活动。一是充分利用报纸、广播、电视等媒体向社会宣传《商标法》活动。二是结合“3·15”国际消费者权益日和“4·26”世界知识产权日与市整顿和规范市场经济秩序领导小组办公室、市知识产权局、市文化广电新闻出版局、惠州海关等 7 家职能部门在市区的闹市进行宣传咨询、图片展、资料发放等活动，全市各县（区）工商局、分局都以同样的方式和时间开展活动。据统计，3—4 月活动期间，全市工商系统共出动人员 337 人，前来咨询、观展人数 26300 多人次，发放资料 26000 多份。

2009 年，惠州市文化广电新闻出版局加大“使用正版软件，促进创新发展”的宣传力度，积极宣传推进企业软件正版化在鼓励自主创新、建设创新型国家、推动我国民族软件产业发展、树立良好的国际形象等方面的重大意义。在 2009 年“4·26”世界知识产权日宣传周活动中，把推进企业软件正版化作为突出宣传的主要内容，在《惠州日报》、《东江时报》上以宣传周专题报道形式，连续刊发相关文章 4 篇、照片 2 幅；在广播电视节目中，连续 4 天播放保护知识产权的意义及全市保护知识产权成果；为增强宣传效果，该局还利用市区公共汽车等载体制作“使用正版软件，树立企业形象”的公益宣传广告近 200 个；制作以保护著作权为主题内容的录音，由宣传车巡回到市区、县城、镇墟集街区连续进行广播，利用电信、移动资源，采取手机短信方式，发送上万条短信，向群众宣传版权相关知识，并在市主要网站上介绍保护著作权有关内容。此外该局还购置《企业使用正版软件工作手册》发放到相关单位，印发相关法规与使用正版软件宣传资料 2 万多份（册），向社会公众和相关企业分发。

（二）知识产权培训工作

2009 年，惠州市知识产权局针对重点区域和重点行业举办专利知识产权讲座和培训班 8 场，参加人数达 800 多人。4 月，惠州市知识产权局和惠州工业园共同举办“2009 惠州工业园知识产权专题讲座”。内容包括知识产权战略制定背景、与企业自主创新有关配套政策、专利的商用化和专利的检索与申请策略。5 月，由惠州市知识产权局和惠东县科技局共同主办“惠东县知识产权培训班”。10 月，惠州市知识产权局和广东省专利信息中心共同承办由广东省知识产权局主办的通讯及计算机领域知识产权实务培训班，来自全省电子通讯计算机软硬件等相关技术及相关领域和惠州本地企业知识产权管理人员及技术人员、专利代理机构约 180 人参加培训。本次培训邀请国家知识产权局初审与流程管理部副部长何越峰、国家海关总署政策法规司法规处处长柳伟等四位专家，分别讲授企业知识产权战略的创建和实施、通讯及计算机领域国外专利申请的国际化策略、专利挖掘与专利申请策略及知识产权市场运作实务等内容。

2009 年 9 月，惠州市文化广电新闻出版局举办全市推进企业使用正版软件工作培训班，对各县（区）使用正版软件工作领导小组成员单位及有关人员、市直近 50 家相关单位和企业负责人进行专题培训。培训班采取专家授课、观看专题片、交流互动等形式，使参加培训的人员相对系统地学习了相关法律法规。

2009 年，惠州市知识产权局还举办和承办多场座谈会。3 月，惠州市知识产权局承办了“企业运用知识产权应对全球金融危机”座谈会，召集了大集团、中小型企业和外资企业等不同行业的企业负责人及知识产权中介机构的代表近 20 人参加此次会议，省知识产权局副局长郑良生带领专题调研组参加此次会议。此次会议的目的是为充分发挥企业运用知识产权制度应对金融危机的作用，了解企业开展知识产权工作的成效、经验、存在的问题及相关需求，掌握第一手资料和情况形成调研成果，为省知识产权局下一阶段研究制定相关知识产权政策，帮扶企业运用知识产权开展技术创新、推动产业发展打下坚实基础。6 月，惠州市知识产权局组织召开知识产权工作座谈会。由国家知识产权局专利复审委员会、保护协调司、国际合作司、专利局办公室、审查业务管理部、初审及流程管理部、机械发明审查部、电学发明审查部、通信发明审查部、医药生物发明审查部、化学发明审查部、光电发明审查部、文献部、发展研究中心等部门的专家组成的国家知识产权局处级领导干部赴粤专项考察团一行 31 人与县区知识产权局、相关领域的企业及专利代理机构等 30 多家单位代表进行了面对面交流座谈。10 月，广东省人民政府法制办公室会同省知识产权局和广东省人大常委会法工委立法调研组一行 7 人赴惠州市进行立法调研，惠州市知识产权局组织召开 2 场座谈会，共计 30 余人参加。一场是机关代表座谈会，参加人员包括市人大教科文卫委、市法制局、市财政局、市公安局、市工商行政管理局、市质量技术监督局、法院等单位的领导和有关人员；一场是各界代表座谈会，参加人员包括有关企业、高校、科研院所和专利代理机构的知识产权负责人或者代表。座谈会上，代表们踊跃发言，纷纷建言献策，对《广东省专利条例》（征求意见稿）提出了许多富有建设性的修改意见和建议，并对下一步完善《广东省专利条例》提出了许多有益的建议和思路。

七、统计资料

2009年惠州市各县区专利申请统计表

县区	发明	实用新型	外观设计	合计	2008年合计	同比增长%
惠城区	270	549	328	1147	727	57.8%
博罗县	43	115	148	306	182	68.1%
惠阳区	33	94	83	210	185	13.5%
惠东县	13	39	36	88	57	54.4%
龙门县	0	4	6	10	9	11.1%
合计	359	801	601	1761	1160	51.8%

2009年惠州市各县区专利授权统计表

县区	发明	实用新型	外观设计	合计	2008年合计	同比增长%
惠城区	51	334	238	623	481	29.5%
博罗县	15	60	99	174	362	−51.9%
惠阳区	5	72	53	130	143	−9.1%
惠东县	1	16	30	47	18	161.1%
龙门县	1	6	4	11	7	57.1%
合计	73	488	424	985	1011	−2.6%

（供稿人：纪智敏）

汕尾市

2009年，汕尾市知识产权局坚持以邓小平理论、“三个代表”重要思想为指导，贯彻落实科学发展观，紧紧围绕市委、市政府“五年大变化”和“砍掉落后尾巴”的发展目标，全面实施国家和省知识产权战略纲要，大力推进知识产权区域发展计划的深入实施，不断加大知识产权保护力度和宣传培训力度，鼓励技术创新，积极探索知识产权管理工作新举措，促进全市知识产权工作。

一、知识产权创造

2009年，汕尾市专利申请量达到283件，其中发明专利25件、实用新型54件、外观设计204件。专利申请量比去年同期增长72.56%，增幅居全省第一位；专利授权量152件，其中发明专利11件、实用新型30件、外观设计111件。新增注册商标1480件，累计注册商标达9000多件；新增广东省著名商标1件，获得延期认定的广东省著名商标4件。累计中国驰名商标2件，广东省著名商标15件（[illegible]件延期被取消），有效推动汕尾市名牌带动战略的实施。

二、知识产权运用

2009年，汕尾市知识产权局推荐上报省知识产权优势企业2家，省知识产权战略试点企业1家，省专利实施计划项目2项，认定培育市级知识产权优势企业2家，奖励发明专利实施企业2家，有效推进汕尾市知识产权工作的发展。

三、知识产权保护

汕尾市知识产权局不断加大执法力度，加强对知识产权的保护。2009年，查处假冒、冒充专利案件3宗，处理专利侵权纠纷案件2宗，协助专利权人开展对外专利维权1宗。参与举办亚运会的4座城市开展第16届亚运会知识产权保护专项行动。4月22日，广州、佛山、东莞和汕尾四市知识产权局在广州签订《知识产权联合执法协作协议》，对侵犯第16届届亚运知识产权的案件进行查处，加强与市整规办、公安、工商、文化等部门的执法协作，积极开展“雷雨”、“天网”执法专项行动和“4·26”世界知识产权日、宣传周联合执法活动，在汕尾市大型商场、批发市场等流通领域开展2次知识产权联合执法活动，检查大型商场18家次、批发市场6家次、药店15家次，抽查有专利标识的食品126件、药品45件。

汕尾市工商行政管理局积极组织各县（市、区）工商行政管理部门对一些重点企业、商场、门店开展突击性的检查，2009年查处商标违法案件24宗，案值15.01万元，罚款22.13万元，其中查处侵犯外国商标注册人权益案件4宗，案值2.53万元，罚款4.5万元，有力地打击了商标违法行为。

2009年，汕尾市文化广电出版局出动文化执法人员1850人次，检查出版物经营单位1475家次、印刷企业135家次，收缴非法音像制品70318张、非法书报刊4630册（张），查处取缔地下批发盗版光盘窝点2个，取缔无证照地摊25个。

四、知识产权管理与服务

汕尾市知识产权局围绕“鼓励技术创新，促进区域协调发展”的工作主题，深入抓好2009年度知识产权计划专项的组织实施和管理工作。同时加强对专项计划的跟踪管理和了解项目实施的进展情况，及时进行绩效评价，总结、考核验收，完成2007年认定的省知识产权试点区域的考核验收工作和2007年省知识产权专项计划的绩效评价工作。

汕尾市各级工商商标监管部门主动为企业提供咨询服务，积极下企业做好调查摸底工作，选择重点对象，引导和发动企业申办注册商标，申报著名商标、驰名商标。

汕尾市文化广电出版局根据省版权局的总体要求和工作安排，按照“统筹规划，分类指导，先易后难，分步实施”的工作思路，积极推进企业使用正版软件。2009年汕尾市完成使用正版软件企业10家，清查台式计算机4台、服务器2台，更换使用正版办公软件61套、操作系统63套、杀毒软件38套。

五、知识产权交流与合作

11月4日，汕尾市知识产权局举办有汕头、汕尾、揭阳、河源、梅州、潮州和惠州七市知识产权局局长参加的第八届粤东知识产权局局长联席会议，省知识产权局领导应邀出席会议。会议就“加强专利保护，促进区域发展”和知识产权宣传、实施等问题进行研究和探讨，总结交流各市在知识产权工作方面的情况和经验，同时还对《七市知识产权执法培训资源共享协议》进行商讨。

六、宣传、教育培训

2009年，汕尾市举办知识产权培训班，

咨询活动11期，培训和接受咨询人数1300多人次，发放各类知识产权宣传资料2500多份；召开研讨会2次，张贴宣传画32套192幅，悬挂宣传横幅40多幅，新增获省认定的省级知识产权教育试点学校2所。

4月24日，汕尾市工商行政管理局联合汕尾市知识产权局、市文化广电出版局在汕尾市区通港路设立咨询服务台，向企业、群众发放宣传资料800多份，咨询人数350多人次。

汕尾市文化广电出版局组织开展“保护著作权宣传周”活动，开展宣传活动3场，刊登宣传周相关信息3条，发放宣传资料980张、绿书签200张，张挂宣传标语21幅。

（供稿人：袁劭翊）

东莞市

一、概况

2009年东莞市专利申请量19106件，授权12918件，同比增长32.6%和59.6%，双双跃居全省第二位，并获得1项国家专利优秀奖和3项省专利奖，共有24个项目被评为市专利奖。新增注册商标7970件，同比增长近30%；新增10件中国驰名商标、21件省著名商标和21个省名牌产品。2009年东莞市通过国家知识产权试点城市验收，东莞市知识产权局获得“全国知识产权局系统执法先进集体”、东莞市工商局获得“全国工商系统商标工作先进集体”等荣誉称号。

二、知识产权政策体系建设

东莞市在新修订的《东莞市专利促进实施办法》中，简化专利申请资助程序，加大专利资助和奖励力度；在制定出台的《东莞市重大科技专项资助计划操作规程》中，要求在电子信息、装备制造、生物医药、新能源、新材料等高新技术领域重点选择扶持一批现有产业提升项目和新兴产业培育项目，引导企业研发出一批新产品、新工艺或新技术，并将自主创新成果转化为知识产权。

三、知识产权创造与运用

（一）推动知识产权创造

东莞市将知识产权的产出作为实施“科技东莞”工程、衡量自主创新能力的一项重要指标，在研发投入资助、科技贷款贴息、企业工程中心等科技项目以及科技企业认定中，将知识产权指标作为申报的重要条件；开展驰名著名商标的培育工作，推动镇街产业集群打造区域国际品牌。2009年全市认定中国驰名商标数量创单年认定之最，新增数量是历年总和。省著名商标和注册商标拥有量也再创新高，全市32个镇街实现了著名商标全覆盖；推广“版权兴业”工程。在松山湖科技产业园区、唯美陶瓷有限公司等省版权兴业示范单位以及市软件产业孵化园、留学生创业园等创新型版权单位开展“版权兴业”工作。

（二）促进知识产权运用

2009年东莞成为全国12个知识产权质押融资试点单位之一和全省首批三个科技金融结合试点市之一，市政府与省科技厅联合设立总额5000万元的科技贷款风险准备金，将知识产权质押融资作为科技金融重点产品。东莞市还评定了11家拥有自主知识产权的科技企业为第三批重点培育后备上市科技企业。

四、知识产权保护

（一）行政执法

市知识产权局联合省知识产权局受理13宗专利侵权纠纷案件，全市工商系统共查处各类商标违法案件572宗，其中涉外商标案件215宗；市版权局共收缴184.4万张盗版音像制品、47万非法书报刊本、13.3万张非法电子出版物，取缔地下图书音像批发点23个；市公安局受理涉及知识产权的经济案件15起，其中立案7起，破案7起，收缴假冒产品、原材料等总值约1270万元；东莞海关共查获涉嫌侵权货物21批次共26万件；市质监局立案查处知识产权案件85宗，端掉16个制假黑窝点；市经信局酒类市场打假共立案104宗；市农业局查获假冒伪劣农药580公斤、种子47公斤、兽药241包。

（二）司法保护

市中级人民法院共受理知识产权案件671宗，审结645宗，结案率达96.1%。涉外知识产权案件187宗，其中，涉外162宗，涉港澳台27宗。在审理案件的同时，法院还加大调解力度，知识产权案件调撤率高达66.4%。

（三）展会保护

知识产权各行政管理部门分别在第21届、22届厚街（名）家具展和第9届东莞国际鞋展，以及首届广东外商投资企业产品（内销）博览会、首届中国国际影视动漫版权保护和贸易博览会、毛织模具制造机械等展会驻点开展知识产权保护。其中，在首届中国国际影视动漫版权保护和贸易博览会期间，组织“版权服务工作站”为展会提供版权服务，受理参展作品著作权免费登记申请237份，接受版权业务咨询160多人次。

五、知识产权管理与服务

（一）加强行政管理

市知识产权办公会议成员单位共同起草《东莞市知识产权战略纲要（2010—2015年）》，制订《东莞市企业知识产权管理指引》和《东莞市展会知识产权保护指引》。市公安局、市质监局、市工商局等职能部门密切配合，共捣毁各种制假、售假窝点15个。由知识产权办公会议办公室牵头撰写的《东莞市知识产权战略研究报告》获得全国知识产权优秀软课题研究三等奖，由市工商局撰写的《关于大力推进商标（品牌）战略的思考》的调研文章被全文刊载于《决策参考》。市中级人民法院就知识产权案件审判形成了《知识产权案件的裁判思路和裁判文书的写法纲要》，并发表各类论文10篇等。

（二）完善服务体系

市财政在“科技东莞”工程专项经费中安排3000万元用于专利促进工作，安排2100万元对2008年获得驰名商标、著名商标、名牌产品的企业进行了奖励。全年新增国家高新技术企业90家，总数达到246家，排全省第四位。新认定2家国家知识产权试点企业、3家广东省创新型企业、6家广东省创新型试点企业、6家广东省知识产权优势企业、89家广东省民营科技企业。认定99家市专利培育企业和46家试点企业。累计认定专利培育企业和专利试点企业分别达360家和141家。全市共有专利代理机构25家、商标代理机构171家以及知识产权社团组织5家。

六、知识产权宣传、教育与培训

（一）宣传工作

在“4·26”期间，东莞开展“知识产权宣传周”和“保护著作权宣传周”活动，共有6200多人次参与；发布知识产权户外公益广告10719平方米。开展“集商标”读者互动活动，全市1000多名市民参与；就著作权设计印制了“版权保护公益广告书签”15000套，宣传版权保护；市中院还与《东莞日报》合作，以案说法的形式在《东莞日报》共刊发9个整版宣传知识产权保护。

（二）教育工作

开展知识产权进校园活动，新增可园中学等2家省知识产权教育试点学校，总数达到6家。各试点学校开展了知识产权教育活动，如长安乌沙小学集中3个月时间开展了知识产权演讲比赛等11个项目，有23位学生的发明创造作品在各级各类竞赛中获奖。

（三）培训工作

东莞市邀请国家知识产权局司长尹新天、中国社科院法学所教授王晓晔来莞作“东莞知识产权论坛”、华东政法大学教授王迁作“首届网络知识产权论坛”、国家专利局外观设计审查部部长林笑跃作“新专利法下的外观专利申请高级论坛”、原国家专利局部长袁德作“充分发挥专利信息在企业知识产权战略中的作用高级论坛”、省版权局副局长钱永红作“版权保护普法知识讲座”等等，共 2500 多人次参加讲座。全年共举办 3 期专利工作者培训班，邀请省内知识产权专家对 300 多名企业知识产权工作者进行了系统培训，截至 2009 年底，全市共有 700 名企业知识产权工作者获得证书。

七、知识产权对外交流与合作

东莞组织举办“2009 东莞国际科技合作周暨第 3 届中国（东莞）专利周”，展示了 85 家企业的 143 件展品，活动共有 3 万多名企业家及专业人士参与。还举办“首届中国国际影视动漫版权保护和贸易博览会”，有 450 家国内外影视动漫企业和延伸产品企业参展，共达成动漫版权交易成交意向 120 项，总金额达 80 亿元人民币。东莞市联合广东省商标协会举办了驰名著名商标企业商标战略现场交流会，组织驰名著名商标企业参加了第 10 届西部国际博览会和第 3 届中国商标节等等。

（供稿人：谢华）

中山市

一、概况

中山市进一步推进知识产权战略，围绕“激励创造、有效运用、依法保护、科学管理”方针，推动知识产权事业的全面发展。建立企业专利工作分类指导机制，鼓励专利中介服务机构发展，加大专利保护力度，搭建专利公共服务平台，增强专利制度运用能力，营造有利于自主创新的社会环境，提高了全市专利的创造、运用、管理和保护水平。以整顿和规范市场秩序为主线，把“依法行政、执政为民”以及“服务地方经济发展”作为商标工作的出发点和落脚点，保护注册商标专用权，培育驰名著名商标，扎实推进商标管理各项工作。强化版权各项工作，提高社会对版权保护重要性的认识，以加强版权保护为抓手，促进经济发展和社会和谐。

二、知识产权政策体系建设

为全面贯彻落实国家和省知识产权战略纲要，市政府专门成立实施方案起草小组，深入镇区、企业、中介机构进行调研，并组织省市专家和职能部门对方案草案进行论证，经多次征求意见，《中山市贯彻落实国家和省知识产权战略纲要实施方案（2009—2012）》出台。为此，建立知识产权各职能部门领导组成的知识产权联席会议制度，推进国家和省知识产权战略纲要的实施。

发挥专利政策的引导作用，促进专利事业的发展。中山市加大对专利的支持力度，把重点放在一批对专利事业发展有重大影响的专利项目和知识产权优势企业上面，及时出台了《中山市专利专项资金申报指南》，推进专利公共服务平台建设、专利战略联盟建立、镇区专利制度完善和知识产权优势企业的支持方面。确定了 1 项专利一站式 服务工程、2 家专利战略联盟、1 个专利试点镇区。评选出专利金奖 10 项、专利优秀奖 22 项、优秀专利发明人 1 人，并颁发奖励证书和奖金，选出专利技术实施计划 13 项、专利试点单位 10 家。

三、知识产权创造与运用

(一) 专利的数量和质量全面提升

2009年，强化企业知识产权创造的主体地位，全面提升企业运用知识产权的能力和水平，利用现代信息技术实现知识产权一站式服务，降低专利服务成本，提高专利工作效率，专利的数量和质量得到全面提升。2009年，全市专利申请8699件，同比增长26.05%，其中发明专利申请645件，同比增长16.22%；全市专利授权5076件，同比增长16.90%，其中发明专利授权102件，同比增长108.16%。

(二) 涌现一批驰名商标和著名商标

2009年4月，国家工商总局商标局和商标评审委员重新认定一批驰名商标，中山的“樱雪”燃具、“建华”管桩、“健将”内衣、“百得”燃具、“柏高”地板等5个商标榜上有名。至此，中山拥有中国驰名商标17件。2009年，新认定广东省著名商标31件，延续认定著名商标38件。

(三) 推动版权兴业基地和省级版权基层工作站建设

2009年，中山市成功申报中山市古镇镇灯饰产业集群成为省版权兴业示范基地。建立两个省级版权基层工作站。古镇镇和港口镇被省版权局定为全省首批版权基层工作站试点单位。为把两个工作站建好，在吸收华东、福建等地基层行业版权登记保护经验的同时，建立了工作站对外的业务指南、宣传、培训、投诉等制度，对内的人员和机构设置、绩效考评、财务管理等制度。

(四) 大力建设重点行业专利数据库

根据产业集群的特点建立起世界灯具照明专利数据库、世界光学成像专利数据库。其中，世界灯具照明专利数据库共收录了41个国家和地区的100多万条与灯具、照明及应用相关的专利，包含国内外发明、实用新型和外观设计专利，准确地反映了世界灯具照明领域中最先进的技术和情报。数据库以政府前期投入、专家建库、企业经营，逐步推向市场的营运方式，既节省了政府资源，又提高了使用效能。这种全新的营运模式，加速了数据库的建设和推广工作，目前已有1000多家灯饰企业用户。

(五) 引进高端服务机构，提升知识产权服务水平

根据创新型、出口型企业的特点，引进全球最大的科技、专利情报的信息服务机构——汤姆森科技信息集团，购入8套检索软件为我市重点企业提供专利信息运用高端服务。通过全球范围内的专利信息的整合、运用，为我市企业免费提供优势产业的新技术跟踪分析简报、重点行业和领域的专利战略分析报告，并对企业研发人员、专利工作者免费培训，举办系列专利信息运用培训班，为100家企事业单位和中介全面推介专利信息的成功运用经验，取得很好的运用效果。

四、知识产权保护

(一) 加强专利执法和专利侵权纠纷调处工作

中山市知识产权局坚持多渠道地开展专利执法工作，全面开展省市联合专利执法，加强有关管理部门的协调联动，加大依职权调解专利纠纷的力度，严格按照法律程序开展专利案件立案、勘验检查、封存暂扣、案件合议、专家鉴定、会展执法、调解等各项工作，坚决打击专利违法行为，维护专利权人的合法权益和市场公平竞争秩序。2009年，共受理专利侵权案件5件，受理会展专利侵权案件7件。

(二) 保护商标专用权，严厉查处商标侵权行为

健全商标案件受理的转办、督办、回复跟踪制度，加大对商标案件的查处力度。重点加大对基层执法的指导、协调、沟通工作，做到上下联动，提高全系统的商标执法水平，保证监管工作扎实到位。组织各基层分局以日常巡查与专项行动相结合，主动查处与受理投诉相

结合，保持高压态势对侵权案件多发行业、区域开展专项整治，并统一部署保护“红牛”、“娃哈哈”、“联塑”商标等商标专用权的专项执法行动。全市共查处商标违法案件401宗，其中商标一般违法案件46宗、商标侵权假冒案件355宗，案值420.63万元，共处罚款499.81万元；没收、销毁侵权商标标识200515件，没收、销毁侵权商品225340件；移送假冒商标案5宗。

（三）加强执法力度，规范版权市场秩序

中山版权局一直秉承“努力不懈，持续打击，锲而不舍，绝不放松”的执法理念，突出重点，落实行动，遏制侵权盗版行为。2009年，共查处非法音像制品、电子出版物、非法书报刊约20万张（册），有效规范了版权市场秩序。

1. 加强重点监控区域的执法。根据盗版行为发生的区域特点，把电脑城、集贸市场及流动人员密集的生活区列为重点监控对象，通过加强日常执法检查和开展专项统一行动的办法进行整治，取得较好的打击效果。

2. 加强重点监管时期的执法。节假日及休息日、晚上常常被认为是违法的空档期。为做好版权执法工作，市版权局实行节假日执法制度，把元旦、春节、“4·26”、五一、十一、寒暑假等列为重点执法时期，在休息日、晚上仍保证一定的执法力量，实行不间断执法，不予违法分子任何可乘之机，有效预防和打击各类违规经营事件。

3. 加强对重大案件的执法。对重大案件，发现一起，严查一起，达到刑事量刑标准的，坚决移交公安司法机关处理。2009年，共捣毁地下音像仓库2个，移交司法部门案件2宗。

4. 突出预防为主。为加强出版物市场的管理，将工作前移、防患未然。每年，市版权局根据业务管理的需要，对执法范围内的企业（单位）建立日常检查制度，既掌握经营者的全面情况，又加强对经营者的宣传教育，有效地预防侵权盗版行为的发生。

5. 区别不同情况，妥善处理版权纠纷。2009年，涉及经营者之间的版权纠纷时有发生，本着“区别对待、妥善解决”的原则，对应该处理的，依法处理；对存在和解可能的，积极动员双方和解。2009年，共受理版权纠纷6宗，都得到妥善解决。

五、知识产权管理与服务

（一）建立企业专利工作分类指导机制，组建知识产权战略联盟，加强镇区专利工作，完善专利管理体系

1. 加强分类指导，推动企业专利制度建设。中山市知识产权局选拔250多家专利重点联系企业，采取分片走访、工作座谈、专业培训、项目支持、企业知识产权案例诊断、专利预警分析等形式，帮助企业建立和完善行之有效、与企业发展目标相适应的现代知识产权制度。通过企业的努力，成长一批善于运用知识产权制度，提高自主创新水平和市场竞争力的知识产权优势企业、试点企业。2009年，2家企业成为国家企事业知识产权试点单位、1家企业成为省知识产权示范企业、4家企业成为省知识产权优势企业，还有10家市知识产权优势企业、10家市专利试点企业。同时，组织申报省知识产权局项目，获得省专利技术实施计划项目1项、省专利优秀奖5项，省知识产权战略试点1家，省知识产权软课题1项。

2. 扶持专利服务机构，构建专利工作体系。给予政策和经费支持，对专利服务做出贡献的专利服务机构予以奖励，对代理发明专利成绩显著的专利服务机构予以资助，对新开办的专利服务机构予以经费支持，对考取专利代理人资格的人员予以奖励。开展形式多样的扶持工作。邀请本市专利服务机构深入企业、镇区开展专利培训活动。召开本市专利服务机构座谈会，听取意见，努力解决专利服务机构碰到的困难。

3. 组建产业知识产权联盟。以大涌红木家具、古镇灯饰产业为试点，组建产业知识产

权联盟，为企业搭建一个知识产权公共服务平台，充分发挥行业自律、交流合作、宣传培训等方面的积极作用，提高行业知识产权保护的社会化水平，帮助企业建立知识产权工作机制，形成一个由企业、行业协会、服务机构和政府部门组成的知识产权工作网络，打造一批知识产权的龙头企业，推动产业向高附加值、品牌效益转变，促进企业创新发展，提高产业竞争力。

（二）稳步推进驰名著名商标培育和推荐工作

1. 稳步推进驰名商标的创建工作。中山市工商局认真总结借鉴往年工作经验，继续坚持通过商标管理案件、商标争议和异议案件申请国家工商总局商标局、商标评审委员会行政认定驰名商标的有效做法，进一步扩大创建工作成果，构建持久的商标品牌竞争优势。此外，还加强协调、沟通和指导工作，积极与上级相关部门、当地政府沟通，在企业申请认定驰名商标的过程中，加强对企业的培育和指导，使工作协调、有序地开展。2009 年第三季度，又推荐了“雅居乐”、“JEBO”、“鹰唛”、“洋紫荆”、“顶固”、“宝宝好”、“联邦”7 件商标申请认定驰名商标。

2. 做好 2009 年度省著名商标申报工作。走访部分镇区企业，对企业进行调查摸底、实地考察、接受咨询、进行指导，并遵循“推荐一批、扶持一批、培育一批”，突出支柱产业、特色产业、重点企业、重点商标的原则，推荐今年申报的商标。对申报企业基本资料整合后，确定 2009 年申报著名商标的推荐名单。

3. 扶持服务业商标，推动服务业快速发展。2009 年，中山市工商局积极引导、支持服务业实施商标战略，培育服务业著名商标与驰名商标。一方面规范企业正确使用和宣传商标，在商品的包装、使用说明书、交易文书、经营场所、服务工具等醒目位置突出标明自己的商标；另一方面在广告宣传、展览以及商务活动中重点推介商标，不断强化商标在广大消费者心目中的形象。2009 年，推荐“雅居乐”商标申请驰名商标，“壹加壹”、“益华百货”商标申请广东省著名商标，希望借此扩大服务的知名度和影响力，以商标树品牌，以品牌创效益。

（三）强化服务意识，实施版权兴业战略

1. 完成企业软件正版化工作任务。2009 年，根据省版权局的工作部署，中山市在 10 家外商投资企业中开展了操作系统和通用办公软件的正版化试点工作。市外经贸局等中山市推进企业使用正版软件工作联席会议成员单位高度重视此项工作，在各成员单位和企业的共同努力下，好来化工（中山）有限公司等 10 家外商投资企业顺利通过了省的检查验收。

2. 主动参与，为经济活动的顺利开展做好服务工作。市版权局工作人员主动介入首届中山书展和 2009 年中国（中山）国际游戏游艺博览会，对参展的图书、音像制品、游戏游艺产品等进行版权检查和服务，把好展品质量关，防止侵权盗版或存在版权争议的产品进入展场，提高了展览的档次，维护了权利人的合法利益。

3. 充分发挥服务职能，协助经营单位应对版权诉讼。由于国家对音像和电影版权费用的支付办法等没有统一、明确的规定，卡拉 OK 和网吧经营者在版权费用的支付方面往往无所适从，容易成为音像和电影版权诉讼的被告。2009 年，这两个行业就有 100 多家次经营单位被告。中山市版权局一方面以案说法，教育广大经营者尊重版权，自觉使用正版，认识版权保护的重要性；另一方面充分发挥桥梁作用，主动与法院、被告和原告沟通，申明经营者的侵权行为大都是“非主观意愿”的侵权，力促涉诉双方庭外和解；指导被告经营者通过协会等形式“抱团”应诉，减轻企业成本，提高应诉质量。通过一系列的努力，一些案件庭外和解，一些被判案件的赔偿额也降低了。

六、知识产权宣传、教育与培训

（一）创新模式、突出重点，开创专利宣传培训工作新局面

专利宣传工作坚持与产业特色、增强企业专利工作能力、知识产权保护相结合，以宣传普及基础知识、知识产权典型案例和重大事件为切入点，重点做好“保护知识产权宣传周”和“4·26”世界知识产权日的宣传工作。结合本市专利工作的重点和特色，创新培训模式，突出企业的需求，强化针对性，探索培训工作的新路子，努力开创专利宣传培训工作新局面。

1. 开辟专栏，重点报道。在《中山日报》开辟专版，有针对性地介绍专利申请、专利运用、专利管理、专利保护等方面的典型案例；系列报道我市专利试点单位、省知识产权优势企业在专利信息检索、专利制度建设、知识产权保护等工作方面的经验，起到了很好的宣传效果。

2. 加强合作，扩大影响。加强各知识产权管理部门的合作。充分发动镇（区）科技办、知识产权中介机构和商会的力量，调动一切积极因素构筑保护知识产权宣传立体网络，在镇区举办了19场专利知识讲座，在重点镇区举办知识产权集市和展览展示活动，派发《专利知识手册》和《中国知识产权报》，让知识产权知识进企业、社区、学校、农村。

3. 突出需求，交流互动。2009年，走访50多家企业，把企业的需求当成培训目标和方向，围绕着企业一个个专题需求，精心准备，与企业一起解决现实困难。先后开展产品开发与专利检索、商业秘密与专利申请、产品出口与专利海外布局、专利申请评估与专利机构选择、专利制度建设与专利激励办法、企业形象与专利宣传策划、专利跟踪与研发模式、专利保护与路径选择，著作权与外观设计等一系列专题，与企业开展一对一的座谈活动，取得实效。

4. 现身说法，借鉴提高。为提高专利培训的针对性，站在企业的立场思考问题，组织企业知识产权负责人和镇区商会会长谈专利及管理工作的经验，为企业培养知识产权实用型人才。邀请隆成公司总部知识产权负责人，为本市企业开展了“专利检索务实”讲座，讲述隆成公司通过利用专利文献，由技术的追随者成长为技术的领先者的成功经验，为企业专利事业的发展提供了很好的借鉴作用。

（二）开展形式多样的商标宣传活动

2009年，主要围绕“3·15”消费者权益保护日、“保护知识产权宣传周”开展系列宣传活动，向全社会普及商标相关知识，使市场主体对商标专用权有进一步的认识，引导经营者守法经营，有效地遏制了商标侵权、假冒行为。

1. 开展“3·15驰名、著名商标成就展和图片展”活动，展示中山近年来的商标发展情况，活动现场气氛热烈，咨询群众十分踊跃，取得了比较好的宣传效果。

2. 在《南方日报》、《中山日报》上分别进行“‘中山制造’享誉全国”、“继承‘中山制造’优良传统，开创自主品牌崭新局面”的专版专题宣传报道。本次报道，重点对2008年认定及延续认定的广东省著名商标以及2009年新认定的中国驰名商标进行宣传，并以突出自主品牌建设为主题，结合中山市实施名牌带动战略，报道政府、工商部门在营造环境、扶持品牌发展、维护企业的商标权益方面所做的工作。

3. 利用中山电视台公共信息频道等媒体作为平台，宣传中山市近年来商标专用权的保护情况以及驰名、著名商标的基本情况，让中山的品牌深入人心。

（三）加大宣传培训力度，提高版权保护意识

1. 积极参加业务培训。2009年共选派局和执法大队骨干力量参加国家版权协会专业培

训2次，学习网络数字版权保护的现状、发展趋势、应对措施等，提高了版权保护工作的业务水平。

2. 加强对经营者的宣传教育。2009年，版权局召开古镇镇、港口镇骨干企业版权保护与产业发展交流会，邀请省版权局和广州市版权协会领导、律师，为印刷企业、出版物经营单位、音像制品经营单位等企业讲解版权登记、管理、维权等方面知识。在企业经营场所、市内人流密集地区张贴或派发各类型的版权宣传单张，提高经营者和社会公众对版权的认识。

3. 多渠道开展版权保护社会宣传。"4·26"保护著作权宣传周期间，组织开展一系列宣传活动，在市内开展推介正版出版物和音像制品、普及正版盗版鉴别知识、版权法律知识宣传、咨询活动和盗版音像制品的销毁活动等。这些活动除在中山市文化信息网详尽报道外，还在市内媒体进行广泛宣传，在全市范围内营造尊重版权的舆论氛围。

七、知识产权交流与合作

为提高中山市涉外知识产权保护能力，以知识产权开拓商机，中山市加强与香港特别行政区在知识产权领域的合作，市政府于2009年4月份与广东省知识产权局、香港特别行政区政府知识产权署、香港贸易发展局共同举办2009粤港知识产权与中小企业发展（中山）研讨会，参会代表350多人。

2009年2月，美国驻广州总领事馆美国专利商标局知识产权专员首次访问中山市知识产权局。双方就专利保护、专利技术运用以及加强专利专业人员交流互动、增进了解等问题进行广泛的交谈，为中山市开展对美知识产权交流合作奠定良好的基础。

（供稿人：蒋宇）

江门市

一、概况

2009年，江门市以邓小平理论和"三个代表"重要思想为指导，深入贯彻落实科学发展观，进一步解放思想，全面贯彻落实国家和省知识产权发展战略纲要，使全社会的知识产权意识普遍增强，知识产权管理和服务体系进一步强化，企事业单位掌握和运用知识产权制度的水平和能力不断提高，知识产权制度在推动科技创新和经济社会进步方面的作用日益突出，实现江门市知识产权事业的快速发展。

二、知识产权政策体系建设

2009年，江门市认真贯彻落实《江门市知识产权保护实施办法》、《江门市知识产权局专利资助管理暂行办法》、《江门市知识产权示范企业培育工作实施方案》和《江门市工商行政管理局2008—2010年培育驰名、著名商标工作规划》等知识产权政策措施，积极发挥政府在知识产权管理和保护中的主导作用，进一步强化和完善知识产权管理机制。江门市在2009年9月制定出台《江门市知识产权战略纲要实施方案（2009—2010年）》，2009年，安排知识产权专项资金250万元。

三、知识产权创造与运用

江门市从指导企业开展知识产权制度建设、加大知识产权宣传培训力度、强化专利信息服务、落实资助政策、加强知识产权执法力度等措施入手，鼓励自主创新，提升竞争力和产业结构优化升级，知识产权创造与运用能力得到进一步提升。至2009年底，全市创建省级知识产权试点区域5个，广东省知识产权战略试点企业1家，广东省知识产权示范企业1家，广东省知识产权优势企业14家，广东省行业协会知识产权保护优势单位1家，广东省会展知识产权保护试点单位1家，广东省中小学知识产权教育试点学校6家；开平市水口镇参加广东省专业镇知识产权专项行动；培育认定江门市知识产权示范企业46家；全市共获得广东省著名商标81件、驰名商标11件；企业使用正版软件工作得到稳步推进。2009年，江门市办理国内专利申请费资助2768件（其中发明290件、实用新型756件、外观设计1722件），办理国内授权专利1797件（其中发明102件、实用新型674件、外观设计1021件），办理国外授权发明专利6件，资助12万元。2009年，全市专利申请达到4916件，同比增长17.41%，其中发明专利403件、实用新型1257件、外观设计3256件；专利授权3450件，同比增长46.19%，其中发明103件、实用新型913件、外观设计2434件。

四、知识产权保护

江门市把知识产权保护作为增强自主创新能力、营造良好投资环境、维护公平有序的市场秩序的重要手段和内容，大力推动知识产权保护工作，促进了社会经济的健康、快速发展。

（一）加大知识产权保护力度，切实维护知识产权权利人的合法权益

注重建立、健全知识产权工作机构，加强知识产权队伍建设，为开展知识产权行政保护工作奠定组织保证。目前，江门市基本形成一套比较完整的知识产权行政管理和执法工作体系。在完善知识产权工作体系的同时，切实加大知识产权行政保护力度，不搞地方保护主义，做到有法必依，执法必严，充分发挥知识产权制度的保障功能，将知识产权行政执法作为开展知识产权工作的重要手段，充分发挥行政保护程序简单、流程快、时间短、成本低的优势，切实维护知识产权权利人的合法权益。在做好日常行政执法的同时，江门市各知识产权行政管理部门根据上级部门的部署，积极开展各种知识产权专项执法行动。2009年，江门市调处专利侵权纠纷案件7件，查处各类商标违法案237件，罚款金额272.2万元，没收、销毁商标侵权商品119733件，收缴商标标识45359件；江门海关共查获知识产权案件47宗，总案值416.2万元，货物数量1313355件，涉案货物涉及34个知识产权权利。

（二）加强联系沟通，建立知识产权执法协作机制

1. 江门市严格执行《江门市知识产权保护实施办法》。江门市知识产权保护工作领导小组成员单位加强联系沟通，团结协作，在做好日常执法工作的同时，突出重点，有目的地开展一系列专项联合执法行动，净化江门市知识产权保护的环境，切实维护知识产权权利人的合法权益。

2. 江门市充分发挥市知识产权局、市公安局执法联络办公室的作用，江门市知识产权局与江门市公安局加强联系沟通，进一步健全和完善协调高效的知识产权执法协作长效机制，形成保护知识产权的整体合力。

3. 加强专利行政保护与司法保护的衔接。江门市知识产权局与江门市中级人民法院建有良好的沟通、协调关系，双方定期举行关于专利保护的座谈会，探讨专利保护的实务问题，研究专利行政保护与司法保护的衔接和协调。

4. 加强上下沟通与配合。江门市知识产权局要求下属各市、区知识产权局结合本地区的实际情况，配合市知识产权局积极开展专利执法行动，实现市县两级知识产权（专利）管理部门上下联动，积极调处专利侵权纠纷案件和严厉打击假冒专利权的违法行为，及时保护专利权人的合法权益，维护公平竞争的市场秩序。

五、知识产权管理与服务

2009年，江门市在注重提升全市知识产权综合能力的同时，把企业知识产权工作作为全市知识产权工作的重点来抓。随着知识产权工作的不断深入，企业的知识产权意识明显提高，运用知识产权制度参与国内外市场竞争的能力不断增强，专利申请量大幅度增加。

（一）积极申报省级各类知识产权计划项目

江门市积极引导、鼓励、扶持知识产权意识较强的企业做强、做大，积极组织发动企业申报省的各类知识产权计划项目，多个专利项目获得省级知识产权立项。鹤山市被广东省知识产权局确定为知识产权试点区域，江门气派摩托车有限公司等2家企业被确定为2009年广东省知识产权优势企业，开平市水口镇被列入广东省专业镇知识产权专项行动，江门市中港宝田摩托车实业有限公司的摩托车（洛奇BT49QT－12）项目获得广东省专利优秀奖等。

（二）深入开展江门市知识产权示范企业培育认定工作

江门市知识产权局在积极申报省的各类计划项目的同时，认真贯彻落实《江门市知识产权示范企业培育工作实施方案》，2009年，继续深入开展市级知识产权示范企业的培育认定工作，大力引导、鼓励、扶持示范企业掌握自主核心技术、拥有自主知识产权，提高企业的自主创新能力，增强企业国内外市场竞争力，促进企业知识产权工作上新台阶。经审核，江门外贸集团有限公司等17家企业被认定为2009年江门市知识产权示范企业。到2009年底，江门市已经培育认定46家江门市知识产权示范企业。

（三）加强专利信息化建设

江门市不断完善广东省专利信息服务平台江门分平台的建设，通过加入资金投入提升平台硬件水平，举办专利信息应用培训等多种方式，积极推进专利信息化的建设与利用。经过近三年的不断建设完善，目前，该平台运行情况良好，专利信息更新及时，专利数据日趋完备，提供对中国专利和国外七国两组织（美国、日本、英国、德国、法国、欧洲专利局、WIPO、瑞士）的专利数据，提供多种检索方法，用户可以快速方便地查找到自己所需的信息。2009年，该平台为各市、区知识产权局，省、市级知识产权优势企业及示范企业和有关重点联系企业免费开通了使用账户，并不定期举办“专利信息服务平台”应用培训班，引导企业利用专利信息，绕开相关专利技术，进行技术创新和新产品设计，提高企业的自主创新能力。

六、知识产权宣传、教育与培训

2009年，江门市积极投入人力、物力、财力，以日常宣传普及工作为基础，以“3·15消费者权益日”、“4·26”保护知识产权宣传周、“六月科技进步活动月”等大型活动为重点，以举办大型的宣传和咨询活动、举行竞赛、制作电视公益广告、编写专利知识手册等多种形式为手段，坚持不懈地开展知识产权宣传工作，提高全市知识产权意识，营造重视知识产权、鼓励技术创新的良好风尚。同时，积极举办形式多样的专题讲座、报告会和座谈会等培训活动，提高全社会尤其是企业运用知识产权的能力和水平。4月26日，在东湖广场隆重举行“4·26”世界知识产权日大型户外宣传咨询活动，围绕“文化·战略·发展”主题，各知识产权管理部门在活动现场设立宣传点，发放宣传资料，现场接受群众咨询，解答群众在生活中遇到的知识产权问题。活动期间还举行了现场销毁盗版音像制品仪式和知识产权知识有奖问答比赛，江门市30家拥有自主知识产权的企业也在现场进行了专利产品展示。江门市人民政府副市长李崴等领导当天也出席活动，并现场接受媒体的采访。

江门市积极开展中小学知识产权教育试点

学校的知识产权教育工作，培养中小学生的知识产权意识和创新精神，在中小学中普及知识产权教育。2009 年，江门市新增 1 所广东省中小学知识产权教育试点学校，目前已有 6 所学校成为广东省中小学知识产权教育试点学校。

（供稿人：林耀君）

阳江市

一、概况

2009 年阳江市认真贯彻实施知识产权战略，牢固树立科学发展观，积极开展知识产权的创造、运用、管理和保护工作，充分发挥知识产权制度在推动全市经济发展和构建和谐社会的作用。2009 年全市专利申请量 1102 件。新申请注册商标 910 件。加强行政执法工作。2009 年受理专利纠纷侵权案件 6 宗，查处各类商标侵权案件 26 宗，查处版权违法违规案件 84 宗，收缴销毁非法音像制品 1472 张、非法出版物 2766 册。与此同时，重视企事业知识产权工作，对重点企事业单位进行重点培育，大力扶持，全面推进知识产权工作。2009 年全市先后有 3 家企事业单位和 2 间学校被省知识产权局认定为“知识产权试点单位”。

二、知识产权政策体系建设

政府实施大部制机构改革。2009 年 12 月 18 日阳江市政府进行机构改革，成立阳江市科技工业和信息化局，加挂阳江市知识产权局牌子，冯宫甚同志任阳江市科技工业和信息化局局长，兼任知识产权局局长。阳江市文化广电新闻出版局加挂阳江市版权局牌子，莫益霞同志任局长。

为贯彻落实国家和省知识产权战略纲要，实施知识产权强市战略，加快建设创新型城市，出台《阳江市贯彻落实国家和省知识产权战略纲要（2009—2011 年）的实施意见》，修订《阳江市专利申请费用资助暂行办法》。

三、知识产权创造与运用

专利申请量和授权量有新突破。2009 年专利申请量 1102 件，增长 15．15%。其中发明专利 38 件，实用新型 234 件，外观设计 830 件。

2009 年注册商标 910 件，增长 13%。目前全市共有注册商标 5200 件，中国驰名商标 4 件，广东省著名商标 54 件。2009 年指导“银鹰”、“巧媳妇”等 3 家企业申报中国驰名商标，推荐 10 家企业申请广东省著名商标。

以增强企业自主创新能力为导向，加强专利实施工作，推进专利技术产业化发展，提升知识产权创造能力和发展后劲。经市知识产权局对知识产权创造能力强、管理水平高、专利实施好的企业进行重点培育、阳江市新力工业有限公司成为“广东省第四批全国企事业知识产权试点单位”，阳江市宝马利汽车空调设备有限公司被认定为“广东省百家知识产权优势企业”，阳东县被确定为“广东省知识产权试点区域”，阳春市第一中学和阳东县实验学校被认定为“广东省中小学知识产权教育试点学校”。至此，全市共有 6 家企业为省的知识产权优势企业，1 家为省的知识产权战略试点企业，3 个县（区）为省的知识产权试点区域，3 间中小学校为省的知识产权教育试点学校。

阳江市版权局采取以点带面，依次推进的办法进行工作。经过对“阳江市全智印刷有限公司”等 5 家重点企业的软件正版化工作进行督促检查，促进上述企业软件正版化。对一些在软件正版化工作做得出色的企业给予充分的肯定，如外资企业嘉吉粮油（阳江）有限公司，共有计算机 110 台，全部采用场地授权的形式安装正版的操作系统、办公软件和杀毒软件，并且每新增一台计算机都同时增加新的正版软件。

四、知识产权保护

（一）专利执法和保护

为贯彻落实国家和省开展的“天网”、“雷雨”专项执法行动，成立专项行动领导小组，拟出具体实施行动方案。由市知识产权局牵头，会同工商局、版权局、打假办等单位，在“4·26”世界知识产权日期间，开展知识产权联合执法检查行动，针对市内大型商场、超市以及大型批发市场等商品流通领域，对存在的音像盗版、非法预装计算机软件、冒充和假冒商标或专利，以五金刀具、食品、药品、服装、电器、音像制品等为重点进行执法检查。通过对市区4家主要大型商场、电脑城进行检查。行动中发现并收缴了2252册非法书报刊、3256张非法音像制品。

抓好会展知识产权保护工作。10月16—19日阳江市举办第六届刀博会。为营造良好的贸易洽谈环境，打击和遏制刀博会知识产权侵权行为，组委会决定由市知识产权局负责并组成会展保护小组，接受参展商知识产权投诉。会展期间发放宣传资料上千份，接受参展商及群众咨询300人次，受理投诉4宗。

进一步完善知识产权保护体系。一是加强知识产权保护的司法和行政执法工作，完善市知识产权局与市公安局执法联络室工作。二是加强粤西四市执法协作工作。积极参与粤西四市联席会议，相互交流信息，加强沟通。

（二）商标执法和保护

市工商局及时查处各类商标侵权案件，并抓好商标监管工作。一是重点对商标印制单位的监管，规范商标印制行为；二是加强流通领域中商标使用行为的监管，打击对食品、药品等关系人健康和生命安全商品的商标侵权行为；三是对驰名、著名商标专用权的监管，打击“傍名牌”的不法行为

2009年市工商局查处各类商标侵权案26宗，案值13.58万元，罚没款14.8万元，没收销毁侵权商品12684件，没收销毁侵权商标标识8550件，没收销毁用于制造侵权商品和伪造注册商标标识的工具1件。

“南海Ⅰ号”是世界文化旅游著名品牌，阳江社会上有人为了利益而抢注“南海Ⅰ号”商标。为保护“南海Ⅰ号”系列商标不被抢注，并且尽快成功注册，市工商局一方面积极指导帮助搜集证据材料，对他人抢注的商标向国家商标局提出异议，并撰写异议理由及请求；另一方面加强与国家商标局联系沟通，进一步阐明“南海Ⅰ号”商标的公共资源属性，请求加快审查其提交的异议材料，为“南海Ⅰ号”注册商标不被抢注打好保卫战。

（三）版权执法和保护

市版权局及其县（市）区下属单位，全年共出动执法人员7356人次，车辆1471次，检查网吧、娱乐场所等文化经营单位6122家次，查处违法案件84宗，行动中收缴电脑主机5台、游戏机主板16张、非法音像制品1472张、非法出版物2766册，组织开展出版业统计、审核、审读内部资料性出版物42份。

开展打击非法预装计算机软件专项治理行动。为配合推进企业使用正版软件工作，对重点计算机销售市场，特别是大型计算机商城进行检查整治。

五、知识产权管理与服务

为了贯彻实施国家和广东省知识产权战略纲要，4月16—17日在全市开展战略纲要宣讲活动，市知识产权局邀请省委党校教授张艺分别到阳东县、阳春市、江城区、阳西县巡回宣讲。参加报告会的有各县（市）区四套班子领导、分管知识产权工作的领导、企事业单位负责人等2000多人。

加强专利信息服务体系建设，建设阳江市专利技术孵化服务平台，更新五金刀剪行业数据库、科技人才库。加快专利信息平台建设和专利信息服务的网络化进程，开展专利信息开

发和咨询服务。

为便利企业申请专利，2009年8月又引进一家知识产权中介服务机构——广州新诺专利商标事务所有限公司阳江分公司。

市工商局积极协助农民、农机服务单位和行业协会申请注册农副产品商标，对地方特色浓厚、品质稳定的农产品，重点引导注册地理标志证明商标或集体商标，提高农户利用商标开拓市场的能力，增加农副产品附加值，扶持农业品牌的建设。如申请注册海陵珍珠马蹄、阳东大沟大米、阳西红光村蠔、阳西五彩薯、阳春八甲唛等5件地方特色农副产品商标。

11月份，组织市十八子、喜之郎两家企业参加在青岛举行的第3届中国商标节，积极宣传推介阳江企业特色品牌。

市版权局年初开展全市印刷企业、市直辖区内的出版物经营企业和三印企业年度检验工作。按照省的统一部署开展印刷企业和音像经营许可证明换发工作，对需换证企业进行法规培训，进一步增强企业的守法经营意识。

六、知识产权宣传、教育与培训

（一）“4·26”世界知识产权日期间开展声势浩大的宣传教育系列活动

1. 加强宣传。在“全国知识产权宣传周”期间，阳江电视台不间断插播“在保护知识产权的路上，你我携手同行”电视公益广告。制作播放科技、知识产权专题电视宣传节目，主要报道全市近年来科技、知识产权工作所取得的成效。4月24日，《阳江日报》刊登题为《实施知识产权战略，建设创新型阳江》的知识产权宣传专版。对“4·26”世界知识产权日系列活动，阳江电视台和《阳江日报》都作了全面的报导。

2. 举办大型的知识产权咨询、服务活动。4月24日，由市知识产权局、市工商局、市文化广电新闻出版局、专利事务所等7个单位联合在市人民广场举办大型知识产权咨询、服务活动。市委常委、常务副市长陈华康到现场进行了工作指导。活动有如下特色：一是开设知识产权知识现场有奖答题活动，以知识产权知识ABC挂图和《专利法》为内容，拟出150道问答题，参与者答对了即给物质奖励。二是将以前侵权案件中的侵权产品与专利产品及侵权模具进行现场展示，让咨询群众看得见、摸得着、听得懂，加深了解专利侵权的危害性和自我保护的知识。其次是进行现场办理专利申请和专利资助。凡当日专利申请者，外观设计和实用新型可资助300元，发明专利资助1800元。当日共受理专利申请241件，其中发明专利14件、实用新型67件、外观设计160件。

（二）教育与培训

在“3·15”国际消费者权益保护日的当天，市工商局组织全市180家企业代表和85名工商人员参加讲座，内容是与市场发展相关密切的商标法律法规知识。

为提高“农家书屋”管理员的管理水平，市版权局对全市管理员和文化站长110人进行上岗培训。

（供稿人：卢家新）

湛江市

一、概况

2009年，湛江市深入宣传贯彻国家和省的知识产权战略纲要，进一步解放思想，把自主创新摆上知识产权工作的核心位置，为推动和促进“工业立市、港口兴市、生态建市”战略的实施，建设城乡协调生态文明的科学发展试点市，发挥了积极的作用。据统计，2009年全市专利申请量839项，比上年增长30.88%，2009年新注册商标达1861件，创历史新高，11家企业共30项知识产权获得海关保护备案。

二、知识产权政策体系建设

市委、市政府对知识产权工作高度重视，不断加大对保护知识产权的投入，加强充实知识产权管理机构，划拨知识产权专项工作经费，改善知识产权执法的装备，确保知识产权执法工作的顺利开展。市知识产权局成立专利行政执法队，由科技成果与知识产权科科长担任执法队长，执法队的行政执法工作由分管知识产权副局长直接领导指挥。执法队组成人员均经市法制局或省知识产权局组织专业培训，并经过考试，取得省政府统一印制的《行政执法证》才上岗。出台鼓励知识产权创造与保护的政策措施。实施《湛江市实施国家和广东省知识产权战略纲要任务分工》，各级政府相关部门加大知识产权宣传培训和行政执法的力度，共同推进知识产权战略纲要的实施。大力扶持知识产权代理、资产评估、法律援助等机构的发展，使其与各类创新主体建立紧密的合作关系。积极健全行业协会知识产权工作机制，推动市家电行业协会、对虾苗种行业协会等行业协会知识产权保护水平的整体提高。继续引导企事业单位开展知识产权工作，推动企业制定能够充分调动市场主体创新积极性的政策与措施。

三、知识产权创造与运用

湛江市高度重视知识产权工作，深化实施知识产权战略。逐步形成了以企业为主体，以市场为导向，以政策为牵动，以驻湛高校、研究所为依托的知识产权创造与运用的格局。通过指导企业开展知识产权制度建设、加大知识产权宣传培训力度、强化专利信息服务、落实资助政策，鼓励自主创新，提升竞争力和产业结构优化升级，知识产权创造和运用能力进一步提升。

2009 年全市专利申请量 839 项，比 2008 年增长 29.88%。全市发明专利申请量 198 项，与 2008 年持平，PCT 国际专利申请量 7 项，比 2008 年增长 250%。2009 年全市注册商标 1861 件，全市累计注册商标 8674 件，全市共有 74 件省著名商标，5 件中国驰名商标，名列粤西地级市榜首。共有高新技术企业 30 家。实施专利 304 项，其中发明 30 项。高新技术产品总产值达到 200.85 亿元，比上年增长 12.6%；增加值 54.75 亿元，增长 14.2 %；销售收入 195.49 亿元，增长 12.6 %；出口收入 5.08 亿美元，增长 30.3%；利税 1.79 亿元，增长 7.1%。这批企业的成长性普遍较好，发展后劲较强。累计市级以上民营科技企业 320 家，其中省级民营科技企业 93 家。2009 年技工贸总收入 168 亿元，同比增长 9.3%。

四、知识产权保护

知识产权执法，肩负着维护知识产权权利人和有关当事人合法权益的重要任务，发挥着规范和整顿市场秩序、改善投资环境、提高引进外资质量和建立诚信社会的重要功能。

根据《广东省 2009 年“雷雨”、“天网”知识产权执法专项行动实施方案》，湛江市知识产权局联合市公安局经侦支队在霞山、赤坎两地的超市和药店开展查处冒充专利联合执法行动，共出动执法人员 58 人次，重点检查食品、日用品领域、药品行业 5000 多种商品，标记专利商品 18 种。查处 2 宗假冒专利案件。通过执法检查净化了专利市场，同时对有关商家、厂家进行知识产权宣传教育，提高商家、厂家的知识产权保护意识，形成良好的知识产权保护氛围。

市版权局联合公安、电信、文化市场综合执法大队，对全市各网站开展打击网络侵权盗版专项行动。总共出动 100 多人次，检查网站 267 家，关闭没有经过授权播放影视节目网站的有 19 家。出动打击侵权盗版活动 1257 人次，查处侵权盗版案件 5 宗，收缴盗版音像、电子出版物 41845 张，非法书报刊 35000 册。有效地打击了侵权盗版行为，确保了文化市场的健康、繁荣、稳定，为湛江经济和社会发展营造了良好的文化氛围。

市文化市场综合执法大队出动检查出版物市场 3042 人次，检查书报刊、音像、电子出版物经营场所 1013 家次，受理举报 12 宗，立案查处 4 宗，当场处罚案件 8 宗，停业整顿 3 家，吊销许可证 1 家，收缴各类非法出版物 21010 册，盗版音像制品、电子出版物 50324 张（盒）。通过整治，取得较好成效，确保出版物市场沿着健康有序的方向发展。

湛江海关以风险分析和布控为切入点，多渠道捕获风险信息，认真开展对侵权货物的查控工作。年内布控 10 次，布控有效率达到 10%。查获涉嫌知识产权侵权案件 2 宗，其中一宗为和解结案的侵犯知识产权案件，查获侵权电感镇流器 27424 个；另一宗查获涉嫌侵权货物电饭锅 824 个。

五、知识产权管理与服务

2009 年湛江市大力开展“科技兴市”和知识产权专项调研活动，调查走访 20 多家企业，宣讲知识产权战略知识，为企业排忧解难，帮助企业建立知识产权相关制度，提高企业运用知识产权制度抗击金融风暴的能力。组织专业人员深入企事业单位进行宣传发动，指导企事业单位和个人积极申请专利。召开 2009 年度专利工作会议，总结、回顾 2008 年的专利、知识产权工作，通报当前的知识产权工作形势和任务，分析本市专利工作存在问题，传达《专利法》第三次修改的主要内容，省知识产权战略纲要、相关文件精神，有针对性地提出下一步加强知识产权工作的意见和建议。继续实施《湛江市专利申请资助与奖励暂行办法》，并召开全市专利申请代理机构负责人会议，指导代理机构工作，推动代理、中介工作有序开展。在市 2009 年度财政资金科技专项竞争性分配项目中，实施市科技成果和专利技术转化示范项目 2 个，转化经费 20 万元，有 28 个专利技术项目获得省、市科技奖励。深入开展知识产权试点示范工作，确定湛江市鸿威科技有限公司为湛江市创新人才和知识产权工作试点单位。湛江市坡头区被认定为省知识产权局批准知识产权试点区域，湛江市新诺电器有限公司被认定为省知识产权优势企业，湛江市二中等两所学校被认定为中小学知识产权教育试点学校。广东双林生物制药有限公司被认定为广东省第四批全国企事业知识产权试点单位。

市工商局重视企业商标管理工作。积极推荐有发展前景的广东同德药业有限公司“好德快”等 9 件商标申请认定省著名商标，推荐湛江外加剂厂的“钻石”等 13 件商标延续申请省著名商标，推荐 4 家企业申报中国驰名商标。协助广东龙虎豹酒业有限公司著名商标“天地一号”转到异地使用；协助湛江紫荆面粉股份有限公司、湛江中谷糖业有限公司理顺著名商标在企业转制重组过程中的延续关系，协助办理著名商标延续手续；对中山市东凤镇正的电器厂以“正的威王＋拼音”商标申请注册及时向省局和国家商标局提出异议，保护“威王”驰名商标的合法权益；对全市 243 家商标印制单位开展专项检查，共抽检 66 家企业，依据《商标印制管理办法》对 3 家超范围经营的企业移交经检办案予以查处，从源头上堵住侵权标识流入市场。7 月，国家工商总局对全国工商系统为大力推进商标战略、促进经济社会又好又快发展做出贡献的先进集体和先进个人进行评选表彰。徐闻县工商局商标广告股股长苏建梅被评为全国工商系统商标工作先进个人，吴川市工商局长寿工商所被评为全国工商系统商标工作先进集体，受到国家工商总局的通报表彰。

市版权局积极做好推进企业使用正版软件工作，开展企业自查自纠。按照省局以大型企业为重点，以国有、外商投资、民营大型企业在先，中小企业依次推进”的原则，结合实际进行“以市直经营企业为重点，市属企业在先，资产经营公司企业在后，按计划、分步骤推进”的工作原则。在工作先后次序上，坚持“阶段性目标”。2009 年重点抓了国有企业通用软件正版化的检查、验收工作和对外商投资大型企业使用软件情况的调查工作，积极推进第三批企业使用正版软件工作，有力地推动业务一线知识产权保护工作的开展。

湛江海关积极扶持企业自主知识产权工作，积极支持地方发展。扶持企业自主知识产权工作是今年法规工作的重点，并列入《湛江海关支持粤西地区经济科学发展九项实施办法》九项措施之一。年内，湛江海关走访湛江市文管办、湛江市外经贸局、湛江市保护知识产权举报投诉服务中心等单位，交流知识产权保护工作；多次深入业务现场，同时走访湛江鸿智电器有限公司、广东威王集团有限公司等 8 家企业，召开类座谈会 14 次，解决企业问题约 20 余次；联合市外经贸局在家电企业召开了湛江海关保护自主知识产权现场会，针对个别进出口企业自主品牌、专利被国外恶意抢注事件，现场解读知识产权海关保护政策法规，为企业创立自主知名品牌、维权以及避免知识产权纠纷出谋划策，《南方日报》、《羊城晚报》、《广州日报》以及湛江市及驻湛近十家媒体出席了现场会，并进行宣传报道，引起广大进出口企业的关注。2009 年，新增备案权利人 5 家、8 项知识产权，目前关区共有 14 家权利人、30 项知识产权成功备案。

六、知识产权宣传、教育与培训

市知识产权局举办形式多样的宣传活动，提高全社会的知识产权意识。一是利用电视台、报刊、网络等传媒开展宣传活动。4 月 20 日至 5 月 15 日期间，在湛江电视台两个频道播放“在保护知识产权的路上，你我携手通行”电视公益广告，共播放 60 余次。湛江电视台还在《第一视线》专栏制作播放知识产权专题采访节目两期，内容为“山寨手机与知识产权”、“专利和商标的保护”，形成了较好的知识产权保护氛围。同时，开展报纸和网站宣传活动。在《湛江日报》、《湛江晚报》、碧海银沙网《图读湛江》刊登知识产权宣传文章，宣传专利政策，刊登知识产权知识。共报道 80 余次。二是开展户外大型宣传活动。4 月 27 日，湛江市在赤坎世贸广场举行以“保护知识产权，促进创新发展”为主题的湛江市“4·26”知识产权宣传咨询活动。活动由湛江市知识产权局牵头组织，湛江市整规办、湛江市工商局、湛江市版权局、湛江市公安局、湛江海关、湛江市质量与技术监督管理局等 7 部门和 3 家专利代理机构共 36 人参加了现场宣传咨询活动。活动现场悬挂“保护知识产权，促进创新发展”等宣传标语，各部门在活动现场设立宣传点，发放宣传资料，现场接受咨询，解答群众在生活中遇到的知识产权问题，向社会公众宣传介绍知识产权的基本常识。本次活动发放知识产权知识宣传资料、法律法规小册子 8000 余份，派发《中国知识产权报》、中国公众知识产权知识竞赛试题 1500 余份。湛江市主要新闻媒体均派出记者到现场进行采访和专题报道。三是联合宣传。在“3·15”消费者权益保护日、“12·4”法制宣传日联合相关知识产权管理部门开展知识产权保护法律、法规宣传和咨询。10 月 16 日，市知识产权局在湛江海滨宾馆国际会议中心举办专题报告会，邀请省委党校张艺教授作《实施知识产权战略，构建“双转移”湛江战略高地》专题报告。市高新技术企业、民营科技企业、科研院所单位负责人及市新闻单位记者共 400 多人出席报告会。报告会内容丰富，针对性强。

市知识产权局坚持派出人员参加省局组织举办的各种培训班和研修班，组织省知识产权优势企业、战略试点企业、试点事业单位和省中小学知识产权教育示范学校等单位人员参加省、市的培训和学习，组织农村科技业务培训、青少年知识产权教育和科普进校园系列活动。4月28日，市知识产权局联合市知识产权研究会、团市委在市第七中学举办全市知识产权试点学校管理培训班，讲授知识产权知识和知识产权制度、建立和实施知识产权制度的重要性等主要内容，对中小学知识产权教育的重要性、目标、教育内容和方法进行深入的探讨。10月16日下午，湛江市知识产权局在湛江海滨宾馆举办企业知识产权实务培训班，邀请专家讲课，与会有市、县（市、区）科技、知识产权管理部门有关人员，专利代理事务所人员，企业及科研院所单位人员等共100多人。培训班的讲课内容是《专利审查和专利申请文件撰写》和《企业专利实务与专利法修改浅释》，讲课内容紧密结合当前专利工作的实际，配以表格和图片，深入浅出，形象生动，将专利工作的一些常见问题讲解得生动有趣，通俗易懂。

市工商局通过湛江日报社专门开辟商标知识宣传和商标展示栏目，发动企业积极参加，在《湛江日报》开辟《倡导品牌意识，提高企业自主创新能力》专栏，宣传商标知识和展示企业著名商标；在《南方日报》报道4家企业创名牌历程；组织4家著名商标企业参加中国第3届商标节“共和国60华诞商标60盛典表彰”展览，湛化股份有限公司的“海珠花”商标、湛江国联水产开发有限公司的“国联＋图形”商标、广东华强电器有限公司的“华强＋拼音”商标入选“全国60件最具市场竞争力商标”，企业实施商标战略取得的丰硕成果在中国商标界最高规格盛会上得到社会各界的广泛认同。2009年，全市共有612件农（海）产品商标获准注册，占全市获准注册商标总数的32％。市工商局向各县（市）工商局、分局商标监管部门下达2009年重点培育200件农（海）产品商标的工作任务，深入徐闻、雷州、廉江、霞山等县区召开农民专业合作社负责人、农（海）产品经营者座谈会，总结推广广东威王集团电器有限公司、广东恒兴集团有限公司创品牌的经验和雷州市流沙港南辉珍珠养殖有限公司的“公司＋商标＋农户”产业化经营模式，挂钩定点开展商标培育工作。目前，已落实农副产品生产单位36个、海产品加工单位28个，指导275家企业向国家商标局提交商标注册。

根据广东省版权局《2009年“保护知识产权宣传周”的活动的计划》要求，湛江市版权局分别在出版物市场和印刷、复制企业张挂版权宣传标语30张。4月底，与市知识产权局等13个部门相互配合，举行大型的版权知识咨询和宣传活动，当场派发版权知识宣传活页1.2万多份，派发版权知识宣传小旗100多张，回答群众版权知识和案件咨询问题20多个。宣传期间，通过本地日报、晚报、电台、电视台、互联网站等媒体进行跟踪报道，在全市营造打击盗版、保护正版的舆论氛围，使打击盗版、维护正版深入人心。在打击网络侵权的同时，加大网络版权法律宣传教育力度，曝光典型案件，开展警示教育。不但对检查发现的违法网站进行法律教育，而且对合法经营的网站负责人也进行保护版权，“先授权，后传播”的法律法规宣传教育。另外，每次打击网络侵权活动，通过媒体广泛宣传典型案例，提高人们的版权保护意识，在全市营造尊重劳动、尊重知识、尊重创造，人人遵纪守法，人人抵制侵权盗版的良好氛围。

七、知识产权对外交流与合作

湛江市知识产权局牵头发起倡议建立粤西片云浮、阳江、茂名、湛江四市专利合作制度，市知识产权局先后多次与云浮、阳江、茂名市知识产权局充分协商讨论，学习、借鉴粤东五市专利合作的经验，定期召开粤西四市专利合作联席会议，共同签署和实施《粤西四市专利合作协议》。重点加强与周边的茂名、阳江、云浮等粤西城市的合作和交流，相互探讨和交流知识产权合作事宜与工作经验。参观考察知识产权试点、优势企业和专利技术计划实施项目企业。粤西片建立区域知识产权合作制度，加强了区域四市知识产权工作的交流合作，规范和维护市场经济秩序，共同营造良好的投资环境。

（供稿人：陈小珠）

茂名市

一、概况

2009年，茂名市知识产权工作以提高自主创新能力，建设创新型茂名为主线，大力实施国家和省知识产权战略，积极开展知识产权宣传、培训、服务、执法、专利实施等各项工作，不断加大知识产权引导、扶持和推动力度，企业自主创新能力和运用知识产权制度的能力得到不断提高，促进了全市科技和经济的发展。

二、知识产权创造与运用

（一）知识产权拥有量

2009年全市专利申请量497件，其中发明专利79件、实用新型专利191件、外观设计专利227件，同比增长27.11%；专利授权量241件，其中发明专利13件、实用新型专利106件、外观设计专利122件，同比增长10.55%。至2009年底，累计专利申请3234件，专利授权1539件。

全市现有有效注册商标4164件，共有省著名商标37件、驰名商标1件。

（二）激励措施

2009年，市知识产权局共资助专利申请257件。

（三）知识产权实施运用

全市有12个专利项目列入市科技计划，扶持重大专利转化项目4个，扶持资金达40多万元。茂港区被列为省知识产权区域试点，化州市民生五金橡塑工艺制品有限公司被列为省知识产权优势企业。目前，全市共实施广东省专利实施计划项目16个，有省级知识产权区域试点3个，省级知识产权优势企业6个。2009年，全市共有7件商标被评为省著名商标，“汉山”商标被评为中国驰名商标，实现了驰名商标零的突破。

三、知识产权保护

（一）完善知识产权办公会议制度，加强联合执法

在知识产权办公会议制度的推动下，市知识产权局多次与市整规办、公安、工商、文化（版权）、质监、海关等部门联合执法，并完善了执法联络室建设，打击知识产权违法行为，维护正常的知识产权市场秩序。

（二）专利保护

1. 开展“雷雨”知识产权执法专项行动。4月20—23日，市知识产权局在全市流通领域开展了“雷雨”知识产权执法专项行动，查处假冒专利和冒充专利行为。此次行动以各县（市、区）大商场为对象，对食品、医药、家电等商品进行了检查。行动中发现两件涉嫌冒充专利的商品，市知识产权局对该商品进行抽样调查。茂名市电视台对这次行动进行全程跟踪报道。

2. 开展“世界知识产权日”联合执法行动。4月23日上午，茂名市新闻出版局联合市知识产权局、市委宣传部、市政法委、市公安局、市工商局等单位开展现场销毁非法出版物活动。市政府副秘书长黄国琪出席活动并作了讲话。活动共销毁非法出版的CD、VCD、DVD、图书、六合彩印刷品等物品3万余件。

3. 妥善处理专利侵权纠纷。2009年，市知识产权局共处理专利侵权投诉8起，在处理过程中，工作人员以事实为依据、以法律为准绳，在调解矛盾时，公平公正、讲究方法、妥善处理，真正解决了矛盾

4. 做好近五年专利行政执法工作总结。为配合省知识产权局做好第二次“全省专利行政执法工作会议”，市知识产权局对五年来茂名市全部专利行政执法案卷进行了整理，对具体案情进行回顾和分析并作出总结报告。

（三）商标保护

1. 日常执法。2009年，市工商局共指导处理群众投诉48件，指导企业规范使用商标83次，指导办理商标违法案件36宗，罚款23.35万元。

2. 开展商标代理机构市场秩序整顿专项行动。2009年2—3月，市工商局对全市三家商标代理企业（茂名市春秋商标事务所、惠州市华茂知识产权代理有限公司茂名分公司、茂名红门品牌设计顾问有限公司）进行执法检查。

（三）版权保护

1. 开展文化市场专项整治检查行动。一是对出版物市场进行高密度的清查，实行执法日志制度，对全市印刷复制企业、音像批发零售单位和书报刊批发零售单位派发执法日志，坚持一周一检，及时清理进货渠道不清、一号多报等报刊，为“两会”期间创造良好的文化环境。二是加强对演出市场的检查与监控。全市各级文化市场综合执法大队（队）先后出动了257人次，利用夜晚深入到各个自然村检查春班演出市场，对未办理演出合法手续的、一证多团的、演出着装暴露的、演出语言不文雅的都进行了检查和监督，对违法违规的演出团体进行了处理。三是加大对网吧市场的检查力度，对违规网吧和“黑网吧”实施严厉的打击，先后取缔“黑网吧”28家，对6家网吧进行了停业整顿，行政处罚网吧32家、罚款156200元。查处1家使用盗版软件的公司。

2. 开展集中行动。一是以出版物印刷企业、只读类光盘复制企业为重点检查对象，对印刷复制行业进行了集中整治。二是加大对运输环节出版物的检查力度，防止非法出版物和侵权盗版制品传播扩散。三是利用学校暑假期间，集中检查各类出版物市场，重点查缴了以未成年人为销售对象的有害印刷复制品。四是加大对网吧管理力度，借助技术手段，坚决封堵淫秽色情等有害信息在网吧传播，依法打击利用网吧制作、下载、复制、发布、传播淫秽色情等有害信息的行为。五是开展清缴整治低俗音像制品专项行动。

市文管办先后出动2100人（次）、检查网吧1112家（次）、音像店1026家（次）、书店755家（次）、电子出版物25家（次）、印刷厂255家（次）、打字复印店173家（次）、娱乐场所163家（次）、茂名地区网址（页）328个。收缴低俗音像1688盘（盒）、非法音像制品7750盘（盒）、非法图书2340册，收缴涉黄图书32本、六合彩资料30466份、电脑主机1台、电子游戏机26台。查处违规网吧11家，取缔黑网吧1间、无证音像店档8个、无证书摊3个，取缔售卖色情淫秽音像制品摊档一个，收缴色情淫秽音像制品177张（现场移交公安部门处理）。

四、知识产权管理和服务

（一）专利管理和服务

1. 知识产权管理体系建设。目前，全市6个县（市、区）科技局均已加挂知识产权局牌子，各县（市、区）知识产权管理工作逐步走向正规化。

2. 抓一批专利试点企业。积极实施知识产权战略，推动企业知识产权和技术创新工作，并通过试点企业树立典型，辐射带动全市企业进行自主创新。至今，全市已有19家企业被列为市级专利试点企业。

3. 大力发展高新技术企业和民营科技企业，积极培植新的经济增长点和新兴产业。2009年，广东生命一号药业有限公司等3家企业被认定为国家高新技术企业，茂名重力石化机械制造有限公司等4家企业被认定为省级民营科技企业。至今，全市已有国家级高新技术企业14家，省级民营科技企业94家。

4. 加强对企事业单位知识产权工作的指

导。为深入推动企事业单位知识产权工作，市知识产权局经常就企事业单位开展知识产权工作情况进行深入的调研，帮助和指导企业解决专利工作中遇到的具体问题，并深入部分企业实地考察企业利用知识产权制度和专利信息的状况，全面了解企业的需求，分析总结企业知识产权工作开展情况，提出推进企业知识产权工作的切实措施。

（二）商标管理和服务

1. 开展商标带动战略的调研工作。市工商局采取向县（市、区）分局收集信息，深入企业、市场的方式对商标使用现状进行了专题调研。撰写了《实施商标带动战略，服务地方经济发展》和《关于茂名市农产品地理标志保护与商标注册工作的实施意见》调研报告，科学客观地列举了茂名市实施商标带动战略的基本情况和取得的成效，分析了存在的问题及原因，并提出了解决目前商标带动战略工作存在问题的建议和对策。

2. 引导企业注册和使用注册商标。一是积极指导企业注册商标。市工商局商标广告科积极开展直接指导和上门服务活动，利用著名商标摸底的时机，引导企业新申请注册商标和防御性商标 50 多件，同时及时纠正企业不当使用商标的行为，依法规范使用商标，使企业的商标权得到更有效的保护。

3. 引导企业争创驰（著）名商标，走品牌创效益之路。一是积极做好调查摸底工作。二是积极指导企业制作申请资料。为此，市工商局举办“著名商标申报业务培训班”，对各县（市）局、各分局主管商标工作的副局长、股长和主要业务骨干进行培训，使其基本能掌握申报著名商标的业务，提高了商标管理工作效能。三是认真做好受理和报送工作。

五、知识产权宣传、教育与培训

（一）专利宣传培训工作

1. “4·26”保护知识产权宣传周期间，多形式、多渠道开展大型宣传活动。一是市知识产权局、市版权局、市工商局、市质监局联合在市区繁华地段开展大型户外活动，进行宣传咨询，工作人员为市民解答了有关专利、版权、商标等问题，并免费派送了各类资料 2000 多套。二是开展知识产权下乡活动。深入各县（市、区）及企业开展知识产权宣传活动，活动期间印发知识产权的知识手册、知识产权学习资料和《广东省知识产权战略纲要（2007—2020 年）》等宣传资料 1 万多份。

2. 利用网络进行宣传。市知识产权局全年共向省知识产权局和市信息中心报送政务信息 38 项，其中 27 项被采用。另外，市知识产权局还将知识产权的有关政策法规、文件以及基本知识放上茂名市信息网、茂名科技信息网等网站进行宣传。

3. 组织新闻媒体采访知识产权优势企业，宣传知识产权知识。一是在《茂名日报》开设《实施知识产权战略，建设创新型企业》专栏，报道本市知识产权优势企业以自主知识产权应对金融危机的经验与成效，提振茂名市广大企业加强自主创新、发展知识产权和应对危机的信心。在茂名电视台《新闻聚焦》栏目专题报道知识产权典型企业。二是联合《广东科技报》“广东专利之光”专题栏目组，调研、走访报道茂名市知识产权工作做得好的企事业单位。

4. 举办企业知识产权实务培训班。4 月 21 日、23 日和 9 月 18 日，市知识产权局分别在高州市、茂港区和信宜市举办“企业知识产权管理”系列讲座，来自 80 多个企业的 150 多名负责人、专利工作者和科技工作者参加了活动，授课者从知识产权发展状况和基础知识、为什么知识产权与中小型企业相关、如何利用知识产权提高企业的价值、知识产权保护等方面作了详细讲解，并通过各种案例就上述问题进行生动的阐述。

5. 举办“企业知识产权发展战略专题”专题讲座。5 月 26 日上午，市知识产权局和茂南区政府联合邀请省知识产权专家曾琦先生到茂南区作“企业知识产权发展战略专题讲座”。

茂名市部分高新技术企业、民营科技企业、知识产权试点示范企业技术负责人和专利权人及茂南区有关部门领导共 90 多人参加培训。

6. 联合市人事局举办“市直专业技术人员《知识产权法》培训班”。2009 年下半年，市知识产权局局联合市人事局在全市范围内举办“市直专业技术人员《知识产权法》培训班”。共举办培训班 20 多期，组织市直专业技术人员 5000 多人参加培训。另外，茂名市属各县（市、区）也先后组织开展“知识产权法基础与实务培训班”，对本地区专业技术人员进行培训，培训人数超过 1 万人，有力地推动了知识产权事业的快速发展。

（二）商标宣传工作

1. 开展形式多样的“商标带动战略宣传月”活动。一是开展新闻媒体宣传。宣传月中，市电视台共播出商标带动战略知识宣传标语 240 条次，《茂名日报》共刊登了商标带动战略宣传标语 30 条。二是开展户外广告宣传。全市悬挂宣传横幅 132 条，设置户外广告牌 5 个，马路灯箱广告 10 个，商场媒体 1320 条次，商标带动战略宣传专栏 3 个。三是编印商标知识小册子，共印制商标知识宣传小册子 1 万多份，发至各工商所利用企业年检进行宣传。

2. 举办著名商标申报业务培训班。4 月 16 日，市工商局组织各县（市）局、各分局主管商标工作的副局长、股长和主要业务骨干进行培训，使其基本能掌握申报著名商标的业务，提高了商标管理工作效能。

3. 举办商标带动战略专题讲座。4 月 28 日，市工商局组织全市著名商标企业、申报著名商标企业和部分注册商标企业负责人举办“创立自主品牌，争创驰（著）名商标”的专题讲座，邀请广东省商标事务所所长董宜东授课，为茂名市企业就如何创品牌、争效益上了很好的一课。

（三）版权宣传工作

1. 开辟“版权保护在茂名”专题报道。市和各县（市、区）文管办、知识产权部门、工商部门、文化市场执法队等单位积极组织稿件，向当地电台、电视台和茂名日报社提供专稿，报道各地开展版权保护、促进创新发展。同时，市文管办、市工商局、市知识产权局、市教育局在各自的网站开设知识产权宣传专栏，刊登打击著作权侵权盗版行为的成功案例、典型人物事迹和行政执法的经验，公布举报电话。

2. 开辟小灵通和手机短信服务。利用电信管理平台，向茂名地区的小灵通和手机用户发布了 20 万条“保护知识产权、打击非法出版活动人人有责，努力创建健康文化氛围”为主要内容的手机短信，扩大保护知识产权的宣传面。

3. 开展公开销毁非法出版物活动。4 月 23 日上午，市委宣传部、市委政法委、市公安局、市工商局、市文广新局、市知识产权局等单位的领导及有关人员，在茂港区羊角镇东城纸厂将上半年收缴的非法出版物进行公开销毁，共销毁了 5.3 万册（本、盘、张）非法出版物。

4. 开展版权保护教育活动。市版权局联合市教育局开展保护知识产权，鼓励知识创新为主题内容的主题班会教育活动，引导青少年学生从小养成尊重知识、不断探索、勇于创新的良好习惯。充分利用校园墙报、黑板报、学习园地等形式，开展内容丰富、形式多样的宣传活动，加深广大青少年对版权保护知识的理解，筑牢青少年抵制盗版的思想防线，扩大青少年对版权保护的知识面。

5. 加强法律法规的教育。3 月 6 日，市文广新局召开全市 200 多家印刷企业经营业主学习了《印刷业管理条例》、《出版管理条例》、《印刷品承印管理规定》、《内部资料性出版物管理办法》等法律法规，加强法律法规教育。

六、知识产权对外交流与合作

为了规范和维护社会主义市场经济秩序，有效保护专利权人和社会公众的合法权益，茂名市知识产权局经与云浮市、阳江市、湛江市知识产权局充分协商，达成《粤西四市专利合作协议》。就专利信息的交流与沟通、专利培训、专利侵权纠纷案件的查处、假冒和冒充专利案件的查处等四个方面加强合作，推动区域知识产权工作的发展。7月23日，粤西四市专利合作会议在云浮举行，四市在会议中提出工作中存在的问题及解决意见，推动了区域知识产权协作的发展。

七、出台《茂名市知识产权战略纲要（2009—2011年）实施方案》

为贯彻落实国家和省知识产权战略纲要，经市知识产权局提请（提出送审稿并征求各有关单位意见），6月26日，茂名市人民政府办公室颁发《印发茂名市知识产权战略纲要（2009—2011年）实施方案的通知》，要求各地、各相关单位积极开展工作，形成知识产权工作齐抓共管的局面。

（供稿人：顾兴伟）

肇庆市

一、概况

2009年，肇庆市知识产权工作以加快建设创新型肇庆为目标，积极开展知识产权宣传工作，加大知识产权执法的力度，加强对专利、商标、版权侵权行为的查处；并指导和促进企业实施专利战略，推进商标发展战略实施和企业使用正版软件的工作。全市专利申请、授权量出现持续上升的势头，特别是代表核心技术开发能力的发明专利申请量的增加，充分显示了企业知识产权自主创新能力的提高，注册商标申请量和著名商标继续稳步增长。

二、知识产权政策体系建设

（一）领导充分重视，相关措施落实

肇庆市委、市政府一向重视知识产权工作，在《政府工作报告》中强调知识产权工作，并多次在科技会议上具体部署知识产权工作。12月18日，市科教领导小组专门召开会议审议并通过《肇庆市知识产权战略纲要实施方案》。各级科技及知识产权部门紧紧围绕市委、市政府的中心工作，按照市委、市政府的统一部署，积极开展知识产权工作，使全市的知识产权工作呈现良好发展势头。通过制定相关政策，促进知识产权工作上新台阶。按照《中共肇庆市委、市政府关于贯彻落实“三促进、一保持”的实施意见》精神，从2010年开始，由市财政局设立专利专项资金，每年100万元，用于专利资助资金、专利技术实施计划项目资金及“肇庆专利奖”奖励资金，促进实施专利战略。11月制订《肇庆市专利专项资金管理办法》。

（二）推进企业使用正版软件工作

2009年7月8日，肇庆市召开推进企业使用正版软件工作联席会议，会议出台《肇庆市推进企业使用正版软件工作总体方案》征求意见稿，详细部署了2009年工作计划。8月21日，为贯彻落实国家和省有关工作实施方案，市版权局等9个部门联合印发《肇庆市推进企业使用正版软件工作方案》。9月22日，市使用正版软件工作领导小组办公室印发《关于贯彻落实2009年省、市推进企业使用正版软件工作部署的通知》，明确市水务集团有限公司等5家企业为省重点督办企业，市交通集团有限公司等13家企业为市重点督办企业，并要求各县（市）区和肇庆高新区选定2家以上企业为年度重点督办企业，对重点督办企业的责任单位进行具体分工，要求切实落实责任，按期完成工作任务；并要求各责任单位注重工作方法，务求扎实有效。10月20日，市使用正版软件工作领导小组办公室印发《关于协助组

织企业软件正版化检查验收工作的通知》，决定成立检查组，在10月下旬对省、市重点督办企业进行首期检查验收，进一步强化监督和指导。11月23日，市使用正版软件工作领导小组印发了《关于迎接2009年省企业使用正版软件工作和打击网络侵权盗版专项行动检查督导的通知》，并部署省检查的工作。

三、知识产权创造与运用

2009年，肇庆市专利申请和授权量持续增长，全市年专利申请量突破500件，增长幅度位居全省各地级市第5名。全市专利申请量551件，同比增长31.50%；其中发明100件、实用新型226件、外观设计225件。专利授权量329件，同比增长22.30%；其中发明24件、实用新型116件、外观设计189件。

2009年，全市已拥有中国驰名商标2件，实现了零的突破。广东省著名商标43件，农产品证明商标5件，是目前全省证明商标最多的市，这对保护肇庆市名、优产品，促进全市经济社会发展都起到积极的作用。

四、知识产权保护

市知识产权局加大专利行政执法的力度，创造保护专利权的良好氛围。2009年，肇庆市认真贯彻落实《专利法》和《广东省专利保护条例》，充分发挥知识产权保护在整顿和规范市场经济秩序中的作用，努力开创肇庆市专利保护工作的新局面。市知识产权局在开展专利行政执法工作过程中，按照稳、准、严的办案方针，努力克服执法手段薄弱、办案条件不足、人员少等困难，开展专利行政执法规范化工作，做好行政执法规范性实施工作；打击专利违法行为，切实保护专利权人利益。2009年成功调解专利侵权纠纷案件8宗。

2009年，市工商局抓好保护商标专用权的工作，打击商标侵权行为。一是加强商标印刷行业的监督检查，从源头上防止和杜绝商标违法案件的发生。二是指导基层工商所办案，不断提高基层工商所的办案质量和水平。三是开展保护商标专用权专项执法行动，打击商标侵权行为。2009年全市查处各类商标违法违章案件74宗。

市版权局积极推进企业使用正版软件工作。9月10日，市版权局、市公安局和市信息产业局联合发文并转发《肇庆市推进企业使用正版软件工作方案》。发到各县（市）区版权局、公安局等单位，要求认真贯彻落实文件精神，成立工作机构，制订实施方案，积极开展打击网络侵权盗版专项治理行动，及时向上级单位汇报工作情况。

市版权局、市公安局和市信息产业局组织两次召开打击网络侵权盗版专项治理行动工作的会议，专题研究部署全市行动方案。一是成立临时协调机构。成立肇庆市打击网络侵权盗版专项治理行动工作办公室，在市版权局办公。二是分阶段落实专项行动。8月1日至11月12日是具体行动时间。结合全市实际情况，分4个阶段：第一阶段动员部署和调查摸底（8月至9月15日）；第二阶段自查自纠与收集案源（9月16日至9月30日）；第三阶段集中治理（10月1日至10月31日）；第四阶段检查验收和总结（11月1日至11月10日）。三是制定具体的工作方案。经调查摸底，全市有运营网站40家，全部纳入2009年专项治理行动的监管对象。经过3个月的集中治理和宣传教育，这些网站能够自觉加强内容监管，提升服务质量和管理水平，全市所有监管网站未发现重大网络侵权盗版违法犯罪行为。

市版权局结合2009年整治网络低俗之风专项行动，市委宣传部、市文明办、市新闻办、市版权局、市公安局、市信息产业局和市电信公司等单位多次召开会议，专题研究全市网络文化产业发展中存在的问题及其对策，及时转发广东省版权局的文件，并与市公安局、市信息产业局联合印发了肇庆市行动方案和宣传工作方案。市版权局在工作中突出重点：

是抓网站自律。组织40家网站负责人召开专项行动的工作会议，学习相关法规和文件，严格自律，管好自己的网站；二是坚持日常管理与集中整治相结合，注重日常监管，注重网络经营管理者自我监管和整改；三是结合全市实际情况，确立肇庆市网络侵权盗版专项治理行动的工作重点，以打击非法传播音乐、电影、软件和图书等作品的网络侵权盗版活动为主要治理内容；以查处破坏或者规避他人作品、音像制品及软件的技术保护措施、未经许可运营或者间接运营他人享有著作权的互联网游戏以及网吧内侵权盗版等违法行为作重点案件，以情节严重、影响恶劣、社会反响强烈的典型案件为突破口，严厉打击各种网络侵权盗版行为。在打击网络侵权盗版专项行动中，与市公安局和市信息产业局互相协调配合，建立了协作机制，根据各自职能，加强对网站的监管，互通信息，同时充分发挥市电信公司、市移动通信公司、市联合网络通信公司等单位的自我监控作用，加强信息沟通，消除隐患，避免负面影响的出现及扩大化。

五、知识产权管理与服务

市知识产权局在开展企业专利工作过程中，积极为企业提供专利工作指导、专利咨询服务，促进企业专利工作的全面开展，实施知识产权区域发展战略。第一，大力鼓励企业实施专利技术，促进专利技术产业化，通过组织企业申报省、市专利技术实施项目等形式，扶持企业将自主创新的专利技术实现规模化、产业化。第二，做好知识产权试点企业及试点区域培育工作，加强对一批创新能力强、专利工作基础较好的企业和区域进行重点指导和培育，及时为这些企业解决专利方面的问题。2009年，组织推荐广东风华高新科技股份有限公司申报第四批全国企事业单位知识产权试点单位，组织推荐高要市申报2009年广东省知识产权试点县（市），组织推荐高要市金利镇参加广东省专业镇知识产权专项行动。第三，积极指导和促进企业实施知识产权战略，引导企业将专利战略贯穿于企业经营的全过程。2009年，组织推荐肇庆市科华食品机械实业有限公司、肇庆恒港电力科技发展有限公司申报2009年广东省知识产权优势企业，为推动企业提升获得自主知识产权的能力、有效提高企业市场竞争实力起到了良好的作用。11月23日召开全市专利工作会议，传达全省知识产权工作会议精神，对2007年至2009年来全市专利工作的情况进行全面总结，并对下一步的工作进行具体部署。

市工商局积极做好争创广东省著名商标的工作。派人员深入到辖区内各大企业，做好耐心细致的宣传发动工作，鼓励和引导企业争创著名商标。为切实做好申报认定省著名商标的准备工作，市工商局举办“2009年肇庆市申报省著名商标知识培训班”，组织企业学习相关法律法规，并对企业在申报著名商标或延续认定时需要注意的事项作出详细说明，对如何进行网上申报及如何正确填写相关信息进行演示，确保2009年全市申报认定省著名商标工作能按时、按质完成。2009年全市有22家企业的22件商标申请参加2009年省著名商标评选认定。市工商局副局长刘付铸夫亲自带队，对全市22家企业的22件商标在使用、管理等方面进行每件现场检查，并对照省著名商标评选认定条件，进行筛选、确定，最后确定推荐广东肇庆德通有限公司等13家企业的13件商标参加2009年省著名商标评选认定。2009年全市有10件商标被认定为广东省著名商标，是历年来著名商标增加数量最多的一年。2009年，肇庆市新增2个中国驰名商标，分别是广东风华高新科技股份有限公司的“FH及图”商标和广东肇庆星湖生物科技股份有限公司的“星湖及图”商标，实现肇庆市驰名商标“零的突破”。11月，市工商局组织全市企业参加“2009年（第三届）中国商标节”展销会。德庆贡柑、德庆砂糖桔参加“2009年（第三届）中国商标节（驰）著名农产品商标、地理标志展销会”，并组织全市工商系统商标业务人员参加第3届中国商标节的活动。

2009年，市版权局推进企业使用正版软件工作，进展顺利，成效明显。市委常委、宣传部长陈以良和市政府副市长孙德出席市版权局主办的2009年“4·26”世界知识产权日系列活动，并到现场参与销毁非法音像制品和企业软件正版化政策法规宣传的活动。孙德副市长参加推进企业软件正版化工作会议，听取市版权局对全市企业软件正版化工作的汇报，提出具体的指导和意见。市版权局局长欧荣生亲自抓企业使用正版软件工作，重点抓市水务集团有限公司等18家企业使用正版软件的工作，涉及计算机7913台，完成7912台操作系统软件的正版化工作，操作系统软件正版化率达到99.99%；完成7847台办公软件的正版化工作，办公软件的正版化率达到100%，其中，省重点督办的5家企业通用软件全部达到100%的正版化。10月15日，肇庆市召开省、市督办企业负责人会议，进一步要求企业落实有关工作部署，并向企业推荐微软代理销售商广州市卓普科技信息有限公司为肇庆市正版软件供应方，为双方交易搭建了基础合作平台。2009年市使用正版软件工作领导小组增加了市经贸局和肇庆银监分局为成员单位，成员单位增加到9个。领导小组成员单位密切配合，小组成员每个季度召开联席会议，共同商讨应对企业软件正版化工作中遇到的问题和情况。成员单位联络员专门负责跟进单位所负责的企业软件正版化工作，密切与企业沟通联系，及时向单位汇报工作的情况；形成领导小组统筹、小组成员单位负责企业的监督和指导、成员和联络员工作任务分工明确的工作机制。1月至9月，市版权局领导、各责任单位领导和联络员经常到企业实地监督和检查使用正版软件的工作，了解工作进展情况。市国资委负责市水务集团有限公司和市交通集团有限公司两家企业正版化工作。这两家企业电脑多，投入大，分管领导深入到两家企业监督和指导，两家公司各出资100万元，用来采购正版软件。市版权局联络员、市信息产业局计算机工作人员及各成员单位联络员，在10月21日至10月31日对18家重点督办企业进行第一次检查验收。11月下旬市版权局领导和各成员单位联络员对企业进行第二次检查验收。监督和指导工作有效提高广东肇庆星湖生物科技股份公司等单位的软件正版化水平，也更好地促进企业的软件资产规范化管理。市版权局实行创新工作策略。一是创新领导体制。结合全市实际情况，充分考虑到民资企业和金融企业管理体制属性，将市经贸局和肇庆银监分局纳入领导小组，有利于工作的推进。二是创新工作机制。在推进企业软件正版化过程中，充分考虑到推进企业软件正版化的困难和实际需要，以综合协调和调解为主，以行政处罚手段为辅，多管齐下，着力推进企业软件正版化工作。三是创新工作方法。针对企业市场竞争和自主经营权益的特点，运用说服教育的方法，加大版权宣传培训力度，从法律和依法经营的角度做引导劝说工作。市版权局邀请微软（中国）公司华南区经理陈卫清到肇庆市宣讲使用盗版软件的危害性，又邀请微软一级供应商与企业进行面对面沟通。四是创新保障措施。2009年市财政局给市版权局专项经费5万元。

六、知识产权宣传、教育与培训

市知识产权局大力开展知识产权宣传工作，努力提高全社会知识产权意识。在开展知识产权工作中，始终把宣传知识产权、提高全社会专利意识放在第一位，通过形式多样的活动，大力宣传知识产权。第一，积极举办各种专利培训班、讲座，向社会及企业宣传专利知识。8月20日，市知识产权局会同市科协举办了“2009年实施知识产权战略巡回演讲活动（肇庆站）”报告会，中国科协党组成员、书记处书记、中国知识产权研究会常务副理事长张勤同志一行10多名专家，围绕如何应对国际金融危机条件下的知识产权问题作了精彩的报告，有380多人参加了巡回演讲报告会。11月举办肇庆市专利展览会，组织各县（市）区优秀的专利技术、产品参展，有力地宣传全市企业开展专利工作的成效，对全面提高全市企业开展专利战略的能力起到积极的作用。第二，注重开展针对民营企业的面对面宣传。3月至4月，市知识产权局深入到端州区、鼎湖区、高要市、怀集县等县（市）区民营企业进行专利调研和宣传发动工作，了解企业专利保护方面的需要，帮助企业解决专利问题，并向企业宣传、灌输专利知识，做好技术创新成果的保护工作。第三，做好专利知识的普及教育工作。5月16日市知识产权局在牌坊广场开展专利知识宣传咨询活动，向市民发送《中国知识产权报》、专利知识问答等宣传资料，向广大企业印发专利宣传资料。第四，通过媒体开展知识产权宣传，特别是结合“4·26”世界知识产权日，在各种宣传媒介宣传知识产权及专利知识。2009年4月，在《广东科技报》宣传报道广东风华高新科技股份有限公司、广东肇庆星湖生物科技股份有限公司和高要市金利镇开展专利工作的情况。

市工商局开展商标宣传工作，提高全社会的商标意识。5月16日，市工商局在市牌坊广场参加了2009年肇庆市“科技进步活动月”启动仪式暨大型科普宣传活动。为提高群众的商标意识，向全市广大市民宣传《商标法》等相关法律法规，并以“商标知识”为主题，在活动现场设立咨询处，解答市民办理注册商标及申办著名（驰名）商标的问题，派发“商标小知识”、“商标注册办理指南”等宣传单张。为进一步使市民更好地了解肇庆市实施商标发展战略以来的有关情况，市工商局还以全市目前拥有的中国驰名商标、原产地证明商标和广东省著名商标为主题，制作“实施商标发展战略、促进肇庆经济发展”大型宣传图画，吸引广大市民前来观看。市工商局为有效地提高基层工商人员的商标管理水平，6月至9月，以“送培训下基层”的方式，到各县（市）区工商局进行集中授课，先后到端州区、鼎湖区、高要市、四会市、封开县等县（市）区工商局，直接面对基层执法人员进行商标广告业务知识的培训。

市版权局开展宣传版权与教育工作。每年“4·26”著作权宣传周全市开展一系列大型宣传活动。2009年在开展网络侵权盗版专项治理行动期间，肇庆市开展3次宣传教育活动。9月中旬肇庆市召集全市网站负责人开会，传达国家和省有关文件和精神，宣传著作权法等相关法律法规，9月底又对电信营运企业和主要网站负责人进行了法规培训，再次提醒业主和经营管理人员要加强日常监管。11月召开全市版权管理人员，主要是网站负责人会议，通报肇庆市全年网络侵权盗版专项治理行动的基本情况，提醒业主和从业人员不能掉以轻心，要对相关工作常抓不懈。

（供稿人：胡淑妍）

清远市

一、概况

2009年，清远市知识产权局，坚持以鼓励科技创新，促进经济发展，保护知识产权为核心，贯彻落实科学发展观，着力创新观念，努力实施“科教兴市”和“三化一园”的发展战略，结合清远市的具体实际开展工作，知识产权工作稳步发展。

二、知识产权政策体系建设

（一）健全知识产权法律体系建设

为了贯彻落实《广东省知识产权战略纲要（2007—2020年）》，促进清远市知识产权事业又好又快发展，构建创新型清远，结合清远市实际，清远市知识产权局草拟制定《清远市贯彻落实〈广东省知识产权战略纲要（2007

2020年)〉实施方案》上报清远市政府，并征求10个有关单位意见，其中8个单位无修改意见，2个单位提出修改意见，全部采纳补充后，报清远市法制局审核，根据审核意见全部采纳修改完善，现已经清远市政府常务会议原则通过。

（二）促进健全县（市、区）级知识产权管理体系建设

针对清远市各县（市、区）知识产权管理体系不完善，知识产权工作人员配备不足，知识产权管理力度和手段普遍比较薄弱，与知识产权发展的形势不相适应的现状，清远市知识产权局加强对各县（市、区）知识产权管理工作现状的调研，并与各县（市、区）政府领导及有关部门进行联系和沟通，促进健全各县（市、区）级知识产权管理体系建设，至2009年6月底，清远市的8个县（市、区）全部成立了知识产权局，各县（市、区）级知识产权管理体系建设的进一步健全，为各县（市、区）知识产权工作的发展提供有力的组织保障，更好地贯彻落实《广东省知识产权战略纲要（2007—2020年）》，提高本区域知识产权的管理和保护水平，促进清远市专利申请量尤其是发明专利申请量的增长，加强对知识产权的宣传力度，提高全社会的知识产权意识，促进知识产权工作对经济、社会发展的贡献率稳步提升。

三、知识产权创造与运用

（一）专利申请及授权

2009年，清远市专利申请量为242件，授权量为150件，专利申请量比2008年增长34.44%，其中发明专利申请为43件，比2008年增长48.28%。

（二）商标工作

1. 加强宣传，提高商标意识。

2009年2月，清远市政府表彰了清远市获得2008年度广东省著名商标的企业，并由清远市工商局组织这些企业开展宣传活动，通过电视、报纸等媒体，大力宣传实施商标品牌带动战略取得的成果，鼓励并动员其他企业争创著名商标。同时，清远市各级工商部门利用“3·15”国际消费者权益日和“4·26”世界知识产权日开展了“保护知识产权宣传周”活动，利用广播、报纸、电视、现场咨询等多种形式宣传实施商标品牌带动战略。2009年，清远市工商部门共出动执法人员进行商标宣传338人次，执法车辆122车次，发放宣传单张14500余份。通过广泛开展宣传，使商标知识深入人心，起到了极大的宣传和带动作用，进一步增强了广大群众的商标意识和法律意识。

2. 强化服务，发展注册商标。

为促进商标发展，服务地方经济增长，清远市工商局商标部门专门指派工作人员，主动上门服务和指导，为在商标注册、商标战略方面遇到问题的企业和个人提供专业解答，为他们排忧解难。同时，加强对商标事务所的业务指导和职业行为监督，使其成为真正服务企业的窗口。2009年，清远市各地商标管理部门共受理商标方面的咨询210多人次，协助办理商标注册等事项100余人次。

3. 摸底调查，争创著名商标。

针对清远市的著名商标推荐认定工作正处于青黄不接的这样一种情况，清远市工商局认真做好摸底工作，把具备一定条件的后备企业登记在案，并由专职人员跟踪管理，对登记在案的后备企业实施定向扶持培育。2009年4月，清远市工商局工作人员走访全市范围内的20多家具备一定条件的企业，对这些企业进行较为深入的调研，针对每家企业的特点，制定量身定做的实施商标品牌带动战略方法，指导企业争创广东省著名商标乃至中国驰名商标。2009年8月初，清远市工商局向省工商局推荐了广东博华陶瓷有限公司的“BOHUA”商标等11家企业的11件商标申请广东省著名商标；推荐了广东林中宝食用菌有限公司的“林中宝”商标等8件商标延续认定广东省著名商标。最后，广东博华陶瓷有限公司的“BOHUA”商标等9件商标被认定为广东省

著名商标，广东林中宝食用菌有限公司的“林中宝”商标等9件商标被延续认定广东省著名商标，使清远市著名商标总量达到30件。

4. 初见成效，驰名商标实现零突破。

2008年下半年，在清远市工商局的具体指导下，清远市的广东新亚光电缆实业有限公司、广东远光电缆实业有限公司两家企业启动了争创中国驰名商标的程序。2009年4月，广东新亚光电缆实业有限公司和广东远光电缆实业有限公司的商标双双被国家工商总局商标局认定为中国驰名商标。历时多年，清远市终于实现中国驰名商标零的突破，也标志着清远市委、市政府实施商标战略取得了重大成果。

5. 加强执法，保护注册商标专用权。

继续加大保护注册商标专用权特别是驰名、著名商标专用权的力度，深入整顿和规范市场经济秩序，提高商标执法办案和管理能力。2009年，工商部门全系统共查处商标案件87宗，案值150多万元，罚没收入29.93万元，没收侵权物品一大批，有效地保护了广大群众和企业的合法权益。

（三）版权工作

1. 推进企业使用正版软件工作，打击网络侵权盗版行为。

根据省版权局有关文件精神，清远市文化广电新闻出版局制定了2009年推进使用正版软件工作计划，开展2009年推进企业使用正版软件工作，2009年清远市共有5家印刷企业被列为全省推进企业使用正版软件督办企业。同时，清远市文化广电新闻出版局还对清远市的网站进行了监管，主动联系，协调有关部门共同开展打击网络侵权盗版行动。

2. 贯彻省新闻出版局的有关会议和文件精神，大力开展2009年国庆节前执法检查工作。

2009年8月29日，清远市文化广电新闻出版局组织召开了市区和清新县印刷复制企业、出版物经营企业负责人会议，会议传达国家和省新闻出版局有关文件精神，部署了2009年国庆节前后的“扫黄打非”工作，并现场签订出版物经营企业和印刷复制企业守法经营责任保证书。清远市区和清新县160多家出版物经营企业和印刷复制企业全部签订了守法经营责任保证书，承诺遵守《印刷业管理条例》、《出版物市场管理规定》，做到合法生产、守法经营。

清远市文化广电新闻出版局会同市综合执法大队在2009年9月22—28日，以清查政治性非法出版物和侵权盗版出版物及无证无照、证照不全、或过期未年审等违法违规经营为重点，对清远市区内的出版物经营单位和印刷复制企业先后开展五次专项检查行动。共检查书报刊经营店21家、印刷复制企业13家，查处无证经营印刷复制企业2家、无证经营书报刊经营店1家。

（四）高新技术产业发展情况

1. 大力开展高新技术企业认定。组织清远市符合条件的企业申报2009年高新技术企业，推荐了佛冈建滔实业有限公司等13家企业进行申报，已公示的有10家。

2. 积极做好高新技术产品申报工作。组织了9家企业共23个产品申报2009年度广东省高新技术产品，有19个被认定。组织8家企业共19个产品申报《中国高新技术产品指导目录（2009）》。

3. 加快特色产业基地建设。加强对清远市的广东省火炬计划特色产业基地建设，组织碳酸钙粉体新材料特色产业基地的龙头企业连州市华丰化工有限公司成功申报了2009年国家科技型中小企业技术创新专项资金项目，获国家及省支持科技经费100万元。同时，加强对茶叶、竹业等星火技术产业带建设，培育和带动产业集群的发展。

四、知识产权保护

在知识产权保护方面，主要抓好知识产权行政执法工作，具体做了以下几项工作：

（一）清远市“4·26”保护知识产权联合执法专项行动集中销毁现场会的前期准备工作

一是与市工商局、市质监局、市药监局等各有关部门加强联系和协调，收集现场销毁假冒、冒充专利产品。二是对华润超市、益华百货、百和超市、麦围批发市场、百姓大药房赢之城店、福生大药房升平店、新华丽商行进行执法检查，确定销售的190种专利产品，并上网检索确定假冒、冒充专利产品，做好现场立案的踩点工作。三是加强与省知识产权局和市政府的沟通和联系，做好知识产权联合行政执法执法文书、相关文件、文字材料工作，对4个集中销毁现场进行踩点，并与省知识产权局和市政府进行沟通，确定清远市体育馆为保护知识产权集中销毁现场，做好集中销毁现场的布置工作。四是保护知识产权现场集中销毁假冒、冒充专利产品和非法音像制品、非法出版物、侵权食品、药品等商品7395件，涉及金额约9.4万元。五是在“4·26”知识产权宣传周活动期间，执法人员对清远市区的赢之城周边店铺开展现场联合执法检查活动，重点对涉及药品和食品的多家商品进行了清查，共检查各类商品800多种，其中16种商品涉嫌假冒、冒充专利产品，并立案调查。

（二）顺利举行“广东省清远市‘4·26’保护知识产权联合执法专项行动集中销毁现场会”2009年4月19日上午，“广东省清远市‘4·26’保护知识产权联合执法专项行动集中销毁现场会”在清远市体馆举行。这次活动是由清远市人民政府与广东省知识产权局联合主办、清远市科技信息局（知识产权局）承办的一次大型省、市、县（市、区）三级知识产权联合执法行动。来自全省各地级市的知识产权行政执法人员共50多人参与了这次专项行动。

省知识产权局副局长唐毅、清远市副市长曾贤林参加现场会，并分别讲话。唐毅副局长在讲话中指出，每年的“4·26”期间，全省各地都会组织开展形式多样的知识产权联合执法及宣传活动，以提高全社会的知识产权保护意识，营造良好的知识产权保护环境。这是省知识产权局首次在广州以外地区举行的现场会，也是省知识产权局在这方面与地市政府进行的首次合作。曾贤林副市长在讲话中强调，这次现场会的主题是“保护知识产权，激励自主创新”，目的是震慑知识产权违法经营者，表明大力整顿和规范市场经济秩序的信心和决心，以增强全社会的知识产权保护意识，营造良好的知识产权保护环境，形成尊重知识产权、乐于发明创造的良好氛围，并以强化知识产权保护为目标，充分发挥知识产权行政执法在构建和谐社会、建设创新型国家中的作用，进一步整顿和规范市场经济秩序，切实维护知识产权权利人和社会公众的合法权益，为清远市经济社会又好又快发展保驾护航。

在集中销毁现场会上，唐毅副局长与曾贤林副市长等省市领导共同启动知识产权现场集中销毁仪式，随后执法人员对在近年来专项执法行动中查获的共7395件各类知识产权侵权产品进行了集中销毁。

（三）选派执法人员参加两期广交会知识产权执法行动，受到了省知识产权局的好评

在参加广交会知识产权执法行动期间，严格按照广交会关于处理知识产权侵权纠纷的有关规定，配合省局的执法人员，认真处理投诉站受理的专利侵权案件，完满完成2期广交会知识产权执法工作任务。

五、知识产权管理与服务

（一）加强与企业的沟通联系，做好项目的申报和管理

1. 2009年组织申报项目15项。一是做好清远市知识产权局承担的2009年度《广东区域知识产权发展计划》申报材料的撰写和上报工作。二是组织申报省知识产权试点区域4家，申报单位为连州市、清城区、连山县、清新县山塘镇人民政府。三是组织申报广东省知识产权优势企业、示范企业认定4家，申报单位为清远市佳的美电子科技有限公司、清远市瑞鹏机床有限公司、中科华飞（清远）管业有

限公司、连州市金星游艺汽炮厂。四是组织申报广东省专利技术实施计划项目 2 项，申报单位为清远先导稀有材料有限公司、广东北江开关厂有限公司。五是组织申报广东省中小学知识产权教育试点学校 2 家，申报单位为连南县民族小学、清远市高级技工学校。六是组织申报第四批全国企事业知识产权试点 1 家，申报单位为清远市佳的美电子科技有限公司。七是组织申报广东省专业镇知识产权专项行动计划 1 家，申报单位为清城区源潭镇。

至目前，连州市人民政府被确定为 2009 年省知识产权试点区域；清远市佳的美电子科技有限公司被认定为 2009 年广东省知识产权优势企业；佳的美公司的专利产品“电脑电视接收机（UTV330）”（专利号：200630053793. X）还荣获 2009 年广东专利优秀奖；清远先导稀有材料有限公司承担的“高纯硒的生产设备及生产工艺”列入 2009 年广东省专利技术实施计划项目。连南县民族小学、清远市高级技工学校被确定为 2009 年中小学知识产权教育试点学校。清远市知识产权局被列入承担的 2009 年度《广东区域知识产权发展计划》项目。

2. 对清远市知识产权局承担的 2008 年度《广东区域知识产权发展计划》执行情况进行自查，并完成《广东区域知识产权发展计划》执行情况年度总结，内容包括专项经费使用情况、工作任务完成情况、年度工作目标实现情况、取得的工作成效以及对今后“广东区域知识产权发展计划”的建议等。

3. 组织开展对清远市承担的 7 个 2007 年省知识产权专项资金项目自我绩效评价工作，并在企业材料基础上完成清远市 2007 年省知识产权专项资金项目绩效评价报告。

（二）扎实推进知识产权试点学校各项工作

1. 组织华侨中学、清新县第一中学、高级技工学校以及连南瑶族民族小学有关人员参加第三、第四批广东省中小学知识产权教育试点学校授牌仪式暨师资培训班。

2. 组织清远市第一中学、新北江小学总结 2008 年度中小学知识产权教育试点工作情况，并上报省局。

3. 协调指导在知识产权教育试点学校清远市第一中学开展知识产权宣传教育活动：一是组织高一级的 1642 名学生参加产权知识教育讲座和“我与知识产权”演讲比赛；二是组织高二级的 1639 名学生参加专利知识问答比赛。开展知识产权宣传教育活动中，由参加了省知识产权局培训的教师分别就专利、商标、版权等知识产权基本法律知识，知识产权对科技、经济、社会发展的重要作用及其申请获得与保护技巧等进行讲解，并结合大量贴近生活实际的案例和事件，以生动活泼的语言，深入浅出地把本来枯燥的法律概念展现给广大学生。通过举办一系列的宣教活动，加强了清远市中小学生知识产权宣传教育，帮助学生加深对知识产权知识的理解，提高了广大师生的知识产权意识，营造了全社会尊重和保护知识产权的良好氛围。

（三）做好专利资助工作

根据《清远市专利申请费用资助暂行办法》，做好有关专利申请的资助工作，2009 年共资助专利申请 92 项。

六、知识产权宣传、教育与培训

利用报刊、电视、工作简报、互联网有关网页、专栏等各种宣传手段，加强对《广东省知识产权战略纲要（2007—2020 年）》的宣传，提高全社会的知识产权意识。发送《知识产权法说新闻》、《中国知识产权报》“4·26”特刊等有关宣传资料 600 多份。2009 年 4 月 26—30 日，在清远市广播电视台的有关电视频道上播放“在保护知识产权的路上，你我携手同行”电视公益广告 28 次，接待有关专利知识咨询 60 多人次。

为加强清远市知识产权宣传队伍建设，培养更多熟悉知识产权宣传工作规律、掌握知识产权写作和摄影的宣传骨干，提高知识产权宣传报道工作水平，组织清远市的许州市、清城区、清新县、英德市以及清远市知识产权局的有关人员参加2009年全省知识产权新闻通联工作会议暨业务培训班的学习。

（供稿人：刘国君）

潮州市

一、概述

2009年，潮州市根据全市知识产权的实际情况，紧紧围绕《国家知识产权战略纲要》和《广东省知识产权战略纲要（2007—2010年）》的贯彻实施，切实推进全市知识产权工作的发展。

二、知识产权创造与运用

（一）加大对专利申请资助力度，促进专利申请量和专利质量双提升

根据《潮州市发明及实用新型专利申请费用资助暂行办法》，对2008年符合资助条件的实用新型、发明专利资助申请发放资助费用，2009年度共组织广东华业、潮州三环PCT专利申请向国家局申请资助。

通过专利资助工作的持续开展，潮州市的发明申请量和授权量不断增长，总体授权量也大幅提升。2009年潮州市专利申请共1892项，同比增长9.05%，其中发明86项、实用新型325项、外观设计1481项；授权共1670项，同比增长82.71%，其中发明26项、实用新型241项、外观设计1403项。

（二）宣传推介驰（著）名商标，推进区域国际品牌的创建

2009年，按照潮州市委、市政府"一件一保持"和实施名牌带动战略的工作部署，潮州市工商局充分发挥职能作用，提高服务意识，加大扶持引导力度，加强对广大经营者商标意识的培育。4月份，在市区南堤路头以大幅户外广告的形式对2008年获得广东省著名商标的15家企业及历年被认定为驰（著）名商标的企业进行宣传推介。2009年，潮州市工商局坚持"择优扶强，重点扶持"的原则，确定27家企业作为2009年广东省著名商标的重点培育对象，加强申报的业务指导，以贴身式服务帮助企业进一步了解申报著名商标认定的相关规定和程序，帮助企业完善申报的硬件设施和相关资料的整理归集。7月份，经过筛选，正式受理16家企业的申报材料并报省局审核认定。另外，潮州正龙电池工业有限公司的"正龙"（图形）注册商标也在209年被认定为"中国驰名商标"，"潮州柑"的成功注册使潮州市地理标志证明商标实现了零的突破。目前，潮州市共拥有"中国驰名商标"4件、广东省著名商标105件，商标发展战略工作取得新突破。

2007年，"枫溪陶瓷"被广东省政府确定为全省三个区域国际品牌试点单位之一。2009年，为推进这一工作，一方面督促商标策划设计单位加快"枫溪陶瓷"商标的设计工作，另一方面协同枫溪区有关职能部门，与枫溪区管委会和枫溪区陶瓷工业协会一起，共同推进相关工作。6月，商标设计单位将设计完成的17个商标标识带到潮州，经过潮州市工商局、枫溪区委及枫溪有关部门的共同研究筛选，初步选定三个商标式样作为注册选择。8月，枫溪区管委会正式确定了两个标识图样作为"枫溪陶瓷"区域国际品牌的商标图样，于10月份向国家工商总局商标局申请注册并获受理。

（三）鼓励和促进正版软件的使用

2009年12月，潮州市版权局争取潮州市委、市政府的支持，向珠海金山软件股份有限公司购置市直党政机关单位使用金山正版办公软件下一个4年授权期限及服务。

为加大知识产权保护力度，鼓励和扶持企业使用正版软件，潮州市版权局在印发《潮州

市推进企业使用正版软件工作实施方案》的基础上，组织力量对国有企业、外商投资和民营企业使用正版软件的相关情况摸底调查，分类排列，并拟定广东昊轩科技有限公司等5家企业作为企业使用正版软件试点单位，逐步推进企业使用正版软件的工作。

三、知识产权保护

（一）认真做好专利侵权纠纷的调处工作和对假冒、冒充专利案件的处理工作

广东省知识产权局对全省各地级市的专利行政执法工作进行综合评估，认为近两年来潮州市知识产权局能通过多种形式，以教育为主、注重协会配合的专利执法方式，开展专利执法工作，并探索新的执法思路，为潮州市知识产权的发展创造了良好的专利保护氛围。据此，潮州市知识产权局2009年度被评为全省专利行政执法先进集体，案件协办人员郑锦明同志被评为全省专利行政执法先进个人。

2009年共受理专利侵权纠纷案件35宗，其中涉及发明专利1宗、实用新型专利11宗、外观设计专利23宗。立案查处假冒、冒充专利案件1宗。上年度尚未审结专利侵权纠纷案件累积结转18宗。针对2009年来专利侵权纠纷案件较往年明显增多的情况，在人员少、任务重的情况下，能认真按照有关法律、法规和执法程序规定办理，加快案件审理进程，在查明事实、分清是非的基础上，耐心做好双方当事人的工作，力促双方达成调解。截至2009年底，专利侵权纠纷案件共审结33宗，其中处理结案3宗、驳回结案7宗、撤案结案18宗、调解结案5宗；尚未审结20宗，其中5宗中止，15宗正在调处中。

2009年6月，潮州市知识产权局接到广东省知识产权局转来的广州市知识产权局关于广东无穷食品有限公司冒充专利行为的举报材料，经研究，马上对该公司的涉嫌冒充专利行为按照有关规定作出立案处理，迅速派出执法人员到该公司进行现场勘查，并根据勘查情况要求其进行整改，通过整改达到提升企业知识产权管理水平的目的。

根据广东省知识产权局《广东省2009年“雷雨”、“天网”知识产权执法专项行动实施方案》的部署，潮州市知识产权局及时制定了《潮州市2009年“雷雨”、“天网”知识产权执法专项行动实施方案》，并印发给相关单位，这次“雷雨”专项执法行动，重点查处6个群体性专利侵权案件，使专利权人的合法权益得到有力维护，专利行政执法的特点和优势得到充分发挥，积极办案、协作办案、高效办案的工作局面逐步形成，专利行政执法的整体水平进一步提高，为促进潮州市经济社会发展作出应有的贡献。

（二）加大查处商标违法力度，维护商标所有人权益

2009年，潮州市工商局加强对下属单位打击商标侵权工作的指导和检查，规范查处商标侵权案件的执法行为，有效遏制了商标侵权和“傍名牌”等行为的发生，切实维护商标所有人的权益，为品牌战略的实施保驾护航。以此达到引导企业走自主创新之路，以品牌创新带动技术创新，提高核心竞争力，促进企业转型升级、科学发展的目的。2009年，全市工商系统共立案查处商标违法案件25宗，案值39.86万元，罚没入库19.6万元，没收销毁侵权物品22339件，没收销毁侵权商标标识52015件，没收制造侵权商标标识工具1件。

（三）净化网络文化环境，打击各类网络侵权盗版行为

2009年，潮州市版权局把开展打击网络侵权盗版专项行动摆在版权工作的重要位置，成立了打击网络侵权盗版专项行动领导小组，制订了《2009年打击网络侵权盗版专项治理行动方案》，组织公安、工商、电信等部门，开展打击网络侵权盗版治理专项行动。行动共出动执法人员1001人次，检查网站及网吧143家次。检查中发现“潮州网址大全”网站提供《颐和园》、《北逃》等违规电影在线播放，“潮州无忧网站”管理不善，学人利用作为平台传

播血腥淫秽影片《困惑的浪漫》，潮州市版权局立即责令“潮州网址大全”停止传播视听节目，“潮州无忧网站”进行整改。

四、知识产权管理与服务

进一步加强与行业协会的联系，通过行业协会知识产权保护的试点工作，指导协会充分发挥内部协调和行业自律机制，提高应对知识产权纠纷的能力，在一定程度上减少潮州市专利行政执法的压力。同时，通过派员参加广交会知识产权保护活动，提高会展运用知识产权制度的水平。

五、知识产权宣传、教育与培训

潮州市知识产权部门在开展知识产权宣传和咨询活动方面，主要做了以下几项工作：

一是播出知识产权保护专题，宣传知识产权知识。4 月 26 日，潮州电视台在《周日说法》栏目播出由潮州市知识产权局联合潮州市中级人民法院、潮州市工商局、潮州市版权局录制的知识产权保护专题，介绍了知识产权的司法保护和行政保护的有关知识。节目在潮州公共频道及综合频道滚动播出四次，影响范围广，播出层次多，给广大的企业和市民上了一堂生动的知识产权课。

二是播放公益广告宣传片，宣传知识产权战略。在 4 月 20—25 日，潮州广播电视台综合频道及公共频道播放由广东省知识产权局制作的实施知识产权战略为主题的公益广告宣传片。

三是配合广东省知识产权局做好广东政风行风“民声热线”上线节目。根据广东省委、省政府开展政风行风建设的总体部署，广东省知识产权局于 2009 年 6 月 23 日、30 日参加广东省政府纠风办主办的广东政风行风“民声热线”上线节目，潮州市知识产权局根据广东省知识产权局的要求，认真做好节目预案，及时将此次上线工作内容传达到各基层单位，让全行业广大干部职工了解“民声热线”工作。同时，积极组织广大干部职工同步收听、收看直播节目。

四是在“4·26”知识产权日期间，向有关企事业单位发放《中国知识产权报》“4·26”专刊，宣传知识产权知识。

五是举办知识产权管理及实务培训班。为贯彻实施《广东省知识产权战略纲要（2007—2020 年）》，提高企业知识产权运用能力和管理水平，2009 年 5 月 19 日在潮州市科技大楼举办知识产权管理及实务培训班，参加培训班的有省市知识产权优势企业、培育对象和高新技术企业的管理人员共 100 多人。

六是加强商标宣传，提高全民的商标意识、品牌意识和商标维权意识。2009 年 4 月 26 日，在《潮州日报》用一整版的篇幅，对潮州市 15 家获得 2008 年广东省著名商标的企业进行宣传，并报道潮州市工商局近年来发挥职能作用，推动商标发展战略，服务地方经济建设，力促企业转型升级的主要做法。2009 年 6 月，通过潮州电视台和《潮州日报》对潮州市首件地理标志注册商标“潮州柑”成功注册一事进行报道，提高了广大群众对证明商标、集体商标注册及保护工作的认识。2009 年 11 月，潮州市工商局还组织广东四通集团有限公司和广东恒洁卫浴有限公司参加第三届中国商标节，向全国宣传、展示了潮州的驰（著）名商标企业。

七是开展版权法律法规宣传活动，营造良好的创造氛围。在保护知识产权宣传周活动期间，潮州市版权局组织人员深入出版物发行、印刷复制等企业，开展版权法律法规宣传活动，并向各企业赠送《著作权集体管理条例》、《互联网著作权行政保护办法》、《广东省企业使用正版软件指南》等宣传资料 200 份。举行“潮州市非法出版物销毁现场会”，现场销毁非法书报刊，表明执法部门对打击侵权盗版的决心和态度。组织骨干人员举办区分正版与盗版作品的展览，开展保护著作权咨询服务，分发版权登记宣传资料 300 多份，为推进全社会尊重劳动、尊重知识、尊重人才、尊重创造营造良好的氛围。

六、知识产权对外交流与合作

为贯彻落实国家和广东省知识产权战略纲要，进一步加强全市知识产权工作，发挥知识产权在全市社会发展中的作用，于5月21日召开潮州市知识产权办公会议制度第一次成员联席会议。参加会议的有市知识产权办公会议制度组成人员及联络员50多人。

根据粤东知识产权保护协作机制的约定，为探讨新形势下专利促进与保护工作，加强粤东各市知识产权的协作和交流，促进知识产权工作的发展，2009年11月份，潮州市知识产权局参加在汕尾举行的第八届粤东知识产权局长联席会议，并与粤东兄弟局就促进粤东知识产权工作发展的经验、打算，以及发展中碰到的困难等方面进行交流探讨，有效推进粤东知识产权协作机制的进一步完善。

七、知识产权成果参展

为加强工业设计成果与制造业对接，促进优秀项目成果转化，为潮州市工业设计和制造业提供一个展示、交流和交易的平台，潮州市知识产权局于2009年9月积极组织企业参加第二届中国（顺德）国际工业设计创意博览会。由潮州市市委常委、副市长雷健民同志带队，市属县、区、开发区分管知识产权工作的副县（区）长、知识产权局局长带领的12家企业组成参展团参加此次博览会。

2009年11月，潮州市知识产权局组织8家企业参加在广州琶州会展中心举办的第三届中国专利周主会场，通过专利周多种形式的展示和交流，充分展示潮州市企业运用知识产权战略取得的成效。

（供稿人：陈灿伟）

揭阳市

一、概况

2009年，揭阳市认真学习贯彻党的十七大和十七届四中全会精神，积极推动实施国家和省《知识产权战略纲要》，紧紧围绕“保护知识产权，推动自主创新，服务科学发展”的任务要求，依法履行职责职能，积极开展知识产权宣传、行政执法和区域协作，推动企业专利管理工作，不断加大知识产权推动力度，企业自主创新能力和运用知识产权保护能力得到提高。越来越多的企业拥有自主知识产权，35家高新技术企业具有自主创新的专利，创新企业共成立工程技术研发中心32家。全市新增注册商标6331件，注册商标总量达25770件，商标工作进入快车道。专利申请、授权量分别为746项和668项，分别比去年同期增长了12.12%和48.44%，专利技术含量进一步提高，发明、实用新型专利申请为230项，授权为118项，比重进一步提高。越来越多的企业拥有自主知识产权，绝大多数高新技术企业具有自主创新的发明专利和注册商标。

二、知识产权政策体系建设

知识产权各部门按市政府统一部署，加强知识产权制度建设，在区域协作、部门联动、工作责任制、依法办案程序、收费许可、纪律和廉政建设工作上得到有力的落实。政务公开和优质服务工作全面推开，各县（市、区）保持与市各管理部门基本一致的工作体系。

知识产权政策有新发展。揭阳市人民政府印发《揭阳市实施知识产权战略纲要（2009—2010）工作方案》，确立目标任务，鼓励和引导企业自主创新，加大对专利申请和专利技术实施的资助力度，推动揭阳制造向揭阳创造转变，优势产品产业进一步发展。

揭阳市版权局印发《揭阳市2009年推进企业使用正版软件工作计划》，发放《企业完成软件正版化工作总体情况表》，确定2009年推进使用正牌软件的企业名单。

揭阳市工商行政管理部门制订《揭阳市2009年争创驰名、著名商标工作方案》和《揭阳市工商局开展全市商标代理机构市场秩序整顿专项行动方案》，部署争创中国驰名商标的名牌战略及整顿商标代理机构市场。

三、知识产权创造与运用

揭阳市政府对引导本市社会和企业为推进自主创新、应对国际金融危机的战略和策略研究工作作出了部署，与此密切相关的知识产权各管理部门在实际工作中高度重视指导和服务工作，对企业的专利产品进行调查摸底，指导企业提高产品专利的覆盖率，以维护自身的合法权益；指导企业对尚未申请专利的产品及时申请；提高企业的信息利用水平，帮助企业在申请前做好检索、查询工作，以避免或减少重复申请带来的纠纷；帮助企业建立健全自主知识产权管理制度。全市现有11200多家企业进入了市政府建立的信息网平台。

市知识产权局从指导企业开展知识产权制度建设、强化专利信息服务、开展专利培训等措施入手，加大对各县（市、区）知识产权部门的管理和协调，专利申请、授权量基本保持上升姿势，发明、实用新型专利比重进一步提高。2009年，揭阳市知识产权局在省专利技术实施计划项目、省专利奖、省知识产权优势企业等项目组织申报上做了大量工作。全年列入省专利实施计划项目1项（广东吉荣空调设备有限公司），列入省知识产权优势企业1家（广东宝山空制冷有限公司），列入省中小学知识产权教育试点学校2个（揭阳邱金元纪念中学和揭阳市揭东第一小学）。新增揭阳市明珠机车器件有限公司、信达金属门窗厂公司2家市级知识产权试点企业，使揭阳市知识产权试点企业增至6家。揭阳市工商局2009年上报25家参评广东省著名商标和18家延续认定广东省著名商标。加大对驰名、著名商标的扶持力度，商标的质量得到有效提升。

四、知识产权保护

知识产权各管理部门为有效维护市场公正，继续加强专项整治、执法区域协作工作。2009年共立案3宗。其中，结案2宗，被请求人提起宣告专利无效，经国家局确定后请求人撤案1宗。通过立案、受理投诉举报、联手打假机制等程序和措施，有效化解了经济矛盾。

为加强区域联合执法力度，粤东知识产权协作会议由原六市增加为七市合作，并就七市知识产权专利侵权纠纷案件碰到的问题及解决办法进行了讨论并达成共识，继续为今后案件移交、办理等工作提供依据。进一步加强知识产权执法联络室建设，定期与市公安局经侦支队联系，加强知识产权犯罪侵权的执法协作、经验交流。

揭阳市工商行政管理部门共查处商标违法案件44宗，罚款108.28万元，其中查处商标侵权假冒案件38宗，案值60.62万元，罚款103.56万元，保护商标专用权取得了积极成果。

揭阳市版权管理部门在全市范围内深入开展打击网络侵权盗版专项行动。2009年检查各类文化经营场所1890家次，查获非法音像制品25000张；取缔违法经营单位10家；行政处罚违法经营单位3家；查获地下窝点2家；立案受理版权侵权行政处罚案件1宗；行政处罚违法经营个人1人。对揭阳市列入2009年全省推进企业使用正版软件的21家企业进行逐一检查回访。有效遏制侵犯著作权、盗版音像制品、盗版软件泛滥等行为，保护版权和鼓励企业自主创新。

五、知识产权管理与服务

2009年揭阳市公安、工商、知识产权、文化等部门，围绕揭阳市委、市政府中心工作任务，结合单位特点，充分利用电视、广播、新闻报刊等新闻媒介开展宣传工作。采取在网站、报刊上发表文章，在电视广播上做公益广告，举办各类讲座、培训班，采用媒体跟踪报道执法活动、企业创新形象宣传、消费者咨询服务等方式，进行知识产权法律知识的普及和引导工作。

揭阳市知识产权局深入企业宣传知识产权制度，激励企业积极推进技术创新，进一步提升核心竞争力，做强做优企业；深入知识产权教育试点单位，对试点学校开设知识产权教育课程、教育进程及质量进行检查、督促和指导，对学校让青少年学生从小形成尊重知识、保护知识产权的意识，培养他们的创新精神和实践能力的教学理念给予充分肯定。“3·15”“4·26”活动期间，在市区多处悬挂“实施知识产权战略，促进创新发展”等宣传标语，还协同有关部门组织知识产权讲座、开设宣传栏、标语张贴等，让社会更多地了解知识产权，增强保护意识。全年共举办了3个知识产权培训班，发放知识产权读本450份，办宣传栏40个，宣传标语60幅。

揭阳市版权局联合公安、信息产业局实施《2009年打击网络侵权盗版专项行动实施方案》，上下联动，全力打击网络侵权行为，重点对辖区内电脑城等卖场的各类出租柜台、摊位进行了检查，查处非法安装计算机软件等侵权盗版行为。开展形式多样、内容丰富的2009年“保护著作权宣传周”活动。

揭阳市工商局在全市设立投诉举报信箱23个，向社会发布合法商标代理企业名单，发布整顿商标代理机构市场秩序宣传告示140条次。开办商标广告管理工作及业务培训班。

六、知识产权宣传、教育与培训

围绕《揭阳市“雷雨”、“天网”知识产权执法专项行动实施方案》，组织落实“4·26”有关宣传执法活动。市公安局、工商局、文化广电局、榕城海关、市知识产权局等单位，按照各自法定职责，密切配合，采取形式多样和切合实际的措施举办宣传活动，对全市各重点市场、企业进行检查、执法；县（市、区）积极联动，开展多种形式宣传。围绕“4·26”世界知识产权日活动主题，市知识产权局联合揭阳电视台、揭阳日报社等媒体，大力开展宣传活动，揭阳电视台连续数天报道本市的知识产权成果，对揭阳市知识产权教育试点学校进行调研、指导并做专题宣传报道，对广东深展实业有限公司、广东宝山堂制药有限公司、广东吉荣空调有限公司等企业开发有自主知识产权产品，并申请专利保护，发展企业经济的典型作了报道。创新途径和形式上，全市创新企业共成立工程技术研发中心32家，数十家企业通过与高校合作研发，设置科技特派员制度、知识产权管理制度等方式，逐步成为创新型企业。

工商管理部门结合“3·15”消费者权益日、“4·26”知识产权保护周等宣传活动，现场发放宣传资料1200多份，接受咨询56人次，在电视播放宣传标语20条次，营造良好的社会氛围。积极开展名牌带动战略，加强注册商标宣传，在《揭阳日报》、揭阳电视台连续五天对新认定的广东著名商标和延续认定的广东省著名商标进行宣传。文化管理部门结合“保护著作权宣传周”活动，上下联动，在主要街道以条幅和横幅的形式大力宣传“保护版权，促进创新发展”等标语口号。制作宣传口号在全市电视台每晚黄金时段播放；揭东县、揭西县、普宁市均分别举办现场咨询活动，参加咨询人数达3000多人。各地文化管理部门还分别举办了展览、专题讲座、座谈、报告会、各类竞赛等活动。

（供稿人：陈炜仟）

云浮市

一、概况

2009年，云浮市知识产权工作紧紧围绕市委、市政府的中心工作，以建设新型云浮为目标，积极开展知识产权宣传、执法、服务、管理与实施等工作，使企业自主创新和运用知识产权制度的能力不断提高，有效地促进了云浮科技、经济和社会的发展。

二、知识产权创造与运用

（一）专利

2009年，云浮市全年专利申请量为172件，同比增长13.91%，其中发明专利25件、实用新型专利52件、外观设计专利95件；专利授权量为139件，同比增长43.30%，其中发明专利10件、实用新型专利41件、外观设计专利88件。截至2009年底，云浮市累计专利申请量为1337件，其中发明专利200件、实用新型专利467件、外观设计专利670件；授权量为890件，其中发明专利52件、实用新型专利338件、外观设计专利500件。2009年，云浮市获省知识产权项目6个，其中百家知识产权优势企业1家、中小学知识产权教育试点学校2所、软科学研究计划项目1个、区域知识产权发展计划项目1个、执法协作与市场监管项目1个。截至2009年底，云浮市共获得省知识产权项目48个，其中百家知识产权优势企业6家、知识产权试点县2个、会展知识产权保护和行业协会知识产权保护试点单位2个、区域知识产权发展计划1个、知识产权软科学研究计划项目2个、专利优秀奖7个、专利工作先进企业1家、专利试点企业4家、中小学知识产权教育试点学校8家、全国企事业知识产权试点单位1个、组织实施省专利技术项目15项，全市专利技术实施产值达65.28亿元。

（二）商标

市工商局大力开展培育驰名、著名商标，协助企业申报驰名和集体商标工作。继续实施名牌带动战略，引导、扶持企业争创驰名、著名商标。2009年，全市新增2件广东省著名商标，分别是郁南县虎豹电池有限公司、罗定市稻香园农业发展有限公司的“万兴”和“聚龙”商标；注册商标1005件。至2009年底，全市获得广东省著名商标数量上升至23件，驰名商标1件，全市共有注册商标4785件。

三、知识产权保护

（一）专利

一是在“4·26”世界知识产权日宣传执法活动期间，市知识产权局认真贯彻落实省知识产权局《关于印发广东省2009年“雷雨”、“天网”知识产权执法专项行动实施方案的通知》文件精神，制定了《云浮市知识产权局开展“雷雨”执法专项活动方案》，与市公安局联合开展了专利专项执法检查行动，查处假冒和冒充专利行为。此次检查共出动执法人员10人，检查市区3家超市和2家药店，检查标有专利号和专利标志的商品共380件，没有发现假冒和冒充专利行为。

二是开展会展行业协会知识产权保护工作。市知识产权局积极开展了2009年中国（云浮）国际石材科技展览会和中国（云浮）新兴不锈钢餐厨具制品博览会知识产权保护工作。两会期间，派执法人员进入会场开展专利产品检查工作，对参展人员进行知识产权宣传、培训，向参展人员传授识别假冒和冒充专利产品以及保护自己的专利等知识，现场指导企业制定专利预警机制，使企业逐步树立知识产权保护意识。

（二）商标

市工商系统深入开展保护注册商标专用权专项行动，严厉查处商标侵权行为。在元旦、春节、五一、十一等节日期间多次开展保护商标专用权专项执法行动。突出以食品、酒类、药品、农资、涉外商标、驰名和著名商标专用权的保护为重点，以生产、批发企业、专营专卖店为整治突破口，开展保护商标专用权专项执法的各项工作。全市共查处商标违法案件102宗，罚没入库金额62.96万元，没收侵权商品14865件。

（三）版权

市版权局按照省的统一部署，开展了“扫黄打非”第一、第二、第三阶段集中行动，开展国庆期间出版物市场集中清查行动。在国庆前夕，开展了对印刷复制企业和图书市场加强监管、打击盗版教材教辅读物、打击网络侵权盗版等专项行动，全力封堵和查缴各类非法出版物。全市共收缴非法音像制品约1.6万张、非法书报刊约7.8万本（份、张）、非法电子出版物500张，取缔兜售“六合彩”报等地摊游商410档次，抓获贩卖淫秽出版物的违法人员4名，其中2名被判处有期徒刑6个月，1名被判处拘役5个月，1名被判处有期徒刑3年。按照《2009年广东省推进企业使用正版软件工作计划》文件精神，云浮市大力开展版权宣传活动，注重引导，健全机制，进一步推进企业使用正版软件工作，确定5家督办企业，并顺利通过省的检查验收，获得好评。

四、知识产权管理与服务

（一）专利

云浮市知识产权局在开展企业专利工作过程中，积极为企业提供专利工作指导、专利咨询等服务，对全市获得知识产权项目的企事业单位、学校进行项目管理。一是深入到获得项目的企业进行调查研究，指导企业开展专利技术实施工作，促进专利技术产业化。二是指导企业制定专利预警制度，有效提高企业市场竞争实力。三是指导承担项目的企业规范使用项目扶持资金，遵守财务制度，做到资金专项专用，做好绩效评价工作。四是做好知识产权项目的培育工作，加强对创新能力强、专利工作基础较好的企业和区域进行重点指导和培育，及时为这些企业解决专利方面的问题，实现以点带面，促进企业知识产权工作发展。五是充分发挥专利信息服务平台作用，积极做好专利申请咨询、文献检索和专利技术转化等服务工作。据统计，市知识产权局全年共接受专利申请咨询300多人次，服务专利权人缴纳年费500多件。

（二）商标

市工商局大力开展培育驰名、著名商标，协助企业申报驰名和申报集体商标工作。一是积极培育广东凌丰集团股份有限公司申报中国驰名商标，至2009年底，该公司的驰名商标申报工作已经进入审批阶段。二是积极培育市石材商会、新兴县不锈钢商会申请集体商标。三是做好“商标强商”工作，推进“一所一标”创建活动的深入开展。按照2008年《云浮市工商系统开展“一所一标”创建活动实施方案》，从2008年起，用3年时间，在全系统开展“一所一标”创建活动。2009年共接受企业、个体工商户商标注册咨询1800多户次，协助查询商标1500多件。

五、知识产权宣传、教育与培训

（一）专利

2009年，云浮市知识产权局结合“保护知识产权宣传周”、知识产权战略纲要颁布实施、纪念改革开放30周年等重大事件，开展了一系列形式新颖、内容丰富的宣传活动。

一是开展知识产权宣传和咨询活动。在“4·26”世界知识产权宣传活动日这一天，市知识产权局根据省知识产权局的部署，与市文化广播电视新闻出版局联合在市青少年宫广场开展知识产权宣传和咨询活动，向社会群众发送《知识产权知识手册》500多册、《专利知识问答》宣传资料600多册、知识产权宣传挂图60张、宣传知识产权扑克牌300副、《中国知识产权报》（创新“4·26”系列特刊）150套1200张，展示使用正版软件宣传图片60张。前来参加活动的群众共有1000多人，接受咨询人数100多人。全市各县（市、区）知识产权局当日悬挂了13条“保护知识产权，促进创新发展”宣传横幅。

二是开展知识产权调研采访活动。为贯彻实施国家和省知识产权战略纲要，配合《广东科技报》“广东专利之光”专题栏目组做好企业知识产权调研采访工作，市知识产权局于5月12—13日与《广东科技报》的记者一同到部分企业开展知识产权情况调研采访活动。调研采访郁南县广鑫冶炼有限公司、郁南永康药业有限公司、郁南县港城瑞士乐食品有限公司、云浮华南酒庄酒业有限公司、广东凌丰集团股份有限公司等5家企业。采访中，就知识产权保护问题与企业进行探讨和交流，了解企业知识产权的创造、运用、保护和管理情况。5家企业所开展的知识产权工作状况、工作成就等都在2009年5月29日出版的《广东科技报》上刊登。

三是组织企业和项目参加第三届中国专利周（广东）应对金融危机中小企业与知识产权展览交易会。为贯彻落实省知识产权局有关文件精神，11月，云浮市知识产权局积极组织广东凌丰集团股份有限公司等13个企业和项目参加了国家知识产权局、省人民政府、广州市人民政府在广州举办的第三届中国专利周（广东）应对金融危机和中小企业与知识产权展览交易会。让企业通过实务、模型、图片、音像等多种方式，展示云浮市知识产权方面取得的成就和企业运用知识产权应对金融危机取得的成效。

（二）商标

市工商局进一步加强商标法律法规和商标知识的宣传工作。一是在全市范围内开展“4·26”知识产权宣传周活动。按照省局文件要求，以“实施商标战略·促进创新转型”为主题，开展商标宣传活动。利用云浮广播电视台和《云浮日报》等媒体、采取悬挂相关保护知识产权的宣传横幅、在广告栏张贴宣传资料等形式，开展了商标法律法规和商标知识的宣传，营造了良好的宣传氛围。二是利用一年一度的“3·15”国际消费者权益日举办宣传活动，派发宣传资料，解答企业提出的问题。

（三）版权

市版权局在4月20—26日“世界知识产权日”期间，开展知识产权宣传系列活动，集中销毁非法书报刊8.9万张/册、非法音像制品3.4万张、非法电子游戏机100多台，派发宣传资料1000多份，接待咨询市民1000多人。

六、知识产权交流与合作

2009年，云浮市知识产权局贯彻实施国家、省知识产权战略纲要，根据省知识产权局关于加强区域知识产权合作的要求，于7月份，承办召开粤西（云浮、阳江、茂名、湛江）四市专利合作联席会。会上，以探讨的形式对在新形势下如何规范和维护市场经济秩序、促进知识产权工作的发展等问题进行交流和探讨。

（供稿人：黄君萍）

出版物、专题研究与工作交流

出版物

专题研究报告

工作交流

出版物

《法眼看新闻——知识产权案件报道之法理解读》简介

《法眼看新闻——知识产权案件报道之法理解读》一书，于2009年1月由羊城晚报出版社出版，是广东省知识产权局2007年度软科学研究计划项目，由广东知识产权局副局长朱万昌担任主编，《中国知识产权报》驻站记者和广东省内知识产权司法界、行政界和法律服务界的骨干力量合作撰写而成。

该书近40万字，收集了60多篇关于知识产权典型案例的新闻报道，全部来自近年来的《中国知识产权报》，其中90%以上是关于广东的案例。这些案例分为专利、商标、著作权、反不正当竞争及其他四个方面，每个案例都能独立说明一个法律问题，具有很高的阅读和研究价值。

将“新闻”的真实性、可读性、通俗性和“法律”的专业性、指导性、权威性紧密结合是本书最大的特点，各篇文章既有的放矢、突出重点，又深入浅出、通俗易懂，属于典型的知识产权法律法规普及类读物。它的出版发行，对促进知识产权法律法规的宣传普及，对推动知识产权进入“唱和者众”阶段起到了非常重要的作用。

（供稿人：顾奇志）

《中国知识产权报广东新闻作品汇编(2008年卷)》简介

《中国知识产权报广东新闻作品汇编(2008年卷)》一书，是广东省知识产权局编印的内部交流资料，收录了2008年度《中国知识产权报》对广东进行的绝大部分新闻报道作品，共计180多篇、10多万字。

2008年是广东省知识产权事业发展中重要的一年，该书汇集摄影报道、文字报道、附录三大部分内容，对在这一年中发生的很多与知识产权有关的重要事件，进行了精彩的回顾和总结。

在文字报道汇编部分，本书按照1月至12月的脉络顺序，逐一对知识产权事件进行了清晰的梳理，全面而不失重点，包括了10月份的国家知识产权局专利复审委和省知识产权局签署合作协议、12月份的广东省政府和国家知识产权局在广州开发区签署知识产权高层次战略合作协定等等内容。而摄影报道汇编部分则收录了《中国知识产权报》在过去一年中对广东进行的图片报道，其中也包含了极少数未见报的珍贵照片。全书内容翔实、全面，是非常好的知识产权宣传资料。

（供稿人：顾奇志）

专题研究报告

广东省涉外知识产权案例分析研究报告

我国加入 WTO 后，巨大的市场进一步开放，市场竞争规则日益与国际接轨，越来越多的国外大型企业凭借丰富的知识产权经验和强大的知识产权优势，向国内企业发出颇具威慑的挑战，涉外知识产权侵权纠纷日渐增多。国家知识产权局局长田力普 2006 年 6 月指出，中国已经提前进入涉外知识产权纠纷高发期．这比许多专业人士以前预计的提早了 5—10 年。

至今，我国企业因涉外知识产权纠纷引发的经济赔偿累计超过 10 亿美元，波及的企业数以千计，一些企业已为此付出沉重代价。尤其是美国针对我国企业的“337”调查，年均涉案金额超过 13 亿。据不完全统计，我省企业遭遇包括知识产权在内的贸易保护案件 125 起，涉及 15 个国家，涉案金额累计 50 多亿美元；其中“337”调查 15 起，约占全国的 25%。

一、广东近年来涉外知识产权案例的基本情况

所谓涉外知识产权案例，是指一方或双方当事人为外国人，无国籍人，外国企业或组织，或当事人之间的法律关系的设立、变更、终止的法律事实发生在国外的知识产权案件。简单说，涉外知识产权案例既包括涉及外国人拥有的依本国法授予的知识产权的权属或侵权案件，也包括本国企业在国外遭受的知识产权案件。

（一）案件数量增长迅速

涉外知识产权案件数量也越来越多，频次越来越高。从 2003 年开始，广东省人民政府知识产权办公会议办公室每年都会发布广东知识产权十大典型案例，至今共发布了 60 宗案例，其中有 12 宗属于涉外案件，占 20%。2008 年，广东全省法院共审结涉外知识产权民事一审案件（不含港澳台）469 宗，相比 2007 年的 225 宗，增长 108.4%。

2005—2008 年，我省各级知识产权局共受理涉外专利纠纷案件 230 件，占这些年案件总数 1021 件的 22.5%。其中：发明 53 件、实用新型 81 件、外观设计 96 件。我省近年来涉外的知识产权案件呈现出五个明显的特点：一是从涉及的国家和地区看，以美、日、欧等发达国家为主；二是从涉及的专利类型看，外观专利比重最大，达 41.7%；三是从侵权产品看，主要是电子产品和日常生活产品；四是从侵权地看，主要集中在珠江三角洲地区；五是从侵权人看，主要是中小企业。

（二）涉案领域越来越广

涉外知识产权纠纷已经从打火机、拉链和书写笔等传统产业逐渐扩展到生物制药、数码芯片等高科技产业，纠纷涉及的产业和部门越来越多，已经殃及 DVD、彩电、摩托车、数码相机、MP3 芯片、汽车和电信设备等 20 多个行业。不难看出，涉外知识产权案件涉及的范围越来越广，由此给我省大面积成长迅速的企业造成了直接而严重的经济打击。此外，外国企业还往往结成产业同盟对我省整个行业或中小企业提起专利诉讼，对相关产业发展造成的影响越来越大，甚至对某些产业的生死存亡

构成了直接影响。

（三）案件影响与日俱增

一是知识产权案件所涉及利益重大、涉及核心技术的专利纠纷明显增加。涉外案件已从简单的小专利纠纷发展到涉及国家关乎国计民生的基础行业、关键行业，尤其是在高科技领域，欧美发达国家综合利用反倾销、技术标准、专利池等措施进行围剿，更有一种全方位、大规模的渗透之势，对我国相关产业发展造成的影响越来越大，甚至对某些产业的经济安全构成了威胁。二是纠纷所涉金额越来越大。外国企业或国际标准组织等主体索要的专利许可使用费和专利侵权赔偿金越来越多，动辄以百万、千万，甚至以亿美元计。三是投诉产业相对集中在我省具有国际竞争力或者国外企业占据技术优势且国内市场潜力巨大的产业，前者如机电产品，后者如汽车、摩托车及制药产业。

（四）涉案双方差距明显

涉外案件中，无论发生在国内还是国外，大多数是外国企业做原告，且都掌握了相当的证据。这些同行业的国外大公司，主要来自美、日、欧等发达国家，拥有国际著名商标、众多核心技术，资金实力雄厚，且一定程度上得到国外政府或者官员的默许或支持。而我省涉案企业多为生产规模小、经营范围狭窄的中小进出口贸易企业、中小型生产企业和民营企业，自主知识产权较少。

（五）案件情况日益复杂

一是侵犯知识产权的违法犯罪有了新的发展。随着网络和科学的发展，假冒和盗版不断地采用新技术、新形式，组织化、专业化的智能化水平不断提高。二是新类型案件多，案件专业性、技术性增强。证据繁多，且认定难度较大，法律关系交叉多，法律适用难度增大。三是处理知识产权纠纷的难度进一步加大。目前我国市场经济还处于初步建立阶段，市场秩序还很不规范，一些不法商家的侵权行为越来越狡猾。四是举证难。专利侵权案件的立案要求请求人必须提供被请求人侵权的表面证据，例如销售的发票或收据，能够证明被控侵权产品或产品宣传册是哪一生产厂家的，这就给涉外案件的权利人带来了困难。因为不少涉外案件的侵权产品仅销往海外，在国内没有销售，因此权利人要想在国内取得侵权的证据存在难度。

（六）国际展会案件频发

目前，涉外知识产权保护业已成为展会知识产权保护的重点。以广交会为例，每年都会处理大量的涉外知识产权展会侵权投诉。据统计，近几届广交会，涉外投诉约占 1/3，而且投诉对象往往集中在电器、日用品、玩具等行业。涉及的国家（地区）主要有日、美、英、法、德等，其中日本约占 50%、美国约占 15%、英国约占 9%、意大利约占 7%等。此外，3C 联盟、6C 联盟都曾多次就 DVD 专利进入广交会进行侵权投诉，英国的施特里克斯有限公司曾投诉国内 12 家企业涉嫌侵犯其名称为“电热水壶”的发明专利，日本的三菱重工也曾多次就汽油发电机发明专利权进入广交会进行侵权投诉。

2008 年 8 月，IFA 德国柏林电子消费展上，德国政府出动了 200 多名警员、海关人员突击搜查 150 多个展台是否有“可能侵犯专利权”物品，相关企业大多来自中国大陆、台湾和印度，其中仅来自我省深圳地区的企业就占了 1/3。

（七）群体侵权不断出现

近年来，在利益驱使下，社会上群体侵权、反复侵权问题十分突出，特别是盗版软件、盗版光盘屡禁不止。往往出现一个地区形成一批厂家竞相经营同一产品的局面，一旦发生侵权行为，就会牵涉好几个、十几个或者几十个厂家。

二、广东知识产权涉外案件频发的原因分析

（一）企业层面的原因

1. 自主知识产权严重缺乏。

目前我国在技术创新方面缺少历史积累，

许多核心技术的知识产权依然受制于人，重大装备和基础软件仍然依靠进口，这些已成影响我国企业做强做大的突出问题之一。2006 年 5 月，全国人大常委会副委员长成思危在第九届科博会中国高新企业发展国际论坛上指出，我国现在技术对外依存度超过 50%，说明一半以上的技术靠引进，真正有自主知识产权的企业在全国只有万分之三左右。统计资料表明，目前我国每年只有几万件发明专利，而世界各国每年约有 100 多万件发明专利。

广东省多数企业自主创新的意识不强，研发力量薄弱，单纯依靠模仿市场上成熟的产品、技术来占领市场份额，几乎没有具有自主知识产权的核心专利技术，发明占全省专利申请量的比例甚至低于全国平均水平，而且在很多重点行业，包括家电产业、汽车产业、信息产业等，核心专利技术都掌握在外国企业手中，严重影响和限制了我省企业的发展。据统计，在高新技术产业中，外国公司的知识产权占绝对优势。外国公司在中国获得的通信、半导体类授权专利数量约占同类授权专利的 90%以上，生物行业约占 90%，医药和计算机行业约占 70%以上。以日化行业中的洗涤化妆品行业为例，我省只有 8 家企业申请了发明专利，其中有 2 家企业进入了国内日化企业发明专利申请的前 10 名；外资企业前 8 名申请人的发明专利申请总量则高达 4359 件，是我省 8 家企业发明专利申请总量 38 件的 115 倍。另外，我省企业申请国外专利的意识不强，运用知识产权制度的能力还很弱，占领国外市场的能力与国外企业相比有很大欠缺。某些企业之所以成为跨国公司知识产权大战的首选目标，是因为它们同时具有市场份额高、跟随主流技术、没有专利累积三个条件。

2. 知识产权意识相当淡薄。

加入 WTO 后国内市场的逐步开放和我国社会主义市场经济的不断完善，激烈的国内外市场竞争已不可避免。但我省大多数企业还没有认识到知识产权制度的巨大威力，知识产权工作也未纳入企业的议事日程，一半以上企业几乎未开展任何知识产权工作，很多大型企业甚至没有自己的注册商标。企业知识产权意识仍然薄弱，运用知识产权制度参与国内外市场竞争的能力还很弱，对知识产权法律和国际规则了解不够，使企业在国际市场竞争中难以赢得一席之地。

尤其是我省中小企业众多，OEM 企业遍及各行各业，在生存的压力下，很多企业为了抢订单，忽视甚至放弃自己的知识产权免责条款。他们没有审查委托人所委托使用的知识产权，甚至连合同都不签或者合同相关条款非常草率，从而造成无意识的侵权，并给自身造成巨大损失。一些境外犯罪集团下单让中国企业加工冒牌、侵权产品，然后销售到其他国家，这样造成的侵权事实却要中国企业背黑锅。

如佛山市某贸易公司出口侵犯“HENKEL”商标专用权货物案便非常典型。2004 年 10 月，某外国公司委托佛山市某公司定牌生产 14.6 万只“HENKEL”牌机动车用卤钨灯，并出示了该公司已取得“HENKEL”商标专用权的注册证明。然而，当佛山公司加工的产品向海关申报出口时，海关认定该批货物涉嫌侵犯深圳市某公司在国内注册并在海关备案的“HENKEL”商标专用权，对该批货物全部予以没收，并处罚金。很多企业确实缺乏对知识产权的认识，一般他们都是按照外来订单要求加工产品，他们的主要精力基本集中于如何使产品更加物美价廉，挣点加工费，这样的中国产品很普遍。这些企业不注意他们的产品最终会被贴上什么牌子推向市场，也不注意被要求使用的技术是否侵权，于是他们就被人利用了。

3. 涉外应对能力明显不足。

由于我国施行知识产权制度的时间尚短以及知识产权制度专业性强、较为复杂等原因，我省企业普遍对知识产权的认识不足，保护和运用知识产权的能力还比较欠缺，应对涉外知识产权纠纷的能力和经验较弱，加之人力、物力和财力状况所限，根本不具备独立成功应诉的能力和水平。大多数企业面对知识产权纠纷尤其是涉外知识产权纠纷时表现得束手无策，要不消极应对，要不置之不理，给我省企业造成了很大的损失。外商喜欢用知识产权打击对手，也是看准了一些国内企业的“软肋”，企业不善于运用知识产权维护合法权益更加助长了涉外知识产权纠纷的产生。

（二）国家或地方层面的原因

1. 知识产权保护环境相对超前。

第一，按照加入 WTO 的有关承诺，我国政府开始根据 WTO 框架内的《与贸易有关的知识产权协议》（TRIPS 协议），完善相关制度，加大知识产权保护力度。我们在设计知识产权制度时，少有意识将知识产权保护的天平倾向与维护本国的国家利益和本土知识产权主体的合法权利。客观而言，我国的知识产权保护环境已经与国际接近。第二，我国企业尚处在对相关规则“边学边用”的阶段，企业自身还没有对知识产权保护有强烈的制度需求，内功还未练好，却不得不接受一个与发达国家相同保护的知识产权保护制度。第三，我国知识产权法强调保护权利，反知识产权滥用法律缺位，知识产权滥用行为肆虐，涉外知识产权纠纷硝烟四起。

2. 我国极少参与国际标准的制定工作。

我国是世界第三大贸易国，出口商品规模大、种类多，而且广泛采用国外工业标准。国外企业主导的国家、行业、私有技术标准等往往包含大量知识产权，掌握打压中国企业的知识产权把柄，而我国企业很少有机会参与国际标准的制定，没能形成具有自主知识产权的技术、产品和标准，处处受制于人。

可喜的是，我们部分优秀企业基于对标准同专利之间关系的深刻认识，已经开始积极参加国际、国家和行业标准化组织的活动。如某通讯公司，近年来，在国内通信行业标准研究几百个项目中，参与了其中 90%以上项目的研究。还积极参与 ITU、3GPP、3GPP2、CDG 等国际标准组织的活动。

3. 我国经济发展触动国外利益。

我国的企业以前也存在对国外企业的知识产权侵权，而他们没有追究，只能说是因为当时我国企业的规模还不够大，还没有引起发达国家和大的跨国企业的注意。近年来，我国的出口增长非常快，尤其是国内企业的高新技术产品出口量增加，并开始渗透到电子、通讯、机电等多个行业，企业和产品的影响也随着扩大，冲击着跨国公司的市场份额。一大批国内企业在市场竞争中成长壮大起来。这些企业重视技术创新，致力于壮大自己的品牌，加上在劳动力和原材料方面拥有的比较优势，成为在我国甚至是国际市场上，国外企业强有力的竞争对手。这就迫使外商寻求包括知识产权保护在内的各种途径，以期占得市场“上风”。

美国 S 公司曾经是世界上最大的 MP3 芯片设计公司，在美国纳斯达克上市的珠海某公司则是这一行业的后起之秀，双方在市场的正面竞争日趋激烈。2003 年，S 公司占据了全球市场的 70%以上，但是滞后期市场份额不断被珠海公司蚕食，尤其是 4 美元以下的低端市场，珠海公司已经取得了垄断地位。为了阻止竞争对手不断扩张市场份额，2005 年 1 月 4 日，S 公司在德州起诉珠海某公司侵犯其专利权。同年 3 月中旬，S 公司又向美国国际贸易委员会提起“337”诉讼，状告珠海公司对 S 公司两项专利造成侵权，并要求禁止采用珠海公司的商品出口到美国。之后，珠海公司奋起反击，一方面在中国起诉 SigmaTel 公司专利侵权，一方面请求美国专利与商标局重新审核 SigmaTel 的相关专利，并请求美国联邦巡回上诉法院重审专利侵权案。经过不懈的谈判磋商，双方最终达成全面和解协议。

4. 我国拥有广阔的市场。

我国人口众多，而且经济多年来呈连续高增长态势，有巨大的消费能力和购买力，这对跨国公司来说，是一个无法忽略的市场，他们要进入中国市场，知识产权保护就成了一个重要武器，所以，中国企业的涉外知识产权诉讼不仅发生在国际市场，频频发生在国内市场。

5. 广东外向型经济发达。

广东区域经济布局表现出独特的“二层结

构”特点，即以本土的内源型经济为基础，上面覆盖着一层外源型经济。广东外向型经济的总量很大，广东外贸出口已占其国内总产值的40%以上，全省1/3的建设资金，1/4强的财税收入均来源于外经贸；广东的出口贸易约占全国出口总量近41.7%，实际利用外资也占据了全国的30%多。这也使得广东经济的外向度比较高，在许多领域，广东企业要与国外企业短兵相接，涉外知识产权案件自然也相对比较多。

（三）国外层面的原因

1. 国外企业已完成在中国的知识产权布局。

跨国公司发展时间较长，十分重视实施知识产权战略，投入巨资进行产品研发，在我国申请了大量专利。在国内电子、通讯、医药等高新技术领域的发明专利申请中，国外机构的申请占大多数。以日化行业为例，据检索，宝洁、普罗格兰特—甘布尔、莱雅、联合利华、花王、资生堂等跨国公司在我国申请了数千件专利，其中宝洁公司1993年10月起在我国获得专利目前已达2600多项。而且，跨国公司的许多专利都属基础性发明专利，可覆盖我国日化市场的绝大多数产品，有明显的专利布局和市场垄断倾向，将对我国日化行业民营中小企业未来的发展构成巨大威胁。随着大量获得中国专利权，国外企业开始大规模发动专利攻势。

2. 跨国公司具有丰富的知识产权营销策略。

现代意义的知识产权之争不仅仅是一个法律问题，而且是企业的营销策略，是游戏和市场规则。知识产权和知识产权保护，往往是世界贸易组织许多“老成员”开拓“新成员”市场的“常规武器”。“老成员”政府及其企业熟知游戏规则，有在知识产权纠纷中取胜的丰富经验，他们利用自己的知识产权优势，选择在国际市场上与自己有竞争优势的企业，有意识地起诉，这是他们一贯阻挠对手企业进入其市场的手段。

2002年，深圳某公司宣告正式进军北美市场。尽管技术上仍有差距，但美国C公司不可能再继续容忍这个对手长大，以版权侵权、商业秘密侵权为由在美国得克萨斯州对深圳公司提起诉讼。实际上，将专利诉讼作为阻击竞争对手的手段，对于美国的高科技企业来说，是一种相当熟练的策略，综观美国的各大高科技公司，诉讼与被诉讼已成为一道最为常见的风景。

这种通过诉讼设置知识产权壁垒的做法目的性比较明显，意图通过诉讼在经济上、时间上拖垮竞争对手，对中国企业的威胁很大：第一，专利诉讼费用太高，完全可能把小公司拖垮。第二，可以威慑中国产品的合作伙伴，让他们放弃与中国企业的合作。第三，有的企业滥用权利，通过申请诉前临时措施等阻止他人进入市场，在被告坚持到终审判决前打垮被告。

3. 新贸易保护主义开始抬头。

目前，国际知识产权保护已成为维护国家利益和经济安全，增强国际竞争力的战略工具，保护力度越来越大，并已成为国家贸易保护的工具。如“337条款”是美国企业阻止竞争对手进入美国市场的一种保护手段，如果“337条款”的调查成立，出口商的产品将有可能被永久排除在美国市场之外。事实上，随着中国日益成为全球制造中心以及对外贸易规模的扩大，中国正逐步成为“337条款”的最大目标。

日本经济产业省确定了8个发展的战略领域，强调在这8个领域要重视和利用专利政策。日本特许厅1998年设立了仿冒产品110室，这是一个面向企业的服务窗口，专门为企业在国外遭到侵权时提供咨询和帮助。2002年，日本出台《知识产权战略大纲》，将加强国外和海关的知识产权保护作为保护战略之一提出，推进计划中的各项措施进一步强化了日本打击国外侵权的体制，明确提出要利用WTO争端解决机制来解决问题，要加强与欧美的合作。

三、涉外知识产权纠纷中的认识误区

（一）发生知识产权纠纷可耻也可怕

知识产权侵权诉讼是跨国公司打压后来者所惯用的商业手段，在国际经济交往中在所难免，是正常的经济社会生活现象。外国企业频频以知识产权为武器对中国企业实施打压，表面上是知识产权侵权纠纷，但本质上就是企业之间的市场之争，不要觉得陷入涉外知识产权纠纷好像就是企业有了天大的问题，因为最终谁对谁错还尚难预料。而且，欧美交战的经验得来，许多欧美企业的所谓专利权经不起诉讼检验，因此中国企业不必一接到欧美企业专利权诉讼就大为恐慌。以DVD涉外专利纠纷为例，我们不战而降，每年缴纳的专利费达60亿元，而台湾DVD协会组织企业积极应对，则取得了完全的胜利。

对涉外知识产权侵权纠纷，我们应树立的观念是：只有应诉才有可能获胜，如果不应诉必然承担不利后果。如就美国“337条款”而言，如果被诉企业不应诉，美国国际贸易委员会（ITC）将缺席裁决，认定起诉书内所指控的侵权事实成立，把被诉企业的产品永久驱逐出美国市场，被诉企业也就彻底失去了在美国市场发展的机会。而只要被诉方应诉，就可以给申诉方施加一定的压力。因为只要被诉方应诉，申诉方就必须证明自己有合法的知识产权，然后还须证明在美国存在实施该知识产权的产业或这类产业将会出现。申诉方将要花费大量的人力物力去搜集证据。权衡利弊之下，申诉方未必愿意将官司打到底，很有可能与被诉方进行和解，甚至直接撤诉。

所以，对于涉外知识产权纠纷，企业既要尊重他人的知识产权，又要保护自己的知识产权。企业遇到涉外知识产权官司时，不能畏讼、息讼或者抱侥幸心理，而是应该具体分析，积极应对，并充分依据知识产权法律和国际规则维护自己的合法权益，最大限度地避免或减少经济损失。

（二）涉外知识产权纠纷中花钱就可以消灾

面对国际知识产权纠纷，不少企业由于资金短缺、不熟悉规则等原因采取回避等软弱姿态，以缴纳高昂的专利使用费或者让出市场为代价来换取暂时的安宁。依据美国贸易委员会“337调查”的统计分析，1999—2003年间完成了74项调查，近一半通过和解解决了问题，或是签订了专利使用权转让协议，或是达成统一协议禁止被控产品出口，或是其他对原告有利的协议。

在海外知识产权纠纷中，国内企业通常有“五怕”：怕官司、怕花钱、怕麻烦、怕责任、怕吃亏。因怕而回避、不应诉，这将招致更大的损失，国外公司不用和我们打官司就已经赢得了胜利。但是花钱并不能真正消灾，因为你要一直受制于人，丧失的除了知识产权，还有市场。更为严重的是，这会让国外公司以为中国企业怕和他们打官司，是好欺负的，从而变本加厉地起诉中国企业，也会引起及其他国家仿效。

2007年4月6日，T公司及其美国的子公司，对中国主要生产和出口三氯蔗糖的企业，向美国国际贸易委员会（即ITC）提出申请，指控以上企业侵犯了其在美国的5项专利，请求启动“337调查”程序，并申请发布永久性普遍排除令和禁止令，目的在于制造贸易壁垒，垄断市场。2008年9月23日，美国ITC对三氯蔗糖“337调查”案件作出初裁，判决中国公司全面胜诉。2009年3月，美国ITC对三氯蔗糖“337调查”案件作出终裁，认定中国公司全面胜诉。而如果中国企业一开始就自动放弃应诉权，T公司将达到其用最省钱、最省时的法律途径，阻止竞争对手产品进入美国市场，实现垄断市场的目的，更为可怕的是，届时不仅中国的三氯蔗糖产业将遭受重创，制裁的对象还有可能殃及与三氯蔗糖相关的整个行业，将会早早地把我国发展中的产业在规模化发展前封杀。

（三）知识产权纠纷属于市场经济的范畴，政府部门不应过多参与

这个观点可以从以下几点反驳：

第一，中国加入WTO本身就是国家和政府的行为，遵守知识产权国际规则本来也是政府“揽”下的。西方国家和企业对中国的知识产权问题的指责，已经完成了从“知识产权相关法律体系不健全”到“执法不力”的过渡，而且，知识产权问题已经不仅仅是企业间和经贸领域的纠纷，而是越来越作为国家间政治、外交命题出现在谈判桌上，对抗性明显。

第二，碰到类似问题，别的国家并没有置身度外。在经济全球化的过程中，他们要保证自己国家的利益，必然要高度重视知识产权的保护，甚至直接出面干涉知识产权纠纷。比如美国非知识产权行政主管部门行政保护强调以重拳出击的方式及时有效地打击美国知识产权在海外或者国际贸易中受到的侵犯行为，以尽可能维护美国国家利益和美国知识产权市场主体的权利为核心目标。一些跨国公司在与我国企业发生知识产权纠纷时，凭借其强大的谈判能力，直接与我国政府谈判或者通过其母国政府向我国政府施压，以达到对其有利的特殊目的，使知识产权纠纷解决政治化。

第三，受到涉外知识产权诉讼的企业，大多都是相关行业中的骨干企业，对于行业发展、地方经济甚至国家安全往往举足轻重。企业一旦在一个点上遭受打击，受损失的往往是一个面，甚至是一个行业。以“337条款”的“禁止令”为例，其又分为“有限排除令”或称“有限禁止令”和“普遍排除令”。其中“普遍排除令”禁止某一种类的所有进口产品进入美国市场，“有限排除令”只禁止被调查企业生产的侵权产品进入美国。由于“337”在裁定时有权颁布“普遍排除令”，也就是说中国企业一旦“应诉缺席”或败诉法官所作出的“模糊裁决”，可全面禁止中国某类产品进口。这意味着该类产品将不得进入美国市场。如何进行知识产权维权，成为摆在中国企业甚至中国政府面前的重大课题。

第四，一件知识产权案件动辄花费几百万美金的诉讼费用，要耗费大量人力物力，从实际情况看，“337条款”调查诉讼案件整个辩护过程的费用，通常在150万—200万美元之间。不少国内企业，尤其是中小企业根本无力承担。而更重要的原因是，国内企业普遍不了解国外法律，国内又缺乏相应的咨询机构，企业很难运用专业的法律程序为自己辩护。这就要求我们在世界贸易组织和世界知识产权组织的框架下，根据我国知识产权法律法规，针对我国企业实际，抓紧研究制定企业涉外维权援助措施，以更好地为我国企业实施“走出去”战略服务。

（四）中国企业只能做被告

诚然，我们的企业与国外企业相比，自主知识产权尤其是核心的自主知识产权非常少，在涉外知识产权诉讼中，我们也多是被告，但这也不排除我们在个别领域，靠知识产权大棒为自己开拓市场。2006年2月，深圳市L公司在美国德州起诉美国P公司侵犯其“美国闪存盘”专利。此案件开中国IT企业在境外起诉美国厂商侵犯专利权的先河，被称为“中国IT企业境外专利维权第一案”。事实上，除了P公司之外，L公司还和多家企业签订了专利许可协议，这其中包括了行业内几家最具有全球影响力的公司。2008年3月26日在北京人民大会堂举行新闻发布会，宣布L远赴美国诉P公司侵犯专利权一案，以L向P签署专利授权许可而告终。这是中国IT企业第一家以专利持有者的身份与国外企业签署专利许可协议。

L公司在美国打赢专利官司无疑告诉了人们，中国企业不仅有能力在美国进行专利维权，更有可能获得成功。但更重要的启示也许还在于L公司为什么能够取得胜利——发展和维护自主知识产权，首先立于不败之地，才是大获全胜的根本原因。多年来，L公司一直坚持“一成果一专利，一产品一专利，甚至一产品多专利”的自主创新目标。截至2008年6月30日，公司已获授权专利共计77项，其中发明专利38项，授权国家和地区包括中国、美国、韩国、中国香港、中国台湾、新加坡、马来西亚等；另有237项发明专利在全球数十个国家申请过程中。

（五）忽视市场，把胜诉作为知识产权纠纷处理的唯一目标

知识产权保护，对方的终极目的就是市场份额。许多国外公司在开庭、取证等过程都利用一切机会宣传本公司产品的优势和对方产品的伪劣之处，对不明真相的公众会产生不可低估的影响，最终会对产品的市场起到很大的影响。所以，在涉外知识产权纠纷中，我们不能犯那种赢了官司却输了市场的错误，在积极应诉、维持生产的同时，要主动出击市场，积极宣传新产品以求生存。即使最终输了官司，也要注重维护企业的整体利益，以免使企业的市场份额受到过大的影响。

四、涉外知识产权纠纷应对的策略

涉外知识产权纠纷应对是一个系统工程，必须多方联动，才能取得最佳效果。首先，企业积极维护自身利益是涉外知识产权纠纷应对的基础。企业对于自身在知识产权方面的利益感受最真切，反应最直接。其次，中介等非政府组织要积极发挥作用。他们可以促使企业就共同利益进行协商，联合维权，也可以为企业提供专业的意见和建议，使维权行为少走弯路。再次，政府要积极支持企业维权。政府应当在政治、外交、贸易、信息等各个层面为企业维权创造良好的机制，支持企业维权。只有企业、中介等非政府组织和政府都充分利用自身资源，以企业为主体，形成联动机制，才能积极维护企业的知识产权权益。

（一）企业层面的策略

1. 实施知识产权战略。

企业要增强危机感和紧迫感，认真分析和研究企业知识产权工作存在的问题，积极实施知识产权战略，勇于创新、大胆探索加强企业知识产权工作的新措施、新办法，提高企业知识产权创造、管理、运用和保护水平，使我省企业知识产权工作在新一轮发展的过程中，走出一条运用知识产权制度提高企业核心竞争力和国际竞争力的新路子。一是加大对知识产权工作的投入，建立健全知识产权工作管理体系和管理制度。二是结合自身需要，采取多种方式和途径针对性地搜集情报，尤其是高新技术方面的情报。三是加强对已有专利信息的收集整理，重视标准文集的收集和开发，及时关注国际国内专利申请的最新信息。四是企业要往海外出口产品，或者是要到海外去提供服务的时候，一定要注意到这个问题，事先要把商品或服务进口国相关的法律环境，特别是知识产权法的相关规定搞清楚，不要贸然进去，否则很可能造成侵权。值得注意的是，企业在制定知识产权战略规划时，要把握好其与国家、地方知识产权战略之间的关系，必须以后者为指导原则，符合其战略方向。

2. 提高自主创新的能力。

企业要不断加大技术创新的投入力度，增强研发能力，提高自主创新能力，积极培育具有自主知识产权的核心专利技术，积累自身实力。一是对于国外成熟的、公知的先进技术，要学习和引进，不能闭门造车。二是要在吸收已有技术的基础上大胆变革、创新、创造。三是在政府主导下，企业与高校、科研机构之间形成以市场为导向、以企业为主体、以高校和科研机构为依托、以专利为核心、以合同为纽带、以法律为保障、以效益为目标的合作创新机制。四是有条件的企业，可以强强联合，研究解决本产业、本行业的共性技术、关键技术，提高原创性、高水平的自主知识产权拥有量，制定行业、产业技术标准，逐步实现“技术专利化、专利标准化、标准国际化”。

在关键领域实现突破，敢于以自身力量超越技术壁垒，通过二次创新、集成创新等自主创新，不但可以免受对方的制约，而且也可以通过提高企业自身的创新水平，打破对方的市场垄断地位，使自己在激烈的市场竞争中占据一定的地位。就我国的实际情况而言，传统知识、生物基因资源、传统医药、地理标志等领域都是我国的知识产权优势所在，应该集中精力在这些领域有所突破。

2005年7月28日，因为U公司属下两家企业指控进口至美国、和在美国进行销售的强化木地板侵犯了其拥有和被许可使用的专利主张，要求美国国际贸易委员会对侵权产品实施普遍排除令，并对被诉企业的违法行为发布禁止令，美国国际贸易委员会决定对中国17家木地板企业进行“337调查”，涉案产品为装有内置锁扣的地板。其中，12家中国企业应诉。但是，最后美国国家贸易委员会的最终裁决，只认定深圳市某公司发明设计的“一拍即合锁扣地板”产品没有侵犯申诉方的任何诉争专利。深圳市公司正是靠着企业的自主知识产权，获得了“337调查”的最终胜利。

3. 提高涉外知识产权纠纷应对能力。

首先，要加强前期预防。一是创建和壮大知识产权专业人员队伍，有计划地在相关国家建立海外律师团队关系（通过业务合作等方式）；二是在公司内部建设禁止侵犯知识产权制度，对高层管理和研发人员的相对培训；三是涉外产品在相关国家提前进行知识产权布局；四是涉外产品对重点涉外国家、公司的专利进行检索、分析、规避；五是风险重大的产品在成本可承受范围，尽量合法使用；六是完善研发制度，注意保留可证明研发过程的证据、合理的销毁制度；七是做好安全保密工作，与相关工作人员签订保密合同，并加强资料的权限管理。

比如说，我们的来料加工企业一方面在“接活”时要留意是否会侵犯第三方的专利技术，另一方面可以利用设置知识产权保证条款来排除自己的侵权责任，减轻可能发生的侵权赔偿责任，即使在将来的诉讼中被判决承担赔偿责任，也可以在诉后依据合同条款向定作人追偿，将侵权风险转移给定作人。

其次，在涉外纠纷发生后，要积极组建团队，冷静应对。一是善于运用国际规则。在全球化竞争格局下，中国企业必须先学会尊重知识产权的通行规则，从法律、制度、程序等各个方面熟悉如何应对包括诉讼在内的各种挑战。二是要研究掌握侵权行为地的法律规定，做到知己知彼。三是聘请经验丰富的律师，分析风险、成本等因素，综合评估，制定策略。当然，公司要有高水平的工程技术人员队伍，协助律师分析技术。四是要善于选择解决问题的渠道。比如说可以借助多方力量化解纠纷，甚至通过与其他竞争对手结盟来反击对方，或者可以通过并购等方式获取专利，寻求以交叉许可的形式进行和解，或者是利用自身专利进行抗辩。五是保留好所有形式的往来文件，并分类管理。

2002年，日本S公司在美国起诉深圳B公司，称B侵犯其两项专利权；2003年，日本N公司在日本东京起诉B，同样是指控B侵犯其两项专利权。出于公司多年参与全球竞争的经验，出于对公司产品及对手的专利技术的深刻理解，B公司坚信没有侵犯S和N的专利权，此时如何应对成了关键。B公司当即分别在美国和日本聘请了知名律师事务所对诉讼案进行应诉。同时，内部也由知识产权部门、技术部门等部门的人员组成了强有力的跨部门应对小组，与律师事务所协作配合。一方面，对自己的被诉产品所使用的技术和对方的专利进行仔细认真的研究比较，证明自己并没有侵犯对方的专利权。另一方面，积极查找各种专利文献，启动无效对方专利权的程序。2005年1月，经过两年多漫长的诉讼过程，B公司与S在美国的诉讼案以非常有利于B公司的条件和解。2006年，B公司通过反诉N“专利无效”，最终获得日本特许厅（专利局）、日本知识产权高等裁判所（法院）的支持而全面胜诉，这也是中国企业首起在境外赢得外国企业专利无效诉讼案。

（二）政府层面的策略

1. 引导企业提高知识产权意识。

一是要充分利用电视、报刊等新闻媒体，进一步扩大知识产权基本知识的宣传，及时、客观、准确地报道国际国内或省内重大涉外知识产权侵权案件，努力营造全社会尊重和保护知识产权的良好氛围。每年“4·26”期间，都在全省范围内组织大规模的宣传活动。平时，主要是通过举办各种讲座、报告会、培训班等方式组织企业知识产权培训，提高企业的知识产权意识。此外，在案件处理中，切实加强对省内企业知识产权意识的宣传教育，引导他们善于从涉外知识产权侵权纠纷中总结经验，充分利用知识产权规则积极应诉，主动维护自己的合法权益。

二是要重视和加强对企业知识产权管理工作的指导，以提高企业知识产权管理工作水平为目的，以突出重点、分类指导为原则，根据不同类别企业的具体情况和特点，制定扶持和指导计划，落实具体措施，形成“计划分类制定、措施分类落实、培训分类展开、任务有所侧重”的指导模式，帮助和促进企业知识产权管理工作水平的提高。

2. 强化知识产权保护力度。

事实表明，加入 WTO 以来，知识产权保护领域的一些法律问题，已经逐渐演变为经济、贸易、外交和政治问题。加强涉外知识产权执法工作，是维护我国国际形象的迫切需要和构建社会主义和谐社会的必然要求，也是贯彻落实《广东省知识产权战略纲要》的重要举措。

以专利行政执法工作为例，一是要把握正确的政治方向，特别是要加强对重大的、涉及面广的和矛盾易激化、可能影响社会稳定的涉外专利案件的审理工作，增强政治敏锐性，妥善把握，慎重处理。二是要严格涉外专利案件办案效率的监督管理，强化期限意识和效率意识，提高办案效率，做到“立案快、查处快、结案快”，坚决杜绝无故拖延处理的现象。三是要加强对涉外知识产权执法实践中带有普遍性的热点和难点问题的调查研究，不断增强涉外知识产权执法工作的预见性、系统性和创造性，进一步提升查处涉外专利案件的水平和能力。海关方面，则要建立侵权盗版企业“黑名单制度”和出口侵权货物企业、报关行甚至报关员“黑名单制度”等，加强对知识产权违法企业和行为的惩罚力度。

3. 加强专利信息化建设，提高专利信息利用水平。

一是继续完善广东省专利信息中心平台，扶持和指导重点企业建立专题数据库和电子阅览室，利用政府网络提供便利的专利信息服务。开展相关培训，扶持其全面提升专利信息利用的水平。二是建立主要国家和地区知识产权壁垒的法律法规及技术标准的动态数据库，使企业了解主要国家的知识产权制度，避免无意识侵权行为的发生。三是鼓励各类企业，特别是高新技术企业根据自身特点和条件，逐步建立主导产品专利信息数据库。四是鼓励企业在出口前，加强市场调研工作，了解目的地市场的知识产权的具体情况、市场的竞争对手等信息，防止因不熟悉自己产品相关的知识产权状况而导致在毫无防备的情况下被提起调查或者诉讼。

4. 建立多层次的知识产权预警机制。

知识产权预警机制是指通过审查的过程、涉及知识产权案件的执法过程和外经外贸活动进行动态监测、统计分析，从而对国内企业可能遇到的专利障碍、技术壁垒提出预警，使国内企业能够及早发现问题，尽量避免经济纠纷。知识产权预警机制是企业知识产权风险的“避雷针”，建立知识产权预警机制，是我们熟练运用知识产权游戏规则的一项既十分必要又相当紧迫的任务。

一是继续开展重点产业专利态势分析工作。每年从我省的重点产业中选择若干个重点技术领域，在全面收集产业相关技术的国内外专利信息的基础上对其进行研究分析，并向社会发布研究分析报告，让广大企业了解我省产业竞争力所面临的机遇和挑战，促使他们及时调整技术开发方向和市场营销方向，尽量避免知识产权纠纷。

二是要在统计和分析涉外知识产权案件涉及的产品、数量、类型、国别和发展趋势，准确把握知识产权国际规则和主要贸易伙伴国法律法规政策变化等信息的基础上，对可能发生知识产权纠纷的重要领域、当事主体、可能产生的危害及其程度、建议采取的对策措施等，向有关政府部门、行业组织、企事业单位等发出警示。

5. 建立并实施知识产权维权援助机制。

建立知识产权重大涉外案件上报制度和知识产权法律援助机制，加强我省应对涉外知识产权纠纷尤其是重大涉外知识产权案件的指导与援助，加大对中小企业和民营企业涉外知识产权维权的组织、协助及服务力度，保护权利人在境外的合法权益，促进我省企业和行业的健康发展。

一是建立知识产权维权援助协作机制，协助推动全省知识产权维权援助工作体系建设。二是进一步发挥广东省知识产权专家库的作用，为遇到难以解决的涉外知识产权事项或者案件的企业提供专业的咨询服务和指导帮助。三是组织开展我省重大研发、经贸、投资和技术转移项目的知识产权咨询、论证活动，指导行业、产业或企业规避知识产权风险。四是组织研究国（境）外知识产权发展动态及其涉外应对措施，研究建立涉外知识产权纠纷处理的应对模式和保障体系。五是研究探索涉外知识产权处理的普遍规律及相关机制。六是通过举办研讨会、培训班等形式，引导企业掌握国际规则、法律法规、维权实务等，提高其涉外维权的意识和能力。

6. 建立重点企业联系制度。

一是与影响地方经济的重点企业、行业建立联系，通过加强相互沟通联系，提供法律咨询和维权服务，保护企业创新成果，营造地方经济发展的良好环境。二是为在海外市场尤其是经济快速发展的国家，如美欧日等国家开展业务的中小型企业提供获得和实施知识产权保护的便捷指导。三是进一步完善政府部门与外商投资企业定期沟通协调机制，通过公开网站和内部信息刊物等渠道，向其通报我国或者我省知识产权保护的动态

7. 培养知识产权人才。

目前国内知识产权专业人才紧缺，能够熟练运用外语处理涉外知识产权事务的专业人才更是凤毛麟角。随着加入WTO后对外开放的进一步深入，中国企业参与海外市场竞争的深化，涉外知识产权事务攀升，专才短缺的窘境日益凸现。知识产权专才是名副其实的复合型人才，而涉外专才则要求更高。首先，在专业知识结构上，必须是跨学科、复合型。除了熟知知识产权方面的法律及相关知识以外，还必须是一个行家。知识产权专才通常都具有工科学历背景或者有企业研发部门的工作经历。其次，在技能上，要能够熟练撰写专利文献，特别是能够运用英语撰写专利文献、起草相关文件，操流利英语与研发部门、海外总部、海外客户等进行沟通。

从目前的形势看，我们一方面要抓紧培养知识产权应急人才，即能合理顺应WTO现有规则，又能最大限度、最讲策略地保企卫国的应急诉讼人才，以及开拓创新、维权用权的企业应急管理人才和社会应急中介人才。另一方面，要兼顾知识产权长效人才的培养，积极实施“百千万知识产权人才培育工程”。我们要依靠知识产权学院、知识产权培训机构及地市知识产权培训力量，切实加大知识产权人才培养力度。

（三）积极发挥展会和行业协会等的作用

要搭建平台，充分发挥展会和行业协会的积极作用。一是会展主办方要制定知识产权规章制度，设立知识产权保护机构，实行自律保护，维护会展期间的良好秩序。二是加强行业内的协调和管理，维护自身和会员企业的利益，发挥行业协会作为政府和企业间桥梁的作用。三是积极鼓励省内各行业、区域建立知识产权保护联盟，形成强有力的知识产权保护网络。四是充分发挥会展和行业协会在涉外知识产权纠纷中的积极作用，整合行业资源，保证信息畅通，协调企业利益，组织企业集体应对纠纷，增强应诉力量。

2006年10月6日，美国F公司向美国国际贸易委员会提交申请，指控包括中国企业在内的18家从中国出口或在美国销售的数字[illegible]侵犯了该公司的注册商标和商业外观设计，[illegible]

要求对被申请人启动“337调查”，请求美国国际贸易委员会签发普遍排除令和永久排除令。被申请人中，涉及我省四家企业和香港两家企业，其中我省的四家企业都是深圳企业。面对这种情况，10月26日，深圳市仪器仪表与自动化行业协会和被诉企业成立应诉小组，以最强的阵容积极应诉。最终，2007年7月19日，美国国际贸易委员会签署了允诺令，有三家企业的产品可以在允诺令约款中继续出口美国。

（供稿人：李鹏）

工作交流

2009年广交会知识产权保护工作情况

第105届、106届广交会是在全球金融危机的背景下举办的，作为重要的国际贸易平台和中国外贸出口主渠道，广交会如何应对金融危机的挑战，受到全世界关注。2009年的两届广交会知识产权投诉接待站（下称投诉站）工作仍然由中国纺织品进出口商会等七商（协）会负责，其中第106届广交会首次明确由中国机电产品进出口商会统一对外协调，并继续在琶洲展馆A区、B区和C区分三期设站。受商务部的邀请和省政府的委派，广东省知识产权局组织了包括广州、佛山、汕头、惠州、中山、清远等11市知识产权局近60人的省市专利联合执法队伍驻会。在大会业务办的领导下，驻会人员与七商（协）会人员密切协作，圆满地完成了知识产权保护的工作任务。

一、第105届广交会知识产权投诉案件的主要特点

该届广交会继续分三期举办，展览总面积达到112.5万平方米；设标准展位55885个，比上届增加265个；有22104家境内外企业参展，比上届减少237家。该届广交会知识产权投诉案件具有如下特点：

（一）投诉案件有所下降

该届广交会共受理知识产权侵权投诉581宗，被投诉企业740家，认定涉嫌侵权企业446家，分别比上届减少了9.9%、17.9%和9.9%。三类案件中，专利投诉420宗，占投诉总量的72.3%，比上届减少11.2%；商标投诉144宗，占投诉总量的24.8%，比上届增加11.3%；版权投诉17宗，占投诉总量的2.9%，比上届减少61.4%。

（二）涉外投诉案件比例较大

该届广交会受理涉外投诉149宗，约占全部投诉案件的25.6%。权利人主要来自日本、美国、法国、德国等国家和地区，投诉的产品多为家用电器、电子消费产品、照明产品、家居用品、太阳眼镜和帽子等。该届展会期间，进口展区为零投诉。

（三）专利投诉案件"含金量"明显提高

该届广交会专利投诉案件中，涉及发明、实用新型专利的案件121宗，占专利投诉总量的28.8%；涉及外观设计的案件299宗，占专利投诉总量的71.2%。而往届广交会上，发明、实用新型投诉所占比例约为20%，外观设计投诉所占比例则约达80%。

（四）涉嫌侵权展品基本不变

涉嫌侵权较多的展区与往届大致相同，仍然是家用电器、电子信息产品、照明产品、计算机及通讯产品、工具、小型机械、汽车配件、卫浴设备、建筑及装饰材料等展区。涉嫌侵权的展品主要是榨汁机、电热水壶、电视天线、转向灯、有源音箱、应急灯、手电筒、灯、灯罩、电蒸锅、搅拌机、汽车配件、喷漆枪、伸缩梯、指数尺、按摩拖鞋、包装盒、玩具、防滑垫等。

（五）专利侵权手段不断翻新

该届广交会出现严重侵权的都是近几届销路较好的新产品。在利益驱使下，不法商家侵权行为的手段越来越多样化和复杂化：一是专门对新产品进行"克隆"以获取订单后再大批

生产；二是故意对产品进行部分非实质性修改以蒙混过关；三是在现场展品中故意拆掉部分关键部件以规避检查；四是声称涉嫌侵权产品是自己临时买来或者他人临时摆放在展位以减轻责任等等。凡此种种，都给权利人投诉和工作人员及时准确处理知识产权纠纷增加了难度。

二、105 届广交会知识产权保护的做法及成效

（一）精心策划，提前筹备

会前半个月，广东省知识产权局就开始积极联系，做好各项筹备工作。一是精心制订工作方案。结合该届广交会的实际情况，认真制定了第 105 届广交会知识产权保护工作方案，对不同展馆不同展区办案人员的安排、案件的分类处理、与商（协）会的分工配合和重大案件的处理等，均作了周密的安排。二是建立健全工作架构。专门成立了以广东省知识产权局唐毅副局长为组长、广州市局杨抗帝副局长为副组长的驻会工作小组，并指派了驻会办公室负责人和现场负责人，各展馆也指定有丰富执法经验的人员负责，明确了分工和责任。三是积极组织执法人员驻会。该届广交会适逢“4・26”世界知识产权日期间，各地市知识产权局工作任务繁重，但经提前沟通协调，最终参与的地市及人员数量均创历史新高，且驻会人员多为各单位的业务骨干。四是及时办理工作证件。为及时办理工作证件，经主动与负责办证的机电商会联系，并及时收集整理好办证需要的相关资料，最终在会前完成了所有参加驻会工作人员的证件办理工作。

（二）领导重视，统一部署

广东省知识产权局领导高度重视广交会的知识产权工作，要求大家继续深化和完善广交会知识产权保护工作，进一步打造广交会知识产权保护的“金字招牌”。4 月 14 日，广东省知识产权局召开广交会驻会执法人员动员大会，唐毅副局长出席会议并讲话，要求驻会人员要认清形势，加强协调，增强驻会工作的责任感和使命感，共同推动这项工作的顺利开展。4 月 27 日下午，陶凯元局长、马宪民书记、唐毅副局长在法制处领导的陪同下，亲临广交会检查知识产权保护工作，并与商务部、商会有关领导座谈，共商如何建立广交会知识产权保护长效协作机制等问题。这也是广东省知识产权局首次有三位局领导同时莅临广交会驻会执法工作第一线，充分体现了局领导对广交会知识产权保护工作的高度重视。

（三）相互协作，形成合力

该届广交会上，各投诉站除省市知识产权局驻会人员和商会工作人员外，还从北京和广州聘请部分人员配合工作，投诉站全体工作人员各司其职，积极配合，认真处理每一宗案件。各商会、交易团紧密配合，进一步形成完整的工作体系，如广东交易团有专人负责跟进和协助处理涉及本团的知识产权投诉案件。对案情较复杂的案件，由涉嫌侵权企业所在交易团或商会派出专人予以协助，不仅保证案件的快速有效处理，避免矛盾激化，也加强了对涉嫌侵权企业的宣传教育。此外，根据第二、三期 B 区投诉站专利投诉案件都较多的情况，及时调整各展馆办案人员，有效解决了案件积压的问题，受到了大会业务办和投诉人的一致好评。

（四）加强宣传，扩大影响

大会向来十分重视宣传教育工作，注重以处理为手段，以教育为目的，大力鼓励技术创新，切实提高广大参展企业的知识产权保护意识。除在各个投诉站的门口明确标识知识产权侵权投诉流程、条件等外，还充分利用《广交会通讯》以及电视、报纸、网络等新闻媒体，加大宣传力度，多角度、多渠道地宣传报道大会知识产权保护的相关规定和投诉处理情况。同时，通过现场办案开展宣传教育工作，特别是对重点案件的快速处理，既起到很好的警示作用，又达到教育一大片的宣传效应。对于涉外知识产权的投诉，专门安排熟悉外语的工作

人员进行处理，并宣传国家和广交会的知识产权保护制度，显示我国保护知识产权的良好形象。

（五）服务大局，注重调解

该届广交会伊始，广东省知识产权局领导要求全体驻会人员树立大局意识，认清当前金融危机对我国外贸、出口企业造成严重影响的形势，坚决贯彻大会有关精神。驻会人员按照局领导的指示，在严格执法程序的同时，紧密结合当前形势和该届广交会知识产权保护工作面临的新情况和新任务，以服务大局为重，在办案过程中注意文明办案，不激化矛盾，同时还积极开展调解工作，化解当事人之间的矛盾，维持展会良好秩序。通过这种处理方式，该届广交会上，不少案件以调解方式结案，最终当事人握手言和，实现双赢。

（六）集中力量，查处大案

在办好一般案件的同时，广东省知识产权局还集中力量，快速反应，严厉查处恶意侵权和重大疑难案件。一是重点处理重复侵权现象。深圳倍轻松科技股份有限公司拥有“眼部按摩器”、“头部按摩器”等多项专利，连续多届被侵权，该届又投诉了近 10 家企业，针对这一情况，广东省知识产权局专门组织业务水平较高的人员，及时跟进，妥善处理了该案件，得到了权利人的赞扬，权利人还给广东省知识产权局和大会发来了感谢信。二是认真处理群体侵权案件。广州某权利人以“转向灯”、“摩托车装饰灯”、“摩托车尾灯”和“摩托车转向灯”等四项专利投诉 20 余家企业涉嫌侵权，广东省知识产权局组织力量及时查处，在短时间内将侵权产品全部撤展。三是设立案件处理绿色通道。将涉外权利人、品牌企业、各地重点企业的投诉案件列为重点案件，提供优先受理立案、、会后跟踪等特别服务。如英国施特里克斯有限公司投诉 12 家企业涉嫌侵犯共名称为“电热水壶”的发明专利，立案后马上派出专人进行处理，取得较好效果。

（七）规范管理，树立形象

在该届广交会中，广东省知识产权局进步规范办案流程，做到四个统一，即统一指挥、统一协调、统一办案程序、统一监督管理，使各项工作更加制度化、规范化、高效化。在案件处理过程中，三个展馆都统一实行“抗辩”专人负责审查、“合议”处理疑难案件制度，同时加强对受理立案、现场认定、举证“抗辩”、结案等环节的监管，力求准确、规范、高效处理投诉案件。在办案过程中，全体工作人员始终本着大局意识和服务意识，坚持文明办案，得到了国内外参展商和采购商的高度赞赏。如天津交易团的座谈会上，企业纷纷表示，该届广交会与上届相比，更加重视知识产权保护工作，为企业提供了更多的便利。法国赛博集团、万慧达知识产权代理有限公司为感谢广东省知识产权局在第 105 届广交会上对权利人权益的保护，专门向陶凯元局长赠送牌匾，称赞广东省知识产权局是“执法精英、维权楷模”。该届广交会期间，国家知识产权局派员到广交会了解和指导知识产权保护工作，香港知识产权署派员和广东省知识产权局交流展会知识产权保护工作经验，这充分说明了广东省知识产权局这项工作得到了有关部门的认可和重视。

（八）坚守岗位，尽职尽责

该届广交会期间，正值甲型 H1N1 流感在全球蔓延之际，但广东省知识产权局在广交会的驻会工作并未受到任何影响。一方面，局领导专门派员带来药品，前往广交会各投诉站现场慰问工作人员，希望大家在认真工作的同时注意保重身体。另一方面，驻会人员认真履行职责，坚守岗位，严格按照局的统一安排，及时到位，认真工作，协助大会公平公正地处理每一宗案件。经过驻会人员的共同努力，展会期间的所有案件都得到了及时、圆满的处理。

三、第 106 届广交会知识产权投诉案件的主要特点

该届广交会展位总数 55037 个，比上届增加 42 个，规模基本保持不变。知识产权投诉

案件具有如下特点：

（一）案件总量有所上升

该届广交会共受理知识产权侵权投诉案件710宗，被投诉企业数1113家，最终认定涉嫌侵权企业689家，比上届的581宗、748家和446家相比分别增长了22.2%、48.8%和54.5%。三类案件中，专利投诉484宗，占投诉总量的68.1%，比上届增加15.2%；商标投诉190宗，占投诉总量的26.8%，比上届增加31.9%；版权投诉36宗，占投诉总量的5.1%，比上届增加89.5%。

（二）三区案量亦有不同

由于展馆设置和展品分布的不同，使得展馆三个区（A、B、C区）的受理投诉量不平衡。相对而言，A、B区受理案件相差不大，C区较少。其中，A区受理投诉258宗，占受理总量36.3%，认定涉嫌侵权企业237家，占其总数的34.4%；B区受理投诉256宗，占36.1%，认定涉嫌侵权企业252家，占36.6%；C区受理投诉193宗，占27.1%，认定涉嫌侵权企业200家，占29.0%。

（三）进口展区案件较少

进口展区共有来自36个国家和地区的387家境外企业参展，展品包括机械设备、小型车辆及配件、电子信息及家电、五金工具、建材及厨卫设备、原材料、日用消费品、装饰品及礼品、食品及农产品等。大会把进口展区的知识产权保护工作列为重中之重，对相关投诉案件作为重点案件进行处理，受到国外参展商的好评。该届共受理侵权投诉3宗，被投诉企业2家，经认真检查，均认定不构成侵权。

（四）涉嫌侵权展品基本不变

涉嫌侵权较多的展区与往届大致相同，仍然是家用电器、餐厨用具、日用陶瓷、玻璃工艺品、工艺陶瓷、摩托车、园林用品、计算机及通讯产品、小型机械、汽车配件、电子消费品、礼品及赠品、鞋、纺织服装等展区。涉嫌侵权的展品主要有：陶瓷制品、多功能保温桶、玻璃杯、玻璃器皿、电热水器、电热水壶、喷雾器、吹风机、吊扇、垃圾桶、水壶、不锈钢玻璃夹、打火机、电池、按摩拖鞋、包装盒、玩具、防滑垫、家具、钥匙扣、电子模拟闪光蜡烛、双面煎锅、玻璃器皿、拖鞋、男女服装、外套、浴袍和帽子等。

（五）参展企业维权意识普遍增强

一是企业知识产权专业人员进场增多。不少企业专门派出法务部人员或者聘请律师入场，在布展时就开始到其他展位巡查，了解是否摆放涉嫌侵犯自己知识产权的展品，并提早做好投诉准备。二是企业维权准备充分。许多企业携带了大量权属证书参展，甚至围绕主要产品有策略地形成“专利群”实行多重保护，也有不少企业邀请公证处人员入场办理公证手续。三是企业抗辩应对能力明显增强。被认定涉嫌侵权的企业提出不侵权抗辩申请的数量明显增加，而且不少企业在抗辩时也更加有针对性和技巧性。四是企业规避侵权的意识增强。不少企业在往届广交会上被认定涉嫌侵权侵犯他人专利权后，本次广交会上展出的同类展品经过了修改，主动规避了对方的专利权。

四、第106届广交会知识产权保护的做法及成效

（一）领导高度重视，统一部署各项工作

为了做好广交会知识产权保护工作，广东省知识产权局进行了统一部署。一是加强组织领导，工作机构健全。成立了以省局唐毅副局长为组长，广州市局纪检组长、监察专员陆志红为副组长的驻会工作小组，并指派了驻会办公室负责人和现场负责人，各展馆也指定由丰富执法经验的人员负责。二是精心策划筹备，选派业务骨干驻会。会前，广东省知识产权局精心制订工作方案，对不同展馆不同展区办案人员的安排、案件的分类处理、与商（协）会的分工配合和重大案件的处理等，均作了周密的安排。与此同时，广东省知识产权局挑选出一批专业知识扎实、办案经验丰富、具有良好政治素质的业务骨干参加驻会值班。三是召开

动员大会，积极发动驻会工作。10 月 14 日，广东省知识产权局召开广交会知识产权保护工作动员大会，袁有楼副局长出席了会议，要求驻会人员团结协作、服务大局、公平公正、树立形象，进一步擦亮广交会知识产权保护的“金字招牌”。四是领导高度重视，亲临大会现场检查。11 月 2 日，陶凯元局长、唐毅副局长亲临会场检查知识产权保护工作，并与商务部、商会有关领导座谈，研究探讨如何进一步加强广交会知识产权保护工作。

（二）积极沟通交流，全面提高工作水平

广交会的知识产权保护工作是一个系统工程，需要各方面的协调和配合，才能有序运作。一是与投诉站配备的商会工作人员相互配合，协调一致，各司其职，形成了良好的办案机制，认真处理每一宗案件。二是充分发挥商会、交易团的作用，对案情较复杂的案件，邀请涉嫌侵权企业所在交易团或商会派出专人予以协助，保证了案件的快速有效处理，避免了矛盾激化，加强了对涉嫌侵权企业的宣传教育。三是与当事人认真沟通，准确处理案件。该届广交会有部分涉及发明、实用新型专利的案件，由于产品结构和技术较复杂，需要认真细致地进行对比分析，广东省知识产权局都能组织双方当事人到投诉站，认真听取双方当事人的意见陈述，然后再进行合议，公正处理。此外，该届广交会期间，国家知识产权局派员到广交会了解和指导知识产权保护工作，吉林省知识产权局也派员到广交会现场和广东省知识产权局交流展会知识产权保护工作经验，这既说明广东省知识产权局这项工作得到国家局和兄弟省局的认可和重视，也必将促进广东省知识产权局进一步提升广交会知识产权保护的工作水平。

（三）强调服务大局，不断创新工作方法

广东省知识产权局遵循“知识产权要为广交会保驾护航”的宗旨，不断创新工作方法。一是结合国内国际的整体形势，以服务大局为重，在办案过程中注意文明办案，不激化矛盾，同时也积极开展调解工作，化解当事人之间的矛盾，维持展会良好秩序。二是广东省知识产权局在对每个投诉案件都及时处理的基础上，配合大会技术创新和品牌建设的主题，设立了快速通道，将涉外权利人、品牌企业、各地重点企业的投诉案件列为重点案件，提供优先受理立案、立即进行现场检查、会后跟踪处理等特别服务，取得较好效果。三是凡投诉涉及面比较广的案件，经投诉人同意后，采取快速处理模式，以实现既简便快捷办案，又能重点查处的目的。具体措施是：先由办案人员指导商会或交易团对涉嫌侵权的展品进行自撤处理，不做相应记录，起到警告的作用；对部分不配合或者重复摆放的展位，办案人员则给予暂扣展品的处理，并做相应的涉嫌侵权记录。四是根据第二、三期 B 区投诉站专利投诉案件较多的情况，及时调整各展馆办案人员，有效地解决了案件积压的问题，受到了大会业务办和投诉人的一致好评。五是总结以往的工作经验，该届广交会采取对于重大和疑难案件的涉嫌侵权产品予以拍照，固定证据，以减少纠纷，提高办案效率。

（四）注重宣传教育，努力扩大社会影响

广交会是一个重要的对外宣传窗口，广东省知识产权局注重以处理为手段，以教育为目的，大力鼓励技术创新，切实提高广大参展企业的知识产权保护意识。一是大会除在各个投诉站的门口明确标识知识产权侵权投诉流程、条件等外，还充分利用《中国知识产权报》、《广交会通讯》以及网络等新闻媒体，加大宣传力度，多角度、多渠道地宣传报道大会知识产权保护的相关规定和情况。二是借助办案开展宣传。办案人员都是知识产权知识的宣讲员，每个案件都是开展知识产权宣传教育的载体，在办案中积极宣传法律及广交会的有关规定，不但能起到很好的警示作用，而且能够达到教育一大片的效应。三是安排专门人员负责咨询和解答疑难问题，介绍和宣传知识产权相关知识，解释案件的处理程序。对于进口展区和涉外投诉，专门安排熟悉外语的工作人员进行处理，积极宣传国家和广交会的知识产权保护制度，彰显我国保护知识产权的良好形象。

（五）严查典型案件，坚决维护大会秩序

在办好一般案件的同时，广东省知识产权局还集中力量，快速反应，严厉查处典型案件。一是重点处理重复侵权现象。如广州兆鹰公司注重自主开发新产品，申请了多项“水烟筒”专利，产品出口销路较好，多届广交会均有侵权现象，该届广交会又有两个展位涉嫌侵权，投诉站果断暂扣了相关侵权产品，及时制止了这一涉嫌故意侵权行为。深圳倍轻松科技股份有限公司拥有“眼部按摩器”、“头部按摩器”等多项专利，连续多届被侵权，该届又投诉了五家企业，针对这一情况，广东省知识产权局及时跟进，予以妥善处理。二是严厉查处恶意侵权行为。江西省某机械有限公司的绕线筒（捆扎机用）产品已于2008年被北京市第二中级人民法院判决，认定其侵犯了美克司株式会社的专利权，但该届广交会期间，该公司不但在本公司摊位上展出涉嫌侵权产品，还将同样的产品提供给不同展区的三家外贸公司展出，情节恶劣。广东省知识产权局组织经验丰富的工作人员会同商会的骨干力量仔细分析案情，认真做好调查取证和认定工作，及时查处这一严重的侵权行为。大会通报了该公司的侵权行为，并表示在会后将给予该公司相应处理。三是认真处理群体侵权案件。美国一生产品有限公司投诉近10家企业涉嫌侵权其关于塑料制品的两项发明专利，广东省知识产权局组织力量及时查处，在短时间内将侵权产品全部撤展。这些举措，不仅严肃了大会纪律，而且起到了很好的警示作用，得到了参展企业以及采购商的高度赞赏。

（六）强化统一管理，树立良好工作形象

广交会知识产权保护已成为我省知识产权工作的宣传阵地、实践基地、展示平台和服务窗口，是我省知识产权工作的重要品牌。办案是否公平、公正，直接影响我省乃至我国知识产权系统执法队伍的整体形象，甚至影响我国保护知识产权的形象。根据往届广交会出现的问题，广东省知识产权局进一步规范办案流程，统一办案标准和档案管理，使各项工作更加制度化、规范化、高效化。如根据往届出现的情况，特别强调抗辩程序中必须向双方当事人调查了解事实、听取相关意见，并及时通告双方抗辩结果，做到公正、公开、公平。省、市知识产权局驻会人员与投诉站工作人员始终本着大局意识和服务意识，互相配合，坚持文明办案，认真履行职责，使展会期间的所有案件都得到了公平、公正、及时、圆满的处理。大会副主任、商务部副部长易小准十分关心广交会解决知识产权纠纷的方法和效果，于10月17日亲临投诉站看望驻会工作人员，并对大家的工作给予肯定。

（供稿人：李鹏）

附　录

政策法规

知识产权大事记

统计资料

专利代理机构

政策法规

全国农业知识产权战略纲要

（2010—2020 年）

为提升植物新品种权、农产品地理标志、涉农专利、商标、版权等农业知识产权创造、运用、保护和管理能力，强化对农业发展的技术支撑，保障国家粮食安全，促进农业持续健康发展，制定本纲要。

一、序言

随着知识经济的发展和经济全球化进程的加快，知识产权已成为农业发展的重要资源和核心竞争力，成为现代农业建设的重要支撑和掌握农业发展主动权的关键。发达国家高度重视农业科技创新，充分利用自主知识产权维护农业竞争优势，推动农业发展。发展中国家纷纷采取适应本国国情和农业特点的知识产权政策，积极利用农业生物遗传资源主权，主张惠益分享，争取有利于自身发展的空间。

近年来，以植物新品种为核心的我国农业知识产权事业快速发展，工作体系逐步建立，管理水平不断提高，执法能力日益增强，农业知识产权拥有量快速增加，在粮食增产、农民增收和农业综合生产能力增强等方面发挥着日益重要的作用。但从总体上看，我国植物新品种保护制度有待完善，农产品地理标志登记制度刚刚起步，农业生物遗传资源权属管理制度尚未建立，农业知识产权创造、保护和转化能力不强，中介服务体系发展缓慢，专业人才短缺，知识产权意识薄弱，侵权现象时有发生，知识产权对农业发展的促进作用尚未得到充分发挥。

实施农业知识产权战略，大力提升农业知识产权创造、运用、保护和管理能力，迅速增强我国农业科技自主创新能力和核心竞争力，对转变农业发展方式、突破资源环境约束、加快现代农业建设具有十分重要的意义。

二、指导思想和战略目标

（一）指导思想

以邓小平理论和“三个代表”重要思想为指导，深入贯彻落实科学发展观，按照激励创造、有效运用、依法保护、科学管理的方针，以保障粮食安全和促进现代农业发展为目标，以完善制度、培育主体、改善环境和强化服务为重点，大幅提升农业知识产权创造、运用、保护和管理能力，全面推进植物新品种保护事业发展，不断加强农产品地理标志登记保护工作，逐步建立农业生物遗传资源权属管理制度，积极促进涉农专利、商标、版权等在农业产业中的转化运用，为实现农业农村经济又好又快发展提供支撑。

（二）战略目标

到 2020 年，把我国农业知识产权创造、运用、保护和管理能力提升到新的水平，政策法规基本完善，管理体系基本健全，公共服务和技术支撑能力显著增强，知识产权意识深入人心，中介服务机构和人才队伍建设适应形势发展需要，农业领域自主知识产权拥有量跨入世界先进行列，知识产权对建设中国特色农业现代化的支撑作用显著。

（三）近五年目标

1．自主知识产权总量大幅提高。植物新

品种权年度申请量和授权量保持世界前列，申请总量累计超过10000件，授权量达到7000件，向外国申请数量大幅度增加。农产品地理标志登记保护超过800件，国际互认登记试点工作全面推进。农业生物遗传资源得到登记保护。

2．运用知识产权效果明显增强。拥有自主知识产权的农业技术和生产资料的应用范围稳步增加，主要粮食作物和经济作物的自主知识产权品种在农业生产中占主导地位，蔬菜、花卉和果业自主知识产权品种的自给率明显提高。农产品地理标志对提高农产品市场竞争力、推动区域农业发展、促进农民增收的作用显现，建成200个农产品地理标志生产示范基地，50个农产品地理标志生产示范县。农业生物遗传资源有序开发利用。涉农专利、商标、版权在重点区域、重点产业、重点产品和重点单位的综合运用效果显著，培育形成一批拥有核心知识产权并熟练运用知识产权的优势企业和农民专业合作社，培育一批国际国内知名农业品牌。

3．农业知识产权保护状况明显改善。侵犯植物新品种权和假冒授权品种、农产品地理标志的行为显著减少，行政执法能力明显增强，维权成本大幅下降，尊重和保护农业知识产权氛围基本形成。

4．农业知识产权管理服务水平全面提升。管理和公共技术服务体系基本健全，中介服务机构得到培育与发展，社会化信息服务平台初步建立，服务能力适应农业发展需要。

三、战略重点

（一）完善制度

进一步完善植物新品种保护制度，加快健全农产品地理标志登记保护制度，努力建立农业生物遗传资源权属管理制度。加强植物新品种保护、农产品地理标志等制度与专利、商标、版权等其他类型知识产权制度之间的衔接配套。制定适合农业产业发展的主导品种、主推技术、农机推广目录、化肥、农（兽）药等知识产权政策，强化其与科技、贸易政策的衔接，促进农业产业结构调整与技术升级。以知识产权的获取、运用和保护为重点，建立农业重大科技项目知识产权工作机制，开展知识产权全程跟踪管理。掌握知识产权动态，保护科技创新成果，明晰知识产权权利和义务，促进知识产权应用和扩散。建立和完善农业知识产权信息交流机制。支持各级政府和有关部门以植物新品种权、农产品地理标志为重点，制定和实施农业知识产权产业化政策，促进知识产权在经济发展中的运用，推动农业、地方经济发展。

（二）培育主体

强化知识产权在农业科技创新活动中的导向作用，促进市场主体自主创新成果的知识产权化、商品化、产业化。建立健全公共财政资助开发的农业科研成果归属和利益分享制度，充分发挥科研教学单位在农业知识产权创造中的重要带动作用，支持形成一批具有国际先进水平的创新基地。鼓励以知识产权为纽带，产学研用相结合，培育一批综合运用知识产权、具有综合竞争力的大型农业企业、农民专业合作社和生产示范基地。支持农民发明创造和农业知识创新。发挥中介服务机构在知识产权保护和运用方面的作用。

（三）改善环境

建立宣传教育长效机制，把农业知识产权宣传纳入科普宣传和新型农民培训计划，在广大农村培育尊重知识、崇尚创新、诚信守法的知识产权文化。加大植物新品种保护、农产品地理标志行政执法力度，打击侵权假冒行为，维护公平竞争的市场秩序，切实保护权利人和农民的合法权益。加强植物新品种保护国际双边和多边合作，制定切合实际的交流政策，探索建立农产品地理标志国际互认机制，参与构建生物遗传资源保护国际新秩序，争取有利的国际环境。

（四）强化服务

大力推进体制机制创新，尽快形成以策科

学、分工合理、权责一致、执行顺畅、监督有力的植物新品种保护和农产品地理标志管理体制，促进与专利、商标、版权等部门协作配合。努力建立农业生物遗传资源权属管理服务体系。建立信用评价和诚信追溯制度，培育和建立农业知识产权中介服务机构。构建行业联动、覆盖全国、面向世界的农业知识产权贸易网络，促进知识产权转化应用。制定植物新品种权等农业知识产权价值评估指南，规范评估行为，提高评估公信力。完善交易办法，推广使用交易合同规范文本。打击垄断、掠夺性经营等滥用知识产权行为，维护市场秩序，保护农民合法权益。建立技术先进、功能完善、服务便捷的农业知识产权公共信息平台，满足不同层次知识产权信息需求。畅通植物新品种权、农产品地理标志侵权投诉和权利救助渠道。为国内科教单位、企业、农民专业合作社和个人向境外申请知识产权保护、开拓国际市场提供服务。

四、专项任务

（一）植物新品种

完善植物新品种保护制度，修订《植物新品种保护条例》(以下简称《条例》)，优化植物新品种权申请审批程序，缩短审查周期，加大植物新品种权保护力度，防止植物新品种权滥用，建立植物新品种权质押融资制度，推进植物新品种权转化运用。制定、修订与《条例》相配套的规章制度，解决植物新品种权审批事务和行政执法中遇到的实际问题。加强植物新品种保护制度前瞻性研究，充分反映社会各界关切和诉求。扩大植物品种保护名录范围。加强植物新品种权审查测试管理，提高审查测试效率，保证授权质量。优化植物新品种复审委员会的组成，强化复审监督职能。提升农业行政部门执法能力，建立区域协作执法和重大案件联合办案机制。按照国家完善公务员分类管理制度的总体要求，建立适应审查测试发展需要的人员管理制度，强化激励机制。完善植物新品种测试机构功能分工和区域布局，提升综合能力，强化中立性。建设植物新品种种子种苗保藏库（圃），提高繁殖材料保藏能力。加快建设植物品种真实性鉴定机构。加快研制和修订植物新品种特异性、稳定性、一致性（以下简称 DUS ）测试指南。扩大植物新品种测试范围，把 DUS 测试作为主要农作物品种审定的前置条件。建立健全 DUS 测试标准品种和已知品种收集、鉴定、繁殖与保存体系。研究制定小麦、棉花和大豆等主要农作物 DNA 指纹图谱鉴定技术标准。

引导国内研发资源在粮食作物等关键领域强化原始创新，在园艺等高效农业领域提高创新层次，不断形成具有区域特色和世界先进水平的自主知识产权品种。建立公益性资金支持的重要作物自主知识产权品种利益共享机制。强化面向企事业单位和农民专业合作社的植物新品种权管理经验交流和宣传培训，深入开展植物新品种保护试点、示范工作。扶持国内种子企业增强育种创新能力，尽快形成一批具有综合竞争力的种业集团。

（二）农产品地理标志

完善登记保护制度，优化审查程序，提高登记效率。健全农产品地理标志部省地县四级工作体系，充实评审专家队伍，提高现场核查人员素质。充实农产品地理标志产品品质鉴定检测机构，优化专业结构和区域布局。加强执法体系建设，加大对假冒侵权行为的查处力度。完善农产品地理标志登记保护技术规范和评价体系。建立农产品地理标志信息电子采集和发布系统。

开展农产品地理标志资源普查，制定中长期保护利用规划。加强独特品种、品质、地域、生产方式和传统文化及历史挖掘研究，加大农产品地理标志产业扶持和投入力度，加快农产品地理标志产品标准化生产、示范基地建设和产业化经营。

（三）农业生物遗传资源

研究起草《农业生物遗传资源权属登记管理办法》，逐步建立农业生物遗传资源权属管理制度，推进其与专利法、植物新品种保护制度衔接，建立健全来源披露和惠益分享制度。完善农业生物遗传资源进出口和对外合作研究利用管理办法，制定保护和利用农业生物遗传资源的国际策略与措施。

逐步建立农业生物遗传资源权属管理工作体系和技术支撑体系，开展重要特色品种、地方品种普查登记，明晰责权利范围，加强资源识别技术规范、标准研制和信息采集传播，加大资源主权和应用价值的宣传。调动农民、农村社区和农民专业合作社参与原生地保护的积极性，发挥资源效益，维护农业生物多样性。

（四）其他涉农知识产权

运用投资、政府采购、项目带动等政策，促进动物品种、农业机械、农（兽）药、饲料和肥料等领域的自主创新，形成更多农业自主知识产权技术和产品。强化涉农专利等知识产权信息分析与评估，扶持具有自主知识产权的核心技术和关键产品转化运用，不断提高市场份额。

结合优势农产品区域布局、特色农产品规划实施和产业带建设，推动地方政府综合运用专利、品种权、涉农商标、农产品地理标志等知识产权，打造一批上规模、竞争力强、附加值高的农产品品牌，形成规模化、标准化和区域化的自主知识产权农产品生产基地，提高农产品市场竞争力和农业综合效益。

五、保障措施

（一）加强组织领导

农业部建立农业知识产权战略实施联席会议制度，分管副部长为召集人，农业部人事、政法、经管、计划、财务、国际、种植业、农机化、畜牧业、兽医、农垦、乡企、渔业、监管、科教等有关司局负责人为联席会议成员。联席会议主要职责为：统筹领导农业知识产权战略实施工作；指导、督促任务分解和措施的落实，审定实施方案和推进计划；协调解决重大问题。

联席会议下设办公室，科教司主要负责人任办公室主任。办公室主要职责为：研究起草和组织实施农业知识产权战略实施方案与推进计划；检查任务执行情况，评估绩效。

（二）加大政策支持力度

加强产业、科技、人才等政策与知识产权政策的衔接。对具有自主知识产权的重要农业投入品，符合政府采购规定的，予以优先采购。对关系国计民生的重大公益性植物新品种权、涉农专利等采用政府购买方式予以鼓励和支持产业化运用。建立政府补贴机制，对申请植物新品种权和农产品地理标志等给予适当的财政补贴。加强农业知识产权市场与金融市场的衔接，鼓励引导各类金融机构、投资基金及社会资金加大农业知识产权转化、信息开发利用和服务的投入力度。加大对职务发明创造的奖励。推动各级农业部门将农业知识产权战略实施工作纳入重要议事日程，把知识产权工作经费纳入预算支出，引导涉农企事业单位加大知识产权工作经费投入，保障知识产权工作有效开展。

（三）加快人才培养

对知识产权管理、服务及相关工作人员实施分类培训，推进农业知识产权专业人员对外交流。鼓励高校开设农业知识产权课程，加快知识产权人才培养。建立知识产权人才评价体系和激励机制。

（四）加强战略研究和决策咨询

培育壮大农业知识产权研究力量，加强对国内外动态、政策和重点产业、企业、农民专业合作社的知识产权战略研究，为农业部制定科技、经济和产业政策提供决策依据。农业部设立农业知识产权战略决策咨询专家委员会，聘请国内知识产权研究和应用专家，对重大科研项目立项、重大技术和装备引进、技术改造等进行知识产权分析和论证，对涉及国家利益并具有重要自主知识产权的涉农企业和农民专业合作社并购、改制、合资以及技术出口等活动进行咨询，为实施农业知识产权战略提供决策建议，防范和降低知识产权风险。

（五）加速培育知识产权文化

建立政府主导、新闻媒体支撑、社会公众广泛参与的农业知识产权宣传工作体系。充分利用报刊杂志、广播电视、网络等媒体，宣传介绍农业知识产权知识、法律法规、政策措施、重大活动和典型案例，推进面向企业、科研院所的知识产权意识普及，增强全社会知识产权认识，培育尊重知识、崇尚创新、诚信守法的知识产权文化，营造有利于知识产权创造、保护、运用的良好社会氛围。

农产品地理标志管理办法

第一章　总　则

第一条　为规范农产品地理标志的使用，保证地理标志农产品的品质和特色，提升农产品市场竞争力，依据《中华人民共和国农业法》、《中华人民共和国农产品质量安全法》相关规定，制定本办法。

第二条本办法所称农产品是指来源于农业的初级产品，即在农业活动中获得的植物、动物、微生物及其产品。

本办法所称农产品地理标志，是指标示农产品来源于特定地域，产品品质和相关特征主要取决于自然生态环境和历史人文因素，并以地域名称冠名的特有农产品标志。

第三条　国家对农产品地理标志实行登记制度。经登记的农产品地理标志受法律保护。

第四条　农业部负责全国农产品地理标志的登记工作，农业部农产品质量安全中心负责农产品地理标志登记的审查和专家评审工作。

省级人民政府农业行政主管部门负责本行政区域内农产品地理标志登记申请的受理和初审工作。

农业部设立的农产品地理标志登记专家评审委员会，负责专家评审。农产品地理标志登记专家评审委员会由种植业、畜牧业、渔业和农产品质量安全等方面的专家组成。

第五条　农产品地理标志登记不收取费用。县级以上人民政府农业行政主管部门应当将农产品地理标志管理经费编入本部门年度预算。

第六条　县级以上地方人民政府农业行政主管部门应当将农产品地理标志保护和利用纳入本地区的农业和农村经济发展规划，并在政策、资金等方面予以支持。

国家鼓励社会力量参与推动地理标志农产品发展。

第二章　登　记

第七条　申请地理标志登记的农产品，应当符合下列条件：

（一）称谓由地理区域名称和农产品通用名称构成；

（二）产品有独特的品质特性或者特定的生产方式；

（三）产品品质和特色主要取决于独特的自然生态环境和人文历史因素；

（四）产品有限定的生产区域范围；

（五）产地环境、产品质量符合国家强制性技术规范要求。

第八条　农产品地理标志登记申请人为县级以上地方人民政府根据下列条件择优确定的农民专业合作经济组织、行业协会等组织。

（一）具有监督和管理农产品地理标志及其产品的能力；

（二）具有为地理标志农产品生产、加工、营销提供指导服务的能力；

（三）具有独立承担民事责任的能力。

第九条　符合农产品地理标志登记条件的申请人，可以向省级人民政府农业行政主管部门提出登记申请，并提交下列申请材料：

（一）登记申请书；

（二）申请人资质证明；

（三）产品典型特征特性描述和相应产品品质鉴定报告；

（四）产地环境条件、生产技术规范和产品质量安全技术规范；

（五）地域范围确定性文件和生产地域分

布图；

（六）产品实物样品或者样品图片；

（七）其他必要的说明性或者证明性材料。

第十条　省级人民政府农业行政主管部门自受理农产品地理标志登记申请之日起，应当在45个工作日内完成申请材料的初审和现场核查，并提出初审意见。符合条件的，将申请材料和初审意见报送农业部农产品质量安全中心；不符合条件的，应当在提出初审意见之日起10个工作日内将相关意见和建议通知申请人。

第十一条　农业部农产品质量安全中心应当自收到申请材料和初审意见之日起20个工作日内，对申请材料进行审查，提出审查意见，并组织专家评审。

专家评审工作由农产品地理标志登记评审委员会承担。农产品地理标志登记专家评审委员会应当独立做出评审结论，并对评审结论负责。

第十二条　经专家评审通过的，由农业部农产品质量安全中心代表农业部对社会公示。

有关单位和个人有异议的，应当自公示截止日起20日内向农业部农产品质量安全中心提出。公示无异议的，由农业部做出登记决定并公告，颁发《中华人民共和国农产品地理标志登记证书》，公布登记产品相关技术规范和标准。

专家评审没有通过的，由农业部做出不予登记的决定，书面通知申请人，并说明理由。

第十三条　农产品地理标志登记证书长期有效。

有下列情形之一的，登记证书持有人应当按照规定程序提出变更申请：

（一）登记证书持有人或者法定代表人发生变化的；

（二）地域范围或者相应自然生态环境发生变化的。

第十四条　农产品地理标志实行公共标识与地域产品名称相结合的标注制度。公共标识基本图案见附图。农产品地理标志使用规范由农业部另行制定公布。

第三章　标志使用

第十五条　符合下列条件的单位和个人，可以向登记证书持有人申请使用农产品地理标志：

（一）生产经营的农产品产自登记确定的地域范围；

（二）已取得登记农产品相关的生产经营资质；

（三）能够严格按照规定的质量技术规范组织开展生产经营活动；

（四）具有地理标志农产品市场开发经营能力。

使用农产品地理标志，应当按照生产经营年度与登记证书持有人签订农产品地理标志使用协议，在协议中载明使用的数量、范围及相关的责任义务。

农产品地理标志登记证书持有人不得向农产品地理标志使用人收取使用费。

第十六条　农产品地理标志使用人享有以下权利：

（一）可以在产品及其包装上使用农产品地理标志；

（二）可以使用登记的农产品地理标志进行宣传和参加展览、展示及展销。

第十七条　农产品地理标志使用人应当履行以下义务：

（一）自觉接受登记证书持有人的监督检查；

（二）保证地理标志农产品的品质和信誉；

（三）正确规范地使用农产品地理标志。

第四章　监督管理

第十八条　县级以上人民政府农业行政主管部门应当加强农产品地理标志监督管理工作，定期对登记的地理标志农产品的地域范围、标志使用等进行监督检查。

登记的地理标志农产品或登记证书持有人不符合本办法第六条、第七条规定的，由农业部注销其地理标志登记证书并对外公告。

第十九条　地理标志农产品的生产经营者，应当建立质量控制追溯体系。农产品地理标志登记证书持有人和标志使用人，对地理标志农产品的质量和信誉负责。

第二十条　任何单位和个人不得伪造、冒用农产品地理标志和登记证书。

第二十一条　国家鼓励单位和个人对农产品地理标志进行社会监督。

第二十二条　从事农产品地理标志登记管理和监督检查的工作人员滥用职权、玩忽职守、徇私舞弊的，依法给予处分；涉嫌犯罪的，依法移送司法机关追究刑事责任。

第二十三条　违反本办法规定的，由县级以上人民政府农业行政主管部门依照《中华人民共和国农产品质量安全法》有关规定处罚。

第五章　附　则

第二十四条　农业部接受国外农产品地理标志在中华人民共和国的登记并给予保护，具体办法另行规定。

第二十五条　本办法自 2008 年 2 月 1 日起施行。

广东省亚运标志保护办法

第一条　为了加强对亚运标志的保护，维护亚运标志权利人的合法权益，制定本办法。

第二条　在本省行政区域内发生的与亚运标志相关的一切行为，均适用本办法。

第三条　县级以上工商行政管理部门依据本办法的规定，负责本行政区域内的亚运标志的保护工作。

县级以上新闻出版、知识产权、公安等部门按照各自的职责，依法做好本行政区域内的亚运标志的保护工作。

进出口货物涉嫌侵犯亚运标志的，由海关依法查处。

第四条　本办法所称亚运标志是指：

（一）亚洲奥林匹克理事会的名称（包括全称、简称、译名和缩写，下同）、会徽、会旗、会歌、格言等；

（二）第 16 届亚运会申办机构的名称、标识、口号和其他标志；

（三）第 16 届亚运会组织机构的名称、徽记和其他标志；

（四）第 16 届亚运会的名称、会徽、吉祥物、口号、会歌、会旗和其他标志；

（五）《亚奥理事会章程和规则》和《第 16 届亚运会主办城市合同》中规定的其他与第 16 届亚运会有关的标志。

第 16 届亚运会组织机构应当定期向社会公布亚运标志，并向省工商行政管理部门备案。

第五条　本办法所称亚运标志权利人，是指亚洲奥林匹克理事会和第 16 届亚运会组织机构。

亚洲奥林匹克理事会与第 16 届亚运会组织机构关于亚运标志的权利划分，依照《亚奥理事会章程和规则》和《第 16 届亚运会主办城市合同》确定。

第六条　亚运标志权利人依照本办法对亚运标志享有专有权。

第七条　任何组织和个人不得侵犯亚运标志专有权。

侵犯亚运标志专有权是指未经亚运标志权利人许可，为商业目的（含潜在商业目的，下同）擅自使用亚运标志。

本办法所称为商业目的使用，是指以营利为目的，以下列方式使用亚运标志：

（一）将亚运标志用于商品、商品包装或者容器以及商品交易文书上的；

（二）将亚运标志用于服务项目中的；

（三）将亚运标志用于广告宣传、商业展览、营业性演出以及其他商业活动中的；

（四）销售、进口、出口含有亚运标志商品的；

（五）制造或者销售亚运标志的；

（六）可能使人认为行为人与亚运标志权利人之间有赞助或者其他支持关系而使用亚运标志的其他行为。

以营利为目的，以前款所列方式使用与亚运标志相近似的标志的，视为为商业目的使用亚运标志。

第八条 非为商业目的使用亚运标志，应当遵守亚运标志权利人关于亚运标志规范使用的相关规定。

对于未能遵守亚运标志权利人关于亚运标志规范使用相关规定的，亚运标志权利人有权要求其改正或者停止使用。

第九条 任何组织和个人对于侵犯亚运标志专有权的行为均可向工商行政管理部门或者有关行政管理部门举报。

第十条 侵犯亚运标志专有权，引起纠纷的，由双方当事人协商解决；不愿意协商或者协商不成的，亚运标志权利人或者利害关系人可以依法向人民法院起诉，也可以请求工商行政管理部门依法处理。

应当事人的请求，工商行政管理部门可以就侵犯亚运标志专有权的赔偿数额进行调解；调解不成的，当事人可以依法向人民法院起诉。

第十一条 侵犯亚运标志专有权的赔偿数额，按照权利人因被侵权所受到的损失或者侵权人因侵权所获得的利益确定，包括为制止侵权行为所支付的合理开支；被侵权人的损失或者侵权人获得的利益难以确定的，参照该亚运标志许可使用费合理确定。

销售不知道是侵犯亚运标志专有权的商品，能证明该商品是自己合法取得并说明提供者的，不承担赔偿责任。

第十二条 对侵犯亚运标志专有权的行为，工商行政管理部门有权依法查处。

工商行政管理部门根据已经取得的违法嫌疑证据或者举报查处涉嫌侵犯亚运标志专有权的行为时，可以依法行使下列职权：

（一）询问有关当事人，调查与侵犯亚运标志专有权有关的情况；

（二）查阅、复制与侵权活动有关的合同、发票、账簿以及其他有关资料；

（三）对当事人涉嫌侵犯亚运标志专有权活动的场所实施现场检查；

（四）检查与侵权活动有关的物品；对有证据证明侵犯亚运标志专有权的物品，予以查封或者扣押。

工商行政管理部门依法行使前款规定的职权时，当事人应当予以协助、配合，不得拒绝、阻挠。

第十三条 违反本办法，侵犯亚运标志专有权的，由工商行政管理部门责令其停止侵权；对于非生产经营行为可以并处1000元以下罚款；对于生产经营行为可以并处10000元以下罚款，有违法所得的，可以并处30000元以下罚款。

利用亚运标志进行诈骗等活动，构成犯罪的，依法追究刑事责任。

第十四条 亚运标志除依照本办法受到保护外，还可以依照《中华人民共和国著作权法》、《中华人民共和国商标法》、《中华人民共和国专利法》、《中华人民共和国反不正当竞争法》、《特殊标志管理条例》等法律、行政法规的规定获得保护。

第十五条 本办法自2010年1月1日起施行。

知识产权大事记

1月

1月7日　广东省知识产权局系统2008年工作总结会第一阶段会议在局十一楼会议室召开，局机关各处室、局属各单位负责人对2008年工作进行总结，会议由副局长唐毅主持。局领导及机关、局属各单位全体干部职工参加会议。

1月8日　广东省知识产权局召开党组扩大会议，认真传达学习省委十届四次全会精神，结合广东面临的形势和我省知识产权事业发展的实际，研究贯彻落实全会精神的具体举措。会议由党组书记马宪民主持，局党组成员、陶凯元局长、机关各处室和局属各单位主要负责人参加会议。

1月8—9日　广东省知识产权局召开局办公会议扩大会议。会议由局长陶凯元主持，局领导、局机关副处以上干部和局属各单位班子成员参加会议。会议对我省设立知识产权专项资金以来出台的有关推动知识产权工作的各项政策、措施等进行认真梳理，并提出完善和改进的意见和建议。会议还对《2008年全省知识产权工作情况和2009年工作设想》（征求意见稿）进行讨论，提出修改意见和建议。

1月12—13日　广东省知识产权局副局长唐毅出席国家知识产权局在北京召开的专利法实施条例修改专题座谈会，代表广东省知识产权局对专利法实施条例提出富有建设性的修改意见和建议。

1月13日　广东省知识产权局在局11楼会议室举行2008年度工作总结暨领导班子考核测评会。省委组织部副厅级组织员万东明同志带领的考核试点工作组出席会议并作讲话。局领导陶凯元、马宪民、郑自山、朱万昌、邝伯麟和局机关全体在编人员、局属单位领导班子成员参加会议。会议由党组书记、副局长马宪民同志主持。陶凯元局长和马宪民书记代表局领导班子和局党组分别作2008年的工作总结。会议结束后，参会人员登录我局领导班子和领导干部年度考核测评系统，对局领导班子和班子成员2008年度的工作进行测评。

1月16日　广东省知识产权局在中山市召开中山、东莞两市专利行政执法工作座谈会。唐毅副局长出席座谈会并作重要讲话。广东省知识产权局法制处和中山、东莞两市知识产权局的有关同志30多人参加座谈。

1月21日　广东省知识产权局召开深入学习科学发展观活动转入整改落实阶段工作会议。会议由局党组成员、纪检组长、监察专员邝伯麟同志主持，局党组书记、副局长马宪民同志对局学习实践活动第二阶段工作情况进行总结，并对第三阶段工作进行部署．局系统全体干部职工参加会议。省委学习实践科学发展观活动第五检查指导组副组长梁自明及组员肖海明、叶俏枝等莅临大会指导。

2月

2月4日　全国知识产权局局长会议在珠海召开。国家知识产权局局长田力普作题为《深入贯彻落实科学发展观，大力实施国家知识产权战略，努力开创知识产权工作新局面》的报告。会议由国家知识产权局副局长张勤主持，中纪委派驻国家知识产权局纪检组组长肖兴威，广东省副省长宋海，珠海市委副书记、市长钟世坚，广东省知识产权局局长陶凯元和党组书记、副局长马宪民等出席会议。陶凯元局长以《坚持科学发展，勇于开拓创新，努力向建设知识产权强省目标迈进》为题在大会上作经验交流发言。各省、自治区、直辖市、新疆生产建设兵团知识产权局有关负责同志，珠海市有关领导，各国家知识产权工作示范城市、示范创建市知识产权局负责人等，共约150人参加会议。

2月6日　中共广东省委深入学习实践科学发展观活动第五指导检查组组长陶子基及组员等4人到广东省知识产权局检查指导学习实践活动开展情况，马宪民书记作专题汇报，邝伯麟监察专员主持汇报会。

2月13日　“企业运用知识产权应对全球金融危机”座谈会在广州召开。广东省知识产权局党组书记、副局长马宪民出席会议并作讲话。全省部分知识产权示范企业、优势企业、战略试点企业的知识产权工作负责人和部分地市知识产权局的代表以及广东省知识产权局部分处室的负责人近20人参加会议。

2月13日　广东省工商行政管理局副局长、省著名商标评审委员会副主任姜海平主持召开广东省著名商标评审认定工作座谈会。省经济贸易、劳动保障、农业、国税、地税、环境保护、质量技术监督、食品药品监管、安全生产监管等部门和省消委会、广东商标协会、省质量检验协会的代表出席座谈会。

2月19日　省委第六巡视组到广东省知识产权局召开巡视动员大会。按照省委的统一部署，省委第六巡视组2月中旬至3月底到广东省知识产权局开展巡视工作。巡视工作动员会上，巡视组组长曹南才同志作巡视工作动员讲话，广东省知识产权局陶凯元局长代表领导班子作表态讲话，巡视组副组长上官春兰就民主评议作了说明，会议由局党组书记、副局长马宪民同志主持，巡视组其他成员、省知识产权局领导班子成员及局机关全体干部、局属单位全体在编人员和部分退休老同志参加大会。

2月21日　佛山市顺德区第四届“亿龙杯——想象无界，飞越无限”学生发明创新大赛在李伟强职业技术学校正式启动。广东省知识产权局郑良生副局长、顺德区人民政府曹洪彬副区长等领导出席启动仪式并致词。

2月23日　根据省委、省政府的统一部署，为学习宣传并贯彻落实好《珠江三角洲地区改革发展规划纲要（2008－2020年）》（以下简称“《纲要》”），广东省知识产权局举办《纲要》专题学习会。局党组书记、副局长马宪民同志作专题学习辅导报告。局领导陶凯元、郑良生、唐毅、朱万昌及局系统全体干部职工参加专题学习会，学习会由局纪检组长、监察专员邝伯麟同志主持。

2月23－27日　应广东省知识产权局邀请，国家知识产权局专利复审委员会杨光副主任带领电学处一行来粤审理8件专利权无效宣告请求案及调研。

2月25日　广东省知识产权局副局长唐毅赴广东省食品工业研究所调研，了解该所337调查和知识产权工作的有关情况。

2月25日至3月14日　广东省知识产权局联合《南方日报》、《中国知识产权报》、《广东科技报》共同开展“发展自主知识产权应对金融海啸”系列报道，宣传报道化“危”为“机”的成功案例，提振企业信心。

2月25—27日　广东省工商行政管理局副局长姜海平赴韶关、清远，对当地的商标广告管理工作、地理标志的使用和驰名商标的申报情况进行调研。

2月26－27日　广东省知识产权局副局长唐毅陪同国家知识产权局专利复审委员会副主任杨光一行赴江门调研。

2月26日　中央政治局委员、中共广东省委书记汪洋出席广东省首届“自主创新十大女杰”座谈会。广东省政府副省长雷于蓝出席座谈会，省政协副主席、省妇联主席温兰子主持座谈会。广东省知识产权局局长陶凯元参加座谈会并为获奖代表颁奖。广东首届“自主创新十大女杰”由省妇联、省科技厅、省知识产权局和省科协联合评选。

3月

3月1－13日　广东省知识产权局局长陶凯元赴北京出席全国政协第十一届二次会议。

3月2日　广东省知识产权局召开深入学习实践科学发展观活动总结大会。大会由监察专员邝伯麟主持，书记马宪民作总结讲话。省委第五指导检查组副组长梁自明及组员肖海明出席大会并讲话，对广东省知识产权局自开展此项活动以来的主要做法及取得的成效给予充分肯定。

3月2日　广东省知识产权局副局长朱万昌接待美国全国商会大中华地区高级主任王杰（Jeremie Waterman）来访。

3月3—5日　受国家知识产权局的委托，广东省知识产权局在湛江市举办华南区知识产权局执法研讨班。广东、海南、广西省（区）、市知识产权局执法处（科）负责人共30人参加研讨班。

3月5日　广东省知识产权局副局长唐毅送法制处的钟兴子副处长到国家知识产权局专利复审委行政诉讼处挂职，钟兴子是广东省知识产权局与专利复审委开展双方人才合作交流，赴专利复审委员会挂职的第一人。

3月4—5日　为贯彻《珠江三角洲地区改革发展规划纲要》（2008—2020年），深入落实省委关于“三促进一保持”的战略部署，加快推进以省知识产权战略纲要的实施应对国际金融危机的进程，广东省知识产权局副局长郑良生一行四人到惠州、深圳调研知识产权工作。4日，在惠州市知识产权局召开“企业运用知识产权应对全球金融危机”座谈会。

3月4—6日　国家知识产权局在沈阳召开2008年度代办处工作会议，国家知识产权局副局长杨铁军出席会议并讲话。广东省知识产权局副局长朱万昌参加会议。会上，国家知识产权局专利局广州代办处连续第七次荣获“全国先进代办处”称号。

3月5日　广东省知识产权局党组书记、副局长马宪民接受新华社广东分社记者采访，结合温家宝总理2009年度《政府工作报告》，谈加强我省知识产权事业发展的重点思路。

3月6日　广东省知识产权局党组书记、副局长马宪民接待中国科学院国有资产经营有限责任公司和深圳中科院知识产权投资有限公司代表来访。

3月7日　广东省委副书记、省长黄华华，副省长宋海在广东省知识产权局局长陶凯元的陪同下拜访国家知识产权局，并与国家知识产权局田力普局长进行工作会晤。黄华华省长对国家知识产权局多年来对广东省知识产权工作给予的指导和支持表示衷心感谢，并介绍了广东省2008年经济社会发展的基本情况以及知识产权工作的主要成效。

国家知识产权局局长田力普省长黄华华一行的来访表示热烈欢迎，对近年来广东省知识产权事业取得的成绩给予了充分肯定。国家知识产权局相关部门和广东省相关部门负责同志参加会晤。

3月9—11日　广东省知识产权局派出人员参加第30届广州国际美容美发化妆用品进出口博览会的知识产权保护工作，博览会共受理和处理专利侵权投诉3宗。

3月11日　广东音像协会秘书长李献民一行代表广东音像协会向广东省高级人民法院民三庭赠送锦旗“保护知识产权，促进社会和谐”，以感谢该庭一直以来对促进和保障广东音像业健康发展所做的努力。

3月12日　广东省工商行政管理局副局长姜海平出席东莞市工商行政管理局召开的2008年度东莞市驰名著名商标企业负责人座谈会。

3月13日　广东省知识产权局副局长朱万昌接待美国国会政府问责办公室副主任鲍德瑞克（C. M. Broderick）女士一行5人来访。

3月17日　泰商业部外贸厅副厅长易提蓬·昌澜先生，泰驻广州总领馆商务处处长胡丽丽拜会广东省工商行政管理局，就泰国茉莉香米商标及假冒泰国茉莉香米问题进行商讨。广东省工商行政管理局副局长姜海平会见来访外宾。

3月18—19日　《广东知识产权年鉴》（以下简称《年鉴》）2008年编纂工作总结暨2009年组稿工作会议在江门召开。会上，年鉴编辑部主编、广东省知识产权局副局长唐毅总结2008年《年鉴》编纂工作情况，部署2009年编纂工作任务，年鉴编辑委员会主任、广东省知识产权局局长陶凯元作重要讲话。同时，进行编纂工作经验交流，并对《年鉴》(2009年版）框架进行讨论。会后，年鉴编辑部邀请广东省地方史志办的主任侯月翔给编辑们进行年鉴条目的编写及年鉴体例写作技巧的培训。

3月19日　由国家知识产权局主办、广东省知识产权局承办的《专利法》第三次修改宣讲会在广州举行。国家知识产权局、国务院法制办公室有关领导和广东省知识产权局党组书记、副局长马宪民等出席宣讲会。来自广西、福建、湖南、海南、广东等地的知识产权管理部门、人民法院、企业、高校、科研机构和专利代理机构的代表约320人参加宣讲会。

3月20日　国家知识产权局、国务院法制办公室在广州举行专利法实施条例修改征求意见座谈会。广东省知识产权局局长陶凯元、副局长唐毅等出席座谈会。来自全省知识产权管理部门、法院、企业、高校、科研机构和专利代理机构共50多人参加座谈会。

3月23—25日　应广东省知识产权局邀请，国家知识产权局专利复审委员会化学处在广州审理6件宣告专利权无效案件。

3月23—27日　由广东省知识产权局和欧洲专利局主办、暨南大学知识产权学院承办的“政府知识产权行政管理人员研修班（第二期）”在广州举行。副局长朱万昌出席开班仪式并致辞。该研修班是《广东省百千万知识产权（专利）人才培育工程实施方案》确定的千名人才培养项目之一，同时被列入中国—欧盟知识产权保护项目（二期），来自各级知识产权行政管理部门56人参加培训。

3月24日　广东省工商行政管理局副局长姜海平参加“民声热线”节目。

3月24日　广东省知识产权局党组书记、副局长马宪民参加省政府组织召开的第二次廉政工作会议。

3月25日　“知识产权质押融资试点推进大会暨专题论坛”在佛山市南海区召开。国家知识产权局专利管理司马维野司长、广东省知识产权局局长陶凯元及副局长郑良生、佛山市及南海区政府有关领导出席会议，来自珠三角地区部分市知识产权局、金融机构、行业协会及企业代表约120多人参加会议。

3月25—26日　广东省工商行政管理局副局长姜海平带队到东莞、韶关市工商行政管理局及基层工商所，就如何创建区域国际品牌等问题进行调研。

3月25—26日　广东省知识产权局副局长朱万昌赴港出席“中国内地及香港知识产权法论坛”，作“内地知识产权制度最新进展”专题演讲。本次论坛由香港工商品牌保护阵线主办，香港廉政公署专员、香港海关前任关长汤显明和香港海关助理关长谭耀强出席论坛并致辞。

3月26—29日　由省科学技术协会、省教育厅、省科学技术厅、广东省知识产权局和湛江市人民政府联合主办的第24届广东省青少年科技创新大赛在湛江举行。全国人大外事工作委员会副主任、省科协主席卢钟鹤、省科协党组书记梁明、湛江市委副书记严植婵、中国工程院院士刘人怀、省教育厅巡视员刘育民、广东省知识产权局副局长朱万昌出席开幕式。

3月27日　广东省知识产权局召开传达学习全国“两会”精神报告会。报告会由马宪民书记主持。全国人大代表、广州市人大常委会副主任陈国安、全国政协委员、广东省知识产权局局长陶凯元分别传达了十一届全国人大二次会议和全国政协十一届二次会议精神。

3月29日　广东省知识产权局局长陶凯元赴北京出席“WIPO跨区域知识产权高级论坛”。

3月31日　广东省高级人民法院民三庭庭长林广海和副庭长欧修平就知识产权司法保护的有关问题接受中央电视台专访，这次专访是“2009年全国知识产权宣传周”广东法院活动的一项重要内容。

4月

4月1日 广东省知识产权局副局长郑良生出席在广州市召开的2009年广东省立法工作会议。

4月2日 广东省知识产权局局长陶凯元接待美国贸易代表署助理贸易代表夏尊恩（Timothy P. Stratford）先生一行7人来访，双方围绕金融危机对知识产权发展影响进行会谈。

4月2—3日 全国专利统计工作会议在重庆市召开。国家知识产权局副局长杨铁军、重庆市政协副主席陈万志出席会议并致辞。广东省知识产权局副局长朱万昌参加会议并发言。

4月7日 广东省知识产权局与中山市人民政府、香港特别行政区政府知识产权署、香港贸易发展局在中山市联合举办“粤港知识产权与中小企业发展（中山）研讨会”。国家知识产权局副局长李玉光，广东省知识产权局局长陶凯元，中山市政府副市长司徒伟湛、香港知识产权署助理署长冯淑卿、香港贸易发展局主管梁国浩出席会议并致辞，粤港两地知识产权管理部门与企业代表、知识产权专家约350人参加会议。

4月7日 广东省知识产权局局长陶凯元陪同国家知识产权局副局长李玉光赴百诺精密工业（中山）有限公司考察调研。

4月7—10日 广东省工商行政管理局在干部素质教育中心举办全省工商系统商标广告培训班并召开工作会议。全省21个地级以上市工商局分管商标广告工作的副局长、商标广告科（处）负责人及业务骨干近100人参加培训会议。广东省工商行政管理局副局长姜海平作培训动员和会议总结。

4月8日 广东省高级人民法院与中国外商投资企业协会优质品牌保护委员会合办的“国家知识产权战略架构下的司法保护论坛——广东高院知识产权庭成立15周年纪念”在广东法官学院隆重举行。来自各地的专家学者及最高法院、兄弟高院资深法官及企业界的代表共聚羊城研讨知识产权司法保护的最新课题，对推动广东省知识产权审判工作和建设创新型广东具有重要的现实意义。

4月9日 国家知识产权局专利局发明机械审查部副处长许莹到国家知识产权局专利局广州代办处挂职锻炼。广东省知识产权局召开欢迎挂职锻炼干部座谈会，局长陶凯元、副局长朱万昌出席座谈会并讲话。

4月10日 广东省知识产权局副局长朱万昌率领驻坡头区龙头镇龙头村固本强基工作组正式驻村；局各党支部代表共赴坡头区龙头镇开展贫困学生帮扶活动和城乡基层党组织互帮互助活动，坡头区区委常委、组织部长陈雪贞和区、镇的领导、驻点村的村干部群众等参加了活动。

4月10日 最高法院在广东法官学院召开“最高法院新专利法司法解释座谈会”。最高法院民三庭审判长王永昌、法官李剑、记员王新书、广东省高级人民法院民三庭庭长林广海、副庭长王静、副庭长欧修平和专利合议庭成员，以及广东省8个有专利案件管辖权的法院代表出席座谈会。

4月14日 全省知识产权工作座谈会暨2009年广东专利奖表彰大会在广州举行。会议对68家2009年广东专利奖获奖单位进行了表彰，对我省2008年PCT专利申请、发明专利申请量前三名的企事业单位和发明专利代理量前三名的专利代理机构颁发奖牌。广东省政府副省长宋海出席会议并作讲话，广东省知识产权局局长陶凯元以《立足新起点 形成新优势 努力实现我省知识产权工作的新跨越》为题作讲话。广东省知识产权局领导班子成员及处室负责人，各地级以上市分管知识产权工作的副市长，市知识产权局负责人，2009年广东专利奖获奖单位，广东省2008年PCT专利申请量、国内发明专利申请量前三名的企事业单位和代理发明专利申请量前三名的代理机构代表等参加会议。

4月14日 广东省知识产权局召开第105

届广交会知识产权保护工作动员大会，研究和部署本届广交会知识产权保护工作。广东省知识产权局副局长唐毅出席会议并提出具体要求。

4 月 15—19 日、4 月 24—28 日、5 月 3—7 日　根据商务部的邀请和广东省政府的委派，广东省知识产权局组织广州、汕头、佛山、清远、中山、韶关、惠州、汕尾、潮州等市知识产权局 50 多人参加的省市联合专利执法队伍，会同广州市工商局、版权局执法人员进驻第 105 届广交会，圆满地完成本届广交会知识产权保护工作任务。广东省知识产权局副局长唐毅担任驻会工作组组长。

4 月 15—5 月 14 日　广东省知识产权局在广东卫视连续播出“在保护知识产权的路上，你我携手同行”主题电视公益广告片，并组织各市知识产权局在当地电视台播出。

4 月 19 日　由广东省知识产权局与清远市人民政府联合主办，清远市科技信息局（知识产权局）承办的广东省清远市“4·26”保护知识产权集中销毁现场会在清远市举行，广东省知识产权局副局长唐毅出席现场会并作重要讲话。

4 月 20 日　广东省知识产权局和省科技厅联合在广州主办“自主知识产权的力量——高新技术企业自主创新与知识产权论坛”。省政府副省长宋海出席论坛并致辞，广东省知识产权局局长陶凯元主持论坛开幕式，广东省科技厅厅长李兴华、广州市委常委、副市长李荣灿、广州市委常委、广州开发区管委会主任薛晓峰出席论坛并致辞。国内经济界、科技界、知识产权界专家学者以及我省自主创新典型企业和海外知名企业代表、广州市高新技术企业负责人 200 多人参加论坛。

4 月 21 日　广东省知识产权局局长陶凯元出席东莞市知识产权工作会议暨专利奖励大会并作重要讲话。东莞市委常委、常务副市长冷晓明、市人大常委会副主任吕兢、市政协副主席朱伍坤等领导出席会议。

4 月 22 日　广东省知识产权局副局长郑良生出席在广州市举行的侵权盗版制品及各类非法出版物集中销毁活动。

4 月 22 日　广东省知识产权局副局长唐毅出席在广州市举行的第十六届亚运会举办城市签订知识产权保护协议暨亚运会知识产权宣讲会，并作了重要讲话。

4 月 22—23 日　广东省知识产权局与香港知识产权署在香港共同举办“粤港知识产权中介服务机构交流活动”。我省 12 家知识产权中介服务机构代表赴港交流。

4 月 23 日　广东省政府知识产权办公会议办公室召开 2009 年广东省十个知识产权典型案件发布会。广东省知识产权局副局长唐毅向驻粤新闻界公布 2009 年我省十个知识产权典型案件。

4 月 23 日　广东省高级人民法院召开一年一度的“全省法院知识产权宣传周”新闻发布会，公布本年度广东知识产权司法保护十大案例，副院长霍敏出席会议并致辞。

4 月 24 日　广东省工商行政管理局和广州市工商行政管理局共同举办“广东省商标代理机构诚信经营倡议仪式”，广东省内 20 家规模大、信誉好的商标代理机构，发起广东省商标代理行业诚信经营的倡议。广东省工商行政管理局副局长彭海斌在倡议仪式上作重要讲话。

4 月 24 日　全国政协副主席、民进中央常务副主席、民进广东省委主委罗富和率领的民进广东省委“自主创新企业行”调研组一行在广东省知识产权局局长陶凯元的陪同下前往广东威创视讯科技股份有限公司和广东天普生化医药股份有限公司进行调研。

4 月 24 日　广东省政府新闻办在广州召开新闻发布会。广东省政府知识产权办公会议办公室主任、广东省知识产权局局长陶凯元发布“2008 年广东省知识产权保护状况”。发布会由省政府新闻办副主任胡振国主持。广东省公安厅、广东省工商局、广东省版权局、海关广东分署、广东省法院等知识产权保护部门代表出席发布会并回答记者提问。省政府知识产权办公会议中位成员代表，各国驻广州领事馆代表，境外及港澳驻穗新闻媒体代表，中央驻粤和广东各新闻单位代表等约 100 人参加发布会。

4 月 24 日　由国家知识产权局、公安部、海关总署联合举办的“中国知识产权高层论坛”在北京召开，本次论坛以“挑战·合作·发展”为主题。全国人大常委会副委员长路甬祥出席论坛并作重要讲话，国家知识产权局局长田力普出席论坛并致辞，广东省知识产权局副局长朱万昌参加论坛。

4 月 25 日　国家工商行政管理总局商标局和商标评审委员会公布新认定的 390 件驰名商标，其中广东省 54 件，占此次认定总数的 13.85%，其中肇庆、清远、韶关、茂名四市实现驰名商标零的突破。

4 月 26 日　广东省知识产权局在《南方日报》、《中国知识产权报》、《广东科技报》上刊登世界知识产权日专版，宣传我省知识产权事业发展成绩。副省长宋海在《南方日报》专版发表“4·26 世界知识产权日致辞”。

4 月 26 日　广东省知识产权局开通全国知识产权维权援助公益服务电话 12330。

4 月 26 日　广东省知识产权局副局长郑良生在东莞市知识产权局副局长吴美良的陪同下参加东莞市举办的“世界知识产权日”的相关庆祝活动。

4 月 27 日　广东省知识产权局局长陶凯元、书记马宪民、副局长唐毅到广交会检查指导第 105 届知识产权保护工作，并与商务部、商会有关领导座谈，共商如何建立广交会知识产权保护长效协作机制等问题。

4 月 30 日　广东省知识产权局在广东大厦组织召开《LED 产业专利态势分析报告》专家论证会，11 位来自政府、高校院所和企业的专家对报告进行全方位论证，广东省知识产权局书记马宪民、副局长郑良生出席论证会。

5 月

5 月 5 日　广东省知识产权局副局长朱万昌赴广州大学调研知识产权工作。广州大学副校长陈永亨教授、科技处处长周云教授作专题汇报。

5 月 7 日　广东省高级人民法院民三庭副庭长欧修平、审判长潘奇志会同外事办同志一起接待意大利对外贸易委员会广州代表处知识产权项目组齐若娜（Luigina Cirane）女士一行，双方就知识产权相关问题进行交流。

5 月 9 日　由中国科学院主办的“深圳企业 CEO 知识产权高级培训班暨珠三角改革发展规划纲要与知识产权战略论坛”在深圳召开。广东省知识产权局党组书记、副局长马宪民出席论坛并做题为“实施两大《纲要》，促进自主创新”专题演讲。

5 月 9—10 日　广东省知识产权局作为支持单位的“国家知识产权战略实施策略与绩效评价国际研讨会”在广州大学城召开。广东省知识产权局局长陶凯元、华南理工大学校长李元元、中南财经大学校长吴汉东、国家知识产权局前局长王景川、中国社科院知识产权研究中心主任李明德出席论坛并致辞；广东省知识产权局副局长朱万昌、最高人民法院研究室副主任罗东川出席论坛。来自美国、欧盟、亚洲、大洋洲多个国家和地区的专家学者，以及我国各地企事业单位代表共 300 余人参加会议。

5 月 9 日　广东省知识产权局局长陶凯元访问华南理工大学广州大学城校区，并与校长李元元就加强华工知识产权工作、深化双方合作进行会谈。副局长朱万昌参加会谈。

5 月 11—13 日　由国家知识产权局专利管理司司长马维野带队的国家知识产权试点园区考核验收组一行 7 人，对广州开发区、深圳高新区进行国家知识产权试点园区届满考核验收。广东省知识产权局党组书记马宪民、副局长郑良生以专家组成员和省局领导双重身份参加考核验收工作，广州、深圳市知识产权局的领导也参加验收工作。

5 月 12—13 日　广东省知识产权局与国家知识产权局初审及流程管理部在广州联合举办

PCT知识培训班。来自全省各专利代理机构150余人参加培训。

5月13日　由广东省知识产权局援助四川省知识产权局建设的“世界药物行业专利数据库”开通仪式在成都市隆重举行，广东省知识产权局副局长郑良生、四川省知识产权局局长黄峰等出席会议，并共同点击开通世界药物行业专利数据库。四川省部分医药企业和专利代理机构的80余名代表参加仪式。

5月14—15日　邓燕辉同志到杭州参加商标法修改小组举办的“《商标法修改送审稿》（草稿）征求意见会”。

5月18日　广东省工商行政管理局党组书记、局长、广东省著名商标评审委员会主任卢炳辉主持召开广东省著名商标评审委员会第一次会议，省工商局彭海斌、李侨、钟伟泉、郑勇明、丁文、冯湘勇、辛光辉以及省农业厅、省环境保护局、省食品药品监管局、省消费者委会和广东商标协会、省质量检验协会共25位委员出席会议。

5月19日　国家知识产权局专利复审委员会副主任廖涛一行5人访问广东省高级人民法院，双方就如何进一步完善交流合作机制进行深入的座谈交流。

5月20—21日　国家知识产权局专利复审委员会和中华全国专利代理人协会在广州联合举办专利复审与无效专题培训班。国家知识产权局专利复审委员会副主任廖涛、中华全国专利代理人协会副秘书长肖光庭、广东省知识产权局副局长朱万昌致开幕词。来自全省专利代理机构170余人参加培训。

5月20日　中国民主促进会广东省委副主委、广东省社会主义学院副院长鲁开垠一行7人走访广东省知识产权局，局党组书记、副局长马宪民，副局长唐毅以及处室负责人参加座谈。

5月21日　广东省知识产权局局长陶凯元、副局长朱万昌接待美国全国商会亚洲区主任王杰（Jeremie Waterman）与中国首席代表余立刚一行3人来访，双方就知识产权合作事宜进行会谈。

5月22日　广东省知识产权局召开欢迎国家知识产权局专利复审委员会挂职锻炼干部座谈会。副局长唐毅出席会议并作重要讲话。

5月25日　中共中央政治局委员、省委书记汪洋在我局和省委政研室联合报送的《知识产权是应对国际金融危机的利器—我省知识产权优势企业的做法、启示与建议》一文上作出重要批示，指出要向社会广泛宣传知识产权优势企业以自主知识产权应对危机的经验和成效。

5月26—27日　广东省知识产权局和广东省日化商会在广州联合举办广东省日化行业知识产权实务培训班。副局长朱万昌和省日化商会林镇才常务副会长出席开班式并致辞。来自全省日用化工行业相关企业110余人参加培训。

5月26—27日　由广东省知识产权局主办、中国知识产权报广东记者站承办的“2009年全省知识产权新闻通联工作会议暨全省知识产权新闻业务培训班”在广州举办，广东省知识产权局副局长朱万昌、中国知识产权报副总编张岳庚出席会议并作重要讲话。来自全省各市、县（市、区）知识产权局的宣传工作人员，以及法院、质监等系统人员约100人参加会议。

5月26日　根据国家知识产权局《关于近期知识产权局系统执法工作安排的通知》的要求，广东省知识产权局制定并报送《广东省知识产权局5·26工程实施方案》。

5月31日　广东省政府副省长宋海作出重要批示，指出要进一步提高对创造和保护知识产权的认识。随后，广东省知识产权局认真组织学习书记汪洋的重要批示精神，并向副省长宋海呈报《关于贯彻落实汪洋书记批示精神意见的请示》，宋海副省长6月8日在《请示》上作出重要批示，指出要进一步加强知识产权工作促进自主创新，并要求组织专项调研，起草相关文件，为省委省政府提供决策参考。

6月

6月3—4日　由国家知识产权局、美国专利商标局、日本特许厅和欧共体商标和外观设计注册局主办，广东省知识产权局、顺德区政府、美国驻广州总领事馆承办的“中美日欧外观设计保护论坛”在佛山顺德举办。国家知识产权局副局长李玉光、美国驻广州总领事馆总领事、欧洲商标和外观注册局代表、日本特许厅代表、顺德区区长梁维东出席开幕式并致辞，广东省知识产权局副局长朱万昌主持开幕式。来自中国、美国、日本和欧洲的知识产权相关机构的官员和专家就外观设计申请与保护问题进行研讨。

6月4日　由国家知识产权局和英国知识产权局联合主办，广东省知识产权局承办的“促进和鼓励中英知识产权制度的使用和理解研讨会”在广州举行。国家知识产权局副局长李玉光、省政府副秘书长江海燕、英国知识产权局局长伊恩·福莱德、广东省知识产权局副局长朱万昌出席研讨会并致辞。中英两国知识产权管理部门、企事业单位和知识产权服务机构代表120余人参加会议。

6月4日　广东省知识产权局副局长朱万昌接待英国知识产权局局长伊恩·福莱德(Ian Fletcher)一行4人来访，就双方知识产权工作进展及未来合作事宜进行会谈。国家知识产权局国际合作司副司长吴凯参加会见。

6月5日　广东省高级人民法院民三庭的《国家知识产权战略架构下的司法保护》一文在《人民司法（应用）》2009年第11期上发表。

6月8日　国家知识产权局公布第二批“百千万知识产权人才工程”百名高层次人才培养人选，我省9人入选。

6月11日　泛珠三角区域知识产权合作第五届联席会议暨第四届论坛在广西南宁举行。中纪委驻国家知识产权局纪检组组长、国家知识产权局党组成员肖兴威，广西壮族自治区副主席陈章良等领导出席会议开幕式并致辞。广东省知识产权局局长陶凯元率广东省知识产权局、广东省工商局、广东金融学院代表一行5人参加会议和论坛。

6月11—12日　广东省知识产权局在广州召开《广东省专利条例》征求意见座谈会。广东省知识产权局副局长唐毅出席座谈会并作重要讲话。座谈会共有4场，分别是专利行政管理部门座谈会、企业座谈会、高校科研院所座谈会和专利代理机构座谈会。

6月17日　广东省知识产权局在东莞市厚街镇召开首届广东外商投资企业产品（内销）博览会知识产权保护工作动员会议。广东省知识产权局副局长唐毅出席会议并作重要讲话。

6月18—20日　广东省知识产权局派出人员参加首届广东外商投资企业产品（内销）博览会知识产权保护工作，重点检查有专利标志的展位20多个，产品100多种。

6月18日　中共中央政治局委员、省委书记汪洋看望首届广东外商投资企业产品（内销）博览会知识产权保护工作驻会执法人员，并对知识产权工作寄予厚望，指出“知识产权工作很重要，是外博会的保障条件”。

6月20日　广东省知识产权局局长陶凯元、副局长唐毅到首届广东外商投资企业产品（内销）博览会检查知识产权保护工作。

6月22日　广东省政府副秘书长江海燕主持召开促进专利申请工作协调会，研究部署推动我省专利申请工作健康、可持续发展的工作措施。广东省知识产权局陶凯元局长参加会议并介绍全省专利申请情况，党组书记、副局长马宪民参加会议。

6月22—26日　广东省知识产权局和省高院民三庭一行6人组成联合调研组，对深圳、佛山、江门等市的知识产权保护情况开展联合调研。

6月23日　广东省知识产权局局长陶凯元、副局长唐毅及相关处室负责人参加省政府纠风办和广东电台联合主办的“政风行风热线”直播节目“民声热线”第一期“专利保护”上线直播活动，“零距离”倾听百姓呼声，接听公众电话，解答公众问题，宣传知识产权相关政策法规，及时处理专利投诉。

6 月 24—25 日　广东省知识产权局党组书记马宪民同志带领省知识产权局多名同志赴湛江就我局落实省委“十百千万”干部下基层驻农村工作进行调研。湛江市知识产权局领导、坡头区委、区政府和龙头镇领导及我局第五批驻驻村工作队员一同参加调研活动。

6 月 24—25 日　广东省知识产权局《广东省专利条例》立法调研组一行四人前往深圳开展立法调研，并召开了《广东省专利条例》征求意见座谈会。

6 月 25 日　粤港保护知识产权合作专责小组第八次会议预备会议在广州举行。广东省知识产权局局长陶凯元、香港知识产权署署长谢肃方出席，港方商务及经济局和海关、粤方公安、海关、工商、版权、外经贸相关部门代表参加会议。

6 月 25 日　国家知识产权局在北京召开“全国非正常专利申请监控与处理工作会议”。广东省知识产权局副局长朱万昌作经验交流，国家知识产权局副局长贺化对我省非正常专利申请处理工作给予高度评价。

6 月 27 日　广东省知识产权局副局长唐毅出席在广州召开的广东省法学会知识产权法学研究会换届会议暨 2009 年学术年会会议，并当选为知识产权法学研究会会长。

6 月 27 日　广东省高级人民法院民三庭庭长林广海、副庭长欧修平和石静涵同志到华南理工大学参加广东省法学会知识产权法学研究会换届会议暨 2009 年学术年会，林广海当选研究会副会长，并作主题发言。

6 月 29 日　应广东省科技厅厅长李兴华的邀请，广东省知识产权局与省科技厅召开专题座谈会，共商促进我省科技和知识产权事业发展的新措施。省科技厅厅长李兴华、副厅长龚国平和广东省知识产权局局长陶凯元、书记马宪民、副局长朱万昌参加会谈。

6 月 30 日　广东省知识产权局副局长郑良生、朱万昌及相关处室负责人参加省政府纠风办和广东电台联合主办的“政风行风热线”直播节目“民声热线”第二期“专利创造与运用”上线直播活动。

7 月

7 月 1 日　广东省知识产权局党组书记、副局长马宪民接待西藏林芝地区行政公署副专员刘兴来一行 4 人访问。

7 月 2—6 日　广东省知识产权局党组书记马宪民带领法制处一行 4 人赴国家知识产权局复审委员会进行调研，与主任张茂于就双方合作共建、人才交流进行座谈。随后，赴河南省知识产权局开展专利行政执法工作调研。

7 月 7—8 日　由广东省知识产权局和香港知识产权署联合主办，天河区科技局、知识产权局承办的粤港创意产业企业互访交流活动在香港举行。副局长朱万昌带领广州市创意企业代表访问香港知识产权署和香港数码港、创新中心、科技园等创意产业集聚区。

7 月 10 日　广东省知识产权局副局长唐毅出席在佛山市顺德区举办的企业知识产权战略与产业专利联盟建设论坛并致辞。

7 月 10 日　广东省知识产权局副局长朱万昌出席汕头市知识产权工作会议并作重要讲话。汕头市知识产权局全体人员、各区县知识产权局局长或分管局长等近 30 人参加会议。

7 月 14—15 日　广东省知识产权局组织召开上半年工作总结会，局领导陶凯元、马宪民、郑良生、唐毅、朱万昌出席会议，局机关副处以上干部及局属单位领导班子成员参加会议。会议梳理总结局系统上半年工作进展情况，对下半年工作进行部署。会议由局党组书记、副局长马宪民主持。局长陶凯元作总结讲话。

7 月 16 日　粤港保护知识产权合作专责小组第八次会议在广州召开。粤方代表团由广东省知识产权局局长陶凯元带队，海关广东分署、省公安厅、省外经贸厅、省工商局、省版权局和广东省知识产权局的代表参加会议；港方代表团由香港知识产权署署长谢肃方带队，香港知识产权署、香港商务及经济发展局、香港海关的代表参加会议。专责小组举行记者招待会，与会代表回答来自粤港两地媒体记者的提问。当天会议之后，广东省知识产权局朱万昌副局长与港方代表团共同考察广州羊城创意产业园。

7月16日　由广东省知识产权局、香港特别行政区政府知识产权署与澳门特别行政区经济局共同编写的《粤港澳知识产权简明手册》在三地正式发布。

7月23日　广东省知识产权局党组书记马宪民一行3人到中山调研专利信息运用、专业镇知识产权工作和专利服务机构建设情况。市政府副市长司徒伟湛就中山市专利工作情况作了介绍。

7月23日　广东省知识产权局副局长朱万昌接待美国全国商会国际部亚洲区主任王杰（Jeremie Waterman）一行4人来访，就合作举办珠江三角洲地区创新与知识产权国际研讨会事宜进行会谈。

7月23—24日　国家工商行政管理总局和商标局在吉林省长春市召开全国工商行政管理系统贯彻落实《国家知识产权战略纲要》大力推进商标战略实施的工作会议。广东省工商行政管理局副局长钟伟泉参加会议。会上，国家工商行政管理总局副局长付双建宣读《关于表彰全国工商行政管理系统商标工作先进集体和先进个人的通报》。广东省局、北京市局等12个省、自治区、直辖市工商行政管理局，广东省的佛山、东莞、中山市工商行政管理局，广州市花都分局、深圳市福田分局、汕头市澄海分局、佛山市顺德区局、江门开平市局5个分（区）局，深圳市黄田工商所等17个工商所和17个先进个人受到了表彰。

7月24日　广东省知识产权局组织召开局系统干部职工大会，传达学习省委十届五次全会精神并对开展纪律教育学习月活动进行动员。大会由副局长唐毅主持，书记马宪民传达省委十届五次全会精神并作动员讲话。局领导陶凯元、郑良生、朱万昌等出席会议。

7月27日　广东省知识产权局召开了上半年工作总结大会，会议由局党组书记、副局长马宪民主持，局长陶凯元作了上半年工作总结报告、对下半年工作进行了部署。局领导、局机关及局属单位干部、职工参加了会议。

7月27日　广东省知识产权局在广州举办美国337知识产权调查实务讲座，来自全省知识产权管理部门、企业、专利代理机构、高校、律师事务所代表130多人参加讲座。

7月28日　由广东省高级人民法院民三庭、国际唱片业协会、广东音像协会共同举办的广东省音像著作权司法保护研讨会在广州珠岛宾馆召开。

7月31日　广东省知识产权局在广州召开《广东省专利条例》立法论证会。广东省知识产权局副局长唐毅主持了会议。省人大教科文卫委、省人大常委会法工委、省政府法制办的等有关部门领导出席会议并予指导，《条例》起草小组和论证项目业务处室有关人员参加了会议。

8月

8月5日　广东省知识产权局党组书记、副局长马宪民赴广州三环专利代理有限公司、广州粤高专利代理有限公司、广州华进联合专利商标代理有限公司进行专题调研。

8月10日　江西省人大教科文卫委员会来粤调研专利条例立法情况。广东省知识产权局副局长唐毅出席座谈会并介绍我省专利立法的情况。

8月13日“全省上半年专利申请形势分析会”在广州召开。广东省知识产权局局长陶凯元作题为《统一思想　坚定信心 以科学发展观统领专利事业发展全局》的重要讲话，党组书记、副局长马宪民主持会议，副局长朱万昌通报全省专利申请情况，各市知识产权局负责人参加会议。

8月13日　“2009年全省专利调查工作动员会”在广州召开。广东省知识产权局副局长朱万昌作动员讲话。各市知识产权局负责人参加会议。

8月13日　全省区域知识产权发展计划总结会暨合同签署仪式在广东大厦举行。会议由广东省知识产权局书记马宪民主持，局长陶凯元到会讲话，副局长郑良生做总结报告，副局长唐毅和副局长朱万昌出席会议。各地级以上市知识产权局的领导和业务科室的负责同志及广东知识产权局机关各处室和局属单位的主要负责人参加会议。

8月18—21日　广东省知识产权局副局长唐毅赴北京国家知识产权局专利复审委员会，商议委局合作共建有关事宜。

8月19日　粤港合作联席会议第十二次会议在香港举行。省长黄华华和香港特别行政区行政长官曾荫权分别率领粤港代表团出席会议并作主题讲话。广东省知识产权局局长陶凯元参加会议并与香港知识产权署署长谢肃方签署《2009年至2010年粤港知识产权合作协议》，这是本次粤港合作联席会议上签署的八项协议之一。

8月19—22日　由中国科学技术咨询服务中心、科技部火炬高技术产业开发中心、科技部知识产权事务中心、中国技术市场协会和广东省科协和广东省知识产权局联合主办的2009实施产权战略巡讲活动在广州、肇庆和佛山三地开展。中国科协党组成员、中国知识产权研究会常务副理事长张勤作专题报告。

8月20日　广东省知识产权局党组书记、副局长马宪民书记一行到佛山进行调研。佛山市科技局（知识产权局）局长胡学骏、副局长黄齐锋、胡英等出席调研座谈会。

8月24—28日　广东省知识产权局副局长朱万昌率部分地市知识产权局领导赴北京、天津两市学习考察知识产权工作。

8月25日　由国家知识产权局、九三学社中央、全国政协提案委员会办公室、国家发改委、科技部、工商总局等组成的联合调研组，在广州召开国家知识产权战略实施部际联席会议联合调研座谈会。座谈会上，广东省知识产权局副局长唐毅向调研组汇报近年来我省知识产权工作情况。

8月27日　广东省知识产权局局长陶凯元、副局长郑良生在佛山出席了佛山市禅城区实施国家知识产权强县工程推进大会暨佛山宣言签署仪式。

8月28日　“广东专利代理协会第一届年会暨专利代理机构负责人培训班”在广州召开。广东省知识产权局副局长朱万昌出席年会并作重要讲话。

8月31日　广东省知识产权局召开公开遴选副局长民主推荐动员大会。会议由副局长唐毅主持，党组书记、副局长马宪民同志作动员讲话。省委组织部有关领导出席了会议。

9月

9月3日　经广东省人民政府批准，省政府办公厅印发《广东省知识产权局主要职责内设机构人员编制规定》。按照新“三定”方案，设内设机构6个，局机关行政编制37名，局领导职数5名。

9月3日　经省机构编制委员会批准，省政府办公厅印发《广东省知识产权局所属事业单位分类改革方案》。确定：保留国家知识产权局专利局广州代办处，核定事业编制16名，其中主任1名，副主任2名；广东省专利信息中心更名为广东省知识产权研究与发展中心（广东省知识产权维权援助中心），核定事业编制13名，其中主任1名，副主任2名。

9月3日　中纪委派驻国家知识产权局纪检组组长肖兴威、专利管理司副司长曹冬根、专利局外观设计审查部林笑跃部长一行8人到广东局考察座谈。广东省知识产权局局长陶凯元主持会议，书记马宪民、副局长郑良生及各部门主要负责人参加此次座谈会。

9月3日　中纪委派驻国家知识产权局纪检组组长肖兴威在广东省知识产权局局长陶凯元、书记马宪民陪同下视察国家知识产权局专利局广州代办处。

9月4日　广东省知识产权局局长陶凯元陪同国家知识产权局纪检组长肖兴威出席第二

届中国（顺德）国际工业设计创意博览会。

9月7—11日　应广东省知识产权局邀请，国家知识产权局专利复审委员会电学处在广州审理8件宣告专利权无效案件。

9月10日　广东省知识产权局和广东省信息产业厅在广州联合举行平板显示和LED产业专利态势分析报告会，向社会发布《平板显示器产业专利态势分析报告》和《LED产业专利态势分析报告》。广东省知识产权局局长陶凯元、广东省信息产业厅副厅长彭平到会并致辞。来自省发改委等省直部门，各市知识产权局、各有关企业、知识产权中介机构、各有关高校、科研院所的代表共200多人参加报告会。

9月10—11日　广东省知识产权局副局长唐毅陪同国家知识产权局专利复审委员会副主任杨光赴阳江市考察调研。

9月14日　广东省知识产权局向省政府正式报送《广东省专利条例（送审稿）》。

9月14日　广东省知识产权局与中华全国专利代理人协会、广东专利代理协会共同举办中英专利实务交流会。英国特许专利律师协会律师与广东省专利代理机构及相关企业代表进行业务交流。

9月15日　广东省高级人民法院发出《关于表彰全省法院调解工作先进集体和调解能手的决定》，授予民三庭“全省法院调解工作先进集体”荣誉称号，授予审判长潘奇志“全省法院调解能手”荣誉称号。

9月16—19日　广东省知识产权局副局长唐毅率办公室和法制处有关同志到湛江市、江门市开展专利行政执法工作调研。

9月18日　广东省知识产权局副局长唐毅一行5人来到江门市进行专利行政执法工作调研。在江门期间，副局长唐毅一行认真听取江门市知识产权局近年来开展专利行政执法情况的汇报，并考察江门市的知识产权示范企业。

9月21日　广东省知识产权局驻湛江市坡头区龙头村固本强基帮扶项目——“山车村水利改造工程”在龙头村山车村工地现场举行开工仪式，广东省知识产权局局长陶凯元、湛江市副市长梁志鹏，秘书长李卫副，湛江市知识产权局局长陈宜，坡头区区长梁必志等领导同志，以及100多名村民一起见证工程的开工。

9月21—26日　应广东省知识产权局邀请，国家知识产权局专利复审委员会电学处光电申诉处和通信申诉处在广州审理8件宣告专利权无效案件。

9月22日　根据广东省政府机构改革精神，广东省机构编制委员会核定广东省知识产权局行政执法专项编制10名。

9月22—24日　广东省知识产权局局长陶凯元率局有关人员，对湛江、茂名两市知识产权工作情况进行调研。并于9月23日出席茂名建市50周年庆祝活动。

9月23—24日　广东省知识产权局副局长唐毅带领法制处有关同志到惠州市开展专利行政执法工作调研。

9月24—27日　广东省知识产权局派出人员参加第31届广州国际美容美发化妆用品进出口博览会的知识产权保护工作，共受理专利投诉案件7宗。

9月25日　广州市促进知识产权质押融资合作协议签约仪式在广州举行，广东省知识产权局副局长郑良生出席并见证签约仪式。

9月27日　广东省知识产权局组织召开局党组中心组理论学习（扩大）会。党组成员、副局长郑良生同志主持会议。局领导陶凯元、唐毅及局系统副处级以上干部参加会议。

9月28—29日　广东省知识产权局在广州市番禺区召开局信息化建设研讨会，副局长唐毅出席会议并讲话。广东省知识产权局和广州市、东莞市知识产权局办公室、相关业务处室、信息中心的负责人以及工作人员、技术专家约30人参加会议。

9月30日　广东省知识产权局与华南理工大学在大学城举行《共同推进知识产权强校建设协议书》签署仪式。局长陶凯元和校长李元元出席签署仪式并分别在《协议书》上签字。

9 月 30 日 广东省知识产权局局长陶凯元受聘为华南理工大学兼职教授，并向知识产权学院师生们作专题讲座。

9 月 30 日 广东省知识产权局局长陶凯元接待美国驻广州总领事高来恩（Brian Goldbeck）先生一行 5 人来访，就广东知识产权工作与双方知识产权交流合作事宜进行会谈。

10 月

10 月 9 日 省委组织部到广东省知识产权局宣布新任局领导班子成员。

10 月 9 日 广东省知识产权局系统机构改革动员大会。会议由党组书记、副局长马宪民同志主持，局长陶凯元作了动员讲话，局机关和局属单位全体在职人员参加了会议。

10 月 10－21 日 广东省知识产权局局长陶凯元率我省知识产权代表团一行 6 人赴挪威、瑞典、俄罗斯考察知识产权工作，访问了三国知识产权管理、服务与研究机构，开展一系列交流合作活动。

10 月 13－16 日 国家知识产权局在南京市召开全国知识产权局办公室主任会议。国家知识产权局副局长鲍红在会上做重要讲话。来自全国各省、自治区、直辖市 130 多人参加会议。广东省知识产权局副局长唐毅出席会议。

10 月 13－16 日 广东省知识产权局会同省府法制办、省人大常委会法工委立法调研组一行 7 人赴东莞和惠州两市进行立法调研，共召开 4 场座谈会。

10 月 14 日 广东省知识产权局召开第 106 届广交会知识产权保护工作动员大会，研究和部署本届广交会知识产权保护工作。广东省知识产权局副局长袁有楼出席会议并提出具体要求。广东省知识产权局法制处与各有关市知识产权局近 50 人参加会议。

10 月 15－19 日、10 月 24－28 日、11 月 3－7 日 根据商务部的邀请和省政府的委派，广东省知识产权局组织有省内 10 个地市知识产权局近 50 人参加的省市联合专利执法队伍，会同广州市工商局、版权局执法人员，进驻第 106 届广交会，圆满地完成了本届广交会知识产权保护工作任务。广东省知识产权局副局长唐毅担任驻会工作组组长。

10 月 16 日 广东省工商行政管理局副局长姜海平赴成都参加 2009 中国西部国际博览会。

10 月 18 日 国家工商总局商标局在北京举办“中国加入《商标国际注册马德里协定》20 周年纪念座谈会”，并表彰“推动企业马德里商标国际注册先进单位”，广东省工商行政管理局受到表彰。广东省工商行政管理局副局长姜海平参加会议。

10 月 26 日 广东省知识产权局与美国全国商会合作举办“珠江三角洲地区创新与知识产权国际研讨会招待酒会”。广东省政府副省长万庆良，广东省知识产权局局长陶凯元，美国驻华大使洪博培，美国全国商会高级副会长薄迈伦出席酒会并致辞。

10 月 27 日 国家工商总行政管理局主办、中欧知识产权保护项目（二期）承办、广东省工商行政管理局协办的“欧共体商标和立体商标制度巡回研讨会”在广州文化假日酒店举行。国家工商行政管理总局、欧洲内部市场协调局、中欧知识产权保护项目（二期），广东省工商行政管理局以及部分地市商标管理人员、商标代理机构和企业的代表等近百人参加会议。国家工商行政管理总局国际合作司副司长张焕、广东省工商行政管理局副局长姜海平莅临会议，并分别致开幕词和闭幕词。

10 月 27 日 广东省知识产权局和美国全国商会在广州联合主办“珠江三角洲地区创新与知识产权国际研讨会——在经济危机中促进经济转型”。国家知识产权局副局长贺化、广东省政府副秘书长江海燕、广东省知识产权局局长陶凯元、美国商务部部长骆家辉、美国驻华大使洪博培、美国全国商会高级副会长薄迈伦出席开幕式并致辞。研讨会当天，中共中央政治局委员、省委书记汪洋会见部长骆家辉及副会长薄迈伦一行，局长陶凯元陪同会见。

10 月 27—30 日　广东省知识产权局副局长唐毅出席在在江苏省南京市举行的国家知识产权局专利复审委员会与地方局业务研讨会，并作经验交流发言。

10 月 28 日　广东省知识产权局局长陶凯元接待美国专利商标局副局长白莎朗（Sharon Barner）女士一行来访，就双方知识产权工作进展和下一阶段交流合作事宜进行会谈。

10 月 30 日　中共广东省直属机关纪律检查工作委员会陈直河监察专员等一行 3 人到广东省知识产权局进行机关党建工作调研，纪检组长严小宜作专题汇报，各党支部负责同志参加调研汇报会。

10 月 30 日至 11 月 3 日　由广东省知识产权局主办、华南理工大学承办的第三期“企事业单位知识产权管理及实务研修班”在广州举办，副局长朱万昌出席开班仪式并致辞。该研修班是《广东省百千万知识产权（专利）人才培育工程实施方案》千名人才培养项目之一。来自全省企事业单位的知识产权管理人员共 58 人参加培训。

11 月

11 月 2 日　广东省知识产权局局长陶凯元、副局长唐毅到第 106 届广交会检查指导知识产权保护工作，看望省市知识产权局的驻会工作人员。

11 月 4 日　广东省知识产权局副局长唐毅出席在汕尾市召开的第八届粤东知识产权局长联席会议，并作了重要讲话。

11 月 5—25 日　根据《广东省百千万知识产权（专利）人才培育工程实施方案》百名高层次人才培养项目的安排，企事业单位知识产权管理人员研修班在德国举办，来自我省企事业单位知识产权管理部门、专利代理机构负责人或业务骨干共 14 人参加培训。

11 月 9—12 日　广东省工商行政管理局和广东商标协会组织 46 家广东优秀企业参加在山东青岛举办的第三届中国商标节。广东省工商行政管理局副局长姜海平出席开幕式并参加商标节的相关活动。广东省工商行政管理局获得组委会颁发的“第三届中国商标节组织奖”。广东省共有 8 件商品商标、4 件服务商标和 5 件农产品商标分别获得“最具影响力的商品商标”、“最具影响力的服务商标”和“最具影响力的农产品商标”奖，5 位企业代表获得商标领军人物的荣誉称号。广东省工商系统分别有 2 篇和 1 篇论文荣获优秀论文二等奖、三等奖。

11 月 11 日　广东省知识产权局在广州召开全省专利行政执法工作会议。国家知识产权局办公室副主任韩秀成、广东省政府副秘书长江海燕出席会议并作讲话。广东省知识产权局局长陶凯元、党组书记马宪民主持会议，副局长唐毅作工作报告。会议的主要任务是，学习贯彻新修订的《专利法》，总结交流五年多来全省专利行政执法工作情况和经验，表彰我省专利行政执法先进单位和先进个人，部署下一阶段的工作任务。

11 月 11—12 日　第四批广东省中小学知识产权教育试点学校授牌仪式暨师资培训班在广州举行。广东省知识产权局副局长朱万昌出席会议并讲话。来自全省各市知识产权局、教育局、团市委、市少工委的相关负责人及第四批省中小学知识产权教育试点学校代表共 160 多人参加活动。

11 月 12 日　以“应对金融危机，服务企业创新，推进知识产权战略，建设创新型国家”为主题的第三届中国专利周主会场在广州琶洲会展中心隆重开幕。国家知识产权局局长田力普、广东省副省长佟星、广州市副市长李荣灿致辞并共同启动开幕仪式，局长陶凯元应邀出席开幕式。

11 月 12—13 日　国家知识产权局副局长甘绍宁在广东省知识产权局巡视员郑良生、广州市知识产权局副局长邓佑满、副局长丁力陪同下，到广东省知识产权优势企业广州智光电气股份有限公司、省知识产权优势企业广州天赐集团和省知识产权示范企业京信通信系统（广州）有限公司进行调研。

11 月 16 日　广东省知识产权局局长陶凯

元出席第11届中国国际高新技术成果交易会举办的“世界创新高峰论坛”开幕式，并在论坛开幕式后参观考察高交会广东馆和发明创新与专利成果展。副局长唐毅、副局长袁有楼等陪同局长陶凯元参加有关活动。

11月16日　最高人民法院批复广东省高级人民法院《关于调整广东省知识产权管辖制度的请示》，同意调整广东省部分基层人民法院对有关知识产权纠纷案件的地域管辖范围：广州市越秀区人民法院增加管辖从化市辖区内的部分知识产权案件，天河区人民法院增加管辖黄埔区辖区内的部分知识产权案件，白云区人民法院增加管辖花都区辖区内的部分知识产权案件，海珠区人民法院增加管辖荔湾区辖区内的部分知识产权案件，萝岗区人民法院增加管辖增城市辖区内的部分知识产权案件，南沙区人民法院增加管辖番禺区辖区内的部分知识产权案件；东莞市第一人民法院同时管辖东莞市第二、第三人民法院辖区内的部分知识产权案件；江门市蓬江区人民法院增加管辖江海区、鹤山市辖区内的部分知识产权案件，新会区人民法院增加管辖台山市、开平市、恩平市辖区内的部分知识产权案件。

11月18日　最高人民法院批复广东省高级人民法院《关于调整广东省知识产权管辖制度的请示》，同意增加广东省深圳市盐田区人民法院、汕头市龙湖区人民法院、东莞市第一人民法院、江门市蓬江区人民法院以及江门市新会区人民法院作为第一审法院，审理发生在本辖区内的除专利、植物新品种、集成电路布图设计纠纷案件和设计驰名商标认定纠纷案件之外的知识产权纠纷案件。同时，同意由广东省汕头市中级人民法院管辖发生在汕头市、潮州市、揭阳市、汕尾市、梅州市辖区内的第一审专利纠纷案件。

11月18—19日　广东省知识产权局副局长唐毅出席在珠海市召开的粤闽两省沿海城市保护知识产权工作第六次联席会议，并在开幕式上致辞。来自粤闽两省11个沿海城市知识产权主管部门主要领导及有关负责人参加会议。

11月19日　广东省知识产权局局长陶凯元出席“2009年广东经济发展国际咨询会”。

11月19日　广东省知识产权局副局长朱万昌赴广东工业大学调研知识产权工作。广东工业大学校长助理王成勇教授、科技处处长戴青云教授作专题汇报。

11月19—20日　广东省工商行政管理局副局长姜海平带队参加国家工商总局在上海举办的“全国工商系统商标战略暨世博会标志保护培训班”。

11月23日　广东省知识产权局副局长朱万昌出席肇庆市知识产权工作会议并做重要讲话。会议由肇庆市政府副秘书长陈义主持，肇庆市政府副市长孙德出席会议并讲话。

11月23日　国家知识产权局专利局流程优化小组一行12人到广东省召开国家知识产权局电子审批系统宣讲会。广东省知识产权局副局长朱万昌出席会议并致辞，广东省有关企事业单位代表共50人参加会议。

11月23—25日　由广东省知识产权局和香港城市大学共同主办，世界知识产权组织仲裁与调解中心、联合国贸易和发展会议和国际常设仲裁法院协办，省知识产权研究与发展中心承办的“国际知识产权争端仲裁和调解培训班”在广州举行。本次培训班采用全英文授课，来自全省政府机关、企事业单位、知识产权中介服务机构70余名代表参加培训。广东省知识产权局局长陶凯元和香港城市大学法学院院长王贵国出席结业典礼并作讲话。

11月24—27日　广东省知识产权局局长陶凯元率局有关人员，对清远、韶关两市知识产权工作情况进行调研。局长陶凯元一行听取了清远、韶关两市政府领导对本市知识产权工作的情况汇报，深入到两市的5个重点企业和知识产权试点学校进行调研，与两市15个区、县的知识产权局领导和代理机构进行座谈

11月24日至12月3日　广东省知识产权局副局长郑向生率广东省知识产权代表团一行8人赴捷克、匈牙利考察知识产权工作，访问两

国知识产权管理与服务机构，开展交流合作活动。

11月24日至12月14日　根据《广东省百千万知识产权（专利）人才培育工程实施方案》百名高层次人才培养项目的安排，知识产权行政管理人员研修班在美国举办，广东省知识产权局党组书记、副局长马宪民带领省市知识产权局行政管理部门14人参加培训。

11月30日至12月1日　广东省工商行政管理局副局长姜海平参加国家工商行政管理总局商标局在重庆举办的“亚太地区地理标志国际研讨会”。

11月30日至12月4日　应广东省知识产权局邀请，国家知识产权局专利复审委员会第七申诉处在广州审理6件宣告专利权无效案件。

12月

12月2—3日　广东省知识产权局在广东省佛山市举行泛珠三角区域内地九省（区）专利行政执法协作协议签署仪式暨首次执法协作会议。国家知识产权局纪检组肖兴威组长到会并作重要讲话。广东省知识产权局局长陶凯元、副局长唐毅、纪检组长、监察专员严小宜等出席会议。会议的主要任务是签署泛珠专利行政执法协作协议，交流近年来专利行政执法工作经验，探讨专利侵权纠纷案件立案标准统一化问题，商定第二次执法协作会议的主办方及主题。泛珠三角区域内地九省（区）知识产权局局长均到会。

12月5—6日　2009年全国专利代理人资格考试在北京、上海、广州等全国15个城市举行，报名考生约1.2万人。广州考点报名考生1440人，其中港澳考生35人。广东省知识产权局局长陶凯元，纪检组长、监察专员严小宜到考场进行巡视。

12月8—9日　广东省知识产权局与省版权局、香港知识产权署在广州共同举办“粤港创意产业企业知识产权交流活动”。香港知识产权署、香港驻粤经贸办、香港商务及经济发展局、香港数码港管理有限公司、香港应用科技研究院等12家机构的15名代表访问国家软件产业基地广州天河软件园高唐园区、国家网游动漫产业示范基地黄花岗科技园等。

12月9—13日　广东省知识产权局会同广东省政府法制办立法调研组一行五人赴江苏和江西两省进行立法调研。

12月10日　广东省知识产权局与香港生产力促进局在香港共同主办第三届“创新知识型企业奖”颁奖典礼。广东省知识产权局局长陶凯元、香港知识产权署署长谢肃方、香港生产力促进局署理副总裁潘永生出席典礼并致辞。颁奖典礼上，双方举办“卓越知识产权管理研讨会”，广东省知识产权局有关人员介绍“创新知识企业”通用规范标准化工作情况。

12月14日　广东省工商行政管理局党组书记、局长、省著名商标评审委员会主任卢炳辉主持召开广东省著名商标评审委员会会议，姜海平、钟伟泉、郑勇明、丁文、辛光辉等22位评审委员会委员出席会议。会上，与会委员审议通过《2009年广东省著名商标初审情况报告》提出的初审原则，对2009年申请认定和延续的981件商标进行评审。

12月15日　广东省知识产权局召开局系统机构改革干部任命大会，局领导班子成员和局机关、局属单位的全体干部职工参加会议。会议由局党组书记马宪民主持，副局长唐毅宣读任命通知，局长陶凯元作重要讲话。

12月15日　广东省知识产权局与香港知识产权署在广州合作主办“粤港企业专利信息运用培训班”，培训班由广东省知识产权研究与发展中心承办，粤港两地的政府部门、企事业单位及知识产权服务机构代表130多人参加。

12月15日　广东省知识产权局接待越南国家知识产权局 Nguyen Thi Huong Giang 女士一行6人来访，向越方介绍我省知识产权工作情况，并组织我省知识产权服务机构与越方进行交流。

12月16日　广东省知识产权局副局长朱

万昌接待日本贸易振兴机构广州代表处所长横田光弘一行 3 人来访，就加强知识产权交流合作事宜进行会谈。

12 月 16 日　国家知识产权局发文《关于确定“全国企事业知识产权示范单位”的通知》，公布首批全国企事业知识产权示范单位名单。广东省华为技术有限公司、中兴通讯股份有限公司、深圳市朗科科技有限公司、珠海格力电器股份有限公司、TCL 集团股份有限公司、比亚迪股份有限公司、广东奥飞动漫文化股份有限公司、华南理工大学等 8 家企事业单位榜上有名。

12 月 16－17 日　首届国家知识产权局特邀监督员、第二届党风廉政监督员聘任会在北京召开，广东省知识产权局党组成员、纪检组长严小宜参加会议并被聘任为特邀监督员，并接受国家知识产权局党组成员，中纪委驻国家知识产权局纪检组长肖兴威颁发的聘书。

12 月 17 日　广东省与中国科学院科技合作座谈会在深圳举行。中共中央政治局委员、省委书记汪洋，省委副书记、省长黄华华，省委副书记、深圳市委书记刘玉浦，省委常委、常务副省长黄龙云，省委常委、深圳市委副书记、代市长王荣等省领导，全国人大常委会副委员长、中国科学院院长、党组书记路甬祥，副院长、党组成员施尔畏，副秘书长、办公厅（党组办）主任邓麦村等中科院领导同志出席。广东省知识产权局党组书记、副局长马宪民同志参加会议。

12 月 17－18 日　以国家知识产权局专利管理司马维野司长为组长的国家知识产权示范城市评定组对佛山市的创建工作进行综合考评，广东省知识产权局巡视员郑良生参加评定工作。

12 月 21－24 日　国家知识产权局在浙江省杭州市召开全国知识产权执法工作会议暨第三届中国知识产权执法论坛。国家知识产权局副局长甘绍宁和有关部门负责人，来自全国各省、自治区、直辖市知识产权局局领导和职能处室负责人、执法先进集体和个人、部分城市知识产权局领导等 150 多人出席会议。唐毅副局长出席会议并在大会作经验交流。

12 月 22—25 日　广东省工商行政管理局副局长姜海平带领考评组一行，对佛山、深圳、中山、珠海市申报国家商标战略实施示范城市和示范企业工作进行现场考察。

12 月 23 日　广东省知识产权局副局长朱万昌带领协调与合作处党支部前往湛江市坡头区邓屋村开展城乡党支部互帮互助活动。湛江市知识产权局、龙头镇相关领导，邓屋村村委、村支部及党员同志共 40 多人参加活动。

12 月 26－27 日　国家知识产权局专利复审委员会副主任祁德山一行 3 人到位于广州科学城的国家知识产权局第一巡回审理庭第二审理室进行视察副主任祁德山。在广东省知识产权局副局长唐毅陪同下视察审理室的建设情况、观看审理记录系统的模拟演示，并对审理室的建设提出改进意见和建议。

12 月 29 日　广东省高级人民法院民三庭与广东音像分销业商会联合举办“广东省音像著作权司法保护座谈会”，双方就《广东省高级人民法院关于审理侵犯音像著作权纠纷案件若干问题的指导意见》（讨论稿）和《广东省高级人民法院关于“广东省音像著作权司法保护论坛”会议纪要》（讨论稿）展开热烈讨论并深入交换意见。

12 月 30 日　全省企事业单位知识产权试点示范工作会议在广州召开。局党组成员、巡视员郑良生、副局长袁有楼出席会议，各地级以上市知识产权局、深圳市市场监督管理局负责人，第四批全国企事业知识产权试点单位代表、2009 年省知识产权试点区域、2009 年省知识产权优势企业、示范企业代表，以及局机关各处室和下属各单位的负责同志参加会议。

统计资料

1985—2009 年广东省专利申请统计表

类别 年份	小计	专利种类构成						专利申请人构成									
		发明		实用新型		外观设计		企业		高校		科研单位		机关团体		个人	
		件	%	件	%	件	%	件	%	件	%	件	%	件	%	件	%
1985	286	128	44.8	136	47.6	22	7.7	54	18.9	42	14.7	30	10.5	13	4.5	147	51.4
1986	390	88	22.6	264	67.7	38	9.7	92	23.6	32	8.2	31	7.9	7	1.8	228	58.5
1987	825	140	17.0	511	61.9	174	21.1	220	26.7	27	3.3	53	6.4	103	12.5	422	51.2
1988	1203	148	12.3	790	65.7	265	22.0	285	23.7	35	2.9	51	4.2	130	10.8	702	58.4
1989	1276	175	13.7	683	53.5	418	32.8	346	27.1	45	3.5	58	4.5	158	12.4	669	52.4
1990	1948	231	11.9	1001	51.4	716	36.8	716	36.8	33	1.7	90	4.6	157	8.1	952	48.9
1991	2997	322	10.7	1371	45.7	1304	43.5	924	30.8	36	1.2	60	2.0	514	17.2	1463	48.8
1992	4656	476	10.2	1640	35.2	2540	54.6	1554	33.4	39	0.8	64	1.4	932	20.0	2067	44.4
1993	5020	603	12.0	2002	39.9	2415	48.1	1494	29.8	65	1.3	74	1.5	958	19.1	2429	48.4
1994	5883	605	10.3	1960	33.3	3318	56.4	1334	22.7	48	0.8	49	0.8	1687	28.7	2765	47.0
1995	7729	463	6.0	2367	30.6	4899	63.4	3017	39.0	65	0.8	50	0.6	1186	15.3	3411	44.1
1996	9946	510	5.1	2798	28.1	6638	66.7	5442	54.7	47	0.5	54	0.5	87	0.9	4316	43.4
1997	12858	680	5.3	3173	24.7	9005	70.0	7084	55.1	62	0.5	102	0.8	17	0.1	5593	43.5

（续表）

类别 年份	小计	专利种类构成						专利申请人构成									
		发明		实用新型		外观设计		企业		高校		科研单位		机关团体		个人	
		件	%	件	%	件	%	件	%	件	%	件	%	件	%	件	%
1998	13473	753	5.6	3621	26.9	9099	67.5	7230	53.7	88	0.7	115	0.9	40	0.3	6000	44.5
1999	16802	1127	6.7	4561	27.1	11114	66.1	8372	49.8	175	1.0	147	0.9	57	0.3	8051	47.9
2000	21123	1760	8.3	6033	28.6	13330	63.1	9988	47.3	237	1.1	194	0.9	27	0.1	10677	50.5
2001	27596	2549	9.2	8144	29.5	16903	61.3	10882	39.4	305	1.1	276	1.0	51	0.2	16082	58.3
2002	34352	3819	11.1	9972	29.0	20561	59.9	11769	34.3	384	1.1	194	0.6	59	0.2	21946	63.9
2003	43186	6181	14.3	12985	30.1	24020	55.6	14510	33.6	532	1.2	299	0.7	86	0.2	27759	64.3
2004	52201	8093	15.5	14682	28.1	29426	56.4	17222	33.0	671	1.3	227	0.4	113	0.2	33968	65.1
2005	72220	12887	17.8	18951	26.2	40382	55.9	23999	33.2	1070	1.5	371	0.5	96	0.1	46684	64.6
2006	90886	21351	23.5	23886	26.3	45649	50.2	33737	37.1	1537	1.7	429	0.5	174	0.2	55009	60.5
2007	102449	26692	26.1	25389	24.8	50368	49.2	42701	41.7	1593	1.6	500	0.5	194	0.2	57461	56.1
2008	103883	28099	27.0	28883	27.8	46901	45.1	47954	46.2	2322	2.2	783	0.8	165	0.2	52659	50.7
2009	125673	32247	25.7	39027	31.1	54399	43.3	60450	48.1	3029	2.4	1068	0.8	250	0.2	60876	48.4
扣除非正常专利	1485	775		403		307										1485	
合计	757376	149352	19.7	214427	28.3	393597	52.0	311376	41.1	12519	1.7	5369	0.7	7261	1.0	420851	55.6

1985—2009年广东省专利授权统计表

类别/年份	小计	专利种类构成						专利申请人构成									
		发明		实用新型		外观设计		企业		高校		科研单位		机关团体		个人	
		件	%	件	%	件	%	件	%	件	%	件	%	件	%	件	%
1985	1	0	0	1	100	0	0	0	0	1	0	0	0	0	0.0	0	0.0
1986	78	3	3.8	69	88.5	6	7.7	16	20.5	7	9.0	8	10.3	1	1.3	46	59.0
1987	182	8	4.4	138	75.8	36	19.8	58	31.9	8	4.4	17	9.3	1	0.5	98	53.8
1988	379	21	5.5	276	72.8	82	21.6	138	36.4	22	5.8	28	7.4	12	3.2	179	47.2
1989	683	32	4.7	462	67.6	189	27.7	268	39.2	25	3.7	39	5.7	34	5.0	317	46.4
1990	889	40	4.5	571	64.2	278	31.3	274	30.8	33	3.7	39	4.4	81	9.1	462	52.0
1991	1348	30	2.2	661	49.0	657	48.7	597	44.3	25	1.9	42	3.1	174	12.9	510	37.8
1992	1708	34	2.0	891	52.2	783	45.8	580	34.0	28	1.6	39	2.3	294	17.2	767	44.9
1993	4546	96	2.1	1822	40.1	2628	57.8	1556	34.2	55	1.2	67	1.5	966	21.2	1902	41.8
1994	3149	63	2.0	1440	45.7	1646	52.3	909	28.9	44	1.4	34	1.1	783	24.9	1379	43.8
1995	4611	56	1.2	1447	31.4	3108	67.4	1277	27.7	30	0.7	33	0.7	1423	30.9	1848	40.1
1996	5273	57	1.1	1399	26.5	3817	72.4	2412	45.7	46	0.9	37	0.7	726	13.8	2052	38.9
1997	7173	49	0.7	1606	22.4	5518	76.9	4340	60.5	22	0.3	30	0.4	88	1.2	2693	37.5
1998	10707	77	0.7	1992	18.6	8638	80.7	6503	60.7	45	0.4	71	0.7	28	0.3	4060	37.9
1999	14328	123	0.9	3897	27.2	10308	71.9	7697	53.7	80	0.6	89	0.6	50	0.3	6412	44.8
2000	15799	261	1.7	4797	30.4	10741	68.0	7937	50.2	132	0.8	118	0.7	41	0.3	7571	47.9
2001	18259	301	1.6	5246	28.7	12712	69.6	8354	45.8	130	0.7	108	0.6	29	0.2	9638	52.8
2002	22761	352	1.5	6395	28.1	16014	70.4	8612	37.8	135	0.6	135	0.6	26	0.1	13853	60.9
2003	29235	953	3.3	7921	27.1	20361	69.6	9467	32.4	233	0.8	196	0.7	46	0.2	19293	66.0
2004	31446	1941	6.2	9307	29.6	20198	64.2	9899	31.5	382	1.2	224	0.7	58	0.2	20883	66.4
2005	36894	1876	5.1	11017	29.9	24001	65.1	11518	31.2	393	1.1	206	0.6	45	0.1	24732	67.0
2006	43516	2441	5.6	15644	35.9	25431	58.4	13801	31.7	503	1.2	283	0.7	72	0.2	28857	66.3
2007	56451	3714	6.6	21636	38.3	31101	55.1	19776	35.0	759	1.3	272	0.5	109	0.2	35535	62.9
2008	62031	7604	12.3	25072	40.4	29355	47.3	25703	41.4	984	1.6	327	0.5	119	0.2	34898	56.3
2009	83621	11355	13.6	27438	32.8	44828	53.6	36706	43.9	1419	1.7	525	0.6	158	0.2	44813	53.6
合计	455068	31487	6.9	151145	33.2	272436	59.9	178398	39.2	5541	1.2	2967	0.7	5364	1.2	262798	57.7

1986—2009 年广东省各类专利申请人的三种专利申请统计表

申请人	类别＼年份	1986—1994	1995	1996	1997	1998	1999	2000	2001	2002	2003	2004	2005	2006	2007	2008	2009	扣除非正常专利	合计
企业	发明	308	61	121	156	212	427	665	1058	1973	3508	5032	8677	15455	20296	21282	24151		103382
	实用新型	1585	446	820	992	1233	1605	2245	2845	3239	4089	4898	6667	8671	10843	14068	21352		85598
	外观设计	5072	2510	4501	5936	5785	6340	7078	6979	6557	6913	7292	8655	9611	11562	12604	14947		122342
高校	发明	178	21	20	32	48	82	154	204	271	389	495	811	1188	1254	1663	1944		8754
	实用新型	157	39	26	29	34	85	80	97	111	138	170	256	314	331	473	594		2934
	外观设计	25	5	1	1	6	8	3	4	2	5	6	3	35	8	186	491		789
科研单位	发明	199	19	24	42	45	75	112	203	134	215	174	265	292	355	515	708		3377
	实用新型	258	17	25	40	34	44	55	61	55	76	43	89	105	126	246	293		1567
	外观设计	74	14	5	20	36	28	27	12	5	8	10	17	32	19	24	67		398
机关团体	发明	317	42	11	8	8	15	13	24	20	48	47	55	83	84	91	106		972
	实用新型	1133	214	22	6	26	20	10	24	19	33	47	38	64	61	57	103		1877
	外观设计	3196	930	54	3	6	22	4	3	20	5	19	3	27	49	15	41		4397
个人	发明	1786	320	334	442	440	528	816	1057	1421	2021	2345	3079	4333	4703	4548	5338	775	32736
	实用新型	7089	1651	1905	2106	2294	2807	3643	5117	6548	8649	9524	11901	14732	14028	14039	16685	403	122315
	外观设计	2821	1440	2077	3045	3266	4716	6218	9908	13977	17089	22099	31704	35944	38730	34072	38853	307	265652
合计		24198	7729	9946	12858	13473	16802	21123	27596	34352	43186	52201	72220	90886	102449	103883	125673	1485	757090

1986—2009年广东省各类专利申请人的三种专利授权统计表

申请人	类别＼年份	1986—1994	1995	1996	1997	1998	1999	2000	2001	2002	2003	2004	2005	2006	2007	2008	2009	合计
企业	发明	42	7	5	6	14	27	54	72	123	434	1033	1024	1366	2443	5800	8839	21289
	实用新型	1208	174	311	489	659	1428	1904	2068	2386	2869	3176	4173	6215	9235	11963	14808	63066
	外观设计	3150	1096	2096	3845	3845	6242	5979	6214	6103	6164	5690	6321	6220	8098	7934	13059	92056
高校	发明	90	5	8	6	15	21	36	52	56	117	266	240	283	395	564	770	2924
	实用新型	147	25	33	15	28	51	90	74	78	111	116	149	215	346	416	469	2363
	外观设计	14	0	5	1	2	8	6	4	1	5	0	4	5	18	2	180	255
科研单位	发明	66	10	9	10	9	12	32	39	57	127	172	145	178	139	165	220	1390
	实用新型	213	18	14	16	29	48	45	57	63	59	44	51	80	119	145	270	1271
	外观设计	34	5	14	4	33	29	41	12	15	10	8	10	25	14	13	35	302
机关团体	发明	26	10	8	6	7	8	17	14	5	8	13	11	25	30	19	36	243
	实用新型	648	236	130	46	14	28	20	12	18	24	35	23	43	54	61	60	1452
	外观设计	1672	1177	588	36	36	14	4	3	3	14	10	11	4	25	38	62	3697
个人	发明	103	24	27	21	32	55	122	124	111	267	457	456	589	707	1044	1490	5629
	实用新型	4114	994	911	1040	1262	2342	2738	3035	3850	4858	5936	6621	9091	11882	12487	11831	82992
	外观设计	1435	830	1114	1632	4722	4015	4711	6479	9892	14168	14490	17655	19177	22946	21368	31492	176126
合计		12962	4611	5273	7173	10707	14328	15799	18259	22761	29235	31446	36894	43516	56451	62019	83621	455055

注：1985年数据缺，本表未列入。

2004—2009年广东省各地级以上市专利申请统计表

类别	2004年				2005年				2006年				2007年				2008年				2009年			
地区	发明	实用新型	外观设计	合计	发明	实用新型	外观设计	合计	发明	实用新型	外观设计	合计	发明	实用新型	外观设计	合计	发明	实用新型	外观设计	合计	发明	实用新型	外观设计	合计
广州	[illegible]	2683	4064	8230	2029	3051	5932	11012	2706	3735	5855	12296	2894	3613	5550	12057	4047	4444	5499	13990	5042	5635	5853	16530
深圳	[illegible]	4474	5685	15088	8328	5687	6928	20943	14583	6766	8390	29739	19198	7879	8734	35811	18757	9009	8495	36261	20525	12717	9050	42292
珠海	[illegible]	451	634	1220	260	741	829	1830	401	929	788	2118	458	993	766	2217	437	1063	744	2244	644	1323	811	2778
汕头	[illegible]	442	2039	2586	103	485	2127	2715	160	689	2803	3652	219	705	3345	4269	217	676	3929	4822	330	838	5510	6678
韶关	[illegible]	97	37	169	72	185	46	303	85	272	104	461	88	183	89	360	79	206	122	407	71	277	166	514
河源	[illegible]	46	61	133	17	30	36	83	10	42	84	136	35	67	84	186	34	116	159	309	28	89	128	245
梅州	[illegible]	54	61	148	32	55	103	190	30	73	100	203	48	85	98	231	54	74	198	326	73	133	279	485
惠州	[illegible]	335	606	1109	250	339	452	1041	75	377	425	877	84	436	715	1235	252	510	398	1160	359	801	601	1761
汕尾	[illegible]	21	150	188	10	21	129	160	28	43	170	241	14	47	120	181	25	54	85	164	25	54	204	283
东莞	[illegible]	1523	2617	4325	245	1971	4478	6694	553	2603	6723	9879	876	3458	9508	13842	1188	4606	8612	14406	1593	6557	10956	19106
中山	79	725	1741	2545	139	985	2275	3399	192	1263	2794	4249	293	1330	4790	6413	555	1781	4565	6901	645	2541	5513	8699
江门	[illegible]	514	1380	2116	106	676	2005	2787	200	802	2279	3281	184	937	2413	3534	313	1010	2864	4187	403	1257	3256	4916
佛山	[illegible]	311	8008	10809	1026	3795	12427	17248	2016	5248	11790	19054	1891	4497	11144	17532	1575	4198	7796	13569	1853	5229	8259	15341
阳江	[illegible]	[illegible]	370	499	24	126	549	699	24	156	625	805	24	175	736	935	22	167	768	957	38	234	830	1102
湛江	[illegible]	21	223	406	81	141	253	475	112	153	318	583	130	205	307	642	204	256	186	646	198	306	335	839
茂名	7	[illegible]	68	172	29	149	136	314	22	118	174	314	50	122	179	351	75	109	207	391	79	191	227	497
肇庆	[illegible]	[illegible]	145	343	30	136	137	303	41	171	163	375	41	169	148	358	82	150	187	419	100	226	225	551
清远	[illegible]	[illegible]	140	218	24	81	62	167	20	64	86	170	35	88	111	234	29	54	97	180	43	96	103	242
潮州	[illegible]	[illegible]	760	879	27	145	983	1155	28	187	1415	1630	64	222	1070	1356	73	243	1419	1735	86	325	1481	1892
揭阳	[illegible]	[illegible]	391	539	34	96	393	523	32	145	470	647	49	134	380	563	51	102	495	648	86	144	516	746
云浮	[illegible]	[illegible]	105	152	18	50	80	148	29	47	91	167	16	43	77	136	28	51	72	151	25	52	95	172
校正值	[illegible]	[illegible]	141	327	3	6	22	31	4	3	2	9	1	1	4	6	2	4	4	10	1	2	1	4
合计	[illegible]	[illegible]	29426	52201	12887	18951	40382	72220	21351	23886	45649	90886	26692	25389	50368	102449	28099	28883	46901	103883	32247	39027	54399	125673

2004—2009年广东省各地级以上市专利授权统计表

类别	2004年				2005年				2006年				2007年				2008年				2009年			
地区	发明	实用新型	外观设计	合计	发明	实用新型	外观设计	合计	发明	实用新型	外观设计	合计	发明	实用新型	外观设计	合计	发明	实用新型	外观设计	合计	发明	实用新型	外观设计	合计
广州	589	1798	3148	5535	604	1977	3143	5724	705	2539	3155	6399	846	3492	4186	8524	1122	3709	3250	8081	1516	3990	5589	11095
深圳	947	2750	4136	7833	918	3460	4608	8986	1263	4952	5279	11494	2260	6685	6617	15562	5426	7974	5425	18825	8138	9002	8771	25910
珠海	43	313	340	696	42	361	528	931	63	596	592	1251	50	976	631	1657	143	1099	555	1797	203	961	844	2008
汕头	36	311	1303	1650	39	350	1888	2277	52	403	1569	2024	53	684	2328	3065	59	710	2158	2927	88	596	3008	3692
韶关	4	59	15	78	6	78	30	114	14	170	41	225	24	246	74	344	25	171	69	265	29	176	111	316
河源	5	12	18	35	2	33	52	87	1	25	15	41	5	37	56	98	9	57	49	115	6	86	141	233
梅州	24	29	44	97	9	37	74	120	24	47	62	133	19	67	55	141	15	73	119	207	17	76	184	277
惠州	17	211	452	680	17	258	376	651	21	301	319	641	33	353	340	726	66	426	519	1011	73	488	424	985
汕尾	3	29	125	157	5	12	82	99	5	20	94	119	3	31	123	157	14	42	83	139	11	30	111	152
东莞	26	919	2222	3167	24	1116	1977	3117	28	1729	3115	4872	44	2507	4201	6752	115	3616	4362	8093	254	4370	8294	12918
中山	8	449	1338	1795	29	559	1520	2108	17	850	1568	2435	21	1220	2155	3396	49	1350	2943	4342	102	1650	3324	5076
江门	27	487	851	1365	38	437	1078	1553	41	583	1390	2014	32	828	1634	2494	66	900	1394	2360	103	913	2434	3450
佛山	89	1515	4589	6193	83	1821	6801	8705	132	2712	6221	9065	231	3540	6313	10084	366	3889	6422	10677	646	4045	8175	12866
阳江	6	45	257	308	5	78	411	494	1	101	397	499	7	158	498	663	9	155	497	661	8	168	759	935
湛江	23	50	117	190	17	91	188	296	22	118	194	334	27	135	320	482	18	198	160	376	55	245	207	507
茂名	5	75	59	139	5	45	54	104	14	90	84	188	11	91	104	206	6	101	111	218	13	106	122	241
肇庆	12	75	110	197	6	96	85	187	5	99	102	206	7	149	112	268	27	143	99	269	24	116	189	329
清远	6	34	55	95	6	32	46	84	1	54	41	96	3	53	53	109	7	55	87	149	6	46	98	150
潮州	5	55	484	544	9	66	666	741	8	118	787	913	13	191	886	1090	9	209	696	914	26	241	1403	1670
揭阳	9	49	366	424	6	88	304	398	15	93	348	456	20	147	328	495	17	128	305	450	27	91	550	668
云浮	1	17	67	85	5	22	73	100	8	38	54	100	5	41	82	128	6	41	50	97	10	41	88	139
校正值	56	25	102	183	1	0	17	18	1	6	4	11	0	5	5	10	30	26	2	58	0	1	2	3
合计	1941	9307	20198	31446	1876	11017	24001	36894	2441	15644	25431	43516	3714	21636	31101	56451	7604	25072	29355	62031	11355	27438	44828	83621

2002—2009年全国及广东省PCT国际专利申请统计表

年份	全国	广东	广东占全国比例	年 份	全国	广东	广东省增长率	全国增长率
2002	951	200	21.03%	2002	951	200		
2003	1146	287	25.04%	2003	1146	287	43.50	20.50
2004	1592	467	29.33%	2004	1592	467	62.72	38.92
2005	2438	989	40.57%	2005	2438	989	111.78	53.14
2006	3826	1731	45.24%	2006	3826	1731	75.03	56.93
2007	5401	2646	48.99%	2007	5401	2646	52.86	41.17
2008	5853	3120	53.31%	2008	5853	3120	17.91	8.37
2009	8000	4418	55.23%	2009	8000	4418	41.60	36.68
合计	29207	13858	47.45%					

2009年广东省各地级以上市PCT国际专利申请统计表

地级以上市	数量	地级以上市	数量	地级以上市	数量
广州	161	惠州	11	湛江	7
深圳	3954	汕尾	1	茂名	1
珠海	47	东莞	114	肇庆	3
汕头	8	中山	31	清远	0
韶关	0	江门	20	潮州	5
河源	2	佛山	50	揭阳	0
梅州	1	阳江	2	云浮	0

2009 年广东省各地级以上市专利行政执法统计表

执法部门	专利纠纷案件情况											查处假冒、冒充专利行为						强制执行累计	涉外案件	行政诉诉
	纠纷案件受理(宗)							纠纷案件结案(宗)												
	合计	专利种类			纠纷种类			合计	结案方式			合计	立案		合计	结案				
		发明	实用新型	外观设计	侵权	权属	其他		处理	调解	撤回		假冒	冒充		假冒	冒充	(包括港澳台)	(受理)	(受理)
广东省知识产权局	22	5	12	5	22	0	0	13	6	4	3	0	0	0	1	0	1	0	7	12
广州市知识产权局	25	1	5	19	25	0	0	6	0	1	5	0	0	0	4	0	4	0	10	0
深圳市知识产权局	17	3	5	9	17	0	0	5	3	2	0	3	1	2	2	0	2	0	6	1
珠海市知识产权局	0	0	0	0	0	0	0	0	0	0	0	0	0	0	0	0	0	0	0	0
汕头市知识产权局	10	0	3	7	10	0	0	9	1	1	7	4	0	4	3	0	3	0	0	0
韶关市知识产权局	0	0	0	0	0	0	0	0	0	0	0	0	0	0	0	0	0	0	0	0
河源市知识产权局	0	0	0	0	0	0	0	0	0	0	0	0	0	0	0	0	0	0	0	0
梅州市知识产权局	1	0	0	1	1	0	0	1	0	1	0	3	0	3	3	0	3	0	0	0
惠州市知识产权局	0	0	0	0	0	0	0	0	0	0	0	0	0	0	0	0	0	0	0	0
汕尾市知识产权局	0	0	0	0	0	0	0	0	0	0	0	2	2	0	0	0	0	0	0	0
东莞市知识产权局	0	0	0	0	0	0	0	0	0	0	0	0	0	0	0	0	0	0	0	0
中山市知识产权局	0	0	0	0	0	0	0	0	0	0	0	0	0	0	0	0	0	0	0	0
江门市知识产权局	6	1	0	5	6	0	0	3	0	0	3	0	0	0	0	0	0	0	0	0
佛山市知识产权局	21	3	8	10	21	0	0	19	9	2	8	1	0	1	1	0	1	0	3	2
阳江市知识产权局	6	0	1	5	6	0	0	4	0	3	1	0	0	0	0	0	0	0	0	0
湛江市知识产权局	0	0	0	0	0	0	0	0	0	0	0	0	0	0	0	0	0	0	0	0
茂名市知识产权局	0	0	0	0	0	0	0	0	0	0	0	0	0	0	0	0	0	0	0	0
肇庆市知识产权局	0	0	0	0	0	0	0	0	0	0	0	0	0	0	0	0	0	0	0	0
清远市知识产权局	0	0	0	0	0	0	0	0	0	0	0	0	0	0	0	0	0	0	0	0
潮州市知识产权局	35	1	11	23	35	0	0	32	3	4	25	1	0	1	1	0	1	0	0	0
揭阳市知识产权局	1	0	1	0	1	0	0	0	0	0	0	0	0	0	0	0	0	0	0	0
云浮市知识产权局	0	0	0	0	0	0	0	0	0	0	0	0	0	0	0	0	0	0	0	0
合计	144	14	46	84	144	0	0	92	22	18	52	14	3	11	15	0	15	0	26	15

注：表中东莞、中山两市的数据为自行调解的案件数。此外，在省局立案的数据中，省局与东莞市局联合办案 12 件，与中山市局联合办案 9 件。

（供稿人：曾彦青）

1985—2009 年广东省受理、审结专利案件情况

执法部门 \ 年份			1985—1992	1993	1994	1995	1996	1997	1998	1999	2000	2001	2002	2003	2004	2005	2006	2007	2008	2009	合计	历年查处假冒冒充专利案件
行政	广东省知识产权局	受理	46	0	18	45	83	102	72	96	97	57	44	6	29	23	42	23	23	22	828	41
		审结	36	7	12	32	56	80	56	93	83	75	55	23	13	25	20	33	26	13	738	
	其他地级市知识产权局	受理	72	2	16	22	78	99	115	113	221	240	374	350	347	307	194	233	176	121	3080	979
		审结	65	7	9	12	55	81	76	75	210	173	265	269	267	252	180	181	172	79	2428	
	小计	受理	118	2	34	67	161	201	187	209	318	297	418	356	376	330	236	256	199	143	3908	1020
		审结	101	14	21	44	111	161	132	168	293	248	320	292	280	277	200	214	198	92	3166	
司法	法院	受理	88	64	77	125	92	81	123	119	131	161	421	395	646	655	648	992	1115	1200	7133	
		审结	74	41	49	101	78	108	114	117	124	123	326	459	480	590	756	937	1006	1200	6683	
全省合计		受理	206	66	111	192	253	282	310	328	449	458	839	751	1022	985	884	1248	1314	1343	11041	1020
		审结	175	55	70	145	189	269	246	285	417	371	646	751	760	867	956	1151	1204	1292	9849	

（供稿人：曾彦青）

2009 年广东省会展活动解决专利纠纷情况统计表

展会名称	专利投诉案件数（件）	涉及被投诉企业（家）	最后认定涉嫌侵权企业数（家）	涉外案件（件）		专利类型（件）		
				港澳台	其他国家	发明	实用新型	外观设计
2009 年广东国际广告展	3	3	3	0	0	3	0	0
第 23 届中国广州国际家具展	67	67	67	0	0	0	16	51
第 17 届龙家具精品展览会	3	3	3	0	0	0	0	3
2009 春季广州琶洲国际采购中心商品设计交流展销会	0	0	0	0	0	0	0	0
2009 中国制冷展	0	0	0	0	0	0	0	0
第十九届广州（锦汉）家居用品及礼品展览会	0	0	0	0	0	0	0	0
第十四届广州（锦汉）服装、面料及家纺展览会	0	0	0	0		0	0	0
第 61 届中国国际医疗器械博览会	5	6	0	0	0	0	4	1
粤（深）港外贸内销商品展销会	4	5	0	0	0	0	2	2
第 105 届广交会	420	587	384	0	0	39	82	299
第 106 届广交会	484	1113	689	0	0	149	223	112
第十一届中国国际高新技术成果交易会	10	10	5	0	0	0	3	7
合计	996	1794	1151	0	0	191	330	475

（供稿人：曾彦青）

2009年广东省行业协会解决专利纠纷情况统计表

行业协会名称	专利投诉案件数(件)	投诉类别(件)			专利类型(件)		
		会员间投诉	对外投诉	外来投诉	发明	实用新型	外观设计
佛山市顺德区家具行业知识产权保护协会	13	0	13	0	0	0	13
潮安县庵埠食品行业协会	85	67	16	6	1	28	56
潮州市陶瓷行业协会	97	57	24	13	0	35	62
合计	195	114	53	18	1	63	131

（供稿人：曾彦青）

2009年广东专利金奖获奖项目名单

序号	项目名称	专利号	发明人/设计人	申报单位	推荐单位
1	一种基于服务器端\客户端结构远程显示处理方法	200510034435.9	卢如西 潘远雄 白宝国	广东威创视讯科技股份有限公司	广州市知识产权局
2	可直接焊接漆包线的点电焊机	01114785.7	杨仕桐	广州微点焊设备有限公司	广州市知识产权局
3	低温空调热泵系统及使用该系统降低温度调节波动的方法	200510101708.7	苏玉海 刘桂平 孙常权	珠海格力电器股份有限公司	珠海市知识产权局
4	一种肿瘤介入热疗仪	200310111756.5	吴春安 周兆 郝镇熙 陈天申 唐明云	珠海和佳医疗设备股份有限公司	珠海市知识产权局
5	一种应用薄板坯连铸连轧流程生产Ti微合金化高强耐候钢板的工艺	200510036889. X	毛新平 康永林 李烈军 林振源 谢利群 陈学文 许传棨 刘义军 邹安华 庄汉洲 王湘飞 张武 霍向东 孙新军	广州珠江钢铁有限责任公司	广州市知识产权局
6	地板块和地板系统	200620112507.7	杜永生	深圳市燕加隆实业发展有限公司	深圳市知识产权局
7	以工业偏钛酸为原料制备高活性二氧化钛溶胶的方法	200510037505	李芳柏 刘同旭	广东省生态环境与土壤研究所	科学院
8	木素系加气混凝土用高效砂浆外加剂及其制备方法	200410051229.4	杨东杰 邱学青 欧阳新平 楼宏铭 庞煜霞	华南理工大学化学与化工学院	华南理工大学
9	人尿激肽原酶在制备治疗和预防脑梗塞药物中的应用	02116783.4	傅和亮 巫锦娣 王晓岩 谢永立	广东天普生化医药股份有限公司	广州市知识产权局
10	一种淡水有核再生珠的养殖方法	00 1 29957.3	谢绍河	广东绍河珍珠有限公司	汕头市知识产权局
11	汽车	200630019030.3	王传福 廉玉波	比亚迪股份有限公司	深圳市知识产权局
12	生命体征监护仪	200530159116.1	周翔 柴海波	深圳迈瑞生物医疗电子股份有限公司	深圳市知识产权局
13	电气锅（电脑型）	200730050937.0	金文	广东洛贝电子科技有限公司	东莞市知识产权局

2009年广东专利优秀奖获奖项目名单

序号	项目名称	专利号	发明人/设计人	申报单位
1	媒体网关鉴权的方法	03149767.5	乔克智 羊峥嵘 朱蓉俊	中兴通讯股份有限公司
2	一种实现多数据源流媒体在线浏览的系统	200610034961.X	罗笑南 凌若天	中山大学
3	基于零陷对准插值的波束合成方法及装置	200410027757.6	胡勤军 杨波	深圳迈瑞生物医疗电子股份有限公司
4	一种检测和防御计算机恶意程序的系统和方法	200510036275.1	陈睿 孟槟榔 韩祝鹏 陈飞舟 孙国军	珠海金山软件股份有限公司
5	移动预付费业务的异地充值实现方法	00803794.9	李默芳 商永平 郑巍华	华为技术有限公司
6	中压电缆分接系统	200620057192.0	杨家坤 吴春玲 邓广桓 陈朝晖	广东吉熙安电缆附件有限公司
7	多层陶瓷电容器及其制备方法	03140111.2	赖永雄 唐浩 齐坤 宋子峰 张尹 李孔俊 李基森 黄必相	广东风华高新科技股份有限公司
8	RFID电子标签封装结构及采用该封装结构的电子标签	200620008112.2	蔡小如	中山市达华智能科技有限公司
9	船用导航雷达	200510033924.2	黄冠南 陈启明 许振辉 苏瑞威	汕尾市快捷通导设备有限公司
10	螺杆冷水精密空调系统的控制方法	200510102373.0	方沛明 陈仰林	东莞市广大制冷有限公司
11	激光图案压印生产工艺	200410028136.X	李钟荣	汕头市金玉兰包装机械有限公司
12	注射式胶囊模具以及由其生产胶囊的方法	200410026464.6	曾旭钊 陈庆湘	广东巨轮模具股份有限公司
13	一种密封胶的自动化连续生产装置系统及方法	200510100239.7	缪明松 庞学新 王洪敏	广州市白云化工实业有限公司
14	虾鱼自动数控筛选机	200420082939.9	彭德权	雷州半岛水产设备厂
15	高压水除鳞系统	200510032519.9	江业泰 郑龙弟 高青 罗祯伟	广东韶钢松山股份有限公司
16	双频脉冲双立环高梯度磁选机	02 1 34298.9	汤玉和 张鸿柱 赵明 何健全 向发柱 郑承关	广州有色金属研究院
17	电解铜箔多卷同步分切的方法	[illegible]	夏文梅 操声跃 汤金元 [illegible]	广东梅县梅雁电解铜箔有限公司

（续表）

序号	项目名称	专利号	发明人/设计人	申报单位
18	匝间间隔电磁加热线盘	200520062400.1	阮保清	信宜江东电子有限公司
19	三室旋流式双进双出铜板风口	00209561.0	佘克事 佘京鹏	汕头华兴冶金备件厂有限公司
20	一种再生中密度纤维板的生产方法	200310111863.8	吉发	佛山市顺德区沃德人造板制造有限公司
21	三辊成型工艺及设备	200610034377.4	陈昌	番禺珠江钢管有限公司
22	硬质合金、硬质合金刀头及其制造方法	200510034196.7	王忠平 何新江	河源富马硬质合金股份有限公司
23	一种镀金属抛釉陶瓷制品及其制作工艺	200410051820. X	陈满坚	佛山市个性瓷砖有限公司
24	一种新型抗风防雨火炬燃烧器	200620056316.3	汪顺遂	中山华帝燃具股份有限公司
25	一种背负式直流电动喷雾器	00 2 37973.2	陈文锋	博罗县东田实业有限公司
26	一种双向拉伸聚苯乙烯薄膜的生产方法	200510078283.2	陈友标	广东华业包装材料有限公司
27	汽车用层叠式蒸发器	200620062031.0	江春燕 陈创军 李敢奈 陈兆强 关活 陈基湛	阳江市宝马利汽车空调设备有限公司
28	中浓纸浆稳压双升流塔氧气漂白方法	200610035614.9	陈克复 李军 杨仁党 莫立焕 陈奇峰	华南理工大学
29	免烫耐洗纯棉针织物的生产工艺	02 1 01957.6	张玉高	广东溢达纺织有限公司
30	电解电容器阳极铝箔腐蚀工艺	03126696.7	吕根品 罗向平 吴志坚	乳源瑶族自治县东阳光化成箔有限公司
31	一种三氯蔗糖的合成方法	03126655. X	王三永 李春荣 李晔 曹敢星	广东广业清怡食品科技有限公司
32	碱金属电池用电解质溶液的制备方法	03113850.0	左晓希 李伟善	华南师范大学化学与环境学院
33	脂肪族聚氨酯水性分散体	02160763. X	蔡理纯 陈霞 蔡明生 郑宗武	广东天银化工实业有限公司
34	一种氯丁型阻燃喷胶及其制备方法	200610034765.2	庞浩 廖兵 树录 郭国森 胡美龙	中国科学院广州化学研究所
35	无原料酸高效磷肥生产方法	00117223.9	毛小云 廖宗文 刘可星 王德汉 吴平霄	华南农业大学
36	抗消化淀粉及其制备方法和应用	200310112540.0	陈玲 李琳 李晓玺 李冰 黎锡流 郭祀远 胡松青	华南理工大学轻工与食品学院

（续表）

序号	项目名称	专利号	发明人/设计人	申报单位
37	一种全灵芝的生产方法	99 1 17256.6	李森柱 谢意珍 吴军 张智 李崇	广东省微生物研究所
38	一种生长调控型水稻专用长效肥的制备方法	200310117591.2	唐拴虎 陈建生 徐培智 张发宝 谢春生 艾绍英	广东省农业科学院土壤肥料研究所
39	桑葚原汁的保鲜方法	00114156.2	肖更生 陈卫东 姚锡镇 李润昌 徐玉娟 吴继军	广东省农业科学院蚕业与农产品加工研究所
40	一种治疗糖尿病的药物组合物及其制备方法	200610075069.6	邹章 钟趣宜 苏鸿 陈桂华 郑尧新 赵春梅	广州中一药业有限公司
41	烤面包煮蛋机	200730068544.2	郭建刚 陈洪	广东新宝电器股份有限公司
42	摩托车（洛奇 BT49QT－12）	200630074296.8	庾永曦 何卫星	江门市中港宝田摩托车实业有限公司
43	婴儿车骨架	200630068929.4	杨正帆	中山市隆成日用制品有限公司
44	四柱型液压机	200330117936.5	方锦荣 王金广 郑锦旭 邱俊荣 张悦 朱雄飞	佛山市康思达液压机械有限公司
45	空调机（分体立式柜机 06－22）	200630055381. x	张辉 吴欢龙 陈玲华 雷喜娟	珠海格力电器股份有限公司
46	灯罩（长号）	200330120271.3	孙闽峰	中山地平线灯饰设计制造有限公司
47	响水壶（2505H）	200730056387.3	潘佐勇	广东凌丰集团有限公司
48	椅（G 款沙发椅）	200530070424.7	萧广铎	中山市奇典居家具有限公司
49	灯（多功能太阳能）	03 3 22560.5	李伟光	佛山市顺德区凌奇电器实业有限公司
50	一体化指纹锁	200430043950. X	梁湛权	广东凌丰集团有限公司
51	空调风扇（大厦式）	200530068306.2	罗喜沃	佛山市盛发电器有限公司
52	分体挂壁式房间空调器	200630073480.0	王磊	海信科龙电器股份有限公司
53	电脑电视接收机（UTV330）	200630053793. X	张志华	清远市佳的美电子科技有限公司
54	机器人	200730156031.7	梁钟铭	东莞龙昌数码科技有限公司
55	玩具悠悠球（火力战士）	[illegible]	[illegible]	广东奥飞动漫文化股份有限公司

广东省获第十一届中国专利金奖单位及项目名单

序号	发明创造名称	专利号	发明人	获奖单位
1	应用于分组网络的基于 H.323 协议的终端接入方法	200510132289.3	卢忱　张亮　李广峰　禹忠　权炜	中兴通讯股份有限公司
2	宽带码分多址移动通信系统的功率控制方法	02139929.8	柯雅珠　窦建武　续斌	中兴通讯股份有限公司
3	一种基于服务器端\客户端结构远程显示处理方法	200510034435.9	卢如西　潘远雄　白宝国	广东威创视讯科技股份有限公司
4	可直接焊漆包线的点电焊机	01114785.7	杨仕桐	广州微点焊设备有限公司

广东省获第十一届中国专利优秀奖单位及项目名单

序号	发明创造名称	专利号	发明人	获奖单位
1	一种应用薄板坯连铸连轧流程生产 Ti 微合金化高强耐候钢板的工艺	200510036889. X	毛新平 康永林 李烈军 林振源 周 建 谢利群 陈学文 许传棻 刘义军 邹安华 庄汉洲 王湘飞 张武彬 霍向东 孙新军	广州珠江钢铁有限责任公司
2	人尿激肽原酶在制备治疗和预防脑梗塞药物中的应用	02116783.4	傅和亮 巫锦娣 王晓岩 谢永立	广东天普生化医药股份有限公司
3	基于 Brew 的一种动态用户界面的体系结构和实现方法	200510036392.8	赵峰 郭永	腾讯科技（深圳）有限公司
4	木素系加气混凝土用高效砂浆外加剂及其制备方法	200410051229.4	杨东杰 邱学青 欧阳新平 楼宏铭 庞煜霞	华南理工大学
5	一种太阳能光伏中空玻璃及其制造方法	200410028002.8	李毅 李志坚	深圳市创益科技发展有限公司
6	一种降低观看液晶显示器产生视觉疲劳的方法、装置及应用	200710306638.8	闫晓林 付东 谢相伟 孙贤文 张泓 黄卫东	深圳 TCL 工业研究院有限公司
7	一种密封的自动化连续生产装置系统及方法	200510100239.7	缪明松 庞学新 王洪敏	广州市白云化工实业有限公司
8	抗消化淀粉及其制备方法和应用	200310112540.0	陈玲 李琳 李晓玺 李冰 黎锡流 郭祀远 胡松青	华南理工大学
9	一种保护 VOIP 数字信号处理通道的方法	200510012152.4	林槟	中兴通讯股份有限公司
10	公用电话交换网演进系统及其方法	200410044453.0	夏文鑫 张宝峰	华为技术有限公司
11	一种在网络通讯中利用一个号码来标识一个用户群组的实现方法	02134679.8	秦鹏程 卢山 范志彬	腾讯科技（深圳）有限公司
12	移动预付费业务的异地充值实现方法	00803794.9	李默芳 商永平 郑巍华	华为技术有限公司
13	双模移动终端	200610073485.2	许奕波 何春	宇龙计算机通信科技（深圳）有限公司
14	以太网无源光网络系统中光网络单元注册管理方法	200610036008.3	卢余树 谢云鹏 马恢南 唐昊[illegible] 于金辉	中兴通讯股份有限公司

（续表）

序号	发明创造名称	专利号	发明人	获奖单位
15	一种安全的一次锂电池	200510032624.2	刘金成　沈立新	惠州亿纬锂能股份有限公司
16	一种治疗糖尿病的药物组合物及其制备方法	200610075069.6	邹章　钟趣宜　苏鸿　陈桂华　郑尧新　赵春梅	广州中一药业有限公司
17	一种环保型防翘曲高效阻燃增强聚碳酸酯树脂及其制备方法	03113958.2	刘思杨　欧阳晓岳　宁方林　黄险波　宋子明　袁志敏	金发科技股份有限公司
18	五水头孢唑林钠晶体结构及晶体分子组装制备方法	200510016123.5	王静康　钱昱昕　张美景　武洁花　杨战鏖	深圳九新药业有限公司
19	中浓纸浆稳压双升流塔氧气漂白方法	200610035614.9	陈克复　李军　杨仁党　莫立焕　陈奇峰	华南理工大学
20	一种以工业偏钛酸为原料制备高活性二氧化钛溶胶的方法	200510037505.6	李芳柏　刘同旭	广东省生态环境与土壤研究所
21	一种镀金属抛釉陶瓷制品及其制作工艺	200410051820.X	陈满坚	佛山市个性瓷砖有限公司
22	一种金属陶瓷材料及其成型工艺	200510033196.5	李北　舒诚　鲍贤勇　陈杰　严明	深圳市飞亚达（集团）股份有限公司
23	一种肿瘤介入热疗仪	200310111756.5	吴春安　周兆淮　郝万奎	珠海和佳医疗设备股份有限公司
24	玩具悠悠球（极速飞鹰）	200530066673.9	蔡晓东	广东奥飞动漫文化股份有限公司
25	电气锅（电脑型）	200730050937.0	金文	广东洛贝电子科技有限公司

2009年广东省专利技术实施计划项目表

序号	项目名称	专利号	单位名称
1	乳化焦浆（EGC）代油节能技术	ZL 200610036989.7	广州迪森热能技术股份有限公司
2	一种太阳能光伏中空玻璃及其制造方法	ZL 200410028002.8	深圳市创益科技发展有限公司
3	肿瘤微创手术介入热化疗机	ZL 200310111756.5	珠海和佳医疗设备股份有限公司
4	40吨级发酵罐异养培养富含DHA海洋微藻	ZL 00135338.1	广东润科生物工程有限公司
5	新型大功率LED器件结构设计与产业化	ZL 200710031666.3	佛山市国星光电股份有限公司
6	平板显示器用软磁材料及其制造方法	ZL 200610033883.1	乳源东阳光磁性材料有限公司
7	安全增强型功率型锂/亚硫酰氯电池	ZL 200510032624.2	惠州亿纬锂能股份有限公司
8	基于IGCT串联技术的高压变频调速装置	ZL 02121111.6	中山市明阳电器有限公司
9	飞机地面专用空调机组	ZL 200510101595.0	广东吉荣空调有限公司
10	高纯硒的生设备及生产工艺	ZL 200610122508.4	清远先导稀有材料有限公司

2009年广东省商标侵权假冒案件统计表

项目		机器编号	案件总数(件) 合计	案件总数(件) 其中:投诉案件	其中:涉外案件 合计	其中:涉外案件 其中:投诉案件	立案查处案件(件) 小计	立案查处案件(件) 其中:投诉案件	立案查处案件(件) 案值5万元以下	立案查处案件(件) 案值5-10万元	立案查处案件(件) 案值10-30万元	立案查处案件(件) 案值30-100万元	立案查处案件(件) 案值100万元以上	立案查处案件(件) 罚款10万元以上	案值(万元)	罚款金额(万元)	没收、销毁侵权商品(件)	没收、销毁侵权商标标识(件)	没收、销毁专门用于制造侵权商品	移送司法机关 案件数 合计(件)	移送司法机关 案件数 其中:投诉案件	移送司法机关 案件数 移送人数(人)	移送司法机关 其中:涉外案件数 合计(件)	移送司法机关 其中:涉外案件数 其中:投诉案件	移送司法机关 其中:涉外案件数 移送人数(人)
甲		乙	1	2	3	4	5	6	7	8	9	10	11	12	13	14	15	16	17	18	19	20	21	22	23
合计		1	4239	2223	2699	1617	4239	2223	4131	74	24	8	2	14	5617.72	5065.31	4738682	2484875	217	*	*	*	*	*	*
假冒商标	小计	2	928	474	729	412	928	474	907	12	5	2	2	2	1629.13	1216.00	892611	613404	108	9	7	6	5	3	4
假冒商标	未经注册商标所有人的许可,在相同商品上使用与其注册商标相同的商标的	3	426	147	335	123	426	147	416	8	1	1	0	0	527.22	572.14	495159	124480	58	7	6	4	4	3	3
假冒商标	伪造、擅自制造他人注册商标标识或者销售伪造、擅自制造的注册商标标识的	4	104	39	85	32	104	39	103	1	0	0	0	0	95.59	127.32	81369	473012	50	2	1	2	1	0	1
假冒商标	销售明知是假冒注册商标的商品的	5	398	288	309	257	398	288	388	3	4	1	2	2	1006.32	516.54	316083	15912	0	0	0	0	0	0	0
商标侵权	小计	6	3311	1749	1970	1205	3311	1749	3224	62	19	6	0	12	3988.59	3849.31	3846071	1871471	109	*	*	*	*	*	*
商标侵权	未经注册商标所有人的许可,在相同商品上使用与其注册商标近似的商标或在类似商品上使用与其注册商标相同或近似的商标的	7	1186	413	835	309	1186	413	1141	30	12	3	0	8	1753.37	2069.90	1299584	820830	103	*	*	*	*	*	*
商标侵权	销售侵犯注册商标专用权的商品的	8	2006	1280	1123	888	2006	1280	1970	28	6	2	0	4	2081.67	1659.62	2359923	322805	5	*	*	*	*	*	*
商标侵权	在同一种或类似商品上,将与他人注册商标相同或近似的标志作为商品名称或者商品装潢使用,误导公众的	9	58	36	6	5	58	36	54	3	1	0	0	0	70.30	64.77	106650	60153	1	*	*	*	*	*	*
商标侵权	故意为侵犯他人注册商标专用权行为提供仓储、运输、邮寄、隐匿便利条件的	10	2	1	2	1	2	1	2	0	0	0	0	0	1.95	0.29	5351	145	0	*	*	*	*	*	*
商标侵权	未经商标注册人同意更换其注册商标并将该更换商标的商品又投入市场的	11	5	4	0	0	5	4	5	0	0	0	0	0	3.38	7.00	0	0	0	*	*	*	*	*	*
商标侵权	给他人注册商标专用权造成其他损害的	12	25	7	3	2	25	7	23	1	0	1	0	0	66.90	24.04	11833	593832	0	*	*	*	*	*	*
商标侵权	侵犯地理标志专用权的	13	0	0	0	0	0	0	0	0	0	0	0	0	0.00	0.00	0	0	0	*	*	*	*	*	*
商标侵权	侵犯特殊标志所有权的	14	3	2	0	0	3	2	3	0	0	0	0	0	1.10	2.10	18	0	0	*	*	*	*	*	*
商标侵权	侵犯奥林匹克标志专用权的	15	26	6	1	0	26	6	26	0	0	0	0	0	9.91	21.54	62712	73706	0	*	*	*	*	*	*
商标侵权	侵犯世界博览会标志专用权的	16	0	0	0	0	0	0	0	0	0	0	0	0	0.01	0.05	0	0	0	*	*	*	*	*	*

补充资料	机器编号	项目	内容
补充资料	17	1. 本期行政复议案件	2件,维持2件,变更0件,撤销0件,责令重作0件,撤回0件。
补充资料	18	2. 本期行政诉讼案件	2件,维持2件,撤诉0件,败诉0件。
补充资料	19	3. 出动执法人员	23385次。
补充资料	20	4. 检察经营户	72833个。
补充资料	21	5. 检察商品交易市场	1594个。
补充资料	22	6. 捣毁侵权窝点	340个。
补充资料	23	7. 根据检察机关建议移送案件	0件。
补充资料	24	8. 公安机关不接受移送案件	1件。
补充资料	25	9. 对外公布查处案件	108件。

2009年广东省商标一般违法案件统计表

项目		机器编号	案件总数(件)		其中:涉外案件		立案查处案件(件)							罚款10万元以上	案值(万元)	罚款金额(万元)	收缴和销毁商标标识(件)	销毁物品(件)
			合计	其中:投诉案件	合计	其中:投诉案件	小计	其中:投诉案件	案值5万元以下	案值5－10万元	案值10－30万元	案值30－100万元	案值100万元以上					
甲		乙	1	2	3	4	5	6	7	8	9	10	11	12	13	14	15	16
合计		1	348	37	7	2	348	37	312	15	8	11	2	0	1476.68	235.14	19097	903
注册商标使用的管理	自行改变注册商标的	2	1	0	0	0	1	0	0	0	1	0	0	0	23.32	*	*	*
	自行改变注册商标注册人名义、地址或其他注册事项的	3	0	0	0	0	0	0	0	0	0	0	0	0	0.00	*	*	*
	自行转让注册商标的	4	0	0	0	0	0	0	0	0	0	0	0	0	0.00	*	*	*
	商品粗制滥造、以次充好、欺骗消费者的	5	25	3	0	0	25	3	25	0	0	0	0	0	10.19	8.67	*	*
未注册商标使用的管理	冒充注册商标的	6	206	20	3	0	206	20	177	12	5	10	2	0	1228.35	151.96	*	*
	商品粗制滥造、以次充好、欺骗消费者的	7	3	3	0	0	3	3	3	0	0	0	0	0	2.49	3.95	*	*
	违反《商标法》第六条规定的	8	0	0	0	0	0	0	0	0	0	0	0	0	0.00	0.00	*	*
	违反《商标法》第十条规定的	9	0	0	0	0	0	0	0	0	0	0	0	0	0.00	0.00	*	*
商标使用许可合同的管理	违反《商标法》第四十条第一款规定的	10	1	1	0	0	1	1	1	0	0	0	0	0	0.65	0.65	*	*
	违反《商标法》第四十条第二款规定的	11	0	0	0	0	0	0	0	0	0	0	0	0	0.00	*	0	0
违反《商标法》第十三条规定的		12	0	0	0	0	0	0	0	0	0	0	0	0	0.00	*	0	0
违反《商标印制管理办法》规定的		13	107	8	4	2	107	8	101	3	2	1	0	0	210.89	64.69	19097	903
违反使用地理标志的		14	0	0	0	0	0	0	0	0	0	0	0	0	0.00	0.00	0	0

（续表）

项目	机器编号	案件总数(件)		其中:涉外案件		立案查处案件(件)							罚款10万元以上	案值(万元)	罚款金额(万元)	收缴和销毁商标标识(件)	销毁物品(件)
		合计	其中:投诉案件	合计	其中:投诉案件	小计	其中:投诉案件	案值5万元以下	案值5－10万元	案值10－30万元	案值30－100万元	案值100万元以上					
违法使用地理标志产品专用标志的	15	1	0	0	0	1	0	1	0	0	0	0	0	0.26	0.20	0	0
违法使用特殊标志的	16	0	0	0	0	0	0	0	0	0	0	0	0	0.00	0.00	0	0
违法使用奥林匹克标志的	17	4	2	0	0	4	2	4	0	0	0	0	0	0.53	5.02	0	0
补充资料	18	1.本期行政复议案件	0件,其中维持0件，变更0件,撤销0件,														
	19	责令重作	0件，撤回0件。														
	20	2.本期行政诉讼案件	1件,其中维持1件,撤诉0件,败诉0件,														

2009年查处侵犯港澳台和外国商标注册人权益案件统计表

国别(地区)	代号	案件总数(件)	其中:投诉案件	案值(万元)	案值30万元以上(件)	罚款10万元以上(件)	假冒商标案件			商标侵权案件			移送案件			罚款金额(万元)	没收、销毁侵权商品(件)	没收、销毁侵权商标标识(件)	没收、销毁专门用于制造侵权商品和伪造注册商标标识的工具(件)	重点涉案行业											
							案件数(件)	其中:投诉案件	案值(万元)	案件数(件)	其中:投诉案件	案值(万元)	案件数(件)	其中:投诉案件	移送人数(人)					食品		化妆品		服装		生产资料		家用电器		烟酒	
																				案件数(件)	案值(万元)	案件数(件)	案值(万元)	案件数(件)	案值(万元)	案件数(件)	案值(万元)	案件数(件)	案值(万元)	案件数(件)	案值(万元)
甲	乙	1	2	3	4	5	6	7	8	9	10	11	12	13	14	15	16	17	18	19	20	21	22	23	24	25	26	27	28	29	30
合计	1	[illegible]699	1617	4108.33	5	8	729	412	1431.39	1970	1205	2676.94	7	5	6	3179.58	3760859	1395925	166	133	35.16	61	124.57	572	666.92	23	34.94	81	87.57	7	18.25
美国	2	[illegible]11	353	1430.26	4	2	167	73	688.28	544	280	741.98	1	1	1	851.78	1185414	738474	62	4	2.96	20	42.02	204	236.84	13	19.29	10	12.38	0	0.00
日本	3	78	245	690.11	0	2	76	57	61.44	302	188	628.67	3	2	2	365.46	851337	196575	40	1	0.32	22	11.17	38	32.26	2	3.26	43	41.72	1	0.80
德国	4	[illegible]70	153	383.47	0	1	88	53	120.97	182	100	262.50	0	0	0	355.21	253712	123970	16	1	9.92	2	0.45	98	125.91	2	3.99	2	3.00	0	0.00
英国	[illegible]	2	50	119.15	0	0	24	11	36.17	68	39	82.98	0	0	0	105.22	210285	25913	0	1	0.40	4	15.78	20	28.62	0	0.00	0	0.00	1	12.18
法国	[illegible]	[illegible]36	367	685.72	0	0	180	127	244.64	356	240	441.08	1	1	1	701.40	309094	130192	15	3	0.08	8	5.04	79	101.14	2	3.00	0	0.00	4	4.53
[illegible]	[illegible]	[illegible]	0	0.74	0	0	0	0	0.00	1	0	0.74	0	0	0	0.50	94	0	0	0	0.00	0	0.00	0	0.00	0	0.00	0	0.00	1	0.74
[illegible]	8	1[illegible]	82	118.43	0	1	24	19	23.94	76	63	94.49	0	0	0	144.29	124095	9467	0	2	1.03	0	0.00	5	2.90	0	0.00	4	1.64	0	0.00
[illegible]	9	5[illegible]	45	48.95	0	1	13	12	20.66	40	33	28.29	0	0	0	46.22	13524	8743	1	0	0.00	0	0.00	1	3.00	0	0.00	8	10.25	0	0.00
[illegible]	10	2[illegible]	95	284.20	0	0	85	32	105.39	124	63	178.81	0	0	0	299.39	134319	69281	23	0	0.00	0	0.00	59	58.38	2	3.00	0	0.00	0	0.00
[illegible]	11	[illegible]2	99	31.01	0	0	8	1	6.52	114	98	24.49	0	0	0	33.95	30504	2651	0	99	13.28	0	0.00	14	11.80	0	0.00	0	0.00	0	0.00
[illegible]	12	2	2	0.35	0	0	0	0	0.00	2	2	0.35	0	0	0	0.53	968	0	0	0	0.00	0	0.00	0	0.00	0	0.00	0	0.00	0	0.00
[illegible]	13	4	4	2.68	0	0	0	0	0.00	4	4	2.68	0	0	0	5.00	1376	0	0	0	0.00	0	0.00	4	2.68	0	0.00	0	0.00	0	0.00
[illegible]	14	2	2	0.48	0	0	0	0	0.00	2	2	0.48	0	0	0	0.76	2603	0	0	0	0.00	0	0.00	0	0.00	0	0.00	0	0.00	0	0.00
[illegible]	[illegible]5	[illegible]	0	0.00	0	0	0	0	0.00	0	0	0.00	0	0	0	0.00	0	0	0	0	0.00	0	0.00	0	0.00	0	0.00	0	0.00	0	0.00
[illegible]	[illegible]6	[illegible]	10	23.53	0	0	11	5	15.17	9	5	8.36	0	0	0	38.10	76401	1100	4	0	0.00	0	0.00	0	0.00	0	0.00	4	2.98	0	0.00
[illegible]	[illegible]7	1[illegible]	13	5.06	0	0	1	0	0.01	16	13	5.05	1	0	1	6.41	10594	200	0	17	5.06	0	0.00	0	0.00	0	0.00	0	0.00	0	0.00
[illegible]	[illegible]	7[illegible]	39	115.77	0	1	18	9	28.16	61	30	87.61	0	0	0	112.68	192666	49960	0	3	0.36	2	7.95	12	15.99	1	1.40	7	9.86	0	0.00
[illegible]	1[illegible]	5	0	2.74	0	0	3	0	2.22	2	0	0.52	0	0	0	4.34	439	0	0	0	0.00	0	0.00	4	2.72	0	0.00	0	0.00	0	0.00
[illegible]	2[illegible]	[illegible]5	1	6.88	0	0	2	0	3.40	3	1	3.48	0	0	0	8.00	1639	0	0	0	0.00	0	0.00	1	1.40	0	0.00	0	0.00	0	0.00
[illegible]	2[illegible]	[illegible]	0	0.00	0	0	0	0	0.00	0	0	0.00	0	0	0	0.00	0	0	0	0	0.00	0	0.00	0	0.00	0	0.00	0	0.00	0	0.00
[illegible]	2[illegible]	[illegible]4	18	71.67	0	0	14	4	14.98	20	14	56.69	0	0	0	52.09	335438	18396	5	1	1.59	0	0.00	24	34.18	0	0.00	0	0.00	0	0.00
[illegible]	[illegible]	[illegible]	0	0.00	0	0	0	0	0.00	0	0	0.00	0	0	0	0.00	0	0	0	0	0.00	0	0.00	0	0.00	0	0.00	0	0.00	0	0.00
[illegible]	[illegible]4	[illegible]	5	3.36	0	0	1	0	1.00	5	5	2.36	0	0	0	3.00	1379	177	0	0	0.00	0	0.00	1	1.00	0	0.00	0	0.00	0	0.00
[illegible]	[illegible]	[illegible]	[illegible]4	83.77	1	0	14	9	58.44	39	25	25.33	1	1	1	45.25	24978	20826	0	1	0.16	3	42.16	8	8.10	1	1.00	3	5.74	0	0.00

2009年广东省著名商标认定名单

商　标	商标注册人	认定商品或服务项目	商　标	商标注册人	认定商品或服务项目	商　标	商标注册人	认定商品或服务项目
（按商标注册用商品或服务国际分类顺序）								
	东莞立茂化工有限公司	碳酸钙（纳米碳酸钙）	TINCI 天赐 指定颜色	广州天赐高新材料股份有限公司	阳离子泛醇，透明硅油，乳化硅油	KH	江门市科恒实业股份有限公司	荧光粉（灯用稀土荧光粉）
pine	广东德联集团股份有限公司	防冻液，制动液	广洋	广东广洋高科技股份有限公司	塑料助剂有机化学品	HONG QIANG 红墙	惠州市红墙化学建材有限公司	混凝土凝结剂，混凝土用凝结剂，除油漆外的水泥防水制剂
银华 YIN HUA	茂名市银华高岭土实业有限公司	高岭土，瓷土	XL	西陇化工股份有限公司	化学试剂	金发	金发科技股份有限公司	合成树脂塑料
MD	中山市南荣化工有限公司	发泡性聚苯乙烯	華迅 huaxun	鹤山市华迅实业有限公司	未加工的人造合成树脂，未加工塑料物质（不包括未加工的天然树脂）	信澳	茂名市信澳混合肥有限公司	肥料
保得	东莞市保得生物工程有限公司	植物生长调节剂	金葵子	佛山金葵子植物营养有限公司	肥料制剂（肥料增效剂）	唯特偶	深圳市唯特偶化工开发实业有限公司	焊接用化学品，助焊液
常青树	佛山市常青树化工有限公司	工业用粘合剂	鹿山 LUSHAN	广州市鹿山化工材料有限公司	工业用粘合剂	甘化	江门甘蔗化工厂（集团）股份有限公司	粘接剂（冶金）（木质素磺酸盐）
康和	中山市康和化工有限公司	工业用粘合剂（干式复合胶粘剂）	秀珀	广州秀珀化工股份有限公司	油漆，涂料，颜料	RONGDA	深圳市容大电子材料有限公司	印刷合成物（PCB用油墨）
SUN CROWN 星冠	广州市星冠化工涂料有限公司	油漆，涂料	萬宜	广东嘉宝莉化工有限公司	油漆，木材涂料（油漆），漆	Golaxxo 指定颜色	恒昌涂料（惠阳）有限公司	清漆，油漆，油漆稀释剂
君子蘭	佛山市顺德区乐从镇科斯化工有限公司	涂料（家具漆）	FULLN	佛山市禅城区丰霖化工企业中心	陶瓷品用漆，陶瓷涂料，陶瓷制品上的亮铂	好日子	广州市枫源化工有限公司	油漆
五羊	广州市五羊油漆股份有限公司	乳胶漆	大洁王	深圳市洁王精细化工科技有限公司	去污粉、去色剂、去油剂（纺织工业用）	biaobang 标榜	增城市正茂精细化工厂	清洁制剂（汽车专用），去渍剂（汽车专用）

（续表）

商　标	商标注册人	认定商品或服务项目	商　标	商标注册人	认定商品或服务项目	商　标	商标注册人	认定商品或服务项目
	三和研磨材料（广东）有限公司	研磨材料（布轮）		汕头市雅娜化妆品实业有限公司	化妆品，洗面奶，洗发液	诗朗	惠州市博美化妆品有限公司	洗发剂，浴液
中智	中山市中智药业集团有限公司	中药成药（咳嗽用药、抗菌消炎胶囊、银黄制剂），药茶		广州白云山制药股份有限公司	西药成药，中药成药		广州白云山制药股份有限公司 广州白云山制药总厂	人用药
	中山大学达安基因股份有限公司	医用诊断制剂	好德快	广东同德药业有限公司	医药制剂（双氯芬酸钠气雾剂、利多卡因氯己定气雾剂、硝酸益康唑喷剂）	力欣奇	清远华能制药有限公司	人用药（头孢羟氨苄片、头孢羟氨苄颗粒）
康丽能	丽珠医药集团股份有限公司	人用药（注射用头孢地秦钠）	信力威	深圳信立泰药业股份有限公司	人用药（注射用盐酸头孢吡肟）	大卫 DAVID	润和生物医药科技（汕头）有限公司	医用诊断制剂（测孕试纸和排卵测试纸）
	中山榄菊日化实业有限公司	蚊香，盘香，杀虫剂		广东鹰皇参茸制品有限公司	西洋参片，西洋参丸		广东大洋铝业金属制品有限公司	普通金属合金
	高力登	普通金属合金，金属窗框		四会市国耀铝业有限公司	铝型材，金属门窗（建筑）		开平市沙塘镇吕鑫铝材厂	金属板条
	佛山市沥东铝型材制品有限公司	铝合金型材		广东梅县梅雁电解铜箔有限公司	电解铜箔	长　城	佛山市澜石炜联不锈钢制品有限公司	金属管（装饰用）
	汕头市新通达水暖器材有限公司	金属管（镀锌方管）		清远市美亚宝铝业有限公司	金属窗框，金属门框架，金属建筑材料		佛山市南海耀达建材有限公司	可移动的金属建筑物
	广东中侨五金电器制造有限公司	金属铰链	iKEA	高要市金利祥兴金属制品有限公司	金属铰链		揭阳市帝固五金实业有限公司	金属铰链，金属合页，金属家具部件
JUSTOR	高要市开达五金装饰有限公司	非电动门弹簧	JANESLOCK	广东坚士制锁有限公司	金属锁，弹簧锁，挂锁	DIYA	梁雪华	金属陈列架
	佛山市顺德区安能保险柜制造有限公司	保险柜（箱）		广州广兴牧业设备有限公司	工厂化畜禽饲养成套机械自动化设备，其它动物自动化饲养设备		佛山市顺德区富豪木工机械制造有限公司	木材加工机

（续表）

商　标	商标注册人	认定商品或服务项目	商　标	商标注册人	认定商品或服务项目	商　标	商标注册人	认定商品或服务项目
富利	佛山市南海富利包装机械有限公司	纸板机	萬聯	广东万联包装机械有限公司	纸板机	JIN PENG 金鹏	阳东县金鹏针织机械有限公司	针织机械
H.L 恒联	广东恒联食品机械有限公司	制食品用电动机械	高砖	高州市砖机厂	制砖机		东莞市粤铭激光技术有限公司	雕刻机，切割机，裁布机
	广州达意隆包装机械股份有限公司	装瓶机，包装机		佛山市南海东方纸箱机械实业有限公司	包装机，印刷机，轮转印刷机	震雄 CH	震雄机械（深圳）有限公司	注塑机
YUDO	东莞柳道贸易有限公司	注塑机热流道系统	iFE快意	东莞市快意电梯有限公司	电梯（升降机），自动梯		广东鸿源机械设备制造股份有限公司	水轮机、发电机（低水位）
	东泰机械工具（东莞）有限公司	高速冲压机床，冲压机床零配件		日东电子发展（深圳）有限公司	清洗设备（超声波）	LINGGE	中山市灵格电器制造有限公司	冰箱电机
BOYU 博宇	广东博宇水族实业有限公司	空气压缩泵、真空泵、离心泵（水族用）	海洋	广东省广宁船用水泵制造有限公司	船用水泵		中山市小榄镇富达电器厂	进水电磁阀
	佛山市星光传动机械有限公司	减速变速器	JUSTA 佳斯特	广州市花都区新粤海西厨设备厂	洗碟机	伟艺	阳江市伟艺抛磨材料有限公司	金刚砂轮，金刚砂磨轮
金象 gold elephant	珠海大象磨料磨具有限公司	砂轮	创新	佛山市南海创新五金实业有限公司	指甲刀（电动或非电动），修指甲工具	SHENY 圣妮	陈汝榣	镊子，修指甲工具
NAN-YU	东莞市东良实业有限公司	手工操作的手工具	Topwin	汕头市特普王五金工具厂有限公司	抹刀（手工具），泥刀，泥瓦工具	选夫人 XUAN FUREN	阳江十八子集团有限公司 阳江十八子厨业有限公司 阳江十八子刀剪制品有限公司	刀（手工具），切刀，剪刀
	林庆秋	剪刀，刀		阳江市江城得利刀剪厂	剪刀	RU DA	刘锐	餐具（刀、叉和匙）
HL 海联	阳江市海联五金塑料制品有限公司	餐具（刀、叉和匙）	ANC	深圳市奥尼电子工业有限公司	计算机周边设备（摄像头）	GENLOT	深圳市穗彩科技开发有限公司	数据处理设备、已录制的计算机程序、计算机周边设备（彩票投注专用）

（续表）

商 标	商标注册人	认定商品或服务项目	商 标	商标注册人	认定商品或服务项目	商 标	商标注册人	认定商品或服务项目
扬明	东莞市扬明精密塑胶五金电子有限公司	连接器（数据处理设备）	指定颜色	深圳市任子行网络技术有限公司	计算机软件（已录制）	远望谷	深圳市远望谷信息技术股份有限公司	商品电子标签，计算机软件（已录制），读出器（数据处理设备）
HUIBAO 汇宝	中山市汇宝电子衡器有限公司	电子秤	振辉	中山市振辉消防设备有限公司	夜明或机械信号标志	bM 摩比	摩比天线技术（深圳）有限公司	天线，电耦合器，陶滤波器
JW	深圳市京华电子股份有限公司	收音机，收录机	Kchibo	深圳市凯隆电子有限公司	收音机	SKYWOOD	惠州市宏伍科信实业有限公司	电声组合件（视频眼镜、眼镜影院、3D视频眼镜）
MINGLE 明高	明高五金制品（深圳）有限公司	测量器械和仪器，衡器，量具	JUNSD 君斯達	深圳市君斯达实业有限公司	速度测定仪器	GUANGYANG 广洋	广州市番禺五羊电缆厂有限公司	电源材料（电线、电缆），绝缘铜线，合金线
汾江 FENJIANG 汾江 FENJIANG	李运新	电源材料（电线、电缆）	SHENGYU 胜宇	广东胜宇电缆实业有限公司	电源材料（电缆、电线）		揭阳市创兴电缆有限公司	电线
金万兴	深圳市鑫万兴实业有限公司	电线（音频线、视频线）	玉葉王 YU YE WANG	许福章	电线（音视频连接线）	SYE	东莞生益电子有限公司	印制电路板
UNIRISE	东莞市联升电线电缆有限公司	电器插头，电线连接物	BOMIN	深圳市博敏电子有限公司	集成电路块，线路板	IC DICGU	博罗石湾帝克电子有限公司	电开关，自动定时开关，电器插头
CONYA 创亚	广东创亚电气有限公司	高低压开关板，变压器（电），断路器	KING BROTHER 指定颜色	深圳市金百泽电路板技术有限公司	印刷电路（特种）	MIG	广东明家科技股份有限公司	（防雷）插座、插头和其它连接物（电器连接）
HanRun	中山市汉仁电子有限公司	连接器（通讯网络用）	江東 JIANG DONG	信宜江东电子有限公司	磁性材料及器件（限温器）	品上 UASANG	中山品上照明有限公司	照明设备用镇流器
Riland 瑞凌焊机	深圳市瑞凌实业有限公司	电焊设备，电弧切割设备，电焊接器具	新綸	深圳市新纶科技股份有限公司	防止事故放射性物质及特殊温度用衣服，防火服，防事故手套	ADEL	深圳市爱迪尔电子有限公司	电锁，电开门器，防盗报警器
华泰 HUATAI	何国华	防盗报警器、警报装置（车用）		广东必达保安系统有限公司	门锁	RITAR	深圳市瑞达电源有限公司	电池，蓄电池

（续表）

商　标	商标注册人	认定商品或服务项目	商　标	商标注册人	认定商品或服务项目	商　标	商标注册人	认定商品或服务项目
理士	深圳理士奥电源技术有限公司	电池	欣旺达	欣旺达电子股份有限公司	电池（锂离子）	Camelion	深圳市飞狮电池有限公司	电池（干电池）
LEXEL	深圳市力可兴电池有限公司	电池（镍氢充电电池）	万兴 WANXING	郁南县虎豹电池有限公司	电池（干电池）	藍韵	深圳市蓝韵实业有限公司	医疗器械和仪器，医用X光器械，医疗分析仪器
IMPROVE	广州阳普医疗科技股份有限公司	一次性使用自动抽血玻璃管	Neo-Neon	鹤山丽得电子实业有限公司	节日装饰灯彩色小灯，圣诞树电灯，舞台灯具	海洋王	深圳市海洋王照明科技股份有限公司	灯（特种用灯）
汾江	佛山电器照明股份有限公司	照明灯，白炽灯	JUHAO 钜豪	广东钜豪照明电器有限公司	灯，日光灯管，电灯插座	KENNEDE	广东金莱特电器股份有限公司	安全灯，照明手电筒，日光灯管
SENQIU	中山市胜球灯饰集团有限公司	灯，照明器械及装置	Meite 美特	中山市澳克士照明电器有限公司	灯	格蘭 Grandlite	惠兰灯饰（惠东）有限公司	照明灯（工程用）
鼎能 DINGNENG	汕头市裕丰实业有限公司	照明手电筒	RL	广东兴必佳电器有限公司	照明灯（小夜灯）	GUANYA 冠雅	中山市光阳电器有限公司	照明器（台灯、落地灯）
Galanz 格兰仕	广东格兰仕集团有限公司	电磁炉		广东恒光电器有限公司	电炊具（电饭锅、电压力锅）	阿迪	广东洛贝电子科技有限公司	电炊具，电压力锅，高压锅（电加压炊具）
怡宝	中山市豪通电器有限公司	电炉	天际	广东天际电器有限公司	烹调器具（电炖锅）	Otlan 奥特朗	广州市奥特朗企业有限公司	热水器（电）
共上 PROGRESS TOGETHER	湛江共上电器有限公司	电炊具（电饭煲）	格林 GELIN	湛江喜红集团有限公司	电炊具（电饭煲）	川凌 CHUANLING	佛山市川凌电器有限公司	电热壶
MIBAO 蜜寶	湛江市蜜宝电器实业有限公司	电饭锅	龍力 LONGLI	广东龙力电器有限公司	电炊具（电饭锅、电压力锅）	夏野	汕头市夏野电器科技有限公司	电炉
BAILI 百利	东莞市百利电器有限公司	冰柜	GREE 格力	珠海格力电器股份有限公司	空调机	王者风范	珠海格力电器股份有限公司	空气调节器
奥特龙	广东奥特龙电器制造有限公司	厨房用抽油烟机	Deton 德通	广东肇庆德通有限公司	通风柜，风扇（空气调节），排气风扇	KANETA	高要市金田电热器具实业有限公司	加热用电热丝，加热盘，水加热器（仪器）
HCTO	饶平县恒通水族用品有限公司	水族池加热器，电加热装置，水族池过滤设备	annwa 安华洁具	佛山市高明安华陶瓷洁具有限公司	水龙头	HENT	谢向新	自来水设备的调节和安全附件（阀芯）

（续表）

商 标	商标注册人	认定商品或服务项目	商 标	商标注册人	认定商品或服务项目	商 标	商标注册人	认定商品或服务项目
APOLLO	阿波罗（中国）有限公司	蒸汽浴装置，沐浴用设备，澡盆	萬事達	佛山市高明粤华卫生洁具有限公司	浴室装置（蒸汽房），洗澡盆	falallo	广东新中源陶瓷有限公司	抽水马桶
GAT	潮州市金澳特卫浴设备制造有限公司	浴室装置（电脑按摩浴缸）	EMAUX 意萬仕	意万仕（中山）泳池设备有限公司	水过滤器	GREE 格力	珠海格力电器股份有限公司	电暖器
比亚迪	比亚迪股份有限公司	汽车，电动车辆，小汽车	Fuwa	广东富华工程机械制造有限公司	汽车或货车零件（车轴）		广州市安达汽车零件有限公司	发动机轴瓦
Powerful	吴伍元	车辆保险杠，车辆行李架		韶关市正星车轮有限公司	车轮圈	凯洋	佛山市南海凯洋医疗设备有限公司	轮椅，手推椅
BHD 寶亨達 BAOHENGDA	深圳市宝福珠宝首饰有限公司	链（珠宝），装饰品（珠宝），戒指（珠宝）	周大金 ZHOU DA JIN	深圳市海漫尼实业发展有限公司	戒指（珠宝），宝石，链（珠宝）	junli	深圳市君力实业有限公司	珠宝（首饰），贵重金属丝线（珠宝）
太阳	中顺洁柔纸业股份有限公司	卫生纸，纸巾，纸手帕	波斯猫	汕头市金平区飘合纸业有限公司	纸巾	嶺峯	广东岭峰包装印刷有限公司	印刷品
SAILS	惠州艺都文化用品有限公司	包装用塑料膜（护卡膜）		广东达美胶粘制品有限公司	包装用纸（保护纸）	HUA JIE	广东华杰实业有限公司	文具（文具夹）
金萬年	广东金万年文具有限公司	笔	港豐	广东港丰电器有限公司	塑料管	XIONG YI	东莞市兄奕塑胶制品有限公司	塑料管、板、杆、条（塑胶封边条）
合力 HELI	湛江合力塑胶有限公司	塑料管、板、杆、条（塑料软管）		广东超华科技股份有限公司	覆铜箔层压酚醛树脂板（绝缘材料）	Hongshang	深圳市宏商材料科技股份有限公司	绝缘材料（冷、热收缩性材料）
lapearl	江门市丽明珠实业有限公司	（行李）箱，手提包，公文包	SAPPHIRE	深圳市燕加隆实业发展有限公司	地板，大理石，花岗石	广英	广东清远广英水泥有限公司	水泥
YINGZHOU BRAND	英德市文德实业发展有限公司	水泥	仙石牌 FAIRYROCK	河源和兴水泥有限公司	水泥	澳翔	广东金牌陶瓷有限公司	瓷砖，非金属地板砖
VENIZEA 威爾斯	广东宏威陶瓷实业有限公司	砖，瓷砖，建筑用非金属墙砖	XINGHUI 兴辉	广东兴辉陶瓷集团有限公司	瓷砖，非金属地板砖	卓远	佛山市三水宏源陶瓷企业有限公司	非金属砖瓦（墙地砖）
恒福	广东恒福陶瓷有限公司	非金属地板砖	BOHUA	广东博华陶瓷有限公司	瓷砖，建筑用非金属墙砖	利家居陶瓷	广东[illegible]辉陶瓷有限公司	非金属地板砖，建筑用非金属墙砖

（续表）

商　标	商标注册人	认定商品或服务项目	商　标	商标注册人	认定商品或服务项目	商　标	商标注册人	认定商品或服务项目
溶洲 RONGZHOU	佛山市溶洲建筑陶瓷二厂有限公司	彩釉墙地砖（外墙砖）	五羊牌	广东化州建材玻璃厂	玻璃马赛克	卓宝	深圳市卓宝科技股份有限公司	建筑用沥青产品，防水卷材
创益	深圳市创益科技发展有限公司	太阳能电池组成的非金属屋顶板，镀膜玻璃，建筑玻璃	KETELONG	佛山金科特塑胶有限公司	非金属建筑隔板	合　室　家	合室家（清新）建材有限公司	非金属门
	中国南玻集团股份有限公司	建筑玻璃，安全玻璃，镀膜玻璃		深圳长江家具有限公司	沙发（家具），办公桌	迪　諾　雅	深圳市仁豪家具发展有限公司	家具
enten 玉庭	东莞市永信家具制造有限公司	家具	SAOSWN	东莞市兆生家具实业有限公司	家具（办公家具）	yakeboluo 雅科波罗	广州市马可波罗有限公司	碗柜，餐具柜，餐具架
XINGMUZAI	罗桂明	儿童床	HOPEFULL	谢健峰	医院用病床，医院用床	轩红坊 X·H·F	中山市大涌镇太兴家具厂	家具（红木家具）
	深圳市通产丽星股份有限公司	塑料包装容器	TOPIN	广东省食品进出口集团公司	非贵重金属厨房用具	HG 恒光	潮安恒光五金实业有限公司	非贵重金属制厨房用具（免火再煮锅）
中 勝	潮州市中胜陶瓷实业有限公司	日用瓷器（盘、碗、壶、餐具、茶具），工艺美术陶瓷（花瓶、坛、罐、盆、缸）		潮州市联源陶瓷制作有限公司	日用瓷器（包括盆、碗、盘、壶、餐具、缸、坛、罐）	DA XIN	潮州市大新工艺厂有限公司	日用瓷器（包括盆、碗、盘、壶、餐具、缸、坛、罐）
好太太	广东好太太投资集团有限公司	晾衣架	绮梦 QIMENG	林俊智	牙刷	TAILI太力	中山市太力家庭用品制造有限公司	保温袋，食物保温容器
	博罗县长宁强沥日常用品制造厂	拖把，抹布，门窗玻璃清洁器		广东明朗生活用品制造厂有限公司	清洁器具（手工操作）	BSG	珠海华尚汽车玻璃工业有限公司	车窗玻璃（半成品）
Palm Beach	深圳市棕榈滩露营用品有限公司	帐篷	likang 立康牌	佛山市南海毛巾有限公司	毛巾	A-Main Nature home	深圳市雅棉实业有限公司	床罩、被子、床单（酒店用）
GIORGIO GIULINI	广东省纺织品进出口股份有限公司	服装	帝　柏　納	广东华商实业有限公司	服装，鞋，领带	萊奴亞	广州市从化杰丰针织品有限公司	内裤，内衣（服装）

（续表）

商　标	商标注册人	认定商品或服务项目	商　标	商标注册人	认定商品或服务项目	商　标	商标注册人	认定商品或服务项目
Moreisili 奥丝丽丽	广东宏杰内衣实业有限公司	乳罩，胸衣，睡衣裤	NAERSI 娜尔思	深圳市赢家服饰有限公司	服装（女装）	HITWON	广州胜兴隆服装有限公司	衣物（牛仔服装）
Comsoft	东莞市中玲制衣有限公司	内衣	姣莹 JIAO YING	汕头奥杰莉内衣实业有限公司	乳罩	尼娇芬 NIJIAOFEN	汕头市永生发针织有限公司	紧身衣裤
Duocaiduozi 多彩多姿	蔡信钦	胸罩	多拉美 Duolamei	郭俊昌	针织服装（运动休闲服）	贝利爽 BALISO	深圳市贝利爽实业有限公司	吸汗内衣裤
peisilei	广东莫尼卡实业有限公司	奶罩	依之舍	中山市小榄镇依之舍时装厂	内裤（服装）	富康莱 Fu Kang Lai	中山市富康莱内衣服饰有限公司	内裤
棉店	中山坚成制衣厂有限公司	内衣裤	ST&SAT	佛山星期六鞋业股份有限公司	鞋	罗敷 Luo Fu	陈尔越	拖鞋，凉鞋
Andini 安蒂妮	普宁市宝贤内衣有限公司	内裤，内衣	XING GE	东莞市雅居乐日用制品有限公司	地垫	WEN GE	佛山市远华塑料实业有限公司	地垫（瑜伽垫）
世宇	中山市世宇实业有限公司	游艺机（电动）	GOLDLOK	广东高乐玩具股份有限公司	玩具	HAIPENGDA	汕头市澄海区海鹏达塑胶玩具有限公司	玩具手枪，积木（玩具）
YINRUN	广东银润实业有限公司	玩具车	SONG YANG TOYS	王壮鹏	智能玩具		广东真美食品集团有限公司	猪肉脯，牛肉脯
金鳌	东莞市道滘新兴隆食品厂	腌腊肉（腊肠），风肠	羽帆	吴少烈	死家禽（加工过的盐焗鸡）	今荣 JINRONG	中山市黄圃镇今荣肉类制品厂	腊肠
KEWEICON	裕丰食品加工（梅州）有限公司	香肠、腌腊肉（客家风味）	恒兴恒 GO·EVERGREEN	湛江恒兴水产科技有限公司	虾（非活），鱼制食品	HUAHENG 华恒	博罗县柏塘光华食品有限公司	五味姜
粤旺	高州市源丰食品有限公司	果酱，果肉		从化市清香蔬果加工厂	蔬菜干	顺明 surewin	珠海市顺明有限公司	蛋（鸡蛋）
[illegible]	阳东县大发[illegible]食品厂	精制虾[illegible]仁	[illegible]	江门市新会区[illegible]山草培植场	干食用菌（蛹虫草）	Ai Yan Shan	大埔县枫朗镇西岩茶场	茶叶

（续表）

商　标	商标注册人	认定商品或服务项目	商　标	商标注册人	认定商品或服务项目	商　标	商标注册人	认定商品或服务项目
量子高科	江门量子高科生物股份有限公司	天然增甜剂（低聚糖）	WEICKY 味奇	深圳市味奇生物科技有限公司	食用葡萄糖	展翠	潮州市展翠食品有限公司	糖果
庆联 QLF	佛山市庆联食品有限公司	（无糖）糖果，（无糖）饼干，（无糖）月饼	Caidiexuan 采蝶轩	卢宜坚 梁或	面包，蛋糕	至尊帝皇	中山市坤波食品进出口有限公司	月饼
寿星	深圳市东贸实业发展有限公司	米		东莞市穗丰食品有限公司	面粉	BAN YONG KANG	惠州伴永康粮油食品有限公司	米
金友 JINYOU	广东金友集团有限公司	大米（有机米）	聚龍	罗定市稻香园农业发展有限公司	米（有机米）	Guala 挂绿	增城市优质米生产基地公司	大米（丝苗米）
三鹰	潮安县三鹰食品实业有限公司	米果，虾条	黑牛	黑牛食品股份有限公司	豆奶粉（以大豆为主）	R·R·B·	广东省食品进出口集团公司	酱油，调味品
双桥	广州轻工工贸集团有限公司	味精	劲霸 Jingba	广东嘉豪食品股份有限公司	调味品（鸡汁、青芥辣）	黑凤 HEI FENG	开平市合民养殖发展有限公司	活家禽
Options	河源市中兴绿丰发展有限公司	柑橘，柠檬，鲜葡萄	MA TOU 马头	高州市沙田果树技术开发公司	鲜水果（龙眼，荔枝）	華寶	惠东县平安蜜桔生产基地	桔（春甜桔）
	惠州市四季绿农产品有限公司	新鲜蔬菜	HaiLong	广东海大集团股份有限公司	饲料	欣尔达	茂名市昌达饲料厂有限公司	家畜催肥熟饲料
溢多酶	广东溢多利生物科技股份有限公司	非医用饲料添加剂	源信	汕头市源信饲料实业有限公司	饲料（禽饲料、水产饲料）		揭东县越群水产发展有限公司	饲料（虾苗、鱼苗饲料）
莞利	东莞市广利饲料有限公司	猪饲料（预混料）	普罗宝 Pro-Bio	东莞市银华生物科技有限公司	动物食用蛋白	剑花 JIAN HUA	肇庆市华雄农牧有限公司	动物饲料（添加剂预混合饲料）
深宝	深圳市深宝实业股份有限公司	菊花茶	鼎湖山泉	广东鼎湖山泉有限公司	水（天然净水）	天地壹号	广东天地壹号饮料有限公司	不含酒精饮料（醋饮料）
泉之乡	广东泉之乡矿泉饮料有限公司	矿泉水（饮料）	景田	深圳市景田食品饮料有限公司	矿泉水，蒸馏水		广州龙程酒业有限公司	葡萄酒
	广州博亚展览发展有限公司	组织技术展览，组织商业或广告交易会，组织商业广告性的贸易交易会	赛格	深圳市赛格集团有限公司	推销（替他人），货物展出，商业管理和组织咨询		众业达电气股份有限公司	推销（替他人）

（续表）

商　标	商标注册人	认定商品或服务项目	商　标	商标注册人	认定商品或服务项目	商　标	商标注册人	认定商品或服务项目
怡亞通	深圳市怡亚通供应链股份有限公司	进出口代理	壹加壹 One Plus One	廖皓辉 廖皓炫 廖皓炜	推销（替他人），商业管理辅助，职业介绍所		广东益华百货有限公司	推销（替他人）
创美	汕头市创美药业有限公司	推销（替他人）	大參林	广东大参林连锁药店有限公司	推销（替他人）（医药销售）		广州市城市建设开发集团有限公司	不动产出租，不动产代理，不动产管理
众安康	深圳市众安康后勤服务有限公司	不动产管理（医院物业管理）	银达 Yinda	广东银达担保投资集团有限公司	经纪	海格物流	深圳市海格物流有限公司	海上运输，汽车运输，空中运输
丹霞山 DANXIASHAN	韶关市丹霞山风景名胜区管理委员会	旅行社（不包括预订旅馆）		阳山县广东第一峰旅游风景区有限公司	观光游览，旅游安排	东江 DONG JIANG	深圳市东江环保股份有限公司	废物及垃圾的回收，废物处理（变形）
金达莱环保	深圳市金达莱环保股份有限公司	水净化（废水处理及回用）		深圳市朝向高尔夫管理有限公司	提供高尔夫球设施，组织体育比赛，培训	PHYSICAL CLUB 中航健身会	深圳市中航健身时尚股份有限公司	健身俱乐部
	珠海经济特区圆明新园旅游有限公司	公共游乐场，娱乐，演出服务	色	江门市色色摄影有限公司	摄影	二天堂	张科	医疗辅助，医药咨询

2009年广东省著名商标延续认定名单

商　标	商标注册人	认定商品或服务项目	商　标	商标注册人	认定商品或服务项目	商　标	商标注册人	认定商品或服务项目
（按商标注册用商品或服务国际分类顺序）								
宝利	云浮市宝利硫酸有限责任公司	硫酸	BAIYINGHUA 白樱華	恩平市嘉维化工实业有限公司	碳酸钙	柯杰 KEJIE	广东柯杰外加剂科技有限公司	混凝土减水剂
粤和	广东粤和实业有限公司	水泥分散剂（减水剂）	華大	广东光华化学厂有限公司	化学试剂	鉆石 DIAMOND	湛江外加剂厂	减水剂，外加剂
KINGFA	金发科技股份有限公司	未加工合成树脂，塑料分散体，合成树脂塑料	东风	广州市东风化工实业有限公司	环氧树脂	广鑫 GUANGXIN	郁南县广鑫冶炼有限公司	氧化锑，锑酸钠，五氧化二锑
NATURE	广东盛方化工有限公司	鞣皮剂，皮革加脂剂	NANGO	南海南光化工包装有限公司	鞋用胶粘剂		广东金汉集团有限公司	粘合剂
亨迪	东莞市阳光树脂制品有限公司	鞋粘合剂，皮革粘合剂，工业粘合剂	鼎豐 DingFeng	广东鼎丰纸业有限公司	木浆，纸浆，纤维素浆	宇田 YUTIAN	广东东方锆业科技股份有限公司	氧氯化锆，氧化锆，氧化锆粉
多正	广东多正化工科技有限公司	工业用粘合剂	彩艳	广东彩艳股份有限公司	色母粒	DIPROSIN	怀集东邦化学有限公司	歧化松香
DAIHO大宝	东莞大宝化工制品有限公司	涂料，油漆，涂料稀释剂	华润漆 Huarun	广东华润涂料有限公司	涂料，油漆	Idol 爱的漆	广东华润涂料有限公司	涂料，油漆
	佛山市鲸鲨化工有限公司	油漆（氨基漆），颜料（红丹），涂料（树脂）		广东省土产进出口（集团）公司	松香	三叶	深圳市广田环保涂料有限公司	涂料，油漆，油漆稀释剂
電視塔	广州珠江化工集团有限公司	油漆	立白 Liby	广州立白企业集团有限公司	洗衣粉，清洁制剂，牙膏		广东名臣有限公司	化妆品，洗发液，香皂
迪彩	广州惠美佳企业有限公司	护发素，摩丝，焗油	花世界	中山市美日洁宝有限公司	浴液，洗头水		广州市浪奇实业股份有限公司	清洁制剂，洗涤剂，洗衣粉
	广州百花香料股份有限公司	化妆香精香料，食用香精香料	ARCHE 雅倩	汕头市宝兰丝精细化工有限公司	化妆品	缤纯	广东拉芳日化有限公司	化妆品，增白霜，洗面奶
FALAIYA	[illegible]	洗发液，浴液	EFFI	汕头市宝兰丝精细化工有限公司	化妆品	EFFI	汕头市宝兰丝精细化工有限公司	化妆品

（续表）

商　标	商标注册人	认定商品或服务项目	商　标	商标注册人	认定商品或服务项目	商　标	商标注册人	认定商品或服务项目
爱诺	普宁市嘉宝日用化工有限公司	面乳	雪完美 Xuewanmei	中山市嘉丹婷日用品有限公司	化妆品		广东雅丽洁精细化工有限公司	洗发露
美晨	美晨集团股份有限公司	牙膏	黑妹	美晨集团股份有限公司	牙膏	康王 Kanwan	汕头市康王精细化工实业有限公司	牙膏，香皂
JIEYIN	广州高露洁有限公司	牙膏		广东新华粤石化股份有限公司	白石蜡，模料蜡，白油		中山市中南烛业有限公司	蜡烛，照明用蜡，蜡烛芯
	丽珠医药集团股份有限公司	人用药	丽珠	丽珠医药集团股份有限公司	人用药		广州白云山天心制药股份有限公司	西药
香雪	广州市香雪制药股份有限公司	人用药（抗病毒口服液、板蓝根冲剂）	潘高寿	广州医药集团有限公司	中成药	APOLLO 太阳神	广东太阳神集团有限公司	口服液
明兴	广州白云山明兴制药有限公司	中药成药，片剂，针剂	德众	佛山德众药业有限公司	片剂（鼻炎康片），中药成药（牛黄解毒片），医药制剂（鼻炎滴剂）	奇星	广州医药集团有限公司	人用药
彼迪	广东彼迪药业有限公司	人用药	顺峰	广东顺峰药业有限公司	西药	鹰 EAGLE'S	健康元药业集团股份有限公司	参制冲剂（参茶），参片
静心	健康元药业集团股份有限公司	中药成药	卫伦 WEI LUN	广东卫伦生物制药有限公司	人用药，生化药品，血液制品	万年青	广东万年青制药有限公司	中西成药（内外）
	台山市化学制药有限公司	西药（红霉素、环孢素）		广东嘉应制药股份有限公司	中成药（双料喉风散）	一禾	广东一禾药业有限公司	中药成药（足光散）
新瑞普欣	丽珠医药集团股份有限公司	人用药（头孢类抗生素复合制剂）		广州星群（药业）股份有限公司	医用口服冲剂	好迪	广州市好迪化妆品有限公司	空气清新剂
秋江 QIU JIANG	广东紫金正天药业有限公司	兽药	强力	中山市凯达精细化工股份有限公司	杀虫剂	滅害靈	中山市凯达精细化工股份有限公司	杀害虫剂
	广东全美实业日用化工有限公司	蚊香，杀虫剂，电热蚊香片		佛山市南华铝业有限公司	铝（铝型材）	WACANG	广东华昌铝厂有限公司	铝型材
坚美	广东坚美铝型材厂有限公司	铝型材		[illegible]	[illegible]		佛山金兰铝厂有限公司	铝型材

（续表）

商　标	商标注册人	认定商品或服务项目	商　标	商标注册人	认定商品或服务项目	商　标	商标注册人	认定商品或服务项目
	梅州市金雁实业集团公司	铜（标准阴极铜）		佛山市季华铝业公司	铝合金型材	海利	广东省化州市海利集团有限公司不锈钢制管厂	不锈钢（管材）
国粤 Guoyue	揭阳市国粤不锈钢型材有限公司	钢条，钢管，金属片或金属板	日丰	佛山市日丰企业有限公司	各种金属管道，管道金属接头	WALTON	中山华通钢塑管有限公司	金属水管，金属塑料复管
WITSEN	阳江市奇正五金制品有限公司	金属建筑材料	ARCHIE	广东雅洁五金有限公司	家具用金属附件，金属门把手，金属挂衣钩	BIAOZHI	揭阳市标致五金有限公司	金属活页，家具金属部件
	东莞市石龙万通实业有限公司	家具金属滑轨	汇泰龙	广州市汇泰龙装饰材料有限公司	家具金属部件	HUA FENG 華鋒	中山市华锋五金制品厂	金属锁，车辆用金属锁，门用铁制品
皇鼎五金	中山市皇鼎五金有限公司	金属锁（非电）	格雅	揭阳市东辉锁具实业有限公司	金属锁（非电）		中山中粤马口铁工业有限公司	马口铁，罐头马口铁
華爾泰 HUAERTAI	东莞华尔泰装饰材料有限公司	金属建筑嵌板，建筑用金属板，建筑用金属包层	WEIYE	广东伟业铝厂有限公司	铝型材		广东省韶关市第二拖拉机厂	小型收割机
松果	博罗县东田实业有限公司	喷雾机，喷雾器(机器)		何培炜	木材加工机，机锯（机器），压力机	COLOR STAR 彩星	东莞市彩星丝印机械有限公司	丝印机械(印刷机器)
萬家達	广东万家达家用电器有限公司	洗衣机，洗衣甩干机	国珠	佛冈县国珠塑胶有限公司	自动吹制机，加工塑料用模具		珠海仕高玛机械设备有限公司	混凝土搅拌器（机器）
GUANGRI 广日牌	广州广日股份有限公司	电梯	康思达	佛山市康思达液压机械有限公司	液压机，液压元件，制食品用电动机械	环球	广东省东莞电机有限公司	电动机
JINQIAN	广东金钱机械制造有限公司	电机，清水泵(电动、机动)，自吸泵（电动、机动）	凌霄	广东凌霄泵业股份有限公司	泵		广州市白云泵业集团有限公司	水泵
TR	东莞市TR轴承有限公司	轴承，轴承座	龙的 LONG DE	中山市龙的电器实业有限公司	吸尘机，喷香波清洗地毯的电动机器和装置	CHAO BAO	广州市白云区超宝清洁用品公司	电动清洁机械和设备，电动打蜡机器和设备，清洗设备

（续表）

商　标	商标注册人	认定商品或服务项目	商　标	商标注册人	认定商品或服务项目	商　标	商标注册人	认定商品或服务项目
吉阳	广东巨轮模具股份有限公司	轮胎成型机	Ri,Mei	佛山市三水金达五金制品有限公司	指甲刀（电动或非电动的）	芳龄	广东芳龄实业有限公司	美容夹，美容钳，美容剪
金辉 GOLDSUN	阳江市阳东金辉刀剪制品有限公司	剪刀，刀	inWin	广东银鹰实业集团有限公司	刀（手工具），剪刀，切菜刀	SHENGDA 盛達	阳江市盛达工业有限公司	切菜刀，餐具（刀、叉和匙），剪刀
銀鷹	广东银鹰实业集团有限公司	刀（手工具），剪刀，切菜刀	GRAND HARVEST 鴻豐	阳江鸿丰实业有限公司	折叠刀		阳西县张氏永光刀剪厂有限公司	剪刀，刀（手工具）
雙獅	广州市广州刀剪厂	一般用刀		广东鸿轩实业集团有限公司	刀叉餐具，切肉刀	HEDY	七喜控股股份有限公司	计算机
EVOC	研祥智能科技股份有限公司	工业计算机，工业计算机软件（录制好的）	GSK	广州数控设备有限公司	数据处理设备	Jolimark Jolimark 映美	新会江裕信息产业有限公司	与计算机联用的打印机
JXC	周小聪	计算机软件（录制好的中小企业管理软件）	远光	远光软件股份有限公司	计算机软件（已录制好的电力软件）	侨兴	侨兴集团有限公司	电话机，传真机，移动电话机
GiONEE金立	深圳市金立通信设备有限公司	手提电话，电池，电池充电器	GAOXINQI 高新奇	深圳市高新奇科技股份有限公司	成套无线电话机，电话机	天乐 TIANLE	广东天乐通信设备有限公司	光通讯设备，载波设备
步步高	广东步步高电子工业有限公司	影碟机，电话机，语言复读机	索佳 SUOJIA	深圳市爱索佳实业有限公司	影碟机	CASKA	广东好帮手电子科技有限公司	影碟机，摄像机，车用显示屏
杰科	深圳市杰科电子有限公司	影碟机（LD，VCD，DVD），音响		深圳市宝安奋达实业有限公司	扩音器喇叭	YDD	广东省粤东磁电有限公司	录音带，录像带，光盘（音像）
ANGTE	广东昂特音像有限公司	光盘（音像）	SOMIC	汕头市硕美科电子有限公司	耳塞机	科诺	深圳市中科诺数码科技有限公司	影碟机
GRANDVIEW	广州美视晶莹银幕有限公司	投影银幕	FF 佛分	佛山分析仪有限公司	气体分析仪器表，测量仪器，测量器械		广东东方电讯科技有限公司	全电子式智能型电能表
Hansen	珠海汉胜科技股份有限公司	电源材料（电线、电缆）	光 GDYG	广东远光电缆实业有限公司	电线（电源材料），电源材料（电缆）	奔达康	深圳市奔达康实业有限公司	电线，电缆
吉青	广东吉青电缆实业有限公司	电缆	YIDA 益达	东莞市益达实业有限公司	电线，电缆	南 NAN	广东南洋电缆集团股份有限公司	电话线，电源材料（电线、电缆）

（续表）

商　标	商标注册人	认定商品或服务项目	商　标	商标注册人	认定商品或服务项目	商　标	商标注册人	认定商品或服务项目
	兴宁市金雁电工有限公司	电工圆铜线（绝缘），聚酯漆包铜圆线，聚氨酯漆包圆铜线	金龙羽	金龙羽集团有限公司	电线，电缆		东莞市民兴电缆有限公司	电线，电缆
岭南	广州岭南电缆有限公司	电源材料（电线、电缆）	GR 金路	汕头市金桥电缆有限公司	电缆（有线电视电缆、无线卫星基地站馈线）		广东生益科技股份有限公司	敷铜板
BYE	广州白云电器设备股份有限公司	高低压电器元件，高压、低压配电柜，低压配电箱	EAST 易事特	广东易事特电源股份有限公司	稳压电源	三环	潮州三环（集团）股份有限公司	电阻器，电阻瓷基体，无线电瓷件
明珠	广州市番禺明珠电器有限责任公司	变压器	海鸿升	广东海鸿变压器有限公司	变压器（电力变压器）	广特 GUANGTE	广东广特电气有限公司	变压器（电），变压器
松本電工	广东伟雄集团有限公司	高低压开关板，插座及其他接触器	HUAQUAN 华全	佛山市华全电气照明有限公司	变压器，灯光调节器（电）	GG 广高牌	广州广高高压电器有限公司	变压器，开关柜
HPC	乳源东阳光磁性材料有限公司	磁性材料及器件	TITANS	珠海泰坦科技股份有限公司	电源设备（高频开关直流系统），不停电电源	三源	广东钜龙电力设备有限公司	电力变压器
珠江	广东珠江开关有限公司	漏电开关，高低压电器成套装置及其元件（高低压开关柜）	HUANTIAN 华田	广东华田电器有限公司	（电饭锅用）自动定时开关，感应器（电），传感器	HS	惠州市恒升实业有限公司	变压器（电脑用）
	汕头正超电气集团有限公司	高低压开关板，配电控制台（电），配电盘	新氏	广东省江门市新会电气控制设备厂有限公司	磁力起动器，交直流配电屏	CONTRL	珠海共创电力安全技术股份有限公司	电站自动化装置
NFEA	广东南丰电气自动化有限公司	水电站用电站自动化装置，整流用电力装置	铁塔	广东铁塔电气科技有限公司	稳压器系列	SENJE	冯毅	灭火器，灭火设备，火灾报警器
桂安	广东平安消防设备有限公司	灭火器材	BYD	比亚迪股份有限公司	电池	虎頭牌 Tiger Head	广州轻工工贸集团有限公司	电池
ZHENGLONG 正龍	潮州正龙电池工业有限公司	干电池	555 555	广州轻工工贸集团有限公司	电池	McNair	东莞市迈科科技有限公司	电池

（续表）

商 标	商标注册人	认定商品或服务项目	商 标	商标注册人	认定商品或服务项目	商 标	商标注册人	认定商品或服务项目
雅格 YAGE	广东太格尔电源科技有限公司	随身听用电池充电器，蓄电池	T. E. T	东莞市石排通用蓄电池有限公司	车辆蓄电池，蓄电池，照明电池	优盘	深圳市朗科科技股份有限公司	计算机存储器
SL 盛路	广东盛路通信科技股份有限公司	防无线电干扰设备（电子），天线	GAOKE高科	深圳市宝安高科电子有限公司	电话机	金鹏	广州金鹏集团有限公司	移动电话，电话机，成套无线电话
紫薇星	广东紫薇星实业有限公司	电子净化血液循环机	事 達 STAR	湛江市事达实业有限公司	医用引流管	FS	佛山市东方医疗设备厂有限公司	轮椅，坐厕车
SIUI	汕头市超声仪器研究所有限公司	医用超声诊断仪器，医用超声换能器	Double One 双一	广州广橡企业集团有限公司双一乳胶厂	避孕套	古镇	中山市古镇镇资产经营有限公司	灯，照明器
KAIYAN 开元	中山市开元灯饰有限公司	照明器（灯）	TOUVE	佛山市托维环境亮化工程有限公司	照明器材及装置	松业 PINE CAUSE	广东松业电器制造有限公司	灯盘，光管支架
骑光牌 QGP	广东骑光车灯工业有限公司	摩托车灯具	Galanz 格兰仕	广东格兰仕集团有限公司	微波炉	華帝 Vantage	中山华帝燃具股份有限公司	燃气炉，燃气热水器
Vanward 万和	广东万和集团有限公司	煤气热水器	萬家樂 Macro	广东万家乐股份有限公司	热水器	创尔特	广东长青（集团）股份有限公司	热水器
Fushibao 富士宝	佛山市富士宝电器科技股份有限公司	电磁炉	半球	广东半球实业集团公司	保温式自动电饭锅	三源 SANYUAN	佛山市盛发电器有限公司	电饭锅，电瓦罉（电瓦锅）
CHUANG WEI 创威	广东创威电器有限公司	电炊具（电饭锅）	依立	佛山市顺德区简氏家用电器厂	紫砂电炊具	安博尔	李学滨	电热壶
万嘉福	广东万嘉福电器有限公司	电压力锅（高压锅）	Mega	麦钱江	小型取暖器	Wanbao 萬寶 WANBAO	广州万宝集团有限公司	电冰箱
劲 力	中山市劲力冷冻设备制造有限公司	冷藏柜，冷藏陈列柜，冷冻设备	申 菱	广东申菱空调设备有限公司	空调机，制冷设备	F.X.P. 飞行	佛山市南海飞行电器实业有限公司	风扇
	广州大牌锅炉有限公司	锅炉（非机器零件）	HUAYI	广东华艺卫浴实业有限公司	水龙头，水[illegible]龙头，龙头		广东东鹏陶瓷股份有限公司	洗脸盆，洗澡盆，抽水马桶

（续表）

商　标	商标注册人	认定商品或服务项目	商　标	商标注册人	认定商品或服务项目	商　标	商标注册人	认定商品或服务项目
Meitu	中山市美图塑料工业有限公司	马桶坐圈，冲水装置，水冲洗装置	五星 FiveStar	广东五星太阳能股份有限公司	太阳能热水器，太阳能收集器	康宝	广东康宝电器有限公司	干燥消毒柜
vitop 天年	天年生物（中国）有限公司	制造离子水饮水机，水静化装置，沐浴用设备	inse 樱雪	中山市樱雪集团有限公司	热水器，燃气炉	千翼	中山市家用电器总厂有限公司	电扇，排气扇，空调风扇
MICAWA	佛山市美加华陶瓷有限公司	坐便器，坐浴浴盆，盥洗盆（卫生设备件）	JINSHA 金厦	广东金厦瓷业有限公司	坐便器，小便池（卫生设施），盥洗室（抽水马桶）	Halsmart 鸿智电器	湛江鸿智电器有限公司	电炊具（慢炖锅），灯
Lian 联創	深圳市联创实业有限公司	空气调节器	XYG	信义汽车玻璃（深圳）有限公司	挡风玻璃，车窗		平远县恒明汽车底盘制造有限公司	车辆车轴，陆地车辆刹车，车轮毂
莲花	广东井得电机有限公司	汽车配件（起动机、发电机）		五羊一本田摩托（广州）有限公司	摩托车	ADLO	广东爱得乐集团有限公司	摩托车尾箱
DIAMOND	广州广橡企业集团有限公司钻石车胎厂	自行车内外胎，摩托车内外胎	珠江	广州广橡企业集团有限公司广州轮胎厂	轮胎	WINBO	广东东箭汽车用品制造有限公司	车辆保险杠
南虹	广东省南海化工总厂有限公司	引火线，炸药	金鼎 JINDING	广东高要河台金矿	贵重金属锭，贵重金属合金，未加工或半加工贵重金属	福麒	深圳市福麒珠宝首饰有限公司	链（珠宝），戒指（珠宝），铂（金属）
百泰首饰 BAITAI JEWELLERY	深圳市百泰珠宝首饰有限公司	宝石(珠宝)，贵重金属艺术品，电镀制品（贵重金属电镀）	石頭記	广州石头记饰品有限公司	首饰（半宝石）	FIYTA 飛亞達	深圳市飞亚达（集团）股份有限公司	钟表
	伍毅斌	链、戒指、宝石（彩色珠宝）	Pearl River 珠江 Pearl River	广州珠江钢琴集团股份有限公司	钢琴	Kapok 红棉	广州珠江钢琴集团股份有限公司	中乐器，西乐器
VINCENT	广东粤景集团有限公司	纸（文化用纸）	Vinda 維達	维达纸业（广东）有限公司	纸巾，纸餐巾，卫生纸	YINYIN	东莞市百顺纸品有限公司	纸制或纤维制婴儿尿裤（一次性）
	汕头市爱护护理用品销售有限公司	婴儿纸尿裤（一次性）		湛江冠龙纸业有限公司	复写纸（无碳复写原纸及CF纸、热敏原纸），印刷纸（证券纸）	東田 DONGTIAN	汕头市东田转印有限公司	转印的图画

（续表）

商　标	商标注册人	认定商品或服务项目	商　标	商标注册人	认定商品或服务项目	商　标	商标注册人	认定商品或服务项目
银丰 YINFENG	湛江包装材料企业有限公司	包装用塑料膜	COMET 科密	增城市科密电子有限公司	碎纸机	远生 Yuansheng	汕头市远生实业有限公司	文件夹（文具），公文套
真彩 TRUE COLOR	广东乐美文具有限公司	圆珠笔，油画棒	Comet	广州宏昌胶粘带厂	胶粘带	皇冠	中山市皇冠胶粘制品有限公司	办公或家用胶带
JEBO	广东振华电器有限公司	鱼缸	Babroy 贝柔	东莞市白天鹅纸业有限公司	卫生纸，纸巾，纸制或纤维制婴儿纸尿布（一次性）	BAOMING 宝明	东莞市宝建纸业有限公司	卫生纸，纸餐巾，纸手帕
玖龍	东莞玖龙纸业有限公司	牛皮卡纸，灰底白板纸，瓦楞原纸（纸板）	永一	永一胶粘（中山）有限公司	绝缘胶布和绝缘带	SUNION	广东众和化塑有限公司	电缆绝缘体，绝缘材料，合成橡胶
Newera 新時代	新时代粘合胶企业有限公司	非医用、非文具或家用粘合胶带	QIANSE 千色	东莞市千色有机玻璃有限公司	有机玻璃	大胡子	广州市花都联华包装材料有限公司	金拉线
WEIWANG 威王	广州市斐高箱包有限公司	旅行包(箱)，手提包，书包	苹果	广东苹果实业有限公司	旅行袋，背包，钱包，公文包	SUMMIT 莎米特	东莞市莎米特箱包有限公司	旅行箱，旅行包
WEIBAO 威豹	广东威豹实业有限公司	旅行包，箱，袋，书包，公文包	Yi hua	广东省宜华木业股份有限公司	半成品木材	富尔玛	广州富林地板木业有限公司	地板
塔牌 TAPAI	广东塔牌集团股份有限公司	水泥	顺龙	蕉岭县龙腾旋窑水泥有限公司	水泥	彪牌 BIAO PAI	广东省国营三马水泥厂	水泥
银羊	广东亨达利水泥厂有限公司	水泥	YINGJIN	英德市英金旋转窑水泥厂	水泥（普通硅酸盐水泥）		中山市宏基管桩有限公司	混凝土管桩
Marco Polo 馬可波羅	广东唯美陶瓷有限公司	瓷质墙地砖，建筑陶瓷砖，建筑用非金属墙砖	Lungo	广东新中源陶瓷有限公司	砖，瓷砖，非金属地板砖	GRIFINE	广东能强陶瓷有限公司	瓷砖，建筑用非金属砖瓦，建筑用嵌砖
B 百特	佛山市高明贝斯特陶瓷有限公司	砖，瓷砖，建筑用非金属墙砖	GELAISI 格莱斯	广东新明珠陶瓷集团有限公司	建筑用非金属墙砖，非金属地板砖，瓷砖		佛山市圣陶坊陶瓷有限公司	建筑用非金属墙砖，砖，瓷砖
荣冠 RONG GUAN	佛山市荣冠玻璃建材有限公司	玻璃马赛克	热金宝	揭东县热金宝特种耐火材料有限公司	耐火材料，耐火砖	南玻	中国南玻集团股份有限公司	建筑玻璃，安全玻璃，隔热玻璃

（续表）

商　标	商标注册人	认定商品或服务项目	商　标	商标注册人	认定商品或服务项目	商　标	商标注册人	认定商品或服务项目
三和	广东三和建材集团有限公司	混凝土桩杆	INIBAO 意利宝陶瓷	清远市欧雅陶瓷有限公司	砖，建筑用非金属墙砖，非金属地板砖	BODE 博德	叶荣恒	非金属砖瓦，非金属地板砖，瓷砖
金舵 JINDUO	佛山市金舵陶瓷有限公司	墙地砖	VICTORY	广州市百利文仪实业有限公司	家具，办公家具，金属家具	大涌	中山市卓成贸易有限公司	家具
YOPYE 优派	广东优派家私有限公司	办公家具	藝藤居 VINE ART GALLERY	东莞盈茂家具制造有限公司	家具（藤制家具），藤编制品（不包括鞋、帽、席、垫）	燊腾 Sunteam	广东燊腾钢木制品有限公司	办公家具
	佛山市南海东兴塑料制罐有限公司	塑料包装容器，木或塑料箱，塑料周转箱	珠江	广州市塑料工业股份有限公司	日用非金属周转箱，日用非金属周转箩，水桶		广东东方家私有限公司	办公家具
	新兴县新港城不锈钢制品有限公司	成套的烹饪锅，非贵重金属厨房用具，非贵重金属餐具	兴 XinGCai 财	揭阳市兴财不锈钢制品厂有限公司	非贵重金属制厨房用具，非贵重金属制厨房容器，真空瓶	GRAND	广东省五金矿产进出口集团公司	家用非贵重金属器皿，非贵重金属餐具，非贵重金属烛台
YUTAI	广东玉泰陶瓷有限公司	家庭用陶瓷制品，瓷器	三益	饶平县三益实业发展有限公司	家用陶瓷制品，日用瓷器	ZE ZHOU	潮州市泽洲陶瓷有限公司	瓷器装饰品，家庭用陶瓷制品
	潮州市庆发陶瓷有限公司	瓷器装饰品（陶瓷布娃娃）	QS 強盛	饶平县三饶日用彩瓷厂	日用瓷器（盆、碗、盘、壶、餐具、缸、坛、罐），家用陶瓷制品	威成	潮州市威成瓷艺有限公司	陶器（仿古园林陶器）
	潮州市裕穗陶瓷制作厂有限公司	日用瓷器（包括盆、碗、盘、壶、餐具、缸、坛、罐），瓷器装饰品	QUANFU	广东全福陶瓷实业有限公司	瓷器	HY	潮州市华玉陶瓷有限公司	家庭用陶瓷制品，日用瓷器（包括盆、碗、盘、壶、餐具、缸、坛、罐）
NGC	潮州宏业陶瓷制作厂有限公司	日用瓷器（包括盆、碗、盘、壶、餐具、缸、坛、罐）	CK	潮州市城西吉街工艺美术彩瓷厂	日用瓷器		广东长城集团股份有限公司	瓷、赤陶艺术品，日用陶器，日用瓷器

（续表）

商　标	商标注册人	认定商品或服务项目	商　标	商标注册人	认定商品或服务项目	商　标	商标注册人	认定商品或服务项目
	广东四通集团有限公司	赤陶艺术品，日用瓷器，日用陶器	SANTAI	潮州市三泰陶瓷有限公司	瓷器装饰品	联昌 LUEN CHEONG	中山市联昌喷雾泵有限公司	非医用喷雾器，喷壶莲蓬头，喷香水器
	广东联和不锈钢企业有限公司	非贵重金属餐具	精艺发	潮安县利发不锈钢制品实业有限公司	非贵重金属沏茶茶具，隔热容器		深圳市富安娜家居用品股份有限公司	床单，床罩，被子，枕套
黛富妮	佛山市黛富妮家饰用品有限公司	床罩，被罩，被子		肇庆市昆庆毛绒厂有限公司	毛毯	嘉喜	佛山市嘉喜被服厂有限公司	被，帐子
圣地亚	陈晓茹	服装（手绣服装）		广东省丝绸纺织集团有限公司	服装	富绅	富绅集团有限公司	衬衣，西服，夹克
英伟	东莞市英伟实业有限公司	服装	百斯盾 BAISIDUN	广东百斯盾服饰有限公司	服装	MALIANLU 玛莲露	广东威文服装有限公司	服装
KINGKEY	金奇集团有限公司	服装		广东浪登服装有限公司	服装（西装、西裤、衬衫）	雅宝自然美	普宁市东泽制衣有限公司	睡衣
霞湖世家 XIAHUASHIJIA	中山市欧卡曼制衣贸易有限公司	T恤衫	yajue 雅爵	广东雅爵实业有限公司	服装（衬衫）	BOTON	广东波顿时装有限公司	服装
爱莎 AISHA	中山市小榄镇金龙制衣厂	内衣裤	林胜 LINSHENG	汕头市林胜制衣有限公司	针织服装	Q·Q	东莞市众圣针织有限公司	服装
柏仙多格	中山市柏仙多格制衣贸易有限公司	服装	安吉小羊 AN JI XIAO YANG	汕头市宝贝儿实业有限公司	婴儿全套衣，童装	老铭人 LAOMINGREN	惠州市老铭人服饰有限公司	服装（男裤）
Landsun 浪兴	中山市浪兴服饰有限公司	服装	choose 乔士	阳江市乔士协信营销有限公司	服装	QIUCHAN 秋蝉	广州市利工民实业公司	汗衫，背心
DKD 大哥大	汕尾市保美西装厂有限公司	服装	拉比	汕头市金发妇幼用品有限公司	童装	奥山	汕头市奥山服饰有限公司	雨衣
雅正 yazheng	广东顺风实业有限公司	凉鞋，拖鞋	KALAILIER	广东天鹅星鞋业有限公司	鞋（女鞋）	飞天鹅	吴川市[illegible]鞋业有限公司	拖鞋
[illegible]	惠州市远东鞋业有限公司	鞋	[illegible]	揭阳市南峰塑胶鞋业有限公司	鞋底，靴（塑胶雨靴）	[illegible]	汕头市乔妮娇内衣有限公司	胸罩，内衣裤

（续表）

商　标	商标注册人	认定商品或服务项目	商　标	商标注册人	认定商品或服务项目	商　标	商标注册人	认定商品或服务项目
琪比小美屋	惠州市世纪海洋制衣有限公司	服装（童装）	Cifuca 丝佛卡	东莞市圣旗路时装有限公司	衣服，毛织衣服，针织衣服	XUSANY	深圳市雪仙丽实业发展有限公司	睡衣裤
民生 MINSHENG	汕头市民生塑胶有限公司	塑胶头珠，塑料发夹，塑料珠项链	AULDEY	广东奥飞动漫文化股份有限公司	玩具	AUSINI	广东奥斯尼玩具实业有限公司	玩具，玩具车，玩具手枪
	汕头市锦兴塑胶有限公司	玩具，智能玩具，玩具车		汕头市澄海区凯利达玩具实业有限公司	玩具，玩具娃娃	双鱼	广州轻工工贸集团有限公司	乒乓球
	广东温氏食品集团有限公司	冻肉，冻鸡，蛋品	无穷	广东无穷食品有限公司	死家禽（加工过的鸡翅）	mr Sausage 香肠先生	广州食品企业集团有限公司	香肠，加工过的肉，鱼制食品
皇上皇	广州市食品公司	加工过的肉，腊肠，腌腊肉	唐顺兴 TANG SHUN XING	惠州顺兴食品有限公司	肉，死家禽	QIFENG	东莞市食品有限公司	腌腊，生熟肉，蛋品
秋之风	广州酒家集团股份有限公司	腊肉，咸猪肉，鱼制食品		汕头市瑞源实业有限公司	鱼（非活的），虾（非活），冻田鸡腿	国溢 GO-HARVEST	湛江市国溢水产有限公司	鱼（非活的），虾（非活），贝壳类动物（非活）
	汕头粤兴企业有限公司	水产品（非活虾），速冻菜	华孚 HUAFU	潮州市华海水产有限公司	鱼（非活的），鱼制食品，鱼片	展翠	潮州市展翠食品有限公司	蜜饯果类
	广州市珍奇味食品有限公司	蜜饯	粤农 YUE NONG	惠州市四季鲜绿色食品有限公司	干荔枝	万绿宝	河源市万绿宝食品有限公司	甜酸萝卜
	开平广合腐乳有限公司	腐乳	CHAOSHENG 潮盛	广东潮盛食品实业有限公司	腌制蔬菜	佳盛	汕头市佳盛副食品有限公司	紫菜
燕塘	广东省燕塘投资有限公司	牛奶，牛奶制品，牛奶饮料（牛奶为主的）	鸿禧牌	东莞市永益食品有限公司	食用油，食用菜子油，玉米油		中山市坤波食品进出口有限公司	干枣，莲子，木耳
同享 TONGXIANG	广东同享食品有限公司	果脯，话梅	强人	中山市强人集团有限公司	牛奶饮料（以奶为主）	東泰	广东东泰乳业有限公司	牛奶制品（炼乳）
	广州市粤皇食品有限公司	食用油		东莞市金娃食品工业有限公司	布丁，果胶，果冻	大印象	广东大印象（集团）有限公司	茶叶代用品（减肥茶）

（续表）

商　标	商标注册人	认定商品或服务项目	商　标	商标注册人	认定商品或服务项目	商　标	商标注册人	认定商品或服务项目
和润堂	广东和润堂保健品实业有限公司	茶叶代用品，非医用营养粉，非医用营养膏	LX 龙星	丰顺县凤山茶业发展有限公司	茶（乌龙茶、绿茶）	NANFU 南馥	潮安县凤凰南馥茶叶有限公司	茶叶（乌龙单枞茶）
甘岭	广东金岭糖业集团有限公司	白砂糖	红棉	广州轻工工贸集团有限公司	白砂糖	笑咪咪 XIAOMIMI	广东笑咪咪食品有限公司	糖果
立爽	广东金利食品工业有限公司	糖果	日威	中山市日威食品有限公司	糕点	九洲 KIUXIU	珠海市卡都九洲食品有限公司	饼干
万士发 Wanshifa	广东万士发饼业有限公司	饼干，方便面	盛宝	深圳市盛宝粮油供应有限公司	米	紫荆	广东湛江紫荆面粉股份有限公司	面粉
红牡丹	广州市南方面粉股份有限公司	面粉	珍香	台山市粮食购销总公司	米	白马	广东联益马坝米业（曲江）有限公司	大米（油粘米）
美怡乐 MeiYiLe	广东美怡乐食品有限公司	冰淇淋，冰棍，冰糕	东古	鹤山市东古调味食品有限公司	酱油，醋，豆酱	珠江桥牌 PEARL RIVER BRIDGE	广东省食品进出口集团公司	酱油
致美斋	广州市致美斋酱园	酱油	星湖	广东肇庆星湖生物科技股份有限公司	味精	阳江桥牌	广东阳江豆豉有限公司	姜豉
潮汕	汕头鱼露厂有限公司	鱼露	厨邦	广东美味鲜调味食品有限公司	酱油，鸡精（调味品），调味酱	嘉士利	广东嘉士利食品集团有限公司	饼干，糕点，面包
粤北行	阳山县粤北行健康食品有限公司	茶（溪黄草茶）	WANTTONE 旺通	广东旺通食品有限公司	饼干，糕点	宝平 BAO PING	广东省中山食品水产进出口集团有限公司	活鱼
林中宝	广东林中宝食用菌有限公司	鲜食用菌，菌种		广东海大集团股份有限公司	饲料，动物食品，动物饲料	宜海	湛江粤华水产饲料有限公司	饲料
ST	东莞市沙田顺发畜禽实业有限公司	动物饲料	珠江牌	广州珠江啤酒股份有限公司	啤酒	金威	深圳金威啤酒有限公司	啤酒
怡寶	华润怡宝食品饮料（深圳）有限公司	水（饮料），无酒精饮料	王老吉	广州医药集团有限公司	人用药，无酒精饮料，固体饮料	益力	深圳达能益力泉饮品有限公司	不含酒精饮料（矿泉水）
福地 FORTUNATO	东莞市福地纯水有限公司	水（饮料）	健力宝	广东健力宝集团有限公司	汽水，果汁		广东鼎湖山泉有限公司	水（天然山水）

（续表）

商　标	商标注册人	认定商品或服务项目	商　标	商标注册人	认定商品或服务项目	商　标	商标注册人	认定商品或服务项目
日之泉	广东日之泉集团有限公司	无酒精饮料（蒸馏水）	加林山 JIALINSHAN	珠海市永隆加林山矿泉水厂	矿泉水，蒸馏水	老中医	汕头市积士佳食品有限公司	饮料制剂
红荔 HONGLI	广东顺德酒厂有限公司	酒	打虎牌	清远市酒厂有限公司	酒	长乐牌 CHANGLEPAI	广东长乐烧酒业有限公司	各种酒（米香型白酒）
	广东中烟工业有限责任公司	卷烟		广东中烟工业有限责任公司	香烟		深圳烟草工业有限责任公司	香烟
	广东中烟工业有限责任公司	香烟		广东中烟工业有限责任公司	卷烟	GMG	广东省机械进出口股份有限公司	进出口代理
中域	中域电讯连锁集团股份有限公司	推销（替他人）	金地 GOLDFIELD	金地（集团）股份有限公司	不动产出租，不动产管理	龍光	广东龙光（集团）有限公司	不动产管理，公寓管理，住所（公寓）
WONDERLAND	万科企业股份有限公司	不动产管理，不动产代理，不动产出租	宏遠	广东宏远集团有限公司	不动产出租，不动产代理	僑鑫 KINGOLD	侨鑫集团有限公司	不动产管理，不动产代理，不动产出租
鲁班 LUBAN	广州市鲁班建筑防水补强有限公司	建筑，防潮业务（建筑物）	Tencent 腾讯	腾讯科技（深圳）有限公司	信息传送，计算机终端通讯，电讯信息		广州市地下铁道总公司	旅客运输
远成 YUANCHENG	远成集团有限公司	货运	顺丰	广州顺丰速运有限公司	包裹投递，汽车运输，空中运输		广州市广骏旅游汽车企业集团有限公司	运输，出租车运输，租车
万绿湖	东源县万绿湖旅游发展有限公司	旅行安排	粤运快车	广东省汽车运输集团有限公司	旅客运输，汽车运输	白天鹅 WHITE SWAN	白天鹅宾馆	旅馆
	东莞市嘉华酒店有限公司	提供食宿旅馆，餐厅，备办宴席	杏林春	广东杏林春凉茶有限公司	清凉茶店，凉茶店	金海湾 GOLDEN GULF	汕头经济特区金海湾大酒店有限公司	旅馆，餐馆，自助餐馆
BAINA 宝娜美容	江门市新会区会城宝娜美容培训中心	美容院，按摩，修指甲						

广东省驰名、著名商标地区分布情况表

地 区	著名商标（件）	驰名商标（件）	地 区	著名商标（件）	驰名商标（件）
广州	287	29	中山	176	17
深圳	206	43	江门	81	7
珠海	56	5	阳江	53	4
汕头	186	13	湛江	62	2
佛山	261	34	茂名	30	1
韶关	15	1	肇庆	33	2
河源	15	0	清远	22	2
梅州	30	1	潮州	105	4
惠州	62	3	揭阳	88	5
汕尾	15	2	云浮	22	1
东莞	164	16	合计	1969	192

以上数据统计截至 2009 年 12 月 31 日

2009年广东省驰名商标名单

一、国家工商总局商标局在商标管理案件中认定驰名商标277件（广东41件）

序号	商标	注册人/所有人	类别	使用商品/服务	地区
1	易事特	广东易事特电源股份有限公司	9	稳压电源	东莞
2	GRIFINE及图	广东能强陶瓷有限公司	19	瓷砖	佛山
3	威王 WEI WANG 及图	广东威王集团有限公司	11	电饭锅	湛江
4	宝怡	深圳市宝怡珠宝首饰有限公司	14	戒指（珠宝）、项链（珠宝）	深圳
5	翠绿	深圳市翠绿珠宝首饰有限公司	14	翡翠、装饰品（珠宝）	深圳
6	鹰牌及图	佛山石湾鹰牌陶瓷有限公司	19	彩釉砖	佛山
7	第1078573号图形	潮州正龙电池工业有限公司	9	干电池	潮州
8	富安娜 fuanna 及图	深圳市富安娜家居用品股份有限公司	24	床上用品	深圳
9	JH	中山建华管桩有限公司	19	高强混凝土管桩	中山
10	樱雪 Inse 及图	中山市樱雪集团有限公司	11	燃气热水器、燃气炉	中山
11	第590322号图形	广州市华南橡胶轮胎有限公司	12	汽车轮胎、汽车内胎	广州
12	新亚 SHINE 及图	广东新亚光电缆实业有限公司	9	电线、电缆	清远
13	怡宝及图	华润怡宝食品饮料（深圳）有限公司	32	水（饮料）	深圳
14	第1465078号图形	广东华兴玻璃有限公司	21	日用玻璃器皿、小玻璃瓶（容器）	佛山
15	欧派	广州欧派橱柜企业有限公司	20	餐具柜	广州
16	美涂士	广东美涂士化工有限公司	2	涂料、油漆	佛山
17	钻之韵	深圳市钻之韵珠宝首饰有限公司	14	珠宝首饰	深圳
18	王老吉	广州医药集团有限公司	32	无酒精饮料	广州
19	徐福记及图	东莞徐记食品有限公司	30	糕点、糖果	东莞
20	联泰 LIANTAI	广东省联泰集团有限公司	37	建筑、铺路	汕头
21	千色花 FORTRESS 及图	广东千色花化工有限公司	2	涂料、油漆	江门
22	健将	中山市小榄镇金龙制衣厂	25	内裤	中山
23	德众	佛山德众药业有限公司	5	中药成药	佛山
24	第298037号图形	广东生益科技股份有限公司	9	敷铜板	东莞
25	金地 GOLDFIELD	金地（集团）股份有限公司	36	不动产管理、商品房销售	深圳
26	HEC	乳源瑶族自治县东阳光化成箔有限公司	6	铝箔	韶关
27	航嘉 Huntkey	深圳市驰源实业有限公司	9	稳压电源	深圳
28	GOLDEN FIELD 及图	东莞市金河田实业有限公司	9	计算机机箱、电脑开关电源	东莞
29	QQ	腾讯科技（深圳）有限公司	38	信息传递、计算机终端通讯、提供与全球计算机网络的电讯联接服务	深圳

（续表）

序号	商标	注册人/所有人	类别	使用商品/服务	地区
30	雄塑及图	广东雄塑科技实业有限公司	17	塑料管	佛山
31	星湖及图	广东肇庆星湖生物科技股份有限公司	1	呈味核苷酸二钠、肌苷酸二钠	肇庆
32	Kinwai	江门健威家具装饰有限公司	20	家具	江门
33	索佳 SUOJIA	深圳市爱索佳实业有限公司	9	影碟机、扩音机	深圳
34	FH	广东风华高新科技股份有限公司	9	电容器、电阻器	肇庆
35	Winner	稳健实业（深圳）有限公司	5	医用敷料、消毒棉	深圳
36	HYT	深圳市好易通科技有限公司	9	通讯导航设备	深圳
37	光 GDYG 及图	广东远光电缆实业有限公司	9	电线、电缆	清远
38	嘉士利	开平市嘉士利食品有限公司	30	饼干、糕点	江门
39	华润漆 Huarun 及图	广东华润涂料有限公司	2	涂料、油漆	佛山
40	ZTE 中兴	中兴通讯股份有限公司	9	程控电话交换设备、成套无线电话	深圳
41	KANGMEI 及图	广东康美药业股份有限公司	5	中药成药	揭阳

二、国家工商总局商标局在商标异议案件中认定驰名商标 22 件（广东 5 件）

序号	商标	注册人/所有人	类别	使用商品/服务	
1	霸狮腾	广州霸狮腾纺织品有限公司	25	衣服	广州
2	志高	广东志高空调有限公司	11	冷冻设备、空气调节装置	佛山
3	CAV	广东汉洋丽声音响有限公司	9	组合音响	广州
4	好迪	广州市好迪化妆品有限公司	3	洗面奶、摩丝	广州
5	玉兰 FRAGRANT ORCHID 及图	广东玉兰装饰材料有限公司	27	墙纸	东莞

三、国家工商总局商标评审委员会在商标异议复审、争议案件中认定驰名商标 91 件（广东 8 件）

序号	商标	注册人/所有人	类别	使用商品/服务	地区
1	朝阳	广东朝阳卫浴有限公司	11	水管龙头等	江门
2	三源 SANYUAN	佛山市盛发电器有限公司	11	电热开水瓶、电饭锅等	佛山
3	柏高 PACO	粤海装饰材料（中山）有限公司	19	木地板、纤维板、胶合板等	中山
4	汉山及图	广东电白汉山锁业有限公司	6	弹子顶胆锁	茂名
5	百得	中山市百得燃气用具有限公司	11	民用燃气灶具、燃气沸水器	中山
6	豪进 HAOJIN	增城市海利摩托车有限公司	12	摩托车	广州
7	林及图	东莞市远梦家用纺织品有限公司	24	毛巾被等	东莞
8	虎头牌 TIGER HEAD 及图	广州市电筒工业公司	11	电筒	广州

广东省已注册地理标志名录

（截至2009年12月31日）

序号	商标名称	注册人	注册号	类别	商品	注册日期	地区
1	郁南无核黄皮	郁南县无核黄皮协会	4813314	31	黄皮（鲜水果）	2006年11月14日	云浮
2	新兴香荔	新兴县水果生产协会	4520816	31	荔枝	2007年6月14日	
3	四会砂糖桔	四会市砂糖桔协会	5101208	31	砂糖桔（桔）	2007年4月28日	肇庆
4	四会贡柑	四会市砂糖桔协会	5101207	31	贡柑（柑橘）	2007年4月28日	
5	德庆贡柑	德庆县农业技术推广中心	5009909	31	柑橘	2007年9月14日	
6	德庆砂糖桔	德庆县农业技术推广中心	5009908	31	柑橘	2007年9月14日	
7	封开杏花鸡	封开县杏花鸡繁育中心	5596282	31	活鸡	2009年1月21日	
8	新会陈皮	江门市新会区农学会	2024528	29	陈皮	2008年6月28日	江门
9	三水黑皮冬瓜	佛山市三水区农业技术推广中心	4843870	31	黑皮冬瓜	2006年11月14日	佛山
10	合水粉葛	佛山市粉葛种植协会	6179017	31	粉葛（新鲜蔬菜）	2009年8月14日	
11	合水粉葛	佛山市粉葛种植协会	6179018	31	粉葛（新鲜蔬菜）	2009年8月14日	
12	石湾公仔	佛山市陶瓷行业协会	7134888	21	瓷器艺术品；陶器艺术品等	2009年12月7日	
13	乐平雪梨瓜	佛山市三水区乐平镇农业服务中心	6310720	31	雪梨瓜	2009年12月14日	
14	清远鸡	清远市清远鸡研究开发中心	2016498	31	活鸡	2003年1月7日	清远
15	清远麻鸡	清远市清远鸡研究开发中心	2016501	31	活鸡	2003年1月7日	
16	信宜怀乡鸡	信宜市畜牧水产学会	3761179	31	鸡（活）	2007年7月7日	茂名
17	惠州梅菜	惠州市梅菜产销协会	4263575	21	腌制梅菜；梅菜罐头	2009年1月21日	惠州
18	潮州柑	潮州市果树研究所	5188939	31	柑橘	2009年1月21日	潮州
19	翁源三华李	翁源县三华李研究发展中心	3130826	31	三华李（水果）	2006年10月7日	韶关

广东省中国世界名牌产品名单

（截至2009年底）

产品	注册商标	生产企业名称
程控交换机	HUAWEI	华为技术有限公司
空调器	GREE 珠海格力集团公司	珠海格力电器集团公司
程控交换机	ZTE中兴	中兴通讯股份有限公司
集装箱	中集	中国国际海运集装箱（集团）股份有限公司

广东省中国名牌产品名单

（注：2008 年国家质量监督检验检疫总局暂停组织对中国名牌产品的评比工作）

序号	产　品	注册商标	生产企业名称
1	电线电缆接头附件	GCA	广东长园电缆附件有限公司
2	压铸机	LK	力劲机械（深圳）有限公司
3	注塑机	震雄 CH	佛山市顺德区震德塑料机械有限公司
4		h	东莞东华机械有限公司
5	以太网交换机	ZTE 中兴	中兴通讯股份有限公司
6		HUAWEI	华为技术有限公司
7	ERP 管理软件	金蝶	金蝶软件（中国）有限公司
8	高活性酵母	丹宝利	东莞市东糖集团有限公司
9	淀粉糖	双桥	广州双桥股份有限公司
10	单硬脂酸甘油酯	银谷	美晨集团股份有限公司
11	腐乳	广合	开平广合腐乳有限公司
12	箱包	CROWN	中山皇冠皮件有限公司
13	肥皂	立白	广州立白企业集团有限公司
14	香皂	浪奇	广州市浪奇实业股份有限公司
15	淋浴房	阿波罗	阿波罗（中国）有限公司
16	家用橱柜	欧派	广州欧派厨柜企业有限公司
17		华帝	中山华帝燃具股份有限公司
18	沐浴露	滋采	中山市美日洁宝有限公司
19		澳雪	中山市嘉丹婷日用品有限公司
20		蒂花之秀	广东名臣化妆品有限公司
21		澳宝	惠州兆婷化妆品有限公司
22	沙发	左右	深圳市左右家私有限公司
23		Frandiss	东莞市富宝沙发制造有限公司
24		芝华仕	敏华荣家具（深圳）有限公司
25	贵金属镶嵌饰品	千禧之星	深圳市千禧之星实业发展有限公司
26		千禧福	深圳市鹤麟珠宝首饰有限公司
27		钻之韵	深圳市钻之韵珠宝首饰有限公司
28		宝怡	深圳市宝怡珠宝首饰有限公司
29		星光达	深圳市星光达珠宝首饰实业有限公司
30		福麒	深圳市福麒珠宝首饰有限公司
31		潮宏基	广东潮鸿基实业股份有限公司
32		周大金	深圳市海漫尼实业发展有限公司
33	T 恤衫	霞湖世家	中山市霞湖世家服饰有限公司
34	针织面料	溢达	广东溢达纺织有限公司

（续表）

序号	产 品	注册商标	生产企业名称
35	童装	小猪班纳	东莞华新制衣有限公司
36		名瑞	广东名瑞（集团）股份有限公司
37	婚纱晚礼服	金潮连思	广东金潮集团有限公司
38		wellpute	伟标（潮州）工艺服装有限公司
39	间位芳纶纤维产品	CHINFUNEX	广东彩艳股份有限公司
40	压敏胶粘制品	camat	广州宏昌胶粘带厂
41		永大	永大（中山）有限公司
42	橡胶避孕套	双一	广州广橡企业集团有限公司
43	集装箱用钢板	五羊	广州珠江钢铁有限责任公司
44	铝板带	HFF	乳源东阳光精箔有限公司
45		兴发	广东兴发铝业有限公司
46		坚美	广东坚美铝型材厂有限公司
47		凤铝 FENGLU	广东凤铝铝业有限公司
48		WACANG 伟昌	广东华昌铝厂有限公司
49	铝合金型材（建筑用）	XH	佛山市新合铝业有限公司
50		SAP	台山市金桥铝型材厂有限公司
51		WEIYE	广东伟业铝厂有限公司
52		南亚	广东亚洲铝厂有限公司
53		广亚	广亚铝业有限公司
54	中空玻璃	南玻	中国南玻集团股份有限公司
55		恒兴	广东恒兴集团有限公司
56	水产饲料	海大	广东海大集团有限公司
57		粤海	广东粤海饲料集团有限公司
58	过磷酸钙	海珠花	广东湛化股份有限公司
59	轮椅车	FS	佛山市东方医疗设备厂有限公司
60	彩色多普勒超声成像系统	SonoScape	深圳市开立科技有限公司
61		shidean	深圳市视得安罗格朗电子股份有限公司
62	楼宇对讲（可视）系统产品	WRT	深圳市慧锐通电器制造有限公司
63		JEJA 金积嘉	深圳市金积嘉电子工业有限公司
64	小麦粉	金像	蛇口南顺面粉有限公司
65		白莲	东莞市东糖集团有限公司
66		蜂泉	广东省丰收糖业发展有限公司
67	糖（白糖）	银花	广东顺德糖厂有限公司
68		甘岭	广东金岭糖业集团有限公司
69		莲花	江门甘蔗化工厂（集团）股份有限公司

（续表）

序号	产　品	注册商标	生产企业名称
70	糖（果冻）	喜之郎	广东喜之郎集团有限公司
71		金娃	东莞市金娃食品工业有限公司
72	糖（巧克力）	金帝	中粮金帝食品（深圳）有限公司
73	糖（糖果）	徐福记	东莞徐记食品有限公司
74		旺仔 QQ	广州旺旺食品有限公司
75	农用塑料大棚膜	双象	佛山塑料集团股份有限公司
76	皮衣	凯撒 kaiser	凯撒（中国）股份有限公司
77	童车	小天使	中山市隆成日用制品有限公司
78	液体洗涤剂	立白	广州立白企业集团有限公司
79		浪奇	广州市浪奇实业股份有限公司
80	笔（圆珠笔）	金万年	广东金万年文具有限公司
81	炊具（电饭锅）	美的	美的集团有限公司
82		Galanz 格兰仕	广东格兰仕集团有限公司
83		HONG	广东省湛江市家用电器工业有限公司
84		浩特	广东浩特电器有限公司
85		鸿智电器	湛江鸿智电器有限公司
86		威王	广东威王集团有限公司
87		三源	佛山市盛发电器有限公司
88	炊具（压力锅）	美满	广东美满集团有限公司
89		顺发	广东顺发五金制品有限公司
90		顺达	广东顺达不锈钢器皿实业有限公司
91	家用燃气灶具	华帝	中山华帝燃具股份有限公司
92		美的	美的集团有限公司
93		万家乐	广东万家乐燃气具有限公司
94		万和	广东万和集团有限公司
95	针织品（内衣）	康妮雅 CONLIA	中山市康妮雅服饰有限公司
96	黄金首饰	百泰首饰	深圳市百泰珠宝首饰有限公司
97		隆进	深圳市粤豪珠宝有限公司
98		金叶珠宝	东莞市金叶珠宝有限公司
99		ADK 爱得康	深圳市甘露珠宝首饰有限公司
100		翠绿	深圳市翠绿珠宝首饰有限公司
101		宝亨达	深圳市宝福珠宝首饰有限公司
102		同心	佛山市工艺总厂有限公司
103		安盛华	深圳市安盛华实业发展有限公司
104	乒乓球运动器材	双鱼	广州双鱼体育用品集团有限公司
105	锂离子充电电池	BYD	深圳市比亚迪锂电池有限公司
106		BAK	深圳市比克电池有限公司
107		德赛 DESAY	惠州市德赛集团有限公司

（续表）

序号	产　品	注册商标	生产企业名称
108	汽车玻璃	信义	信义汽车玻璃（深圳）有限公司
109	全钢子午线轮胎	万力	广州市华南橡胶轮胎有限公司
110	实木复合地板	盈彬大自然	广东盈彬大自然木业有限公司
111		宜华 yihua	广东省宜华木业股份有限公司
112		富尔玛富林	广州富林地板木业有限公司
113	磁性材料	风华	广东风华高新科技股份有限公司
114	税控燃油加油机	恒山 hengshan	托肯恒山科技（广州）有限公司
115	电冰箱	容声 Ronshen	广东科龙电器股份有限公司
116		万宝 wanbao	广州万宝集团有限公司
117		美的	美的集团有限公司
118	家用分体空调	美的	美的集团有限公司
119		格力 GREE	珠海格力电器股份有限公司
120		科龙 KELON	广东科龙电器股份有限公司
121		TCL	TCL 集团股份有限公司
122		志高	广东志高空调有限公司
123		格兰仕	广东格兰仕集团有限公司
124		华凌	美的集团有限公司
125	微波炉	格兰仕	广东格兰仕集团有限公司
126		美的	美的集团有限公司
127	微型计算机	Great Wall 长城	中国长城计算机深圳股份有限公司
128		TCL	TCL 集团股份有限公司
129	摩托车（100CC 以上）	豪爵	江门市大长江集团有限公司
130	衬衫	富绅	富绅集团有限公司
131		金利来	金利来（中国）有限公司
132	程控交换机	中兴 ZTE	中兴通讯股份有限公司
133		华为 HUAWEI	华为技术有限公司
134	交联聚乙烯电力电缆	NAN 南牌	广东南洋电缆集团有限公司
135		图案商标	广东电缆厂有限公司
136		新亚	广东新亚光电缆实业有限公司
137		图案商标	广东中联电缆实业有限公司
138	彩色电视机	SKYWORTH 创维	深圳创维-RGB 电子有限公司
139		TCL	TCL 集团股份有限公司
140		康佳 KONKA	康佳集团股份有限公司
141	洗衣机	金羚	江门金羚集团有限公司
142	味精（99%结晶度）	双桥	广州双桥股份有限公司

（续表）

序号	产　品	注册商标	生产企业名称
143	建筑陶瓷	马可波罗	广东唯美陶瓷有限公司
144		东鹏	广东东鹏陶瓷股份有限公司
145		金舵	佛山市金舵陶瓷有限公司
146		冠珠	广东新明珠陶瓷有限公司
147		钻石	佛山钻石陶瓷有限公司
148		新中源	广东新中源陶瓷有限公司
149		蒙娜丽莎	广东蒙娜丽莎陶瓷有限公司
150		鹰牌	佛山石湾鹰牌陶瓷有限公司

2009年广东省名牌产品（农业类）名单

序号	生产企业	注册商标	产品名称
1	潮安县庵埠天凤食品有限公司	天凤牌	桂味杨梅
2	潮安县凤凰南馥茶叶有限公司	南馥	凤凰八仙单丛茶
3	潮州市雅力斯科技实业有限公司	雅力斯牌	灵芝剥壁孢子粉
4	广东国宾集团有限公司	国牌	单丛茶
5	广东宏伟集团有限公司	凤凰山牌	芝兰香 单丛茶
6	广东宏伟集团有限公司	宏伟牌	单丛茶
7	广东康辉集团有限公司	康辉牌	橄榄
8	广东康辉集团有限公司	康辉牌	多味花生
9	广东新华海集团有限公司	华孚牌	冻烤鳗
10	广东真美食品集团有限公司	真美牌	牛肉脯
11	饶平县烤鳗厂有限公司	鳗牌＋（图形）	冻烤鳗
12	饶平县双雄食品有限公司	双雄牌	橄榄菜
13	饶平县元峰茶业有限公司	古流香牌＋（图形）	岭头单丛茶
14	东莞市保得生物工程有限公司	保得牌	微生物叶面增效剂
15	东莞市大众农业科技有限公司	田师傅牌	土壤调理剂
16	东莞市金良稻丰米业有限公司	客家情牌	晚籼米
17	东莞市穗丰食品有限公司	穗嘉丰牌	小麦粉
18	东莞市太粮米业有限公司	靓虾王牌	晚籼米
19	广东绿卡实业有限公司	绿卡牌	中华鳖种苗
20	广东绿卡实业有限公司	绿卡牌	乌龟
21	佛山市高明阳光科农发展有限公司	鹿田洋牌	清水网箱大罗非鱼
22	佛山市海航饲料有限公司	海航牌	鸡用配合饲料
23	佛山市南海耀东华家具板材有限公司	红棉花牌	浸渍胶膜纸饰面人造板
24	佛山市三水乐平镇联科畜禽良种繁育场	联科牌	三水白鸭鸭苗
25	佛山市顺德区广顺饲料有限公司	广顺牌	肥鸭配合饲料
26	佛山市顺德区广顺饲料有限公司	广顺牌	中猪配合饲料
27	佛山市顺德区广顺饲料有限公司	广顺牌	208蛋鸭配合饲料
28	佛山市顺德区勒流镇百安饲料有限公司	泰都牌	生鱼配合饲料
29	佛山市顺德区利宝饲料有限公司	利宝牌	236红心蛋鸭配合饲料
30	佛山市顺德区利宝饲料有限公司	青云牌	615草鱼配合饲料
31	佛山市顺德区利宝饲料有限公司	利宝牌	肉鸭料
32	佛山市顺德区星星饲料有限公司	XINGXING＋（图形）	乳猪配合饲料

（续表）

序号	生产企业	注册商标	产品名称
33	佛山市正典生物技术有限公司	正典牌	虫力黑
34	佛山市正典生物制药有限公司	正典牌	加能速补
35	广东养宝生物制药有限公司	泡易泡牌	复合酚
36	美亚环球木业（佛山）有限公司	美亚环球牌	细木工板
37	从化市友生园林有限公司	友生牌	玫瑰
38	广东爱保农科技有限公司	爱保农牌＋（图形）	猪用维生素预混合饲料
39	广东东升农场有限公司	东升牌	菜心
40	广东省农科院农作物专用肥厂	新农科牌	控释肥
41	广东省中加混合化肥厂	彩虹牌	高浓度水稻专用肥
42	广东永顺生物制药有限公司	永顺制药	伪狂犬病活疫苗
43	广东永顺生物制药有限公司	永顺制药	猪链球菌 2 型氢氧化铝灭活疫苗
44	广东正大康地有限公司	广大牌＋（图形）	猪配合饲料
45	广州澳洋水产有限公司	澳洋牌	澳洋彩鲷罗非鱼冻鱼片
46	广州力智农业有限公司	穗康牌	肉猪
47	广州立达尔生物科技有限公司	立达尔牌	饲料用黄色素（金菊黄）
48	广州鹭业水产有限公司	鹭业牌	彩虹鲷（红罗非）苗种
49	广州迈高化学有限公司	百迪牌	高效消毒剂
50	广州市澳洋实业有限公司	粤盛丰	叉尾鱼配合饲料
51	广州市宝生园有限公司	宝生园牌	纯鲜蜂王浆
52	广州市海维饲料有限公司	HaiLong＋（图形）	草鱼饲料
53	广州市华侨糖厂	红棉牌	白砂糖
54	广州市江丰实业股份有限公司	江村黄牌	江村黄鸡
55	广州市江丰实业股份有限公司	粤江丰牌	鸡用复合维生素预混料
56	广州市良田鸽业有限公司	良田牌	良田王鸽
57	广州市凌利木业有限公司	凌利牌	细木工板
58	广州市希普生物饲料有限公司	希普牌＋（图形）	普乐宝
59	广州市兴达动物药业有限公司	海利牌＋（图案）	杀毒先锋
60	广州天河奥特农化新技术有限公司	奥特牌	小牛硫酸钾三元复肥
61	广州天科生物科技有限公司	天科牌	甘氨酸铁络合物
62	广州天王动物保健品有限公司	天王牌	长效复方治菌磺
63	增城市泰稷发展有限公司	泰稷牌	丝苗米
64	增城市优质米生产基地公司	挂绿牌	丝苗米
65	正大康地（蛇口）有限公司番禺厂	红朱岭牌	猪配合饲料
66	东源县板栗发展有限公司	望郎回牌	风味炒栗
67	广东瑞昌食品进出口有限公司	东瑞牌	活肉猪

（续表）

序号	生产企业	注册商标	产品名称
68	广东中兴绿丰发展有限公司	options 牌	尤力克柠檬
69	紫金县龙塘三高农业开发有限公司	春甜牌	紫金春甜桔
70	惠州伴永康粮油食品有限公司	伴永康牌	野澳丝苗米
71	惠州市绿色食品有限公司	悠久牌	无公害惠州梅菜
72	惠州市四季绿农产品有限公司	四季绿如蓝牌	青瓜
73	惠州市四季鲜绿色食品有限公司	粤农牌	荔枝干
74	惠州顺兴食品有限公司	唐顺兴牌	鸡（非活）
75	江门市大光明农化有限公司	大光明牌	天丰素可溶液剂
76	江门市丰正食品有限公司	丰正牌	即食海洋蔬菜
77	台山市长江食品有限公司	（图形）	大白猪种猪
78	台山市科朗现代农业有限公司	科朗牌＋（图形）	麻黄鸡苗
79	广东星期八食品工业有限公司	星期 8 牌＋（图形）	薯脯
80	广东雄发食品工业有限公司	雄发牌＋（图形）	开心果
81	广东亿心食品工业有限公司	亿心牌＋（图形）	瓜子
82	广东越群海洋生物研究开发有限公司	图案	特级无渣虾片饲料
83	揭西县京溪园罐头厂	龙江牌＋（图形）	甜玉米粒罐头
84	揭西县志诚食品有限公司	恒星牌＋（图形）	甜玉米罐头
85	电白县永发水产有限公司	永发牌	冻带头南美白对虾
86	广东立威化工有限公司	立威牌	氟氯氰菊酯原药
87	茂名龙海海蜇集团有限公司	龙宝牌＋（图形）	即食海蜇
88	茂名市伟业罗非鱼良种场	简伟业牌	吉奥罗非鱼苗
89	梅县嘉俊金柚食品厂	嘉俊牌	金柚凉果
90	梅县雁球食品有限公司	雁球牌	山泉米粉
91	梅州市稻丰实业有限公司	金良稻丰牌	鄱阳湖顶上香米
92	梅州市金穗生态农业发展有限公司	辰曲牌	大米
93	广东林中宝食用菌有限公司	林中宝牌	黑木耳
94	广东林中宝食用菌有限公司	林中宝牌	灵芝孢子粉胶囊
95	广东省佛冈金鲜美粮油食品有限公司	金鲜美牌	优质大米
96	连山壮族瑶族自治县民族食品有限公司	壮瑶家香牌	有机大米
97	连州市豪爽天然保健食品有限公司	豪爽牌	溪黄草
98	清远根本农业科技扶贫有限公司	红不让牌	灵芝茶
99	英德市上茗轩茶叶有限责任公司	上茗轩牌	红茶
100	汕头市德兴种养实业有限公司	绿都牌	杜洛克种猪
101	汕头市粮丰集团有限公司	粮丰牌	配方米
102	汕头市玉蕾食品实业有限公司	玉蕾牌	橄榄菜
103	汕头鱼露厂有限公司	潮汕牌	鱼露

（续表）

序号	生产企业	注册商标	产品名称
104	韶关市金果农业生态园有限公司	长坝牌	沙田柚
105	广东嘉华生物化工有限公司	阳灵牌	脱水黑豆
106	广东嘉华生物化工有限公司	阳灵牌	脱水春砂仁
107	广东绿业工业集团有限公司	绿业牌	春砂仁干果
108	广东阳江豆豉有限公司	阳江桥牌	阳江豆豉
109	阳江八果圣食品有限公司	八果圣牌	益智（干果）
110	阳江平海水产制品有限公司	平海牌	虾干鱼丸
111	阳江市谊林海达速冻水产有限公司	谊林海达牌	冻裹面包屑虾
112	阳江市谊林海达速冻水产有限公司	谊林海达牌	冻熟虾
113	阳江市谊林海达速冻水产有限公司	谊林海达牌	冻虾仁
114	广东华农温氏畜牧股份有限公司	WEN'S GROUP+(图形)	华农温氏猪配套系 I 号肉猪
115	广东温氏食品集团有限公司	WEN'S GROUP+(图形)	温氏新兴竹丝鸡
116	罗定市稻香园农业发展有限公司	聚龙牌	澳丝米
117	新兴县马林食品有限公司	马林牌	话梅皇
118	广东恒福糖业集团有限公司	雪仙牌	白砂糖
119	广东金岭糖业集团有限公司	甘岭牌	白砂糖
120	广东省东方剑麻集团有限公司	东成牌	剑麻布
121	广东省东方剑麻集团有限公司	太阳牌	剑麻细纱
122	广东省丰收糖业发展有限公司复肥厂	肥农牌	复合微生物肥
123	广东天地食品有限公司	壹号土牌	猪肉
124	广东吴川富强网业有限公司	富强牌	三重活鲜网
125	广东源泰农业科技有限公司	绿力牌	华优 665
126	雷州市雷穗粮食发展有限公司	雷穗牌	优质大米
127	廉江市金萱茶业有限公司	茗上茗牌	乌龙茶
128	廉江市良垌日升荔枝专业合作社	广良牌	妃子笑荔枝
129	湛江安康肉类有限公司	安康牌	猪肉
130	湛江东腾饲料有限公司	东腾牌	对虾配合饲料
131	湛江国联水产开发有限公司	国联（GuoLian）牌	冻带头虾
132	湛江国联饲料有限公司	（图形）	南美白对虾配合饲料（中虾 3 号料）
133	湛江恒兴珊瑚饲料有限公司	珊瑚牌	对虾配合饲料
134	湛江恒兴水产科技有限公司	恒兴恒牌	连头熟虾
135	湛江巾帼水产食品有限公司	巾帼（JINGUO）牌	熟带头虾
136	湛江市国溢水产有限公司	国溢牌	冻对虾
137	湛江市国溢水产有限公司	国溢牌	冻罗非鱼
138	德庆县金福绿色家禽科技发展有限公司	三奇牌	山地鸡

（续表）

序号	生产企业	注册商标	产品名称
139	封开县智诚家禽育种有限公司	金凤凰牌	杏花鸡
140	高要振业水产有限公司	振业牌	冻罗非鱼片
141	怀集高山青农产品有限公司	高山青	新岗美人茶茶
142	四会市华贡农科集团公司	华贡牌	砂糖桔
143	肇庆市种畜繁育场	广鸿牌	澳洲大白种猪
144	广东省中山食品进出口有限公司白石猪场	白石龙骏牌	肉猪
145	广东省中山食品进出口有限公司白石猪场	白石龙骏牌	大白种猪
146	广东省中山食品进出口有限公司白石猪场	白石龙骏牌	杜洛克种猪
147	广东省中山市食品水产进出口集团有限公司	宝平牌	鲮鱼肉片
148	广东省中山市食品水产进出口集团有限公司	宝平牌	草鱼
149	中山市东升农副产品贸易有限公司	东裕牌	脆肉鲩
150	中山市合益蛋类制品有限公司	合益牌	咸蛋黄
151	中山市农牧有限公司	冠朗牌	肉猪
152	中山市天天动物保健科技有限公司	香山牌	二氯异氰脲酸钠粉
153	中山市永宁粮油综合加工厂	秋菊牌	粘米粉
154	广东省珠海粮油食品进出口公司	粤香牌	活肉猪
155	广东溢多利生物科技股份有限公司	溢多利牌	饲料用酶制剂溢多酶
156	珠海海一水产饲料有限公司	海Ⅰ牌＋（图形）	南美白对虾 2LB 配合饲料
157	珠海经济特区大海水产饲料有限公司	大海牌	对虾饲料
158	珠海农丰进出口有限公司	乡意浓牌	有机米
159	珠海市金果达农业高新技术有限公司	金果达牌＋（图形）	荔枝

2009年广东省名牌产品（工业类）名单

编号	企业名称	申报产品	注册商标	企业所在地
GD2009—001	广州市诺信数字测控设备有限公司	数控铣床	诺信	广州
GD2009—002	广州机床厂有限公司	数控车床	三环箭	广州
GD2009—003	佛山市顺德区中意液压有限公司	液压元件	（图形）	佛山
GD2009—004	韶关液压件厂有限公司		HSG	韶关
GD2009—005	盘起工业（东莞）有限公司	模具标准件	盘起（Punch）	东莞
GD2009—006	广州科盛隆纸箱包装机械有限公司	高速水性印刷开槽模切糊箱联动线	科盛隆	广州
GD2009—007	东莞市康达机电工程有限公司	低噪声移动式燃气发电机组	CAMDA	东莞
GD2009—008	深圳中集天达空港设备有限公司	旅客登机桥	CIMC	深圳
GD2009—009	佛山市恒力泰机械有限公司	液压压砖机	恒力泰	佛山
GD2009—010	广东轻工机械二厂有限公司	啤酒灌装生产线	（图形）	汕头
GD2009—011	广东中兴液力传动有限公司	液力偶合器	广兴	云浮
GD2009—012	广东凌霄泵业股份有限公司	离心泵	凌霄	阳江
GD2009—013	阳江市新力工业有限公司		粤华	阳江
GD2009—014	广州广一泵业有限公司		广一	广州
GD2009—015	韶关市第二拖拉机厂	农田耕整机	丰盛	韶关
GD2009—016	广东省佛山水泵厂有限公司	真空泵	KENFLO肯富来	佛山
GD2009—017	中山市正洲汽门有限公司	发动机进排气门	VTC	中山
GD2009—018	怀集登云汽配股份有限公司		登云	肇庆
GD2009—019	肇庆市志成气动有限公司	气动元件	ZHICHENG文字＋图形	肇庆
GD2009—020	广东省肇庆方大气动有限公司		方大	肇庆
GD2009—021	佛山市顺德德力柴油机有限公司	立式/卧式柴油机	德力牌	佛山
GD2009—022	佛山市太阳花散热器有限公司	不锈钢采暖散热器	太阳花	佛山
GD2009—023	深圳迈瑞生物医疗电子股份有限公司	超声诊断成像系统	MINDRAY迈瑞	深圳
GD2009—024	深圳市蓝韵实业有限公司		蓝韵	深圳
GD2009—025	广州市中新塑料有限公司	汽车、摩托车内外饰件	新中	广州
GD2009—026	广东东箭汽车用品制造有限公司		WINBO	佛山
GD2009—027	梅州市梅工齿轮有限公司	螺旋锥齿轮	（图形）	梅州
GD2009—028	珠海华尚汽车玻璃工业有限公司	汽车安全玻璃	BSG	珠海

（续表）

编号	企业名称	申报产品	注册商标	企业所在地
GD2009－029	湛江德利化油器有限公司	化油器	（图形）	湛江
GD2009－030	劲达技术（河源）有限公司	汽车空调	劲达	河源
GD2009－031	广东风华高新科技股份有限公司	引线多层陶瓷电容器	FH 文字＋图形	肇庆
GD2009－032	东莞市日新传导科技股份有限公司	特种氟塑高温电子线	日新	东莞
GD2009－033	广东远光电缆实业有限公司	（钢芯）铝合金导线	光	清远
GD2009－034	兴宁市金雁电工有限公司	漆包线	JY 图形	梅州
GD2009－035	广东蓉胜超微线材股份有限公司		蓉胜	珠海
GD2009－036	东莞市益达实业有限公司		益达	东莞
GD2009－037	广东吉熙安电缆附件有限公司	挤包绝缘电力电缆附件	GCA	佛山
GD2009－038	深圳市长园集团股份有限公司		长园	深圳
GD2009－039	广州番禺电缆集团有限公司	额定电压 450/750V 及以下聚氯乙烯绝缘电线	乐光	广州
GD2009－040	广东新亚光电缆实业有限公司		新亚	清远
GD2009－041	广东远光电缆实业有限公司		光	清远
GD2009－042	广东吉青电缆实业有限公司		吉青	揭阳
GD2009－043	广东电缆厂有限公司		AAA	佛山
GD2009－044	广东中联电缆集团有限公司		（图形）	佛山
GD2009－045	广州番禺五羊电缆制造有限公司		广洋	广州
GD2009－046	广州市新兴电缆实业有限公司		（图形）	广州
GD2009－047	深圳市联嘉祥科技股份有限公司		联嘉祥 LJX	深圳
GD2009－048	广州市珠江电线厂有限公司		环市	广州
GD2009－049	广东生益科技股份有限公司	多层印制板用粘结片预浸材料	SL	东莞
GD2009－050	广州宏仁电子工业有限公司		宏仁	广州
GD2009－051	广东风华高新科技股份有限公司	多层片式陶瓷电容器	FH 文字＋图形	肇庆
GD2009－052	广东生益科技股份有限公司	阻燃型覆铜箔层压板	SL	东莞
GD2009－053	广州宏仁电子工业有限公司		宏仁	广州
GD2009－054	广东汕头超声电子股份有限公司		GOWORLD	汕头
GD2009－055	广东联塑科技实业有限公司	低烟难燃 PVC 电线槽管	联塑	佛山
GD2009－056	广东顾地塑胶有限公司		顾地	佛山
GD2009－057	广东海鸿变压器有限公司	变压器（110KVA 及以下油浸式）	海鸿升	江门
GD2009－058	广州市番禺明珠电器有限责任公司		明珠	广州
GD2009－059	佛山通宝股份有限公司	温控器	双箭（图形）	佛山
GD2009－060	东莞市迈科科技有限公司	手机电池	Mcnair	东莞
GD2009－061	广东正龙股份有限公司	一次性碱性电池（锌锰干电池）	正龙	潮州
GD2009－062	广州市虎头电池集团有限公司		555	广州
GD2009－063	东莞市亚力通电子科技有限公司	手持和固定终端+电源充电器	亚力通	东莞

（续表）

编号	企业名称	申报产品	注册商标	企业所在地
GD2009－064	惠州亿纬锂能股份有限公司	锂离子电池	EVE	惠州
GD2009－065	肇庆市风华锂电池有限公司		FH 文字＋图形	肇庆
GD2009－066	广东万濠精密仪器股份有限公司	数字式测量投影仪	Rational－wanhao	东莞
GD2009－067	东莞华仪仪表科技有限公司	数字万用表	MASTECH	东莞
GD2009－068	广东香山衡器集团股份有限公司	家用衡器	香山牌	中山
GD2009－069	艾美特电器（深圳）有限公司	室内加热器	艾美特	深圳
GD2009－070	TCL 集团股份有限公司	家用洗衣机	TCL	惠州
GD2009－071	广东志高空调有限公司		CHIGO（图形）	佛山
GD2009－072	广东新宝电器股份有限公司	豆浆机	Donlim	佛山
GD2009－073	美的集团有限公司		美的 Midea	佛山
GD2009－074	中山市美斯特实业有限公司		MESTER	中山
GD2009－075	美的集团有限公司	电压力锅	美的 Midea	佛山
GD2009－076	广东浩特电器有限公司		浩特	湛江
GD2009－077	珠海双喜电器有限公司		双喜	珠海
GD2009－078	广东飞普纳电器有限公司		PHEPELI 飞普纳	佛山
GD2009－079	广东本邦电器有限公司	荧光灯	（图形）	佛山
GD2009－080	广东美的环境电器制造有限公司	换气扇	美的 Midea	中山
GD2009－081	广东正野电器有限公司		正野 GENUIN	佛山
GD2009－082	江门市金羚排气扇制造有限公司		金羚	江门
GD2009－083	广东新宝电器股份有限公司	电熨斗	Donlim	佛山
GD2009－084	中山华帝燃具股份有限公司	吸油烟机	华帝	中山
GD2009－085	美的集团有限公司		美的 Midea	佛山
GD2009－086	佛山市顺德区容桂万喜电器燃气具有限公司		万喜	佛山
GD2009－087	广东万和集团有限公司		万和	佛山
GD2009－088	广东欧意电器有限公司		欧意	中山
GD2009－089	广东万家乐燃气具有限公司		万家乐	佛山
GD2009－090	珠海格力电器股份有限公司	工业用空调机	格力 GREE	珠海
GD2009－091	广东吉荣空调有限公司		吉荣	揭阳
GD2009－092	广东志高空调有限公司		志高 CHIGO	佛山
GD2009－093	广东申菱空调设备有限公司		申菱	佛山
GD2009－094	广东美的环境电器制造有限公司	电风扇	美的 Midea	中山
GD2009－095	江门市金羚风扇制造有限公司		金羚	江门
GD2009－096	佛山市顺德区骏特电器有限公司		骏特 Junte	佛山
GD2009－097	广东肇庆德通有限公司		德通	肇庆

（续表）

编号	企业名称	申报产品	注册商标	企业所在地
GD2009—098	广州万宝集团有限公司	电冰箱	万宝 WANBAO	广州
GD2009—099	海信科龙电器股份有限公司		Ronshen 容声	佛山
GD2009—100	广东奥马电器股份有限公司		Homa 奥马	中山
GD2009—101	TCL 集团股份有限公司		TCL	惠州
GD2009—102	康佳集团股份有限公司		KONKA 康佳	深圳
GD2009—103	广东志高空调有限公司		志高 CHIGO	佛山
GD2009—104	中山市祥基电器有限公司	燃气具用阀体总成	华兴	中山
GD2009—105	广东合胜金属制造有限公司		合胜	中山
GD2009—106	春雨（东莞）五金制品有限公司	高强度螺丝	春雨	东莞
GD2009—107	阳江市飞轮金属制品有限公司	脚轮	（图形）	阳江
GD2009—108	中山市万里脚轮有限公司		万里	中山
GD2009—109	揭阳市兴财金属制品有限公司	不锈钢真空杯	兴财	揭阳
GD2009—110	广东顺发五金制品有限公司		顺发	潮州
GD2009—111	阳江十八子集团有限公司	不锈钢刀	十八子作	阳江
GD2009—112	广东银鹰实业集团有限公司		（图形）	阳江
GD2009—113	新兴县粤兴华不锈钢制品有限公司		GOURMET STANDARD（品味）	云浮
GD2009—114	永光刀剪集团有限公司		（图形）	阳江
GD2009—115	广东银鹰实业集团有限公司	剪刀	（图形）	阳江
GD2009—116	中山庆琏金属制品有限公司		格林达	中山
GD2009—117	永光刀剪集团有限公司		（图形）	阳江
GD2009—118	阳江市阳东金辉刀剪制品有限公司		（图形）	阳江
GD2009—119	佛山市三水金达五金制品有限公司	指甲钳	RiMei（图形）	佛山
GD2009—120	广东康力日用制品有限公司	瓜果蔬菜刨	（图形）	阳江
GD2009—121	阳江市华泉工业制品有限公司	开罐器	（图形）	阳江
GD2009—122	广东东泰金属制品有限公司	铰链	DTC	佛山
GD2009—123	广东星鹏实业有限公司		星鹏	揭阳
GD2009—124	广东中侨五金电器制造有限公司		四五六	佛山
GD2009—125	广东星徽金属制品有限公司		SH—ABC	佛山
GD2009—126	高天（中山）金属制造有限公司		高天	中山
GD2009—127	阳江市纳丽德工贸有限公司	手电筒	（图形）	阳江
GD2009—128	中山市柏仙多格制衣贸易有限公司	休闲服	FEEL100% 柏仙多格	中山
GD2009—129	东莞市搜于特服装股份有限公司		潮流前线	东莞
GD2009—130	佛山市亿谷针织制衣有限公司		Aoounsenton	佛山
GD2009—131	长江西服（东莞）有限公司		大卫罗特	东莞
GD2009—132	惠州市老铭人服饰有限公司		老铭人	惠州

（续表）

编号	企业名称	申报产品	注册商标	企业所在地
GD2009－133	广东春燕纺织有限公司	缝纫线	春燕牌	江门
GD2009－134	广东爱华毛织工艺有限公司	童装	蛐蛐	汕头
GD2009－135	小猪班纳服饰有限公司		小猪班纳	东莞
GD2009－136	汕头市金发妇幼用品有限公司		拉比	汕头
GD2009－137	惠州市华美制衣有限公司		（图形）	惠州
GD2009－138	广东鸿基羽绒制品有限公司	羽绒服装	创羽	湛江
GD2009－139	广州文华羽绒制品有限公司		（图形）	广州
GD2009－140	广东鸿基羽绒制品有限公司	羽绒被	创羽	湛江
GD2009－141	广东羽威羽绒实业有限公司		羽威	阳江
GD2009－142	湛江纺织企业集团公司	气流纺纱	111	湛江
GD2009－143	中山市大涌线厂有限公司		爱丝龙	中山
GD2009－144	广东开平春晖股份有限公司	涤纶长丝	诚晖	江门
GD2009－145	广东大红马实业有限公司		大红马	汕头
GD2009－146	广东金潮集团有限公司	时装（梭织类）	（图形）	潮州
GD2009－147	潮州市金嘉德服饰有限公司		金嘉德	潮州
GD2009－148	广东名瑞（集团）股份有限公司		名瑞	潮州
GD2009－149	凯撒（中国）股份有限公司		凯撒	汕头
GD2009－150	珠海威丝曼服饰股份有限公司	时装（毛织类）	威丝曼（WSM）	珠海
GD2009－151	广东创荣时装实业有限公司		（图形）	潮州
GD2009－152	中山金三角成衣有限公司	牛仔服装	第五街 5thSTREET	中山
GD2009－153	中山市浪兴服饰有限公司		浪兴＋LANDSUN	中山
GD2009－154	佛山市高明列度时装有限公司		（图形）	佛山
GD2009－155	广东富绅服饰有限公司	西服	富绅	惠州
GD2009－156	东莞奇兴服装有限公司		观奇 kwunkee	东莞
GD2009－157	广东宝丽华服装有限公司		绅浪	梅州
GD2009－158	广东浪登服装有限公司		LANG DENG	佛山
GD2009－159	东莞海龙纸业有限公司	涂布白纸板	玖龙	东莞
GD2009－160	东莞建晖纸业有限公司		建晖	东莞
GD2009－161	东莞市华立实业股份有限公司	家具用平板封边条	（图形）	东莞
GD2009－162	东莞光润家具股份有限公司	办公家具	光润	东莞
GD2009－163	中山市中泰龙办公用品有限公司		JONGTAY 中泰	中山
GD2009－164	广州市至盛冠美家具有限公司		QUAMA	广州
GD2009－165	东莞美时家具有限公司		美时 LAMEX	东莞
GD2009－166	东莞市城市之窗家具有限公司		城市之窗	东莞
GD2009－167	江门健威家具装饰有限公司		健威 Kinwai	江门

（续表）

编号	企业名称	申报产品	注册商标	企业所在地
GD2009—168	中山四海家具制造有限公司	沙发	Carpenter	中山
GD2009—169	荣锋家具（东莞）有限公司		（图形）	东莞
GD2009—170	东莞玖龙纸业有限公司	牛皮挂面箱纸板	玖龙	东莞
GD2009—171	东莞理文造纸厂有限公司		（图形）	东莞
GD2009—172	中山市大自然木业有限公司	木地板	大自然	中山
GD2009—173	广东省宜华木业股份有限公司		Yihua	汕头
GD2009—174	深圳市燕加隆实业发展有限公司		森诺韦尔	深圳
GD2009—175	粤海装饰材料（中山）有限公司		PACO 柏高	中山
GD2009—176	雅兰实业（深圳）有限公司	弹簧床垫	雅兰	深圳
GD2009—177	东莞市慕思寝室用品有限公司		慕思—凯奇	东莞
GD2009—178	雅芳婷布艺实业（深圳）有限公司		雅芳婷	深圳
GD2009—179	广州市欧亚床垫家具有限公司		穗宝	广州
GD2009—180	广东联塑科技实业有限公司	PP—R/PE—RT 管材管件	联塑	佛山
GD2009—181	佛山市日丰企业有限公司		日丰	佛山
GD2009—182	中山市顶固金属制品有限公司	节能金属复合门	顶固	中山
GD2009—183	佛山市高明英皇卫浴有限公司	按摩浴缸	英皇 CRW（图形）	佛山
GD2009—184	佛山市顺德区乐华陶瓷洁具有限公司		ARROW	佛山
GD2009—185	佛山市高明安华陶瓷洁具有限公司		annwa 安华洁具	佛山
GD2009—186	广东欧美尔工贸实业有限公司		oumer	潮州
GD2009—187	佛山市南海益高卫浴有限公司		益高	佛山
GD2009—188	广东三水大鸿制釉有限公司	陶瓷色料	大鸿	佛山
GD2009—189	佛山市正大制釉有限公司		正大制釉	佛山
GD2009—190	广东联塑科技实业有限公司	塑料管材（聚乙烯波纹管材）	联塑	佛山
GD2009—191	广东顾地塑胶有限公司		顾地	佛山
GD2009—192	环球石材（东莞）有限公司	异形石材	（图形）	东莞
GD2009—193	佛山市日丰企业有限公司	铝塑复合管	日丰	佛山
GD2009—194	广东联塑科技实业有限公司		联塑	佛山
GD2009—195	广东联塑科技实业有限公司	PVC 给排水管	联塑	佛山
GD2009—196	佛山高明顾地塑胶有限公司		顾地	佛山
GD2009—197	广东雄塑科技实业有限公司		雄塑	佛山
GD2009—198	阿波罗（中国）有限公司	沐浴房	阿波罗（APPOLLO）	广州
GD2009—199	广东地中海卫浴科技有限公司		地中海	佛山
GD2009—200	佛山市理想卫浴有限公司		IDEAL	佛山
GD2009—201	佛山市诚德特钢有限公司	不锈钢装饰管材	（图形）	佛山
GD2009—202	佛山市南海新亚铝业不锈钢有限公司		粤亚	佛山
GD2009—203	广东省化州市[illegible]集团有限公司		（图形）	茂名
GD2009—204	佛山市南海艺华不锈钢铝业有限公司		（图形）	佛山

（续表）

编号	企业名称	申报产品	注册商标	企业所在地
GD2009－205	广东华林化工有限公司	萜烯树脂	华林牌	肇庆
GD2009－206	深圳市中金岭南有色金属股份有限公司韶关冶炼厂	无机酸制造	南华牌	韶关
GD2009－207	云浮硫铁矿企业集团公司		云硫	云浮
GD2009－208	云浮市宝利硫酸有限责任公司		宝利	云浮
GD2009－209	长兴化学工业（广东）有限公司	醇酸树脂	长兴（图形）	珠海
GD2009－210	长兴化学工业（广东）有限公司	不饱和聚酯树脂	长兴（图形）	珠海
GD2009－211	广东众和化塑有限公司	丁苯透明抗冲树脂	（图形）	茂名
GD2009－212	广东众和化塑有限公司	环保型溶剂油	（图形）	茂名
GD2009－213	珠海市乐通化工股份有限公司	油墨	Letong＋图形	珠海
GD2009－214	广东天龙油墨集团股份有限公司		天龙	肇庆
GD2009－215	云浮硫铁矿企业集团公司	硫铁矿	云硫	云浮
GD2009－216	广州一江化工有限公司	白乳胶	一江	广州
GD2009－217	佛山市南海霸力化工制品有限公司	胶粘剂（鞋用胶粘剂）	（图形）	佛山
GD2009－218	南海南光化工包装有限公司		NANGO＋图形	佛山
GD2009－219	广东多正化工科技有限公司		多正	佛山
GD2009－220	广东东方树脂有限公司		德力 DELI	佛山
GD2009－221	广州市白云化工实业有限公司	建筑用硅酮密封胶	白云（BAIYUN）	广州
GD2009－222	佛山市顺德区百丽池涂料有限公司	粉末涂料	百丽池	佛山
GD2009－223	广东嘉宝莉化工有限公司	水性涂料	嘉宝莉	江门
GD2009－224	深圳市彩虹精细化工股份有限公司		7CF	深圳
GD2009－225	广东华隆涂料实业有限公司		hualonG 华隆	佛山
GD2009－226	江门市制漆厂有限公司	耐高温内防腐（内罐）漆	PJ 蓬江	江门
GD2009－227	广东嘉宝莉化工有限公司	油漆	嘉宝莉	江门
GD2009－228	深圳市展辰达化工有限公司		展辰	深圳
GD2009－229	广东嘉宝莉化工有限公司		万宜	江门
GD2009－230	广州珠江化工集团有限公司		电视塔牌	广州
GD2009－231	广州秀珀化工股份有限公司	地坪漆	（图形）	广州
GD2009－232	中山大桥化工集团有限公司	汽车漆	金树	中山
GD2009－233	广东雅图化工有限公司		雅图	江门
GD2009－234	佛山市鲸鲨化工有限公司	防腐涂料	鲸鲨	佛山
GD2009－235	广东华润涂料有限公司	建筑涂料	华润漆	佛山
GD2009－236	广东嘉宝莉化工有限公司		嘉宝莉	江门
GD2009－237	佛山市美涂士化工有限公司		美涂士	佛山
GD2009－238	东莞大宝化工制品有限公司		大宝	东莞

（续表）

编号	企业名称	申报产品	注册商标	企业所在地
GD2009—239	东莞光群雷射科技有限公司	防伪膜	光群	东莞
GD2009—240	广东联众文具有限公司	套尺文具系列	联众	中山
GD2009—241	东莞市智高文具有限公司		智高	东莞
GD2009—242	中山市中南烛业有限公司	工艺蜡烛	（图形）	中山
GD2009—243	揭阳市映发钟表实业有限公司	石英挂钟	YINGFA	揭阳
GD2009—244	广州立白企业集团有限公司	餐具洗涤剂	立白	广州
GD2009—245	广州立白企业集团有限公司		彩奇	广州
GD2009—246	中山雅黛日用化工有限公司		榄菊	中山
GD2009—247	佛山市顺德区现代保健用品有限公司	染烫发剂	现代	佛山
GD2009—248	广州市白云联佳精细化工厂	洁面乳	丹姿	广州
GD2009—249	完美（中国）日用品有限公司		玛丽艳	中山
GD2009—250	美晨集团股份有限公司	护肤膏霜	七日香	广州
GD2009—251	广东名臣有限公司		蒂花之秀	汕头
GD2009—252	完美（中国）日用品有限公司		（图形）	中山
GD2009—253	广州市好迪化妆品有限公司	摩丝	好迪	广州
GD2009—254	广州市好迪化妆品有限公司	发胶	好迪	广州
GD2009—255	广州立白企业集团有限公司	合成洗衣粉	立白	广州
GD2009—256	广州立白企业集团有限公司		彩奇	广州
GD2009—257	广州广橡企业集团有限公司双一乳胶厂	橡胶避孕套	双一牌	广州
GD2009—258	汕头市锦兴塑胶有限公司	声光玩具	智迪	汕头
GD2009—259	广东群兴玩具实业有限公司	电动童车	QUNXING	汕头
GD2009—260	东莞市智乐堡儿童玩具有限公司		CHI LOK BO 智乐堡	东莞
GD2009—261	广东乐美达集团有限公司	婴儿手推车	ROAD. MATE 乐美达	中山
GD2009—262	隆成集团（控股）有限公司		小天使	中山
GD2009—263	中山宝宝好日用制品有限公司		宝宝好	中山
GD2009—264	广东奥飞动漫文化股份有限公司	电动玩具	AULDEY＋双钻	汕头
GD2009—265	广东骅威玩具工艺股份有限公司		（图形）	汕头
GD2009—266	广东群兴玩具实业有限公司		QUNXING	汕头
GD2009—267	广东高乐玩具股份有限公司		GOLDLOK	揭阳
GD2009—268	广东星辉车模股份有限公司		RASTAR	汕头
GD2009—269	广东海兴塑胶有限公司	真空保鲜盒	HAIXIN 海兴	揭阳
GD2009—270	广州市振兴实业有限公司	塑料硬质容器	振兴	广州
GD2009—271	揭东县顺胜工贸有限公司		顺胜	揭阳
GD2009—272	中山市联昌喷雾泵有限公司	挤压式真空定量喷雾泵	联昌 LUEN CHEUNG	中山

（续表）

编号	企业名称	申报产品	注册商标	企业所在地
GD2009－273	深圳市百爵实业发展有限公司	贵金属首饰	百爵	深圳
GD2009－274	深圳市同晖珠宝首饰有限公司		同晖	深圳
GD2009－275	深圳市粤豪珠宝有限公司		简金品	深圳
GD2009－276	深圳市瑞麒珠宝首饰有限公司		瑞麒 swiky	深圳
GD2009－277	深圳市金福佳金银珠宝有限公司		金福佳	深圳
GD2009－278	广东省鹤山市必登高鞋业皮具有限公司	休闲鞋	PITANCO	江门
GD2009－279	潮州市中天城鞋业有限公司		人城	潮州
GD2009－280	广东永金兴集团有限公司		（图形）	潮州
GD2009－281	广东众利鞋业有限公司		（图形）	潮州
GD2009－282	珠海市斗门名匠工艺制品有限公司	箱包	優莎諾（USSARO）	珠海
GD2009－283	珠海市斗门名匠工艺制品有限公司		仕登堡（STAMP）	珠海
GD2009－284	中山皇冠皮件有限公司		CROWN	中山
GD2009－285	揭阳市长城乐器有限公司	吉他	杜鹃花	揭阳
GD2009－286	广州红棉吉它有限公司		红棉	广州
GD2009－287	四会市华声乐器有限公司		星臣 starsun	肇庆
GD2009－288	广州保嘉乐器制造厂有限公司	鼓乐	Blue Diamond	广州
GD2009－289	深圳市威捷机电技术有限公司	智能道闸	威捷（wejoin）	深圳
GD2009－290	深圳市远望谷信息技术股份有限公司	射频（RFID）识别系统	远望谷	深圳
GD2009－291	珠海天威飞马打印耗材有限公司	硒鼓/鼓粉盒	（图形）	珠海
GD2009－292	康佳集团股份有限公司	液晶电视	KONKA 康佳	深圳
GD2009－293	深圳创维－RGB 电子有限公司		SKYWORTH 创维	深圳
GD2009－294	潮州市创佳电子有限公司		创佳 CANCA	潮州
GD2009－295	远光软件股份有限公司	应用软件（财务）	远光＋图形	珠海
GD2009－296	广东南丰电气自动化有限公司	水电站计算机监控系统	NFEA	梅州
GD2009－297	珠海元盛电子科技股份有限公司	软性印制电路板（FPC）	（图形）	珠海
GD2009－298	广电运通金融电子股份有限公司	自动柜员机	GRGBanking	广州
GD2009－299	广州御银科技股份有限公司		御银	广州
GD2009－300	七喜控股股份有限公司	电脑机箱	大水牛	广州
GD2009－301	东莞市金河田实业有限公司		金河田	东莞
GD2009－302	深圳易方数码科技股份有限公司	闪存盘	（图形）	深圳
GD2009－303	深圳市朗科科技股份有限公司		优盘	深圳
GD2009－304	深圳市高新奇科技股份有限公司	电话机	（图形）	深圳
GD2009－305	深圳市中诺电子工业有限公司		CHINO－E 中诺	深圳
GD2009－306	深圳市好易通科技有限公司	无线对讲机	HYT	深圳

（续表）

编号	企业名称	申报产品	注册商标	企业所在地
GD2009－307	广东通宇通讯设备有限公司	通讯天线	（图形）	中山
GD2009－308	深圳市大族激光科技股份有限公司	激光打标机	HAN＊S	深圳
GD2009－309	惠州市德赛集团有限公司	汽车音响	德赛、DESAY	惠州
GD2009－310	广东好帮手电子科技有限公司		CASKA	佛山
GD2009－311	广州番禺巨大汽车音响设备有限公司		vtrek	广州
GD2009－312	深圳市航盛电子股份有限公司		（图形）	深圳
GD2009－313	广东省粤东磁电有限公司	可记录光盘 CD-R	YDD	汕头
GD2009－314	广东粤华磁电实业有限公司		YUEHUA	汕头
GD2009－315	广东昂特音像有限公司		ANGTE	汕头
GD2009－316	新会江裕信息产业有限公司	针式打印机	映美	江门
GD2009－317	深圳中航信息科技产业股份有限公司		CITIC	深圳
GD2009－318	珠海天威飞马打印耗材有限公司	墨盒	（图形）	珠海
GD2009－319	珠海纳思达电子科技有限公司		格之格（G&G）	珠海
GD2009－320	广东风华高新科技股份有限公司	片式电感器	FH 文字＋图形	肇庆
GD2009－321	东信和平智能卡股份有限公司	IC 卡	东信和平牌	珠海
GD2009－322	广东铁将军防盗设备有限公司	汽车电子防盗设备	铁将军	中山
GD2009－323	中国长城计算机深圳股份有限公司	液晶显示屏	Greatwall 长城	深圳
GD2009－324	广东汕头超声电子股份有限公司		SLCD	汕头
GD2009－325	深圳华美板材有限公司	彩色涂层钢板	（图形）	深圳
GD2009－326	广州市裕丰企业集团有限公司	钢筋焊接网	裕丰	广州
GD2009－327	广东韶钢松山股份有限公司	预应力混凝土钢棒用低合金热轧盘条	韶钢牌	韶关
GD2009－328	广东韶钢松山股份有限公司	低合金高强度结构钢	韶钢牌	韶关
GD2009－329	广东韶钢松山股份有限公司	钢筋混凝土用热轧带肋钢筋	韶钢牌	韶关
GD2009－330	广东大兴钢铁实业有限公司		大兴	揭阳
GD2009－331	广州钢铁股份有限公司		五羊	广州
GD2009－332	广东友钢钢铁有限公司		（图形）	揭阳
GD2009－333	广州市裕丰企业集团有限公司		裕丰	广州
GD2009－334	广东中润钢铁实业有限公司		ZSC	揭阳
GD2009－335	广东开盛钢铁实业有限公司		（图形）	揭阳
GD2009－336	广东韶钢松山股份有限公司	船体用结构钢	韶钢牌	韶关
GD2009－337	中山中粤马口铁工业有限公司	马口铁	GDTP	中山
GD2009－338	江门市科恒实业股份有限公司	灯用稀土三基色荧光粉	科恒	江门
GD2009－339	茂名高岭科技有限公司	MMK 超细高岭土	六鱼牌	茂名
GD2009－340	珠海龙丰精密铜管有限公司	高精度铜管材（内螺纹铜管）	龙丰铜管	珠海
GD2009－341	广东精艺金属股份有限公司		（图形）	佛山

（续表）

编号	企业名称	申报产品	注册商标	企业所在地
GD2009－342	广东江粉磁材股份有限公司	磁性材料	（图形）	江门
GD2009－343	广东风华高新科技股份有限公司	软磁铁氧体材料	FH 文字＋图形	肇庆
GD2009－344	乳源东阳光磁性材料有限公司		HPC	韶关
GD2009－345	深圳市中金岭南有色金属股份有限公司韶关冶炼厂	铅锭	南华牌	韶关
GD2009－346	深圳市中金岭南有色金属股份有限公司韶关冶炼厂	锌锭	南华牌	韶关
GD2009－347	梅州市金雁实业集团公司	标准阴极铜	（图形）	梅州

广东省地理标志产品名单

（截至2009年底）

序号	产品名称	批准文号	批准时间	申报地
1	河源米粉	2003年第120号	2003年12月24日	河源
2	郁南无核黄皮	2004年第63号	2004年6月3日	云浮郁南
3	廉江红橙	2004年第126号	2004年9月20日	湛江廉江
4	马坝油粘米	2004年第127号	2004年9月20日	韶关曲江
5	增城丝苗米	2004年第128号	2004年9月20日	广州增城
6	端砚	2004年第160号	2004年10月29日	肇庆
7	流沙南珠	2005年第114号	2005年8月25日	湛江雷州
8	愚公楼菠萝	2005年第117号	2005年8月25日	湛江徐闻
9	覃斗芒果	2005年第118号	2005年8月25日	湛江雷州
10	埔田竹笋	2005年第179号	2005年12月21日	揭阳揭东
11	普宁蕉柑	2005年第180号	2005年12月21日	揭阳普宁
12	陆河青梅	2005年第181号	2005年12月21日	汕尾陆河
13	程村蚝	2005年第182号	2005年12月21日	阳江阳西
14	春砂仁	2005年第188号	2005年12月28日	阳江阳春
15	东陂腊味	2006年第11号	2006年1月24日	清远连州
16	合水粉葛	2006年第56号	2006年4月16日	佛山高明
17	英石	2006年第68号	2006年5月17日	清远英德
18	新会柑	2006年第157号	2006年10月26日	江门新会
19	新会陈皮	2006年第159号	2006年10月30日	江门新会
20	梅州金柚	2006年第173号	2006年11月30日	梅州
21	化橘红	2006年第219号	2006年12月31日	茂名化州
22	英德红茶	2006年第225号	2006年12月31日	清远英德
23	徐闻山羊	2007年第165号	2007年11月21日	湛江徐闻
24	龙门年桔	2007年第169号	2007年11月21日	惠州龙门
25	水东芥菜	2007年第176号	2007年12月6日	茂名电白
26	清远乌鬃鹅	2007年第190号	2007年12月13日	清远清新
27	星子红葱	2007年第201号	2007年12月24日	清远连州
28	惠来荔枝	2007年第213号	2007年12月27日	揭阳惠来
29	西牛麻竹笋	2007年第217号	2007年12月28日	清远英德
30	连南瑶山茶油	2007年第219号	2007年12月28日	清远连南
31	连州溪黄草	2007年第220号	2007年12月28日	清远连州

（续表）

序号	产品名称	批准文号	批准时间	申报地
32	郁南无核砂糖桔	2008 年第 50 号	2008 年 5 月 7 日	云浮郁南
33	清新冰糖桔	2008 年第 55 号	2008 年 5 月 8 日	清远清新
34	罗定肉桂	2008 年第 58 号	2008 年 5 月 13 日	云浮罗定
35	西牛麻竹笋	2008 年第 64 号	2008 年 5 月 30 日	清远英德
36	新兴香荔	2008 年第 64 号	2008 年 5 月 30 日	云浮新兴
37	张溪香芋	2008 年第 112 号	2008 年 10 月 31 日	韶关乐昌
38	连南无核柠檬	2008 年第 112 号	2008 年 10 月 31 日	清远连南
39	中山脆肉鲩	2008 年第 132 号	2008 年 12 月 10 日	中山
40	普宁青梅	2008 年第 133 号	2008 年 12 月 10 日	揭阳普宁
41	金玉三捻橄榄	2008 年第 133 号	2008 年 12 月 10 日	汕头潮阳
42	南雄板鸭	2009 年第 51 号	2009 年 5 月 26 日	韶关南雄
43	沿溪山白毛尖	2009 年第 60 号	2009 年 6 月 11 日	韶关乐昌
44	北乡马蹄	2009 年第 60 号	2009 年 6 月 11 日	韶关乐昌
45	钱岗糯米糍	2009 年第 66 号	2009 年 7 月 10 日	广州从化
46	白蕉海鲈	2009 年第 89 号	2009 年 9 月 21 日	珠海斗门
47	乐平雪梨瓜	2009 年第 89 号	2009 年 9 月 21 日	佛山三水
48	新垦莲藕	2009 年第 131 号	2009 年 12 月 28 日	广州南沙

广东省地理标志农产品名单

（截至2009年）

地方	名称	商标注册号	日期
云浮市	新兴香荔	4520816	2007年6月
	郁南无核黄皮	4813314	2006年11月
肇庆市	四会砂糖桔	5101208	2007年4月
	四会以贡柑	5101207	2007年4月
佛山市	三水黑皮冬瓜	4843870	2006年11月
韶关市	翁源县三华李	3130826	2006年11月
清远市	清远鸡	2016498	2003年1月
	清远麻鸡	2016501	2003年1月
茂名市	信宜怀乡鸡	3761179	2007年7月

2009年农资打假执法统计表

宣传普及情况	印发宣传材料（万份）	17.6
	媒体宣传（次）	4911
	出动宣传车（次）	42
	出宣传栏（期/次）	55
	法律咨询服务下乡（次）	413
管理培训情况	种子管理员、企业人员、检验员培训（人次）	100
	培训农药生产、经营人员（人次）	61782
	培训执法人员（人次）	8145
	培训农民（人次）	454856
执法检查情况	出动执法人员（人次）	76442
	检查乡镇市场（个次）	159
	检查经营企业（家）	1676
	检测代销户门店、养殖场/户、经营单位	63698
	查处非法、违规产品（个、类）	663
	立案查处案件（个）	895
	查获、没收、销毁违法产品数量（吨）	313.12
	假劣、货值（万元）	836.363
	查获违法案件（宗）	25
	罚没金额（万元）	34.07
	发出《责令改正通知书》（份）	230
经营许可情况	不予许可品种数（个次）	3
	吊销经营许可证（个）	1

2009年广东省有效期内有机食品名录

单位名称	产品名	证书号
蕉岭县天然蜂业有限公司	龙眼蜂	COFCC—R—0807—0127
	白花蜜	
	野桂花冬蜜	
	鸭脚木冬蜜	
珠海农丰进出口有限公司	乡意浓大米（保持认证）	COFCC—R—0503—0016
	葵乡大米	
	乡意浓大米（保持认证）	
珠海农丰进出口有限公司（江西基地）	有机稻米	
	有机硒米	
潮安县凤凰镇南馥茶叶有限公司	乌龙单丛茶（保持认证）	COFCC—R—0503—0018
饶平县元峰茶业有限公司	领头单丛茶	COFCC—R—0810—0229（转换）
华丰源生物科技（深圳）有限公司	复合微生物肥	
	有机肥	
	有机液肥	
	生物有机肥	
潮安县凤凰镇安峰茶庄	蜜兰香单丛茶（保持认证）	COFCC—R—0503—0019
罗定市丰智昌顺科技有限公司	亚灿米	COFCC—R—0606—0090
饶平县三滴水茶叶发展有限公司	乌龙茶（保持认证）	COFCC—R—0312—0116
广东国宾集体有限公司	单丛茶（保持认证）	COFCC—R—0503—0020
珠海市金果达农业高新技术有限公司	荔枝（保持认证）	COFCC—R—0310—0043
	龙眼	
东莞市茶山佛泉天然矿泉水厂	矿泉水	COFCC—R—0609—0140
潮安县凤凰镇鹏龙茶业发展有限公司	凤凰乌龙单丛茶	COFCC—R—0902—0076
连山壮族瑶族自治县民族食品有限公司	大米	COFCC—R—0711—0249
惠州绿环肥料有限公司	绿环有机肥（保持认证）	COFCC—R—0508—0046
廉江金萱茶叶有限公司	高山茶	COFCC—R—0612—0363
	金萱乌龙茶	
	黄金桂乌龙茶	
	梅占乌龙茶	
	金萱绿茶	
	梅占绿茶	

（续表）

单位名称	产品名	证书号
裕东农业发展（连平）有限公司	菜心	COFCC—R—0610—0170
	芥蓝	
	白菜	
	芥菜	
	上海青	
	节瓜	
	苋菜	
	豆角	
	生菜	
	通心菜	
	辣椒	
	姜	
	番薯叶	
	葱	
	番薯	
	苦瓜	
	青瓜	
	南瓜	
	丝瓜	
	玉豆	
廉江市建成农业有限公司	花生	
	大米	
	玉米	
	马铃薯	
	黄豆	
	红薯	
饶平县浮山金利香茶厂	黄枝香单丛茶	COFCC—R—0702—0039
广东雅士利集团	有机牛奶	COFCC—R—0801—0003
廉江市茗皇茶业有限公司	有机茶 6 个	COFCC—J—05—052
河源市金稳农业开发有限公司	安心铁观音	COFCC—R—0703—0068
东莞市保得生物工程有限公司	土壤接种剂	COFCC—R—0512—0212
	叶面增效剂	
	土壤改良剂	
	植物促长剂	
	生物添加剂	
	生物有机肥	

（续表）

单位名称	产品名	证书号
南澳县后花园庄农业开发有限公司	后花园莊牌宋茶	
广东省华海发展有限公司	绿茶	COFCC—R—0605—0076
东源万绿湖长丰水产有限公司	鳙鱼	COFCC—R—0601—0003
	太湖新银鱼	
梅州市金珠农业科技有限公司	大米	COFCC—R—0705—0102
揭阳市百得佳高新农业发展有限公司	仙蜜果（保持认证）	COFCC—R—0312—0117
	百仙果	
	仙蜜果花	
江门市新会区兴业发展有限公司	大米（保持认证）	COFCC—R—0601—0028
蕉岭黄坑茶厂	黄坑茶	COFCC—R—0909—0271
梅县华银雁鸣湖旅游度假有限公司	红心柚	COFCC—R—0811—0222
梅州市龙岗马图绿茶股份有限公司	绿茶	COFCC—R—0909—0271
东莞市金良稻丰米业有限公司	有机大米	COFCC—R—0911—0339
广东新丰盛有机种植有限公司	菜心	COFCC—R—0912—0297（转换）
	芥蓝	
	奶白菜	
	黄瓜	
	上海青	
	节瓜	
	笕菜	
	豆角	
	生菜	
	通心菜	
	辣椒	
	甜椒	
	番薯	
	葱	
	节瓜	
	苦瓜	
	西瓜	
	洋香瓜	
	丝瓜	
	玉米	
	西红柿	
	秋葵	
	油麦菜	

（续表）

单位名称	产品名	证书号
广东新丰盛有机种植有限公司	韭菜	COFCC—R—0912—0297（转换）
	芹菜	
	香菜	
	娃娃菜	
	菠菜	
	西兰花	
	甘蓝	
	茄子	
	南瓜	
	胡萝卜	
	青萝卜	
	木瓜	
	玉米	
	西葫芦	
广东泰源农科有限公司	山茶油	COFCC—R—1004—0058（转换）
连平县九连山生态产业精米有限公司	美香粘	COFCC—R—0912—0446（转换）
廉江市农丰畜禽水产发展有限公司	有机鸭蛋	COFCC—R—1004—0057
湛江市达威生物科技有限公司	滋田复合生物菌肥	
广州东升有机种植有限公司	菜心、生菜、鹤斗白、椰菜、红萝卜、芥菜、西芹、油麦菜、菜心干等118个产品	COFCC—R—0401—0162 COFCC—R—0801—0012
广州市从化良口镇农业技术推广站	杨梅	COFCC—R—0506—0031
广州市科誉有机农产品科技有限公司	鸭稻丝苗米	COFCC—R—0607—0107
	鸭稻米	
	营养糙米	
	红米	

2009 年广东省有效期内绿色食品名录

企业名称	注册商标	产品名称	标志编号
广州交易会三千尺贸易有限公司	三千尺牌	三千尺饮用天然矿泉水	LB—38—0802190706A
广州市果树科学研究所	粤好	番荔枝	LB—18—0702190884A
	美中红	番木瓜	LB—18—0702190885A
广州燕塘乳业有限公司	燕塘牌	鲜牛奶	LB—33—0904191884A
		甜牛奶饮品	LB—33—0904191885A
		酸奶饮品	LB—33—0904191886A
		高钙牛奶饮品	LB—33—0904191887A
广东宝桑园健康食品研究发展中心	宝桑园牌	桑果汁饮料	LB—40—0907194168A
		桑果汁	LB—40—0802190527A
增城市优质米生产基地公司	挂绿牌	增城丝苗米	LB—03—0906192038A
广州市东轩食品有限公司	名轩居牌	清香白莲蓉（莲蓉馅料）	LB—51—0702190375A
		纯正白莲蓉（纯莲蓉馅料）	LB—51—0702190376A
		金装白莲蓉（纯莲蓉馅料）	LB—51—0702190377A
新丰县新力农业发展有限公司	新力牌	佛手瓜	LB—15—0703190609A
		小白菜	LB—15—0703190610A
		尖椒	LB—15—0703190611A
		玉角	LB—15—0703190612A
广东联益马坝米业（曲江）有限公司	白马牌	贡品马坝油粘米	LB—03—0612194115A
		特级马坝油粘米	LB—03—0612194116A
乐昌市沿溪山茶场有限公司	雾翔牌	沿溪山白毛尖（绿茶）	LB—44—0803191131A
乐昌市沿溪山饮用水有限公司	沿溪山牌	沿溪山泉（饮用天然净水）	LB—38—0803191130A
乐昌市九峰镇绿峰果菜专业合作社	九峰山＋图形牌	柑桔	LB—18—0905191657A
		奈李	LB—18—0905191658A
		蜜桃	LB—18—0905191659A
		水晶梨	LB—18—0905191660A
乐昌市老平农场	老平牌	砂糖桔	LB—18—0905191534A
仁化县和而支生态农业有限公司	和粤＋heyueshengtai＋图形	长坝沙田柚	LB—18—0906191883A
仁化县康溪走马坪果场	走马坪＋图形牌	走马坪沙田柚	LB—18—0904191222A
翁源县（香港）金利达发展有限公司	翁源三华李牌	三华李	LB—18—0712194710A
韶关市绿鲜冠天然食品有限公司	绿鲜冠牌	巴西果果汁饮料	LB—40—0907192384A
乳源瑶族自治县南水渔业开发有限公司	银源牌	银鱼（冷冻）	LB—36—0911194047A GF440232061148

（续表）

企业名称	注册商标	产品名称	标志编号
韶关高盛果菜有限公司	TW 牌	白菜	LB—15—0805191590A
		菜心	LB—15—0805191591A
		芥蓝	LB—15—0805191592A
		西洋菜	LB—15—0805191593A
始兴县洪源果业	五月红＋图形牌	东魁杨梅	LB—18—0905191467A
乳源瑶族自治县祈泰农业发展有限公司	番泰行＋图形	乳源瑶山杨梅	LB—18—0912194307A GF440232091804
韶关市慧园米业有限公司	慧园福米＋图形牌	慧园福米	LB—03—0912194330A GF440229091814
翁源县兴农水果专业合作社	翁南＋图形牌	椪柑	LB—18—0912194331A GF440229091815
		砂糖桔	LB—18—0912194332A GF440229091815
梅县嘉丰农业发展有限公司	嘉丰＋拼音牌	沙田柚	LB—18—0906192096A
广东新大地生物科技股份有限公司	曼陀神露牌	高山茶油（压榨一级）	LB—10—0812194694A
梅县绿优水果配送有限公司	金柚莱牌	金柚	LB—18—0804191347A
	福柚莱牌	脐橙	LB—18—0804191348A
广东泰源农科有限公司	茶树林＋图形＋拼音牌	茶油（压榨一级）	LB—10—0812194467A
梅州市运兴实业有限公司丽园农场	绿园金柚	柚子	LB—18—0904191278A
广东泉之乡矿泉水饮料有限公司	泉之乡牌	珍贵天然矿泉水	LB—38—0801190262A
平远县仁居果业专业合作社	仁居＋拼音＋图形	脐橙	LB—18—0808192986A
梅州五指石山泉水厂	五指石牌	五指石山泉	LB—38—0801190300A
梅县稻丰实业有限公司	金良稻丰	客家丝苗米	LB—03—0706191419A
梅县泰和园实业有限公司	泰和园	脐橙	LB—18—0706191436A
广东梅县梅雁蓝藻有限公司	梅雁牌	螺旋藻片	LB—24—0712194654A
梅县华银雁鸣湖旅游度假村有限公司	雁鸣湖牌	沙田柚	LB—18—0902190391A
梅县嘉园农业发展有限公司	兼圜＋图形牌	嘉园香米	LB—03—0901190032A
梅州市杨文绿有农业发展有限公司	光兴发＋图形	绿有菜心	LB—15—0911193815A GF4414402091584
揭阳市百得佳高新农业发展有限公司	百得佳＋ Baidejia	台湾品种百香果果醋饮品	LB—40—0805191747A
		台湾品种百香果果汁饮料	LB—40—0805191748A
		台湾品种仙蜜果果醋饮品	LB—40—0805191749A
		台湾品种仙蜜粒果汁饮料	LB—40—0805191750A
揭阳市大南山台农种养加工有限公司	茶树图案	冻顶乌龙茶	LB—44—0805191881A
		金萱乌龙茶	LB—44—0805191882A
		四季春乌龙茶	LB—44—0805191883A
		翠玉乌龙茶	LB—44—0805191884A
		台农铁观音	LB—44—0805191885A

（续表）

企业名称	注册商标	产品名称	标志编号
揭西县京明茶叶综合发展有限公司	京明＋图形牌	红心铁观音（茶）	LB—44—0904191322A
		京明绿茶	LB—44—0904191323A
揭西县京溪园罐头厂	龙江牌＋图形牌	甜玉米粒（罐头）	LB—06—0907192186A
广东蓝天果蔬农业科技开发有限公司	蓝天果＋拼音	九制五味蒜茸萝卜	LB—56—0910193413A
金威啤酒（汕头）有限公司	金威＋Kingway	8 度 P 金威啤酒	LB—47—0806192065A
		8 度 P 金纯金威啤酒	LB—47—0806192066A
		11 度 P 精制金威啤酒	LB—47—0806192067A
		10 度 P 特酿精品金威啤酒	LB—47—0806192068A
		10 度 P 金威啤酒	LB—47—0806192069A
		10 度 P 金纯金威啤酒	LB—47—0806192070A
汕头市宝瑞食品有限公司	西门町牌	樱桃番茄果脯	LB—12—0712194180A
黑牛食品工业有限公司	黑牛牌	维他命豆奶粉	LB—08—0707191776A
汕头市雅园酿酒有限公司	南国香邑牌	干型荔枝酒	LB—49—0804191430A
		干型菠萝酒	LB—49—0804191431A
		干型枇杷酒	LB—49—0804191432A
		干型杨桃酒	LB—49—0804191433A
汕头市濠江区金寿茶厂有限公司	金寿牌	铁观音	LB—44—0710192608A
汕头市粮丰集团有限公司	粮丰牌	金丝香米	LB—03—0707191636A
		胜泰香米	LB—03—0707191637A
汕头市荔宝酿酒有限公司	荔宝牌	荔枝果酒（甜型）	LB—49—0806192105A
		余干子酒（干型）	LB—49—0806192106A
汕头市潮阳区金灶镇绿色水果基地	三捻牌	三捻（棱）橄榄	LB—18—0801190456A
南澳县花园庄农业开发有限公司		橄榄	
汕头市潮阳区关埠绿生果园	喜圆圆＋ 拼音牌	潮汕蕉柑	LB—18—0907192428A
海丰县菓菜副食品公司	皇斋虎噉牌	金针菜（干）	LB—15—0902190518A
海丰县公平供销社	九龙峒＋图形	生姜	LB—15—0909193078A
潮安县朝阳农业开发有限公司	朝阳盛	潮州柑	LB—18—0704190987A
广东佳宝集团有限公司	佳宝牌	野酸枣糕	LB—53—0703190724A
广东康辉集团有限公司		橄 榄	LB—53—0611193391A
潮州市金玉柑桔有限公司	桑浦山牌	潮州柑（蕉柑）	LB—18—0806192064A
潮州市华海水产有限公司	华孚 HUAFU	冻烤鳗	LB—37—0812195086A
饶平县元峰茶叶有限公司	古流香牌	岭头单丛茶	LB—44—0608191886A
饶平县黄冈元香茶行	蜜兰	岭头单丛茶	LB—44—0703190517A
饶平金航深海网箱科技开发有限公司	旗头牌	鲫鱼（冷冻）	LB—36—0807192511A
		美国红鱼（冷冻）	LB—36—0807192512A
		金鲳鱼（冷冻）	LB—36—0807192513A

（续表）

企业名称	注册商标	产品名称	标志编号
饶平县凌旭茶叶有限公司	凌旭牌	凉瓜茶	LB—45—0909193322A
饶平县双雄食品有限公司	双雄	高堂菜脯（萝卜干）	LB—56—0703190600A
饶平县高堂裕盛食品厂	高堂大嫂牌	高堂菜脯（萝卜干）	LB—56—0810193838A
饶平县永嘉食品工业公司	绿竹村牌	野山 枣糕	LB—53—0708191866A
广东传丰复合肥厂有限公司		活力素复混肥普通型	LSSZ—01—0711190100
		活力素复混肥—蔬菜专用肥	LSSZ—01—0711190101
		活力素复混肥—水稻专用肥	LSSZ—01—0711190102
		活力素复混肥—果树专用肥	LSSZ—01—0711190103
		活力素复混肥—茶叶专用肥	LSSZ—01—0711190104
		活力素复混肥—甘蔗专用肥	LSSZ—01—0711190105
惠州市海纳粮油食品有限公司	水中鲤牌	丝苗米	LB—03—0902190579A
安多农业（惠州）有限公司	安多＋ANDOR	荔枝	LB—18—0610192652A
旺旺农业科技（惠州）有限公司	旺农科＋图形	番石榴	LB—18—0909192957A
勇记农业开发（惠州）有限公司	YK 牌	菜心	LB—15—0906192542A
		芥蓝	LB—15—0906192543A
		生菜	LB—15—0906192544A
		菠菜	LB—15—0906192545A
		玉豆	LB—15—0906192546A
		白菜	LB—15—0906192547A
		豇豆	LB—15—0906192548A
		豆苗	LB—15—0906192549A
		茼蒿	LB—15—0906192550A
		节瓜	LB—15—0906192551A
惠州市四季鲜绿色食品有限公司	粤农＋YUENONG 牌	荔枝干	LB—19—0905191474A
		龙眼干	LB—20—0809193270A
	四季鲜＋英文牌	鲜荔枝	LB—18—0809193036A
惠东县九华农贸有限公司	九华＋JIUHUA＋图形牌	马铃薯	LB—15—0807192455A
惠东县广兴农贸有限公司	好运莲＋拼音牌	多祝银丝粘（米）	LB—03—0906191943A
	平海＋拼音＋图形	马铃薯	LB—15—0906191944A
惠东县美味皇油脂有限公司	美味皇＋拼音＋图形牌	纯正花生油一级压榨	LB—10—0902190519A
惠州市鹏昌农业科技有限公司	鹏昌牌	鲜鸡蛋	LB—31—0906191788A
东源县板栗发展有限公司	望郎回牌	东源板栗	LB—19—0809192887A
河源市绿纯酿酒厂	LUSON 绿纯牌	客家喜酒（甜型黄酒 16 度）	LB—49—0605190874A
河源市绿色仙湖茶叶有限公司	上仙湖顶 牌	上仙湖顶茗茶	LB—44—0808192816A
河源市丹仙湖茶叶有限公司	丹仙湖牌	丹仙湖茶	LB—44—0605190859A

（续表）

企业名称	注册商标	产品名称	标志编号
河源市天仙湖农业发展有限公司	锡场 灵芝牌	灵芝（人工种植，鲜）	LB—21—0804191253A
河源过江龙农业发展有限公司	万家富牌	万家富原味炒栗	LB—19—0901190033A
河源市万绿源农产品有限公司	万绿源牌	春甜桔	LB—18—0711193325A
河源市石坪顶茶叶发展有限公司	图形＋石坪顶	石坪顶雾绿茶	LB—44—0706191351A
河源市中兴绿丰发展有限公司	OPTIONS 牌	柠檬	LB—18—0811194120A
和平县紫云峰农业综合开发有限公司	下车牌	下车猕猴桃鲜果	LB—18—0706191320A
广东聪明人集团有限公司	聪明人	奇异果果汁饮料（猕猴桃）	LB—40—0704190904A
龙川县上坪金丰水果实业有限公司	金丰牌	金柑	LB—18—0708192116A
东源县丰源农业发展有限公司	叶潭福禄牌	叶潭福禄柚	LB—18—0810193623A
裕东农业发展（连平）有限公司	裕东莊 yuedong 牌	葱	LB—15—0711192845A
		潺菜	LB—15—0711192846A
		木耳菜	LB—15—0711192847A
		苋菜	LB—15—0711192848A
		豌豆苗	LB—15—0711192849A
		生菜	LB—15—0711192850A
		蒜	LB—15—0711192851A
		空心菜	LB—15—0711192852A
		韭菜	LB—15—0711192853A
		香麦菜	LB—15—0711192854A
		菠菜	LB—15—0711192855A
		西洋菜	LB—15—0711192856A
		西兰花	LB—15—0711192857A
		豆角	LB—15—0711192858A
		玉豆	LB—15—0711192859A
		毛瓜	LB—15—0711192860A
		青瓜	LB—15—0711192861A
		丝瓜	LB—15—0711192862A
		凉瓜	LB—15—0711192863A
		番薯	LB—15—0711192864A
广东霸王花食品有限公司	霸王花	霸王花河源米粉	LB—04—0707191607A
		黑米营养排粉	LB—04—0707191608A
		南瓜营养排粉	LB—04—0707191609A
		胡萝卜营养排粉	LB—04—0707191610A
河源市新星实业发展有限公司	绿湖春 LUHUCHUNPAI牌	春甜桔	LB—18—0912194275A GF441602091784
		砂糖桔	LB—18—0912194276A GF441602091784

（续表）

企业名称	注册商标	产品名称	标志编号
深圳市雅芙食品有限公司	芙蓉牌	高钙型豆奶粉	LB—08—0805191764A
		维他型豆奶粉	LB—08—0805191765A
		中老年低糖型豆奶粉	LB—08—0805191766A
		高钙型豆奶粉	LB—08—0805191767A
		中老年低糖型豆奶粉	LB—08—0805191768A
深圳市晨光乳业有限公司	晨光牌	鲜牛奶（巴氏杀菌）	LB—33—0808192972A
		甜牛奶饮品	LB—33—0808192973A
		酸牛奶饮品	LB—33—0808192974A
广东深圳金威啤酒有限公司	金威牌	10°P2008 金威啤酒	LB—47—0710192593A
		12°新香型金威啤酒	LB—47—0807192386A
		11 度 P 金威啤酒	LB—47—0807192387A
		10 度 P 精制金威啤酒	LB—47—0807192388A
		8 度 P 精品超爽金威啤酒	LB—47—0807192389A
深圳金威啤酒酿造有限公司	金威牌	11°P 金威啤酒	LB—47—0710192595A
		11°P 纯生金威啤酒	LB—47—0710192596A
		10°P 水晶纯生金威啤酒	LB—47—0710192597A
		10°P2008 金威啤酒	LB—47—0710192599A
		8°P 精品超爽金威啤酒	LB—47—0710192601A
		10.0 度 P 纯生金威啤酒	LB—47—0807192390A
		10.0 度 P 金纯金威啤酒	LB—47—0807192391A
		9 度 P 冰爽金威啤酒	LB—47—0807192392A
深圳市南荔王果业中心	双荔牌	荔枝	LB—18—0911193595A GF440305061221
		龙眼	LB—18—0911193596A GF440305061221
珠海市横琴岛企业总公司	横琴蚝牌	横琴蚝	LB—36—0804191270A
珠海经济特区南水企业集团公司	南水牌	锯缘青蟹	LB—36—0902190606A
珠海市农业科学研究中心	nk 牌	樱桃番茄	LB—15—0710192697A
		菜心	LB—15—0710192698A
		黄瓜	LB—15—0710192699A
		甜瓜	LB—15—0710192700A
		鱼翅瓜	LB—15—0710192701A
		芦笋	LB—15—0710192702A
珠海市金湾区平沙敏达农场	敏达企业＋图形＋MINDA 牌	台湾珍珠芭生	LB—18—0903190925A
珠海斗门永业发展有限公司	宏林＋honglin＋图形	宏林南瓜	LB—15—0910193467A
		宏林紫甘薯	LB—15—0910193468A

（续表）

企业名称	注册商标	产品名称	标志编号
东莞市绿健生物科技有限公司	莞绿牌	糯米糍荔枝	LB—18—0712194653A
东莞市阿吉科技农业有限公司	阿吉牌	阿吉荔枝	LB—18—0902190482A
东莞市瑞丹生科技有限公司	瑞丹牌	虫草子实体（干基质培养）	LB—21—0908192791A
东莞市星河生物科技有限公司	玉龙洞牌	金针菇（鲜）	LB—21—0805191676A
东莞市华美食品有限公司	华美牌	蛋黄白莲蓉月饼	LB—51—0905192306A
		绿茶蛋黄莲蓉月饼	LB—51—0905192307A
		菠萝味月饼	LB—51—0905192308A
		草莓味月饼	LB—51—0905192309A
		哈密瓜味月饼	LB—51—0905192310A
		豆沙馅月饼	LB—51—0905192311A
	华美＋Huamei＋图形牌	绿茶味蛋黄莲蓉月饼	LB—51—0905192312A
		华美双黄白莲蓉月饼	LB—51—0905192313A
		花团锦簇月饼	LB—51—0905192314A
		海苔味月饼	LB—51—0905192315A
	华美牌	牛奶搭档（粗纤维蔬菜味饼干）	LB—51—0806192101A
		牛奶搭档（粗纤维芝麻味饼干）	LB—51—0806192102A
		牛奶搭档（粗纤维麦香味饼干）	LB—51—0707191713A
		华美牌奇之脆米通	LB—52—0709192458A
金威啤酒（东莞）有限公司	金威牌	10 度 P 纯生金威啤酒	LB—47—0806192173A
		10.0 度 P2008 金威啤酒	LB—47—0806192174A
		10.0 度 P 金纯金威啤酒	LB—47—0806192175A
		10.0 度 P 金福金威啤酒	LB—47—0806192176A
		9 度 P 新生活金威啤	LB—47—0806192177A
		11.0 度 P 金威啤酒	LB—47—0806192178A
		12.0 度 P 金威啤酒	LB—47—0806192179A
东莞金湖粤海酒店有限公司	粤海秋月牌	清香莲蓉月饼	LB—51—0804191559A
		纯鹰嘴豆月饼	LB—51—0804191560A
		纯百合月饼	LB—51—0804191561A
		绿色凝香月饼	LB—51—0804191562A
		绿色迎福月饼	LB—51—0804191563A
		绿色精品月饼	LB—51—0804191564A
		绿色迷你月饼	LB—51—0804191565A
		绿色金典月饼	LB—51—0804191566A
		绿色加音月饼	LB—51—0804191567A

（续表）

企业名称	注册商标	产品名称	标志编号
东莞市科达农业科技开发有限公司	绿之美牌	菜心	LB—15—0906192944A
		上海青	LB—15—0906192940A
		油麦菜	LB—15—0906192939A
		奶白菜	LB—15—0906192946A
		芥蓝	LB—15—0906192942A
		生菜	LB—15—0906192941A
		通菜	LB—15—0906192943A
		西洋菜	LB—15—0906192945A
		青瓜	LB—15—0906192938A
东莞市逸品食品有限公司	大岭山＋拼音＋图形	逸品荔枝	LB—18—0812194952A
湛江市绿田菜业有限公司	绿轩	玉豆	LB—15—0702190476A
		菜心	LB—15—0702190477A
		芥菜	LB—15—0702190478A
		青瓜	LB—15—0702190479A
		豆苗	LB—15—0702190480A
		西红柿	LB—15—0702190481A
		小葱	LB—15—0702190482A
		韭菜	LB—15—0702190483A
广东湛江金牛实业发展公司	金帆牌	优质牛肉	LB—26—0808192643A
湛江市麻章区鸭曹蔬菜专业合作社	天然萃牌	菜心	LB—15—0809193142A
		白菜	LB—15—0809193143A
		黄瓜	LB—15—0809193144A
湛江市平岭农产品加工厂	清一色	火龙果	LB—18—0611193034A
湛江市欢乐家食品有限公司	欢乐家牌	糖水荔枝（罐头）	LB—20—0909194057A
徐闻县绿源果菜发展有限公司	福民牌	福民香蕉	LB—18—0806191906A
雷州市汇丰水果开发经营部	雷芒牌	雷州芒果	LB—18—0712194721A
雷州市雷穗粮食发展有限公司	雷穗牌	家泰香米	LB—03—0810193494A
		和贵软米	LB—03—0810193495A
		万福香丝米	LB—03—0810193496A
		事顺香油粘米	LB—03—0810193497A
		兴隆贡米	LB—03—0810193498A
		芙蓉米	LB—03—0810193499A
		半岛香米	LB—03—0810193500A
		名贵香米	LB—03—0810193501A
广东恒福糖业集团有限公司	雪仙牌	白砂糖	LB—12—0903190776A

（续表）

企业名称	注册商标	产品名称	标志编号
廉江市华南糖业有限公司	雅沙牌	一级白砂糖	LB—12—0902190421A
雷州市恒大制糖有限公司	雷城牌	白砂糖	LB—12—0709192459A
徐闻县恒福糖业发展有限公司	赛古牌	白砂糖	LB—12—0708191975A
广东省华海糖业发展有限公司	丰牌牌	白砂糖	LB—12—0903190740A
	雄欧＋图形	蒸青绿茶	LB—44—0909192968A
		蒸青绿茶春茶	LB—44—0909192969A
	勇士＋YOMCSHI＋图形	蒸青绿茶	LB—44—0909192970A
广东大华糖业有限公司	金坡牌	白砂糖	LB—12—0902190446A
广东省丰收糖业发展有限公司	峰泉牌	白砂糖	LB—12—0803190862A
广东鹰峰食品有限责任公司	鹰峰牌	冰糖芦荟	LB—24—0902190401A
广东收获罐头食品公司丰收公司	三角牌	糖水菠萝罐头	LB—20—0712194726A
		糖水菠萝全圆片	LB—20—0712194727A
		糖水菠萝小扇块	LB—20—0712194728A
		糖水菠萝扇块	LB—20—0712194729A
		糖水菠萝碎块	LB—20—0712194730A
		糖水菠萝长块	LB—20—0712194731A
		糖水菠萝全圆片	LB—20—0712194732A
广东金岭糖业集团有限公司	甘岭牌	优级绵白糖	LB—12—0708191827A
		一级白砂糖	LB—12—0708191828A
湛江华资农垦糖业发展有限公司广华分公司	三环牌	白砂糖	LB—12—0712194112A
广东省廉江水果企业集团公司	廉江红牌	廉江红橙	LB—18—0904191191A
廉江市绿色新桂荔枝产销有限公司	早桂牌	荔枝	LB—18—0708191941A
廉江市劳福茂茶叶有限公司	劳福茂牌	劳福茂茶	LB—44—0806191929A
廉江市湛绿农业科技开发有限公司	湛绿＋ZHANLU 牌	湛绿尖椒	LB—15—0809193242A
广东省国营红江农场	红江牌	红江橙	LB—18—0802190535A
湛江市伊齐爽食品实业有限公司	伊齐爽牌	果粒芦荟饮料	LB—40—0908192623A GF440882091078
		伊荟仙露芦荟饮料	LB—40—0908192624A GF440882091078
		糖水菠萝长块罐头	LB—40—0908192625A GF440882091078
		糖水菠萝扇块罐头	LB—40—0908192626A GF440882091078
		糖水菠萝碎块罐头	LB—40—0908192627A GF440882091078
		糖水菠萝碎米罐头	LB—40—0908192628A GF440882091078
		糖水菠萝圆片罐头	LB—40—0908192623A GF440882091078

（续表）

企业名称	注册商标	产品名称	标志编号
廉江市良垌日升荔枝专业合作社	广良牌	广良荔枝	LB—18—0908192702A GF440881091119
茂名市利来水果产销专业合作社	安荔牌	荔枝	LB—18—0810193809A
茂名钜园农业种植有限公司	龙博士＋图形牌	龙眼	LB—18—0810193667A
茂名市金信米业有限公司	锦旺＋拼音＋图形牌	贵族香油粘（米）	LB—03—0901190083A
化州市长发粮果蔬农民专业合作社	绿士牌	香蕉	LB—08—0812195039A
高州市沙田果树技术开发有限公司	马头牌	龙眼	LB—18—0906191880A
		荔枝	LB—18—0906191881A
高州市丰盛贸易有限公司	桂康＋CUIKANC＋图形	荔枝干果	LB—19—0908192581A
		桂圆干果	LB—19—0908192582A
		生晒桂圆肉	LB—19—0908192583A
高州市金龙果业科技有限公司	岭南益微 SOD龙眼	储良龙眼	LB—18—0611193425A
信宜市郭氏果蜜业有限公司	爱羡牌	桂圆肉（干）	LB—20—0807192397A
		龙眼干果	LB—20—0807192398A
电白县绿色农业发展有限公司	水东鸡心芥牌	水东鸡心芥（菜）	LB—15—0711193130A
电白县绿缘绿色食品有限公司	华搂大顶＋HLDD＋ 图形牌	水东芥菜	LB—15—0902190451A
		大顶苦瓜	LB—15—0902190452A
		青刺瓜	LB—15—0902190453A
茂名市广垦名富果业有限公司	图形＋MF牌	番石榴	LB—18—0906191714A
		红杨桃	LB—18—0906191715A
广东茂名大厦有限公司	半江	金装白莲蓉月饼	LB—51—0908192784A
		清香白莲蓉月饼	LB—51—0908192785A
广宁县农业技术推广中心服务部	玉篁牌	鲜竹笋	LB—15—0805191741A
广宁县江屯镇万正果业购销部	“万意＋WANYI”牌	砂糖桔	LB—18—0808193008A
怀集高山青农产品有限公司	新岗天井坑牌	冻顶茶（乌龙茶）	LB—44—0709192348A
封开县奇香皇果业有限公司	奇香皇牌	干果类	LB—19—0610192558A
德庆县仙罗果业有限公司	仙罗	仙罗贡柑	LB—18—0706191359A
清远市金林果业 有限公司	金爽牌	杨梅	LB—18—0910193778A
连南瑶族自治县兴农柠檬专业合作社	里西本＋拼音＋图形牌	连南无核柠檬	LB—18—0903190897A
连州市龙坪镇龙兴水果场	鸿星牌	水晶梨	LB—18—0804191381A
连州市金山水晶梨果场	秀源牌	水晶梨	LB—18—0804191503A
清远市风中皇清远麻鸡发展有限公司	凤中皇	清远（麻）鸡	LB—28—0704190958A
清远震兴农产品有限公司	巧口＋图形牌	巧口脆笋（笋制品）	LB—17—0808192652A
		巧口凤尾笋（笋制品）	LB—17—0808192653A
		巧口玉笋（笋制品）	LB—17—0808192654A

（续表）

企业名称	注册商标	产品名称	标志编号
连山瑶族自治县益生源山茶油有限公司	金瑶山＋GOLD YAO SHAN 牌	金山茶油	LB—10—0906192097A
佛冈县汤塘镇官山水果专业合作社	湴—＋PAYI 牌	沙糖桔	LB—18—0908192494A GF441821091023
佛冈县龙山供销合作社门楼富村沙糖桔专业合作社	门楼富＋ 图形牌	沙糖桔	LB—18—0908192495A GF441821091024
佛冈县水头镇桂元村沙糖桔专业合作社	水头山＋SHUITOUSHAN＋图形	沙糖桔	LB—18—0908192496A GF441821091025
连州市嘉农现代农业发展有限公司	嘉利园＋图形牌	嘉利园南瓜	LB—15—0911193825A GF441882091588
		嘉利园水晶梨	LB—15—0911193827A GF441882091588
	自劳地＋图形牌	高山紫心番薯	LB—15—0911193826A GF441882091588
清新县高家庄油茶开发有限公司	图形商标牌	高山庄茶籽油	LB—10—0912194305A GF441827091802
阳山县季候菜绿色农业发展有限公司	JIHOU＋图形	甘薯	LB—15—0912194347A GF441823091825
		淮山	LB—15—0912194348A GF441823091825
英德市纺生粮油种植有限公司	纺生＋FANGSHEN	马岭油粘米	LB—03—0912194349A GF441881091826
郁南县富康农业发展有限公司	郁江牌	草鱼	LB—36—0610192815A
		郁南无核黄皮	LB—18—0611193352A
		郁南砂糖桔	LB—18—0611193353A
		庞寨黑叶 荔枝	LB—18—0612194381A
		郁南竹笋	LB—18—0612194382A
郁南县西江淀粉厂	海鸥牌	木薯淀粉	
罗定市稻香园农业发展有限公司	聚龙牌	聚龙大米	LB—03—0805191589A
罗定市豆丰园菜业有限公司	九仔牌	好仔豆（黎豆制品）	LB—17—0709192238A
广东省罗定市满塘茶场	天子岭＋图形牌	天子茶（绿茶）	LB—44—0810193734A
新兴县马林食品有限公司	马林牌	马林话梅皇	LB—53—0709192436A
云安县农丰农业综合开发有限公司	云雾山牌	贡柑	LB—18—0902191954A
		沙糖桔	LB—18—0902191955A
		西瓜	LB—18—0902191956A
广东省中山食品进出口有限公司	香山华丰	杨桃	LB—18—0805191707A
广东省中山食品水产进出口集团有限公司	宝平牌	鲩鱼肉片（冷冻）	LB—36—0709192213A
		草鱼（活）	LB—36—0709192214A
		鳙鱼（活）	LB—36—0709192215A

（续表）

企业名称	注册商标	产品名称	标志编号
中山市欣欣食品有限公司	万利园	蛋黄白莲蓉月饼	LB—51—0706191410A
		牛奶红豆月饼	LB—51—0706191411A
		绿茶莲蓉月饼	LB—51—0706191412A
		凤梨月饼	LB—51—0706191413A
		万利园和谐之礼组合月饼	LB—51—0706191414A
中山市日威食品有限公司	日威牌	蛋黄白莲蓉月饼	LB—51—0805191611A
		哈密瓜馅月饼	LB—51—0805191612A
		纯正白莲蓉（馅）	LB—51—0805191613A
		蛋黄白莲蓉月饼	LB—51—0905191815A
		牛奶红豆月饼	LB—51—0905191816A
		咖啡味月饼	LB—51—0905191817A
		红茶月饼	LB—51—0905191818A
		日威组合广式月饼	LB—51—0905191819A
中山市旺生农业发展有限公司	旺生牌	番木瓜	LB—18—0809193292A
中山市五桂山镇蔬果场	桂山青	芒果	LB—18—0808192915A
中山市神湾镇种养服务公司	神湾＋SHENWAN＋图形牌	神湾菠萝	LB—18—0810193741A
中山市聚丰园粮油食品有限公司	聚丰园	银雪油粘米	LB—03—0806191887A
中山市三角镇梁全福水产养殖场	甲冠园	中华鳖	LB—36—0703190570A
中山围垦总公司	香山牌	香蕉	LB—18—0612194106A
广东杨氏南北鲜果有限公司	YANGS—NS牌	脐橙	LB—18—0801190373A
中山市东升农副 产品贸易有限公司	东裕牌	脆肉鲩鱼（鲜活）	LB—36—0911193694A GF442000091533
广东甘竹罐头有限公司	甘竹牌	甜玉米粒罐头	LB—06—0811193942A
		甜玉米羹罐头	LB—06—0811193932A
佛山市顺德区龙江镇左滩兴莹水产养殖场	左滩；右滩牌	草鱼（活）	LB—36—0706191405A
		鳙鱼（活）	LB—36—0706191406A
佛山市高明海达高新科技孵化养殖基地有限公司	鲜一先牌	高明三洲黑鹅（冷鲜）	LB—28—0710192680A
佛山市绿然谷果蔬食品有限公司	自然谷牌	苦瓜	LB—15—0601190034A
		西红柿	LB—15—0601190035A
佛山市高明区合水镇农业发展总公司	明翠牌	合水粉葛	LB—24—0902190417A
佛山市南海中南农场有限公司	绿之选＋拼音牌	菜心	LB—15—0906192050A
		生菜	LB—15—0906192051A
		白菜	LB—15—0906192052A

（续表）

企业名称	注册商标	产品名称	标志编号
江门市鸿豪生物科技有限公司	鸿豪＋HONGHAO＋图形牌	鸿豪蛹虫草子实体（干品）	LB—23—0810193620A
江门市新会古兜矿泉水厂	古兜山牌	饮用天然 矿泉水	LB—38—0810193745A
江门市新康虫草有限公司	岗州春＋康夫人牌	虫草子实体（干品）	LB—23—0808192858A
	岗州春	虫草子实体（菌种培养）	LB—21—0912194079A GF440705081143
		虫草皇（菌种 培养）	LB—21—0912194080A GF440705081143
江门市新会区大鳌有机农业发展有限公司		莲藕	LB—15—0811193975A
		慈姑	LB—15—0811193976A
台山市粮食购销总公司	珍香牌	大米	LB—03—0906191702A
开平市开兰面粉有限公司	开兰牌	小麦粉	LB—02—0803191002A
		糕点用小麦粉	LB—02—0803191003A
		面包用小麦粉	LB—02—0803191004A
恩平市丰江农业合作社	恩丰江＋图形牌	马铃薯	LB—15—0807192437A
开平裕茂农业开发有限公司	图形牌	裕茂紫玉 火龙果	LB—18—0805191770A
	图形商标牌	台湾翠玉 蜜枣	LB—18—0902190521A
		台湾番石榴	LB—18—0902190522A
		裕茂红宝石芒果	LB—18—0902190523A
		裕茂金星杨桃	LB—18—0902190524A
		裕茂黑珍珠莲雾	LB—18—0902190525A
恩平市七星坑山泉有限公司	一品＋ipini	一品怡山泉水	LB—38—0805191833A
恩平市聚泉农业有限公司	翠锦圆牌	翠锦圆龙眼	LB—18—0711193107A
振兴（恩平）农场有限公司	JHF 牌	荔枝	LB—18—0906191786A
		龙眼	LB—18—0906191787A
鹤山市华山泉食品饮料有限公司	华山泉牌	华山泉优质天然矿泉水	LB—38—0905191450A
鹤山市共和现代农业发展有限公司	共裕牌	鹤山葛粉	LB—24—0612194388A
鹤山市云乡镇农业服务部	云乡牌	云乡龙眼	LB—18—0612194347A
鹤山市花皇淀粉厂有限公司	花皇牌＋ 图形牌	特级生粉（木薯）	LB—55—0907192446A
鹤山市华粮米业有限公司	鹤粮	址山贡粮（大米）	LB—03—0908192792A
阳江丰多采农业开发有限公司	丰多采牌	网纹甜瓜	LB—18—0712194352A
		荔枝	LB—18—0712194353A
阳东天绿源生态农业有限公司		储粮龙眼	LB—18—0812194736A
阳东八果圣食品有限公司	八果圣牌	八果圣益智甜酸	LB—53—07111[illegible]A
		八果圣益智甜酸	LB—53—0711192909A
		八果圣益智蜜饯	LB—53—0711192910A

（续表）

企业名称	注册商标	产品名称	标志编号
广东阳帆食品有限公司	阳帆牌	阳江姜豉	LB—56—0812194350A
阳西县西荔王果蔬专业合作社	爽缘＋图形牌	荔枝	LB—18—0810193822A
阳西县粤富水产养殖鱼粉有限公司	资源富 ＋拼音＋图形牌	龙眼	LB—18—0810193822A
阳春市水果生产服务中心		阳春马水桔	LB—18—0904192478A
阳春市裕茂农业开发有限公司	图形商标牌	翠玉蜜枣	LB—18—0904192640A

2009 年有效使用绿色食品标志企业名单

序号	企业名称	产品名称	商标	标志编号
1	广州珠江啤酒股份有限公司	10°珠江纯生啤酒	珠江牌	LB—47—0710192615A
2		8°珠江纯生啤酒		LB—47—0710192616A
3		11°珠江纯生啤酒		LB—47—0710192617A
4		10°珠江纯生精品啤酒		LB—47—0710192618A
5		11°珠江纯生精品啤酒		LB—47—0710192619A
6		11°珠江纯生特制啤酒		LB—47—0710192620A
7		8°珠江纯生精品啤酒		LB—47—0710192621A
8		10°珠江纯生特制啤酒		LB—47—0710192622A
9		12°珠江啤酒		LB—47—0710192623A
10		10°金牌珠江啤酒		LB—47—0710192624A
11		12°金牌珠江啤酒		LB—47—0710192625A
12		11°清醇珠江啤酒		LB—47—0710192626A
13		10°清爽型珠江啤酒		LB—47—0710192627A
14		11°特制清爽型珠江啤酒		LB—47—0710192628A
15		8°淡爽珠江啤酒		LB—47—0710192629A
16		10°绿清爽型珠江啤酒		LB—47—0710192630A
17		11°绿清爽型珠江啤酒		LB—47—0710192631A
18		10°清醇珠江啤酒啤		LB—47—0710192632A
19		10°新清爽珠江啤酒		LB—47—0710192633A
20		12°传统珠江啤酒		LB—47—0710192634A
21		11°全麦珠江啤酒		LB—47—0710192635A
22		10°精品雪堡啤酒	雪堡牌	LB—47—0710192636A
23		12°新清爽珠江啤酒	珠江牌	LB—47—0710192637A
24		11°新清爽珠江啤酒		LB—47—0710192638A
25	广州麦芽有限公司 GF440112070893	麦芽（澳麦）	MY 牌	LB—24—0708192115A
26		麦芽（加麦）		LB—24—1001190088A
27	广州大丘有机农产有限公司	仙蜜果	GH 牌	LB—18—0712194088A
28	广州市双钱糖业有限公司	白砂糖	双钱牌	LB—12—0804191166A
29	广州风行牛奶有限公司	鲜牛奶	风行牌	LB—33—0805191581A
30		全脂调味酸牛奶		LB—33—0805191582A
31	广州市洲星食品有限公司	马蹄粉	洲星牌	LB—17—0806192024A
32		马蹄糕		LB—17—0806192025A
33		千层马蹄糕		LB—17—0806192026A

（续表）

序号	企业名称	产品名称	商标	标志编号
34	广州市洲星食品有限公司	马蹄粒马蹄糕	洲星牌	LB—17—0806192027A
35		双色马蹄糕		LB—17—0806192028A
36	广州东升农场有限公司	菜心	东升	LB—15—0704191047A
37		芥蓝		LB—15—0704191048A
38		上海青		LB—15—0704191049A
39		甜玉米		LB—15—0704191050A
40		荷兰豆	东升牌	LB—15—0808192837A
41		白菜		LB—15—0808192832A
42		通菜		LB—15—0808192833A
43		生菜		LB—15—0808192834A
44		苋菜		LB—15—0808192835A
45		番茄		LB—15—0808192836A
46		甜豆		LB—15—0808192838A
47		四季豆		LB—15—0808192839A
48		毛豆		LB—15—0808192840A
49		丝瓜		LB—15—0808192841A
50		毛瓜		LB—15—0808192842A
51		苦瓜		LB—15—0808192843A
52	广州叶海生态园有限公司	荔枝	叶海牌	LB—18—0901191662A
53		荔枝干		LB—18—0901191663A
54	广州酒家集团利口福食品有限公司 GF440113091169	双黄纯红莲蓉月饼	利口福牌	LB—51—0908192796A
55		双黄纯白莲蓉月饼		LB—51—0908192797A
56		蛋黄纯红莲蓉月饼		LB—51—0908192798A
57		蛋黄纯白莲蓉月饼		LB—51—0908192799A
58		广州精品月饼		LB—51—0908192800A
59		哈密瓜精品月饼		LB—51—0908192801A
60		凤梨味精品月饼		LB—51—0908192802A
61		凤梨味馅		LB—51—0908192803A
62		纯白莲蓉馅		LB—51—0908192804A
63		纯红莲蓉馅		LB—51—0908192805A
64		绿色喜庆月饼礼盒		LB—51—0908192806A
65		绿色丰收月饼礼盒		LB—51—0908192807A
66		绿色健康月饼礼盒		LB—51—0908192808A
67		绿色广州精品月饼礼盒		LB—51—0908192809A
68	广州市从化西洋食品有限公司	从化鸭稻米	深田牌	LB—03—0809193139A
69	广州市丰恒农产品进出口有限公司	莲藕	丰莲牌	LB—15—0809193323A

（续表）

序号	企业名称	产品名称	商标	标志编号
70	广州永乐绿色生态农庄有限公司 GF440115081981	番石榴	延乐牌	LB—18—0812194974A
71	广州市流溪香雪食品有限公司	高山番薯	良口+图形	LB—13—0902190657A
72	广州双桥股份有限公司	葡萄糖浆	双桥+图形	LB—12—0906192122A
73		果葡糖浆		LB—12—0906192123A
74		啤酒用糖浆		LB—12—0906192124A
75	广东省家农科院土壤肥料研究所	精制有机肥	新农科牌	LSSZ—01—0702190053

2009 年全省获得认证绿色食品名录

序号	企业名称	注册商标	产品名称	标志编号
1	广州珠江啤酒股份有限公司	珠江牌	10°珠江纯生啤酒	LB—47—0710192615A
2			8°珠江纯生啤酒	LB—47—0710192616A
3			11°珠江纯生啤酒	LB—47—0710192617A
4			10°珠江纯生精品啤酒	LB—47—0710192618A
5			11°珠江纯生精品啤酒	LB—47—0710192619A
6			11°珠江纯生特制啤酒	LB—47—0710192620A
7			8°珠江纯生精品啤酒	LB—47—0710192621A
8			10°珠江纯生特制啤酒	LB—47—0710192622A
9			12°珠江啤酒	LB—47—0710192623A
10			10°金牌珠江啤酒	LB—47—0710192624A
11			12°金牌珠江啤酒	LB—47—0710192625A
12			11°清醇珠江啤酒	LB—47—0710192626A
13			10°清爽型珠江啤酒	LB—47—0710192627A
14			11°特制清爽型珠江啤酒	LB—47—0710192628A
15			8°淡爽珠江啤酒	LB—47—0710192629A
16			10°绿清爽型珠江啤酒	LB—47—0710192630A
17			11°绿清爽型珠江啤酒	LB—47—0710192631A
18			10°清醇珠江啤酒啤	LB—47—0710192632A
19			10°新清爽珠江啤酒	LB—47—0710192633A
20			12°传统珠江啤酒	LB—47—0710192634A
21			11°全麦珠江啤酒	LB—47—0710192635A
22		雪堡牌	10°精品雪堡啤酒	LB—47—0710192636A
23		珠江牌	12°新清爽珠江啤酒	LB—47—0710192637A
24			11°新清爽珠江啤酒	LB—47—0710192638A
25	广州麦芽有限公司 GF440112070893	MY 牌	麦芽（澳麦）	LB—24—0708192115A
26			麦芽（加麦）	LB—24—1001190088A
27	广州大丘有机农产有限公司	GH 牌	仙蜜果	LB—18—0712194088A
28	广州市双钱糖业有限公司	双钱牌	白砂糖	LB—12—0804191166A
29	广州风行牛奶有限公司	风行牌	鲜牛奶	LB—33—0805191581A
30			全脂调味酸牛奶	LB—33—0805191582A
31	广州市洲星食品有限公司	洲星牌	马蹄粉	LB—17—0806192024A
32			马蹄糕	LB—17—0806192025A
33			千层马蹄糕	LB—17—0806192026A
34			马蹄粒马蹄糕	LB—17—0806192027A
35			双色马蹄糕	LB—17—0806192028A

（续表）

序号	企业名称	注册商标	产品名称	标志编号
36	广州东升农场有限公司	东升	菜心	LB—15—0704191047A
37			芥蓝	LB—15—0704191048A
38			上海青	LB—15—0704191049A
39			甜玉米	LB—15—0704191050A
40		东升牌	荷兰豆	LB—15—0808192837A
41			白菜	LB—15—0808192832A
42			通菜	LB—15—0808192833A
43			生菜	LB—15—0808192834A
44			苋菜	LB—15—0808192835A
45			番茄	LB—15—0808192836A
46			甜豆	LB—15—0808192838A
47			四季豆	LB—15—0808192839A
48			毛豆	LB—15—0808192840A
49			丝瓜	LB—15—0808192841A
50			毛瓜	LB—15—0808192842A
51			苦瓜	LB—15—0808192843A
52	广州叶海生态园有限公司	叶海牌	荔枝	LB—18—0901191662A
53			荔枝干	LB—18—0901191663A
54	广州酒家集团利口福食品有限公司 GF440113091169	利口福牌	双黄纯红莲蓉月饼	LB—51—0908192796A
55			双黄纯白莲蓉月饼	LB—51—0908192797A
56			蛋黄纯红莲蓉月饼	LB—51—0908192798A
57			蛋黄纯白莲蓉月饼	LB—51—0908192799A
58			广州精品月饼	LB—51—0908192800A
59			哈密瓜精品月饼	LB—51—0908192801A
60			凤梨味精品月饼	LB—51—0908192802A
61			凤梨味馅	LB—51—0908192803A
62			纯白莲蓉馅	LB—51—0908192804A
63			纯红莲蓉馅	LB—51—0908192805A
64			绿色喜庆月饼礼盒	LB—51—0908192806A
65			绿色丰收月饼礼盒	LB—51—0908192807A
66			绿色健康月饼礼盒	LB—51—0908192808A
67			绿色广州精品月饼礼盒	LB—51—0908192809A
68	广州市从化西洋食品有限公司	深田牌	从化鸭稻米	LB—03—0809193139A
69	广州市丰恒农产品进出口有限公司	丰莲牌	莲藕	LB—15—0809193323A
70	广州永乐绿色生态农庄有限公司 GF440115081481	延瓜牌	番石榴	LB—18—0812191071A

（续表）

序号	企业名称	注册商标	产品名称	标志编号
71	广州市流溪香雪食品有限公司	良口＋图形	高山番薯	LB—13—0902190657A
72	广州双桥股份有限公司	双桥＋图形	葡萄糖浆	LB—12—0906192122A
73			果葡糖浆	LB—12—0906192123A
74			啤酒用糖浆	LB—12—0906192124A
75	广东省家农科院土壤肥料研究所	新农科牌	精制有机肥	LSSZ—01—0702190053
76	广州燕塘乳业有限公司	燕塘牌	鲜牛奶	LB—33—0904191884A
77			甜牛奶饮品	LB—33—0904191885A
78			酸奶饮品	LB—33—0904191886A
79			高钙牛奶饮品	LB—33—0904191887A
80	广东宝桑园健康食品研究发展中心	宝桑园牌	桑果汁饮料	LB—40—0907194168A
81	增城市优质米生产基地公司	挂绿牌	增城丝苗米	LB—03—0906192038A
82	乐昌市九峰镇绿峰果菜专业合作社	九峰山＋图形牌	柑桔	LB—18—0905191657A
83			奈李	LB—18—0905191658A
84			蜜桃	LB—18—0905191659A
85			水晶梨	LB—18—0905191660A
86	乐昌市老平农场	老平牌	沙糖桔	LB—18—0905191534A
87	仁化县和而支生态农业有限公司	和粤＋heyueshengtai＋图形	长坝沙田柚	LB—18—0906191883A
88	仁化县康溪走马坪果场	走马坪＋图形牌	走马坪沙田柚	LB—18—0904191222A
89	韶关市绿鲜冠天然食品有限公司	绿鲜冠牌	巴西果果汁饮料	LB—40—0907192384A
90	乳源瑶族自治县南水渔业开发有限公司	银源牌	银鱼（冷冻）	LB—36—0911194047A GF440232061148
91	始兴县洪源果业	五月红＋图形牌	东魁杨梅	LB—18—0905191467A
92	乳源瑶族自治县祈泰农业发展有限公司	番泰行＋图形	乳源瑶山杨梅	LB—18—0912194307A GF440232091804
93	韶关市慧园米业有限公司	慧园福米＋图形牌	慧园福米	LB—03—0912194330A GF440229091814
94	翁源县兴农水果专业合作社	翁南＋图形牌	椪柑	LB—18—0912194331A GF440229091815
95			砂糖桔	LB—18—0912194332A GF440229091815
96	梅县嘉丰农业发展有限公司	嘉丰＋拼音牌	沙田柚	LB—18—0906192096A
97	梅州市运兴实业有限公司丽园农场	绿园金柚	柚子	LB—18—0904191278A
98	梅县华银雁鸣湖旅游度假村有限公司	雁鸣湖牌	沙田柚	LB—18—0902190391A
99	梅县嘉园农业发展有限公司	兼圜＋图形牌	嘉园香米	LB—03—0901190032A
100	梅州市杨文绿有农业发展有限公司	光兴发＋图形	绿有菜心	LB—15—0911193815A GF4414402091584

（续表）

序号	企业名称	注册商标	产品名称	标志编号
101	揭西县京明茶叶综合发展有限公司	京明＋图形牌	红心铁观音（茶）	LB—44—0904191322A
102			京明绿茶	LB—44—0904191323A
103	揭西县京溪园罐头厂	龙江牌＋图形牌	甜玉米粒（罐头）	LB—06—0907192186A
104	广东蓝天果蔬农业科技开发有限公司	蓝天果＋拼音	九制五味蒜茸萝卜	LB—56—0910193413A
105	汕头市潮阳区关埠绿生果园	喜圆圆＋ 拼音牌	潮汕蕉柑	LB—18—0907192428A
106	海丰县果菜副食品公司	皇斋虎噉牌	金针菜（干）	LB—15—0902190518A
107	海丰县公平供销社	九龙峒＋图形	生姜	LB—15—0909193078A
108	饶平县凌旭茶叶有限公司	凌旭牌	凉瓜茶	LB—45—0909193322A
109	惠州市海纳粮油食品有限公司	水中鲤牌	丝苗米	LB—03—0902190579A
110	旺旺农业科技（惠州）有限公司	旺农科＋图形	番石榴	LB—18—0909192957A
111	勇记农业开发（惠州）有限公司	YK 牌	菜心	LB—15—0906192542A
112			芥蓝	LB—15—0906192543A
113			生菜	LB—15—0906192544A
114			菠菜	LB—15—0906192545A
115			玉豆	LB—15—0906192546A
116			白菜	LB—15—0906192547A
117			豇豆	LB—15—0906192548A
118			豆苗	LB—15—0906192549A
119			茼蒿	LB—15—0906192550A
120			节瓜	LB—15—0906192551A
121	惠州市四季鲜绿色食品有限公司	粤农 ＋YUENONG 牌	荔枝干	LB—19—0905191474A
122	惠东县广兴农贸有限公司	好运莲＋拼音牌	多祝银丝粘（米）	LB—03—0906191943A
123		平海＋拼音＋图形	马铃薯	LB—15—0906191944A
124	惠东县美味皇油脂有限公司	美味皇＋拼音 ＋图形牌	纯正花生油一级压榨	LB—10—0902190519A
125	惠州市鹏昌农业科技有限公司	鹏昌牌	鲜鸡蛋	LB—31—0906191788A
126	河源过江龙农业发展有限公司	万家富牌	万家富原味炒栗	LB—19—0901190033A
127	河源市新星实业发展有限公司	绿湖春＋ LUHUCHUNPAI 牌	春甜桔	LB—18—0912194275A GF441602091784
128			砂糖桔	LB—18—0912194276A GF441602091784
129	深圳市南荔干果业中心	双荔牌	荔枝	LB—18—0911193595A GF440305061221
130			龙眼	LB—18—0911193596A GF440305061221
131	珠海经济特区南水企业集团公司	南水牌	锯缘青蟹	LB—38—090219[illegible]A

（续表）

序号	企业名称	注册商标	产品名称	标志编号
132	珠海市金湾区平沙敏达农场	敏达企业＋图形＋MINDA牌	台湾珍珠芭生（）	LB—18—0903190925A
133	珠海斗门永业发展有限公司	宏林＋honglin＋图形	宏林南瓜	LB—15—0910193467A
134			宏林紫甘薯	LB—15—0910193468A
135	东莞市阿吉科技农业有限公司	阿吉牌	阿吉荔枝	LB—18—0902190482A
136	东莞市瑞丹生科技有限公司	瑞丹牌	虫草子实体（干基质培养）	LB—21—0908192791A
137	东莞市华美食品有限公司	华美牌	蛋黄白莲蓉月饼	LB—51—0905192306A
138			绿茶蛋黄莲蓉月饼	LB—51—0905192307A
139			菠萝味月饼	LB—51—0905192308A
140			草莓味月饼	LB—51—0905192309A
141			哈密瓜味月饼	LB—51—0905192310A
142			豆沙馅月饼	LB—51—0905192311A
143		华美＋Huamei＋图形牌	绿茶味蛋黄莲蓉月饼	LB—51—0905192312A
144			华美双黄白莲蓉月饼	LB—51—0905192313A
145			花团锦簇月饼	LB—51—0905192314A
146			海苔味月饼	LB—51—0905192315A
147	东莞市科达农业科技开发有限公司	绿之美牌	菜心	LB—15—0906192944A
148			上海青	LB—15—0906192940A
149			油麦菜	LB—15—0906192939A
150			奶白菜	LB—15—0906192946A
151			芥兰	LB—15—0906192942A
152			生菜	LB—15—0906192941A
153			通菜	LB—15—0906192943A
154			西洋菜	LB—15—0906192945A
155			青瓜	LB—15—0906192938A
156	湛江市欢乐家食品有限公司	欢乐家牌	糖水荔枝（罐头）	LB—20—0909194057A
157	广东恒福糖业集团有限公司	雪仙牌	白砂糖	LB—12—0903190776A
158	廉江市华南糖业有限公司	雅沙牌	一级白砂糖	LB—12—0902190421A
159	广东省华海糖业发展有限公司	丰牌牌	白砂糖	LB—12—0903190740A
160		雄欧＋图形	蒸青绿茶	LB—44—0909192968A
161			蒸青绿茶春茶	LB—44—0909192969A
162		勇士＋YOMCSHI＋图形	蒸青绿茶	LB—44—0909192970A
163	广东大华糖业有限公司	金坡牌	白砂糖	LB—12—0902190446A
164	广东鹰峰食品有限责任公司	鹰峰牌	冰糖芦荟	LB—24—0902190401A
165	广东省廉江水果企业集团公司	廉江红牌	廉江红橙	LB—18—0904191101A

（续表）

序号	企业名称	注册商标	产品名称	标志编号
166	湛江市伊齐爽食品实业有限公司	伊齐爽牌	果粒芦荟饮料	LB—40—0908192623A GF440882091078
167			伊荟仙露芦荟饮料	LB—40—0908192624A GF440882091078
168			糖水菠萝长块罐头	LB—40—0908192625A GF440882091078
169			糖水菠萝扇块罐头	LB—40—0908192626A GF440882091078
170			糖水菠萝碎块罐头	LB—40—0908192627A GF440882091078
171			糖水菠萝碎米罐头	LB—40—0908192628A GF440882091078
172			糖水菠萝圆片罐头	LB—40—0908192623A GF440882091078
173	廉江市良垌日升荔枝专业合作社	广良牌	广良荔枝	LB—18—0908192702A GF440881091119
174	茂名市金信米业有限公司	锦旺＋拼音＋图形牌	贵族香油粘（米）	LB—03—0901190083A
175	高州市沙田果树技术开发有限公司	马头牌	龙眼	LB—18—0906191880A
176			荔枝	LB—18—0906191881A
177	高州市丰盛贸易有限公司	桂康＋CUIKANG＋图形	荔枝干果	LB—19—0908192581A
178			桂圆干果	LB—19—0908192582A
179			生晒桂圆肉	LB—19—0908192583A
180	电白县绿缘绿色食品有限公司	华搂大顶＋HLDD＋ 图形牌	水东芥菜	LB—15—0902190451A
181			大顶苦瓜	LB—15—0902190452A
182			青刺瓜	LB—15—0902190453A
183	茂名市广垦名富果业有限公司	图形＋MF 牌	番石榴	LB—18—0906191714A
184			红杨桃	LB—18—0906191715A
185	广东茂名大厦有限公司	半江	金装白莲蓉月饼	LB—51—0908192784A
186			清香白莲蓉月饼	LB—51—0908192785A
187	清远市金林果业 有限公司	金爽牌	杨梅	LB—18—0910193778A
188	连南瑶族自治县兴农柠檬专业合作社	里西本＋拼音＋图形牌	连南无核柠檬	LB—18—0903190897A
189	连山瑶族自治县益生源山茶油有限公司	金瑶山＋GOLD YAO SHAN 牌	金山茶油	LB—10—0906192097A
190	佛冈县汤塘镇官山水果专业合作社	湛一＋PAYI 牌	沙糖桔	LB—18—0908192494A GF441821091023
191	佛冈县龙山供销合作社门楼晶村沙糖桔专业合作社	门楼富＋图形牌	沙糖桔	LB—18—0908192495A GF441821091024

（续表）

序号	企业名称	注册商标	产品名称	标志编号
192	佛冈县水头镇桂元村沙糖桔专业合作社	水头山＋SHUITOUSHAN＋图形	沙糖桔	LB—18—0908192496A GF441821091025
193	连州市嘉农现代农业发展有限公司	嘉利园＋图形牌	嘉利园南瓜	LB—15—0911193825A GF441882091588
194			嘉利园水晶梨	LB—15—0911193827A GF441882091588
195		自劳地＋图形牌	高山紫心番薯	LB—15—0911193826A GF441882091588
196	清新县高家庄油茶开发有限公司	图形商标牌	高山庄茶籽油	LB—10—0912194305A GF441827091802
197	阳山县季候菜绿色农业发展有限公司	JIHOU＋图形	甘薯	LB—15—0912194347A GF441823091825
198			淮山	LB—15—0912194348A GF441823091825
199	英德市纺生粮油种植有限公司	纺生＋FANGSHEN	马岭油粘米	LB—03—0912194349A GF441881091826
200	云安县农丰农业综合开发有限公司	云雾山牌	贡柑	LB—18—0902191954A
201			沙糖桔	LB—18—0902191955A
202			西瓜	LB—18—0902191956A
203	中山市日威食品有限公司	日威牌	蛋黄白莲蓉月饼	LB—51—0905191815A
204			牛奶红豆月饼	LB—51—0905191816A
205			咖啡味月饼	LB—51—0905191817A
206			红茶月饼	LB—51—0905191818A
207			日威组合广式月饼	LB—51—0905191819A
208	中山市东升农副 产品贸易有限公司	东裕牌	脆肉鲩鱼（鲜活）	LB—36—0911193694A GF442000091533
209	佛山市高明区合水镇农业发展总公司	明翠牌	合水粉葛	LB—24—0902190417A
210	佛山市南海中南农场有限公司	绿之选＋拼音牌	菜心	LB—15—0906192050A
211			生菜	LB—15—0906192051A
212			白菜	LB—15—0906192052A
213	江门市新康虫草有限公司	岗州春	虫草子实体（菌种培养）	LB—21—0912194079A GF440705081143
214			虫草皇（菌种 培养）	LB—21—0912194080A GF440705081143
215	台山市粮食购销总公司	珍香牌	大米	LB—03—0906191702A

（续表）

序号	企业名称	注册商标	产品名称	标志编号
216	开平裕茂农业开发有限公司	图形商标牌	台湾翠玉　蜜枣	LB—18—0902190521A
217			台湾番石榴	LB—18—0902190522A
218			裕茂红宝石芒果	LB—18—0902190523A
219			裕茂金星杨桃	LB—18—0902190524A
220			裕茂黑珍珠莲雾	LB—18—0902190525A
221	振兴（恩平）农场有限公司	JHF 牌	荔枝	LB—18—0906191786A
222			龙眼	LB—18—0906191787A
223	鹤山市华山泉食品饮料有限公司	华山泉牌	华山泉优质天然矿泉水	LB—38—0905191450A
224	鹤山市花皇淀粉厂有限公司	花皇牌＋ 图形牌	特级生粉（木薯）	LB—55—0907192446A
225	鹤山市华粮米业有限公司	鹤粮	址山贡粮（大米）	LB—03—0908192792A
226	阳春市水果生产服务中心		阳春马水桔	LB—18—0904192478A
227	阳春市裕茂农业开发有限公司	图形商标牌	翠玉蜜枣	LB—18—0904192640A

广东省植物新品种保护授权品种

（截至2009年12月31日）

申请号	植物种类	品种名称	申请日	公告类型	申请/品种权人	公告号
20060832.0	水稻 Oryza sativa L.	丰优大占	2006—12—21	授权公告	广东省农业科学院水稻研究所	CNA002552G
20060287. X	水稻 Oryza sativa L.	黄华占	2006—4—25	授权公告	广东省农业科学院水稻研究所	CNA002266G
20060169.5	水稻 Oryza sativa L.	荣丰 A	2006—3—16	授权公告	广东省农业科学院水稻研究所	CNA002260G
20060088.5	水稻 Oryza sativa L.	培杂 35	2006—2—27	授权公告	华南农业大学	CNA002681G
20060062.1	水稻 Oryza sativa L.	粤泰 B	2006—2—15	授权公告	广东省农业科学院水稻研究所	CNA002518G
20060036.2	水稻 Oryza sativa L.	广恢 398	2006—1—24	授权公告	广东省农业科学院水稻研究所	CNA002675G
20060021.4	水稻 Oryza sativa L.	粤恢 648	2006—1—12	授权公告	广东省农业科学院水稻研究所	CNA002672G
20050920.9	水稻 Oryza sativa L.	N2S	2005—12—31	授权公告	华南农业大学	CNA001794G
20050921.7	水稻 Oryza sativa L.	N28S	2005—12—31	授权公告	华南农业大学	CNA001795G
20050922.5	水稻 Oryza sativa L.	华恢 305	2005—12—31	授权公告	华南农业大学	CNA001796G
20050923.3	水稻 Oryza sativa L.	N39S	2005—12—31	授权公告	华南农业大学	CNA001797G
20050924.1	水稻 Oryza sativa L.	N9S	2005—12—31	授权公告	华南农业大学	CNA001798G
20050943.8	水稻 Oryza sativa L.	华优 638	2005—12—30	授权公告	肇庆市农业科学研究所	CNA002662G
20050944.6	水稻 Oryza sativa L.	R268	2005—12—30	授权公告	肇庆市农业科学研究所	CNA002663G
20050945.4	水稻 Oryza sativa L.	R263	2005—12—30	授权公告	肇庆市农业科学研究所	CNA002664G
20050946.2	水稻 Oryza sativa L.	R239	2005—12—30	授权公告	肇庆市农业科学研究所	CNA002665G
20050820.2	水稻 Oryza sativa L.	金恢 138	2005—12—13	授权公告	广东省金稻种业有限公司	CNA002097G
20050785.0	玉米 Zea mays L.	粤甜 13 号	2005—12—2	授权公告	广东省农业科学院作物研究所	CNA002134G
20050639.0	水稻 Oryza sativa L.	航恢八号	2005—11—4	授权公告	华南农业大学	CNA001781G
20050640.4	水稻 Oryza sativa L.	航恢 88	2005—11—4	授权公告	华南农业大学	CNA001782G

（续表）

申请号	植物种类	品种名称	申请日	公告类型	申请/品种权人	公告号
20050642.0	水稻 Oryza sativa L.	胜巴丝苗	2005—11—4	授权公告	华南农业大学	CNA001783G
20050527.0	水稻 Oryza sativa L.	华粳籼 74	2005—9—13	授权公告	华南农业大学	CNA001779G
20050493.2	水稻 Oryza sativa L.	博优 691	2005—8—26	授权公告	汕头市农业科学研究所	CNA001868G
20050202.6	水稻 Oryza sativa L.	湛 A	2005—4—4	授权公告	湛江海洋大学	CNA001670G
20050203.4	水稻 Oryza sativa L.	万金 A	2005—4—4	授权公告	湛江海洋大学	CNA001671G
20050051.1	水稻 Oryza sativa L.	龙 A	2005—1—18	授权公告	广东农作物杂种优势开发利用中心	CNA001651G
20040725.2	水稻 Oryza sativa L.	汕恢 316	2004—12—30	授权公告	汕头市农业科学研究所	CNA001457G
20040696.5	水稻 Oryza sativa L.	粤光 S	2004—12—29	授权公告	广东省农业科学院水稻研究所	CNA001241G
20040697.3	水稻 Oryza sativa L.	天优 838	2004—12—29	授权公告	广东省农业科学院水稻研究所	CNA001242G
20040554.3	水稻 Oryza sativa L.	龙优 673	2004—12—2	授权公告	广东农作物杂种优势开发利用中心	CNA001278G
20040535.7	水稻 Oryza sativa L.	龙优 665	2004—11—26	授权公告	广东农作物杂种优势开发利用中心	CNA001277G
20040225.0	水稻 Oryza sativa L.	华航一号	2004—5—11	授权公告	华南农业大学	CNA001216G
20040226.9	水稻 Oryza sativa L.	航恢七号	2004—5—11	授权公告	华南农业大学	CNA001217G
20040227.7	水稻 Oryza sativa L.	华航丝苗	2004—5—11	授权公告	华南农业大学	CNA001218G
20040228.5	水稻 Oryza sativa L.	泰丰占	2004—5—11	授权公告	华南农业大学	CNA001219G
20040186.6	水稻 Oryza sativa L.	广恢 290	2004—4—6	授权公告	广东省农业科学院水稻研究所	CNA001213G
20040120.3	水稻 Oryza sativa L.	广恢 368	2004—3—10	授权公告	广东省农业科学院水稻研究所	CNA001210G
20040109.2	水稻 Oryza sativa L.	振丰 A	2004—2—19	授权公告	广东省农业科学院水稻研究所	CNA001209G
20030541.7	水稻 Oryza sativa L.	穗丰 A	2003—12—25	授权公告	广东省农业科学院水稻研究所	CNA000776G
20030542.5	水稻 Oryza sativa L.	天丰 A	2003—12—25	授权公告	广东省农业科学院水稻研究所	CNA000777G
20030488.7	水稻 Oryza sativa L.	广恢 308	2003—12—[illegible]	授权公告	广东省农业科学院水稻研究所	CNA000898G

（续表）

申请号	植物种类	品种名称	申请日	公告类型	申请/品种权人	公告号
20030469	水稻 Oryza sativa L.	中9优288	2003—11—24	授权公告	广东省农作物杂种优势利用站	CNA000940G
20030165.9	水稻 Oryza sativa L.	粤泰A	2003—5—23	授权公告	广东省农业科学院水稻研究所	CNA000578G
20010226.5	水稻 Oryza sativa L.	粤丰A	2001—12—27	授权公告	广东省农业科学院水稻研究所	CNA000584G
20010222.2	水稻 Oryza sativa L.	GD—1S	2001—12—26	授权公告	广东省农业科学院水稻研究所	CNA000230G
20010216.8	水稻 Oryza sativa L.	广恢998	2001—12—24	授权公告	广东省农业科学院水稻研究所	CNA000474G
20010178.1	玉米 Zea mays L.	粤甜3号	2001—9—12	授权公告	广东省农业科学院作物研究所	CNA000256G
20010018.1	水稻 Oryza sativa L.	Y华农A	2001—3—2	授权公告	华南农业大学	CNA000282G

2009 年广东省文化市场行政执法数据汇总表

			一季度	二季度	三季度	四季度	总计
演出市场	日常检查	出动检查（人次）	8567	6563	5050	5705	25885
		检查演出活动（场次）	859	938	1018	823	3638
		检查经营单位（家次）	1262	1129	1230	1012	4633
	案件查办	责令改正（家次）	61	30	370	34	495
		受理举报（件）	46	19	5	2	72
		立案调查（件）	15	12	0	6	33
		移交案件（件）	1	2	0	0	3
	行政处罚	办结案件（件）	15	1	2	2	20
		警告（家次）	18	14	1	4	37
		罚款（元）	22000	5000	3000	0	30000
		责令停业整顿（家次）	0	0	0	0	0
		吊销许可证（家）	1	0	0	0	1
		没收违法所得（元）	1800	0	0	0	1800
		没收演出器材（件）	31	7	0	0	38
艺术品市场	日常检查	出动检查（人次）	179	908	352	199	1638
		检查经营单位（家次）	71	353	115	72	611
		责令改正（家次）	0	5	0	0	5
	案件查办	受理举报（件）	0	4	0	25	29
		立案调查（件）	0	7	0	3	10
		移交案件（件）	0	0	0	0	0
		办结案件（件）	0	4	0	0	4
	行政处罚	警告（家次）	0	0	0	0	0
		罚款（元）	0	0	0	0	0
		责令停业整顿（家次）	0	0	7	0	7
		提请吊销营业执照（家）	0	0	0	0	0
		没收违法所得（元）	0	0	0	0	0
		没收作品（件）	49	1364	308	0	1721

（续表）

			一季度	二季度	三季度	四季度	总计
游艺娱乐场所	日常检查	出动检查（人次）	12682	12121	11357	10602	46762
		检查经营单位（家次）	4035	5472	5934	4240	19681
		责令改正（家次）	179	111	189	93	572
	案件查办	受理举报（件）	76	66	26	36	204
		立案调查（件）	125	65	53	28	271
		移交案件（件）	3	0	16	20	39
		办结案件（件）	125	49	65	35	274
	行政处罚	取缔（家）	114	183	70	45	412
		警告（家次）	140	85	62	101	388
		罚款（元）	229600	124800	58660	18600	431660
		责令停业整顿（家次）	23	3	91	14	131
		吊销娱乐经营许可证（家）	3	3	2	0	8
		没收违法所得（元）	12360	3000	0	0	15360
		没收违法财物（件）	463	254	46	191	954
歌舞娱乐场所	日常检查	出动检查（人次）	19532	21789	24226	27692	93239
		检查经营单位（家次）	8599	10245	11852	11480	42176
		责令改正（家次）	146	233	163	143	685
	案件查办	受理举报（件）	43	32	15	33	123
		立案调查（件）	71	41	65	49	226
		移交案件（件）	0	1	0	2	3
		办结案件（件）	33	28	35	41	137
		取缔（家）	37	29	74	29	169
	行政处罚	警告（家次）	55	57	356	175	643
		罚款（元）	103002	171500	181500	127100	583102
		责令停业整顿（家次）	53	45	89	107	294
		吊销娱乐经营许可证（家）	3	1	3	2	9
		没收违法所得（元）	0	0	10000	0	10000
		没收违法财物（件）	0	0	5	16	21

（续表）

			一季度	二季度	三季度	四季度	总计
互联网上网服务营业场所	日常检查	出动检查（人次）	51173	45326	66399	59176	222074
		检查经营单位（家次）	29929	24878	45989	42413	143209
		责令改正（家次）	245	287	551	186	1269
	案件查办	受理举报（件）	276	309	180	225	990
		立案调查（件）	294	373	466	227	1360
		移交案件（件）	10	0	44	12	66
		办结案件（件）	430	366	517	267	1580
	行政处罚	警告（家次）	140	294	454	393	1281
		罚款（元）	1661000	2228700	2714300	1991980	8595980
		责令停业整顿（家次）	99	137	25	42	303
		吊销《网络文化经营许可证》（家）	6	0	3	1	10
		没收违法所得（元）	0	0	0	0	0
互联网文化经营单位	日常检查	出动检查（人次）	553	261	288	260	1362
		检查经营单位（家次）	109	41	12	39	201
		责令改正（家次）	5	1	0	0	6
	案件查办	受理举报（件）	2	11	2	7	22
		立案调查（件）	5	0	0	0	5
		移交案件（件）	1	0	0	0	1
		办结案件（件）	1	0	2	5	8
		取缔（家）	0	10	7	0	17
	行政处罚	警告（家次）	0	5	8	4	17
		罚款（元）	0	0	700	3000	3700
		责令停业整顿（家次）	1	0	0	0	1
		吊销《网络文化经营许可证》（家）	0	0	0	0	0
		没收违法所得（元）	0	0	0	0	0
		没收违法物品、工具（件）	0	0	0	0	0

（续表）

			一季度	二季度	三季度	四季度	总计
电影发行放映经营单位	日常检查	出动检查（人次）	3047	2932	2362	2640	10981
		检查经营单位/场所（家次）	895	778	949	852	3474
		责令改正（家次）	31	11	4	5	51
	案件查办	受理举报（件）	18	6	0	0	24
		立案调查（件）	4	0	2	0	6
		移交案件（件）	0	0	0	0	0
		办结案件（件）	2	0	1	0	3
	行政处罚	警告（家次）	24	0	1	0	25
		罚款（元）	10000	0	0	0	10000
		责令停业整顿（家次）	0	0	0	0	0
		吊销许可证（家）	0	0	0	0	0
		没收违法所得（元）	0	0	0	0	0
		没收违法活动专用设备、工具（件）	0	0	0	0	0
		没收违法经营影片（本）	0	0	1	0	1
广播电视、地面卫星接收设施	日常检查	出动检查（人次）	3441	4193	2692	2822	13148
		检查经营单位（家次）	1123	1165	896	968	4152
		责令改正（家次）	77	65	111	139	392
	案件查办	受理举报（件）	28	34	35	54	151
		立案调查（件）	8	47	2	1	58
		移交案件（件）	0	0	0	0	0
		办结案件（件）	13	15	19	16	63
	行政处罚	警告（家次）	48	92	37	11	188
		罚款（元）	0	10000	800	29300	40100
		收缴节目载体（件）	162	0	0	0	162
		吊销许可证（家）	0	0	0	0	0
		没收违法所得（元）	0	0	900	0	900
		没收接收设施、专用设备（套）	183	1311	417	184	2095

（续表）

			一季度	二季度	三季度	四季度	总计
互联网视听节目服务单位	日常检查	出动检查（人次）	364	137	1568	477	2546
		检查经营单位（家次）	76	52	667	378	1173
		责令改正（家次）	4	4	5	11	24
	案件查办	受理举报（件）	5	10	0	3	18
		立案调查（件）	5	23	13	17	58
		移交案件（件）	0	0	0	0	0
		办结案件（件）	5	23	9	22	59
		取缔（家）	11	12	4	16	43
	行政处罚	警告（家次）	1	12	3	1	17
		责令改正（家次）	0	4	3	0	7
		罚款（元）	0	14000	400	5000	19400
		吊销许可证（家）	0	0	0	0	0
		没收违法活动专用设备（件）	1	0	0	0	1
		收缴节目载体（件）	0	0	0	0	0
互联网出版机构	日常检查	出动检查（人次）	0	85	18	48	151
		检查经营单位（家次）	0	41	5	3	49
		责令改正（家次）	0	1	0	0	1
	案件查办	受理举报（件）	0	0	0	3	3
		立案调查（件）	0	0	0	3	3
		移交案件（件）	0	0	0	0	0
		办结案件（件）	0	0	0	3	3
		取缔（家）	0	0	0	0	0
	行政处罚	警告（家次）	0	0	0	0	0
		罚款（元）	0	0	0	0	0
		责令停业整顿（家次）	0	0	0	0	0
		撤销批准（家）	0	0	0	0	0
		吊销许可证（家）	0	0	0	0	0
		没收违法所得（元）	0	0	0	0	0
		没收接收设施（套）	0	0	0	0	0

（续表）

			一季度	二季度	三季度	四季度	总计
书报刊经营单位	日常检查	出动检查（人次）	29067	31378	32677	28878	122000
		检查经营单位（家次）	14011	17958	22290	15889	70148
		责令改正（家次）	181	208	313	145	847
	案件查办	受理举报（件）	64	90	101	44	299
		立案调查（件）	59	108	111	59	337
		移交案件（件）	3	2	1	10	16
		办结案件（件）	40	87	114	66	307
		取缔（家）	176	253	257	109	795
	行政处罚	警告（家次）	315	123	138	129	705
		罚款（元）	184110	166900	347708	183100	881818
		责令停业整顿（家次）	2	0	2	0	4
		吊销许可证（家）	0	1	4	5	10
		没收违法所得（元）	3976	0	620	1650	6246
		没收非法出版物（册）	890684	739374	2237118	348117	4215293
音像（电子）出版物经营单位	日常检查	出动检查（人次）	23999	30103	28235	24144	106481
		检查经营单位（家次）	10697	14595	17165	11691	54148
		责令改正（家次）	286	224	311	173	994
	案件查办	受理举报（件）	159	179	117	149	604
		立案调查（件）	191	162	77	102	532
		移交案件（件）	18	20	8	20	66
		办结案件（件）	152	175	83	108	518
		取缔（家）	361	319	463	223	1366
	行政处罚	警告（家次）	148	257	179	116	700
		罚款（元）	119000	119000	109202	70600	417802
		责令停业整顿（家次）	4	9	10	7	30
		吊销许可证（家）	5	1	6	9	21
		没收违法所得（元）	9900	2512	14100	0	26512
		没收非法音像（电子）出版物（张）	3668292	7119216	2173961	4099221	17060690

（续表）

			一季度	二季度	三季度	四季度	总计
印刷经营单位	日常检查	出动检查（人次）	16486	18912	19869	19045	74312
		检查经营单位（家次）	7664	9310	10903	7697	35574
		责令改正（家次）	69	160	67	65	361
	案件查办	受理举报（件）	44	9	6	3	62
		立案调查（件）	57	30	29	75	191
		移交案件（件）	0	0	1	3	4
		办结案件（件）	55	33	23	164	275
	行政处罚	警告（家次）	44	42	149	102	337
		罚款（元）	180000	228500	206892	279504	894896
		责令停业整顿（家次）	3	3	9	9	24
		吊销经营许可证（家）	0	0	0	0	0
		没收违法所得（元）	11301	0	0	10300	21601
		没收非法印刷物（件）	282236	2414	368723	26633	680006
文物	日常检查	出动检查（人次）	572	156	321	522	1571
		检查经营单位（家次）	182	156	82	183	603
		责令改正（家次）	5	1	1	0	7
	案件查办	受理举报（件）	13	1	1	3	18
		立案调查（件）	0	0	1	1	2
		移交案件（件）	0	0	0	0	0
		办结案件（件）	0	0	0	0	0
		追缴文物（件）	0	0	0	0	0
	行政处罚	警告（家次）	0	0	0	1	1
		罚款（元）	0	0	0	0	0
		吊销资质证书（家）	0	0	0	0	0
		没收违法所得（元）	0	0	0	0	0
		没收违法专用工具、设备（件）	0	0	0	0	0

（续表）

			一季度	二季度	三季度	四季度	总计
其他	日常检查	出动检查（人次）	5544	5120	17351	16645	44660
		检查经营单位（家次）	3527	3213	1825	14728	23293
		责令改正（家次）	129	49	35	34	247
		受理举报（件）	174	95	51	24	344
	案件查办	立案调查（件）	13	19	101	4	137
		移交案件（件）	24	27	1	4	56
		办结案件（件）	16	21	50	14	101
		取缔（家）	597	274	193	52	1116
		警告（家次）	36	20	16	20	92
	行政处罚	罚款（元）	83000	117500	229500	80000	510000
		责令停业整顿（家次）	0	1	0	2	3
		吊销许可证（家）	200	1	0	0	201
		没收违法所得（元）	0	550	0	0	550
		没收违法财物（件）	11429	52765	31916	33781	129891

专利代理机构

广东省专利代理机构名录

（2009 年 12 月 31 日）

序号	代码	机构名称	地址	负责人	电话	传真
1	44001	广州市科粤专利代理有限公司	广州市先烈中路 100 号科学院机关大楼 101 室	余炳和	020—87688146	020—87683303
2	44100	广州新诺专利商标事务所有限公司	广州市应元路越秀山体育场综合楼七楼	李德魁	020—83565354	020—83631275
3	44101	深圳市中知专利商标代理有限公司	深圳市福田区上步中路 1001 号科技大厦 1 楼	成义生	0755—83699465	0755—83699056
4	44102	广州粤高专利商标代理有限公司	广州市天河区体育西路中石化大厦 B 塔 3912 室	林德伟	020—38922329	020—38922322
5	44103	汕头市高科专利事务所	汕头市金砂路 86 号友谊国际大厦 704	丁楚浩	0754—88632248	0754—88608236
6	44104	广州知友专利商标代理有限公司	广州市越秀区先烈中路 100 号大院 60 号省高技术中心大楼 3 楼 301 房	刘小敏	020—87685310	020—87617207
7	44106	茂名市穗海专利事务所	茂名市油城 6 路 5 号大院 207	李好琚	0668—2870299	0668—2283413
8	44202	广州三环专利代理有限公司	广州市先烈中路 80 号汇华商贸大厦 1508	温 旭	020—37616191	020—37616451
9	44203	湛江市三强专利事务所	湛江市霞山人民南路 30 号	庞爱英	0759—2231844	0759—2218471
10	44205	江门嘉权专利商标事务所有限公司	广州市黄埔大道西 100 号富力盈泰广场 A 栋 910	喻新学	0750—3364410	0755—3101038
11	44206	佛山市永裕信专利代理有限公司	佛山市汾江南路 101 号科学馆后楼	朱永忠	0757—82281605	0757—82238752

（续表）

序号	代码	机构名称	地址	负责人	电话	传真
12	44209	深圳市睿智专利事务所	深圳市南山区科技园科苑路6号科技大厦501A	陈鸿荫	0755—26614184	0755—26636489
13	44210	广州华创源专利事务所有限公司	广州市番禺区市桥环城中路126号	梁新杰	020—84810155	020—84884955
14	44211	中山市科创专利代理有限公司	中山市兴中道8号科学馆一楼	尹文涛	0760—88326997	0760—88330074
15	44214	广州红荔专利代理有限公司	广州市东山区竹丝岗二马路37号617室	李彦孚	020—87695086	020—87626409
16	44215	东莞市华南专利商标事务所有限公司	东莞市南城区胜和路华凯大厦601	张 明	0769—22800788	0769—22800733
17	44216	广东世纪专利事务所	广州市天河区黄埔大道201号金泽大厦2109房	刘 卉	020—87502863	020—87567115
18	44217	深圳市顺天达专利商标代理有限公司	深圳市福田区深南大道1056号阳光高尔夫大厦812室	蔡晓红	0755—82872787	0755—82873034
19	44218	深圳千纳专利代理有限公司	深圳市福田区深南中路新城大厦西座601—605	胡 坚	0755—25987001	0755—25986996
20	44219	汕头新星专利事务所	汕头市天山路绿园大厦17层C单元	林希南	0754—88167379	0754—86328655
21	44220	广州市一新专利商标事务所有限公司	广州市天河北路892号13A06房	王德祥	020—38289945	020—38288563
22	44221	广东国欣律师事务所	深圳市红岭中路1010号国际信托大厦1、6楼	廖耀雄	0755—82117575	0755—82117578
23	44222	广州创颖专利事务所	广州市赵秀区文德路67号20楼G室	刘晓雪	020—86226715	020—22003193
24	44223	深圳新创友专利商标代理有限公司	深圳市福田区上步路佳兆业中心B座2209	江耀纯	0755—83671888	0755—83671968
25	44224	广州华进联合专利商标代理有限公司	广州市东山区先烈中路69号东山广场918—920	胡 杰	020—87313188	020—87320273
26	44225	佛山市南海智维专利代理有限公司	佛山市南海区桂城南兴三路南海科学馆	梁国杰	0757—86224095	0757—86224095
27	44226	韶关市雷门专利事务所	韶关市新华北路科技中心大楼3楼	周胜明	0751—8611923	0751—8611923
28	44227	广州三辰专利事务所	广州市中山三路11号东山区工商联大厦1102	范钦正	020—83874231	020—83874231
29	44228	广州市南锋专利事务所有限公司	广州市先烈中路100号高技术中心实验楼2楼	刘 媖	020—87688686	020—87682576

（续表）

序号	代码	机构名称	地址	负责人	电话	传真
30	44229	广州市深研专利事务所	广州市先烈中路100号黄花岗科贸街C栋305室	陈雅平	020—87685380	020—87688087
31	44230	汕头市潮睿专利事务有限公司	汕头市大华路8号之一	朱明华	0754—88985533	0754—88280803
32	44231	东莞市中正知识产权事务所	东莞市东城大道23号骏达商业中心901室	瞿友胜	0769—22366800	0769—22366878
33	44232	深圳市隆天联鼎知识产权代理有限公司	深圳市福田区南园路70号上田大厦6C	刘耿	0755—83752268	0755—82077567
34	44233	深圳市毅颖专利商标事务所	深圳市福田区八卦四路先科机电大厦534，536室	张艺影	0755—83626954	0755—83626954
35	44235	珠海市威派特专利事务所	珠海市香洲区凤凰路2088号珠都国际广场B座801室	张 润	0756—2237259	0756—2237257
36	44236	广州弘邦专利商标事务所有限公司	广州市天河区黄埔大道西路638号富力科讯大厦902室	张钇斌	020—37883640	020—37884462
37	44237	深圳中一专利商标事务所	深圳市深南中路深圳报春大厦第四层西面（深南中路1014号附楼东一楼）	张全文	0755—82094718	0755—82100908
38	44238	深圳市永杰专利商标事务所	深圳市福田区深南中路2008号华联大厦1411—1413室	曹建军	13602698109	0755—83667567
39	44239	广州中瀚专利商标事务所	广州市越秀区先烈中路100号大院23—1栋203室	黄 洋	020—87688195	020—37656478
40	44240	深圳市金阳行专利商标事务所	深圳市福田区深南大道安徽大厦1711室	杨大庆	0755—83860078	0755—83860058
41	44241	深圳市智科友专利商标事务所	深圳市罗湖区红岭中路2118号建设集团大厦A座9D	曲家彬	0755—25599215	0755—25572914
42	44242	深圳市精英专利事务所	深圳市罗湖区深南东路5033号金山大厦1905室	李新林	0755—82073938	0755—82073295
43	44244	广州市天河庐阳专利事务所	广州市天河东路242号802之一室	胡济元	020—85260125	020—85260125
44	44245	广州市华学知识产权代理有限公司	广州市天河区五山华南理工大学国家大学科技园（北区）1号楼北座201室	李卫东	020—22237100	020—38744550
45	44246	深圳市兴力桥知识产权事务所	深圳市人民南路国商大厦东座401室	董洪波	0755—82175903	0755—82175766

（续表）

序号	代码	机构名称	地址	负责人	电话	传真
46	44247	深圳市康弘知识产权代理有限公司	深圳市福田区彩田路 5015 号中银花园办公楼 A 栋 6C1	胡朝阳	0755—83509309	0755—83509045
47	44248	深圳市科吉华烽知识产权事务所	深圳市南山区深南西路深南花园裙楼 A 区 402#	胡吉科	0755—83089268	1755—83089268
48	44249	东莞市创益专利事务所	东莞市体育路二号鸿禧中心 5 楼 B15	李卫平	0769—22806686	0769—22806676
49	44250	佛山市科顺专利事务所	佛山市顺德区大良国际商业城 A 区四座三楼 108	梁红缨	0757—22619500	0757—22619501
50	44251	东莞市新南方专利商标事务所	东莞市南城区簪花路华凯活力中心 1109	王 敏	13018691597	0769—22386465
51	44252	揭阳市博佳专利代理事务所	揭阳市东山区 8 号街东侧沿江路北侧立康花园 E 幢 102 号	黄镜芝	0663—8125608	0663—8125608
52	44253	广州致信伟盛知识产权代理有限公司	广州市东风东路 767 号东宝大厦 1501—1502	郭晓桂	020—38210518	020—38210535
53	44254	广州中浚雄杰知识产权代理有限责任公司	广州市花都区新华街天贵路 88 号 A 座 112 房	周永强	020—36998272	020—36987762
54	44255	中山市汉通知识产权代理事务所	中山市石岐区岐关西路 10 号汇景台四层 409	田子荣	0760—88803655	0760—88801595
55	44256	深圳市凯达知识产权事务所	深圳市南山区高新区南区方大大厦 609 房	刘大弯	0755—83065409	0755—83922352
56	44257	深圳市汇力通专利商标代理有限公司	深圳市上步中路 1011 号工会大厦 A 座 3 层	王锁林	0755—83989263	0755—83288438
57	44258	深圳市港湾知识产权代理有限公司	深圳市罗湖区宝安南路 1054 号湖北宝丰大厦 1307 室	微 嘉	0755—25935228	0755—25935816
58	44259	广州凯东知识产权代理有限公司	广州市东风东路 739 号广东地质大厦 308 室	宋冬涛	020—87663569	020—87656030
59	44260	深圳市兴科达知识产权代理有限公司	深圳市南山区沙河西路与滨河路交汇处纯海岸大厦 4 栋 801 室	王 翀	13603081185	0755—86116996
60	44261	广州广信知识产权代理有限公司	广州市先烈中路 100 号大院 58 栋 9 楼 915—917 室	张文雄	020—87682813	020—87680381

（续表）

序号	代码	机构名称	地址	负责人	电话	传真
61	44262	珠海智专专利商标代理有限公司	珠海市南屏坪岚路南屏企业大厦第八层	段淑华	0756—8813895	0756—8813896
62	44263	广东星辰律师事务所	深圳市深南大道田面村城市大厦24层	郭星亚	0755—82813366	0755—82816855
63	44264	佛山市粤顺知识产权代理事务所	佛山市顺德区大良国际商业城A区四座三楼411号	唐强熙	0757—22616777	0757—22615389
64	44265	深圳市德力知识产权代理事务所	深圳市福田区深南中路新闻大厦1号楼3楼307室	林才桂	0755—82090292	0755—82092120
65	44266	广东国晖律师事务所	深圳市福田区莲花支路1号公交大厦主楼2,3层	孙智峰	0755—83033057	0755—83033022
66	44267	深圳冠华专利事务所	深圳市福田区滨河大道与一田路交界东南皇都广场1号楼3304	诸兰芬	0755—83037078	0755—83037018
67	44268	深圳市君胜知识产权代理事务所	深圳市南山区南海大道海王大厦住宅楼22C	王永文	0755—26406581	0755—26406587
68	44269	深圳市维邦知识产权事务所	深圳市福田区车公庙泰然六路泰然苍松大厦南座1812	黄 莉	0755—83635730	0755—83655056
69	44270	深圳市启明专利代理事务所	深圳市福田区深南中路北方大厦1119号	张信宽	0755—83278105	0755—83278318
70	44271	深圳市惠邦知识产权代理事务所	深圳市南山区科发路8号金融服务技术创新基地1栋5C01	满群	0755—26506289	0755—26584255—812
71	44272	东莞市冠诚知识产权代理有限公司	东莞市东城区主山东城南路联和大厦11层1106号单元	杨正坤	0769—22505815	0769—22505895
72	44273	深圳市嘉宏博知识产权代理事务所	深圳市福田区红荔西路鹏基上步工业厂房302栋第二楼东201	杨 敏	0755—83255585	0755—83256786
73	44274	深圳市中联专利代理有限公司	深圳市罗湖区东门南路3002号华都园8楼F座	李 俊	0755—82228908	0755—82250395
74	44275	深圳市博锐专利事务所	深圳市福田区上步中路1043号深勘大厦805室	张 明	13728674576	0755—82078121
75	44276	深圳市深远专利商标事务所	深圳市福田区深南中路南光捷佳大厦1004室	赵森林	0755—83981901	0755—61390094

（续表）

序号	代码	机构名称	地址	负责人	电话	传真
76	44277	广东中亿律师事务所	中山市孙文东路639号	罗春宝	0760—88223838	0760—88223188
77	44279	深圳市万商天勤知识产权事务所（普通合伙）	深圳市福田区深南大道4013号兴业银行大厦2107—C	王志明	0755—83024062	0755—83026990
78	44280	深圳市威世博知识产权代理事务所	深圳市福田区深南西路车公庙工业区天安数码时代大厦主楼2116室	何青瓦	0755—82839168	0755—25335968
79	44281	深圳鼎合诚知识产权代理有限公司	深圳市福田区中心区东南部路时代财富大厦塔楼31A	罗瑶	0755—33335533	0755—33335558
80	44282	珠海市英华知识产权代理事务所（普通合伙）	广东省珠海市吉大九洲大道东1023号怡海楼1102室	王军	0756—3370193	0756—3370903
81	44283	佛山市中迪知识产权代理事务所（普通合伙）	广东省佛山市顺德区大良连新路22街1号地下B室	薛家驹	0757—22276980	0757—22276980
82	44284	东莞市科安知识产权代理事务所	广东省东莞市旗峰路国泰大厦6层B01房	周后俊	0769—22369373	0769—22369203
83	44285	深圳市深佳知识产权代理事务所（普通合伙）	深圳市国贸大厦15楼西座1521室	李文红	0755—89530470	0755—89530475
84	44286	中山市石岐区红徽专利商标事务所	广东省中山市兴中道11号兴中大厦10楼1008室	邹常友	0760—88387428	0760—88387438
85	44287	深圳市世纪恒程知识产权代理事务所	深圳市南山区麒麟路1号南山科技创业服务中心214室	胡海国	0755—86218128	0755—26470166
86	44288	广州市越秀区哲力专利商标事务所（普通合伙）	广州市越秀区东风中路300号之一东侧602房	李悦	020—83646322	020—83646388
87	44289	深圳市中原力和专利商标事务所	深圳市福田区八卦四路中浩大厦23层2321房	王英鸿	0755—82266719	0755—82266719
88	44290	深圳市钧含知识产权代理有限公司	深圳市福田区新闻路1号中电信息大厦西座610室	符立新	0755—82947277	0755—82947278
89	44291	广东秉德律师事务所	珠海市吉大路63号新怡发商贸大厦一、七楼	余淑玲	0755—3222483	0755—3222732

广东省专利代理分支机构名录

序号	代码	机构名称	分支机构	负责人	地址	联系电话	传真
1	44001	广州市科粤专利代理有限公司	云浮办事处	陈碧琛	云浮市育华区市科技馆一楼	0766—8806636	0766—8921262
2	44100	广州新诺专利商标事务所有限公司	江门新会办事处	黎伟虹	江门市新会区会城圭峰路科学馆内	0750—6196750	
3			湛江办事处	胡武	湛江市赤坎区海田装饰材料综合批发市场灯饰行	0759—3164202	0759—3164202
4			江门台山办事处	关静芬	台山市石花路科学馆	13902888864	0759—3164202
5			珠海分公司	李国钊	珠海市吉大九洲大道中1082号中电大厦3楼	0756—8885912	756—8885919
6			江门分公司	华辉	江门市港口一路13号之二29楼H单元(中远大厦远景阁)	13501549908	0750—3161915
7			佛山分公司	罗毅萍	佛山市顺德区大良街道办事处开平居委会东宏路昌裕花园美居阁二层铺之二	0757—23808575	0757—22913991
8			阳江分公司	曹爱红	阳江市江城区东门路东安小区11号	0662—3661772	
9	44102	广州粤高专利商标代理有限公司	惠州分公司	罗晓林	惠州市江北文明一路横一巷22号	0752—2818976	0752—2892020
10			阳江分公司	陈卫	阳江市江城区安宁路富华小区A7号6楼	0662—3287575	0662—3222023
11			东莞分公司	林德纬	东莞市南城区胜和路胜和广场B栋14A	0769—21995587	0769—22993799
12			中山分公司	林新中	中山市东区兴龙街57号	0760—88363611	0760—88363612
13			江门分公司	禹小明	江门市江海区东海路338号江海民政局二楼	0750—3861201	0750—3861201
14			清远分公司	邱奕才	清远市新城18号区科技综合楼B楼梯二楼02室	13902302850	
15	44103	汕头市高科专利事务所	汕头澄海办事处	黄河长	汕头市澄海区文冠路金冠园三幢B梯204单元	0754—85893428	
16	44104	广州知友专利商标代理有限公司	深圳办事处	宣国华	深圳市南山区南海大道海王大厦写字楼12F2	020—87685310	
17	44202	广州三环专利代理有限公司	中山办事处	温乾	中山市南头镇华辉花园环安三路二号	13702383885	0760—23118002
18			东莞分公司	张艳美	东莞市南城区鸿福路108号中盛商务大厦705—708	0769—22458956	0769—22496842
19			佛山顺德办事处	何兆华	佛山市顺德区大良新宁路76号弘升大楼507室	0757—22269440	0757—22259770

（续表）

序号	代码	机构名称	分支机构	负责人	地址	联系电话	传真
20	44202	广州三环专利代理有限公司	深圳办事处	潘中毅	深圳市福田区车公庙泰然九路海松大厦 B—1202B	0755—82734660	0755—82734662
21			珠海分公司	温镜满	珠海市人民东路 221 号西海大厦 B 座 908 室	0756—2316632	0756—2316630
22			汕头办事处	林映州	汕头市海滨路 12 号汕头科技馆 10 楼 1022 室	0754—88272584	0754—88980990
23			佛山南海办事处	詹仲国	佛山市禅城区祖庙路 33 号百花广场 11 层 1116	0757—3394376	
24			增城分公司	王广华	增城市荔城镇法政路 5 号		
25			江门办事处	刘延喜	江门市金瓯路 288 号高新技术开发区管委会 2 楼	0750—3866190	0750—3866190
26			北京分公司	郝传鑫	北京市海淀区北四环中路 238 号柏彦大厦 1703	010—82334622	010—82334872
27			温州办事处	颜希文	温州市矮凳桥 228 号 10 幢 705 室	0577—88808255	0577—88809255
28			潮州办事处	舒丽亚	潮州市潮州大道南段海逸花园 B 幢 4 楼 405 室	0768—2393145	0768—2393146
29			梅州办事处	韦廷建	梅州市法政路 7 号 301 室	0753—2250937	0753—2253790
30			茂名办事处	刘孟斌	茂名市油城路六号 5 号东二楼 203 室	0668—2298334	0668—2270401
31	44205	广州嘉权专利商标事务所有限公司	中山分公司	张海文	中山市中山二路 26 号粤卓大厦三楼	0760—88809855	0760—88924555
32			佛山分公司	谭志强	佛山市五峰四路 25 号二楼 202 室	0757—82135920	0757—82135910
33			顺德分公司	张 清	佛山市顺德大良沿江北路 121 号建设大厦七层 B 区 1 号室	0757—26935228	0757—22210236
34			江门分公司	冯剑明	江门市港口路 183 号新隆基大厦次啊 301	0750—3124468	0750—3101083
35	44211	中山市科创专利代理有限公司	小榄分公司	丁湘俊	中山市小榄镇民安北路 28 号	0760—22269859	0760—22282024
36	44214	广州红荔专利代理有限公司	珠海分公司	王贤义	珠海市香洲人民东路 125 号工商大厦 1512 房	0756—2620838	0756—2620899
37			广州东山分公司	黄大宇	广州市德政北路 407 号 606 房	13903055003	020—83636966
38			广州越秀分公司	李彦孚	广州市连新路 171 号大院 4 号楼 215 室	020—83516357	020—83516357
39			东莞分公司	吴世民	东莞市莞城东城大道 248 号望族家园 4 楼 A05	0769—22302599	0769—22300598
40	44215	东莞市华南专利商标事务所有限公司	广州分公司	曾琦	广州市先烈中路 100 号大院 60 号省高技术中心大楼 2 楼 210 房	020—87685843	020—87685946
41	44218	深圳市千纳专利代理有限公司	东莞分公司	卜令涛	东莞市南城区鸿福西路南城商务大厦 1210 室	0769—22000462	0769—22241697
42			梅州分公司	杨建新	广东省梅县大新城大新路家佳圆 J 栋 301 房	0753—2510300	0753—2510100

（续表）

序号	代码	机构名称	分支机构	负责人	地址	联系电话	传真
43	44219	汕头新星专利事务所	汕头澄海办事处	许映扬	汕头市澄海区文祠东路 34 号	0754—85732817	
44	44221	广东国欣律师事务所	东莞分所	张良春	东莞市东城中路辉煌商务大厦 5F e01—05		
45	44223	深圳市新创友专利商标代理有限公司	东莞办事处	江耀纯	东莞市南城路 1 号南城大厦 11 楼 1107	13316879698	
46			南昌办事处	喻尚威	南昌市省政府大院北二路 75 栋	13617000925	0791—6211528
47	44224	广州华进联合专利商标代理有限公司	北京办事处	郑小粤	北京市海淀区学清路 9 号汇智大厦 B 座 801—805 室	010—82736868	010—82737016
48			深圳分公司	胡杰	深圳市福田区泰然九路海松大厦 B 座 1103 室	0755—33012323	0755—33012322
49			珠海分公司	李双皓	珠海市吉大九洲大道中 2005 号联通新时空大厦 7 楼	0756—3837397	0756—3837667
50			东莞办事处	谭一兵	东莞市南城区胜和路 3 号胜和广场 C 栋 12 楼 B1 单元	0769—22220357	0769—22225317
51			佛山南海办事处	莫瑶江	佛山市南海区桂城南兴三路 13 号	0757—86323236	0757—86323236
52			中山分公司	赵 磊	中山市富华道 6 号数码广场富荣阁 11 楼 E 座	0760—88662878	0760—88662718
53	44228	广州市南锋专利事务所有限公司	珠海办事处	蔡蔚毅	珠海市白莲路 113 号 62 栋 101 室	13802984402	
54			东莞办事处	李永庆	东莞市南城区新城元美东路东侧东莞市商业中心 A2320	13600049934	0769—23024178
55			肇庆办事处	周长久	肇庆市莲湖中路 2 号陶然居 21 卡（即湖滨派出所对面）	13600049934	0758—6268229
56			深圳办事处	潘献民	深圳市福田区深南中路南光捷佳大厦 2124 房	13502852547	0755—83170100
57			湛江办事处	袁周珠	湛江市赤坎区军民路 19 号（荣基大厦）723 房	0759—3133855	0759—3133855
58			河源办事处	何海帆	河源市新市旺源路润宏居 A 栋 A3—401	0762—3827838	0762—3827808
59	44231	东莞市中正知识产权事务所	佛山分所	成伟	佛山市顺德区大良国际商业城 B 区 3 座 103 室	0757—22661119	0757—22661112
60			中山分所	侯来旺	中山市古镇镇新兴中路 88 号邮电大楼七楼	0760—22323635	0760—22320995
61			惠州分所	张汉青	惠州市麦兴路 13 号博美堂大厦三楼 302 单元	0752—2275834	0752—2275235

（续表）

序号	代码	机构名称	分支机构	负责人	地址	联系电话	传真
62	44245	广州市华学知识产权代理有限公司	中山分公司	杨晓松	中山市东区东苑南路93号三层之一	13711118765	0760—88331801
63			东莞分公司	陈燕娴	东莞市莞城区南城路1号南城大厦1104室	0769—22320685	0769—86220326
64			南海分公司	梁莹	佛山市南海区桂城海辉路2号广一大厦10层1001室	15818802143	020—38744550
65			萝岗办事处	黄磊	广州市高新技术产业开发区科学城科研路6号111房	13688871217	020—38744550
66			增城分公司	盛佩珍	广东省增城市新塘镇广深公路北侧庵前巷32幢703房	13503035602	020—82677638
67			惠州分公司	李卫东	惠州市惠台工业园区54号小区(厂房)(308—A)号房	13822263987	020—38744550
68	44248	深圳市科吉华烽知识产权事务所	东莞分所	朱晓光	东莞市莞城区东城南路东升大厦1011室	0769—23360190	0769—23360190
69			成都分所	李爱华	成都市青羊区大安西路56—58号11栋1单元5楼2号	028—85441357	028—85441357
70			广州分所	孙伟	广州市海珠区广州大道南448号财智大厦517房	020—84207459	020—84207696
71	44253	广州致信伟盛知识产权代理有限公司	东莞分公司	伍嘉陵	东莞市莞城区运河东二路20号二楼B室	0769—22119785	0769—22214155
72	44254	广州中浚雄杰知识产权代理有限责任公司	深圳分公司	周志中	深圳市深南中路1002号新闻大厦1702房	0755—82090895	
73	44265	深圳市德力知识产权代理事务所	东莞分所	林才桂	东莞市南城区鸿福路200号第一国际财富中心D座1710A	13922803955	0769—22036230
74	44272	东莞市冠诚知识产权代理有限公司	潮州分公司	覃业军	潮州市枫春路中段潮州日报社办公楼12层1202房	0768—2275313	0768—2275323
75	11006	北京市律诚同业知识产权代理有限公司	深圳办事处	黄韧敏	深圳市福田区深南中路华联大厦2303—06	0755—83667462	0755—83668754
76	11002	北京路浩知识产权代理有限公司	广州分公司	刘发强	广州市天河区天河北路689号光大银行大厦13楼D1室	010—62196988	010—62198011
77	11271	北京安博达知识产权代理有限公司	珠海办事处	陈艳梅	珠海市香洲香溪路42号3单元302室	13318969965	

（续表）

序号	代码	机构名称	分支机构	负责人	地址	联系电话	传真
28	11219	中原信达知识产权代理有限责任公司	深圳办事处	谢丽娜	深圳市红岭中路1010号国际信托大厦1307室	0755—82111404	
29	35203	厦门市新华专利商标代理有限公司	东莞分公司	朱 凌	东莞市东城西路181号金澳大厦302室	0769—22023317	0769—22504005
30			广州分公司	李 宁	广州市天河区天河路490号23楼8A	020—38886865	020—38886721
31	11246	北京众合诚成知识产权代理有限公司	东莞办事处	连 平	东莞市南城区元美路华凯广场A1716	0769—23186866	0769—23182369
32	11221	北京捷诚信通专利事务所	深圳办事处	任晓航	深圳市福田区彩田南路海天大厦1928室	0755—83461499	0755—83460428
33	11290	北京信慧永光知识产权代理有限责任公司	佛山办事处	王维玉	佛山市禅城区汾江南路164号佛山市工商大厦604室	0757—82328308	0757—83120342
34	11212	北京轻创知识产权代理有限公司	东莞分公司	吴英彬	东莞市南城区第一国际百安居A幢508	0769—23037585	0769—23182100
35	11285	北京北翔知识产权代理有限公司	深圳分公司	唐铁军	深圳市宝安区新安办创业西路富源商贸大厦1栋D座604室	0755—29075489	0755—61624078
36	12201	天津市北洋有限责任专利代理事务所	东莞分所	江镇华	东莞市南城区新基金碧湾大厦803	0769—23027778	0769—23029311
37	11227	北京集佳知识产权代理有限公司	广州分公司	陈剑华	广州市天河路351号广东外经贸大厦21楼2109室	020—38816190	020—38806446
38			东莞分公司	张浩	东莞市旗峰路162号中桥大厦A座7楼D2室	0769—22020278	0769—22020248
39	11279	北京中誉威圣知识产权代理有限公司	东莞分公司	丛芳	东莞市东城大道广信大厦C座A梯五楼6室	0769—23036806	
40	11234	中国商标专利事务所有限公司	东莞办事处	张少君	广东省东莞市东城区育兴路84号	0769—22609984	0769—22295542